PETIT DICTIONNAIRE DE LA PHILOSOPHIE

Didier Julia
professeur agrégé de philosophie
docteur ès lettres

LAROUSSE

Responsable éditorial
Emmanuel de Waresquiel

Secrétariat de rédaction
Joëlle Narjollet

Corrections-révision
Bernard Dauphin
Hugues Gerhards

Mise en pages
Alain Joly
Gudrun Fricke

Couverture
Cynthia Savage

Fabrication
Marie-Laure Vaillé

ISBN 978-2-03-589319-2

Préface

Ce DICTIONNAIRE DE LA PHILOSOPHIE s'adresse non seulement aux spécialistes, aux étudiants en philosophie, mais à tout le monde. Son objet est de montrer que les principales notions de la philosophie rejoignent les problèmes concrets que l'homme peut se poser au cours de sa vie.

Une contribution de ce genre requérait l'emploi d'une méthode originale.

Les dictionnaires techniques de la philosophie, dont celui de Lalande est, en France, le premier et le meilleur exemple, ont toujours procédé du souci très louable de préciser et de distinguer les notions philosophiques les unes des autres ; il en est résulté un effort de complication analytique susceptible de satisfaire les spécialistes dans leur recherche de la rigueur, du détail, de la critique ; mais la philosophie se détournant du profane, le profane s'est lui-même détourné de la philosophie.

Le principe de notre méthode n'est pas tant d'analyser les notions que de les faire comprendre et de les illustrer par des exemples précis. Par exemple, une notion importante, comme celle d'histoire ou de dialectique, n'est jamais analysée pour elle-même, dans ses différentes significations, sans que nous finissions par regrouper toutes ces significations autour d'un problème réel, qui nous intéresse aujourd'hui dans notre vie historique. Bref, il s'agit d'un dictionnaire synthétique de la philosophie.

Cette méthode imposait un certain contenu, et nous avons volontairement limité le vocabulaire défini aux notions que l'homme moderne est susceptible de rencontrer au cours de ses lectures ordinaires, même de vulgarisation poussée. En revanche, les notions retenues ne sont pas seulement définies, elles sont expliquées et illustrées, afin que tout homme ait une idée claire du sujet auquel il s'intéresse ainsi que des problèmes qui s'y rattachent. Selon la même logique, nous avons consacré des développements exceptionnels à des notions que les dictionnaires de philosophie ne touchent pas, où à peine, et qui sont au centre de nos préoccupations actuelles : telles les notions d'homme, d'histoire, de psychanalyse, de vie, de mort, de liberté, de politique ou... de philosophie.

Notre méthode trouve enfin une justification dernière : elle correspond à la nature de la philosophie. Le discours du philosophe n'a de raison d'être que s'il s'adresse aux non-philosophes ; et il ne satisfait à sa fonction que s'il est un discours clair, c'est-à-dire s'il a le pouvoir d'éclairer réellement l'homme sur lui-même. L'histoire de la philosophie n'a pas attendu le marxisme pour nous enseigner que les doctrines des philosophes sont directement en prise sur la réalité et peuvent devenir des forces historiques considérables : Platon a écrit la République *dans l'espoir de réformer la société grecque ; on a dit que c'est le* Contrat social *de Rousseau qui a fait la Révolution française. Descartes écrivait en français (alors langue vulgaire) pour se faire entendre de tout le monde ; et « la morale de Kant est celle du savetier » (Alain). Bref, les grands philosophes ont toujours voulu dire quelque chose de réel, influencer les hommes par des paroles sensées. Le premier objectif de ce* Dictionnaire de la philosophie *est de le faire savoir.*

La vocation de la philosophie n'est pas de constituer un savoir abstrait, mais de pénétrer dans la vie des hommes, de former leur jugement, d'éclairer leurs décisions. Ce Dictionnaire *est un répertoire des problèmes éternellement actuels et un exposé des solutions éternellement possibles. Son vœu est de montrer l'actualité des vérités de toujours et de dispenser lumière et sérénité aux débats de l'actualité.*

Cette nouvelle édition du Dictionnaire Larousse de la philosophie *est une version revue, complétée et actualisée de l'édition de 1964.*

Les vingt-cinq ans qui viennent de s'écouler ont été marqués par un renouveau des études sur les philosophes de l'Antiquité grecque. L'aurore de la pensée occidentale a été mieux cernée tant en ce qui concerne son histoire que sa signification proprement philosophique. On ne s'étonnera donc point de voir, dès la lettre A, poindre au firmament de la philosophie les étoiles que sont Anaxagore, Anaximandre, Anaximène, *etc.*

D'autre part, des mouvements ou des méthodes de pensée ont marqué depuis les années 60 la pensée française ou mondiale, tels le structuralisme *pour la première, le* positivisme logique *pour la seconde.* Herbert Marcuse *ou* Claude Lévi-Strauss *appelaient des développements complémentaires du fait même de l'évolution de leur pensée, et* Georges Canguilhem, Michel Foucault, Jean Hyppolite, Étienne Gilson, Vladimir Jankélévitch, Jean Toussaint Desanti *et* Louis Althusser *apparaissaient naturellement, sans aucune concession à la mode, avec de nombreux autres noms de philosophes moins contemporains, parce que leur apport constitue la trame de notre culture philosophique d'aujourd'hui.*

Enfin, l'état de la science d'une époque a toujours inspiré la philosophie. Le phénomène scientifique le plus frappant est sans doute le progrès de l'informatique, le développement du pouvoir de mobilisation automatique de toute la mémoire de l'humanité. Des réflexions sur les formes, l'essence et les limites de l'information humaine (le langage, le sens exprimé, les signes, etc.) ont enrichi notre patrimoine philosophique.

L'accélération des progrès scientifiques et techniques, liée à l'utilisation des ordinateurs, a changé le sentiment que l'homme a du monde : au début du XXe siècle, Husserl présentait comme une évidence phénoménologique originaire « l'expérience que la Terre ne se meut pas », quels que soient par ailleurs les enseignements de la science théorique depuis Copernic. Maintenant, la Terre est devenue, pour les cosmonautes et les téléspectateurs, un objet parmi d'autres, fragile, périssable. L'histoire de l'homme peut agir sur l'histoire de la nature et en modifier le cours. D'où une nouvelle éthique à l'égard de la Terre. Il en est de même à l'égard de la vie : les hommes s'efforcent de définir de nouveaux droits pour la modifier, pour la limiter, et assurer leur survie malgré l'explosion de la démographie. Enfin une page entière de l'histoire a été tournée : le XXe siècle, comme « âge classique de la guerre » selon Nietzsche, est révolu. Les philosophes s'interrogent sur l'organisation et le rôle des États, sur la liberté des individus et des peuples, bref sur le sens de l'histoire mondiale.

C'est pour en tenir compte que cette nouvelle édition a été conçue.

a

Abélard (Pierre), philosophe et théologien français (Le Pallet, près de Nantes, 1079 — prieuré de Saint-Marcel, près de Chalon-sur-Saône, 1142). L'histoire de son amour avec Héloïse, nièce du chanoine Fulbert, qui s'achève avec le drame de son émasculation par des misérables que Fulbert avait soudoyés, constitue, selon Bergson, la première image que notre culture possède de l'amour romanesque. Héloïse prit le voile au monastère d'Argenteuil, et Abélard, après avoir repris quelque temps ses cours publics sur la montagne Sainte-Geneviève, à Paris, finit sa vie dans le silence et la solitude. Il reste célèbre dans la philosophie pour avoir lutté, à son époque, contre l'asservissement des esprits à l'Église, pour avoir développé une théorie originale de la connaissance : le conceptualisme, qui concilie à la fois le rationalisme et le goût du concret propre à l'empirisme; pour sa morale moderne, à la fois individualiste et humaniste.

On lui doit notamment : *Sic et non* (1121), *Dialectique* (1121), *Introduction à la théologie* (1125). Les *Lettres* d'Abélard et d'Héloïse ont été traduites en 1870 par Octave Gréard; on lira l'histoire de leur amour dans *Héloïse et Abélard* d'Étienne Gilson (1948).

aberration, déviation.

Se dit de toute fonction détournée de son but naturel : c'est une aberration des sens qui porte l'hydropique à boire; c'est une aberration de l'adaptation qui porte certains chevaux du Colorado à se nourrir d'une plante qui les empoisonne. La vie psychologique normale se caractérisant par l'attention au réel, la notion d'aberration désigne, plus particulièrement, tout état de désadaptation psychologique, toute absence passagère de l'attention au réel. En toute rigueur, on distingue l'*aberration*, qui est un trouble passager (dû, par exemple, à une grande émotion, à une grande fatigue, qui peuvent provoquer en l'individu un état d'« oubli » et de « désadaptation » momentanée), et la *déviation*, qui, quant à elle, est permanente et organique.

aboulie, diminution ou abolition de la volonté.

Une décision volontaire importante ne saurait être l'expression immédiate d'une tendance; elle est précédée d'un moment d'« absence totale de vouloir » par lequel l'individu fait le calme en lui avant de se décider lucidement. Cet état de « volonté » (c'est-à-dire de non-volonté) est un état normal et se différencie très nettement de l'état d'*aboulie*, qui se traduit par une incapacité permanente à vouloir : soit à se décider, soit à exécuter.

Parmi les abouliques, il faut ranger : 1° ceux qui n'ont pas d'initiative, qui ne peuvent que suivre les autres (parmi lesquels le révolté verbal, incapable de passer à l'action); 2° les inhibés (les timides); 3° tous les instables, qui changent continuellement de projet. L'aboulie, c'est-à-dire, au fond, l'absence de personnalité, provient souvent d'une « protection » exagérée des parents à l'égard de l'enfant, ou d'une autorité paternelle trop puissante; elle peut être liée à certains « complexes » de l'individu, à des échecs initiaux dans l'ordre sentimental ou professionnel. La cure psychanalytique peut apporter une amélioration, encore que le seul remède ne puisse venir que de l'expérience de la vie et du hasard d'une réussite.

abréaction, toute réaction psychologique de défense.

Désigne plus particulièrement cette réaction humaine qui consiste à se libérer d'une émotion, à la raconter afin de se délester d'un trouble personnel qui, sinon, pourrait être durable et finir par rompre l'équilibre de la personnalité.

absolu (du lat. *absolutum*, séparé), indépendant de toute autre chose.

Le problème de l'absolu est le problème fondamental de la philosophie : l'être existe-t-il en soi, indépendamment de la pensée qui le pense? Une philosophie est *réaliste* dans la mesure où elle répond par l'affirmative (Parménide, Platon, Spinoza, Schelling), *idéaliste* dans le cas contraire (Fichte, Hegel), *agnosticiste* si elle refuse d'y répondre (Kant). Il est certain que la recherche de l'absolu, c'est-à-dire de quelque chose d'*autre que nous-mêmes*, en quoi nous pourrions nous perdre, est le moteur de tout travail intellectuel, et même, disait Hegel, de toute action humaine. « La réflexion philosophique, écrivait-il, nous conduit à l'absolu, mais elle requiert une patience et un travail infinis. La foi religieuse, l'amour romanesque, le suicide ne sont qu'une impatience de l'absolu. » Il semble cependant que, sauf en certains instants privilégiés, l'homme ne puisse jamais sortir de lui-même. À la suite de Fichte, on a distingué l'absolu en soi (impossible à atteindre) et toute relation à l'absolu, notre affirmation de l'absolu — ou Verbe de Dieu — que l'homme peut *réaliser* dans la réflexion philosophique.

Cette réalisation caractérise ce que l'on appelle le *savoir absolu :* il ne désigne point un savoir *total*, englobant toutes les choses qui existent dans l'univers, c'est un savoir de ce qu'il y a de plus haut, un savoir où l'homme s'identifie, dans l'exercice de sa pensée, à ce qui n'est pas lui (à l'être). C'est en ce sens que Hegel a défini le savoir absolu par l'« identité de la pensée et de l'être ». En fait, toute action humaine, toute découverte affective dans l'ordre de la pensée comportent une part de création subjective et une part de révélation objective, une part qui vient de nous-mêmes et une qui vient de l'être; l'absolu est *présent* en toute action effective, dans le bonheur d'agir ou de découvrir. Mais seule la réflexion philosophique nous permet d'avoir une connaissance de ces moments privilégiés.

abstrait, ce qui est isolé et considéré à part.

Par exemple, l'idée générale de « chien » est une idée abstraite dans la mesure où la réalité ne nous présente que des chiens particuliers, de telle et telle race, de telle et telle taille; l'idée abstraite évoque ici une configuration générale. On distingue l'*abstraction,* qui n'est qu'une idée; et l'*entité*, qui possède une réalité : une « entité supranationale », ou la « justice » (dont l'idéal semble correspondre à une réalité dans le cœur de tout homme). Autre exemple : l'art abstrait isole l'élément affectif ou sentimental d'une perception de tout élément figuratif. Dans la réalité, c'est une « personne » ou un « lion » qui nous fait peur; l'art abstrait ne représentera pas un lion ou une personne, mais voudra exprimer directement le « sentiment de peur » par le simple jeu des couleurs et des proportions; on parle encore d'art « non figuratif ». C'est à partir de 1910 que cette forme d'art est apparue en Europe, et d'abord avec les artistes russes Wassili Kandinsky, Malevitch, Sonia Delaunay; en France, avec Robert Delaunay, Auguste Herbin; aux Pays-Bas, avec Van Doesburg; en Italie, avec Alberto Magnelli.

absurde, qui est dépourvu de sens.

L'expérience de l'absurde serait, selon Sartre et Camus, l'expérience authentique de l'*existence*. L'absurde a pris tour à tour, dans la philosophie existentialiste, l'aspect de l'« angoisse » chez Heidegger, l'absence de toute raison valable de vivre chez Sartre, de l'incohérence de notre condition chez Camus, d'« échec fatal » chez Jaspers. Toutefois, Sartre*, à la suite de Camus*, en vient à voir dans l'action le seul refuge contre l'absurde et la seule manière de donner un sens, fût-il partiel, à notre existence. Le « mythe de Sisyphe », dont Camus a fait un de ses thèmes de méditation, conte l'histoire d'un homme condamné à pousser un rocher en haut d'une colline, d'où ce rocher retombe sans cesse au bas de la pente ; il illustre le sentiment de l'absurdité d'une existence qui requiert toujours notre effort, en appelle à notre volonté, sans pouvoir être réglée et réalisée une fois pour toutes. Le sentiment de l'« absurde » implique une révolte sourde que ne connaît point le « scepticisme », qui considère le non-sens de la vie et des choses avec une certaine sérénité.

Académie, école philosophique fondée dans les jardins voisins d'Athènes par Platon*, et qui dura du IVe au Ier siècle av. J.-C.

On distingua, d'après les variations que subit la doctrine de Platon, l'*Ancienne Académie* (Speusippe, Xénocrate) et la *Nouvelle Académie* (Arcésilas, Carnéade).

accident, événement fortuit.

En philosophie, s'oppose à la *substance* : l'accident est ce qui peut avoir lieu ou disparaître sans destruction de la substance. Par exemple, un accident de la vie est un événement qui ne transforme pas notre personnalité : l'individu le considère comme un fait contingent et purement matériel, sans rapport avec ses raisons d'être profondes.

acculturation (lat. *ad* : rencontre de cultures), désadaptation due à un changement de milieu (géographique, professionnel ou social).

L'acculturation est un phénomène propre à tous les émigrants qui ont perdu leur milieu culturel et n'en ont pas encore retrouvé un, aussi bien qu'aux « nouveaux riches » qui changent brutalement de milieu social tout en gardant la mentalité d'un autre milieu. L'acculturation peut être le phénomène d'une société tout entière : tels les anciens pays colonisés d'Afrique, qui ont perdu leurs valeurs et leur culture traditionnelles sans retrouver dans la culture occidentale des valeurs correspondant exactement à leurs goûts, à leurs sentiments, à leurs aspirations spécifiques. L'acculturation se traduit par un déséquilibre psychologique et une perte des valeurs sociales (d'où une tendance à la « délinquance » chez les nouveaux émigrés ; le sentiment d'une non-intégration sociale et une perte du sens du réel pouvant aller jusqu'à la névrose [psychasthénie]).

Achille et la tortue, argument de Zénon* d'Élée pour prouver l'impossibilité du mouvement.

Il démontre qu'Achille ne rattrapera jamais une tortue qui est partie avant lui, car, pour la rattraper, il devrait d'abord arriver au point où se trouvait la tortue quand il a commencé à courir, puis au point où, pendant ce temps, celle-ci est arrivée, et ainsi de suite à l'infini. À cet argument, Aristote répondait que le mouvement même n'est pas divisible ni concevable en termes d'espace ; il consiste précisément à « franchir la limite » spatiale : en d'autres termes, le mouvement est une réalité « qualitative » que l'on sent et que l'on réalise, mais qui reste impossible à représenter rationnellement.

acquis (l'), connaissances ou idées acquises par l'expérience ou par l'étude.

La théorie selon laquelle l'esprit humain est à l'origine une « table rase » sur laquelle s'inscrivent toutes les données de l'expérience (les connaissances ne procéderaient que de l'expérience, et les principes de la raison se réduiraient à des habitudes) se nomme l'*empirisme* : tout ce qui est dans l'esprit est acquis (Locke, Hume). Elle s'oppose aussi bien à l'*innéisme* de Descartes qu'au *rationalisme* de Kant. (Contr. **inné**.)

ACTIVITÉ	**animale**	*réflexe* (simple réaction à un excitant). *instinct* ou *tendance* (impulsion à agir d'une certaine manière).
	humaine *habitude*	acquise par répétition de l'acte.
		acquise volontairement, l'action étant devenue par la suite inconsciente.
	action volontaire (action consciente qui exprime un choix de la personnalité)	le désir dominant emporte la décision.
		activité rationnelle.
		activité morale.
		activité créatrice.

action, **manifestation d'une force matérielle ou d'une idée : l'action d'une personnalité.**

La *morale* traite de l'ensemble des problèmes que l'homme se pose, depuis toujours, au sujet de son action. Elle répond à la question : Que dois-je faire ? Quelle est la destination de l'homme dans le monde ? Il existe deux réponses principales ; selon l'une (« eudémonisme » d'Épicure), la fin dernière de l'homme est le *bonheur* ; selon la seconde (« rigorisme » de Kant), cette fin dernière est la *vertu*. La *philosophie* étudie le problème de la *valeur* de l'action ; l'essence de l'homme est-elle d'agir (Kant ; première philosophie de Fichte : « agir, agir, voilà notre raison d'être ici-bas » ; marxisme : « la philosophie a pensé le monde ; il s'agit maintenant de le faire » ; existentialisme) ou est-elle de penser (Platon, Aristote, Hegel ; Heidegger : « Le philosophe est l'oiseau de Minerve qui, fatigué des passions du jour, se retire dans la spéculation ») ? On distingue donc, à ce sujet, les philosophies « engagées », qui, aujourd'hui, se réclament toutes plus ou moins du marxisme, et les philosophies « spéculatives », qui se réclament volontiers de Platon ou de Hegel. — La *psychosociologie* peut étudier les conditions de l'action efficace (action sur les masses, éducation des peuples et des foules, démagogie, publicité). Du point de vue psychologique, on distingue deux formes fondamentales de l'action : 1° le jeu ou l'art ; 2° le travail. Les deux premiers sont une action *libre*, le second une action *contrainte* et *réglée*.

actives **(méthodes), méthodes pédagogiques visant à développer l'initiative des élèves et leur travail personnel.**

L'esprit de ces méthodes, qui, en France, préside à la réforme de l'enseignement, vise à faire droit à la diversité des formes d'intelligence. Elles consistent pratiquement : 1° à faire parler l'élève pour juger de sa « personnalité » au lieu de juger anonymement son érudition en fonction de son « écrit » ; 2° dans l'utilisation de procédés pédagogiques vivants tels les films, la télévision scolaire, etc., avec débats oraux. Ces méthodes, qui visent à former des têtes « bien faites » plutôt que « bien pleines » (Montaigne), ont été étudiées et pratiquées systématiquement d'abord par Pestalozzi (Zurich 1746 — Brugg 1827).

activité, **puissance d'agir.**

On distingue psychologiquement différents niveaux de l'activité humaine selon le degré de conscience qu'elle comporte → **tableau ci-dessus.**

adaptation, **appropriation d'un être à un autre être ou au milieu dans lequel il vit.**

Il existe deux grandes théories biologiques de l'adaptation : 1° celle de Darwin, qui insiste sur l'action du milieu, sur son pouvoir de sélectionner les organismes les mieux adaptés ; 2° celle de Lamarck, qui insiste au contraire sur l'action de l'organisme pour s'adapter. Par exemple, selon Darwin, lorsque les terres d'Afrique se sont desséchées et que les feuilles des arbres sont devenues de plus en plus hautes (palmiers), seuls ont subsisté les animaux à long cou (girafes) ; les autres espèces sont mortes. Pour Lamarck, ce sont les animaux qui, à force de chercher en hauteur, ont vu, au cours de milliers de générations, leur cou s'allonger et sont « devenus » girafes. D'une façon générale, ce sont les problèmes suscités par l'adaptation au monde et, selon Bergson, une défaillance de l'adaptation « instinctive » qui ont éveillé l'intelligence de l'homme : construction de maisons pour se défendre du froid, d'armes pour se défendre des bêtes. La psychologie, et notamment la psychanalyse, peut être un instrument utile pour s'adapter aux autres hommes et mener une vie socialement adaptée.

Au niveau des relations humaines, l'adaptation se définit par le pouvoir de converser avec autrui et de le comprendre, au lieu de s'opposer à lui (conflit, jalousie, sentiment d'infériorité ou de supériorité qui nous conduit à vouloir « maîtriser » autrui, etc.).

Adorno (Theodor Wisengrund), philosophe, sociologue et musicologue allemand (Francfort-sur-le-Main 1903 — Viège, Suisse, 1969). Après des études de musique, il rejoint l'école de Francfort, dont il développe le programme de « théorie critique de la société ». Son esthétique confère à l'art une fonction de protestation contre l'ordre social. Outre ses études sur Kierkegaard, Hegel, Husserl, on lui doit la *Dialectique de la raison* (1947), la *Dialectique négative* (1946), les *Minima Moralia* (1951). Il laisse inachevée une monumentale *Théorie esthétique* (1970). → **Francfort (école de).**

Aenésidème, en gr. Ainesidêmos, philosophe grec (Cnossos Ier siècle apr. J.-C. ?). Il enseigna à Alexandrie et marqua l'histoire du scepticisme. On lui doit une mise en forme des principaux arguments qui militent en faveur du scepticisme, appelés les *dix Tropes*.

affectivité, ensemble des sentiments ; ce que l'on appelle communément l'ordre du « cœur » en l'opposant à l'ordre de la « raison ».

On distingue les sentiments liés à un état de passivité et ceux qui sont liés à l'action. La psychologie moderne voit dans l'affectivité l'ensemble des liaisons innées ou acquises qui unissent l'être vivant à son milieu, l'expression profonde par où le moi se relie à la vie. C'est ainsi que l'individu doit « sentir » les nourritures qui sont bonnes pour lui et celles qui peuvent lui nuire ; il sentirait aussi bien les approches de la mort ou d'une grande maladie (tel l'« Idiot » de Dostoïevski, qui pressent, dans un certain état de calme euphorique, l'imminence d'une crise d'épilepsie ; tel le cygne qui chanterait avant de mourir). L'affectivité n'est pas seulement la source immédiate de toutes nos affections, mais aussi, semble-t-il, de toutes nos idées.

En philosophie, les penseurs les plus rationnels (Platon, Descartes, Leibniz, Spinoza, Fichte) ont reconnu le rôle des motivations inconscientes et affectives dans le développement et l'orientation de la réflexion ; la présence de Dieu ou de l'infini en nous peut être ressentie, mais non connue objectivement. On ne doit pas confondre l'*affectivité* (ensemble des sentiments) avec la *sensibilité* (ensemble des sensations).

agapé, amour-charité.

L'agapé ne désigne pas seulement un précepte de morale ; elle évoque une forme de bonheur qui résulte de la participation à la vie divine ; son sens premier est religieux. (On doit son usage philosophique à saint Paul.)

âge, temps écoulé depuis la naissance.

On distingue l'*âge objectif* et l'*âge psychologique* : le temps passe beaucoup plus lentement dans l'enfance que dans la maturité ; du point de vue de ce que nous ressentons, psychologiquement, l'âge de 17 ans et demi constitue le milieu d'une vie humaine de 75 ans. — *L'âge mental* définit le rapport existant entre l'intelligence d'un individu et son âge réel. On le mesure à l'aide de tests qui déterminent le quotient intellectuel (Q.I.). Par exemple, on pose une série de problèmes du type d'une construction de Meccano, ou d'arithmétique élémentaire, ou de combinaisons d'objets complémentaires (couteau, fourchette, etc.), qui sont résolus par les sujets normaux d'un âge chronologique déterminé (par exemple, 10 ans). Si un enfant de 8 ans les résout, son intelligence est qualifiée de « précoce » (son âge psychologique est de 10/8 = 1, 25; la moyenne est 1); si un enfant de 12 ans réussit tout juste à les résoudre, son Q.I. est de 10/12 = 0, 83, inférieur à la normale.

agnosticisme, doctrine ou attitude philosophique qui déclare l'absolu inaccessible à l'esprit humain.

Expression générale d'un esprit positif en matière d'expérience, sceptique en matière religieuse et métaphysique (Kant, A. Comte). L'agnostique s'oppose aussi bien au « gnostique » (qui exalte la croyance irrationnelle) qu'au « dogmatique » (qui affirme la vérité absolue de ses raisonnements rationnels).

agressivité, tendance à l'attitude offensive, à l'attaque (du lat. *adgresi*, « aller vers »).

Freud, qui a le premier dégagé cette notion et y a vu l'une des tendances ou « pulsions » fondamentales de l'homme, n'en a retenu que l'aspect négatif de violence et de destruction; les psychologues modernes tiennent également compte de l'aspect positif de l'agressivité : l'homme normalement doué d'agressivité est apte à « faire front » et, même à l'état statique, son tonus vital le prédispose à entreprendre (ce que le langage courant traduit par l'expression imagée : se sentir « d'attaque »).

L'agressivité peut susciter de grandes créations : on raconte que Michel-Ange ne pouvait créer que dans un état d'agressivité frénétique. L'agressivité serait le premier moment de toute action, comme le bonheur et le sentiment de la grâce correspondraient au dernier moment de l'action accomplie ou de l'œuvre achevée.

Agrippa, philosophe grec (fin du Ier siècle – début du IIe siècle apr. J.-C.). Ce critique de l'école aristotélicienne synthétisa en cinq points, les dix raisons de douter exposées par Aenésidème. Il fonda « l'école d'Agrippa ».

Ainsi parlait Zarathoustra *(Also sprach Zarathustra)*, poème philosophique en prose et en quatre parties (1883-1885), de F. Nietzsche*, où l'auteur développe sa doctrine du Surhomme.

Alain (Émile Chartier, dit), philosophe français (Mortagne-au-Perche 1868 – Le Vésinet 1951). Célèbre professeur au lycée Henri-IV, où il exerça une profonde influence sur l'esprit des futurs normaliens, il est l'auteur des *Propos*, des *Entretiens au bord de la mer*, des *Dieux*, du *Système des beaux-arts*, etc. Sa manière d'exprimer ses pensées en de courts « propos » a détourné certains critiques, qui le traitèrent de « pense-petit », d'étudier sérieusement son œuvre philosophique. En fait, la modestie des *Propos* est un peu une réplique à celle des *Essais* de Montaigne. En une pensée toujours concrète, il développe une théorie tout à fait kantienne de la connaissance perceptive; sa doctrine de l'imagination créatrice a inspiré *l'Imaginaire* de Sartre. Son humanisme cartésien, son style imagé et concis, riche de formules séduisantes, en font l'un des philosophes les plus lus du grand public.

Alexander (Samuel), philosophe australien (Sydney 1859 – Manchester 1938). Il a enseigné à l'université de Manchester de 1893 à 1924. Son ouvrage principal, *Espace, temps et Déité* (1920) cherche à concilier hégélianisme et évolutionnisme. Il parvient à un *réalisme de l'espace-temps*, qui n'a aucun rapport méthodologique avec la théorie d'Einstein. On lui doit la célèbre distinction entre l'acte mental qui « contemple » (*to comtemplate*) et l'acte lui-même qui est « goûté » (to enjoy). On lui doit également : *Ordre moral et progrès* (1892), *Spinoza et le temps* (1921).

Alexandre d'Aphrodisios, philosophe latin (fin du IIe siècle – début du IIIe siècle apr. J.-C.). Il consacra son œuvre à commenter Aristote (notamment la *Métaphysique*, les *Topiques*). Ses commentaires eurent une importance considérable au Moyen Âge, en particulier auprès de saint Thomas d'Aquin. Il a écrit des œuvres personnelles : *Du Destin* dédié aux empereurs Sévère et Antonin (Caracalla), *De l'âme* (dont il ne reste que deux livres), *De la Providence* (perdu). Il condamne la conception d'un dieu immanent au profit d'un dieu transcendant.

aliénation, privation d'un droit ou d'une qualité.

L'*aliénation mentale* n'a plus, à l'heure actuelle, un sens psychologique, mais social. Elle désigne la privation du sens social, l'impossibilité de mener une vie normale. La vie anormale peut être celle du génie ou simplement de l'étranger qui arrive dans notre société (le lat. *alienus* signifie simplement « autre, étranger »). Le terme d'*aliéné* au sens clinique, pour désigner un « fou », n'évoque rien d'autre que son caractère d'« étranger » à la normale et aux habitudes sociales qui nous sont particulières.

L'*aliénation ouvrière*, sur laquelle a insisté le marxisme*, désigne simplement le fait de n'être pas propriétaire du produit de son travail : l'ouvrier est aliéné parce qu'il est traité comme une chose, comme un instrument de travail, et n'est pas « intéressé » personnellement par un travail dont le produit et le bénéfice lui échappent.

allemande (philosophie), désigne, presque exclusivement, la période (fin XVIIIe – début XIXe s.) qui va de Kant à Hegel, et constitue la grande époque de l'idéalisme* allemand (Kant, Reinhold, Maïmon, Fichte, Jacobi, Schelling, Hegel). Cette période fut précédée, au XVIIe siècle, par la philosophie de Leibniz, réexposée et vulgarisée par Wolff. Elle fut suivie, au XIXe siècle, par le développement du néo-kantisme*, qui s'efforce d'approfondir la théorie kantienne de la connaissance et de l'adapter aux formes de la science moderne (l'école de Marburg* : H. Cohen, P. Natorp, E. Cassirer); par celui de la philosophie des valeurs de l'école de Bade* (Lotze, H. Rickert); par la naissance de la phénoménologie* avec Edmond Husserl. On notera, au début du XXe siècle, l'œuvre profonde d'E. Lask, qui tente de faire la synthèse du criticisme kantien et de l'intuitionnisme de la phénoménologie; la philosophie de la nature de Nicolaï Hartmann; le renouveau de l'idéalisme allemand avec Arnold Gehlen; la philosophie de l'être de Martin Heidegger; et la philosophie de l'existence de Karl Jaspers. D'une manière générale, la philosophie allemande est marquée, tout au long de son histoire, par un double désir d'approfondissement, qui se développe parfois au prix de la clarté des idées et trouve son origine dans la mystique de Maître Eckart (XIIIe-XIVe s.) et de J. Bœhme (XVIe s.), et de la clarté analytique propre à l'esprit allemand. On peut distinguer, dans cette histoire, les *rationalistes*, qui s'inspirent de la seconde tendance (Leibniz, XVIIe s.; Kant, Fichte, XVIIIe-XIXe s.; Husserl, E.*Lask, XXe s.), et les *romantiques*, qui s'inspirent de la première (Schelling, Hegel, Heidegger).

alternative, système de deux propositions telles que la vérité de l'une entraîne la fausseté de l'autre, et réciproquement.

Les célèbres « antinomies » de Kant sont des exemples d'alternatives : « La matière est composée d'éléments insécables, ou elle est divisible à l'infini. » « Le monde a été créé, ou il existe de toute éternité. » Entre les deux propositions d'une alternative, il n'y a pas de milieu; c'est pourquoi, si l'on pouvait prouver la fausseté de l'une, la vérité de l'autre serait établie. Par extension, ce terme désigne la situation dans laquelle on ne peut choisir qu'entre deux partis. Ainsi est-il parfaitement incorrect de dire : « avoir le choix entre deux alternatives ».

Althusser (Louis), philosophe français (Birmandreis, Algérie, 1918 – Le Mesnil - Saint-Denis 1990). Agrégé de philosophie en 1948, agrégé-répétiteur de philosophie à l'École nationale supérieure, membre du parti communiste depuis 1948, il a consacré sa réflexion à la théorie marxiste. Il a nettement distingué les œuvres de jeunesse de Marx, directement influencées par Hegel, et le marxisme proprement dit, qui ne commence qu'avec *le Capital.* Il rejette comme non scientifique la notion d'aliénation développée par le jeune Marx et emprunte à Freud la catégorie de surdétermination. Son apport essentiel est d'avoir renouvelé la description classique de l'État, en lui intégrant, sous le nom d'*appareil idéologique d'État*, les institutions comme la justice, l'éducation, la famille. Il a notamment écrit *Pour Marx* (1965), *Lire « le Capital »* (1965), *Philosophie et philosophie spontanée des savants* (1967), *Lénine et la philosophie (1969).*

altruisme, terme créé par A. Comte vers 1830 pour désigner le souci désintéressé du bien d'autrui.

Ses éléments sont : l'attachement, la vénération, la bonté. Le problème psychologique est de savoir si l'altruisme est une tendance naturelle, un instinct, ou s'il résulte nécessairement de la réflexion, comme l'abnégation. En fait, l'altruisme (comme l'égoïsme, qui est son contraire) suppose la constitution de la personnalité, la formation de la conscience individuelle. Il n'y a donc pas d'instinct originaire : nous sommes responsables de notre altruisme comme de notre égoïsme. Il est un principe de la conduite morale (opposé à l'hédonisme* et, dans une certaine mesure, à l'utilitarisme*).

ambiguïté, double sens d'un mot, d'une expression ou d'une pensée.

Le système de Merleau-Ponty est une *philosophie de l'ambiguïté,* dans la mesure où l'homme authentique y est à la fois celui qui pense et celui qui agit, celui qui se retire du monde et celui qui s'engage.

ambivalence, possibilité pour un sujet de ressentir en même temps et dans une situation donnée deux sentiments opposés.

C'est Dostoïevski qui a révélé, dans la littérature, le caractère profondément ambivalent de l'âme humaine, qui aspire à la pureté dans le moment même où l'individu s'adonne à la débauche, qui hait au moment où elle aime, etc.

âme, principe de vie, siège des pensées et des sentiments.

Ces deux sens se distinguent à partir de l'Antiquité hébraïque *(âme organique* et *âme pensante)* et romaine *(animus* et *anima).* La réduction du second sens au premier constitue le *vitalisme*; la réduction du premier au second, le *spiritualisme* (Platon, Leibniz, Hegel). Le problème de l'union de l'âme et du corps a été traité par Descartes; celui de l'immortalité de l'âme a été développé d'une manière exceptionnelle dans le *Phédon* de Platon.

amnésie, diminution ou perte de la mémoire.

Peut désigner soit l'impossibilité de retenir *(amnésie de fixation),* soit l'impossibilité de se rappeler en temps voulu *(amnésie d'évocation).* L'amnésie peut provenir d'un choc cérébral, trouble psychologique, épilepsie, hystérie; dans ce cas, un autre choc psychologique peut être requis pour faire disparaître les effets du premier : un contre-choc émotionnel; mais, en général, il vaut mieux procéder par l'analyse psychologique des associations d'idées (ou psychanalyse), car l'oubli est généralement lié au « refoulement » d'un événement auquel l'individu n'arrive pas à s'adapter. L'amnésie se trouve liée à toute détérioration mentale (démence, paralysie générale, schizophrénie).

amoralisme, négation de toute morale universelle.

L'*amoral* n'est pas l'*immoral*; c'est celui qui n'a aucune conscience du bien et du mal, aucune conscience de l'existence même de jugements moraux. Nietzsche a montré que l'amoralisme au sens social est l'état ordinaire des grands créateurs; et Bergson, dans *les Deux Sources de la morale et de la religion,* a souligné que ceux qui ont été considérés en leur temps comme de « grands criminels » pour avoir honoré d'autres valeurs ou d'autres dieux que ceux de la cité (tels Socrate et le Christ) étaient en fait les plus grands moralistes de l'humanité. En conclusion, il faut distinguer l'*amoralisme social,* qui est l'absence du sens des conventions, et l'*amoralisme absolu,* qui est l'absence totale du sens des valeurs humaines en général.

amorphe, type de caractère dont les composantes fondamentales sont l'absence d'émotivité, l'absence d'activité et l'absence de retentissement profond, dans la personnalité, des événements qui arrivent (exemple : Louis XV).

Il n'y aurait pas d'exemple historique d'un tel caractère, disait Le Senne, non plus que du caractère « apathique », si la monarchie n'avait pas été héréditaire. Les « amorphes » sont, en effet, ceux qui précisément n'auraient jamais fait spontanément parler d'eux-mêmes.

amour, mouvement du cœur qui nous porte vers un être, un objet ou une valeur universelle.

C'est ainsi que Platon, dans le dialogue *le Banquet,* distingue différents degrés de l'amour, selon qu'il se rapporte à un individu concret, à une idée générale (par exemple, l'amour de valeurs nationales ou professionnelles, l'amour de la science, etc.) ou à la lumière de la Vérité (amour qui requiert toute une initiation philosophique et religieuse). En ce qui concerne l'amour se rapportant aux individus, les philosophes scolastiques distinguaient justement l'*amour de bienveillance,* qui désire le bien d'autrui, et l'*amour de concupiscence,* qui désire simplement s'approprier autrui ; seul le premier possède une valeur morale.

Du point de vue psychologique, l'amour se forme par un phénomène de « cristallisation », qui a été décrit par Stendhal *(De l'amour)* et qui est analysé comme une fixation progressive de la joie que nous procure le commerce avec une personne déterminée ; Stendhal oppose cet amour vrai au « coup de foudre », qui est, le plus souvent, destiné à disparaître aussi vite qu'il est advenu.

Du point de vue moral, l'amour est en général défini comme une tendance opposée à l'égoïsme. « Le véritable amour, écrivait Tolstoï, a toujours pour base le renoncement au bien individuel. » Les moralistes chrétiens y voient la source de la vertu suprême, qui est la « charité ». Le problème philosophique est de savoir si l'amour peut être un moyen de connaissance (Platon ; Spinoza : « L'amour intellectuel de Dieu naît du troisième genre de connaissance » ; Fichte en 1806), ou s'il est un aveuglement de l'esprit (Descartes : « L'amour est une passion qui peut être excitée en nous sans que nous apercevions en aucune manière si l'objet qui le cause est bon ou mauvais » ; Nietzsche ; Schopenhauer : « L'amour n'est qu'un piège tendu à l'individu pour perpétuer l'espèce »).

analyse, décomposition d'une donnée en ses principes ou en ses éléments.

L'analyse est, avec la synthèse, un des procédés les plus généraux de la pensée. Dans les sciences du monde (physique, chimie), elle consiste à passer du visible compliqué à l'invisible simple. C'est le besoin d'analyse qui a animé toute recherche des éléments premiers des choses, depuis Démocrite et Épicure jusqu'à la microphysique moderne.

Dans le domaine de l'âme humaine, l'analyse psychique (psychanalyse) recherche derrière les conduites de l'homme, et surtout derrière ses échecs dans la vie, une motivation profonde qui tient à l'existence de « complexes », c'est-à-dire à une inadaptation au réel. Elle retrouve cette motivation notamment par l'analyse des rêves, où l'inconscient se manifeste d'une manière systématique.

L'analyse réflexive porte sur les conditions et la structure de la pensée ; son objet est d'arriver à la connaissance de la nature originelle de l'esprit et, fondamentalement, de résoudre le problème de la liberté absolue ou de la prédestination. Elle a été pratiquée, notamment, par Spinoza dans l'*Éthique,* livre II ; par Fichte, par Lagneau et par A. Gehlen.

analytique (philosophie). → **Néopositivisme.**

Analytiques **(Premiers et Seconds),** parties de l'*Organon** d'Aristote*, où se trouve exposée sa logique dont, notamment, la théorie de la déduction et du raisonnement rigoureux (syllogisme), dans la forme qu'il a toujours conservée. Comme le disait Kant : « Depuis Aristote, la logique formelle n'a pas fait de progrès. »

anarchie, état d'un peuple qui n'a pas ou n'a plus de gouvernement.

Platon définissait l'anarchie comme un cas limite de la démocratie : lorsque chacun veut imposer sa volonté au pouvoir, et que le gouvernement, par souci de sa popularité, veut faire plaisir à chacun, c'est alors qu'advient l'anarchie, d'où sort naturellement la tyrannie. C'est, en général, le cas lorsque le gouvernement n'a plus l'autorité nécessaire pour arbitrer d'une manière décisive les antagonismes politiques, économiques ou sociaux.

L'*anarchisme* est une attitude fondée sur le refus systématique de tout pouvoir établi et sur l'affirmation qu'il n'y a rien de supérieur aux valeurs individuelles. Proudhon*, qui préconisa la suppression de la propriété privée et du gouvernement, est considéré comme le « père de l'anarchisme »; mais ce sont surtout les Russes Bakounine* et Kropotkine qui ont tiré les conséquences les plus radicales de l'anarchisme : « Détruire tout ce qui existe sans distinction et aveuglément, avec cette seule pensée : le plus possible et le plus vite possible. » Les anarchistes se définissent finalement comme des « nihilistes », soucieux seulement de détruire et non de construire, des révoltés incapables d'être de véritables révolutionnaires.

Anaxagore, philosophe grec (Clazomènes 500 av. J.-C. – Lampsaque 428). Auteur d'un traité *Sur la Nature*, où il développe une théorie des atomes (« homœoméries ») comme « germes des choses », il fut le premier philosophe, selon Socrate (dans le *Phédon* de Platon), à concevoir l'idée d'une finalité dans la nature : « Au début était le chaos, écrivait-il, puis vint l'intelligence, qui mit tout en ordre. »

Anaximandre, philosophe ionien (Milet v. 610 – 547 av. J.-C.). Disciple de Thalès, il succéda à celui-ci à la tête de l'école ionienne*, à Milet. On n'a de lui que des fragments insignifiants. Mais il aurait le premier dressé une carte du monde et reconnu que les étoiles tournent autour de l'étoile polaire. Il explique le monde, qu'il nomme l'*infini (apeiron)*, à partir de la séparation des contraires (tels le chaud et le froid, le sec et l'humide), qui ne font que se séparer lorsqu'ils se manifestent. Toute naissance est séparation des contraires; toute mort, leur retour à l'union dans l'infini. Ces conceptions annoncent celles d'Héraclite. C'est avec Anaximandre et trois autres philosophes de l'école ionienne (Thalès*, Anaximène* et Anaxagore*) qu'a débuté la science grecque, c'est-à-dire l'ensemble de la science occidentale.

Anaximène de Milet, philosophe ionien (v. 585 – 525 av. J.-C.). Disciple d'Anaximandre, c'est le dernier représentant de l'école de Milet. Aucune de ses œuvres n'a subsisté, et sa pensée n'est connue que par les écrits de Diogène Laërce. Il considérait l'air comme la source de toute vie. Selon qu'il se dilate ou se condense, le feu, l'eau, la terre se forment. Les réalités particulières surgissent des différences de densité de l'air. Pour Anaximandre, la Terre est une table plate posée sur de l'air, et les astres comme des clous fixés sur une sphère céleste englobant la Terre.

angoisse, peur indéterminée.

Se distingue de la *peur*, qui est toujours la peur « d'un objet »; l'angoisse ne se rapporte à aucun objet particulier, d'où son caractère global et plus profondément inquiétant : c'est tout le psychisme de l'individu qui est ébranlé. L'angoisse de la mort elle-même est extrêmement vague et n'est accompagnée d'aucune représentation précise, simplement d'un sentiment de chute et de « dissolution » de toutes nos représentations (Hegel). Le mot *angoisse* a pris dans la philosophie existentialiste le sens d'« inquiétude métaphysique » ressentie à travers les tourments individuels de l'homme. Elle lui révélerait l'irrationalité de sa situation, l'absurdité de sa vie.

animaux-machines **des).**

Théorie de Descartes, qui pensait que les animaux n'ont pas de psychisme et que leurs mouvements se réduisent à un ensemble de processus purement matériels (mécaniques et chimiques). « Les bêtes n'ont pas seulement moins de raison que les hommes, elles n'en ont point du tout » (*Discours de la méthode*, « Lettre à Morus », datée du 5 février 1649).

animisme, système qui considère chaque chose comme animée.

C'est une explication naturelle à l'homme d'attribuer une intention à chaque événement. D'où les notions primitives d'« esprits » bons ou mauvais, de « sorts », de « mana », etc., qu'il faut conjurer ou appeler par des prières, des sacrifices, des offrandes, dont les rites varient selon les sociétés. Cet animisme aboutit à la sorcellerie, à la magie* (dont l'objet est de dominer ou de détourner ces forces mystérieuses). Par un processus de personnification, il donne naissance au « fétichisme », puis aux diverses religions, en passant par le « polythéisme ». L'animisme identifie le principe de la pensée et celui de la vie organique (théorie psychologique de Stahl).

anormal, contraire à l'ordre habituel des choses.

La notion d'anormal est une notion éminemment sociale et psychologiquement mal définie. L'individu anormal n'est pas un individu inférieur, mais différent des autres. La notion disparaît d'ailleurs de la psychologie moderne, qui s'ouvre sur la diversité des formes d'esprits et d'intelligences. Du point de vue clinique, « anormal » ne signifie donc pas automatiquement « pathologique », c'est-à-dire « malade » ; l'anormal, c'est simplement ce qui est particulier, ce qui n'est pas la règle générale : il existe, en Afrique, certaines tribus dont tous les individus possèdent six doigts à chaque main et qui, pour être « anormaux », n'en sont pas moins parfaitement adaptés.

Anselme (saint), abbé du Bec (Normandie, 1078), archevêque de Canterbury 1093). (Aoste 1033 - Canterbury 1109).

Il exerça une profonde influence sur la pensée philosophique du Moyen Âge. Il définit la spéculation philosophique comme une explication de la foi (*fides quaerens intellectum*), et pose dans son ouvrage le plus célèbre, le *Proslogium,* la nécessité de croire pour comprendre. Mais il veut que l'on s'efforce ensuite de comprendre ce que l'on croit : « Ne pas faire passer la foi d'abord, c'est présomption; mais ne pas faire appel ensuite à la raison, c'est négligence ». C'est à Anselme que l'on doit l'argumentation de l'existence de Dieu appelée depuis « preuve ontologique » et qu'il a exposée dans le *Monologium* sous la forme suivante : « Nous avons l'idée d'un être parfait; or la perfection absolue implique l'existence; donc l'être parfait existe. » De là naîtra sa controverse avec Roscelin et Gaunilon, qui est l'un des points les plus importants de la scolastique. En fait, dans le *Proslogium,* ce n'est pas de la définition logique d'une idée qu'Anselme tire la notion d'existence; c'est la présence dans l'intelligence d'une intuition irréductible et infinie qui atteste « qu'on ne peut pas penser que Dieu n'existe pas ». C'est au nom d'un certain réalisme qu'Anselme rejoint la solution platonicienne de l'origine des idées.

anthropologie philosophique, étude philosophique de l'homme.

En métaphysique, on oppose l'*anthropologie* à l'*ontologie,* qui est l'étude philosophique de l'être. Une philosophie anthropologique est une philosophie humaniste. « Connais-toi toi-même et laisse la Nature aux dieux » (Socrate).

L'*anthropologie culturelle* étudie l'homme en société ; c'est un aspect de la sociologie. → **Homme, sociologie.**

Antiphon, sophiste grec (seconde moitié du ve siècle av. J.-C.). Il enseigna les mathématiques et tenta de réaliser, vers 430, la quadrature du cercle en inscrivant des polygones réguliers dans un cercle et en doublant indéfiniment le nombre de leurs côtés. Pour ce qui concerne la cosmologie ou science du monde, il affirma la valeur de la perception et de la pensée : « Les choses qui sont toujours vues et connues, alors qu'au contraire celles qui ne sont pas ne sont ni vues ni connues. » Il exerça aussi l'art de l'interprétation des rêves.

Antisthène, philosophe grec (Athènes v. 44 – 365 av. J.-C.), disciple de Socrate, fondateur de l'école cynique et maître de Diogène. Il fait consister le bonheur dans la pratique de la vertu, et la vertu dans l'indépendance complète à l'égard des choses extérieures. L'homme libre est celui qui a su vaincre ses passions et jusqu'à ses besoins. Il donne Héraclès comme le modèle de l'être vertueux.

apathique, type de caractère* dont les composantes fondamentales sont l'absence d'émotivité, l'absence d'activité et l'existence d'un retentissement profond, dans la personnalité, des événements qui arrivent (exemple : Louis XVI).

Apel (Karl Otto), philosophe allemand (Dusseldorf, 1922). Il enseigne à la Goethe Universität de Francfort. Il renouvelle la philosophie transcendantale kantienne en la détachant du sujet traditionnel pour l'ancrer dans les structures du langage de communication. Il propose une transformation de la philosophie qui consiste à trouver les conditions de possibilité de toute compréhension (soit : le transcendantal ou les a priori) non plus dans l'esprit du sujet mais dans « la communauté parlante ». Sa confrontation entre Wittgenstein et Heidegger vise à établir des liens entre le néo-positivisme logique, la philosophie analytique anglo-saxone et les traditions continentales de la phénoménologie, de l'existentialisme et de l'herméneutique. On lui doit notamment : *Transformation de la philosophie* (1973), *Penser avec Habermas contre Habermas, la Moralité du monde vécu peut-elle assurer à la « Théorie critique » un fondement normatif?* (1989 traduit en 1990).

aphasie, perte ou altération du langage, consécutive à des lésions cérébrales.

Cette perte atteint la compréhension du langage autant que son usage. Elle peut survenir chez des sujets d'intelligence normale et ne présentant aucun trouble de l'affectivité (c'est-à-dire la faculté d'éprouver des sentiments) ni aucune déficience de leurs facultés de percevoir et d'agir. On distingue l'*aphasie sensorielle,* qui se produit alors que les organes de la voix restent intacts, et l'*aphasie de Broca,* qui comporte une impossibilité d'articuler les sons. L'impossibilité de lire, d'écrire, de nommer ne sont que des variétés de l'aphasie. Celle-ci est liée, en général, à une lésion de l'hémisphère gauche du cerveau (chez les droitiers), qui entraîne souvent aussi une paralysie du côté droit. Seule la rééducation est susceptible d'améliorer l'état des aphasiques.

apodictique, se dit d'un énoncé nécessaire, qui ne peut être nié.

Pour Kant, les jugements sont « apodictiques » quand on regarde l'affirmation et la négation comme « nécessaires ». Par exemple, « tout cercle a un centre ». L'attribut découle nécessairement du sujet. (*Critique de la Raison pure,* I, 1, 1.).

Chez Husserl, se dit de toute vérité absolument évidente, c'est-à-dire dont il est impossible de douter.

Kant oppose *apodictique* à *assertorique** et à *problématique**.

apollinien, semblable à Apollon, dieu du Soleil et de l'Harmonie.

Mot inventé par Nietzsche, qui l'oppose à *dyonisiaque* (de *Dyonisos,* dieu du Vin) pour désigner les deux aspects contradictoires de l'esprit humain : le dyonisiaque s'abandonne avec ivresse ou rage à ses impulsions et à ses élans; l'apollinien les canalise dans une pensée rigoureuse et dans une forme définitive.

Le poète tragique « Eschyle [...] est un fils d'Apollon, le dieu lucide de l'individuation et des justes limites » *(la Naissance de la tragédie).*

Apollonios de Tyane, philosophe néopythagoricien (Tyane, Cappadoce, – Éphèse 97). Moraliste, il prêchait la réforme des mœurs. Il a composé une *Vie de Pythagore* et un *Traité sur la divination.* Son image ornait de nombreux temples.

Apologie de Socrate, ouvrage de Platon*, qui est le discours fictif de Socrate devant ses juges qui l'accusaient de corrompre la jeunesse et d'introduire des divinités étrangères.

a priori, qui est antérieur à toute expérience ; s'oppose à *a posteriori*, qui est acquis par l'expérience.

L'*a priori* se distingue de l'*a posteriori* comme la connaissance rationnelle de la connaissance expérimentale.

arabe (philosophie).

De la fin de l'Antiquité à la Renaissance, de saint Augustin* (IVe s. apr. J.-C.) à Averroès* (XIIe s.) et Ibn Khaldun (XIVe-XVe s.), la philosophie arabe a profondément marqué l'Occident. Elle a recherché, dans l'ensemble, une synthèse rationnelle entre l'Antiquité grecque (Platon et surtout Aristote) et la religion musulmane ou chrétienne. La philosophie arabe, œuvre de médecins, de juristes, de mathématiciens, d'érudits, recèle une très grande variété et témoigne d'une culture profondément humaniste. La Renaissance fut arabe avant que d'être européenne.

Arcésilas, philosophe grec (Pitane, Éolide, v. 316 – 241 av. J.-C.), fondateur de la Nouvelle Académie*. La dialectique n'est pour lui que l'art de soutenir le pour et le contre, et qui nous permet de détecter « la vraisemblance ». Adversaire du dogmatisme stoïcien, il affirme à l'encontre de Zénon* qu'il n'existe pas de signe certain de la vérité et qu'il convient donc de suspendre son jugement.

archétype, modèle idéal (terme employé par Platon).

Arendt (Hannah), philosophe et politologue américaine d'origine allemande (Hanovre 1906 – New York 1975). Disciple de Heidegger et de Jaspers, elle fuit le nazisme en France en 1933, puis s'installe aux États-Unis en 1941, où elle fait une carrière universitaire. Son premier ouvrage, *The Origins of Totalitarism* (1951), dont les trois tomes ont été traduits en français (*le Système totalitaire,* 1972 ; *Sur l'antisémitisme,* 1973 ; *De l'impérialisme,* 1982) va éclairer toute son œuvre. Elle montre la généalogie du monstre, de la réalité totalitaire, irréductible aux formes traditionnelles d'oppression politique ; à toute loi positive se substitue une loi de mouvement prétendue naturelle, qui pénètre et anime tous les membres du corps social, porteurs d'une justification pour exterminer des classes ou des races dites « condamnées » par la nature et l'histoire. La terreur se généralise et devient légalité, avec la confusion du domaine de la vie publique et de la vie privée. Son œuvre exprime la recherche d'un « espace public » de liberté où peuvent reprendre un sens « les mots clefs de la langue politique, tels que liberté et justice, autorité et raison, responsabilité et vertu, pouvoir et gloire ». On lui doit : *la Condition de l'homme moderne* (1958), *la Crise de la culture* (1961), *Essai sur la révolution* (1963).

Aristippe, philosophe grec (Cyrène v. 430-355 av. J.-C.), fondateur de l'école cyrénaïque qui fondait le bonheur sur le plaisir. Élève de Socrate, Aristippe réduisit sa doctrine à l'idée qu'il fallait donner un caractère pratique à la philosophie. Il ne subsiste rien des vingt-cinq dialogues qu'il aurait composés. → **Hédonisme.**

aristocratie (du grec *aristos,* le meilleur), étymologiquement : « gouvernement des meilleurs », c'est-à-dire de ceux qui sont les plus cultivés.

Dans la notion d'aristocratie, il n'y a originellement aucune idée d'un droit de naissance, d'une transmission héréditaire de privilèges sociaux. C'est en ce sens que Platon, dans le dialogue *la République,* a défini l'« aristocratie » comme le gouvernement le meilleur. → **Gouvernement.**

Aristote, philosophe grec (Stagire, Macédoine, 384 – Chalcis, Eubée, 322 av. J.-C.). Fils du médecin du roi Philippe, élève de Platon pendant vingt ans, il est le fondateur de l'école *péripatéticienne.* Les traités d'Aristote sont des notes de cours, réunies en une vaste encyclopédie et réparties en quatre groupes : **1°** la logique (l'*Organon*), dont l'influence fut considérable au Moyen Âge, où elle suscita la scolastique. C'est Aristote qui a posé les définitions de la « déduction » et de l'« induction », qui a dégagé les notions de « concept », de « jugement » et de « raisonnement », telles que nous les utilisons couramment aujourd'hui ; **2°** les ouvrages de philosophie de la nature (la *Physique*), qui développent une philosophie vitaliste dont Leibniz, Schelling et même Bergson se sont réclamés ; **3°** une *Métaphysique,* qui explique l'origine du mouvement dans le monde à partir de Dieu, « acte suprême ». C'est un problème non résolu de savoir si Dieu est, chez Aristote, immanent ou transcendant au monde ; **4°** une morale pratique *(Éthique à Nicomaque, Politique),* qui allie les vues rétrogrades de l'Antiquité (nécessité de l'esclavage, notion de races inférieures) à des vues novatrices et modernes (rôle du milieu géographique, économique et social sur les individus, idée d'une politique fondée sur l'expérience). C'est autour de la doctrine d'Aristote, en particulier de sa logique et de sa théorie de la connaissance, que s'est développée toute la philosophie du Moyen Âge, dont elle fut l'oracle et l'inspiratrice. → **Péripatétisme.**

Arnauld **(Antoine),** surnommé **le Grand Arnauld,** philosophe et théologien français (Paris 1612 – Bruxelles 1694). Il fut le chef et le défenseur des jansénistes, et l'adversaire acharné des jésuites. Il est, avec Nicole, l'auteur de la célèbre *Logique de Port-Royal* (1662). Une polémique l'opposa à Malebranche sur la doctrine de la grâce et de la vision en Dieu. Il reste un modèle de philosophe raisonneur, auquel ne manqua que le génie philosophique. → **Jansénisme.**

Aron (Raymond), philosophe et sociologue français (Paris 1905-id. 1983). Un séjour en Allemagne (de 1930 à 1933) lui permet d'écrire *la Sociologie allemande contemporaine* (1936). L'*Essai sur la théorie de l'histoire dans l'Allemagne contemporaine* (1938) et l'*Introduction à la philosophie de l'histoire* (1938) mettent en lumière le lien entre le devoir historique et l'existence dans l'histoire. En 1955, dans *l'Opium des intellectuels,* il tente d'expliquer l'attrait du marxisme, dont les prédictions lui semblent démenties, en France, par l'évolution économique et sociale. Sociologue, il développe une étude comparée des régimes de type soviétique et de type occidental sous un triple aspect : économique (*Dix-Huit Leçons sur la société industrielle,* 1963) ; social *(la Lutte des classes)* et politique (*Démocratie et totalitarisme,* 1965). Avec *les Étapes de la pensée sociologique,* il définit une méthode de pensée sociologique qui marque une continuité de Montesquieu à Max Weber, en passant par Marx et Tocqueville. *Paix et guerre entre les Nations* (1962), *Penser la guerre, Clausewitz* (1976), découvrent un philosophe libéral, attentif aux évolutions internationales et penseur de l'histoire.

art, manière de faire une chose selon les règles. Plus particulièrement, depuis le XIXe siècle, expression par une création esthétique : beaux-arts.

Le problème philosophique le plus général est celui de la *fonction* de l'art :

1° On a d'abord pensé qu'elle était d'exprimer la « beauté ». Or, qu'est-ce que la beauté ? Une telle notion peut-elle avoir une valeur objective ou relève-t-elle au contraire du jugement personnel de chacun ? Une chose est-elle belle parce que *je* la juge belle, ou est-ce que je la juge belle parce qu'elle *est* réellement belle ? De Platon à Kant, les philosophes ont cherché à fonder l'objectivité de l'art et de la beauté. Le beau, disait Kant, est « ce qui plaît universellement, bien qu'on ne puisse le justifier intellectuellement » ; et corrélativement on a pensé qu'il existait une « beauté en soi », un idéal universel, duquel les œuvres d'art doivent se rapprocher dans la mesure du possible. Cette conception classique de l'art insistait sur certaines dominantes, comme l'harmonie, la pureté, la noblesse, la sérénité, l'élévation des sentiments. Une madone de Raphaël, un sermon de Bossuet, un édifice de Mansart, une sonate d'église en donnent assez bien l'idée. La fonction de l'art était d'idéaliser la réalité;

2° L'histoire de l'art nous amène en fait à dissocier la beauté d'une œuvre d'art et la représentation d'une chose belle. L'art peut être beau et évoquer la charogne (Baudelaire), le vil (*la Goulue* de Toulouse-Lautrec), le grotesque (*le Nain* de Velázquez), l'horrible (Bosch). Sa fonction est de nous révéler ce que Malraux appelle la « part nocturne du monde », celle qui échappe à notre regard quotidien et que les convenances ou les traditions sociales nous détournent de regarder. Goya dénonçait la représentation du beau comme un « mensonge » et un « aveuglement ». Selon une conception plus moderne, l'art est éminemment réaliste : sa fonction n'est pas d'exprimer la beauté, mais de bien exprimer le réel.

En conclusion, disons qu'à la notion de « beauté » se substitue aujourd'hui celle d'« authenticité »; ce qu'une œuvre exprime d'une manière authentique possède une réalité indépendante de nous : les œuvres de Van Gogh expriment une certaine vision tragique du monde; nous pouvons ne pas avoir envie de regarder un Van Gogh, nous ne pouvons pas faire que le tragique n'existe pas dans ses œuvres. C'est en ce sens que l'œuvre d'art possède une réalité objective indépendante de la sensibilité de chacun.
→ **Abstrait, beaux-arts, esthétique.**

ascèse, état volontaire d'austérité, de mortification, ayant pour but la purification ou l'élévation morale de l'âme.

Se dit, généralement, de tout exercice qui met à l'épreuve la patience et la persévérance de la volonté : « une ascèse philosophique, politique », L'*ascétisme* est la méthode morale qui consiste à satisfaire le moins possible les instincts de la vie animale, à maîtriser ses désirs et à dominer le sensations de plaisir et de douleur. La technique la plus précise est sans doute celle du « yoga », dont les philosophes de l'Antiquité, tel Plotin, avaient déjà ouï-dire; mais l'idéal de nous le mieux connu est celui du saint, dont saint Jérôme donne un exemple strictement végétarien, celui-ci partit vivre dans le désert, poussant la sobriété jusqu'à l'inanition et négligeant même de se laver; d'où l'expression « être en odeur de sainteté ».

assertorique, se dit d'un jugement qui exprime une vérité de fait.

Kant donne comme exemple l'énoncé : « L'homme est doué de Raison. » Par opposition à *apodictique** (jugement qui énonce un attribut découlant nécessairement du sujet : par exemple, « tout cercle a un centre »).

association des idées, liaison automatique d'idées.

On a distingué l'association par *contiguïté* (l'hiver évoquant le froid), par *ressemblance* (un tapis vert évoquant une prairie), par *contraste* (le blanc évoquant le noir). C'est Stuart Mill qui a fait la théorie de l'association des idées. L'*associationnisme* est la théorie qui fait dériver, à partir d'associations souvent répétées par l'expérience, les lois fondamentales de l'esprit. C'est ce qu'on appelle une théorie « empiriste » de la connaissance. Bergson a critiqué l'associationnisme, qui, selon lui, méconnaît l'intuition que l'esprit a de lui-même dans toutes les formes de création (artistique, morale, etc.), qui ne sont pas une copie de ce qui existe dans l'expérience.

En psychologie, l'analyse de l'association des idées chez un individu donné (et notamment telles qu'elles se produisent librement au cours du rêve) révèle certaines tendances psychologiques inconscientes, qui constituent le fond de la personnalité et que la psychanalyse se propose précisément de mettre en lumière : l'individu se trouverait ainsi délivré de certaines évocations automatiques qui le hantent, qui perturbent ses relations avec les autres hommes et constituent ce que l'on appelle des « complexes ».

athéisme, doctrine ou attitude qui consiste à nier toute représentation d'un Dieu personnel et vivant.

En ce sens précis, le *déisme*, qui refuse toute représentation de Dieu, est un athéisme, ainsi que le *panthéisme*, qui identifie Dieu à la nature (Spinoza); tel est le sens de l'athéisme dans la langue classique. Aujourd'hui, la notion d'athéisme a une extension beaucoup plus grande : elle désigne la doctrine ou l'attitude qui consiste à nier l'existence de Dieu, quel qu'il soit. Cette négation n'est pas toujours explicite; il y a des gens, dit Nietzsche, qui ne se sont jamais souciés de l'existence ou de la non-existence de Dieu, leur premier et unique souci étant celui des affaires humaines, de la situation de l'homme et de sa destination.

Feuerbach et Marx ont fait la théorie moderne de l'athéisme : toute croyance en Dieu est une « aliénation », une fuite devant la réalité, devant le problème fondamental, qui n'est pas celui de l'existence de Dieu, mais de l'avenir de l'homme. Quand Marx disait que « la religion est l'opium des peuples », il entendait que l'ouvrier, aliéné dans son travail et vivant sans espoir de jamais accéder à une condition meilleure en ce monde, se laisse bercer par l'idée d'un « autre monde » meilleur où il aura sa juste place, alors que, selon Marx, son salut est ici-bas : la conscience révolutionnaire doit se substituer à la conscience religieuse, et l'idée d'une transformation du monde et des hommes doit descendre en lui : il doit comprendre que le ciel n'est pas « au-delà », qu'il appartient, au contraire, aux hommes de le réaliser sur la terre en faisant régner la justice sociale et une société conforme à la morale. Bref, l'athéisme n'exclut pas les vertus morales propres à l'humanisme; il récuse seulement l'intervention d'une divine Providence dans les affaires du monde et ne compte que sur le courage, le travail et la volonté des hommes. → **Dieu.**

atome (du grec *a*, privatif, et *temnein*, couper), le plus petit élément d'un corps, et, comme son nom l'indique, indivisible (du moins l'a-t-on cru jusqu'au début de ce siècle).

atomisme, doctrine philosophique selon laquelle la matière est formée d'atomes.

On attribue généralement la paternité de l'atomisme à Démocrite*, pour qui le monde était formé d'atomes identiques; l'analyse des choses devait conduire, au-delà des formes artificielles, à la seule réalité véritable, qui est l'atome. Ensuite vinrent Épicure, puis Lucrèce, qui se firent une image biologique de l'atome comme « germe des choses » *(semina rerum).* Ces deux conceptions générales de l'atome (l'une mécaniste, l'autre vitaliste ou « dynamiste ») se retrouvent dans toutes les querelles de l'atomisme aux XVIIe et XVIIIe siècles : notamment dans celle qui opposa la théorie mécaniste de Descartes à celle de l'atome-force de Leibniz. Aujourd'hui, le problème de l'atomisme n'est plus du ressort de la philosophie, mais de la science (de la microphysique) : le problème de savoir si la matière est continue ou discontinue s'est trouvé dépassé avec l'apparition de la mécanique ondulatoire (Louis de Broglie), qui considère les atomes comme des points de concentration d'une énergie partout diffuse.

attention, concentration de l'esprit sur un objet déterminé.

Ribot a distingué l'*attention spontanée* ou *automatique*, qui ne demande aucun effort, et l'*attention volontaire* ou *réfléchie*, qui implique un effort personnel. L'expérience de l'attention a été profondément analysée par Bergson dans l'*Énergie spirituelle* (« l'Effort intellectuel », 1902) et par W. James dans *le Sentiment de l'effort* (1880) : c'est un travail de maturation dont le résultat doit être un sentiment de clarté. Mais si l'effort dépend de nous, nous ne pouvons qu'attendre la lumière. Tel est le caractère paradoxal de l'attention : c'est une activité par laquelle nous travaillons à nous rendre passifs (S. Weil). C'est en ce sens que Malebranche a écrit : « L'attention est une prière que nous adressons à la divinité. »

Aufklärung. → **Lumières (philosophies des).**

Augustin (saint), le plus célèbre des Pères de l'Église latine (Tagaste [auj. Souk-Ahras] 354 – Hippone [auj. Annaba] 430). De père berbère, de mère chrétienne (sainte Monique), il est le fondateur de la philosophie de la religion. Sa défense du christianisme (dans les *Homélies, la Cité de Dieu,* les Confessions, le traité *De la grâce*, ses *Lettres*) présente la même vision de l'homme, perdu par le péché et sauvé par la grâce. Sa méthode de réflexion sur soi, qui découvre en nous « une Présence plus profonde que nous-mêmes », a marqué la théologie et la philosophie occidentales jusqu'à l'existentialisme chrétien (où se retrouvent les grands thèmes de la connaissance fondée dans l'amour, de la mémoire culminant dans la présence).

L'*augustinisme* s'oppose au *thomisme* (de saint Thomas), qui cherche à retrouver Dieu par la médiation de la nature et non par celle de l'intériorité du sujet. Il devait inspirer directement le *jansénisme** dont le traité de base est *l'Augustinus**.

Augustinus (l'), ouvrage posthume de Jansénius* (1640), exposant la doctrine qui, dans sa pensée, était celle de saint Augustin sur la grâce, le libre arbitre et la prédestination. Condamné par le pape en 1643, l'ouvrage fit l'objet de toutes les polémiques qui alimentèrent la querelle janséniste en France.

Aurobindo (Śri), mystique et philosophe indien (Calcutta 1872 – Pondichéry 1950). Après des études en Angleterre, il milite pour le nationalisme indien. Dans son œuvre principale, *la Vie divine*, il réinterprète la pensée hindoue sous l'influence de Plotin, Bradley et Bergson. Par le yoga intégral, l'homme doit transcender sa connaissance fragmentaire de l'univers et sa conscience individuelle. L'œuvre d'Aurobindo, propagée en France par un de ses disciples, Jean Herbert, donne à un esprit occidental une méthode pour accéder à la réflexion et au mysticisme hindous.

Austin (John Langshaw), logicien britannique (Lancaster 1911 – Oxford 1960). Ses articles et ses notes ont été rassemblés en trois volumes (*Philosophical Papers*, 1961; *Sense and Sensibilia*, 1962; *le Langage de la perception*, trad. fr. 1972; et *How to do Things with Words*, 1962; *Quand lire, c'est faire*, trad. fr. 1970). Il a pratiqué une « phénoménologie linguistique » du *speech act*, de la parole vivante (de « l'acte illocutionnaire ») comme réaction à une situation globale (où interviennent les contextes du monde, des autres, etc., et qui font qu'une communication est entendue).

automation ou automatisation, création d'automates.

La technique moderne évolue dans le sens de l'automation en substituant à la direction humaine, dans la conduite des machines, des mécanismes d'autorégulation. L'automation pose : **1°** un problème technique : la machine pourra-t-elle intégralement remplacer l'homme (machine à calculer, cybernétique, et toute l'électronique appliquée)?; **2°** un problème social : comment reclasser, par exemple, cinquante ouvriers que l'on remplace par une machine électronique assistée d'un seul ingénieur?; **3°** un problème psychologique : celui de l'adaptation au milieu industriel (Friedmann); **4°** un problème pédagogique : celui de l'orientation professionnelle. → **Division du travail, loisir, machinisme.**

autonomie, fait de se donner à soi-même sa propre loi.

L'autonomie s'oppose donc à l'*anarchie**, qui se caractérise par le refus de toute loi. L'autonomie est la notion fondamentale de la morale de Kant : lorsqu'un individu agit sans principes, c'est qu'il n'a point de scrupule (anarchie morale). Lorsque la loi lui est imposée du dehors, la conduite droite n'a aucune valeur morale; l'individu ne fait qu'obéir (« hétéronomie » : loi qui vient d'un autre). C'est seulement lorsque l'individu s'impose à lui-même une loi qu'il agit moralement; en outre, il réalise ainsi sa liberté, qui ne peut se réaliser dans le vide, mais seulement « par l'intermédiaire d'une loi ». Sur le plan psychologique, on peut dire que la vraie liberté consiste non pas à ne pas travailler, mais à faire le travail que l'on veut. L'*autarcie* est un cas particulier de l'autonomie au niveau des États : elle consiste à se donner soi-même la loi de son économie, ce qui suppose une « économie fermée » (comme celle qui existe en U.R.S.S.).

autosuggestion, influence automatique d'une idée sur notre conduite.

L'autosuggestion est une suggestion par nous-mêmes. C'est notre propre disposition à évoquer sans cesse une idée qui finit par déterminer automatiquement notre conduite.

autrui, les autres.

Le premier contact avec le monde est la relation mère-enfant. La relation à autrui est donc plus originelle que la perception des objets.

Autrui peut-il faire l'objet d'une connaissance? On connaît autrui par ses expressions physiques, son comportement*, ses discours ou ses réalisations (ses actes ou ses œuvres). Mais autrui comme personnalité reste toujours au-delà de ses discours et de ses actes. Comme « centre d'actes » (Max Scheler dans *la Situation de l'homme dans le monde*, 1928), il reste toujours susceptible d'actions surprenantes et imprévisibles du fait même qu'il est l'expression d'une liberté.

On n'explique pas autrui, on le comprend (Karl Jaspers dans *Psychopathologie Générale*, 1913). On n'explique pas « un homme en colère » par des relations causales car la colère n'est pas une réaction à un stimulant physique mais psychologique; on le comprend (par intuition synthétique). La compréhension d'autrui n'a donc aucun rapport avec la connaissance d'un objet.

Comment peut-on comprendre autrui? Par *transfert*, que l'on peut appeler aussi *projection* ou *analogie*. On se met à la place de la personne et on projette en elle ce que l'on ressentirait à sa place. Cette attitude égocentrique aboutit le plus souvent à des malentendus, car autrui est autre que moi et peut ressentir les choses différemment.

L'ouverture à autrui doit plutôt être une disponibilité à l'égard de ce qu'il est, en tant qu'autre. On y atteint, dit Max Scheler, par la *sympathie* (*Nature et formes de la sympathie*, 1923), qui implique à la fois distance et saisie immédiate du sentiment de l'autre. Elle se distingue de l'amour (qui aspire à la fusion et non à la compréhension) autant que de l'imitation motrice (faire la même chose qu'autrui : par exemple, une femme pleure, une autre la voit et se met à pleurer avant même de connaître la cause des larmes de la première).

Enfin l'instrument de la compréhension d'autrui n'est pas nécessairement le *regard*, mais peut aussi être la parole, l'action en commun, le conflit, etc. Jean-Paul Sartre dans (*L'Être et le Néant*, 1943), décrit même l'épreuve du regard comme un obstacle à la relation. En me regardant, autrui me transforme en chose : « Autrui est d'abord pour moi l'être pour qui je suis objet », alors que « je suis moi, pour moi-même inaccessible ».

Autrui comme moyen de connaissance de soi-même et de réalisation de soi-même; Hegel, dans la *Phénoménologie de l'esprit*, 1806, montre que la réalisation de soi passe par la reconnaissance par les autres. Hegel présente le premier moment de notre reconnaissance comme celui de la lutte rivale de deux consciences qui sont d'abord enfermées chacune dans leur subjectivité. « Chacune veut s'imposer comme libre et indépendante » (*Propédeutique philosophique*, rédigée vers 1809, mais qui sera publiée après sa mort). Ce conflit va jusqu'à la négation de l'autre. Le développement des individus comme celui des peuples passe donc par ces conflits où l'autre est tour à tour « nié, dépassé, conservé » dans une dialectique qui permet à la conscience d'avoir un point de vue de plus en plus universel sur la réalité. C'est pour régler, limiter, organiser ces conflits que sont créés les lois, les institutions, les protocoles qui définissent la forme de nos relations avec autrui dans la société et permettent la vie en collectivité. → **Histoire.**

Avempace (en ar. **Abū Bakr** Muhammad ibn al- Sāirh ibn Bādjdja), philosophe arabe (Saragosse fin du XIe siècle – Fès 1138). Dans *le Régime du solitaire*, il énumère, à la suite de Platon et d'al-Ārābī, les différentes constitutions politiques, à la recherche de la cité parfaite.

Comment parvenir au bonheur dans une cité imparfaite ? En s'isolant, en devenant non-conformistes (nawabit). Ces solitaires constituent ensuite le noyau d'une cité parfaite. On lui doit *l'Épître de l'adieu* et le *Traité de la conjonction. Le Traité de l'âme* développe une théorie originale de la connaissance, ce qui s'élève du sensible à la connaissance intellectuelle, en passant par l'imagination, pour accéder finalement au bonheur. Avempace, avec avant lui Avicenne, et après lui Averroès, ont porté et ressourcé la philosophie antique (Platon, Aristote), et rendu possible la renaissance philosophique en Occident.

Avenarius (Richard), philosophe et épistémologue allemand (Paris 1843 – Zurich 1896). Il est considéré avec Ernst Mach comme le fondateur de l'*empiriocriticisme,* doctrine positiviste d'inspiration néokantienne. Sa théorie de la connaissance s'efforce de dégager un concept de l'expérience (*Critique de l'expérience pure,* 1888-1890), qui rejette l'idée d'une réalité objective extérieure à la conscience. La réalité serait constituée par des complexes de sensations et non par des « corps ». La doctrine d'Avenarius s'apparente à celle de Hume et de Berkeley.

Averroès (Ibn Ruchd, connu sous le nom d'), philosophe arabe (Cordoue 1126 – Marrakech 1198). Son père, cadi de Cordoue, lui enseigna la jurisprudence et la théologie ; il étudia en outre la physique, la médecine, l'astrologie, la philosophie et les mathématiques. Il vécut errant et persécuté pour la liberté de sa pensée, avant d'être finalement rétabli à Marrakech dans son ancienne magistrature. Issue de l'étude d'Aristote, la philosophie d'Averroès est à la fois un matérialisme qui insiste sur l'infinité du monde et un rationalisme qui souligne la liberté de la réflexion à l'égard du dogme religieux.

Sa morale humaniste porte l'attention plus sur l'homme que sur l'individu. Sa philosophie exerça une profonde influence dans toute l'Europe (sur la philosophie française du XIIIe siècle, sur la philosophie italienne du XIVe au XVIe siècle, où elle inspira l'« école de Padoue ») et marqua le sommet de la culture au Moyen Âge.

Avicenne (Ibn Sina, connu sous le nom d'), philosophe et médecin iranien (Afchana, près de Boukhara, 980 – Hamadhān 1037). Il étudia les mathématiques, la physique, la médecine et la philosophie, et rédigea le *Canon de la médecine* et la *Philosophie illuminative.* Sa doctrine philosophique est un mélange d'aristotélisme et de théories orientales. Sa pensée et son œuvre de savant jouèrent un grand rôle dans la pensée médiévale occidentale.

axiologie, théorie des valeurs. Plus précisément, morale qui établit une hiérarchie entre les valeurs, plaçant, par exemple, au premier rang le respect de ce qui est bon, puis le respect de ce qui est noble, puis de ce qui est beau, etc. (M. Scheler).

L'axiologie a été initialement développée par le logicien allemand Lotze (XIXe s.) et l'école de philosophie des valeurs, ou école de Bade* (Rickert, Windelband, etc.). En France, elle est représentée par Ruyer.

axiome, proposition évidente par elle-même. Dans la logique aristotélicienne, « les principes communs, appelés axiomes, sont les vérités premières d'après lesquelles s'enchaîne la démonstration » (*Seconde Analytique*, 1, 10). Par exemple, « le tout est plus grand que la partie ».

L'axiome se distingue du *postulat,* qui est simplement posé sans être évident. « Il n'y a plus d'axiome dans la mathématique moderne » (Legendre) et la valeur des principes se mesure à la richesse des conséquences.

b

Baader **(Franz Xaver Von),** philosophe et théologien allemand (Munich 1765-id. 1841). Nommé à l'université de Munich, il professe l'accord de la foi et de la raison dans la perspective d'une théorie de la connaissance où sujet et objet s'interpénètrent. Il est, avec Schelling, l'un des grands philosophes de la nature du romantisme allemand. On lui doit : *Contributions à une philosophie élémentaire* (1797), *Sur le carré pythagoricien dans la nature* (1798).

Babeuf **(François Noël, dit Gracchus),** théoricien et révolutionnaire français (Saint-Quentin 1760 – Vendôme 1797), fondateur du *babouvisme*. Commis d'arpenteur à Noyon, puis commissaire à terrier, à Roye, il vient en 1787 à Paris pour soumettre au gouvernement un vaste plan de réforme fiscale. Il est élu en 1792 au conseil général de la Somme. Au début de 1796, Babeuf et ses amis Darthé et Buonarotti créent une organisation secrète pour renverser le Directoire et établir un régime nouveau, proprement communiste ; c'est la « conspiration des Égaux ». Dénoncés à Carnot par Grisel, les conjurés sont arrêtés et exécutés un an après (26 mai 1797), à Vendôme. L'importance historique de la doctrine de Babeuf tient au fait que, pour la première fois, le communisme est conçu non pas comme une rêverie de philosophe, mais comme un programme politique. Elle préconise de donner à chacun la même chose (et non pas selon son mérite), pour fonder la « république des Égaux ». Elle garde un caractère assez abstrait et qui l'éloigne des théories communistes modernes dans la mesure où le communisme n'est pas, chez Babeuf, une méthode de production et d'organisation du travail, mais simplement de répartition des richesses.

Bachelard **(Gaston),** philosophe français (Bar-sur-Aube 1884 – Paris 1962). Simple commis des postes, il fit d'abord des études de sciences et ne s'intéressa que tardivement à la philosophie. Il reste à la fois notre théoricien de la science moderne (*le Nouvel Esprit scientifique,* 1934 ; *le Rationalisme appliqué,* 1949, où il montre et la tendance à la systématisation propre à toute pensée rationnelle et l'éclatement de tout système devant la richesse infinie de l'expérience, la révélation de « faits » nouveaux) et le philosophe de l'attitude poétique, lorsqu'il s'efforce de dégager de l'imagination arbitraire des individus une imagination profonde, liée à la nature même du psychisme et source d'authentique poésie (*la Psychanalyse du feu*, 1938 ; *l'Eau et les rêves,* 1942 ; *l'Air et les songes,* 1943 ; *la Terre et les rêveries de la volonté*, 1948 ; *la Poétique de l'espace,* 1957, etc.).

Bacon (Roger), philosophe et savant anglais (Ilchester, Somerset, 1214-Oxford 1292), surnommé **le Docteur admirable.** Entré dans l'ordre des Franciscains, il est d'abord un commentateur d'Aristote, avant de développer (dans le *De speculis*, la *Metaphysica* et le *De computo naturali*) sa vision de l'univers. Le *Communia naturalium* fait même le point de toutes les connaissances de son époque. Ses thèses paraissent suspectes à l'Église, qui le fait emprisonner pendant quinze ans (1277-1292). L'un des esprits scientifiques les plus avertis de son temps, il est le premier à s'être aperçu que le calendrier latin était erroné. On l'a considéré comme l'inventeur de la poudre à canon, dont il aurait emprunté la formule aux Arabes.

Bacon (Francis), baron **Verulam,** chancelier d'Angleterre et philosophe (Londres 1561-*id.* 1626). Fils du garde des Sceaux sous le règne d'Elisabeth Ire, il fait des études de droit et devient avocat de la Couronne. Accusé de vénalité en 1621, il perd sa charge et se trouve exclu de la vie publique. Il consacre ses dernières années à la science et à la philosophie. Auteur d'*Essais de morale et de politique* (1597), il est surtout célèbre pour avoir fondé l'épistémologie* moderne et dégagé la méthode de la science expérimentale et inductive. Cette nouvelle logique décrit les trois moments de la recherche scientifique : **1°** l'observation des faits ; **2°** la position d'une hypothèse par induction ; **3°** la vérification expérimentale de l'hypothèse par le plus grand nombre de faits. C'est Bacon qui préconisa une organisation rationnelle de l'expérimentation en constituant des « tables de présence », « d'absence » et « de degrés », destinées à isoler les causes véritables d'un phénomène. Son ouvrage principal est le *Novum Organum Scientiarum* (Nouvelle méthode des sciences, 1620), qui définit tous les principes qui sont encore ceux de notre épistémologie.

Bade (école de) ou **école axiologique,** cercle philosophique créé par Wilhelm Windelband (1848-1915), puis dirigé par Henrich Rickert (1863-1936). Elle représente un aspect du néokantisme*, dont les réflexions, inspirées par la méthode transcendantale de Kant, s'orientèrent vers une analyse des « valeurs ».

Bain (Alexander), philosophe écossais (Aberdeen 1818-*id.* 1903). Il appartient à l'école positiviste anglaise. Sa psychologie, utilisant les découvertes de la physiologie et de la pathologie, tente de renouveler l'associationnisme en insistant sur l'activité spontanée du cerveau. Sa philosophie idéaliste fonde une psychologie expérimentale, où il applique la méthode des variations concomitantes de John Stuart Mill à la psychophysiologie : action du sang sur le cerveau, relation entre intelligence et poids du cerveau, différence fonctionnelle entre matière grise et matière blanche, etc. Il est notamment l'auteur d'une *Logique déductive et inductive* (1870) et de *la Science de l'éducation* (1879).

Bakounine (Mikhaïl Aleksandrovitch), anarchiste russe (Priamovkhino, gouv. de Tver, 1814 – Berne 1876). Officier d'artillerie, d'origine noble, il est contraint de s'exiler pour ses idées révolutionnaires. À Paris, il se lie avec Marx et Proudhon. On le retrouve en 1857 déporté en Sibérie, d'où il « s'évade » en 1861, pour errer à travers l'Europe. Il fonde, à Naples, en 1867, la 1re section de l'Internationale italienne. Résolument hostile à toute forme d'étatisme, il rompt avec Marx au congrès de La Haye (1872). Ses idées trouvent une expression définitive dans *l'État et l'Anarchie* (1873), où il démontre que tout pouvoir, même révolutionnaire, trahit le peuple dans la mesure où il veut s'éterniser. Bakounine aurait voulu parvenir d'un coup au dernier stade du communisme, qui prévoit seulement une disparition progressive de l'État au profit d'assemblées du peuple.

Baldwin (James Mark), psychologue et sociologue américain (Columbia, Caroline du Sud, 1861 – Paris 1934). Il a consacré ses recherches notamment à la psychologie de l'enfant et à la psychologie sociale. Il a joué un rôle important dans les premiers congrès internationaux de psychologie. Il explique les organes du corps ou les lois ou conventions sociales par leurs fonctions, par les nécessités de l'adaptation et de la sélection. C'est son orientation fonctionnaliste et darwinienne. Il a écrit notamment : l'*Interprétation sociale et éthique dans le développement mental* (1896), *Développement et Évolution* (1902), *Individu et Société* (1910).

Banquet (le), dialogue de Platon* (v. 385 av. J.-C.), qui a pour cadre un banquet offert par le poète Agathon à ses amis et pour objet l'amour de la science et du beau. Chacun des convives y prononce d'abord un éloge de l'amour : Phèdre, Pausanias, Éryximaque, Aristophane, Agathon. À son tour, Socrate prend la parole : c'est un éloge de la beauté et une réflexion sur l'amour, qui nous élève de l'amour des beaux corps à celui des belles âmes, puis à celui des belles œuvres humaines ou des beaux-arts, enfin à celui de la science, jusqu'au dernier degré de l'initiation. Le caractère très concret de la réflexion, les qualités poétiques du texte, l'intérêt universel des hommes pour le sujet en font un des « dialogues » les plus célèbres de Platon.

barbarie, absence de civilisation.

La notion de « barbare » s'appliquait, pour les Grecs et les Romains, à tous les étrangers. Il fut un temps où les chrétiens désignaient ainsi tous ceux qui n'étaient pas disciples du Christ. En fait, il n'y a pas « une » civilisation occidentale et la barbarie, mais différentes civilisations. Inversement, toute civilisation peut donner lieu à des actes de barbarie, c'est-à-dire d'atteinte aux droits de l'homme (crimes nazis, tortures), de destruction de monuments de la culture (bibliothèques, statues, etc.). Toute forme de violence est un acte de barbarie. La *barbarie* s'oppose, très précisément, à l'*humanisme**.

Barthes (Roland), critique français (Cherbourg 1915 – Paris 1980). Inspirée de la linguistique de Saussure, de l'anthropologie structurale, puis de la psychanalyse de Lacan, son œuvre s'ouvre sur l'étude des rapports de la littérature et du pouvoir (*le Degré zéro de l'écriture,* 1953). L'idée d'une langue neutre, arrachée aux falsifications du circuit social, oriente ses recherches sémiologiques et son analyse des traits et mythes de la société contemporaine (*Mythologies,* 1967 ; *le Système de la mode,* 1967). Ses travaux sur les conditions d'une science de la littérature (*Sur Racine,* 1963 ; *Critique et Vérité,* 1966), sur la poétique du signe libre (*l'Empire des signes,* 1970) ont fait progresser la réflexion sur le langage naturel antérieur au langage structuré et sur la science des signes antérieure à toute linguistique. Son œuvre est une réflexion sur l'essence de la communication. On lui doit : *Fragments d'un discours amoureux* (1977), *la Chambre claire* (1980).

base (personnalité de), type idéal, incarnant les composantes fondamentales d'une culture, d'une société.

La notion de « personnalité de base » a été dégagée par le sociologue américain Kardiner. Il constata que les institutions objectives donnent souvent une fausse idée des réalités sociales, et il leur opposa l'expérience humaine de la vie sociale : par exemple, d'un point de vue objectif, il y a le même pourcentage de catholiques en France et au Brésil ; mais, au Brésil, la religion est vécue différemment, beaucoup plus profondément, et, sur ce point, la « personnalité » du Brésilien apparaît totalement différente de celle du Français.

La personnalité de base n'est donc pas le reflet des institutions, mais celui de l'expérience réelle d'une culture. Elle est l'expression globale de toutes les réactions, de l'ensemble des attitudes qui caractérisent un certain type de culture ou de vie sociale.

Bauer (Bruno), critique biblique et philosophe hégélien allemand (Eisenberg 1809 – Rixdorf, près de Berlin, 1882). Dans la *Revue de théologie spéculative,* il s'efforce de concilier la philosophie et la théologie (1836-1838). Sa *Critique de l'histoire de la Révélation* (1838) veut prouver que l'Ancien et le Nouveau Testament expriment deux moments différents de la révélation divine, des formes momentanées de la conscience universelle. On lui doit : *Critique de l'histoire évangélique de* *saint Jean* (1840), *Critique de l'histoire évangélique des synoptiques* (1842). Il fut critiqué par Marx et Engels dans la *Sainte Famille* (1846).

Baumgarten **(Alexander Gottlieb)**, philosophe allemand (Berlin 1714 – Francfort-sur-l'Oder 1762). Il appartient à l'école philosophique de Leibniz et de Wolff. Il est connu pour avoir, le premier, séparé sous le nom d'*esthétique* la science du beau des autres parties de la philosophie (*Aesthetica acroamatica,* 1750-1758).

Bayle **(Pierre)**, écrivain, érudit, critique et philosophe français (Le Carla 1647 – Rotterdam 1706). Il fut professeur de philosophie jusqu'en 1681, à Sedan, où il composa la *Lettre sur la comète*, puis à Rotterdam, où il écrivit les *Nouvelles de la République des lettres* (1684-1687). Son œuvre, qui s'exprime dans le *Dictionnaire historique et critique* (1696-97), reste surtout celle d'un philosophe de l'histoire, où son esprit critique, héritier de Montaigne, renouvelle tous les problèmes de morale, d'exégèse et de théologie.

Écrivain du siècle de Louis XIV, Bayle annonce l'esprit encyclopédique ; il s'est attaqué à tout, au dogme, à l'autorité, à l'esprit totalitaire des systèmes rationalistes, et sa pensée reste une philosophie de la tolérance.

beaux-arts, **ensemble des arts.**

Le terme désigne plus particulièrement les arts plastiques : peinture et sculpture ; mais il s'étend en fait à la musique et à la chorégraphie, ainsi qu'à la poésie. → **Art.**

béhaviorisme, **méthode psychologique fondée sur l'observation objective. Pour le béhaviorisme, l'objet de la psychologie est le comportement extérieur des hommes (et non l'intériorité du sujet).**

Le béhaviorisme, nommé aussi « psychologie du comportement », « psychologie de réaction », est né à la fin du XIXe siècle avec l'ouvrage de Thorndike : *l'Intelligence animale* (1898). Watson aux États-Unis et Bechterev en U.R.S.S. en furent les fondateurs. Les limites du béhaviorisme sont celles de toute étude objective de l'homme : une réaction humaine ne peut être seulement décrite du dehors, elle doit être comprise du dedans. La psychologie descriptive du comportement se trouve complétée par la psychologie compréhensive de la conduite et par l'observation intérieure. → **Psychologie.**

Belaval **(Yvon)**, écrivain et philosophe français (Sète 1908 – Paris 1995). À des analyses de philosophie morale (*le Souci de sincérité,* 1944), Belaval a joint des essais et des traités d'esthétique (*Rencontre avec Max Jacob ; la Recherche de la poésie,* 1947 ; *l'Esthétique sans paradoxe de Diderot*, 1950), des essais philosophiques (*les Philosophes et leur langage,* 1952), des analyses psychologiques (*les Conduites d'échec,* 1953), enfin un ouvrage considérable d'histoire de la philosophie des sciences : *Leibniz, critique de Descartes* (1960).

Bentham **(Jeremy)**, jurisconsulte et philosophe anglais (Londres 1748 – *id.* 1832). Il est le disciple de Hobbes et le précurseur d'Owen et de Stuart Mill ; sa morale « utilitaire » vise au « plus grand bonheur du plus grand nombre d'hommes ». Elle développe notamment une « arithmétique des plaisirs », destinée à obtenir la somme la plus grande de bonheur. Son œuvre de législateur eut une profonde influence sur le développement de l'enseignement et la réforme de la loi des pauvres. On lui doit : *Introduction aux principes de morale et de législation* (1789), *Traité de législation civile et pénale* (1802), *Déontologie* (1834).

Berdiaeff **(Nicolas)**, philosophe russe (Kiev 1874 – Clamart 1948). Professeur à la faculté de philologie de Moscou (1920), il est exilé par le gouvernement soviétique et vient à Paris. Sa réflexion est une critique du rationalisme et une méditation sur l'existence individuelle à la lumière de la foi chrétienne. Il nous a laissé la *Philosophie de la liberté* (1911), *le Sens créateur* (1916), *l'Homme et la machine* (1933), *De l'esclavage et de la liberté de l'homme* (1946).

Bergson (Henri), philosophe français (Paris 1859-*id.* 1941). Il fait des études brillantes, est reçu à l'École normale supérieure à dix-neuf ans, docteur ès lettres à trente ans. Professeur au Collège de France de 1900 à 1914, il est élu à l'Académie française en 1914 et reçoit le prix Nobel en 1928. Ses réflexions sur le mysticisme religieux annoncent une conversion au catholicisme, mais la guerre de 1939 ayant éclaté, il tient à rester solidaire de ses coreligionnaires persécutés par les Allemands. Il est emporté par une pneumonie, après avoir fait, des heures durant, la queue pour des tickets d'alimentation. Sa réflexion part d'une philosophie du moi psychologique (*Essai sur les données immédiates de la conscience,* 1889; *Matière et Mémoire,* 1896), s'approfondit dans une intuition de la vie (*l'Évolution créatrice,* 1907), s'épanouit enfin dans une philosophie de l'esprit (*les Deux Sources de la morale et de la religion,* 1932). Sa théorie du « moi profond », sous-jacent à la personnalité « sociale », et identique à l'expérience intérieure de la durée, sa morale « ouverte » des génies créateurs sont restées célèbres. Une série d'articles, notamment sur l'« intuition philosophique », la « perception du changement », ainsi que des développements profonds et originaux sur les rapports de la métaphysique et de la science ont été rassemblés dans *la Pensée et le mouvant* (1934). Bergson a aussi exprimé la réflexion philosophique certainement la plus juste sur la théorie de la relativité, confirmée par les longs entretiens qu'il a pu avoir avec Einstein (*Durée et simultanéité,* 1922).

D'abord admiré sans réserve, puis critiqué de même, Bergson a repris sa juste place dans l'histoire de notre philosophie. On lira *le Bergsonisme* d'A. Thibaudet (1922) et *Henri Bergson* de V. Jankélévitch.

Berkeley (George), évêque et philosophe irlandais (près de Kilkenny, Irlande, 1685-Oxford 1753). Il fut, à Dublin, professeur de grec, d'hébreu et de théologie. Il voyagea en France, en Espagne, en Italie (1713-1720) et partit pour les Bermudes propager la foi chrétienne. De retour en Grande-Bretagne (1731), il termina évêque de Cloyne (Irlande).

L'idéalisme subjectif de Berkeley, qui ramène toute la réalité du monde aux apparences que nous en avons, se résume dans la formule célèbre : *esse est percipi* (« l'être, c'est l'être perçu »). Ce subjectivisme, qui se réclame du simple bon sens, devait profondément troubler Kant, dans la mesure où le bon sens nous enseigne à la fois que le monde a une réalité extérieure à nous, mais qu'il est extrêmement difficile de le prouver. On lui doit : *Essai sur une nouvelle théorie de la vision* (1709), *Traité sur les principes de la connaissance humaine* (1710), *Dialogues entre Hylas et Philonoüs* (1713).

On pourra lire l'étude de M. Gueroult, *Berkeley : quatre études sur la perception et sur Dieu* (1956).

Bernard (Claude), physiologiste français (Saint-Julien, Rhône, 1813-Paris 1878), professeur de physiologie expérimentale à la Sorbone (1854), puis de médecine expérimentale au Collège de France (1855). Ses travaux portèrent sur les phénomènes chimiques de la digestion, sur le système nerveux sympathique. Il a découvert, en arrêtant peu à peu toutes les fonctions organiques d'un chien, par exemple, pour ne garder, dans sa pureté, que le phénomène de la « vie », que l'on ne pouvait pas isoler ce qui relève de la physico-chimie et ce qui relève de la vie. La pensée de la vie reste irréductible; c'est celle d'une « idée directrice » qui préside aux phénomènes physico-chimiques. Auteur d'études proprement scientifiques, Claude Bernard a exposé les principes généraux de sa méthode dans l'*Introduction à l'étude de la médecine expérimentale* (1865). → **Biologie.**

Bettelheim (Bruno), psychanalyste américain d'origine autrichienne (Vienne 1903) – Silver Spring, Maryland, 1990. Il enseigna la psychologie de l'éducation (1944), puis la psychiatrie à l'université de Chicago (1963). Il est mondialement connu pour ses travaux sur les psychoses infantiles (*la Forteresse vide,* 1967). Il a fondé l'École orthogénique de Chicago, qui soigne et prend en charge les enfants autistes (qui n'arrivent pas à s'adapter à la vie en société). Il a également publié *L'amour ne suffit pas* (1950), *Dialogues avec les mères* (1962), *Psychanalyse des contes de fées* (1973).

Binet (Alfred), psychologue français (Nice 1857 – Paris 1911). Il peut être considéré comme le fondateur de la psychologie expérimentale, qu'il orienta d'emblée vers l'étude de l'intelligence. Il a publié *la Psychologie du raisonnement* (1886), *le Magnétisme animal* (1887), *les Altérations de la personnalité* (1892), *Introduction à la psychologie expérimentale* (1894). En 1903, il réalisa une *Étude expérimentale de l'intelligence.* Chargé au sein d'une commission de l'instruction publique de chercher un moyen de dépister les enfants retardés afin d'améliorer l'enseignement qui leur est donné, il eut l'idée d'élaborer une série d'épreuves et d'examiner à quel âge elles étaient réussies par des enfants normaux. Il créa ainsi, avec Th. Simon, la première *Échelle métrique de l'intelligence* (1905 et 1908), qui inaugurait la méthode des tests mentaux.

biologie, science de la vie.

Le terme est créé simultanément en 1802 par Lamarck en France et par Treviranus en Allemagne. Il enveloppe à la fois la vie animale et la vie végétale. Les méthodes de la biologie sont : 1° l'« analogie », pour la découverte (à partir d'un os de talon, Cuvier [1769-1832] a pu ainsi reconstituer la totalité d'un squelette de Paléothérium, dont on devait ensuite découvrir un original absolument identique à celui qu'il avait reconstruit) ; 2° la « concordance variée », pour la preuve : lorsqu'une méthode d'analogie a été souvent prouvée, elle devient vraie. Mais le problème fondamental de la biologie est celui de la nature et de l'origine de la vie ; la vie naît-elle d'un cytoplasme primitif dont le noyau ne serait qu'une spécification, ou faut-il supposer un noyau de vie originel ? C'est à ce problème fondamental que les savants français (des laboratoires de Bures [S.-et-O.]) se sont directement attaqués ; leurs recherches sont celles qui ont été poussées le plus loin. Il semble que le problème des causes du cancer soit lié à celui des origines de la vie cellulaire. → **Vie.**

Blaga (Lucian), écrivain et philosophe roumain (Lancrăm, près de Sibiu, 1895 – Cluj 1961). Son œuvre philosophique (*Trilogie de la connaissance,* 1931-1934 ; *Trilogie de la culture,* 1936-1937 ; *Trilogie des valeurs,* 1946) aboutit à justifier la poésie comme méthode lyrique de connaissance. L'un de ses thèmes fondamentaux est la rupture entre nature et civilisation, réconciliées dans le village archaïque et mythique.

Blanc (Louis), historien, homme politique et théoricien français du socialisme (Madrid 1811 – Cannes 1882). Journaliste, il publie une brochure sur *l'Organisation du travail* (1839), puis son ouvrage sur *le Droit au travail* (« à chacun selon ses besoins ; à chacun selon ses facultés »), où il développe une théorie à la fois très positive et originale. Il critique le principe de la concurrence, défend l'idée d'association des travailleurs dans des « ateliers sociaux » ; mais l'originalité de sa pensée économique réside dans son idée que l'État constitue un des éléments nécessaires de la réforme sociale : c'est par là qu'il s'oppose au communisme, substituant à l'idée d'une révolution sociale, d'une destruction de l'État existant, le projet, beaucoup plus réaliste et moderne, d'une réforme de la société et de l'administration sous l'autorité d'un État qui seul possède le pouvoir de réaliser effectivement une politique socialiste. On lui doit aussi une *Histoire de la Révolution française* (1847-1862).

Blanché (Robert), philosophe et logicien français (Sauze-Vaussais, Deux-Sèvres, 1898 – Toulouse 1975). Ses réflexions sur l'histoire de la physique, du mécanisme cartésien au mathématisme de la physique moderne, développent une analyse des méthodes constitutives de la science. Ses principales œuvres sont : *la Science physique et la réalité. Réalisme, positivisme, mathématisme* (1946) ; *l'Axiomatique* (1955) ; *Introduction à la logique contemporaine* (1957) ; *Structures in-*

tellectuelles. Essai sur l'organisation systématique des concepts (1966); *la Science actuelle et le rationalisme* (1967); *la Méthode expérimentale et la philosophie de la physique* (1969); *la Logique et son histoire d'Aristote à Russell* (1971); *le Raisonnement* (1973).

Bloch (Ernst), philosophe allemand (Ludwigshafen 1885 – Tübingen 1977). Très jeune, il adhère au socialisme. Son premier grand ouvrage, *l'Esprit de l'utopie* (1918), montre que l'utopie est nécessaire à l'homme pour une prise de conscience réflexive de l'histoire. Persécuté par les nazis, exilé, il publie, en 1935, *l'Héritage de ce temps*, consacré à la description de la psychologie des masses du fascisme. Son œuvre la plus importante est *le Principe espérance* (3 vol., 1954-1959). On lui doit une histoire du droit, *Abriss der sozialen Utopien* (publié en France sous le titre *Droit naturel et dignité humaine*).

Blondel (Maurice), philosophe français (Dijon 1861 – Aix-en-Provence 1949). Il a enseigné à la faculté d'Aix à partir de 1895. Sa philosophie de l'action est en vérité une religion de l'action, qui découvre, dans l'expérience de la volonté agissante, un monde « supraphénoménal », celui de la foi incarnée. Sa thèse de doctorat — *l'Action, essai d'une critique de la vie et d'une science de la pratique* (1893) — inspire tout le reste de son œuvre, de *l'Illusion idéaliste* (1898) à *l'Esprit chrétien et la philosophie* (1939).

Boèce, philosophe, homme d'État et poète latin (Rome v. 480 – près de Pavie 524), ministre de Théodoric le Grand, auteur de la *Consolation de la philosophie.* En commentant l'œuvre de Platon et d'Aristote, il est l'un des premiers à avoir utilisé la méthode du commentaire philosophique, appelée à une longue tradition dans l'enseignement.

Böhme (Jacob), mystique allemand (Altseidenberg, près de Görlitz, 1575 – Görlitz 1624), surnommé « le Philosophe allemand ». Il fut d'abord cordonnier. Son premier livre, *Aurora* (1612), contient ses révélations sur Dieu, l'homme, la nature. Il attribue son style métaphorique à une illumination divine qui est la condition première de toute connaissance. Böhme a beaucoup marqué la philosophie allemande postérieure à Kant (Fichte, Schelling, Hegel) et tout le courant romantique. On lui doit également *la Triple Vie* et *les Trois Principes.* Son ouvrage le plus célèbre est *Mysterium magnum* (1623).

Bonald (Louis, vicomte de), philosophe français (Château de Monna, près de Millau, 1754 – *id.* 1840). Maire de Millau de 1785 à 1789, président de l'Assemblée départementale de l'Aveyron en 1790, défenseur de la monarchie et de la religion, il entra à l'Académie française en 1816. Il publia : *Théorie du pouvoir politique et religieux* (1796), *Essai analytique sur les lois naturelles de l'ordre social* (1800), *les Recherches philosophiques* (1818).

Bonald considère que la nature sociale de l'homme ne vient pas d'un contrat, comme pour Rousseau, mais de Dieu qui a créé l'homme comme être social en lui donnant le langage. La société religieuse ne se sépare donc pas de la société civile. Les idées de ce philosophe ont exercé une profonde influence sur la pensée monarchiste au XIXe siècle.

bonheur, état de complète satisfaction.

On distingue les morales de l'Antiquité, pour lesquelles le bonheur est la fin dernière de l'homme (hédonisme*), et les morales modernes, marquées par le christianisme, pour lesquelles c'est la vertu qui est le but dernier; la vertu consiste à mériter le bonheur, mais sa possession n'a en elle-même aucune valeur morale (rigorisme de Kant). La philosophie actuelle (issue de Fichte, de A. Gehlen) redonne une valeur positive au bonheur, où elle voit une forme de sagesse qui n'advient qu'en celui qui se connaît parfaitement et sait satisfaire aux tendances fondamentales de son être. Car, s'il est vrai que le bonheur idéal « est la satisfaction de *toutes* nos inclinations » (Kant), pour être réellement heureux il faut savoir se limiter à ses inclinations les plus profondes. C'est en ce sens que le « bonheur » n'est pas réductible au « plaisir » ; ceux qui traitent du bonheur n'ont pas tort de mépriser le plaisir, qui, en effet, bien promptement « rassasie et dégoûte » (Alain). Le bonheur n'est jamais donné, il résulte toujours d'une activité de l'homme ; on l'identifie le plus souvent au travail libre : c'est en ce sens que l'on distingue le « plaisir » ou la « joie », qui peut nous venir des événements et le « bonheur » ou « béatitude », que nous tirons de nous-même et qui est toujours à notre portée. Il reste cependant que le bonheur le plus fort et le plus pur est souvent le plus primitif, celui qui s'identifie avec le sentiment de vivre et d'agir : « Le bonheur, c'est la saveur même de la vie... Agir est une joie... Toute vie est un champ d'allégresse » (Alain).

On lira **À la conquête du bonheur*, de Bertrand Russell.

Bosanquet **(Bernard)**, philosophe britannique (Alnwick, Northumberland, 1848 – Londres 1923). Professeur à Saint-Andrews (Écosse), ami de Bradley. On lui doit de nombreuses études de logique, d'esthétique et de morale : *History of Aesthetics* (1892), *Civilization of Christendom* (1893), *The philosophical Theory of the State* (1899), *The Value and Destiny of the Individual* (1913). Il a représenté l'hégélianisme en Grande-Bretagne.

bouddhisme, doctrine et Église dont le bouddha Śākyamuni (le « solitaire des Śakyas », c'est-à-dire « des roseaux ») est le fondateur (VIe s. av. J.-C.).

Une légende chinoise, réfutée par les Hindous, identifie le Bouddha à Lao-tseu. Le bouddhisme est apparu dans l'Inde aux confins du Népal (fin du VIe s. av. J.-C.), puis s'est répandu, sous des formes diverses, dans les différents pays d'Asie. La doctrine vise à l'extinction de tous les désirs, qui nous voilent (Māyā) la véritable réalité des choses ; le terme de l'ascèse, fondée sur la pratique du *yoga*, conduit à l'« illumination », au nirvāna. La sagesse délivre l'âme de la transmigration, c'est-à-dire de sa réincarnation perpétuelle dans une autre vie, jusqu'à l'acquisition de la sagesse parfaite, qui est le repos de l'âme. La plupart des dogmes sont empruntés à la philosophie brahmanique, notamment que la douleur est intimement liée à l'existence ; le sentiment d'exister produit par l'ignorance est lui-même lié aux désirs. Le bouddhisme est moins une forme de pensée qu'une forme de vie, moins une philosophie qu'une religion. Parmi les écoles bouddhiques, celle du « yoga » ou du « tantra » est la plus répandue en Chine, celle du « zen » au Japon.

Boutroux **(Émile)**, philosophe français (Montrouge 1845 – Paris 1921). Auteur du livre *De la contingence des lois de la nature* (1874), il enseigna à Paris à l'École normale supérieure (1877) et à la Sorbonne (1885). [Acad. fr. 1912.]

Boutroux considère que les divers ordres de phénomènes dans la nature (mécaniques, psycho-chimiques, biologiques et psychologiques) se sont superposés les uns aux autres de façon contingente et irréductible. Il a écrit : *De l'idée de loi naturelle dans la science et la philosophie* (1895), *Études d'histoire de la philosophie* (1897).

brahman, dans la philosophie indienne, l'âme comme expression de la vie universelle.

S'oppose à l'*atman*, qui est l'âme individuelle de chaque homme.

Bréhier **(Émile)**, philosophe français (Bar-le-Duc 1876 – Paris 1952), auteur d'une monumentale *Histoire de la philosophie* (1926-1932), des présocratiques à nos jours, avec un supplément pour la philosophie hindoue.

Brentano **(Franz)**, philosophe et psychologue allemand (Marienberg 1838 – Zürich 1917). Il fut professeur de philosophie à Würzburg, à Vienne jusqu'en 1895, à Florence, et à Zurich à partir de 1915. Il distingua la logique de la psychologie et fonda la phénoménologie (description des lois qui régissent les phénomènes de la conscience). Il influença Husserl par sa notion d'intentionnalité.

On lui doit : *la Psychologie du point de vue empirique* (1874-1928), *Sur l'origine de* la connaissance morale (1889), *Sur la classification des phénomènes psychiques* (1911).

Bruno (Giordano), penseur et écrivain italien (Nola, royaume de Naples, 1548 – Rome 1600). Sa vie est un symbole de la liberté de pensée. Entré à dix-sept ans au couvent des Dominicains à Naples, il étudie la théologie, mais aussi les philosophes modernes et anciens : Héraclite, Démocrite. Sa pensée d'inspiration panthéiste le fait condamner à Rome pour hérésie (1576) ; il s'enfuit à Genève, puis à Toulouse et à Paris ; on le retrouve professeur à Oxford, puis en Allemagne, à Prague et enfin à Venise, où il est livré au Saint-Office ; torturé, il ne renie pas ses idées ; alors l'Église le fait brûler vif. Giordano Bruno représente l'aurore de la Renaissance et de la réflexion individuelle antidogmatique ; d'inspiration néoplatonicienne, il préconise de n'user que de l'expérience et de la raison pour connaître le monde, et d'en substituer l'usage à celui de la foi et de la tradition abstraite. Il a écrit notamment : *Expulsion de la bête triomphante* (1584), *De la cause, du principe et de l'unité* (1584), *De l'Infini, de l'univers et des mondes* (1585).

Brunschvicg (Léon), philosophe français et historien de la philosophie (Paris 1869 – Aix-les-Bains 1944). Professeur à la Sorbonne (1909), il reprit l'analyse de la connaissance, inaugurée par la critique kantienne, à la lumière d'une étude approfondie des sciences. Sa philosophie du jugement (*la Modalité du jugement,* 1897) valorise l'activité infiniment créatrice de l'esprit dans les mathématiques (*les Étapes de la philosophie mathématique,* 1912) ; sa méthode de réflexion sur l'histoire de la philosophie (*Spinoza et ses contemporains,* 1894), qui consiste à dégager en chaque auteur le vrai et le faux, le bon grain de l'ivraie, contrevient parfois à la pure objectivité historique.

Buber (Martin), philosophe israélien d'origine autrichienne (Vienne 1878 – Jérusalem 1965). Il a renouvelé l'étude de la tradition juive et a redonné vie à l'étude des hassidim (*les Histoires du hassidisme,* 1927). Sa philosophie sociale est fondée sur les rapports interindividuels dans la communauté (*le Je et le Tu,* 1923 ; *Gog et Magog,* 1941 ; *les Chemins de l'utopie,* 1949).

Buchez (Philippe), philosophe et homme politique français (Matagne-la-Petite, Ardennes, 1796 – Rodez 1865). Il fut l'un des principaux inspirateurs du socialisme chrétien dans un journal, *l'Atelier* (1840). Il a écrit un *Essai d'un traité complet de philosophie* (1839-40).

Budé (Guillaume), humaniste français (Paris 1467 — *id.* 1540). Il propagea en France l'étude du grec et la science du droit. Il contribua à la création du Collège de France.

Buffon (Georges Louis Leclerc, comte de), naturaliste et écrivain français (Montbard 1707 – Paris 1788). D'abord étudiant chez les jésuites, puis licencié en droit, il voyage en France et à l'étranger. Il conçoit dès 1739 l'idée d'une immense *Histoire naturelle,* dont la publication (36 volumes) se poursuivra jusqu'à sa mort. Sa théorie de la nature qui se transforme lentement, tant en ce qui concerne les conditions de vie sur la Terre (lente évolution des climats et des continents) qu'en ce qui concerne les espèces vivantes (et même le type de l'homme), constitue une vision très pénétrante qui annonce l'évolutionnisme. Son esthétique des œuvres littéraires et de vulgarisation scientifique, toute fondée sur le style (« Le style, c'est l'homme même »), reste certainement un peu étroite, mais confère à son œuvre une exceptionnelle clarté. On lui doit, en outre, un *Essai d'arithmétique morale.*

bureaucratie, pouvoir ou influence de l'administration sur la conduite des affaires.

La bureaucratie a toujours été décrite comme une déviation d'une administration devenue parasitaire et abusive. Dès 1843, Marx, dans la *Critique du droit politique hégélien,* décrit la naissance du phénomène bureaucratique. Le sociologue A.-W. Gouldner, dans *Patterns of industrial Bureaucracy* (1954), décrit les conformismes stricts qui créent des conflits entre dirigeants politiques, exécutants et public. En France, Michel Crozier, dans *le Phénomène bureaucratique* (1964), décrit la genèse bureaucratique, et, dans la *Société bloquée* (1970), analyse « le modèle bureaucratique français » : centralisation, distance entre les dirigeants et les fonctionnaires, blocage de la communication, sécurisation des membres. Claude Lefort (*Éléments d'une critique de la bureaucratie*, 1979), et X. Greffe (*Analyse économique de la bureaucratie*, 1981) ont actualisé la critique du phénomène bureaucratique.

Buridan (âne de), fable célèbre attribuée au philosophe scolastique Buridan, et mettant en scène un âne qui se laisse mourir de faim entre un boisseau d'avoine et un seau d'eau, faute d'avoir pu choisir entre deux biens équivalents. C'est, contrairement à ce que l'on croit généralement, une preuve par l'absurde que, dans la réalité, le choix se fait toujours, et qu'il y a un dynamisme de l'acte indépendant de tout motif objectif. On ne trouve cependant pas trace de cette fable dans les écrits de Buridan qui nous sont parvenus.

C

Cabale (de l'hébreu *qabbel*, recevoir; *qabbalah*, théorie de la révélation), dans la tradition juive, interprétation secrète de la Bible.

Dans l'élaboration de la cabale, on distingue trois périodes : 1° la période précabalistique (XIIIe s.), où les influences des gnostiques, de Plotin et d'Aristote se combinent pour susciter le *Sepher Jetzira;* 2° l'époque du *Zohar* (XIVe s.), dont l'auteur est Rabbi Moshé de Léon; 3° l'époque de la cabale proprement dite (XVe s.), dont l'auteur principal est Isaac Louria.

La doctrine cabalistique dégage, par un travail de systématisation et de formalisation, la théologie incluse dans la Bible. C'est une philosophie de l'émanation, étudiant les intermédiaires entre Dieu et le monde, qui se répartissent en quatre degrés ou « hypostases » : Dieu (*atsiouth*), la création (*béria*), la formation (*jetsira*), l'homme (*'hassia*). La révélation même est rendue possible à travers ce schéma, qui lie directement l'existence humaine à la sagesse divine. La cabale dégage les principes généraux de l'exégèse biblique; elle s'oppose au Talmud, qui étudie le détail du texte et le contenu concret des histoires qui y sont racontées.

Cabanis (Georges), médecin et philosophe français (Cosnac, Limousin, 1757- Rueil, comm. de Seraincourt, Val-d'Oise, 1808). Il fut le premier écrivain français qui traita méthodiquement des rapports du physique et du moral, dans le célèbre traité, *Rapport du physique et du moral de l'homme* (1802), qui eut une influence considérable sur les idées et le climat intellectuel de son temps.

Calvin (Jean), de son vrai nom **Cauvin** (Noyon, Picardie, 1509 - Genève 1564). Il fait à Paris de brillantes études de logique, de grammaire et de philosophie. Son père, qui était secrétaire de l'évêché de Noyon, meurt excommunié; son frère se convertit au luthéranisme. Il rédige en 1532 un *Commentaire du « De clementia »* de Sénèque, où il tente indirectement de trouver les points de contact entre l'Évangile et le stoïcisme. C'est en novembre 1533 que s'exprime son ralliement brutal et définitif à la Réforme. Désormais, et jusqu'à ce qu'il se fixe à Genève, la vie de Calvin sera celle d'un errant fuyant les foudres de l'Inquisition. De 1536 date l'*Institution de la religion chrétienne.* Il s'établit finalement à Genève et fonde un parti autoritaire, qui, renforcé de réfugiés français, devient majoritaire au Conseil de la ville. Théologien rigoureux et passionné, pasteur compréhensif, chef d'État autoritaire, Calvin est également un orateur incomparable et un écrivain remarquable, dont la prose est un modèle de clarté. Il meurt en 1564, épuisé de travail; il est alors déjà le fondateur du calvinisme (répandu surtout en Europe du Nord et du Nord-Ouest).

Campanella **(Tommaso),** philosophe italien (Stilo, Calabre, 1568 – Paris 1639). Il combattit la scolastique et préconisa la méthode expérimentale. Il passa vingt-sept ans en prison après avoir désiré une réforme du christianisme et prôné la réunion de tous les peuples sous un seul ordre civil et sous la « religion naturelle », dont les religions existantes ne sont que des formes particulières. Il a écrit en prison *la Monarchie d'Espagne, les Aphorismes politiques,* et surtout *la Cité du Soleil* (v. 1602), qui préconise un système communiste.

Camus **(Albert),** écrivain français (Mondovi, Algérie, 1913 – mort dans un accident de voiture, Villeblevin, Yonne, 1960). Une lésion pulmonaire l'ayant empêché, en 1934, de se présenter à l'agrégation de philosophie, il anime jusqu'en 1938 une équipe de comédiens amateurs. Le journalisme l'amène ensuite en métropole, où, pendant la Seconde Guerre mondiale, il participe activement au groupe de résistance « Combat ». Il devient, après 1945, le rédacteur en chef du journal *Combat*. Sa notoriété date de 1942, avec la publication de *l'Étranger* et du *Mythe de Sisyphe* (essai philosophique). L'absurdité de la vie, l'impuissance de l'intelligence humaine devant les événements du monde, le caractère inéluctable de la mort sont les composantes fondamentales de son univers. Son registre va du roman pathétique et symbolique de la condition humaine (*la Peste*, 1947) au théâtre de l'absurde (*Caligula*, 1944), en passant par le récit (*l'Exil et le royaume*, 1957) et la chronique de l'histoire (*Actuelles*, 1950-1953-1958). Son originalité par rapport à Sartre est de garder, derrière les descriptions modernes de l'existence, une vision sereine de l'homme teintée d'un certain optimisme : à l'absurdité du monde, l'homme oppose sa confiance en lui-même et sa volonté déterminée de promouvoir les valeurs morales et spirituelles les plus hautes. Philosophe existentialiste, Camus reste un penseur classique et un écrivain inspiré. Il a reçu le prix Nobel de littérature en 1957.

Canguilhem **(Georges),** philosophe français (Castelnaudary 1904 – Marly-le-Roi 1995). Ses recherches sur l'histoire des sciences constituent un apport important à la réflexion sur la science (épistémologie*). Il a écrit : *la Formation du concept de réflexe aux XVIIe et XVIIIe siècles* (1955), *la Connaissance de la vie* (1952), *le Normal et le pathologique* (1966), *Études d'histoire et de philosophie des sciences* (1968), *Vie et mort de Jean Cavaillès* (1976).

canon (du gr. *Kanon*, modèle, règle), modèle idéal auquel il faut se conformer.

Chez Kant, ensemble des principes a priori qui règlent la connaissance et constituent les cadres de la connaissance du monde lorsqu'ils se rapportent à une expérience possible.

canonique, ensemble des règles servant à énoncer un système. Syn. de *logique*. (ADJ., → normatif.)

canonique (doctrine), **doctrine d'Épicure* selon laquelle il existe quatre sortes d'évidence — la passion (plaisir — douleur), la sensation, l'anticipation, la réflexion.**

La sensation est toujours véridique, et les « erreurs des sens » proviennent uniquement d'une mauvaise interprétation de la sensation. Les anticipations, ou prolepses, sont le résidu de nos expériences passées. De même, la passion et la réflexion proviennent d'expériences réelles. Les quatre sortes d'évidence fondent la connaissance objective de la réalité.

Capital (le), œuvre la plus connue de Karl Marx*, dont la publication complète est posthume (1885-1894). *Le Capital* orienta sur une voie nouvelle l'économie politique et découvrit à la philosophie tout l'univers de la « sociologie du travail ». Marx y décrit les « contradictions du capitalisme » et dégage un certain sens de l'évolution de l'histoire. L'injustice fondamentale du capitalisme résiderait dans l'exploitation de l'ouvrier. L'exploitation consiste en ceci : le patron embauche des ouvriers pour un travail déterminé, par exemple charger un camion; le patron paiera 4 heures de travail; puis il sélectionnera les ouvriers les plus forts, capables de charger en 3 heures ou moins, et imposera 2 chargements de camion en 6 heures au lieu de 1 et demi, toujours au même prix de l'heure. C'est la célèbre théorie de la *plus-value* : le bénéfice supplémentaire revient au patron. L'injustice vient au fond de ce que le patron achète non pas le produit du travail, mais une « capacité de travail » (le travailleur lui-même), ce qui constitue du point de vue humain une forme d'esclavage. Les théories du *Capital* ont inspiré les économistes, capitalistes aussi bien que socialistes. Ses prédictions historiques ont été démenties par les faits : le capitalisme devait se détruire lui-même par une crise économique. La révolution ouvrière devait d'abord survenir dans les États industrialisés d'Europe occidentale, et premièrement en Angleterre. Elle est advenue en fait dans les pays pauvres à prédominance agricole. → **Marxisme.**

capitalisme, régime économique dans lequel les moyens de production appartiennent à des capitaux privés.

Les principes fondamentaux du capitalisme sont l'entreprise privée et la liberté du marché. C'est la libre concurrence qui stimule l'économie, améliore la qualité des produits et modère les prix. L'époque héroïque du capitalisme fut celle des chevaliers de l'industrie (Rockefeller, Morgan). Aujourd'hui, où la création et la destination des usines s'inscrivent peu à peu dans tous les pays occidentaux, dans un plan économique « national » et répondent ainsi à une certaine volonté planificatrice de l'État, le capitalisme évolue vers une synthèse avec le socialisme (l'État possède le pouvoir de stimuler ou non certains secteurs de l'économie en accordant ou non des crédits aux entreprises), tout en préservant absolument l'initiative privée. A partir de quel degré d'intervention de l'État un système économique n'est-il plus considéré comme capitaliste? Des néologismes du type *capitalisme d'État* ont été conçus pour répondre à ce problème.

caractère, ensemble des traits distinctifs qui constituent la figure psychologique ou morale d'une personne ou d'un groupe.

Divers tests permettent de différencier les caractères, notamment le test de Dembo, qui consiste à placer une personne volontaire dans un cercle de craie pour lui faire attraper une chaise qui est juste hors de son atteinte, et à étudier ses réactions spécifiques d'échec (colère, plaisanterie, etc.). Le problème fondamental est de connaître les causes qui contribuent à la formation d'un caractère : il y a d'abord le tempérament, qui est notre acquis physiologique; Goethe, en disant que « le caractère de l'homme est son destin », identifiait caractère et tempérament. En fait, le caractère est spécifiquement psychologique, au point qu'Alain disait, au contraire : « Un caractère est un serment »; saint Ignace était naturellement violent, il fut saint par pure volonté, « par caractère ».

Entre les thèses innéistes, pour lesquelles le caractère vient avec la naissance, et les thèses empiristes, pour lesquelles le caractère se forme avec l'expérience (l'éducation, le milieu, la volonté), se situent les thèses de la psychanalyse : le caractère se « fixerait » au cours des épreuves qui marquent la prime enfance; l'individu serait marqué une fois pour toutes par son enfance. En fait, le tempérament, l'enfance, l'éducation, l'expérience sont des éléments au service de notre liberté; notre vie psychologique et morale peut évoluer et progresser indéfiniment. → **Caractérologie.**

caractériel, qui apparient au caractère. Cependant, lorsqu'on parle d'un individu caractériel (« un caracté riel »), il s'agit, en général, d'un enfant présentant des troubles de caractère se manifestant par un « comportement » ou une « conduite » anormale, une « inadaptation » familiale, scolaire, sociale.

On distingue deux sortes de théories explicatives : 1° la théorie « constitutionnaliste », pour qui le caractère et ses anomalies (phobies, obsessions, impulsivité exagérée, et tous les troubles d'origine endocrinienne) sont d'origine congénitale, voire héréditaire ; 2° les théories « psychogénétiques », plus riches et plus concrètes, selon lesquelles que les troubles résultent des situations où a vécu l'enfant depuis sa naissance. Elles insistent, à juste titre, sur le rôle de la misère, de l'insuffisance du logement, de la promiscuité. Heuler a remarqué que la plupart des enfants caractériels proviennent de famille dissociées ; les troubles peuvent résulter d'un manque d'affection, voire d'une hostilité d'un des parents. Les cas de « délinquance juvénile » se multiplient au lendemain des guerres et des bouleversements sociaux.

On distingue les troubles caractériels passagers, qui peuvent accompagner une altération de la santé, l'arrêt de la vie génitale ou l'apparition de la vieillesse, et les troubles permanents, que l'on appelle les troubles « caractériels véritables ». Ceux-ci se reconnaissent, chez l'adulte, par le fait qu'ils se sont affirmés depuis l'enfance : folie des grandeurs, jalousie maladive, impulsivité excessive, exaltation, caractères passionnés (comme dans *les Possédés* de Dostoïevski).

Le caractériel, au fond, est celui qui n'arrive pas à réussir dans la vie et ne parvient pas à s'accommoder de ce qu'il est : la réadaptation est, en général, facile pour un enfant jeune (analyse psychologique, changement de milieu), difficile pour un adulte (la cure psychanalytique elle-même se révélant souvent décevante).

caractérologie, étude des caractères.

Le terme a été créé par Wundt. La caractérologie étudie la classification des caractères et leur formation. La classification se fait à l'aide de tests, c'est-à-dire d'épreuves ; le plus connu, le test de Rorschach, consiste à écraser des taches d'encre entre deux feuilles et à demander ce qu'évoquent les taches. Utilisant des « grilles » de tests extrêmement complexes, Wierzma et Heymans ont établi la classification la plus célèbre. Elle se fonde sur : **1°** l'émotivité ; **2°** l'activité ; **3°** la primarité ou la secondarité (le primaire est celui qui vit dans le moment actuel, le secondaire celui en qui les expériences laissent une trace et un retentissement profond et qui, de ce fait, est toujours freiné par l'expérience passée).

On peut simplement distinguer, très généralement, les caractères « introvertis » (tournés en eux-mêmes) et « extravertis » (bavards et ouverts sur le monde, à la limite sans aucune intériorité). Par exemple, celui qui, à la vue d'un tableau ou d'un spectacle du monde, est particulièrement sensible au « mouvement » relève du type « introverti » à tendance schizoïde (par exemple, le tableau de Van Gogh *les Cyprès* se prête particulièrement à cette interprétation) ; celui qui est surtout sensible à la « couleur » relève du

CARACTÉROLOGIE

type	primaire	secondaire
non émotif-non actif	amorphe (Louis XV)	apathique (Louis XVI)
émotif-non actif	nerveux (Byron)	sentimental (Amiel)
non émotif-actif	sanguin (Bacon)	flegmatique (Kant)
émotif-actif	colérique (Danton)	passionné (Napoléon)

type « extraverti »; celui qui remarque surtout la « forme » des choses exprime un type d'une intelligence érudite, mélancolique. Le type équilibré sera également sensible au mouvement, à la forme et à la couleur (tel se présente Léonard de Vinci). L'opposition qui existe entre l'introverti et l'extraverti est, au fond, celle qui apparaît entre le littéraire et le scientifique.

carence affective, privation ou insuffisance des liens avec la mère.

Les « troubles de carence affective » (étudiés notamment par Spitz) se manifestent fréquemment dans les orphelinats, pouponnières et établissements hospitaliers. Leurs conséquences peuvent être très graves et vont du retard dans le développement physique et intellectuel à la mort (surtout de la naissance à trois mois). Ils entraînent ultérieurement, chez l'adulte, une impossibilité à s'adapter, à s'établir dans une vie stable, suscitent un désir d'absolu toujours insatisfait, comme si la solitude était une punition à eux seuls réservée.

Carnap (Rudolf), philosophe et logicien allemand, naturalisé américain (Ronsdorf, auj. Wuppertal, 1891 – Santa Monica, Californie, 1970). Élève de Frege, enseignant à Vienne et à Prague, il contribue à fonder le cercle de Vienne* et il est l'un des représentants les plus éminents du positivisme* logique. *La Construction logique du monde* (1928) applique les techniques de la logique des *Principia mathematica* de Bertrand Russell à une entreprise de construction du monde à partir des données de l'expérience immédiate. *La Syntaxe logique du langage* (1934) veut étendre à tous les langages l'approche purement syntaxique des langages mathématiques développée par Hilbert. Carnap émigre aux États-Unis en 1935 et dirige avec Neurath et Ch. Morris l'*International Encyclopedia of Unified Science*, dont le but est d'unifier l'ensemble des connaissances scientifiques. On lui doit notamment : *Introduction à la sémantique* (1942), *Signification et nécessité* (1947), *les Fondements logiques de la probabilité* (1951), *Introduction à la logique symbolique* (1954), *Logique inductive et vraisemblance* (1959).

Carnéade, philosophe grec (Cyrène v. 215 – Athènes v. 129 av. J.-C.). Le plus célèbre des nouveaux académiciens, il est le fondateur du probabilisme*. Carnéade n'a laissé aucun écrit; on connaît sa pensée par l'intermédiaire de Clitomachos, lui-même cité par Cicéron et Sextus Empiricus. Il critiqua toutes les formes de théories de la certitude : le sensualisme des stoïciens, l'existence des dieux, le souverain bien. Il n'existe, pour lui, que des degrés de probabilité dans les représentations, et la rhétorique n'est qu'un art de persuader et d'incliner l'esprit vers telle ou telle représentation.

cartésianisme, philosophie de Descartes* et de ses disciples.

Par cartésianisme, on désigne surtout les philosophies de Leibniz*, de Spinoza* et de Malebranche*, les trois grands « cartésiens ». Leibniz développe la physique cartésienne, crée le calcul différentiel, découvre, avec la vraie formule de la conservation de l'énergie (Mv^2), le caractère spirituel de la « force » qui est au principe du mouvement dans le monde : il fonde ainsi une « dynamique » et une métaphysique spiritualiste. Malebranche approfondit le *cogito* pour découvrir dans la pensée une présence plus profonde que nous-mêmes (Dieu); son rationalisme se développe autour d'une intuition mystique. Quant au système définitif de Spinoza (exposé dans l'*Éthique*), il prétend achever les systèmes qui le précèdent et réaliser l'intelligibilité absolue, tant en ce qui concerne Dieu que l'existence concrète de l'homme. Au XVIIIe siècle, le cartésianisme est invoqué à la fois par les idéalistes, les spiritualistes, qui se réclament de Malebranche et de la métaphysique de Descartes, et par les matérialistes (Diderot, d'Alembert), qui se réclament de sa physique. La diversité des interprétations tient à la richesse et à la profondeur de l'enseignement de Descartes. Le point de départ de ses « méditations », qui font table rase de tout ce que nous savons pour reconstruire un savoir certain et véritable, a directement inspiré les *Méditations cartésiennes* de Husserl, un des exposés les plus complets de la « phénoménologie » moderne.

Carus (Paul), philosophe allemand (Ilsenburg 1852 – États-Unis 1919). Il dirigea deux revues à Chicago (*The Open Court* et *The Monist*). Il a écrit *Métaphysique dans la science, la morale et la religion* (1881).

cas de conscience, conflit de devoirs.

C'est, en général, le devoir moral et les exigences sociales qui se trouvent en conflit : exemple d'Antigone, héroïne de la tragédie de Sophocle, qui défend les devoirs de la conscience (elle « doit » enterrer le corps de son frère) contre la loi arbitraire de l'État (qui refuse la sépulture aux adversaires de l'État).

Cassirer (Ernst), philosophe allemand (Breslau 1874 – New York 1945). Il fut professeur à Hambourg (1919) et, devant les progrès du national-socialisme, s'exila en 1933 pour la Suède, puis en 1941 pour les États-Unis. Il est un des représentants du néokantisme*, ou école de Marburg. Ses réflexions profondes sur la logique mathématique, sur les fonctions symboliques de la pensée (les religions, les mythes, le langage humain en général) sont nourries par une érudition incomparable. L'effort de Cassirer a été d'étendre la fondation kantienne de la connaissance (la « Critique ») aux formes de la science la plus moderne, et aussi d'élargir la réflexion philosophique jusqu'à saisir l'essence de l'homme (et non plus seulement de l'« esprit ») à partir de ses manifestations les plus diverses. On lui doit : *Problèmes de la connaissance dans la philosophie et la science moderne* (1906-1920), *Concept de substance et concept de fonction* (1910), *Liberté et forme* (1917), et surtout *Philosophie des formes symboliques* (1923-1929).

castration (complexe de), angoisse liée à la fonction symbolique du phallus et plus précisément à la menace imaginaire de la suppression du pénis (ou d'une partie équivalente du corps).

L'*angoisse de castration* peut être déclenchée par des menaces d'éducateurs maladroits, soucieux d'éviter les « mauvaises habitudes » (onanisme), mais elle naît naturellement, chez l'enfant, à partir de la découverte des différences sexuelles et d'une culpabilité intérieure liée au développement du complexe d'Œdipe (l'enfant se sent coupable d'éprouver un sentiment de jalousie ou de rivalité à l'égard de son père en ce qui concerne les rapports avec la mère ; ce sentiment de culpabilité provoque la peur d'un châtiment déterminé, l'« angoisse de castration »).

Le complexe de castration peut résulter d'une estimation exagérée de la masculinité et prendre alors la forme d'une grave déception chez la fillette (lorsqu'elle découvre son absence de pénis). Pour des auteurs tel le Dr Hesnard, certains cas d'homosexualité féminine seraient la conséquence lointaine de cette déception : « L'homosexuelle excelle à donner ce qu'elle n'a pas, c'est-à-dire que, relevant le défi de la castration féminine, elle s'attribue imaginativement le pénis... »

catégorie, classe de personnes ou d'objets de même nature.

Cette classification se fait en fonction de certains principes généraux, comme l'identité de « lieu » ou de « temps » (Aristote), ou en fonction de lois générales de l'esprit, comme la « quantité », la « qualité », la « relation » ou la « modalité » de nos jugements (Kant). Les catégories sont donc les formes générales des diverses relations que nous pouvons établir entre les êtres ou les idées.

catharsis (mot gr. signif. *purification*), état créé par l'art et qui, comme son nom l'indique, purge l'âme de ses passions.

Ainsi, selon Aristote, le spectateur d'une tragédie expulse de soi les tendances brutales ou criminelles, latentes chez tout homme, en les voyant mimer devant lui. La psychanalyse (technique du défoulement) et, à son tour, la pédagogie moderne rejoignent en partie cette hypothèse aristotélicienne, en particulier pour l'élimination par le jeu, même violent, de l'agressivité excessive chez l'enfant.

catholicisme, religion des chrétiens qui reconnaissent l'autorité du pape.

Le catholicisme (du gr. *katholikos*, universel) s'est pensé primitivement comme la religion naturelle du genre humain. Mais le problème est de savoir s'il existe une religion déterminée et naturelle au cœur humain. Il semble, au contraire, que la foi naturelle à l'homme prend un contenu différent avec les progrès de la culture et de l'étude. Le catholicisme s'est infléchi dans le sens d'une religion fondée non sur la réflexion ou sur une révélation précise (la Bible), mais sur l'autorité de l'Église, qui se présente non seulement comme une inspiratrice et un guide, mais comme un juge infaillible. Les principaux dogmes sont les mystères de la Trinité et de l'Incarnation, la rédemption des péchés par la mort du Christ, les sept sacrements.

cause, force qui produit un effet.

La recherche des causes est naturelle à l'esprit humain, qui pense que « rien n'arrive sans raison ». La preuve « physico-théologique » consiste à remonter de cause en cause et à déduire l'existence d'une cause première qui serait Dieu. C'était l'argument d'Aristote. La notion de cause reste une notion « animiste » : on cherche une « intention », une raison totale. La science moderne (depuis Descartes) ne cherche plus les causes, c'est-à-dire les antécédents d'un phénomène, mais les *lois*, c'est-à-dire les rapports constants entre les phénomènes. On distingue, en toute rigueur, la cause « efficiente », qui est ce *par quoi* un événement arrive, et la cause « finale », qui est ce *en vue de quoi* un événement se produit. Par exemple, une pierre tombe parce qu'il y a du vent (le « vent » est cause efficiente) ; elle tombe sur la tête de Paul pour le punir (la « punition » est cause finale).

Cavaillès (Jean), mathématicien et philosophe français (Saint-Maixent 1903-exécuté par les Allemands, Arras, 1944). Il soutint en 1938 sa thèse de philosophie des sciences. À Strasbourg, puis à la Sorbonne, il mena de front ses cours et ses travaux de logique mathématique et son activité patriotique au sein de la Résistance. Ses principales œuvres sont : *Remarques sur la formation de la théorie abstraite des ensembles* (1938), *Méthode axiomatique et formalisme, essai sur le problème du fondement des mathématiques* 1938), *Transfini et Continu* (1947), *Sur la logique et la théorie de la science* (1946-1948).

caverne (la), allégorie où Platon (au VIIe livre de *la République*) compare notre connaissance par sensations a celle d'un prisonnier qui serait enchaîné au fond d'une caverne et qui ne verrait que les ombres des objets réels, projetées sur les mur par la lumière du soleil. Il ne connaîtrait ni les causes des objets qu'il voit (les objets réels) ni celles de sa vision (le soleil).

Celse, philosophe platonicien qui vécut à Rome sous les Antonins (IIe s. apr. J.-C.). Il est resté célèbre par ses attaques contre le christianisme.

cercle vicieux, raisonnement faux, où l'on donne pour preuve précisément ce qu'il faudrait prouver.

Par exemple, comment prouver l'existence de Dieu? Dieu étant, par définition, un être infiniment parfait, il possède toutes les qualités, donc il possède celle de l'existence. Il y a *cercle vicieux* dans la mesure où l'on suppose « Dieu » pour ensuite en tirer l'« existence ».

cérébrotonie, composante du tempérament, selon Sheldon, qui fait préférer le discours à l'action directe, la solitude et la discrétion aux réunions sociales et aux foules.

Le cérébrotonique est un introverti qui présente des troubles d'insomnie, de fatigue chronique.

chaîne (travail à la), travail parcellaire, collectif et organisé.

Le but du travail à la chaîne est de rendre plus efficace la collaboration entre l'homme et la machine. Cette forme moderne de travail peut être considérée comme une étape intermédiaire entre le travail artisanal et l'automation. Certains ouvriers la préfèrent au travail libre, car ils se sentent dégagés de toute responsabilité. D'autres, au contraire, ne supportent pas le rythme que la chaîne leur impose, le travail parcellaire qu'ils effectuent, et souffrent des relations dépersonnalisées.

chance, manière dont une entreprise peut tourner.

Le mot désigne plus spécialement la bonne fortune et s'oppose à « malchance ». Les entreprises qui dépendent de la chance (comme les jeux de roulette, de cartes, les prévisions statistiques et aussi, dans une certaine mesure, toutes les entreprises humaines) ont fait l'objet du calcul des probabilités. Cournot fut le premier mathématicien à faire la théorie du hasard ou de la chance. Il définit le hasard comme « l'entrecroisement de deux séries causales indépendantes ». Le calcul des chances est employé en économie et en politique.

chinoise (philosophie). C'est Confucius* qui, le premier, a donné à la religion traditionnelle de la Chine une formulation philosophique. Il en a systématisé les principes, en a dégagé une morale de l'effort, dont l'idéal est celui de l'homme supérieur, le *kiun-tseu*. Par la suite, la philosophie chinoise est restée une réflexion sur la tradition sociale et religieuse. On distingue le confucianisme, dont les deux plus grands représentants furent Mong-tseu (philosophe optimiste) et Siun-tseu (philosophe pessimiste), et l'école de Mozi (500-416 av. J.-C.).

Le *taoïsme* rassemble presque toutes les écoles du Moyen Âge : c'était un mélange de mysticisme, de ritualisme et de morale confucianiste. Les logiciens chinois se regroupent sous la bannière de l'« école des noms », et les philosophies sociales sous celle de l'« école des lois ». La philosophie chinoise s'est présentée jusqu'à présent comme un humanisme assez profond et conservateur, où le souci de l'ordre et du calme a prévalu sur les valeurs de la création.

choc, émotion violente, accompagnée de bouleversements physiologiques.

D'une façon générale, le choc résulte de l'apparition d'un élément nouveau dans la vie, auquel le sujet est incapable momentanément de s'adapter. Les psychologues distinguent toutefois : 1° les petits chocs, au niveau de l'agréable et du désagréable, et qui sont passagers ; 2° les chocs qui entraînent une désadaptation plus ou moins longue (une émotion violente, la perte d'un être cher) ; 3° les chocs qui entraînent une désadaptation définitive et conduisent par là même à la folie (le psychologue Dumas évoque certaines expériences d'enterrés vivants). L'expression d'*émotion-choc*, vieillie, est remplacée par celle de *choc affectif* ou de *choc émotionnel*.

chosification, transformation de concepts abstraits en substances ou en objets concrets.

On parle, plus couramment, d'« objectivation ». C'est cette chosification que dénonce A. Comte en toute explication qu'il nomme « métaphysique », dont le type est, selon lui, le suivant : « Pourquoi le pavot fait-il dormir ? — En raison de sa vertu dormitive. » On transforme effectivement un mot en vertu réelle : on « chosifie » un concept.

chrétienne (philosophie), toute philosophie inspirée par le christianisme. — Une philosophie n'est pas chrétienne parce qu'elle parle du christianisme et cherche à le justifier, mais parce qu'elle pense à partir d'une croyance fondamentale en l'enseignement du Christ (v. *Philosophie chrétienne* d'É. Gilson). C'est donc la couleur d'une philosophie, le sentiment originel qui l'inspire et autour duquel elle se développe, qui peut caractériser une « philosophie chrétienne », beaucoup plus que le contenu de ses affirmations, qui peut être conforme aux dogmes ou, au contraire, les contredire.

christianisme, loi et doctrine de Jésus-Christ.

La « nouveauté » du christianisme par rapport au judaïsme (qui ne nous demande pas de « croire », mais de « faire » et d'« étudier ») est d'être une religion de l'intériorité, qui ne s'exprime pas directement dans une morale, mais dans une croyance. Le christianisme est une attitude spirituelle. La formule la plus cohérente s'en trouve dans l'Évangile selon saint Jean. Le caractère du christianisme est d'être une religion du cœur, une religion populaire qui s'oppose à la religion, en principe savante, qui se fonde sur le texte difficile de l'Ancien Testament.

Nietzsche, après Marx, y a vu la« religion des esclaves » et des humbles qui, ne trouvant pas à s'épanouir dans le monde physique, se réfugient dans une attitude spirituelle de soumission : « Ils adorent l'esprit parce que leur corps est bafoué. » Bergson, au contraire, glorifie le christianisme, qui a révélé à l'humanité les nouvelles valeurs de la charité et de l'amour du prochain.

Chrysippe, philosophe stoïcien grec (Soli, Cilicie, 281 – Athènes 205 av. J.-C.). Son œuvre nous est parvenue par fragments. Il a étudié les formes du raisonnement et recensé cinq manières fondamentales de tirer une conséquence d'un fait ou d'une proposition.

civilisation, ensemble des caractères propres aux sociétés évoluées.

La notion de civilisation évoque d'abord un certain état de la technique (on distingue les civilisations de l'âge de la pierre, celles de l'âge du fer et, aujourd'hui, les civilisations du charbon, du pétrole, enfin de l'âge atomique), ensuite une certaine forme de culture (par exemple, la civilisation grecque). À l'image de la personne humaine, la technique constitue le corps d'une civilisation, la culture représente son âme. La notion de civilisation garde toujours un sens normatif et universel : le progrès de la civilisation implique à la fois un progrès de la technique, par lequel l'homme se rend maître de la nature, et un progrès social et moral dans le sens de l'émancipation des peuples esclaves, d'une société sans guerres et sans classes, et surtout dans le sens de la disparition des pays sous-développés, car l'homme doit d'abord se nourrir avant de consacrer son temps à se cultiver.

Le progrès de la civilisation ne doit pas se concevoir, dans le domaine culturel, sous la forme d'une domination de la culture européenne sur les autres cultures (africaines, asiatiques ou américaines), mais sous la forme d'« échanges » grâce auxquels les individualités culturelles se comprennent et s'enrichissent mutuellement. → **Culture.**

Clarke (Samuel), philosophe anglais (Norwich 1675 – Leicestershire 1729), auteur d'un *Traité de l'existence et des attributs de Dieu*, destiné à répondre aux théories de Hobbes et de Spinoza et à montrer que l'existence de Dieu s'établit uniquement par des arguments rationnels.

clarté et distinction, qualités requises, selon Descartes, de toute connaissance, pour être valable et indubitable.

La « clarté » est la qualité qui rend une idée reconnaissable parmi d'autres ; elle diffère de la « distinction », par quoi une idée est intrinsèquement analysable.

classification, opération qui consiste à grouper un certain nombre de faits ou d'êtres qui ont des caractères communs : on classe les animaux en espèces et en genres.

Un tel classement suppose l'analyse, la comparaison et la faculté de faire abstraction des différences individuelles. La classification est le point de départ de toute science : elle nous permet de passer scientifiquement de l'« observation » à la « loi ».

classification [des sciences], distribution systématique en diverses catégories.

A. Comte* a classé les sciences selon le degré de complexité de leur objet : **1°** les *mathématiques* n'ont pas affaire à des objets réels, mais seulement à des nombres ; **2°** l'*astronomie* a affaire à des nombres et à des objets sur lesquels nous n'avons pas prise, dont le cours est donc immuable ; **3°** la *physique* a affaire à des nombres et à des objets infiniment plus variés et changeants : nous pouvons agir sur eux et les ordonner en fonction de notre expérimentation ; **4°** la *chimie* ajoute à la complexité de la physique des réactions spécifiques et qualitatives; **5°** la *biologie* ajoute à la complexité de la chimie le phénomène de la vie; **6°** la *sociologie*, enfin, fait intervenir, en plus de tout, l'élément humain.

Cette classification selon un ordre de complexité croissante suit aussi l'ordre chronologique du développement des sciences : les mathématiques représentent la plus ancienne science alors que la sociologie, ou science de l'homme, est la plus récente.

Cléanthe, philosophe grec (Assos, Troade, v. 331 – v. 232 av. J.-C.). D'abord athlète, il succéda au philosophe Zénon* de Citium dans la direction de l'école stoïcienne. Il ne nous est parvenu que quelques fragments de ses œuvres, dont un *Hymne à Zeus*.

Clément d'Alexandrie (en lat. *Titus Flavius Clemens*), père de l'église grecque et philosophe chrétien (Athènes v. 150 – entre 211 et 216). Il présente sa philosophie : « Platon éclairé par l'Écriture. » Il fonde là toute une tradition de la philosophie et de l'humanisme chrétien. Ses œuvres : *la Protreptique, le Pédagogue* et surtout *les Stromates*.

coarcté, e, rétracté.

Terme introduit par H. Rorschach pour caractériser un type d'individu qui ne manifeste aucune tendance à l'extraversion. — Par extension, personne sèche ou déprimée.

Cohen (Hermann), philosophe allemand (Coswig 1842 – Berlin 1918). Fondateur de l'école de Marburg*, il est l'un des principaux représentants du néokantisme*. La plus grande partie de son œuvre est consacrée au commentaire critique de la pensée de Kant. Il a écrit la *Théorie kantienne de l'Expérience* (1871), qui est une réflexion sur la première partie de la *Critique de la Raison pure* de Kant. *Logique de la Connaissance pure* (1902) réfléchit sur l'*Analytique*, ou seconde partie de la même œuvre de Kant. *Éthique de la volonté pure* (1904), *Esthétique du sentiment pur* (1912) et *le Concept de la religion dans le Système de la philosophie* (1915), *Écrits sur le judaïsme* (1924) achèvent sa réflexion vers une philosophie morale et religieuse qui apparaît comme l'épanouissement de l'esthétique et de la théorie de la connaissance.

colère, excitation affective de tendance agressive.

On distingue les *colères rouges*, qui s'expriment spontanément dans des gestes et des cris, et les *colères blanches*, réfléchies, contenues, qui, chez l'enfant, peuvent conduire à la syncope. La colère est souvent une réaction de fuite devant les responsabilités : lorsqu'un individu est psychologiquement incapable de trancher un problème pratique (par exemple, doit-il sauver un ami qui est devenu un voleur poursuivi par la police ?), il se mettra en colère devant la « situation » ; ou bien, si un individu est convaincu d'avoir tort, mais ne peut pas s'adapter à l'« idée » d'avoir tort et à la situation qu'elle entraîne, il se met en colère, etc. La colère est donc, en fait, une conduite d'échec.

colérique, type de caractère dont les composantes fondamentales sont l'émotivité, la tendance à agir et l'absence de retentissement profond, dans la personnalité, des événements qui arrivent : caractère primaire (exemple, Danton). → Caractère.

communication, relation entre personnes.

Cette relation s'accomplit par le langage; toutefois la plupart des hommes ne considèrent le langage objectif que comme un moyen imparfait de communiquer réellement, et il est certain que le discours n'est toujours qu'un « moyen » d'expression, au service d'une personnalité irréductible à ce qu'elle dit (c'est pourquoi deux êtres ne se seront jamais tout dit, une fois pour toutes). Mais le langage est aussi le seul type objectif de communication qui respecte intégralement la personnalité d'autrui et lui fasse pleinement droit : il faut un haut degré de culture et une longue initiation pour savoir que le langage est fait pour converser et échanger des idées. Les philosophies de la « communication » recherchent les lois qui régissent les rapports entre les hommes; leur problème fondamental est celui de la connaissance d'autrui. Pour Platon (qui, par ailleurs, a fait une analyse de l'amour) comme pour Sénèque, c'est l'« amitié » qui constitue la relation interpersonnelle la plus pure. Pour Kant, c'est le « respect »; pour Max Scheler, la « sympathie ». Les philosophies de la communication sont aujourd'hui représentées par M. Buber en Allemagne, E. Levinas en France. Les psychologues comme Lagache ramènent la communication à la notion fondamentale d'« influence », que Fichte, dans sa *Théorie du droit,* a définie comme « l'action d'une liberté sur une autre liberté », en quoi elle s'oppose à la violence aussi bien qu'à l'indifférence.

communisme, doctrine sociale préconisant la mise en commun de tous les biens et l'absence de toute propriété privée.

On trouve l'idée d'un tel régime de vie communautaire dans *la République* de Platon; il reparaît comme un idéal, sous la Renaissance, dans les écrits de Thomas Morus *(Utopie)* et de Campanella *(la Cité du soleil).* C'est toutefois Gracchus Babeuf* qui, le premier, présente le communisme non comme une idée philosophique, mais comme un programme politique (Société des égaux). Après les expériences « associationnistes » d'Owen en Angleterre, de Cabet en France, puis de Saint-Simon* et de Fourier*, la doctrine de Marx* et Engels* connut un retentissement immense : ils furent les premiers à préconiser la mise en commun non seulement des biens de consommation, mais des biens de production. Aujourd'hui, le communisme évoque pour nous le mode de vie supporté par les hommes d'au-delà du rideau de fer (en U.R.S.S., en Chine) : la suppression des libertés individuelles, la propriété exclusive par l'État de tous les moyens de production. En fait, dans ces pays mêmes, le communisme demeure un idéal, celui d'une vie communautaire parfaitement intégrée, où l'individu, ayant fait abstraction de tous ses instincts personnels, vivrait totalement pour le groupe. Même le « socialisme » pratiqué en U.R.S.S., et né de la dictature du prolétariat, ne se considère que comme une étape transitoire qui ne fait que préparer l'avènement du communisme. Cet avènement devrait coïncider avec la disparition de l'État au profit des assemblées du peuple. Bref, malgré les apparences, le communisme appartient encore au domaine de la philosophie. → **Marxisme.**

complexe, ensemble d'idées, d'images ou de sentiments qui constituent inconsciemment notre personnalité.

Le terme a été introduit par Bleuler, utilisé par Freud et la psychanalyse; il désigne plus particulièrement un conflit inconscient qui oppose nos tendances instinctives contradictoires et qui coexistent dans la personnalité. C'est pendant les premières années de la vie et dans un certain milieu humain que se forment les complexes, à la base desquels se retrouve toujours le couple amour-haine. Les complexes constituent une entrave dans la vie, freinent l'épanouissement de la personne et créent des difficultés d'adaptation. Une société très rigide, de type puritain, favorise le développement des complexes. La cure psychanalytique, conduite par un spécialiste qualifié (c'est-à-dire, en France, affilié à la Société de psychanalyse), peut en principe délivrer l'individu de ses complexes, réconcilier l'individu avec lui-même en lui faisant prendre conscience des tendances contradictoires qui animent inconsciemment sa personnalité. La réussite dans la vie (dans les ordres affectif, intellectuel et social) reste la meilleure des thérapeutiques. → **Castration (complexe de), infériorité (complexe d'), Œdipe (complexe d'), psychanalyse.**

comportement, réaction globale d'un organisme à un excitant.

Le comportement désigne ce qui est objectivement observable dans la réaction d'un individu, indépendamment de ses pensées et de son attitude psychologique. On distingue, de ce point de vue, le comportement et la « conduite », qui implique une attitude psychologique (conduite = comportement = signification humaine). → **Béhaviorisme.**

compréhension, appréhension d'un rapport ou d'une signification.

Dans le domaine des sciences humaines, on oppose la compréhension et l'explication. La première relève du sentiment et s'exerce dans le domaine proprement humain (« La compréhension, écrit Dilthey, est l'organe des sciences humaines »), tandis que la seconde est analytique, objective et relève exclusivement de la raison...

Comte (Auguste), philosophe français (Montpellier 1798 – Paris 1857). De formation mathématique, élève de l'École polytechnique, Comte est le philosophe du positivisme*. Le positivisme représente pour lui *(Cours de philosophie positive*, 1830-1842) le dernier stade de l'humanité, qui s'est élevée peu à peu du « stade théologique », où l'on explique tout d'une manière magique, au « stade métaphysique », où l'explication se contente de mots (la scolastique du Moyen Âge : « Pourquoi le pavot fait-il dormir? — Parce qu'il a une vertu dormitive »), et, enfin, au « stade positif », où *expliquer* signifie « donner la loi ». Nous ne connaissons rien d'autre que l'expérience. « Il n'y a qu'une maxime absolue, c'est qu'il n'y a rien d'absolu. » A. Comte est le fondateur de la sociologie, qu'il concevait comme une « physique sociale », par une simple application des méthodes de la physique à la société. Sa morale se réduit à l'altruisme. En 1844, il connut Clotilde de Vaux, qu'il aima d'un amour romanesque et platonique. Cette rencontre le conduisit au mysticisme et, après la mort de Clotilde, à la religion de l'Humanité. C'est sur ce dernier point que Littré se sépara de Comte, pour écrire dès lors son œuvre personnelle. Malgré leur style vieilli et académique, la *Philosophie positive* et surtout *Système de politique positive* (1851-1854) restent pour nous riches d'enseignements.

Comte-Sponville (André), écrivain et philosophe français (Paris 1952). Universitaire, il enseigne à l'université de Paris-I-Sorbonne. À une époque (l'extrême fin du XXe siècle) où toute valeur morale paraît contestée, frappée d'un relativisme culturel ou historique, ses écrits — dans un style simple et accessible à tous — renouvellent avec force et originalité la tradition humaniste française qui va de Montaigne à Valéry en passant par Pascal et Alain. « Personne ne me fera croire qu'en aucun pays, à aucune époque, un homme courageux, doux et fidèle ne vaut pas mieux que le même homme lâche, violent et perfide » (*Petit Traité des grandes vertus,* 1995). Sa recherche de la sagesse s'exprime dans le *Traité du désespoir et de la béatitude,* t. I : *le Mythe d'Icare* (1984); t. II : *Vivre* (1988); *Une éducation philosophique* (1989); *Valeur et vérité* (1994).

concept, idée abstraite et générale.

Le problème psychologique est celui de la formation des concepts, c'est-à-dire de l'acte par lequel l'esprit passe de la constatation d'un cas particulier (Pierre est un homme grand) au concept général de la grandeur. Platon a montré dans son dialogue le *Théétète* que les concepts trouvent leur origine dans l'esprit et non dans l'expérience, car, dans le monde, Pierre est grand par rapport à Paul, petit par rapport à Jacques. Tous les concepts de l'expérience sont relatifs; donc le concept en soi de la grandeur vient de l'esprit et non de l'expérience.

Le problème philosophique est celui de la réalité des concepts : on distingue les « empiristes » ou « nominalistes », pour qui le concept n'est qu'un mot (Locke, Hume), et les « rationalistes », qui lui confèrent une réalité dans l'esprit (Platon, Kant).

conceptualisme, doctrine selon laquelle nos connaissances apparaissent avec l'expérience, mais ne viennent pas de l'expérience.

En d'autres termes, nos idées générales se manifestent à l'occasion d'expériences particulières : par exemple, la notion universelle de la justice peut être éveillée en nous au spectacle d'*une* injustice particulière, bien que l'idée en elle-même existât de façon latente dans notre esprit avant cette expérience. C'était la théorie d'Abélard*, et le nom de « conceptualisme » a été donné à celles d'Aristote et de Kant. Le conceptualisme se présente comme une synthèse de l'empirisme* et du rationalisme*.

Condillac (Étienne Bonnot de), philosophe français (Grenoble 1715 – abbaye de Flux 1780). Il place dans la sensation l'origine de toutes nos connaissances réelles (*Traité des sensations,* 1754). Certains le considèrent comme l'un des fondateurs de la science économique moderne pour son ouvrage sur *le Commerce et le Gouvernement considérés relativement l'un à l'autre* (1776). → **Sensualisme.**

conditionnement, ensemble des moyens qui peuvent entraîner une réaction déterminée chez un individu.

C'est un certain « conditionnement » qui amène le chien à saliver lorsqu'il voit de la nourriture. Des méthodes de conditionnement psychologique (allant de la simple « influence » au « lavage de cerveau ») étaient employées par les armées du Viet-Minh pendant la guerre d'Indochine et chinoises pendant la guerre de Corée, pour créer la conscience politique de leurs troupes et surtout pour entraîner les populations à se ranger aux côtés de l'armée révolutionnaire.

La célèbre formule « protéger, engager, contrôler » donne les principes du conditionnement politique et psychologique, tels qu'ils sont repris par tous les théoriciens de la guerre subversive. En temps de paix, les moyens de l'information (radio, journaux, cinéma et surtout télévision) permettent d'éduquer une nation et de former l'opinion sur les problèmes économiques et politiques; lorsque cette éducation est « dirigée » par l'État ou par certains syndicats, voire par certains partis, elle peut « conditionner » la conscience politique des différents groupes professionnels, régionaux, et même de la nation tout entière. À ce « dirigisme » psychologique, les nations démocratiques opposent le principe de la liberté de l'information (diversité des journaux d'opinions différentes, chaînes privées de radio et de télévision, etc.). → **Réflexe.**

Condorcet (Marie Jean de Caritat, marquis de), philosophe, mathématicien et homme politique français (Ribemont 1743 – Bourg-la-Reine 1794). C'est à seize ans qu'il présente son premier travail d'analyse mathématique. A vingt-six ans, il entre à l'Académie des sciences, dont il est, en 1773, le secrétaire perpétuel. Député à l'Assemblée législative et à la Convention, ami des Girondins, sans être d'aucun parti, il est décrété d'accusation en 1793, est arrêté l'année suivante et s'empoisonne dans sa prison. C'est dans sa réclusion forcée qu'il écrit son *Esquisse d'un tableau historique des progrès de l'esprit humain,* où il substitue au sentiment religieux traditionnel une religion du progrès de l'humanité qui annonce A. Comte.

conduite, ensemble de réactions psychologiques à une situation donnée.

On distingue, en psychologie, la *conduite* et le *comportement :* le second désigne l'ensemble des réactions objectives; la première y ajoute la notion de signification interne. Conduite = comportement = signification (intrinsèque ou projetée). La conduite est le sens que nous donnons au comportement d'une personne. Ainsi le sourire peut-il exprimer la joie ou être, au contraire (chez les Japonais), une conduite de colère.

Confucius, en chinois **K'ong-tseu,** philosophe chinois (v. 551 – v. 479 av. J.-C.). Sa vie ne nous est connue que par les *Mémoires historiques* de Sseuma Ts'ien, qui aurait d'autre part réuni, dans un recueil spécial, les propos de Confucius à ses disciples. Il est à peu près certain que Confucius, à l'instar de Socrate, n'a rédigé aucune œuvre. Son enseignement portait essentiellement sur la morale, prêchant l'effort vers le bien, la culture de la personnalité, qui seule est capable de rendre possible une société harmonieuse. L'amitié *(yen)* et l'équité *(yi)* étaient pour lui les deux vertus cardinales. Confucius s'est vu élever des temples publics à partir du Ve siècle de notre ère. Il fut le philosophe officiel de la Chine impériale : pour faire une carrière administrative, il était requis de connaître les ouvrages sur lesquels il avait fondé son enseignement *(king)*. Le culte de Confucius a cessé d'être un culte officiel avec la révolution de 1912, et, depuis cette date, l'enseignement de la morale de Confucius (fondée sur l'ordre, le respect des traditions) n'est plus obligatoire dans les écoles. La doctrine philosophique et morale de Confucius se nomme le *confucianisme.*

connaissance, activité théorique de l'homme ; s'oppose à l'action dans le monde.

Le problème philosophique de la connaissance est triple : 1° Le problème de l'*origine* des connaissances humaines est celui de savoir si elles procèdent de l'expérience (empirisme) ou de la raison (rationalisme). On a été amené à penser que si le contenu de nos connaissances se développe avec l'extension de notre expérience, avec les progrès de la science, la forme même de toute compréhension humaine, les « principes » de la connaissance sont d'origine rationnelle et communs à tous les esprits humains (tel est le « conceptualisme » de Kant); 2° Le problème de la *nature* de la connaissance nous amène à distinguer diverses formes de connaissance, notamment celles qui relèvent de l'esprit de finesse (par exemple, la compréhension qui lie le médecin clinicien à son malade) et celles qui relèvent de l'esprit de géométrie (par exemple, la connaissance mathématique ou physique). Le premier type de connaissance est requis dans toutes les « sciences humaines » (psychologie, sociologie, pédagogie, etc.); le second type convient aux sciences du monde; 3° Enfin, le problème de la *portée* de notre connaissance est celui de savoir si nous pouvons parvenir à l'absolu et à la connaissance de la nature intime des choses, comme le pense le dogmatisme (Platon, Hegel), ou si notre connaissance reste limitée au monde des phénomènes sans pouvoir jamais se prononcer sur les trois problèmes fondamentaux : la nature de la matière, l'essence de l'âme humaine (et de son immortalité) et l'existence de Dieu (et de sa nature), comme le pense l'agnosticisme (Kant, A. Comte).

conscience (du latin *cum scientia* = accompagné de savoir), sentiment que chacun a de son existence et de ses actes.

Être conscient, c'est agir avec le savoir qu'on agit, vivre avec la conscience d'exister. C'est ce dédoublement qui distingue l'homme des choses de la nature : « Les choses de la nature n'existent qu'*immédiatement* et d'*une seule façon*, tandis que l'homme, parce qu'il est esprit, a une *double* existence; il existe d'une part au même titre que les choses de la nature, mais d'autre part il existe aussi pour soi, il se contemple, se représente à lui-même, se pense et n'est esprit que par cette activité qui constitue un être pour soi » (Hegel, *Esthétique*, 1835). Du point de vue psychologique, la conscience apparaît à la fois comme une *lumière* (nous disons que nos idées sont plus ou moins claires selon le degré de conscience qu'on en a) et comme un *acte* de tension ou d'attention. La prise de conscience suppose en effet un effort d'attention et une illumination. La conscience se développe avec la mémoire et le retour sur soi-même. En ce sens, il faut un arrêt de l'action pour que jaillisse la conscience réfléchie. De même que la spécificité de l'existence humaine est la conscience d'exister, (« exister et avoir conscience d'exister ne font qu'un », Sartre, *l'Imaginaire*, 1940), de même la conscience implique l'existence (« en remarquant que cette vérité : *Je pense, donc je suis,* était si ferme et si assurée que toutes les plus extravagantes suppositions des sceptiques n'étaient pas capables de l'ébranler, je jugeais que je pouvais la recevoir sans scrupule, pour le premier principe de la philosophie que je cherchais », Descartes, *Discours de la méthode*, IVe partie, 1637).

La conscience morale est la faculté de porter un jugement de valeur sur les actes humains ; ou encore le sentiment immédiat du bien et du mal. L'expression « conscience morale » implique que nous nous tournons vers des valeurs, vers des êtres qui ont une valeur morale (en particulier des êtres humains). Il n'y a pas de conscience morale à l'égard des choses. La conscience morale comporte trois éléments (v. Georges Gurvitch, *Morale théorique et science des mœurs*, 1937) : **1° Une expérience des règles** ou sentiment du devoir, illustré par la morale de Kant : « La conscience est la raison pratique représentant à l'homme son devoir » (*Doctrine de la vertu*, Introd., 1797). **2° Une expérience des valeurs,** qui peut être positive ou négative : lorsque Socrate raconte qu'il sentait en lui la présence du « bon génie » qui bloquait certaines actions au moment de les entreprendre en lui disant simplement « abstiens-toi », il s'agit d'une expérience négative des valeurs ; jamais il ne lui a indiqué expressément ce qu'il fallait faire. L'appréhension positive correspond au sentiment direct du bon ou du bien : Georges Gurvitch cite l'exemple d'un idéal national, professionnel ou social que l'on peut appréhender directement comme l'espérance d'une nation, d'une profession ou d'une société. **3° La conscience de la liberté :** la liberté s'entend d'abord au sens formel de liberté de choix : s'il n'y a pas la possibilité de choisir entre deux types d'action, il ne peut y avoir responsabilité et l'action ne peut avoir un sens moral. La liberté s'entend ensuite comme liberté créatrice ; la personnalité réalise une action qui a un sens universel et elle se réalise en elle en accédant à un mode de vie supérieur comme personne morale. On peut retenir deux citations : « Conscience, conscience ! Instinct divin, immortelle et céleste voix ; guide assuré d'un être ignorant et borné, mais intelligent et libre, juge infaillible du bien et du mal, qui rend l'homme semblable à Dieu » (J.-J. Rousseau, *l'Émile*, IV, 1762). — « La conscience psychologique répond à la question " que suis-je ? ". La conscience morale, au contraire, est tout entière lancée vers l'action par la question " que faire ? " (R. De Senne, *Traité de morale*, 1943).

contact **(sociologie du), sociologie fondée sur la méthode compréhensive, sur un sentiment où s'éprouve la nature particulière des réalités sociales. S'oppose à l'observation objective et analytique de l'anthropologie culturelle.** → Compréhension, sociologie.

contemplation, observation attentive.

Toute contemplation implique une certaine joie, liée d'abord à l'expérience profonde du repos : la première forme de contemplation était, chez les Anciens, celle du ciel étoilé. Les philosophes grecs, et à leur suite les mystiques, la placent au-dessus de la pensée discursive (c'est-à-dire des raisonnements de l'esprit). C'est une croyance répandue en Inde que la contemplation peut faire des miracles, et d'abord sur nous-mêmes, en nous rendant insensibles à la douleur et en nous amenant, par l'intermédiaire du yoga, au salut et au monde du néant (nirvāna). La contemplation s'oppose à l'« action » ; on l'identifie souvent à la recherche désintéressée, à la spéculation.

contingent, qui peut ne pas être.

Le contingent s'oppose au « nécessaire ». Les actes d'un homme libre sont toujours contingents.

contradiction, relation entre deux termes dont l'un est la négation de l'autre.

On distingue en logique les termes *contradictoires* (qui sont universels) et les termes *contraires* (qui sont particuliers). Par exemple, le « mouvement » contredit le « repos » dans la mesure où toutes les choses dans le monde sont soit en mouvement, soit en repos. Mais le « blanc » est le contraire du « noir » dans la mesure où un objet qui n'est pas blanc n'est pas nécessairement noir ; il peut être jaune, vert, etc. On distinguera la contradiction *logique* : A est non-A, et la contradiction *réelle*, lorsque l'esprit d'un individu entre en contradiction avec lui-même et en fait réellement l'expérience douloureuse.

contrat social (Du) ou Principes du droit politique, ouvrage de J.-J. Rousseau (1762). Fragment d'un vaste ouvrage inachevé, ce traité s'efforce de concilier l'aspiration des individus au bonheur avec les exigences de la vie sociale, les libertés individuelles avec la soumission des individus à l'intérêt général. Rousseau y exprime son idéal républicain en quatre parties : 1° renonçons à nos droits naturels au profit de l'État, qui, par sa protection, conciliera l'égalité et la liberté ; 2° le peuple tout-puissant sauvegarde, par le truchement d'un législateur, le bien-être général contre les groupements d'intérêts ; 3° la démocratie doit maintenir sa pureté par des assemblées législatives ; 4° il faut créer une religion d'État. L'ouvrage devait inspirer la Déclaration des droits de l'homme et l'éloquence des Conventionnels, tout en soulignant les dangers possibles d'une tyrannie populaire.

corps-propre, terme utilisé par les psychologues contemporains pour désigner le corps humain, par opposition au corps simplement matériel (en allemand *Leib*, opposé à *Körper*).

Notre corps n'est pas un corps objectif ; il fait partie de notre personnalité. La notion de corps-propre (« eigenes-Leib ») est apparue pour la première fois dans la *Théorie du droit naturel* de Fichte (1796) ; les premières analyses psychologiques (portant notamment sur la « motilité », l'expérience interne des mouvements organiques) datent de Destutt de Tracy (1754-1836). Elles ont été reprises et développées dans la *Phénoménologie de la perception* (1945) de Merleau-Ponty.

corrélation (coefficient de), indice statistique qui exprime le degré de liaison entre deux variables déterminées (la taille et le poids d'un individu, par exemple) ; l'âge mental (rapport de l'intelligence à l'âge réel d'un individu) mesure un coefficient de corrélation.

cosmogonie, science de la formation de l'Univers.

On distingue une cosmogonie *spiritualiste,* pour qui la matière, la formation des étoiles et des planètes résulteraient de la condensation d'une énergie en elle-même non matérielle (Leibniz), et une cosmogonie *matérialiste,* qui place l'atome matériel à l'origine de toutes choses et déduit l'énergie du mouvement des atomes les uns sur les autres (Descartes, Kant, Laplace). En face de ces théories « génétiques », il existe les théories dites « catastrophiques », dont celle de Buffon fut la première et qui expliquent la naissance du système solaire par la rencontre d'une comète et du Soleil ; on notera aussi celles des Anglais Jeans et Jeffreys. C'est dans le sens d'un perfectionnement de la théorie nébulaire que s'orientent les recherches modernes.

Cournot (Antoine Augustin), économiste, mathématicien et philosophe français (Gray 1801 – Paris 1877). Il enseigna à Lyon et à Grenoble, fut inspecteur général (1836-1848) et recteur de l'académie de Dijon (1854-1862). Il développa le calcul des probabilités ou lois du hasard, qu'il définit comme « la rencontre de phénomènes qui appartiennent à des séries indépendantes dans l'ordre de la causalité » (*Théories des chances,* 2).

Son livre *Recherches sur les principes mathématiques et la théorie des richesses* (1838) l'a fait considérer comme le précurseur de l'école mathématique en économie politique. On lui doit également *Considérations sur la marche des idées et des événements dans les temps modernes* (1872), *Matérialisme, vitalisme, rationalisme* (1875).

Cours de philosophie positive, ouvrage fondamental d'Auguste Comte (6 vol., 1830-1842), dans lequel il propose de remplacer les spéculations sur la cause première par une représentation systématique et positive de l'Univers. → **Positivisme.**

Cousin (Victor), philosophe français (Paris 1792 – Cannes 1867), disciple de Maine de Biran et promoteur de l'« éclectisme » : sa maxime, empruntée à Leibniz, était que « les systèmes sont vrais par ce qu'ils affirment, faux par ce qu'ils nient ». Il s'efforça donc de combiner les idées de Descartes, de l'école sensualiste écossaise et de Kant. Il préconisa finalement l'alliance des « deux sœurs immortelles » : la philosophie et la religion. Cousin fut, avec Gérando, le fondateur en France de l'histoire de la philosophie ; les systèmes, selon lui, se réduisaient à quatre : le sensualisme, l'idéalisme, le scepticisme et le mysticisme. On lui doit notamment une *Histoire de la philosophie du XVIIIe siècle* (1826), *Études sur Pascal* (1842), *Du vrai, du beau et du bien* (1853), *Histoire générale de la philosophie* (1863).

coutume **(du lat. *consuetudo,* d'où d'abord « costume »), manière d'agir établie dans une société.**

Le droit est, à l'origine, fondé sur la coutume (« droit coutumier ») ; ce qui ne signifie pas qu'il est fondé sur l'« usage », mais sur une certaine tradition qui a généralement engendré la paix et entretenu la concorde entre les hommes.

création, **action de tirer du néant.**

Les problèmes relatifs à l'acte de créer concernent à la fois les créations humaines (et ils relèvent d'une philosophie du travail, en particulier d'une philosophie des beaux-arts) et la création du monde à partir de Dieu. On distingue une conception intellectualiste de la création, selon laquelle l'exécution se réfère à une idée ou à un modèle (conception judéo-chrétienne de la Création, et représentation classique de la création esthétique), et une conception volontariste, selon laquelle l'idée de la chose que l'on crée naît et se développe dans le mouvement même de l'exécution. « Les projets, dit Alain, ne poussent que sur l'ébauche. »

D'un point de vue psychologique, cette dernière conception correspond mieux à la nature des faits (« Créer selon un modèle, ce n'est pas de l'art mais de l'industrie » [Alain]) ; d'un point de vue théologique, elle respecte la toute-puissance de Dieu, qui, au lieu de reproduire un modèle qu'il n'aurait pas créé, crée l'idée en même temps que la chose.

créativité, **disposition à créer.**

Elle existe virtuellement chez tout individu et à tous les âges. Le petit enfant, qui s'étonne et s'émerveille, s'efforce de saisir les nouveautés du monde et n'a pas encore subi l'éducation, est particulièrement créatif.

crime, **infraction grave à la loi morale ou civile.**

On distingue le *crime* et le *meurtre*. La destruction morale d'une personnalité (par exemple, par le viol ou la prostitution, ou simplement par une tromperie) est un crime ; alors qu'un meurtre (le fait de tuer quelqu'un) peut prendre un caractère politique ou idéologique, ou simplement le caractère d'un règlement d'honneur (duel), qui en fait autre chose qu'un crime.

critère, **signe qui permet de distinguer le vrai du faux, de juger.**

Le critère de la vérité, recherché par presque tous les philosophes, est le signe distinctif qui nous permet de la reconnaître. Pour les empiristes (comme Hume), la certitude du vrai résulte du « sentiment de réalité » qui accompagne la connaissance (l'« habitude » y tient une grande part.) Pour les rationalistes (comme Descartes), c'est le sentiment de rationalité, ou sentiment d'évidence, qui est le critère du vrai.

Critias **(le)** ou *l'Atlantide,* dialogue de Platon* (IVe s. av. J.-C.) dans lequel est raconté le mythe de l'Atlantide.

criticisme, **toute doctrine fondée uniquement sur la réflexion sur soi. (S'oppose au *dogmatisme*.)**

Kant* fut le promoteur du criticisme : il substitua à la question de l'origine du monde (qui était celle de la théologie et de la philosophie classique) celle du fondement de notre connaissance. Toute philosophie qui, au lieu de vouloir connaître le monde (ce qui est l'objet de la science), analyse notre conscience du monde est une philosophie critique. On voit que le criticisme remonte à Platon et que sa vocation est d'être un idéalisme.

Les philosophes critiques, après Kant, furent notamment J. G. Fichte (la philosophie critique s'oppose alors à la philosophie de la nature, de Schelling), H. Cohen (pour qui elle se réduit à une théorie logique de la connaissance), W. Dilthey (qui étend la réflexion critique au domaine des sciences humaines), E. Husserl (qui fonde la connaissance intellectuelle sur l'intuition, la critique sur la phénoménologie), E. Lask (qui fait, quant à lui, la synthèse du criticisme et de la phénoménologie).

Critique de la raison pratique, ouvrage de Kant* (1788), dans lequel le philosophe détermine la nature de la loi morale et le genre d'adhésion que comportent les principes pratiques. Cette adhésion totale présuppose trois postulats, qui sont la liberté, l'immortalité et l'existence de Dieu, postulats que la raison théorique ne pouvait atteindre.

Critique de la raison pure, le plus important des ouvrages de Kant* (1re édition, 1781 ; 2e édition, remaniée, 1787). L'auteur énonce un nouveau programme philosophique, qui est, encore aujourd'hui, celui de la philosophie moderne : la philosophie n'a pas, comme la science, à nous faire connaître le monde ; elle doit nous révéler le fondement de la science dans l'esprit humain. L'ouvrage se partage : en « esthétique transcendantale », ou théorie des intuitions (espace et temps) ; en « analytique transcendantale », ou théorie des concepts et des formes de notre connaissance du monde ; et en « dialectique transcendantale », ou théorie de ce que nous ne pouvons pas connaître (la totalité du monde, l'immortalité de l'âme et l'existence de Dieu). La *Critique* définit donc la source, les formes et les limites de toute connaissance humaine en général.

Critique du jugement, le dernier des trois principaux ouvrages philosophiques de Kant* (1790), qui traite du jugement esthétique (comment penser le beau ? C'est une « finalité sans fin ») et du jugement téléologique (comment penser la finalité dans les organismes ? « Rien n'existe en vain »).

Criton, un des premiers dialogues de Platon* (v. 395 av. J.-C.). À Criton, qui est venu dans sa prison lui offrir de le rendre à la liberté, Socrate répond par la *prosopopée des lois*, dans laquelle il démontre que la loi, même injuste, doit être respectée.

Croce (Benedetto), philosophe, critique et historien italien (l'Aquila, Abruzzes, 1866 – Naples 1952). Par son rayonnement et son opposition au fascisme, il redonna à l'Italie sa place dans l'Europe culturelle. Son œuvre principale (*la Philosophie de l'esprit : Esthétique*, 1902 ; *Logique*, 1905) développe un spiritualisme inspiré de Hegel (l'être est l'activité même de la conscience) ; mais il décrit une histoire cyclique du développement de la pensée (*Théorie et histoire de l'historiographie*, 1912-1913), qui, à travers des phases successives d'activité intellectuelle et pratique (économique et morale), trouve dans l'art son expression la plus haute.

croyance, terme qui peut désigner : 1° une simple opinion probable ; 2° une certitude sentimentale. Dans le premier cas, la croyance est le plus bas degré du savoir et s'oppose à la certitude scientifique. Dans le second, elle se donne pour le plus haut degré du savoir, supérieure à toute connaissance rationnelle (une croyance religieuse). Le problème philosophique est celui de la valeur de la croyance : Kant y voit, comme presque tous les postkantiens, une forme de non-savoir ; au contraire, Jacobi y voit la seule manière pour l'homme d'appréhender l'infini, et l'identifie au sentiment de la réalité.

En matière religieuse, Marx la considère comme une « aliénation » ou une illusion dont il faut se défier : la croyance en un autre monde n'est que l'illusion dont se nourrissent tous les pauvres et les offensés, qui ne conçoivent pas ici-bas une amélioration de leur sort et de leur condition.

culture, formation sociale et intellectuelle d'un individu (*culture* a la même racine que *culte* et implique un respect religieux de la tradition). Forme de civilisation : « une culture ».

On distingue plusieurs types de culture, en ce sens que chaque société possède ses institutions particulières qui expriment en général son passé spirituel. Mais la notion de culture garde toujours un sens normatif et est synonyme d'*humanisme :* on ne parle pas de culture barbare (culture anthropophage, ou culture militaire, fondée sur la violence), mais de la culture indienne, ou chinoise, qui s'exprime aussi bien dans ses mœurs policées que dans son acquis culturel proprement dit. → **Civilisation.**

cybernétique **(du gr. *kubernêtés*, pilote), littéralement « art de gouverner ».**

Ce terme a connu une fortune très variable. Inauguré par Platon dans ses *Dialogues,* hasardé sans succès par Ampère en 1834 dans sa *Classification des sciences,* il a été retrouvé dans les années 1950-1960 et a pris son essor lorsqu'il a été associé aux recherches sur les machines à autorégulation, dotées de « pseudo-cerveaux », capables de gouverner en quelque sorte leur travail (pilotage automatique des avions, systèmes de détection qui permettent aux fusées de s'orienter elles-mêmes vers leur objectif, etc.). L'extension rapide de cette science, véritable « carrefour des sciences », a pu inquiéter certains esprits, pour des raisons qui peuvent être théologiques ou morales aussi bien qu'inspirées par le mythe de l'« apprenti sorcier » : le problème général posé par la cybernétique est de savoir si l'on peut « créer de l'intelligence » avec des machines, si les machines ne peuvent pas être douées d'un esprit inventif qui leur conférerait une certaine autonomie par rapport à l'homme et un pouvoir d'échapper à son contrôle. En fait, c'est une évidence que l'on ne trouvera jamais « plus » d'intelligence dans une machine que dans le cerveau qui a été l'auteur de la machine, et que l'intelligence d'une machine n'est que le produit de l'intelligence humaine. On lira le livre de L. Ruyer, *Paradoxes de la conscience et limites de l'automatisme* (1966).

cyclothymique, **se dit du caractère d'un individu sujet à des alternances de gaieté bruyante et de tristesse dépressive.**

Quand les états de gaieté et de tristesse deviennent disproportionnés avec les causes qui les engendrent, on assiste à des accès de manie (gaieté sans raison) et de mélancolie (tristesse sans cause), qui peuvent aboutir à une véritable psychose, dite « maniaco-dépressive ».

On oppose les individus ayant une tendance naturelle à la cyclothymie à ceux qui ont une tendance naturelle à la schizoïdie* : ce sont deux types caractériels fondamentalement différents. Le cyclothyme est, en principe, du type « brachycéphale » (tête large et courte); le schizoïde est plutôt « dolichocéphale » (type longiligne). → **Schizophrénie.**

cyniques (les) [gr. *kunikos; de kuôn,* chien], **secte de philosophes grecs, fondée par un disciple de Socrate, Antisthène*** (444-365 av. J.-C.).

L'école cynique tient probablement son nom moins du gymnase (le Cynosarge) où son enseignement était donné que du souvenir de Diogène, que l'on appelait aussi en grec *Kuôn,* « le Chien », tant ses manières pouvaient être « élégantes ». L'école cynique se caractérisait en effet par un mépris complet des convenances sociales et par un culte de la vertu particulièrement dépouillé.

On a aujourd'hui retenu l'aspect extérieur du cynique, en caractérisant ainsi tout individu qui affirme tranquillement des principes immoraux et un total mépris des convenances. Mais on oublie alors l'aspect positif du cynisme antique, qui impliquait une pratique ascétique de la vertu.

cyrénaïque **(école), école philosophique grecque (v^e^-ive s. av. J.-C.). Elle fut fondée par Aristippe* de Cyrène, disciple de Socrate.**

S'il ne reste rien des écrits de ce dernier, sa pensée est fréquemment citée par Platon, Xénophon et Aristote. La philosophie cyrénaïque se caractérise par une transformation de la maxime socratique *Connais-toi toi-même* en un système proche de l'hédonisme*, selon lequel seuls comptent les plaisirs que peuvent nous apporter nos sens.

d

Darwinisme, théorie du naturaliste anglais Charles Darwin (1809-1882).

Darwin partit comme naturaliste dans l'expédition du capitaine Fitzroy, à bord du *Beagle*, et visita l'Amérique du Sud et les îles du Pacifique (notamment les îles Galapagos); il observa les variations des espèces animales, et se convainquit que ces dernières peuvent évoluer en se transformant : c'est ainsi qu'il étudia un oiseau, dit « oiseau de Darwin », qui, vivant de poissons et n'étant lui-même jamais chassé, avait, au bout de nombreuses générations, perdu l'usage de ses ailes, devenues atrophiées (v. *Zoology of the Voyage of the « Beagle »*); l'homme aussi bien pourrait donc « descendre du singe », hypothèse qui fit d'abord scandale, bien qu'elle ait été mise en avant déjà par le Français Lamarck (1744-1829). Leur doctrine commune, le *transformisme*, présente une différence sur un point essentiel : chez Darwin, c'est le milieu qui sélectionne en *supprimant*, tandis que chez Lamarck le milieu sélectionne en *transformant* les organismes; c'est la théorie de la « sélection naturelle ». Pour prendre un exemple précis : selon Darwin, les animaux qui n'ont pas de fourrure dans les pays froids sont éliminés; selon Lamarck, ils ne sont pas éliminés, mais se créent une fourrure. La « sélection naturelle » entraîne donc la survivance des plus forts, c'est-à-dire, au fond, des plus aptes à se défendre à la fois contre les autres organismes, contre la rigueur des climats et contre les difficultés à trouver de la nourriture. La mort serait donc « différenciatrice » : ceux qui meurent ne sont pas identiques à ceux qui subsistent; ceux qui restent possèdent un caractère supplémentaire, qui précisément leur a permis de subsister; elle a pour résultat la formation d'espèces nouvelles et une amélioration générale des individus. Le darwinisme a été très discuté : on a nié l'hérédité de certains caractères individuels, acquis par les conditions de vie; il ne semble pas non plus que la sélection puisse créer des espèces ou des caractères nouveaux. Par ailleurs les lois scientifiques de l'hérédité, qui ont été dégagées par Mendel en 1865, ont établi qu'une mutation ne peut se transmettre que si elle entraîne une variation au niveau des « gènes ». L'essor de la génétique des populations, avec le Britannique R. Fisher (*The Genetical Theory of Natural Selection*, 1930) et l'Américain S. Wright (*Evolution in Medeliem Population*, 1931), a édifié peu à peu un corps de doctrine cohérent qui apporte au mécanisme de l'évolution imaginé par Darwin le fondement biologique qui lui manquait. L'idée de base du néo-darwinisme demeure la même : l'évolution se ferait par le jeu des mutations génétiques survenant totalement au hasard; les « constructions » biologiques sont « tirées du néant » par la sélection naturelle, selon leur utilité. Les mutations sont mises à l'épreuve du milieu qui en élimine certaines, permet à d'autres de se développer. Ainsi se seraient constituées toutes les espèces vivantes, pas à pas en dérivant les unes des autres.

Cette théorie a été considérablement affinée par l'évolutionnisme moderne. Une équipe américaine a montré (*The Origin of Mutants, Nature,* 1988) que dans certains cas des bactéries peuvent générer des modifications génétiques adaptatives en réponse à des situations d'environnement particulières. D'autre part il y aurait des sauts dans l'évolution, des discontinuités liées aux contraintes moléculaires; et l'existence des chaînons manquants de l'évolution ne viendrait pas d'un manque de recherche mais de la nature discontinue de l'évolution. → **Évolutionnisme, hérédité.**

débilité mentale, état permanent d'insuffisance intellectuelle, en général congénitale, qui entraîne une incapacité à s'adapter socialement.

C'est un trouble grave et caractérisé (2 p. 100 de la population en France) : il résulte généralement d'une débilitation physique liée à des troubles glandulaires, qui peuvent venir eux-mêmes d'une maladie, du surmenage, du manque d'alimentation, des chagrins, de la fièvre ou de la douleur. Il ne faut pas confondre cependant la *débilité mentale* avec la *pseudo-débilité* d'un enfant sans culture, élevé dans un milieu pauvre, qui, malgré de mauvais résultats scolaires et une conduite sociale défectueuse, est susceptible d'éducation.

dédoublement de la personnalité, état de double personnalité.

La conscience humaine étant une synthèse, une unité, le dédoublement de la personnalité est lié non à un surplus de conscience, mais à un affaiblissement du pouvoir de la conscience, qui peut aller des phénomènes d'automatisme mental (phénomènes de suggestion) au sentiment réel d'être double, en passant par le somnambulisme et l'hystérie. Le dédoublement peut s'accompagner de perte de la mémoire, de distraction (personnalités alternantes).

déduction, raisonnement rigoureux qui consiste à appliquer un principe général a un cas particulier.

Le syllogisme* en donne une excellente illustration : « Tout homme est mortel, or Socrate est un homme, donc Socrate est mortel. » Dans les sciences expérimentales, la déduction consiste à vérifier une hypothèse générale sur le plus grand nombre d'observations particulières, et s'oppose à l'*induction* : la déduction est donc ici une « vérification expérimentale ». En philosophie, la « déduction transcendantale » de Kant, dans la *Critique de la raison pure,* consiste à déduire les principes généraux de la science (de Newton) à partir des structures élémentaires de l'esprit, ou « catégories », que la réflexion philosophique nous a découvertes avant toute expérience.

définition, énonciation des qualités essentielles à un objet.

Une bonne définition doit nous permettre à coup sûr de « reconnaître » l'objet défini. En logique, toute définition doit être réciproque : « L'homme est un animal raisonnable; tout animal raisonnable est un homme. » Elle doit être brève et aussi claire que possible. Le modèle en est donné par la définition qui comporte le genre et la différence spécifique : « Le triangle est un polygone (genre) à trois côtés (différence spécifique). »

Delay (Jean), médecin et psychiatre français (Bayonne 1907 – Paris 1987). Docteur en philosophie, professeur agrégé de médecine en 1939, titulaire de la chaire de psychiatrie à la faculté de médecine de Paris en 1946, il est notamment l'auteur d'ouvrages sur *la Dissolution de la mémoire* (1942), *les Maladies de la mémoire* (1942), *la Psychophysiologie humaine* (1945), les *Problèmes de psychologie médicale* (1952), ainsi que d'une analyse critique et psychologique sur le comportement et l'œuvre de Gide : *la Jeunesse d'André Gide* (1956-57). [Acad. fr., 1959.]

Delbos (Victor), philosophe français et historien de la philosophie (Figeac 1862 – Paris 1916). Il est l'auteur notamment d'un ouvrage sur *le Problème moral dans la philosophie de Spinoza et dans l'histoire du spinozisme* (1893), et d'un monumental *Essai sur la formation de la philosophie pratique de Kant* (1902).

Deleuze (Gilles), philosophe français (Paris 1925 – id. 1995). Ses études sur *Nietzsche et la philosophie* (1962) l'amènent à développer le concept de « différence » comme « vrai commencement de la philosophie ». Avec F. Guattari, il montre l'importance du désir et son aspect révolutionnaire face à toute institution, même psychanalytique (*l'Anti-Œdipe,* 1972 et *Mille Plateaux,* 1980). On lui doit : *la Philosophie critique de Kant* (1963), *le Bergsonisme* (1966), *Spinoza et le problème de l'expression* (1968), *Différence et Répétition* (1968), *Logique du sens* (1969), *l'Anti-Œdipe* (1972), *Mille Plateaux* (1980).

délinquance, ensemble des crimes et des délits sociaux.

Le sociologue parle indifféremment de *délinquance* ou de *criminalité.* La délinquance est liée à une désadaptation sociale pouvant se développer chez les jeunes gens qui, sortant de l'enfance et n'ayant aucune responsabilité, n'ont pas encore pris conscience des réalités sociales ; la stabilité du milieu familial est déterminante ; la plupart des enfants délinquants viennent de familles dissociées. La criminalité augmente également lors des brusques changements des facteurs politiques, économiques, sociaux. Par exemple, Tarde a noté la prodigieuse augmentation de la criminalité globale en 1826 et 1880, lors du développement de l'industrie et de l'exode des campagnes vers les villes ; il en est de même au lendemain des guerres. On note, sous nos latitudes, des oscillations saisonnières : les vols augmentent en hiver, les délits sexuels en été.

La lutte contre la délinquance juvénile a profondément évolué depuis le début du siècle : elle est passée du domaine policier au domaine médical ; l'enfant délinquant ne doit plus être puni, mais plutôt réadapté et rééduqué. → **Acculturation.**

délire chronique, perte durable ou permanente du sens du réel.

Il se développe schématiquement en quatre phases successives : inquiétude, idée de persécution, idées de grandeur et démence. Il peut aboutir au *délire systématisé* et permanent, dont la *paranoïa* (folie des grandeurs) est l'exemple le plus caractéristique.

démence, trouble mental profond, entraînant une altération de l'intelligence.

La démence n'est pas un manque d'intelligence, une absence de développement intellectuel, mais une perte. Elle peut désigner la perte du sens du réel chez l'enfant (démence précoce, schizophrénie), mais est le plus souvent liée à des troubles organiques : paralysie générale (d'origine syphilitique), démence sénile, maladies de Pick et d'Alzheimer.

démocratie (du grec *dêmos*, peuple, et *kratein*, commander, c'est-à-dire « le gouvernement par le peuple »), régime où le suffrage universel est librement exercé sans aucune contrainte morale ou physique.

Sa structure politique et administrative se caractérise par un équilibre des pouvoirs entre l'exécutif et le législatif. Le problème constitutionnel des démocraties modernes, notamment en France, est de combiner cet équilibre des pouvoirs avec la possibilité d'une action continue et efficace, sans obstruction artificielle d'un pouvoir par l'autre : la Constitution rénovée de la Ve République établit cet équilibre dans la mesure où le législatif ne « nomme » pas l'exécutif, ni inversement, mais où l'Assemblée et le président de la République sont directement élus par la nation ; et en cas de conflit entre les deux pouvoirs, c'est encore la nation qui tranche (« dissolution » de l'Assemblée renvoyant les députés devant les électeurs, qui ratifient leur action ou la condamnent).

Les notions de « démocratie » et de « gouvernement fort » ne sont absolument pas contradictoires : un gouvernement ne peut aujourd'hui, dans les pays libres, être un gouvernement fort que s'il possède une assise démocratique profonde (précisément par le recours au référendum). La notion de démocratie a de nos jours tant d'attraits que tous les gouvernements s'en réclament, du dirigisme le plus strict des « démocraties populaires » jusqu'à l'anarchie organisée du régime des partis en France. → **Gouvernement, liberté.**

Démocrite, philosophe grec (Abdère, Thrace, v. 460 – 370 av. J.-C.), dont le matérialisme et l'atomisme ont inspiré ceux d'Épicure et de Lucrèce. Il conçoit la nature comme un mouvement perpétuel des « atomes », ou particules matérielles indivisibles et éternelles, dont les combinaisons produisent les corps les plus divers. Même la connaissance que nous avons des choses serait due à l'émission, par les objets, de substances très fines qui agissent sur nos sens. On a considéré Démocrite comme le précurseur de la théorie atomique. → **Atomisme.**

De Natura rerum (*De la nature des choses* ou *De la nature)*, poème philosophique en six chants, dans lequel Lucrèce (98-55 av. J.-C.) expose le système matérialiste d'Épicure : le suprême bonheur réside dans le détachement et la certitude que, l'univers étant régi par des lois immuables, toute peur du surnaturel est superflue. L'homme est un composé d'atomes et retournera au néant dont il est sorti.

dépression, trouble psychique caractérisé par une chute du rendement dans le travail, et dont les symptômes recoupent ceux de la « neurasthénie » : fatigue physique et psychique, insomnie, maux de tête, irritabilité, difficulté de concentrer l'attention et de fixer les souvenirs.

Il y a donc à la fois une baisse de l'activité et une perturbation affective (tristesse, angoisse). Ces troubles apparaissent à la suite d'émotions répétées ou puissantes, de surmenage, d'excès de travail ou de soucis. On les traite normalement par une « cure de repos ».

déréalisé, individu qui a perdu le sens du réel.

En psychologie clinique, on parle de *psychasténique* (caractérisé par une diminution du tonus de la conscience). La déréalisation se traduit d'abord par une incapacité à s'adapter au changement des situations : on parle de *désadapté*; elle s'accompagne d'un fond d'angoisse, d'inquiétude, tant à l'égard du monde que d'autrui. La déréalisation peut prendre la forme de la schizophrenie (délire verbal) ou de la névrose (agressivité silencieuse).

Derrida (Jacques), philosophe français (1930 - 2004). Assistant à la Sorbonne (1960-1964), puis maître-assistant à l'École Normale Supérieure (1965-1984), et directeur d'études à l'École des Hautes Études en sciences sociales, il participe à la création du Collège international de philosophie. Il enseigne ré gulièrement aux États-Unis. Son œuvre, inspirée par la phénoménologie de Husserl, dont il a traduit et commenté *l'Origine de la géométrie* (1962), intègre les recherches logiques et structuralistes sur le langage et le signe. Il montre que le *sens* est inséparable du langage qui permet son élaboration, en même temps que la matérialité du discours — écriture ou voix — est « différente » du sens, étrangère à lui et sans statut métaphysique. La déconstruction du langage, qu'il met en pratique dans certaines œuvres (*Glas,* 1974), apparaît alors comme une ouverture au sens. Sa philosophie de la différance (avec un **a**) souligne le mouvement ou le jeu sans fond entre la trace et le sens, qui est à l'origine de toutes les différences. On a parlé d'une philosophie « post-heideggerienne » dans la mesure où l'évidence ne procède pas, comme dans la philosophie réflexive classique, de l'intériorisation du sens par un sujet comme présence à soi, mais de la cohérence qui se crée par le discours et au-delà de lui. On lui doit en outre : *De la grammatologie* (1967), *la Voix et le phénomène* (1967), *Marges de la philosophie* (1972), *la Carte postale, de Socrate à Freud et au-delà* (1980), *De l'esprit, Heidegger et la question* (1987).

Desanti (Jean Toussaint), philosophe français (Ajaccio 1914). Il enseigne à la Sorbonne depuis 1971. Son œuvre s'inscrit dans la tradition de Cavaillès. Son œuvre de doctorat, *les Idéalités Mathématiques* (1968), apporte une remarquable contribution à l'épistémologie des mathématiques. Desanti définit le discours philosophique comme celui de l'analyse des divers discours scientifiques. Il a publié *Introduction à l'histoire de la philosophie* (1956), *Phénoménologie et praxis* (1963), *Recherches sur la formation du concept de mesure des ensembles* (1970), *la Philosophie silencieuse* (1975), *Un destin philosophique* (1982).

Descartes (René), philosophe français (La Haye, auj. Descartes, Indre-et-Loire, 1596 – Stockholm 1650). Séduit d'abord par la carrière des armes (1617-1629), il passa la plus grande partie de sa vie en Hollande, soucieux de se mettre à l'abri des persécutions de l'Église.

Philosophe classique par excellence et symbole, pour maints étrangers, de l'esprit d'un peuple tout entier, il est de fait qu'il imposa à notre culture un style de pensée par « idées claires et distinctes », et qu'il libéra la réflexion philosophique de toute autorité (religieuse ou politique), inaugurant ainsi la pratique de la « méditation personnelle ». Son rationalisme est d'abord de principe, fondé sur la certitude que tout esprit bien conduit peut parvenir à la connaissance de la vérité. Le *Discours de la méthode* (1637) énonce ces règles, qui doivent régir toute recherche, philosophique ou scientifique. Dans les *Méditations métaphysiques* (1641), qui constituent son œuvre philosophique fondamentale, il part d'un doute « méthodique » sur toutes choses, et découvre que dans le doute le plus radical on ne peut pas douter que l'on doute. La pensée représente donc notre première certitude, et, de là, le philosophe va déduire son existence (« Je pense, donc je suis »); puis l'existence de Dieu à partir de la notion de l'infini qui est en nous; enfin l'existence du monde matériel à partir du sentiment des affections de notre corps. Sa doctrine, proprement rationaliste, est donc fondée sur la déduction de toutes choses à partir de la pensée. Sa morale, exposée dans le *Discours de la méthode*, dans une vaste *Correspondance* (notamment avec la princesse palatine Élisabeth), et dont le *Traité des passions de l'âme* (1649) analyse les soubassements physiologiques, comporte : d'une part, une morale provisoire (adoptée en attendant de pouvoir fonder ses actes sur la vérité), de tendance stoïcienne, tempérée par un certain opportunisme; d'autre part, l'ébauche d'une morale définitive, fondée sur la connaissance de la vérité : « Il suffit de bien juger pour bien faire. »

Également mathématicien et physicien, Descartes a exposé sa conception du monde dans les *Principia philosophiae* (« Principes de la philosophie », 1644). Il est, en outre, le créateur de la géométrie analytique, c'est-à-dire de l'application de l'algèbre à la géométrie.

désespoir (du lat. *de-sperare*, tomber du haut de son espoir), déception entraînant un état d'abattement et d'inaction; c'est l'état de celui qui doute de tout (cf. l'équivalent allemand *Verzweiflung*, racine *zweifeln*, douter), c'est la conscience de l'absurdité de toutes choses.

Dû à l'excès de misère, à la mort de l'être aimé, etc., il résulte en tout état de cause d'un sentiment de solitude absolue, qui peut être lié à la perte de la foi en Dieu (comme l'exprime Kierkegaard dans *Coupable, non coupable*), où à la perte de la confiance en l'homme, lorsqu'on a perdu tout idéal ou tout espoir de réaliser ses idéaux (v. *le Mythe de Sisyphe*, de Camus); l'homme n'est plus alors qu' « une passion inutile », comme l'écrivait Sartre. Il y a deux issues au désespoir : **1°** une issue violente, le suicide; **2°** une issue « réflexive » qui consiste, comme l'a écrit Nietzsche, à trouver l'énergie requise pour regarder la réalité en face, et à « faire sortir du désespoir le plus profond l'espoir le plus invincible ».

désir, tendance devenue consciente de son objet.

Le désir se distingue du *besoin*, simple incitation physiologique. Par exemple, je peux *avoir besoin* de manger, éprouver des crampes d'estomac sans savoir que mes épreuves tiennent au manque de nourriture. Le désir se rapporte en général à un objet précis : je désire boire du vin. Le désir, qui suppose une certaine insatisfaction, donne à la vie affective sa tonalité, suscite les sentiments et les passions, est à la base de la vie active. Toutefois, les désirs étant en nombre infini, l'homme attentif à les satisfaire tous perdrait tout recul à l'égard de lui-même et toute liberté (Platon). Le désir qui a subi le contrôle du calcul et de la réflexion se fait *acte volontaire.* Ce n'est pas la pulsion du désir, mais l'acte de la volonté qui est l'expression de la personnalité.

destinée, ensemble des événements qui « arrivent » à l'homme.

Selon que ces événements s'accordent ou non avec sa volonté, on distingue : **1°** la *destination,* qui est l'essence d'un individu, la loi de sa personnalité, sa vocation; bref, une exigence intérieure; **2°** le *destin,* qui est ce qui lui arrive du dehors. Les tragédies antiques (notamment celles d'Eschyle et l'*Œdipe roi* de Sophocle) expriment une croyance fondamentale en un « fatum » qui régit toutes les actions humaines, et l'on peut dire que tout le problème de la vie humaine est de se réconcilier avec son destin (*amor fati*), de faire de son destin sa destination propre : Œdipe aveugle retrouve la sérénité inté rieure quand il reconnaît que tout est bien et que l'ordre des choses s'est accompli. Car le véritable bonheur de l'homme est de pouvoir « se réaliser » à l'occasion des événements qui lui arrivent : d'exploiter tous les événements dans le sens de sa volonté et de reconnaître dans ce qui lui arrive le signe de sa destinée.

Destutt de Tracy (Antoine Louis, comte), philosophe et homme politique français (Paris 1754 – *id.* 1836). Il fut député de la noblesse aux États généraux, pair de France sous la Restauration. Sa philosophie sensualiste, exposée dans les *Éléments d'idéologie* (1801), a, pour la première fois, mis en lumière le sentiment interne que nous avons de nous mouvoir (la « motilité »), et que la phénoménologie moderne décrit sous le nom de « corps-propre ».

détérioration mentale, dissociation, ou dissolution, ou désagrégation de la personnalité.

Baisse d'efficacité intellectuelle, qui n'est pas une baisse de l'intelligence mais du rendement dans le travail, elle peut être due au vieillissement, à la fatigue ou à un trouble psychologique (émotions, soucis). Elle n'implique pas nécessairement une atteinte de l'organisme, mais plutôt de la volonté. La « détérioration mentale » est un trouble acquis, dont le traitement le plus général consiste en une cure de repos; elle se distingue en nature de la « débilité mentale », qui est un trouble constitutionnel.
→ **Dépression.**

déterminisme, principe de la science selon lequel « les mêmes causes produisent les mêmes effets ».

L'idée de déterminisme est celle d'un ordre immuable et constant dans les relations entre les phénomènes. Si je lâche une pierre, elle tombe à terre; je postule le déterminisme quand je passe des cas-particuliers à la loi universelle et éternelle de la chute des corps. On distingue deux conceptions du déterminisme : 1° Cette constance est dans la nature, le déterminisme est ontologique (dans la réalité); 2° Cette constance est un postulat de notre esprit, un principe méthodique. Dans l'un et l'autre cas, le déterminisme est prouvé quand l'esprit humain peut *prévoir* avec certitude. En microphysique, on parle d'*indéterminisme* (Heisenberg) quand la prévision ne peut pas s'exercer sur un phénomène (un électron, par exemple), mais sur un groupe de phénomènes (un faisceau d'électrons) : il s'agit, en fait, d'un *déterminisme statistique.* Heisenberg exprime de plus l'impossibilité de connaître à la fois la vitesse et la direction d'un électron. On le comprend dans la mesure où le rayon lumineux qui nous permet d'observer et de déterminer le lieu d'un électron constitue lui-même un faisceau d'électrons qui heurtent et déplacent l'électron observé. C'est ce lien entre l'observateur et l'observé, cette perturbation qu'introduit l'observation dans le phénomène observé, qui définit l' « indéterminisme ». Il faut signaler qu'il n'y a aucun rapport entre le problème scientifique du déterminisme et le problème métaphysico-théologique de la liberté humaine (qui est lié au problème de la prédestination) : car si nous supposons que la nature est soumise au déterminisme, cette hypothèse s'accordera aussi bien avec le déterminisme qu'avec l'indéterminisme (dans la mesure où nous ne connaissons pas toute la nature et que nous verrons ainsi de la contingence là où il n'y en a pas); l'indéterminisme exprimera la limitation de notre connaissance. Et si nous supposons que la nature n'est pas soumise au déterminisme, cette hypothèse s'accordera aussi bien avec l'indéterminisme qu'avec le déterminisme, qui se présentera comme un effet statistique, un produit de notre connaissance. Il reste donc absolument impossible de résoudre le problème métaphysique du déterminisme à partir de la physique moderne; et il est malhonnête de s'appuyer sur la microphysique pour tirer des conclusions pour ou contre la liberté humaine.

devoir, obligation morale en général.

Cette obligation peut revêtir un caractère absolu (« tu ne tueras point ! ») et se nomme alors un « impératif catégorique » (Kant); elle peut être au contraire relative et conditionnelle (« si tu veux être savant, instruis-toi ! ») : elle prend alors le nom d'« impératif hypothétique ». On distingue encore les devoirs « stricts » (de simple justice) et les devoirs « larges » (qui relèvent de la charité). Le devoir peut venir : **1°** de la *conscience individuelle* (c'est l'obligation morale proprement dite, ce que Rousseau appelait la « voix de la conscience »); **2°** de la présence en nous d'une conscience sociale ou *conscience collective* (décrite par Durkheim et William James : ainsi, c'est la conscience sociale qui nous force à nous lever le matin). La vie, et l'art aussi, multiplient les confrontations, souvent violentes, entre le devoir de la conscience (celui, par exemple, qui pousse Antigone à enterrer son frère selon la religion) et le devoir social (celui qui pousse, dans cette même tragédie, le roi Créon à refuser l'enterrement rituel). Autre exemple d'un conflit de devoirs : le problème des objecteurs de conscience. → **Morale, Kant, stoïcisme.**

Dewey (John), philosophe et psychologue américain (Burlington, Vermont, 1859 - New York 1952), promoteur d'une pédagogie fondée sur le pragmatisme*. L'intelligence n'est qu'un outil parmi d'autres comme facteur de réussite. Dewey ouvrit à Chicago une « école-laboratoire » (l'University Elementary School, 1896-1904), où il forma des enfants de quatre à seize ans. Sa méthode « des projets » influença C. Freinet et la méthode soviétique des complexes. Elle vise à identifier la vie scolaire et la vie sociale.

Dewey a écrit *le Credo pédagogique* (1897), *l'École et la Société* (1900), *Démocratie et Éducation* (1916).

dialectique, primitivement, art du dialogue; lorsque deux individus d'opinions contraires se rencontrent, une discussion survient : chacun tente de réfuter l'opinion de l'autre; c'est l'opposition des thèses qui est le moteur de la discussion.

Tout dialogue est, de ce point de vue, dialectique (v. *Dialogues de Platon*). De cette simple expérience, on peut dégager un double aspect : négatif et positif. Aristote en a retenu l'aspect négatif lorsqu'il a défini la dialectique comme l'art d'argumenter et de réfuter, d'opposer simplement des thèses contradictoires (Kant). En un sens positif, la dialectique est l'art de construire une connaissance vraie : il faut avoir été certain d'une opinion (thèse), puis avoir reconnu le bien-fondé de l'opinion contraire (antithèse), pour connaître la vérité totale d'une chose (synthèse). C'est parce que l'homme ne peut pas tout comprendre du premier coup que son savoir est progressif et dialectique. Les psychologues ont remarqué que non seulement il comprend, mais il réalise dialectiquement sa personnalité par un jeu d'affrontement à autrui et de repliement sur soi-même, d'action et de réflexion. La dialectique n'est pas seulement une manière de comprendre, mais

DIALECTIQUE		
sens négatif	opposition des thèses (Aristote, Kant). « La dialectique est la logique de l'apparence. » « Elle est la théorie des erreurs naturelles de l'esprit humain » (Kant).	
sens positif	*sens idéaliste*	construction de la connaissance vraie (Platon, Fichte). « Le dialecticien est celui qui connaît l'essence de chaque chose » (Platon).
	sens réaliste	« La dialectique n'est pas un art extérieur de raisonner... Elle est l'âme motrice de l'histoire » (Hegel).
	sens spiritualiste	« Le mouvement de l'esprit est exprimé par l'histoire » (Hegel). « Le monde est le miroir de l'esprit »... « La seule idée qu'apporte la philosophie est que la raison gouverne le monde et que, par suite, l'histoire universelle est rationnelle » (Hegel).
	sens matérialiste	« Tout mouvement de l'esprit exprime un mouvement matériel » (Marx). « Le mouvement dialectique de la pensée est le reflet du monde réel » (Marx).

une manière d'être : de là se dégage la notion de *dialectique réelle* ou *dialectique de la réalité*. C'est en ce sens que Hegel, puis Marx ont parlé d'une dialectique de toute réalité humaine, non seulement au niveau de l'individu, mais de l'histoire de l'humanité; l'esclavage, dans l'Antiquité, fondé sur le culte de la force, devait nécessairement susciter le christianisme, qui est son contraire, c'est-à-dire une religion de l'intériorité et de l'esprit comme valeur suprême (Hegel). L'histoire se développe selon la loi de la contradiction : le comble du capitalisme (thèse) suscitera sa propre destruction (par une grande crise économique, disait Marx) dans le communisme (antithèse), puis l'avènement du socialisme (synthèse); les persécutions contre les juifs ont amené leur destruction, puis l'avènement d'un État juif, etc. C'est la réalité historique qui est dialectique. Les systèmes philosophiques s'opposent sur la nature de cette dialectique.

Dialogues, titre sous lequel on englobe l'ensemble de l'œuvre de Platon*, à l'exception de quelques *Lettres*. La beauté littéraire des *Dialogues*, qui mettent tous en œuvre la personnalité de Socrate (ainsi que celles de ses disciples comme Phédon, Théétète, de soldats comme Lachès, de sophistes tel Gorgias et même de grands philosophes, dont Parménide, Zénon, etc.), s'allie avec une réflexion philosophique contraignante, dans la mesure où la méthode des questions et des réponses est la seule méthode qui puisse entraîner réellement un individu dans une réflexion. L'interrogatoire permet d'accoucher spirituellement les hommes (c'est la « maïeutique »), et l'opposition des opinions suscite l'intérêt pour la vérité (c'est la « dialectique »).

Les travaux de Lewis Campbell, Lutoslawski, Diltenberger, etc., ont permis de classer les *Dialogues* en trois grandes périodes : 1° les dialogues de jeunesse, qui cherchent à définir une notion : le courage *(Lachès)*, la piété *(Euthyphron)*, la tempérance *(Charmide)*, 2° les dialogues de la maturité, où apparaît la célèbre « théorie des Idées » de Platon : le *Phédon* traite de l'immortalité de l'âme, *le Ban-*

quet et le *Phèdre* sont consacrés à l'amour, *la République* aborde l'organisation de la cité idéale; 3° les dialogues de la vieillesse, beaucoup plus difficiles et abstraits, qui s'élèvent à une métaphysique de la connaissance : *le Théétète, le Sophiste, le Parménide, le Politique.* Le dernier dialogue, *les Lois,* est resté inachevé.

Diderot (Denis), philosophe français (Langres 1713 – Paris 1784). Après des études chez les jésuites, puis au collège Louis-le-Grand à Paris, il renonce à toute profession régulière et mène une vie de bohème, vit de traductions, de pamphlets, et épouse, en 1743, une lingère (Anne Antoinette Champion). Sa notoriété date du moment où il commence à publier l'*Encyclopédie* (1751), dont le libraire Le Breton lui a confié la direction; cette tâche immense est l'œuvre de sa vie et absorbe presque toute son activité jusqu'en 1772. Dès 1746, il s'était lancé dans la lutte philosophique avec les *Pensées philosophiques,* où il attaque le christianisme et milite en faveur d'une « religion naturelle » au cœur, qu'il oppose à la « religion révélée ». La *Lettre sur les aveugles à l'usage de ceux qui voient* (1749), où il affirme son scepticisme et s'oriente vers le matérialisme, lui vaut trois mois de prison à Vincennes. Dès lors, il écrira beaucoup et publiera peu. D'une intelligence très vive, mais très dispersée, Diderot se signale, dans *les Salons* (1759-1781), comme un critique d'art affirmant ses préférences pour le réalisme d'un Chardin ou d'un Greuze. Ses drames sont médiocres (*le Fils naturel,* 1757; *le Père de famille,* 1758). Mais ses théories dramatiques sont importantes; *le Paradoxe sur le comédien* (1773) souligne que les grands acteurs n'éprouvent pas les passions qu'ils expriment, et qu'ils les simulent bien parce qu'ils calculent froidement leurs effets.

Diderot est aussi l'auteur de contes et de romans (*Jacques le Fataliste,* publié en 1796; *le Neveu de Rameau,* publié en 1821), où il apparaît comme un disciple des « humoristes » anglais. Mais, à la différence de Voltaire, toutes ses œuvres restent celles d'un philosophe soucieux de définir la nature de l'homme, sa place dans le monde et de fonder une morale (*Entretien entre d'Alembert et Diderot, le Rêve de d'Alembert,* publiés en 1830). Son but a été d'instaurer une philosophie positive et, à la différence de Rousseau, un intérêt pour les sciences (*Pensées sur l'interprétation de la nature,* 1753) a orienté sa recherche philosophique.

Dieu, objet de la foi et du culte des hommes.

Existence de Dieu. On distingue deux types de preuves théoriques en faveur de l'existence de Dieu : **1°** les preuves dites *cosmologiques* (du gr. *kosmos,* le monde), qui, ou bien remontent à l'infini la chaîne des causes (par exemple, une tuile me tombe sur la tête. La cause en est le vent; mais la cause du vent? On invoquera une dépression. Mais quelle en est la cause? etc.) pour en conclure à l'existence d'un premier terme, créateur, ou bien partent d'un spectacle de la nature, tel que la beauté d'un lever de soleil (J. J. Rousseau, par exemple), pour en conclure à la nécessité d'un artiste suprême; **2°** la preuve *ontologique* (du gr. *ôn, ontos,* l'être), qui consiste, au contraire, à raisonner à partir de l'idée de Dieu comme être parfait, et à prouver que, puisqu'il est parfait et possède toutes les qualités, il existe nécessairement. Ces preuves théoriques ne sauraient, selon Kant, emporter l'adhésion si une *certitude pratique* ne préexiste pas en nous. Celle-ci peut être fondée soit sur le fait de la conscience morale (Kant), soit sur la conscience de notre finitude et d'une activité originaire en nous plus profonde que nous-mêmes (Fichte).

Nature de Dieu. La « *nature de Dieu* » (en d'autres termes, la façon dont le croyant envisage Dieu) permet de distinguer, d'une part, le *théisme* : croyance en un Dieu personnel et vivant; et, d'autre part, le *déisme,* qui admet l'existence de Dieu, mais nie toute révélation à son sujet et toute représentation de Dieu (judaïsme, protestantisme). Il n'est point de philosophe, point de penseur, même athée, qui n'ait réfléchi sur le problème de Dieu et de la connaissance — ou de l'illusion de connaissance — que nous pouvons en avoir : « C'est le cœur qui sent Dieu, et non la raison. Voilà ce que c'est que la foi, Dieu sensible au cœur, non à la raison » (Pascal [1623-1662], pensée 278); « Dieu d'Abraham, Dieu d'Isaac, Dieu de Jacob, non des philosophes et des savants ». Pour Fichte, au contraire, comme pour Spinoza, « seule la flamme de la connaissance claire, entièrement transparente à elle-même et se possédant librement elle-même, est capable de garantir, par cette clarté même, la présence immuable de l'absolu » (*Initiation à la vie bienheureuse*, 1806). À défaut d'une connaissance de Dieu par le cœur ou par la raison, certains penseurs posent cependant Dieu comme une exigence : « Si Dieu n'existait pas, disait Voltaire, il faudrait l'inventer », car : « Si Dieu n'existe pas, tout est permis » (Dostoïevski). Nietzche, au contraire, se contente de constater l'absence en nous de connaissance et même de toute conscience de Dieu : « Dieu est mort dans la conscience des hommes de l'Europe..., j'en dis simplement la nouvelle », et il prophétise : « Nous devons nous attendre à une longue suite, à une longue abondance de démolitions, de destructions, de ruines et de bouleversements » (*le Gai Savoir*, 1882). Feuerbach et Marx vont plus loin; ils ne constatent pas seulement l'absence de Dieu, mais critiquent toute croyance en Dieu : « Les dieux sont les vœux de l'homme réalisés »; « L'homme pauvre possède un dieu riche » (Feuerbach, *l'Essence du christianisme*, 1841). Marx dénoncera la mythologie religieuse : « La religion est l'opium du peuple; elle le berce d'une espérance dans l'au-delà pour le détourner de toute révolution sociale ici-bas » (*Contribution à la critique de la philosophie du droit de Hegel*, 1843). Mais c'est au sujet de l'existence de Dieu que Pascal constatait : « Nous avons une impuissance de prouver, invincible à tout le dogmatisme. Nous avons une idée de la vérité, invincible à tout le pyrrhonisme ».

dilemme, raisonnement qui consiste à présenter deux propositions telles que, si l'une d'elles est fausse, l'autre est nécessairement vraie.

Par extension, obligation de choisir entre deux partis possibles : *être placé devant un dilemme.*

Dilthey (Wilhelm), philosophe allemand (Biebrich, Rhénanie, 1833 – Seis, Tyrol, 1911). Fils de pasteur, il commença à écrire vers la cinquantaine, et son influence s'exerça surtout après sa mort. C'est à lui qu'on doit la notion de « sciences de l'esprit » (*Geisteswissenschaften*), appelées plus récemment « sciences humaines ». Il s'efforça d'en délimiter le domaine par rapport aux sciences naturelles et aux sciences exactes. La psychologie en est, selon lui, le fondement le plus solide, du fait qu'elle est une science descriptive (au contraire de la morale et de la métaphysique). Cependant, si elle est soucieuse de s'annexer la méthode et la rigueur scientifiques, la philosophie, telle que la conçoit Dilthey, n'entend pas se limiter pour autant aux ressources de l'intelligence discursive : de la même façon qu'il existe dans les sciences de la nature une « intuition du monde sensible », il existe une intuition du monde humain, culturel et social, dont l'organe, selon ce philosophe, est la « compréhension spirituelle ».

On lui doit notamment : *Introduction aux sciences humaines* (1883 — trad. française, 1942), *l'Essence de la philosophie* (1907), *la Construction du monde de l'histoire dans les sciences de l'esprit* (1910). Son but fut d'étendre la *Critique* de Kant au domaine des sciences de l'homme. En fait, son œuvre reste surtout programmatique : son importance est d'ouvrir une voie, qui sera exploitée par le développement ultérieur de la sociologie et de la psychologie sociale.

Diodore Cronos, logicien et philosophe grec de l'école de Mégare*, mort en 296 av. J.-C. On lui doit une théorie originale de l'implication. Il est connu pour avoir développé un argument dit « argument dominateur » qui établit que l'inéluctabilité de l'avenir est aussi grande que celle du passé.

Diogène le Cynique, philosophe grec (Sinope 413 – † 323 av. J.-C.). Il méprisait les richesses et les conventions sociales et logeait habituellement dans un tonneau. Alexandre le Grand, à Corinthe, lui ayant demandé s'il désirait quelque chose : « Oui, répondit Diogène, que tu t'ôtes de mon soleil ». Il professait un si grand dédain pour l'humanité qu'on le rencontra un jour, dans les rues d'Athènes, en plein midi une lanterne à la main, déclarant : « Je cherche un homme ».

Discours de la méthode, ouvrage de Descartes (1637); c'est le premier texte philosophique écrit en langue vulgaire, c'est-à-dire en français, les livres savants étant jusque-là écrits en latin. Rejetant toute autorité, Descartes y expose en termes simples et accessibles à tous (autre coup d'audace à cette époque) les quatre règles qui doivent permettre à chacun, pour peu qu'il le veuille, de parvenir à la vérité. Ces règles sont celles de la certitude (« Ne recevoir jamais aucune chose pour vraie que je ne la connusse évidemment être telle »), de l'analyse (« Diviser chacune des difficultés que j'examinerais en autant de parcelles qu'il se pourrait et qu'il serait requis pour les mieux résoudre »), de la synthèse (« Conduire par ordre mes pensées, en commençant par les objets les plus simples et les plus aisés à connaître, pour monter peu à peu comme par degrés jusques à la connaissance des plus composés... »), et de l'énumération (« Faire partout des dénombrements si entiers et des revues si générales, que je fusse assuré de ne rien omettre »). Cette méthode appliquée par Descartes lui permit d'établir une astronomie, une physique mécanique, une biologie mécaniste (théorie des animaux-machines), qui constituaient pour l'époque un progrès notable. Le *Discours de la méthode* marque l'avènement de la méthode scientifique et rationnelle propre à la pensée moderne.

Discours sur l'origine et les fondements de l'inégalité parmi les hommes, œuvre de J.-J. Rousseau écrite sur un sujet proposé par l'académie de Dijon (1755). Rousseau y démontre que la vie sociale, en créant des inégalités entre les hommes, notamment par les nécessités de l'agriculture et de la métallurgie, a corrompu leur nature, qui était bonne à l'origine.

discursif, qui procède par étapes, par raisonnement : *un esprit discursif procède de manière méthodique et calculatrice.* S'oppose à l'*esprit intuitif*, qui appréhende immédiatement un résultat sans passer par la démonstration. → Déduction, méthode.

divertissement, au sens général, activité de loisir (jeu, exercice physique, etc.) ; mais le mot a pris un sens plus fort en philosophie, chez Pascal d'abord et jusque de nos jours : « toute tentative en vue de détourner l'attention de l'esprit des problèmes posés par la condition humaine ».

En ce sens, *se divertir*, c'est « faire diversion » à la vie ; c'est, selon Pascal, « faire se succéder les jeux de telle façon qu'il n'y ait pas de vide » ; à quoi l'existentialisme ajoute : c'est « se masquer l'angoisse », qui serait le sentiment authentique de la vie. Notons qu'il s'agit ici du divertissement au stade limite, c'est-à-dire lorsqu'il s'efforce d'envahir en permanence le champ de l'attention ; en revanche, au stade du délassement momentané, il est tout à fait légitime et psychologiquement nécessaire : il rend possible l'activité créatrice. → **Évasion.**

division du travail, organisation sociale caractérisée par la répartition des tâches entre les spécialistes, et dont l'économiste écossais A. Smith (1723-1796) fut le premier théoricien.

La division du travail, nécessaire dans toute société industrialisée qui emploie des techniciens, pose : **1°** des *problèmes sociologiques* et *psychologiques :* l'ouvrier qui s'est spécialisé dans un geste particulier, adapté à une machine donnée, devient lui-même machine (exemple : le travail à la chaîne) ; il a donc un besoin de « loisir » beaucoup plus urgent que pour tout autre travailleur ; **2°** des *problèmes pédagogiques :* à quel âge doit cesser la formation générale et intervenir la spécialisation ? Le plus tard possible, telle est la réponse (bien paradoxale), des pédagogues, cela afin que le travailleur ait la capacité de se « reconvertir » plus rapidement aux nouveaux procédés avec les progrès de l'industrie, dont les techniques sont en effet en perpétuelle métamorphose. → **Automation, loisir.**

docimologie (du gr. *dokimê*, épreuve), **étude scientifique des méthodes d'examens et de concours dans les lycées et facultés.**

La docimologie est une notion fondamentale de la pédagogie moderne. Elle cherche à perfectionner ces examens afin qu'ils soient de véritables mesures de l'intelligence. La docimologie préside en France à la réforme de l'enseignement, qui tend à substituer des méthodes d'orientation (il y a différents types d'intelligence) à des méthodes de sélection, qui ne retiennent que les individus doués d'une certaine intelligence « verbale » (ceux qui réussissent aux concours) et méconnaissent les types d'intelligence pratique.

dogmatisme, tendance à affirmer sans discussion.

Désigne, en philosophie, toute doctrine qui part d'une certitude préalable (le dogmatisme s'oppose en ce sens au « criticisme » : la philosophie critique commence par douter de tout — tel Descartes dans les *Méditations*, tel Kant, dont la *Critique de la raison pure* laisse en suspens tous les problèmes métaphysiques, de l'immortalité de l'âme, de l'origine du monde et de l'existence de Dieu), ou même toute doctrine qui aboutit à une certitude (la philosophie de Spinoza est un dogmatisme dans la mesure où elle s'achève dans un système de la connaissance vraie). La « philosophie dogmatique » désigne particulièrement la philosophie du Moyen Âge, fondée sur l'autorité du dogme religieux (doctrine fixe que l'Église enseigne au nom de Dieu et de la Révélation). Le dogmatisme s'oppose théoriquement au *scepticisme*; dans la pratique de la vie, il s'oppose à l'*empirisme :* le politicien dogmatique est celui qui oriente son action en fonction d'une théorie, sans égard pour les réalités historiques du monde actuel. L'attitude sous-jacente au dogmatisme est l'intolérance ou le fanatisme.

douleur, état physique en principe désagréable; cependant, toute sensation, même agréable, se transforme en douleur à partir d'une certaine intensité.

On distingue les *douleurs proprement physiologiques* (exemple : une rage de dents) et les *douleurs psychologiques* (exemple : les émotions). Pour certains philosophes pessimistes, comme Schopenhauer, seule la douleur révèle un aspect réel du monde, et le plaisir n'a pas plus de consistance que le rêve. A-t-elle une valeur morale? Le christianisme, pour sa part, a insisté sur les vertus purificatrices de la douleur.

Le « dolorisme », dont le promoteur est Julien Teppe (vers 1930), n'affirme pas seulement l'utilité indirecte de la douleur, soit comme facteur d'endurcissement physique ou moral (stoïciens), soit comme épreuve purificatrice, il considère que la douleur même enrichit l'homme, « en ce qu'elle arrête les impulsions de la vie animale et permet ainsi à l'esprit d'acquérir une hégémonie particulièrement efficace pour la création artistique et littéraire ». Il semble cependant qu'une véritable douleur entraîne généralement une régression de la personnalité, dont elle entrave l'épanouissement et empêche, par là même, toute création véritable.

doute, incertitude de l'esprit, refus d'affirmer ou de nier.

On distingue deux formes de doute : 1° le *doute naturel*, qui accompagne l'absence de connaissances certaines; 2° le *doute méthodique* ou *philosophique*, qui consiste à douter de toutes nos connaissances, même de notre perception des choses du monde, tant que nous ne connaissons pas le principe de tout savoir. Cette dernière attitude fut celle de Platon, de Descartes, de Fichte. C'est le départ de toute philosophie radicale. On distingue deux objets fondamentaux de doute : 1° le *monde extérieur :* le scepticisme à l'égard du monde extérieur est celui des philosophes antiques (Pyrrhon), qui n'excluait pas une certaine croyance en Dieu; 2° *Dieu :* le scepticisme à l'égard de Dieu correspond au positivisme moderne, qui ne croit que ce qu'il voit (positivisme d'Auguste Comte, matérialisme).

droit, ce qui est légitime par opposition au *fait*, ce qui est simplement réel.

En morale, le droit est ce que l'on peut exiger d'autrui ; il s'oppose au *devoir*, qui *désigne ce qu'autrui peut exiger de nous. On distingue le droit naturel*, dont se réclame toute théorie des relations humaines fondée sur la nature de l'homme, ses tendances, les aspirations du cœur (Rousseau, Fichte), et le *droit positif*, qui résulte des coutumes traditionnelles ou des lois écrites (le Code civil). Les droits d'un individu prennent souvent le nom de droits « subjectifs » ; le droit exprimé par la loi de la société prend le nom de droit « objectif ». D'une façon générale, le *droit* s'oppose à la *force*, à la violence.

dualisme, toute théorie qui se réfère à deux principes : le dualisme de l'âme et du corps, à propos de la nature humaine, de la volonté et de l'entendement, en ce qui concerne les fonctions de l'esprit (Descartes).

L'opposition la plus courante est celle de l'homme et du monde, de l'esprit et de la matière ; toute doctrine humaniste est dualiste sur ce point, dans la mesure où elle affirme la liberté de l'homme et l'impossibilité de le réduire aux lois de la nature (déterminisme absolu, panthéisme), d'absorber l'individu dans des mécanismes sociaux, par exemple dans une administration (totalitarisme). → **Contr. : monisme.**

Dufrenne (Mikel), philosophe et esthéticien français (Clermont 1910 – Paris 1995). Son œuvre se situe à la rencontre de la philosophie kantienne et du courant existentialiste et phénoménologique (Husserl, Scheler, Merleau-Ponty). Il définit la notion d'un *a priori affectif* ou existentiel, les catégories par lesquelles s'éprouve la conaturalité du sujet et de l'objet. L'unité de l'homme et du monde est la source de l'imaginaire. « Ce n'est pas l'homme qui fabule et invente, mais la nature en lui et par lui. » Cette unité s'éprouve selon des modalités affectives universelles, recensées dans *l'Inventaire des a priori* (1981). On lui doit également : *Karl Jaspers et la philosophie de l'existence* (1947, en collab. avec Paul Ricœur), *la Phénoménologie de l'expérience esthétique* (1953), *la Notion d'a priori* (1959), *le Poétique* (1963), *Esthétique et philosophie* (1967), *Pour l'homme* (1968), *Subversion/Perversion* (1977).

Duhem (Pierre), physicien et philosophe français (Paris 1861 – Cabrespine, Aude, 1916). Il développa considérablement l'histoire des sciences, dans *le Système du Monde : histoire des doctrines cosmologiques de Platon à Copernic* (10 vol., 1913-1959). Il a écrit notamment : *la Théorie physique. Son objet, sa nature* (1906), *Essai sur la notion de théorie physique de Platon à Galilée* (1908).

Dumery (Henry), philosophe français (Auzances, près d'Aubusson, 1920). Il a consacré ses premiers ouvrages à la philosophie de l'action : *la Philosophie de l'action* (1948), *Blondel et la philosophie contemporaine* (1952), *Blondel et la religion* (1954). Il est connu pour sa philosophie de la religion : il a montré que le fait de civilisation « judéo-chrétien » implique tous les niveaux de conscience (mythe et histoire, geste et symbole, transcendance et rationalité). Il a publié notamment : *Foi et interrogation* (1953), *Regards sur la philosophie contemporaine* (1956), *Critique et religion* (1957), *Philosophie de la religion* (2 vol., 1957), *Phénoménologie et religion* (1958), *Philosophie et sciences de l'homme* (1967).

Duns Scot (John), philosophe et théologien écossais (Maxton, Écosse, 1266 – Cologne 1308). Célèbre au Moyen Âge, Duns Scot reste toujours un penseur actuel. Sa pensée d'inspiration platonicienne et augustinienne (on peut s'élever d'une manière continue de la connaissance du monde sensible à Dieu) emprunte ses concepts logiques à Aristote. Aux doctrines de l'analogie, selon lesquelles on ne peut parler de l'existence de Dieu que par analogie à l'existence du monde, il oppose une théorie de l'univocité : l'être se dit en un même sens des créatures et du créateur. L'homme s'individualise par sa liberté, qui est l'ombre de la liberté du créateur (d'un monde contingent, qui pour cette raison n'est justifiable qu'à la lumière de la Révélation). Opposé à toute théologie négative, Duns Scot est l'un des penseurs qui est allé le plus loin dans le sens d'une théologie affirmative qui, de Parménide en passant par Spinoza, se retrouve chez Heidegger. Il a laissé de nombreux commentaires sur les textes anciens : *Ordinatio, Tractatus de primo principio, Super Porphyrium.*

Dühring (Karl Eugen), philosophe et économiste allemand (Berlin 1833-Nowaves, auj. Babelsberg près de Postdam 1921). Disciple de Feuerbach*, il a voulu unir le positivisme* avec le matérialisme*. Engels attaqua ses thèses dans l'*Anti-Dühring* (1877-1878).

durée, notion qui s'oppose traditionnellement, depuis Bergson, à celle de « temps » : la durée vécue est l'expérience vivante du temps, alors que le temps *mesuré*, ou temps *mathématique*, est abstrait.

La durée est une réalité psychologique et subjective : c'est le temps de l'attente et de l'impatience, où une heure peut être longue ou courte selon les individus; tandis que, du point de vue du temps objectif, une heure reste toujours une heure, qu'il s'agisse d'une heure d'ennui ou de jeu.

Durkheim (Émile), philosophe français (Épinal 1858 – Paris 1917), fondateur en France de la sociologie, c'est-à-dire de la « science des mœurs ». L'individu n'a de valeur que par la société, qui lui donne une fonction et une conscience morale : il n'existe que pour et par autrui (« L'individu tient d'autant moins à soi qu'il ne tient qu'à soi », affirme Durkheim dans son étude sur *le Suicide,* 1897). Sa thèse principale, *De la division du travail social* (1893), montre que le développement de l'individu, depuis l'enfance, s'accompagne d'une dépendance de plus en plus étroite à l'égard de la société. Les *Règles de la méthode sociologique* (1894) énoncent les principes de sa sociologie : Durkheim a voulu considérer les valeurs et les institutions sociales « comme des choses », et créer une science objective des mœurs, science qui n'exclut pas la vie intérieure de la conscience morale. Durkheim a fondé l'étude sociologique et renouvelé profondément la science de l'homme et la critique des religions (*les Formes élémentaires de la vie religieuse,* 1912).

dynamique, partie de la physique qui s'occupe des relations entre les forces.

La *dynamique* de Leibniz, qui rapporte tous les mouvements du corps à l'action intérieure d'une force invisible, s'oppose à la *mécanique* de Descartes, qui explique ces mêmes mouvements par des rapports uniquement spatiaux entre les objets. La *psychologie dynamique* s'oppose à la *psychologie statique* et considère les facultés de l'homme (mémoire, volonté, etc.) dans leur usage concret, c'est-à-dire dans leur rapport avec le comportement global de l'individu. Ainsi, tel individu qui, pris à froid, n'a aucune mémoire se trouvera, dans le feu d'une action qui l'intéresse ou dans sa spécialité, doué d'une mémoire étonnante. Tel autre, auquel les tests attribuent une intelligence médiocre, deviendra dans la vie un grand chef d'industrie. La psychologie dynamique ou clinique est le point de départ et la fin de toute analyse psychologique.

dyslexie, trouble fréquent des « gauchers contrariés ».

Elle se manifeste, chez un enfant d'intelligence normale, par la difficulté d'apprendre à lire et à écrire, qui provient d'une tendance naturelle à lire de droite à gauche. Les lapsus sont fréquents chez l'adulte même, qui dira, par exemple : « M. Donput » au lieu de « M. Dupont ». Ce n'est pas un trouble neurologique, mais bien psychologique et social, que l'enfant n'aurait pas connu dans une société où on lit de droite à gauche (arabe, par exemple). L'habitude de contrarier ses tendances et ses mouvements naturels peut entraîner de nombreux troubles complémentaires, notamment des troubles d'orientation (un chauffeur dyslexique aura tendance à tourner son volant à droite pour aller à gauche). C'est pourquoi les pédagogues américains apprennent à tous les enfants à écrire des deux mains, afin que les gauchers ne soient ni contrariés ni complexés, en se sentant seuls à écrire de la main gauche.

e

Ebbinghaus (Hermann), psychologue allemand (Barmen, auj. dans Wuppertal, 1850 – Halle 1909). Il a étendu la psychologie expérimentale que Fechner appliquait à la sensation au domaine de la mémoire (*les Fondements de la psychologie*, 1908).

Eberhard (Johann August), philosophe allemand (Halberstadt 1739 – Hall 1809). Disciple de Wolff, il combat, dans la *Nouvelle Apologie de Socrate* (1772), les dogmes du christianisme. Adversaire de la philosophie de Kant, il fonde deux journaux : *Das Philosophische Magazin* (1788-1792) et *Philosophisches Archiv* (1792-1795). Kant lui répond par un opuscule (1790). On lui doit : *Allgemeine Theorie des Denkens und Empfindens* (*Théorie générale de la pensée et de la sensation*, 1776), *Histoire générale de la philosophie* (1788-1796), *Geist des Urchristentums* (*l'Esprit du christianisme originel*, 1808).

échec (du persan *shâh*, roi), issue négative d'une entreprise.

L'échec tire son origine du jeu du même nom, où il désigne la situation caractéristique (but, précisément, de ce jeu) dans laquelle le roi, attaqué de tous les côtés, ne peut même plus s'enfuir. Dans la sphère de l'activité humaine, il faut distinguer la « faute » et l'« échec » : la faute a une signification morale ; nous sommes responsables de nos fautes. L'échec n'a qu'une signification technique, il marque la limite de l'activité individuelle, l'« écart entre les fins visées et les fins réalisées » (Nabert, *Éléments pour une éthique*). Un individu psychologiquement sain surmonte ses échecs, mais il arrive, en particulier au moment de l'adolescence, que les premiers échecs scolaires ou amoureux le marquent profondément ; il en résulte des « conduites d'échec », décrites par l'école freudienne de psychanalyse, et dont la plus répandue est connue sous le nom de « complexe de destinée » : l'individu se met, inconsciemment, toujours dans des conditions telles que son action court nécessairement à l'échec (ses aventures amoureuses « craqueront » toujours au même moment et dans des conditions analogues ; il se présentera aux examens sans les préparer, etc.) ; et il finira par croire que c'est là son destin.

L'échec serait le point de départ des sentiments de culpabilité et d'inhibition, puis (par réaction contre ceux-ci) des « mécanismes de compensation » (vantardise, fabulation, voire refus du monde et vocation religieuse). → **Freud, Jung.**

écholalie (gr. *êkhô*, écho, et *lalê*, *bavardage*), répétition immédiate, par un individu, des sons (mots ou phrases) entendus.

L'écholalie correspond au langage de l'enfant jusqu'à environ six ou sept ans, où s'achève l'âge des gazouillements et des monologues collectifs (lorsqu'on laisse plusieurs enfants entre eux). On l'observe également chez les sujets particulièrement suggestibles ou dans les cas de déficit intellectuel important.

Eckart ou **Eckhart (Johannes, dit Maître)**, philosophe mystique allemand (Hochheim, près de Gotha, v. 1260 – Avignon ou Cologne v. 1327). Son système est un panthéisme assez diffus, qu'il cherche à concilier avec la croyance en un seul dieu. Sa pensée rigoureuse recouvre un certain mysticisme et s'efforce de lui donner une enveloppe rationnelle. Ce mysticisme spéculatif, qui est assez caractéristique de la pensée allemande, exercera une grande influence sur la philosophie du XIXe siècle (Fichte, Schelling, Hegel), où la dialectique rationnelle s'efforcera de recouvrir et d'exprimer l'inspiration romantique.

éclectisme (du gr. *eklegein*, choisir), méthode qui consiste à emprunter à plusieurs doctrines différentes des principes que l'on fond en un système unique.

C'est aussi le nom d'une école philosophique fondée au XIXe siècle par Victor Cousin*, et qui considérait que tous les systèmes philosophiques se ramènent à quatre formes fondamentales (l'idéalisme, le sensualisme, le scepticisme, le mysticisme), le système par excellence, l'éclectisme, consistant à retenir l'aspect positif de chacune de ces formes. Taine et Renouvier ont reproché à Victor Cousin de ne fonder ce partage entre le bon grain et l'ivraie sur aucun critérium précis. L'éclectisme a pris aujourd'hui une certaine nuance péjorative, et il évoque une pensée superficielle et opportuniste.

économie politique, expression créée, dès le début du XVIIe siècle, par l'écrivain et économiste Montchrestien (*Traité de l'économie politique*, 1615), pour désigner l'étude de la production, de la répartition et de la consommation des richesses.

Bien que l'économie politique — qui donne au fond la clef de l'évolution et de la transformation des sociétés — fût un objet de réflexion philosophique depuis Hume, Bentham et James Mill (XVIIIe s.), c'est Marx et Engels qui ont fait de l'histoire le thème fondamental de la philosophie, et de l'économie politique la science privilégiée, seule capable de nous découvrir les voies véritables de l'évolution du monde.

Aujourd'hui encore, où le problème de la « planification » française pose la question théorique de l'infléchissement des sociétés dites « capitalistes » vers une structure d'apparence socialiste, et fait entrevoir une synthèse entre les systèmes capitalistes et l'idéal communiste dans une société d'un type économique idéal et stable, où le problème du « Marché commun » évoque finalement celui de l'équilibre du monde, l'économie politique constitue véritablement la lunette qui permet au philosophe d'interroger et de connaître l'histoire, comme elle permet à l'homme politique de la prévoir, d'y pourvoir et, par là même, de la faire.

éducation (du lat. *ducere*, conduire), action de former un enfant et de le « diriger » vers l'état adulte : on notera que ce terme, par son étymologie même, recouvre à la fois l'aspect intellectuel et l'aspect psychologique ou moral, alors que l'*instruction* se limite à l'intellectuel et élude le moral.

Les principes de l'éducation varient selon la conception que l'on se fait de l'homme et de sa destination : de Rabelais, qui voulait une « tête bien pleine », à Montaigne, qui préférait une « tête bien faite »; de Rousseau, qui insistait sur l'apport de la nature (le spectacle de la nature devant inspirer à l'âme humaine les principes élémentaires de la morale), à Auguste Comte, qui soulignait au contraire le rôle de la société pour former et reformer l'esprit dans le bon sens.

Bien qu'aujourd'hui la civilisation moderne requière des spécialistes et donne une instruction de plus en plus technique et partielle, seule une éducation générale et humaniste peut former des ouvriers et des techniciens aptes à se « reconvertir » perpétuellement, au fur et à mesure des progrès incessants de la technique et des transformations du monde moderne. Le but de l'éducation est d'abord d'instruire, ensuite d'adapter socialement, enfin de former un jugement libre et personnel.

égalité, **relation entre deux quantités identiques ou entre deux choses de même nature.**

D'un point de vue moral, « tous les hommes naissent et demeurent libres et égaux en droit » (*Déclaration des droits de l'homme* de 1789). Mais, en fait, il y a plusieurs manières de concevoir l'égalité : 1° On peut penser que l'égalité consiste à donner « à chacun la même chose » (« justice commutative »), telle qu'elle est pratiquée dans toutes les sociétés ou les États nouveaux inspirés par le socialisme, lors du partage des terres et des biens. Cette forme d'égalité a été préconisée par le communiste français Gracchus Babeuf* (fin XVIIIe s.) ; 2° On peut penser qu'il est plus juste de donner à « chacun selon ses besoins » (Aristote), ou, encore mieux, « à chacun selon son travail, selon son mérite » : c'est l'« égalité proportionnelle » (« justice distributive »), telle qu'elle est envisagée par Marx. Cette égalité est aussi, on le comprend, la source des inégalités dans la situation matérielle des hommes (il y a des forts et des faibles, des travailleurs et des paresseux). Mais, au-delà des inégalités de situation matérielle, qui sont inévitables, il subsiste une égalité de tous les citoyens devant la loi sociale, et, au-dessus de celle-ci, une égalité morale qui fait que tous les hommes, quels que soient leur pays ou leur condition, ont, comme disait Kant, « un même droit fondamental au respect » (c'est-à-dire à n'être pas violentés).

ego **(mot lat. signif. *je, moi*), expression latine pour désigner, en psychanalyse, le « moi » comme équilibre entre le « sur-moi » (la conscience sociale) et le « ça » (les tendances physiques, les désirs individuels).**

Si le « sur-moi » (ou « super-ego ») et le « ça » sont des abstractions, l'ego correspond à la personne réelle, à une forme particulière de relation du sujet avec le monde et avec les autres hommes.

égocentrisme, **tendance à faire de soi le centre de l'univers.**

Piaget et Claparède ont établi que l'égocentrisme est un stade normal dans l'évolution du caractère de l'enfant de quatre à six ans, intermédiaire entre le pur égoïsme organique du premier âge et l'attitude plus sociale de l'enfant évolué. Le terme n'est donc pas en soi péjoratif, sauf s'il s'applique à un adulte, chez qui l'égocentrisme devrait être, en principe, « dépassé ».

égoïsme **(du lat. *ego,* moi), attitude intellectuelle de celui qui ramène tout à soi.**

Sur le plan métaphysique, l'égoïsme est la doctrine qui considère l'existence des autres comme illusoire, ou, du moins, douteuse ; cette acception métaphysique est aujourd'hui abandonnée. En psychologie, l'égoïsme désigne la tendance (légitime, au demeurant) à se défendre, à se maintenir, à se développer. En ce sens, il n'est autre chose qu'un aspect de l'instinct de conservation. Jusqu'ici, le terme n'est aucunement péjoratif. Il ne le devient que lorsqu'il désigne, au sens étroit, l'attachement excessif porté à soi-même, allant jusqu'au mépris des intérêts d'autrui. Il prend alors le caractère d'une anomalie, d'un facteur d'insociabilité, même lorsqu'il s'élargit en « égoïsme à deux » (le couple) ou en « égoïsme à trois » (le couple et l'enfant). Sur le plan moral, l'égoïsme s'oppose à l'*altruisme** ; il se nomme alors *égocentrisme, individualisme,* et s'oppose à toute forme d'« engagement » en général.

égotisme, **terme créé par Stendhal (et adopté par la philosophie contemporaine) pour désigner l'analyse effectuée par quelqu'un sur lui-même, « en vue de raffiner ses sentiments et d'en mieux jouir ».**

En ce sens, l'égotisme a déjà une longue tradition, depuis le « Connais-toi toi-même » de Socrate jusqu'aux *Essais* de Montaigne, si l'on considère le plaisir esthétique qui entoure toute connaissance psychologique de soi. — Le terme désigne aussi, en morale, la recherche du perfectionnement individuel comme règle principale de la conduite.

eidétique (du gr. *eidos*, forme, essence), qui concerne l'essence des choses, leur signification.

Ce terme est fréquemment employé dans la phénoménologie de Husserl* : la « réduction eidétique » est une méthode de réflexion qui consiste à varier indéfiniment le contenu d'une représentation (par exemple, d'une représentation de l'émotion) pour dégager l'essence de la chose (le caractère universel des émotions comme impossibilité momentanée à s'adapter à une situation). Husserl a pris souvent l'exemple géométrique du triangle : si l'on varie indéfiniment les formes de triangles, les proportions des côtés, on peut en dégager l'« essence » du triangle en général, indépendamment de toutes les particularités que peut revêtir chaque cas individuel ; c'est là une réduction à l'essence.

En psychologie, on distingue l'analyse *eidétique* et l'analyse *génétique* : une « génétique » de l'émotion ne dégage pas son essence, mais les conditions de son événement temporel, le processus physiologique et psychologique qui la suscite. En un tout autre sens, on parle, en psychologie, d'« images eidétiques » à propos d'images visuelles présentant une netteté particulière (surtout chez les enfants de dix à quinze ans).

Einstein (Albert), physicien d'origine allemande (Ulm 1879 – Princeton 1955). Le créateur de la théorie de la *relativité du temps et de l'espace* a exercé sur la philosophie de notre temps une influence aussi forte et aussi durable que celle, par exemple, de Copernic, qui, au XVIe siècle, révéla aux hommes qu'ils n'étaient pas au centre du monde. Ainsi a-t-on pu parler de la « révolution einsténienne » : le principe de la relativité des phénomènes, en effet, va dans le même sens, mais plus loin encore que le principe de la « relativité de la connaissance », avancé timidement par les philosophes et les savants des XVIIIe et XIXe siècles, de Newton à Auguste Comte. Il faut cependant bien comprendre que la théorie de la relativité n'est ni une théorie philosophique de l'univers ni une métaphysique de la science ; c'est une explication scientifique de l'univers. La relativité généralisée signifie la mise en relation de tous les phénomènes de l'univers (notamment de la gravitation et de l'électromagnétisme) ; elle unifie toutes les données de la science.

élan vital, tendance créatrice de la vie, qui se développe à travers les organismes particuliers, assure la continuité de l'espèce et engendre l'évolution des êtres.

L'expression a été rendue célèbre par l'*Évolution créatrice* de Bergson* (1907). Dans *les Deux Sources de la morale et de la religion,* Bergson montre que lorsque l'élan vital se sublime, il peut susciter les jaillissements créateurs qui sont à l'origine des grandes créations, spirituelles et morales, et du mysticisme lui-même.

Électre (complexe d'). → Œdipe (complexe d').

Élée (école d'), école philosophique grecque fondée par Xénophane* de Colophon, dont les représentants les plus célèbres furent Parménide* (début Ve s. av. J.-C.) et Zénon* (Ve s. av. J.-C.). Ils établissaient une différence profonde entre le monde physique, connu par les sens, multiple et changeant, et le monde intelligible, seul réel, connu par la raison, objet de la science, absolu, universel, immuable, éternel. Les Éléates, qui affirment l'immobilité de l'être, s'opposent à Héraclite et à ses disciples qui soulignent au contraire le perpétuel devenir de toutes choses.

L'école d'Élée a marqué la métaphysique platonicienne. → **Achille et la tortue, Zénon.**

Éloge de la folie, œuvre satirique d'Érasme (1511). Le personnage allégorique de la Folie, femme aux oreilles alourdies de grelots, prend la parole : la Raison, son adversaire, ne doit pas, dit-elle, se montrer « si sûre d'elle-même », car, d'abord, l'intelligence conduit à un état d'inquiétude et, ensuite, les vérités qu'elle atteint sont contradictoires. Au total, sur un ton joyeux et apparemment inoffensif, Érasme combat le fanatisme et le dogmatisme du Moyen Age, et cela au nom d'un véritable humanisme chrétien, attitude qui est bien dans l'esprit de ce siècle qu'on a appelé, à juste titre, le « siècle de la Renaissance ».

Emerson (Ralph Waldo), philosophe américain (Boston 1803 – Concord, Massachusetts, 1882). Il fonda ce qu'il appela le *transcendantalisme** et qu'on peut définir comme un mysticisme poétique. Il préconisa la supériorité de la conscience individuelle sur les croyances et les dogmes traditionnels, les textes sacrés et les églises. L'âme est, pour Emerson, le juge suprême en matière spirituelle. Il publia de 1840 à 1844 ses conférences sur *Le Temps présent*, sur *la Méthode de la nature et l'homme réformé*. On lui doit *les Traits du caractère anglais* (1856).

émotion, manifestation de la vie affective, généralement accompagnée d'un état de conscience agréable ou pénible.

L'émotion est un trouble de durée variable, une rupture d'équilibre. Trouble parfois violent, qui entraîne une augmentation des mouvements (par exemple, la colère, l'enthousiasme) ou, au contraire, un arrêt des mouvements (par exemple, la peur, le « coup de foudre » en amour); l'émotion agit donc tantôt à la façon d'un excitant, tantôt à la façon d'un stupéfiant. Les répercussions sur le corps peuvent aller jusqu'à la syncope, mais se limitent le plus souvent à la sécheresse de la bouche, la rougeur ou la pâleur du visage, l'horripilation de la peau (hérissement ou « chair de poule »). Certains pensent que l'émotion est un signe de désadaptation à la réalité : en fait, il n'y a désadaptation que lorsqu'à une « cause » très faible correspond une « réaction émotive » disproportionnée, par suite d'un contrôle insuffisant des centres cérébraux. En règle générale, l'émotion reste donc un déséquilibre transitoire, qui marque l'effort accompli par l'organisme pour se plier aux circonstances. Selon la nature du trouble ainsi créé, on distingue l'émotion-choc (expression aujourd'hui vieillie, que l'on remplace par celle de « choc émotionnel ») et l'émotion-sentiment; la seconde est plus durable que la première, mais plus diffuse (par exemple, l'émotion morale, l'émotion esthétique, l'euphorie).

Nature de l'émotion. On a longtemps considéré l'émotion comme une *réaction* : par exemple, je vois un ours, j'ai peur (émotion), je fuis. Dans l'*Esquisse d'une théorie des émotions*, Sartre a montré que l'émotion n'est pas une réaction, mais une conduite de l'homme; c'est l'homme qui la produit et l'entretient : par exemple, celui qui est obligé de reconnaître ses torts ou de prendre une initiative dont la responsabilité lui pèse peut « se mettre en colère » afin de nier la situation. L'émotion est une conduite magique, un effort pour changer le monde par ses seules forces psychiques. Toute émotion a un sens, révèle une intention qui peut être inconsciente. Bref, nous sommes responsables de nos émotions; elles expriment le choix que nous faisons de notre personnalité.

émotivité, disposition à éprouver des émotions vives.

L'émotivité est dite « exogène », c'est-à-dire qu'elle prend naissance à l'extérieur, ce qui distingue l'émotif de l'anxieux (l'anxiété étant, au contraire, « endogène »); schématiquement, et pour éviter la confusion fréquente entre l'anxieux et l'émotif, on peut noter que ce dernier souffre durant l'épreuve, alors que l'anxieux souffre dans l'attente de l'épreuve. Par exemple, la peur est une forme d'émotion (j'ai peur d'un lion); l'angoisse est une forme d'anxiété (l'angoisse est une peur qui ne se rapporte à aucun objet déterminé; c'est une « peur d'avoir peur », dit Alain). Au nombre des éléments qui permettent de définir un caractère, on retient le degré d'émotivité, le degré d'activité et l'existence (ou l'absence) d'un retentissement profond en nous des événements qui nous arrivent (« secondarité » ou « primarité »). → **Caractérologie.**

Empédocle, philosophe grec (Agrigente, Sicile, v. 490 av. J.-C – dans le Péloponnèse v. 430). Ce philosophe, qui remporta, dit-on, une victoire aux jeux

Olympiques, et qui fut un homme politique en vue, fut également le créateur de la théorie des quatre éléments (l'eau, l'air, le feu, la terre), adoptée jusqu'à l'époque de la chimie moderne. Il avait nommé « Amour » le principe de toute réunion et de toute synthèse, et « Haine » celui de toute division dans les phénomènes de la nature. On a vu en lui un lointain précurseur de l'évolutionnisme et du mutationnisme, c'est-à-dire de la théorie selon laquelle des espèces nouvelles surgissent brusquement dans la nature (tels les dahlias, en 1894).

empirique, fondé sur l'expérience et l'observation, qu'elles soient ou non méthodiques.

À noter le sens volontiers péjoratif que le terme a pris depuis le XVIIIe siècle : l'*empirique* était le « rebouteux » de village, bénévole et sans mandat, le plus souvent un charlatan. Pourtant, l'expérience n'est en aucune façon condamnable : au contraire, la science la revendique hautement, sous réserve qu'elle ne se borne pas à la routine d'une tradition, et qu'elle n'exclue pas l'apport créateur de l'esprit que représentent la théorie, l'hypothèse, l'invention. On distingue, de plus, l'expérience commune, qui se fait par l'intermédiaire de nos sens, et l'expérience scientifique, qui se fait à l'aide d'instruments de mesure (un thermomètre, par exemple) et qui donne une expression quantitative des choses. Lorsque l'expérience est préparée et conditionnée en laboratoire, on parle d'« expérimentation ».

empirisme, ensemble des procédés empiriques. (C'est dans cette acception qu'on parle des « tâtonnements de l'empirisme ».)

Le mot désigne aussi une doctrine (développée par Locke, Hume) selon laquelle la connaissance tout entière dérive de l'expérience. L'empirisme s'oppose au « rationalisme » et à la théorie des idées innées (Descartes).

Enchiridion [*anki*] ou *Manuel* d'Épictète, qui est, en fait, un résumé de sa doctrine par son disciple Arrien. La clef de cet ouvrage est la distinction entre les choses qui dépendent de nous (exemples : notre personne, notre intelligence, notre volonté) et celles qui ne dépendent pas de nous (exemples : les biens de la fortune, les circonstances). Nous devons donc nous occuper des premières, et d'elles seules.

encyclopédie, ensemble des connaissances humaines.

Le savoir encyclopédique, c'est le savoir total en extension, le savoir de tout ce qu'il y a dans l'univers. C'est ainsi qu'Auguste Comte proposait de constituer une encyclopédie en unifiant tous les domaines du savoir : astronomie, physique, chimie, biologie et sociologie. On oppose le savoir encyclopédique au « savoir absolu », qui est le savoir total en profondeur, ce que la philosophie nomme la sagesse, la parfaite connaissance de soi.

Encyclopédie ou Dictionnaire raisonné des sciences, des arts et des métiers, traduction de la *Cyclopaedia* de l'Anglais Chambers, dont le libraire Le Breton confia, en 1745, la traduction à Diderot, et dont celui-ci, aidé de D'Alembert, fit une œuvre parfaitement originale. La publication de l'ouvrage s'échelonna de 1751 à 1780 : 17 volumes in-folio et 11 volumes de planches parurent de 1751 à 1772 ; 5 volumes de suppléments, qui ne sont pas de Diderot, parurent en 1777, et 2 volumes de planches en 1780. Le *Discours préliminaire*, de D'Alembert, définit les principes de tout enchaînement de nos connaissances, qui se lient selon la mémoire, l'imagination, la raison, et esquisse une histoire des progrès de l'esprit humain.

On doit à Voltaire les articles « élégance », « éloquence », « esprit », « imagination » ; à Montesquieu l'article « goût » ; à Rousseau les articles sur la musique ; à Helvétius et à l'abbé de Condillac les développements de philosophie ; la théologie à l'abbé Yvon ; la chimie à d'Holbach ; l'histoire naturelle à Daubenton ; la critique littéraire à Marmontel ; la grammaire à Dumarsais ; l'économie politique à Turgot. C'est Diderot qui en fut l'âme et le promoteur. Pour la première fois, un dictionnaire était créé, qui pouvait satisfaire à toutes les curiosités. Quant à la philosophie de l'ouvrage, c'est l'esprit de Descartes qui peut la définir, dont la raison est appliquée à tous les problèmes spirituels : un esprit analytique et critique, condamnant le fanatisme des prêtres et les croyances ridicules, ainsi que l'autorité et la tradition au nom du progrès des sciences.

Encyclopédistes, collaborateurs de l'*Encyclopédie** de Diderot (1751 à 1772), dont le plus remarquable fut D'Alembert; on trouve parmi eux l'abbé de Prades et Helvétius. Voltaire, Montesquieu, Rousseau, Condillac, Daubenton participèrent à l'ouvrage, notamment à partir de 1760. Le rationalisme, l'esprit critique, le matérialisme même d'Helvétius, enfin et surtout l'esprit révolutionnaire de l'ouvrage ont exercé une influence profonde et durable : ils ont marqué le terme de l'autorité de l'Église sur la pensée philosophique, et déterminé les conditions spirituelles de la Révolution et de la démocratie.

enfance, période de la vie humaine qui va de la naissance à l'adolescence (laquelle commence entre 15 et 18 ans selon les sexes et selon les conditions de vie).

La psychologie de l'enfant est née au siècle dernier avec Wilhelm Thierry Preyer (1841-1897) et a été développée par Jean Piaget (1896), Henri Wallon (1879-1962), et surtout par le psychologue américain Arnold Gesell (1880-1961).

Les deux idées fondamentales qui s'en dégagent sont : **1°** Qu'entre l'enfant et l'homme adulte il n'y a pas une différence quantitative mais qualitative; le monde de l'enfant n'est pas le même que celui de l'adulte en miniature; l'enfant n'est pas un homme auquel il ne manque que le savoir. La différence est qualitative dans la mesure où l'enfant raisonne et sent autrement que l'adulte; **2°** Que le développement biologique de l'enfant est intimement lié au développement social (c'est l'idée fondamentale de Wallon). Les études les plus scientifiques du développement de l'enfant, suivi minute par minute de sa naissance à l'adolescence, sont celles de Gesell. Il conçut trois méthodes originales d'analyse : celle des « baby tests » (qui se distingue des tests écrits et de la psychométrie applicable seulement à l'adulte), de l'analyse cinématographique (l'enfant est filmé à travers une glace sans tain), enfin la méthode des jumeaux (qui permet d'isoler la part de l'hérédité et celle des influences du milieu). On pourra lire la trilogie de Gesell : *la Première Enfance, De 5 à 10 ans, l'Adolescence.*

Dans le développement de la personnalité infantile, Freud a distingué trois stades fondamentaux : 1° le stade *buccal* (ou « oral »), qui va de la naissance à la deuxième année, pendant lequel tous les plaisirs (« toute l'affectivité ») se trouvent concentrés autour du « plaisir de la bouche » : le suçage; 2° le stade *anal,* de la deuxième à la quatrième année, qui se manifeste avec l'apprentissage de la propreté, et où l'enfant témoigne de l'intérêt pour ses matières, éprouve du plaisir à « se retenir », montre de l'obstination et des pulsions destructrices haineuses, ce qui permet à Freud de parler d'un stade « sadique-anal » (« cet âge est sans pitié »); 3° le stade *phallique* (ou « génital infantile ») qui va de 3-4 à 6-7 ans, et où la zone d'excitation privilégiée se déplace sur les organes génitaux, en même temps que se développent les sentiments d'amour et de jalousie caractéristiques du « complexe d'Œdipe ». C'est à l'âge de 3 ans que l'enfant prend connaissance de soi comme personnalité, et c'est alors que commence le rythme d'affrontement à autrui et de repliement sur soi-même. Vers 4-5 ans se situe le stade de la grâce; si on le manque, l'enfant réagit par l'agression, pour redevenir calme à partir de 6-7 ans. À partir de 7 ans, l'enfant entre dans une période de « latence » : de 7 à 12 ans, il devient un petit technicien (âge du Meccano, des jeux, des batailles). À 12-14 ans commence la puberté; on passe du stade du camarade à celui de l'ami. Ensuite vient l'adolescence, qui se caractérise par le repliement sur soi-même et l'affrontement des parents.

Du point de vue du développement de l'intelligence : 1° de 0 à 10 mois, l'enfant parvient à atteindre l'intelligence du singe « macaque » (le plus intelligent des singes) ; il est tout juste capable de réflexes et d'habitudes ; 2° du 10e au 12e mois, on note ce que Baldwin a appelé la « réaction circulaire » : l'enfant fait tomber cent fois son hochet ; il prend ainsi conscience de la chute et parvient à maîtriser sa motricité, à diriger volontairement ses membres ; 3° au 12e-13e mois apparaît la « réaction différée » : l'enfant est capable de désirer un gâteau qu'il ne voit pas et qui se trouve dans une boîte ; **4°** l'intelligence se développe ensuite avec les progrès du langage. → **Âge mental.**

enfance **(esprit d'), tendance à conserver ou à retenir sciemment en soi la mentalité infantile.**

Le sens de l'absolu, la « fraîcheur d'âme », le goût de la pureté entrent dans les composantes *positives* de cette attitude, regardée le plus souvent avec bienveillance, sinon encouragée par les artistes ou les écrivains, mais qui ne rencontre pas le même accueil auprès des psychologues. Ceux-ci n'ont pas manqué de mettre en garde contre l'aspect *négatif* — longtemps négligé — de l'esprit d'enfance : ils y ont vu à bon droit une manifestation de fuite devant la vie, un refuge douillet à l'abri des responsabilités, des compromissions et des risques qui sont le lot de la « condition adulte ». La psychologie contemporaine a noté cette particularité que, si l'esprit d'enfance reste bien, en effet, un *privilège*, celui de l'artiste et du poète, il est aussi, dans une certaine mesure, une infirmité (celle du demeuré et de l'aliéné mental).

Au monde de l'enfance s'oppose celui des responsabilités sociales et du travail humain.

engagement, attitude de non-neutralité en présence d'un conflit de devoirs ou d'idées.

Le mot lui-même, mis en vedette ces dernières années par les partisans du personnalisme* (Emmanuel Mounier*) et de l'existentialisme (J.-P. Sartre), n'est actuel qu'en apparence : Socrate lui-même ne faisait-il pas de la « philosophie engagée » ? On le lui fit bien voir. Ainsi Jésus-Christ, quand il chassait les marchands du Temple ; ainsi Pascal, composant ses *Pensées* pour combattre les « libertins », et Voltaire, lançant son *Traité de la tolérance* pour obtenir la réhabilitation du protestant Calas. Il reste que l'« engagement » sur le plan de la pensée, et singulièrement de la philosophie, ne laisse pas d'apparaître plus lourd de périls que ne l'est celui de l'écrivain ou de tout autre membre de la « cité », dans la mesure, précisément, où la philosophie se veut une science (c'est-à-dire une recherche menée avec sérénité) et, de plus, universelle (c'est-à-dire valable indépendamment des options religieuses ou politiques). Du moins la notion d'engagement (en soi très discutable, et discutée, en effet) aura-t-elle libéré la philosophie classique de son ton volontiers distant, obscur et abstrait : si elle entend rester *désintéressée*, la pensée ne veut plus être *gratuite*, mais utile, et pour tous les hommes. « L'engagement, écrit E. Mounier, n'est pas seulement une constatation de fait (que nous sommes dans le monde), mais une règle de vie saine. » Pour Merleau-Ponty*, au contraire, le philosophe ne peut participer qu'en parlant, *en s'exprimant et non en agissant* : le philosophe « ne prend pas part comme les autres ; il manque à son assentiment quelque chose de massif et de charnel... la réflexion le retranche d'abord, mais pour lui faire mieux éprouver les liens de vérité qui l'attachent au monde et à l'histoire ».

Engels **(Friedrich),** théoricien socialiste allemand (Barmen 1820 - Londres 1895). Fils d'un riche industriel, il fit ses études à Berlin ; son premier ouvrage (*Schelling et la Révélation*, 1842) est une critique de la philosophie idéaliste. Envoyé en Angleterre pour diriger la manufacture de son père, il décrit ce qu'il voit : c'est la *Situation de la classe laborieuse en Angleterre* (1845), où il apparaît comme le fondateur de la sociologie du travail ; il décrit et analyse les conditions de vie des ouvriers anglais, il dégage les problèmes spécifiques posés par le travail en commun dans ce milieu nouveau que constitue l'usine. Il rencontre Marx à Paris en 1844; leur amitié réciproque ne connaîtra point d'interruption, et leur collaboration est si intime qu'il sera impossible de déterminer la part exacte d'Engels dans les ouvrages de Marx; ils écrivent ensemble *la Sainte Famille* (1845), critique des jeunes hégéliens, de l'idéalisme et du matérialisme mécaniste, *l'Idéologie allemande* (1845-46), où se trouvent expliquées les bases du matérialisme historique et le *Manifeste du parti communiste* (1848).

Engels fut considéré, jusqu'en 1890, comme le chef du socialisme allemand. Il a publié une partie des œuvres posthumes de Marx, notamment les 2e et 3e parties du *Capital*.

en-soi, réalité matérielle existant indépendamment de nous.

La « chose en soi », chez Kant, est la matière qui est à l'origine de nos sensations. Elle s'oppose au phénomène, à la représentation, qui dépend de notre esprit. Fichte distingue la chose en soi (*an sich*) et la vie absolue de l'esprit réfléchissant, qui est en soi (*in sich*) au sens d'« intérieur à soi »; dans un cas, il s'agit d'un en-soi objectif, dans l'autre d'un en-soi identique à l'expérience absolue du sujet. Hegel et, à la suite, Sartre et la philosophie moderne opposent l'en-soi (la chose) au « pour-soi » (l'existence humaine). L'en-soi se caractérise par son immuabilité, son épaisseur de matière; le pour-soi, par sa mobilité et sa liberté.

entendement, intelligence, faculté de connaissance.

Se distingue du « jugement », qui consiste à employer les connaissances abstraites de l'entendement dans les cas particuliers de la vie. Les philosophes cartésiens opposaient l'« entendement » (la faculté de connaître) à la « volonté » (la faculté de juger et d'agir). Chez Spinoza, l'entendement désigne la faculté de comprendre la vérité et se situe *au-dessus* de la « raison », qui est le pouvoir de discuter et d'argumenter; chez Kant, au contraire, l'entendement se situe *en dessous* de la « raison » : il est la faculté de comprendre les relations entre les objets du monde réel, tandis que la raison est identifiée à nos aspirations infinies, au sentiment moral du devoir.

enthousiasme, état d'excitation joyeuse, que les philosophes grecs (Platon en particulier, dans le dialogue *Ion*) attribuent à la possession *divine* (en gr. *én-theos*, être en Dieu), qui soulève et « transporte » l'esprit au-dessus des préoccupations humaines.

Chose curieuse, l'Antiquité tenait l'ardeur passionnée que confère l'enthousiasme pour un état favorable au philosophe dans sa recherche de la vérité, tout autant qu'au musicien, au guerrier ou au prêtre.

Épictète, philosophe grec de l'école stoïcienne (Hiérapolis, Phrygie, v. 50 apr. J.-C. – Nicopolis, Épire, v. 130). On sait peu de chose sur sa vie; il fut, à Rome, l'esclave d'Épaphrodite, affranchi de Néron. Affranchi à son tour, il se consacra à l'enseignement de sa doctrine. La philosophie, avec lui, devint moins théorique : elle se contenta humblement de donner à l'homme des *règles de conduite* pour la pratique de la vie. Comme Socrate, il n'a rien écrit, et c'est son disciple Arrien qui publia les notes qu'il avait prises, sous le nom d'*Enchiridion**, ou *Manuel* d'Épictète. Sa doctrine, qui recommande la « douceur de l'âme », préconise curieusement une rigueur hautaine dans la conduite et les relations avec les autres hommes. → **Stoïcisme.**

Épicure, philosophe grec (341-270 av. J.-C.). Son père était maître d'école et sa mère devineresse. Il vécut la plus grande partie de sa vie à Athènes, où il ouvrit une école en 306; « école » à ciel ouvert (le célèbre « Jardin d'Épicure »), où il vivait en communauté avec ses amis et ses disciples. Il ne nous reste de lui que trois lettres, qui contiennent le résumé de sa doctrine, et en particulier de sa morale : Épicure enseignait que *le plaisir est le souverain bien*, entendant par là non point, comme on le lui a fait dire un peu légèrement (et injustement), que l'homme doit s'abandonner aux voluptés faciles, mais, au contraire, que le bonheur est la récompense de la sagesse, de la culture de l'esprit et aussi de la pratique de la vertu.

Sa doctrine du « calcul des plaisirs », source de tant de malentendus, demande à être précisée : Épicure nous donne comme but à atteindre un usage raisonnable des plaisirs, qu'il classe en trois groupes, selon qu'il sied : 1° de les *favoriser*; 2° de les *admettre*; 3° de les *fuir*. Il propose alors de favoriser ceux qui sont « naturels » et « nécessaires », d'admettre ceux qui sont naturels mais non nécessaires, de fuir ceux qui sont non naturels et non nécessaires. Ainsi accédera-t-on à l'état privilégié de l'homme, qui est le repos de l'âme, ou *ataraxie* (gr. *a-taraxis*, exempt de trouble).

Le Jardin d'Épicure était un havre de paix au sein de la société tourmentée d'Athènes au IVe siècle av. J.-C., le refuge de disciples actifs; la frugalité et une relative austérité y régnaient. Le poète Lucrèce, qui fut le plus célèbre disciple d'épicure, dans son traité de la nature (*De* Natura rerum*), dira de lui, trois siècles après sa mort : « Ce fut un dieu, oui, un dieu, celui qui le premier découvrit cette manière de vivre que l'on appelle maintenant la sagesse. » Car l'épicurisme se développa au IIe siècle av. J.-C. en Égypte, à Antioche et à Rome; au Ier siècle, des centres épicuriens se fondèrent avec Phèdre à Rome.

L'épicurisme a connu un renouveau au XVIIe siècle, avec Gassendi, philosophe sensualiste, et inspiré la morale utilitariste des Anglo-Saxons (Bentham, Stuart Mill). → **Morale.**

épiphénomène, phénomène accessoire.

L'*épiphénoménisme* est la théorie selon laquelle la conscience n'est qu'un simple reflet des phénomènes organiques. Par exemple, la conscience de l'acte volontaire n'est nullement la conscience d'une libre décision qui serait à l'origine de l'acte, mais une simple lumière, qui accompagne des processus purement nerveux, lesquels seraient les véritables moteurs de nos actes. La conscience ne fait rien, elle est un épiphénomène. Ebbinghaus la compare à un spectateur au théâtre. En fait, les conditions physiologiques de l'acte volontaire, comme celles de toute idée dans l'esprit ou de tout état de conscience, ne nous sont pas connues, et l'épiphénoménisme reste une hypothèse invérifiable et inutile.

épistémologie, étude des méthodes de connaissance qui sont pratiquées dans les sciences.

Kant* et, à sa suite, Hermann Cohen* (école de Marburg) inaugurèrent l'épistémologie moderne et dégagèrent les principes et les méthodes de la physique de Newton. La théorie des sciences a été complétée par Ernst Cassirer* (dans *Erkenntnisproblem, Problèmes de la connaissance dans la philosophie et la science moderne*); par Léon Brunschvicg*, qui dégagea (dans les *Étapes de la philosophie mathématique*) les formes de la pensée mathématique, notamment le caractère infiniment créateur de la pensée conceptuelle; et par Jules Vuillemin (dans la *Philosophie de l'algèbre*, 1962), qui, s'inspirant des travaux de Cavaillès sur l'axiomatique et le formalisme algébrique, retrace l'histoire des différentes méthodes de l'analyse mathématique. Mais c'est Bachelard* qui reste notre plus grand épistémologue, le théoricien de la science moderne (dans *le Nouvel Esprit scientifique*, 1934); il montre que la pensée rationnelle, l'effort de systématisation précèdent le contact avec l'expérience, mais que l'expérience fait toujours éclater toutes nos systématisations rationnelles : tel est le sens du *Rationalisme appliqué* (1949).

L'épistémologie nous permet, en gros, de distinguer deux formes fondamentales de connaissances : 1° les connaissances « sensualistes » quant à leur genèse, « empiristes » quant à leur méthode, « réalistes » quant à leur fondement; 2° celles qui sont respectivement « rationalistes », « intellectualistes » et « idéalistes ».

Disons, enfin, que la réduction de la philosophie à l'épistémologie caractérisait, à la fin du XIXe siècle, le « scientisme » (la croyance inconditionnée que la science pouvait nous faire connaître l'absolu). L'épistémologie n'est donc qu'une réflexion sur les sciences, dont elle s'efforce de dégager une méthode universellement valable, qui unifierait et simplifierait toutes les opérations dans les sciences.

époché **(mot gr. signif. *doute*), suspension de tout jugement portant sur l'existence des choses.**

L'époché est préconisée par la phénoménologie de Husserl pour étudier les phénomènes de la conscience : elle nous permet ainsi de comprendre, par exemple, le sens des diverses religions, indépendamment de tout jugement de valeur relatif à la réalité véritable de leur révélation. Un autre exemple est donné par cette malade qui affirme entendre des voix. « Ces voix ne sont pas réelles, lui dit le médecin. — Mais, lui répond-elle, il est certain que je les entends. » Le phénoménologue, quant à lui, étudiera le sens de ce phénomène, indépendamment de tout problème d'existence.

équivoque **(terme employé en logique), manque de précision et de clarté dans l'expression d'une pensée, qui, de ce fait, laisse place à deux ou même plusieurs interprétations.**

À noter qu'une équivoque désigne un manque de clarté *dans la pensée*, alors qu'une « ambiguïté » désigne un manque de clarté *dans les mots*. Par voie de conséquence, l'équivoque est le plus souvent *maladresse* (c'est-à-dire qu'elle est inévitable, comme tout acte involontaire), tandis que l'ambiguïté est le plus souvent *ruse* (c'est-à-dire qu'elle est évitable, comme tout acte volontaire) ; une ambiguïté « se dénonce », une équivoque « se dissipe ». On parle, en philosophie, d'« amphibologie » lorsqu'un concept peut être pris en deux sens différents (Kant parle de l'amphibologie des concepts de la réflexion, qui peuvent être pris soit comme de simples concepts, soit comme des objets du monde) ; l'*amphibologie* se distingue de l'*équivocité* en ce que la dualité de sens y est explicite et manifeste, tandis que dans l'équivocité elle est implicite et cachée.

Érasme, en latin **Desiderius Erasmus Roterodamus,** humaniste et philosophe hollandais (Rotterdam v. 1469 – Bâle 1536). Fils illégitime, il choisit de s'appeler *Erasmus*, c'est-à-dire « Aimable ». Il obtient une bourse pour étudier à Paris, compose en Angleterre (1502) son *Éloge de la folie*, qu'il publiera à Paris (1511), se fixe à Bâle dès 1521, correspond avec Luther, les papes Jules II et Clément VII, compose les *Colloques*. Curieux des idées nouvelles, *humanisme* et aussi *protestantisme*, il se préoccupe d'en marquer tout à la fois les mérites (ce qui lui aliène les partisans de la tradition) et les limites (ce qui lui aliène les partisans de la Réforme). Il reste, pour l'homme moderne, un des pionniers de l'esprit de tolérance. → **Éloge de la folie.**

Ératosthène, mathématicien, astronome et philosophe grec de l'école d'Alexandrie (Cyrène v. 284 — Alexandrie v. 192 av. J.-C.). Il est célèbre pour avoir déterminé le premier la circonférence de la Terre. Il avait appris qu'à Syène, à 800 km dans le sud de l'Égypte, le Soleil était à la verticale le jour du solstice d'été, puisque ses rayons éclairaient les puits les plus profonds. Or le même jour à Alexandrie, l'ombre d'un obélisque faisait un angle de 7° environ, soit 1/50 de circonférence. La distance des deux villes est de 5000 stades (environ 800 km). Il en déduisit la valeur de la circonférence terrestre : 250 000 stades, soit 40 000 km environ.

Éros ou **Érôs,** divinité de l'Amour dans la religion des Grecs anciens, et aussi, chez Platon*, symbole double de l'*ardeur spirituelle*, qui conduit à l'amour divin (« Éros supérieur »), et de l'*instinct*, sans lequel la race humaine s'éteindrait (« Éros inférieur »). Dans la mythologie, Platon le souligne, Éros est fils de « Poros » (Richesse) et de « Pènia » (Pauvreté) : l'amour est pauvre dans la mesure où il désire ce qu'il ne possède pas ; c'est cet aspect qui explique le dynamisme de l'amour ; mais il est aussi la richesse du bonheur et de la plénitude intérieure. Ce double aspect de richesse et de dénuement est psychologiquement très caractéristique de l'amour.

errance, état permanent d'erreur, séjour dans l'illusion et dans l'incertitude concernant la vérité absolue.

Ce terme, qui évoque la marche indéfinie du « Juif errant » hors de la Terre promise, caractérise, selon Heidegger, l'état permanent de la réflexion philosophique de Platon à Hegel (qui aurait cherché, selon lui, à connaître objectivement la vérité sous la forme d'un concept, au lieu de la réaliser en soi comme une forme de présence).

erreur, action de se tromper, intellectuellement ou moralement.

L'erreur consiste à affirmer ce qui n'est pas. On distingue *l'erreur et l'illusion* : « Qu'un bâton trempé dans l'eau apparaisse brisé est une illusion, non une erreur » (Spinoza, 1632-1677). Car même si l'on sait la vérité, à savoir qu'il n'est pas brisé, c'est un fait qu'on le voit brisé. « Il y a des illusions des sens, et non des erreurs des sens », écrit Jules Lagneau dans *Célèbres Leçons et Fragments* (1880) : « N'étant pas une connaissance, la perception ne peut être dite vraie ou fausse, et il n'y a pas à proprement parler d'erreur des sens » (id.).

L'erreur vient du *jugement* que l'on porte sur ce que l'on voit. Dans le dialogue de Platon (428-347 av. J.-C.), *le Théétète*, Socrate montre qu'un arbre petit mais proche paraît plus haut qu'un arbre grand mais éloigné. C'est le jugement qui rectifie la perception et interprète les données des sens.

Quelle est l'origine de l'erreur? Qu'est-ce qui peut troubler le jugement? Selon le *Discours de la Méthode* de Descartes (1637), ce sont essentiellement « la *précipitation* et la *prévention* ». La précipitation consiste à ne pas prendre le temps d'apprécier les éléments qui nous sont donnés; la prévention désigne l'ensemble des préjugés qui nous font accepter comme vraie l'opinion la plus répandue. Dans la rubrique précipitation, on peut classer les erreurs de jugement dues aux *émotions*, aux *passions* ou aux *désirs*. Dans *Esquisse d'une théorie des Émotions* (1939), Sartre substitue au thème classique « Je vois un ours, j'ai peur, je fuis », le schéma « je fuis, j'ai peur, je vois un ours ». Le mouvement crée l'émotion qui crée l'erreur : il y avait un buisson en mouvement dans l'obscurité; l'émotion me fait affirmer que j'ai vu un ours. Il en est de même de la passion qui aveugle ou du désir humain qui, selon Freud, peut produire l'illusion religieuse (*l'Avenir d'une illusion*, 1927) : la croyance en Dieu naîtrait du désir archaïque d'un Père tout-puissant, juste et protecteur. — C'est alors la réflexion ou analyse critique qui permet de dissoudre l'erreur.

La philosophie pose un problème plus vaste, d'ordre métaphysique : **comment l'erreur en général est-elle possible** et n'est-elle pas liée à la condition humaine? Dans *le Théétète*, Platon a bien du mal à trouver une justification logique à l'erreur, dans la mesure où le non-être n'est pas et où il est impossible de dire ce qui n'est pas : « Comment pourrait-on confondre ce que l'on ne sait pas avec ce que l'on ne sait pas, ni ce que l'on sait avec ce que l'on ne sait pas, ni ce que l'on sait avec ce que l'on sait? » Le dialogue intitulé *le Sophiste* approfondit l'analyse : l'erreur ne peut venir de ce que l'on saisit un non-être; elle doit provenir de ce que nous lions ensemble ce qu'il ne faut pas lier ensemble. Socrate prend deux exemples : celui du « colombier » où l'on a saisi une colombe mais pas celle que l'on voulait saisir; et l'exemple de l'alphabet : dans un mot on a mal mélangé les lettres. L'erreur consiste à mal lier les êtres. — Spinoza (1632-1677) définira l'erreur comme une « idée tronquée » ou inadéquate. La notion d'inadéquation exprime que la connaissance que nous avons n'est pas complète, n'enveloppe pas la richesse de la réalité. L'erreur peut se définir comme un manque de connaissance. L'idée vraie au contraire apporte une telle plénitude, porte en elle une telle force de conviction qu'elle s'impose naturellement, elle est *index sui*, signe d'elle-même. L'erreur consiste à affirmer sa particularité, son moi; la vérité à laisser s'affirmer l'idée en nous, comme en mathématique ou en morale où par exemple l'idée de justice existait avant nous et existera après, comme c'est le cas d'une vérité mathématique.

Quelle est la faculté humaine qui nous permet de nous détacher de la réalité pour la penser d'abord dans la science, la dépasser ensuite dans l'hypothèse métaphysique et l'erreur? Tel est l'objet de la *Dialectique transcendantale* de Kant (partie de la *Critique de la Raison pure,* 1781). Cette faculté est l'imagination. Cette imagination est dite « transcendantale » quand elle est la condition de possibilité de la perception ou de la conception du réel. Par exemple quand je trace une ligne droite entre deux étoiles ou que je conçois le chariot de la Grande Ourse, c'est un acte de l'esprit, qui ne correspond à aucun tracé réel dans le ciel, mais qui me permet, par l'imagination, de penser le réel. Quand cet acte se limite au champ de l'expérience, cela donne les *concepts* de la science; mais si cet acte dépasse le plan de l'expérience, on exprime alors des *idées*, on tombe dans l'hypothèse métaphysique. L'erreur consiste donc à considérer comme vraie une idée qui n'a aucun correspondant dans l'expérience.

Il y a quatre directions où l'esprit peut s'égarer. La première concerne *l'infinité du monde* : le monde est-il fini ou infini dans l'espace et le temps? La seconde, *l'essence de la matière* (est-elle infiniment divisible ou peut-on remonter à un élément atomique indépassable?); la troisième, *l'explication totale des phénomènes* (découvre-t-on une causalité infinie ou un libre-arbitre, dont le caractère est d'être une action sans cause?); la quatrième, *peut-on déduire ou non l'existence du monde*? Prendre position sur l'un de ces quatre problèmes métaphysiques est source d'erreurs, car l'imagination n'est plus alors immanente à la perception ou à la science du réel; elle est transcendante à l'expérience et suscite une dialectique abstraite et purement verbale.

Les dialectiques post-kantiennes (Fichte, 1762-1814, Hegel, 1770-1831) décrivent l'itinéraire de l'esprit qui part de l'état naturel de la perception sensible, pénètre le sens de toutes les expériences possibles de la conscience pour s'épanouir dans une vaste explication de l'histoire humaine et du monde. Heidegger (1889-1976) dans *l'Essence de la Vérité* (1947) montrera que l'erreur est l'état naturel de l'homme qui vit dans le monde, que son origine métaphysique se trouve dans la liberté, source de tout décalage avec la réalité et de toute ouverture sur elle.

D'une manière générale, la réflexion est toujours, comme la pratiquait Socrate, une analyse critique de soi, un libre effort pour sortir de l'erreur. « La philosophie, disait Lachelier (*Psychologie et métaphysique,* 1885), ne consiste qu'à écarter peu à peu les erreurs; peut-être qu'au terme de cette critique, nous pourrons toucher la vérité. » → **Jugement, imagination.**

eschatologie [êska], doctrine des fins dernières de l'homme, c'est-à-dire : 1° touchant ce qui doit suivre sa propre mort (*eschatologie individuelle*); 2° touchant la fin du monde qu'il habite (*eschatologie collective*). L'eschatologie se présente, dans la tradition judéo-chrétienne, comme un jugement dernier, qui aura lieu à la fin des temps.

esclaves (morale des), **expression créée par Nietzsche (dans la *Généalogie de la morale*) pour désigner la morale de l'Évangile, qui exalte l'humilité et la résignation, par opposition à la *morale des maîtres*, qui exalte l'orgueil et le culte de la force.**

espace, milieu homogène et indéfini dans lequel sont situés les objets sensibles.

On distingue, en toute rigueur, les notions d'*espace* et d'*étendue* : l'espace a trois dimensions, l'étendue a deux dimensions; c'est une *surface,* tandis que l'espace est un *volume*. Leibniz et Kant ont considéré l'espace comme le fait d'une « intuition » indivisible, tandis que l'étendue correspond à une surface matérielle indéfiniment divisible. La notion d'espace est donc une notion quantitative, impossible à comprendre intellectuellement, au contraire de l'étendue, qui est mesurable et qui se définit exactement par les rapports des objets entre eux.

esprit, principe de la vie intellectuelle, intelligence.

La notion d'*esprit* est plus précise que celle d'*âme*, qui peut désigner à la fois le principe de la vie et celui de la pensée (sans doute parlait-on, au XVIIe siècle, des « esprits animaux », qui désignaient, chez Descartes, ce que l'on nomme aujourd'hui l'« influx nerveux »; mais ce sens n'est plus guère usité). En revanche, la notion d'« esprit » est plus vaste que celle de « conscience », objet de l'analyse psychologique. C'est une notion réflexive ou métaphysique : l'esprit est le principe de toute découverte; ce n'est pas une faculté, mais un « acte », dont nous avons l'intuition chaque fois que nous comprenons effectivement quelque chose en quelque domaine que ce soit. L'« esprit » s'oppose à la « matière »; le « spiritualisme » est la doctrine selon laquelle la matière se ramène au fond à une forme d'énergie irreprésentable et de nature spirituelle (Leibniz). Il s'oppose au « matérialisme », selon lequel « l'esprit est le produit le plus haut de la matière » (Lénine).

esprit des lois (De l'), ouvrage de Montesquieu, publié à Genève en 1748, sans nom d'auteur. Une importante préface et 31 livres dégagent les rapports des lois avec tout ce qui les détermine : gouvernement, force militaire, constitution, politique, impôts, climats, mœurs, commerce, monnaie, population, religion. La méthode de Montesquieu est tout à fait nouvelle et moderne, en ce qu'il part d'une analyse du réel (climats, mœurs, etc.) pour retrouver les sources des législations. Cette méthode scientifique n'exclut pas certains principes généraux de l'esprit, notamment lorsqu'il définit les fondements des trois gouvernements : *vertu* pour la démocratie, *honneur* pour la monarchie, *crainte* pour le despotisme. Ses préférences allaient au régime anglais, où les trois pouvoirs sont séparés, et où l'ordre et la liberté se concilient le mieux.

Le mérite de l'ouvrage de Montesquieu est d'avoir vulgarisé le droit public, d'en avoir analysé scientifiquement les principes (d'avoir aussi fondé la science moderne du droit), d'avoir enfin soumis les législations à une réflexion sur l'universalité de leur valeur (et d'avoir ainsi fondé ce qu'on appelle aujourd'hui, après Kant et Fichte, la *philosophie du droit*).

Essais, ouvrage de Michel de Montaigne*, publié de 1580 à 1588. C'est l'œuvre d'un homme de cinquante ans, qui revient d'un long voyage en Europe (1580) et qui, soucieux de contrôler s'il a bien vécu, se livre à une sorte d'inventaire de lui-même : auto-analyse menée au hasard, non pour « démontrer », mais pour le « plaisir de comprendre », et qui lui révèle peu à peu les contradictions de sa propre nature. À quoi s'ajoute bientôt le sentiment des contradictions tout aussi profondes des préceptes moraux que lui ont enseignés ses maîtres ou ses lectures, des mœurs de tous les pays qu'il a traversés. Il conclut donc au scepticisme, formulé dans sa devise célèbre : « Que sais-je? » Loin de le conduire à quelque méfiance envers l'homme, cette attitude de doute débouche sur une universelle bienveillance et un art de vivre fondés sur la compréhension de nos faiblesses.

Le bilan de ces indolents *Essais,* quel sera-t-il? Du moins, en se peignant, Montaigne a-t-il appris à « se connaître lui-même », selon le précepte socratique, et, à travers lui, à connaître l'« humaine condition ».

essence, nature propre d'une chose; ensemble de ses caractères constitutifs.

La notion d'essence s'oppose, en un premier sens, à celle d'« accident » : c'est ce qui constitue le fond d'une réalité, le caractère essentiel d'une chose. On dit, par exemple, que la justice est, par essence, rigoureuse, c'est-à-dire « par définition ». Si elle était charitable, ce ne serait plus la simple justice. En un second sens, l'essence (la nature ou les caractères d'un être) s'oppose à l'« existence » (le fait d'être). Cette dernière opposition, qui se réfère à saint Thomas, et à la distinction qu'il avait établie entre la « métaphysique », qui étudie les caractères ou la nature du monde et de Dieu, et l'« ontologie », qui étudie le fait de l'existence, est extrêmement courante dans la philosophie existentialiste : celle-ci oppose l'essence de l'homme, l'idée que nous pouvons avoir de nous-mêmes, à son existence, qui se réduit à la libre initiative de la liberté. Lorsque Sartre écrit que, pour l'homme, « l'existence précède l'essence », il souligne que la vie humaine n'est pas déterminée d'avance, mais qu'elle se crée perpétuellement au fur et à mesure de nos libres décisions volontaires.

esthétique (du gr. *aisthêsis,* faculté de sentir), science qui traite du beau et du sentiment qu'il fait naître en nous.

Les problèmes de l'esthétique peuvent se grouper sous deux rubriques : celle de la création et celle de la perception esthétique. Si la métaphysique s'intéresse principalement au phénomène de la création, où il lui est donné de mesurer et d'analyser les pouvoirs de l'homme (v. *l'Instauration philosophique,* d'É. Souriau), l'esthétique proprement dite se présente principalement, surtout depuis Kant, comme une théorie de la perception, c'est-à-dire du « jugement de goût » ou du sentiment de plaisir (v. *la Phénoménologie de l'expérience esthétique,* de Mikel Louis Dufrenne, 1953). L'œuvre d'art est une forme d'expression plus complète peut-être, humainement plus profonde, que l'expression verbale; elle appelle, de la part du spectateur, un engagement dans l'ordre du sentiment, dont certains esthéticiens modernes pensent pouvoir dégager les lois ou les « catégories ». L'analyse du sentiment esthétique pourrait être ainsi une méthode pour approfondir la connaissance de l'homme. → **Abstrait (art), art, beaux-arts, création.**

État, organisme politique qu'une société se donne à elle-même.

On distingue deux catégories juridiques : État complexe ou fédéral, et État unitaire défini par un territoire, une population, une langue, un gouvernement. Entre les deux se situe la notion d'État confédéral, dont les décisions ne peuvent être prises qu'à l'unanimité des États membres.

Le concept d'État prend son origine dans celui de la cité (*civitas*). Les philosophes se sont longtemps interrogés sur la nature du lien ou du contrat qui unit les membres d'une société à ses dirigeants : le philosophe anglais Thomas Hobbes s'est rendu célèbre par sa théorie du pouvoir politique développée dans le *De cive* (1642) et le *Léviathan* (1651) : à l'état de nature l'homme n'est mû que par le désir et la crainte, d'où une situation de conflit permanent (la « guerre de tous contre tous ») où « l'homme est un loup pour l'homme ». La raison, qui n'est pas une faculté d'origine divine, mais la simple faculté de calculer les effets favorables ou défavorables, impose donc une solution : l'État. « Par État, nous entendons une seule personne, dont la volonté, en vertu des pactes d'un plus grand nombre d'hommes, doit être tenu pour leur volonté à eux tous, en sorte qu'elle puisse user des forces et des ressources des particuliers pour la paix et la défense commune » (*De Cive*). Pour J.J. Rousseau, « l'État ou la cité n'est qu'une personne morale dont la vie consiste dans l'union de ses membres » (*le Contrat Social,* 1762). Il a pour fin « la conservation et la prospérité de ses membres » (id). Le problème de la nature du *Contrat Social* est très exactement celui de l'État : « trouver une forme d'association qui défende et protège de toute la force commune la personne et les biens de chaque associé, et par laquelle chacun, s'unissant à tous, n'obéisse pourtant qu'à lui-même, et reste aussi libre qu'auparavant » (id.). La *Déclaration des droits de l'homme et du citoyen* (26 août 1789) distingue très nettement le citoyen qui est la partie publique de l'individu, qui appartient à l'État, et l'homme dont la vie privée et la propriété doivent être absolument protégées, à l'abri de toute intervention publique. D'où la nécessité de la séparation des pouvoirs, politique et judiciaire (*art. 16*).

C'est Hegel qui fut le premier grand théoricien de l'État considéré comme l'incarnation objective la plus haute de la conscience sociale (*Principes de la philosophie du droit,* 1821) : « En regard des sphères du droit privé et du bien privé, de la famille et de la société économique, l'État est la plus haute forme de l'organisation sociale ». K. Marx prend le contre-pied de Hegel quand il définit l'État comme un organisme de contrôle et de répression au service d'une classe sociale dominante : « L'État étant donc la forme par laquelle les individus d'une classe dominante font valoir leurs intérêts communs et dans laquelle se résume toute la société civile d'une époque, il s'ensuit que toutes les institutions communes passent par l'intermédiaire de l'État et reçoivent une forme politique » (*L'Idéologie allemande,* 1 ; 1846).

Dans les États démocratiques modernes, la question du pacte social étant réglée par l'organisation régulière d'élections libres au suffrage universel, la problématique de l'État se noue autour de quatre sujets principaux : 1° *L'équilibre entre l'efficacité et la représentativité :* le XXe siècle a vu s'affronter des États apparemment efficaces mais peu représentatifs de leur population et des États démocratiques mais inopérants. L'histoire du droit constitutionnel français depuis la 1re République est elle-même marquée par une dialectique entre un pouvoir législatif fort donnant des gouvernements faibles et un pouvoir exécutif fort réduisant au minimum le législatif élu. (République, Restauration, République, Empire, République, défaite, etc.). L'objectif d'une constitution moderne est de surmonter cette dichotomie et l'apparition de régimes présidentiels ou semi-présidentiels apporte une première réponse. 2° *Les relations de l'État avec l'économie de marché* : nul ne conteste la fonction de l'État quand il s'agit de défense nationale, de sécurité intérieure, d'assurer une justice indépendante et efficace, une monnaie stable, de garantir l'égalité des chances pour l'accès à l'éducation. Mais quand il intervient dans l'économie par le taux du crédit, la régularisation des salaires, les commandes publiques, comme dans la définition des prestations sociales, un problème de limites se pose. L'efficacité — et les lois de la concurrence — commandent que l'État soit le moins possible investisseur direct : il semble d'ailleurs peu fécond de placer des fonctionnaires à la place des chefs d'entreprise (c'est ce qu'on a appelé les nationalisations) et la gestion de l'argent public ne relève pas du même type de responsabilité que la gestion de son propre argent. La problématique particulière est donc celle d'un État fort et juste dans une économie de marché. 3° *Le respect de la vie privée des individus :* la nécessité de limiter la centralisation informatique des données individuelles requiert l'effort d'une réflexion éthique pour imposer rigueur et méthode dans la gestion de ces informations, si l'on ne veut pas déboucher dans « un monde à la Huxley » où la carrière de chacun dans la société est prédéterminée à la naissance par ses capacités psychobiologiques. 4° Les États se trouvent confrontés enfin à un *problème d'identité* : fédération, confédération, nation. Les nations ont ressenti le besoin de s'organiser en grands ensembles continentaux, pour rationaliser leurs productions, mettre en commun leurs capacités et assurer la paix; d'où les problèmes parfois aigus posés par des transferts de souveraineté pour constituer un État commun. Le même problème est posé en sens inverse par des empires unitaires qui sont obligés d'évoluer vers des confédérations de nations parce que les peuples revendiquent leur liberté. Il faut donc concevoir une diversité d'États pour assurer la liberté des peuples et une organisation commune pour assurer leur sécurité et leur développement économique. Il s'y ajoute, au sein des nations, le débat de la décentralisation, sur le rôle respectif de l'État et des collectivités locales (régions, départements, communes); la réflexion porte alors sur le rôle et la place de l'État dont l'action est à la fois largement conditionnée en amont et décentralisée en aval. → **Gouvernement, société.**

éternité, caractère de ce qui est en dehors du temps.

L'*éternité* se distingue de l'*immortalité,* qui désigne la permanence indéfinie audelà de la mort (immortalité de l'âme, d'une œuvre). Le sentiment de l'éternité nous est donné dans certains instants privilégiés : l'amour, l'aventure, et, en général, le bonheur, lorsque l'homme vit totalement dans le présent et oublie le passé et l'avenir.

Selon les stoïciens ainsi que les philosophes Spinoza et Fichte (à partir de

1804), seule la réflexion philosophique peut nous conduire à un tel état de béatitude, au sentiment de l'éternité.

éthique **(du gr. *êthos*, mœurs), science des principes de la morale.**

La « morale » désigne plus particulièrement l'application de ces principes dans les actes particuliers de la vie. → **Morale.**

Éthique démontrée selon la méthode géométrique, **(l')** principal ouvrage de Spinoza* (1677). Ce traité difficile, ordonné en définitions, axiomes, démonstrations et corollaires (comme un traité de géométrie, et directement inspiré, d'ailleurs, par la « géométrie génétique » de Hobbes) part de ce principe que l'existence, dans son absoluité, est un fait rationnel, pénétrable par la raison. Il nous élève, par l'analyse de la pensée humaine, à concevoir cette existence absolue, à la réaliser en nous, en surmontant toutes nos passions, et à atteindre par là même le bonheur le plus pur (ou béatitude). Sa distinction des « trois genres de connaissance » en « connaissance sensible », « connaissance conceptuelle » et « connaissance intuitive » (rationalité supérieure) est célèbre. *L'Éthique* est, avec la *Critique* de Kant, l'œuvre qui a le plus profondément marqué et inspiré toute la métaphysique allemande (Fichte, Schelling, Hegel), qui elle-même détermine l'époque philosophique actuelle. Elle a suscité, en France, les commentaires de J. Lagneau, L. Brunschvicg et surtout de M. Gueroult.

ethnologie **(gr. *ethnos*, peuple, et *logos*, savoir), science des races, des ethnies.**

Pour comprendre les structures et l'évolution des sociétés, l'ethnologie procède aussi bien à partir de l'étude des mythologies et des religions (Griaule, Leenhardt) que de celle des mœurs proprement dites (Lévi-Strauss), des structures économiques et technologiques (Leroi-Gourhan) ou des formes de langage (Haudricourt). Elle est incorporée aujourd'hui à l'anthropologie sociale.

étiologie **(gr. *aitia*, cause, et *logos*, savoir), science des causes. L'usage du terme est surtout fréquent en médecine.**

Être et le néant **(l')**, ouvrage de J.-P. Sartre* (1943), où sont exposés les principes de sa doctrine. L'existence humaine y est étudiée dans ses multiples problèmes et ses étapes successives : l'homme à mi-chemin entre le *Néant,* dont il est issu (et que Sartre identifie à la liberté humaine), et l'*Être,* auquel il aspire dans l'angoisse, plongé par surcroît dans une réalité fuyante et en état de mue perpétuelle. C'est une œuvre d'un style très ardu, qui répond au désir d'approfondissement de l'auteur et qui établit les fondements métaphysiques de l'existentialisme* (la « transphénoménalité de l'être », la « liberté absolue » de l'homme).

Être et Temps (*Sein und Zeit*), ouvrage de Heidegger* (1927). Son but est de déterminer le *sens de l'être* (ontologie) et il utilise pour y parvenir l'analyse phénoménologique, c'est-à-dire la description des différentes modalités de notre présence au monde (de « l'être-là », *Dasein*). Le sentiment originel de l'existence serait ressenti dans l'angoisse où nous nous appréhendons comme « être-pour-la-mort ». L'homme qui réfléchit à son être-là bute, pour ce qui concerne le passé, sur la contingence de sa naissance, et, vers l'avenir, sur l'inéluctabilité de la mort. Il en résulte le sentiment authentique de la « finitude » qui est notre condition.

Eucken **(Rudolf)**, philosophe allemand (Aurich 1846 – Iéna 1926), promoteur de la réaction idéaliste contre la pensée naturaliste. Il a écrit *Histoire et Critique des principes fondamentaux de notre époque* (1878), *la Part de vérité contenue dans la religion* (1901). Il reçut le prix Nobel en 1908.

Euclide le Socratique, philosophe grec, fondateur de l'école de Mégare* (Mégare, Sicile, v. 450 – v. 380 av. J.-C.). Il fut le disciple de Parménide, puis de Socrate. Il fonda une école que fréquenta Platon. Il est à l'origine de la théorie des « idées » qu'allait développer Platon. On retrouve chez lui la distinction logique de la puissance et de l'acte, qui joua un grand rôle dans la philosophie d'Aristote.

eudémonisme (du gr. *eudaimôn*, heureux, de *eu*, bien et *daimôn*, génie), théorie selon laquelle le bonheur doit être le but suprême de l'homme.

Il se distingue de l'*hédonisme**, qui conçoit le bonheur comme le seul plaisir immédiat. L'eudémonisme enveloppe l'épicurisme, qui voit dans le plaisir intellectuel le bonheur le plus haut. L'eudémonisme s'oppose au rigorisme de la morale de Kant, par exemple, pour qui le véritable bien moral ne consiste pas à « être heureux », mais à « mériter » le bonheur.

eugénique ou eugénisme, étude des conditions favorables à la sauvegarde de la *qualité génétique* de l'espèce humaine.

Le mot et la science sont de création récente, mais déjà, dans l'Antiquité, la coutume spartiate éliminait les enfants mal conformés. Darwin, au siècle dernier, fut partisan d'une *eugénique volontaire*, conséquence logique du principe de la « sélection naturelle », ou *eugénique naturelle*. L'eugénique repose sur des bases biologiques solides, mais la réalisation pratique (fondée en grande partie sur la « stérilisation ») en est difficile : elle présente le terrible danger d'une extension à l'échelon collectif, dite *euthanasie eugénique*, qui, illustrée par l'exemple nazi, a été formellement condamnée, sur le plan international, au procès de Nuremberg (1945-1946). → **Euthanasie, racisme.**

euthanasie (gr. *eu*, bien, et *thanatos*, mort), méthode admise par certaines philosophies ou religions pour abréger, dans une mort sans souffrance, une agonie ou une maladie sans espoir.

Cette « mort heureuse » était même préconisée, à l'échelon social, par Platon dans sa *République* : « Quant aux citoyens qui ne sont pas sains de corps, on les laissera mourir. » Les Temps modernes sont moins cyniques, ou plus circonspects ; en revanche, le philosophe anglais Francis Bacon, qui d'ailleurs créa le terme d'« euthanasie », n'a pas hésité à se faire le champion de l'adoucissement *agonique*. De nos jours, la conscience hésite : un homme a-t-il le droit d'attenter à la vie d'autrui, même s'il le juge charitable, même si la victime le lui demande explicitement ? Il y a là conflit de devoirs : devoir de pitié, ou devoir de piété ? « Dieu seul est maître de vie ou de mort », écrit, au XVIe siècle, le médecin Ambroise Paré, définissant le point de vue immuable de la Foi. Celui de la Loi, jusqu'à ce jour du moins, va dans le même sens : parmi beaucoup d'autres, les Parlements français, allemand, anglais et américain ont condamné l'euthanasie.

évasion, action de se soustraire à l'emprise d'une contrainte, à celle, en particulier, de la vie quotidienne.

Loin d'être mal jugée par la psychologie moderne, l'évasion est tenue pour une réaction saine de l'esprit humain : dérivatif momentané, elle se manifeste par le rêve éveillé ou rêverie, le jeu ou la fiction et, par excellence, le sommeil ; au contraire de ce que serait une attitude de refus constant, définitif, à l'égard des responsabilités, ou, plus encore, à l'égard de la réalité : dans ce cas, l'évasion prendrait la forme d'une « fuite » devant le réel, qui peut aller jusqu'à revêtir un caractère pathologique (schizophrénie). → **Loisir.**

évidence, caractère d'une idée claire et distincte.

L'évidence d'une idée possède cette propriété d'entraîner naturellement l'affirmation. L'évidence est, selon Descartes, la qualité objective d'une idée ; mais Leibniz a bien vu que l'évidence est plutôt la qualité d'une « relation » entre des idées (on parle de l'« évidence d'une opération mathématique »).

On oppose, depuis Hegel, l'*évidence* (qui est objective) à la *certitude* (qui est subjective et ne désigne qu'une impression ou un sentiment subjectif de la vérité). C'est tout le travail du discours et des démonstrations de rendre évident pour tous (objectivement) ce qui n'est que subjectivement certain.

Évolution créatrice (l'), ouvrage d'Henri Bergson* (1907). L'auteur y montre que la conscience la plus profonde, celle de la durée intérieure, est au fond le sentiment de la vie universelle ou de l'« élan vital ».

Cette puissance dynamique est orientée dans un sens que notre instinct pressent plus que notre intelligence ne le comprend. Cet élan vital est assimilé à un jaillissement créateur de nature spirituelle et dont les retombées constituent la matière. Cette philosophie de l'évolution expose donc une genèse de l'intelligence et de la matière à partir de la vie.

L'ouvrage se termine par un exposé original de l'histoire de la philosophie, de Platon à Bergson, et nous invite à comprendre le problème de l'« Être » à partir de cette réalité fondamentale que constitue la durée.

évolutionnisme, théorie selon laquelle les différentes espèces animales se transforment par le simple mouvement d'une évolution (par exemple, l'homme résulterait du singe).

Cette théorie, soutenue par Lamarck (1744-1829) et Darwin (1809-1882), ne possède aujourd'hui plus guère de créance. Il subsiste entre les espèces des lacunes que l'anthropologie et la paléontologie ne paraissent pas près de remplir. On reconnaît, au lieu d'un évolutionnisme général, un parallélisme des espèces, qui n'ont point de contact entre elles, mais évoluent indépendamment les unes des autres et au sein de certaines limites fort étroites. Par exemple, l'espèce « singe » peut évoluer mais ne donnera jamais qu'un singe et on ne trouvera pas d'intermédiaire entre le singe et l'homme.

Parmi les hypothèses avancées pour expliquer l'évolution des individus et des espèces, les plus importantes sont le « lamarckisme » (influence du milieu), le « darwinisme »* (sélection naturelle), le « mutationnisme » (création d'espèces nouvelles par brusques modifications génétiques), le « néodarwinisme »* (qui nie l'hérédité des caractères acquis et lie l'évolution des espèces à des mutations génétiques à caractère aléatoire). Les recherches biologiques les plus modernes retiennent plusieurs idées en même temps : il y aurait une évolution des espèces les unes à partir des autres ; mais cette évolution serait discontinue, elle se ferait par sauts, par mutations en raison des contraintes de la construction biologique. De même que l'on ne construit pas une maison millimètre par millimètre, mais pierre par pierre et même parfois par pans entiers qui en transforment l'aspect, de même les structures moléculaires, les « pierres de la vie » imposent des discontinuités. Des chaînons manquants de l'évolution n'auraient en fait jamais existé. D'autre part des chercheurs américains ont montré que la sélection naturelle n'expliquait pas tout et que le milieu (en l'espèce des bactéries) pouvait provoquer des mutations génétiques en réaction d'adaptation à des situations particulières (*The Origin of Mutants,* revue *Nature,* sept. 1988). Les théories de l'évolution se nuancent avec les progrès de l'observation des faits.

existence (du lat. *ex*, au-dehors, et *sistere*, se tenir), fait d'apparaître et de se manifester au-dehors.

Dire d'une chose qu'elle existe, c'est simplement dire qu'elle est, affirmer sa réalité. Dire ce qu'elle est, c'est dire son *essence*. La question de l'existence a été formulée par Leibniz (*Principes de la Nature et de la Grâce,* 1714) dans la question : « Pourquoi y a t-il quelque chose plutôt que rien ? ».

Dire d'une chose qu'elle est n'apporte rien à la compréhension de la chose ; inversement, si je définis l'essence du triangle comme un polygone de trois côtés, le fait qu'il soit dessiné à la craie ou sur le sable, ou qu'il soit même effacé, ne change rien à sa définition. Le fait qu'il existe ou qu'il n'existe pas est un *accident,* qui n'affecte pas son essence. Mais donner la définition du triangle, c'est définir tous les triangles possibles, et n'en réaliser aucun. La différence entre l'essence et l'existence est celle qui sépare le *possible* du *réel*. L'existence ne se prouve pas, elle s'éprouve. La pensée échoue à en fonder la nécessité.

La philosophie « existentialiste » (terme créé par Heidegger en 1927) place l'existence, c'est-à-dire le fait *contingent* d'être, au centre de la réflexion. Est contingent ce qui peut être ou ne pas être. Dire que ce qui existe est contingent, c'est donc dire que ce qui existe aurait pu ne pas être, a pu au moins ne pas être et peut dans tous les cas ne plus être : c'est placer la temporalité et la finitude (la mort) au cœur de la réflexion sur l'homme et sur le monde (c'est le thème de *Être et Temps,* 1927). Exister, au sens étymologique (ex-sister), c'est sortir de soi : lorsque l'esprit se projette vers le passé, il rebondit sur la contingence de la naissance (de la « facticité » ou fait d'être là, purement arbitraire et inexplicable); lorsqu'il se projette vers l'avenir, il rebondit sur l'inéluctabilité de la mort. De ce double rebond naît, selon Heidegger, la conscience de l'existence authentique, de notre finitude absolue.

J.-P. Sartre donne à la notion d'existence une signification plus humaniste : n'étant ni la réalisation d'un projet divin, ni l'aspiration à un salut au-delà de la vie, l'existence est uniquement ce que la liberté fait d'elle-même. Exister, c'est se « projeter » hors de soi-même, faire des projets, s'arracher à son état dans une action toujours nouvelle. Parce qu'il est temporalité, l'homme peut se rapporter à ce qui n'est pas, aussi bien à ce qui n'est plus (le passé) qu'à ce qui n'est pas encore (l'avenir). Il est l'être par qui le néant arrive dans le monde : l'homme transcende, c'est-à-dire dépasse sans cesse le simple donné, pour viser au-delà de lui ce qui n'est pas encore. Ex-sister, c'est finalement s'engager, et pour l'homme cet engagement définit « son point de vue sur le monde » (Merleau-Ponty, *Sens et non-sens,* 1965).

À noter que Hegel avait déjà distingué, dans la *Phénoménologie de l'esprit* (1806) les deux notions d'*existence* et de *vie* : l'existence est la « conscience de la vie », c'est-à-dire la vie † la conscience de la mort. La *vie* est la vie organique; seule l'*existence* est le propre de l'homme.

existentialisme, doctrine philosophique qui a pour objet l'*existence de l'homme* prise dans sa réalité concrète, et au niveau de l'individu engagé dans la société.

Cet « angle de prise de vues » est donc diamétralement opposé à celui de la philosophie cartésienne et, en général, de tous les systèmes rationalistes : c'est une réaction de la philosophie de l'homme contre les philosophies de la raison et des idées. Loin de constituer un « être » donné au départ et doué de raison, l'homme n'est d'abord que néant, et le fait même d'exister est « absurde », c'est-à-dire dénué de toute signification. En un mot, l'homme *existe* avant d'*être* (ce qu'exprime la célèbre formule de Sartre : « L'existence précède l'essence. ») C'est donc l'homme lui-même qui doit donner à sa propre vie un sens et devenir dans sa vie un être raisonnable; l'homme n'est que ce qu'il fait de lui-même. En d'autres termes : *être, c'est se choisir par un libre engagement.* Au surplus, il ne saurait être question de refuser cette liberté, car elle est « liberté absolue » : l'homme est condamné à être libre. D'où l'angoisse métaphysique par laquelle il ressent, à la fois, le *néant* d'où il sort et pressent l'incertitude du choix qui le fera accéder à l'*être*. Historiquement, le terme d'« existentialisme » a été créé par Heidegger*, en 1927, dans *Être et Temps,* et repris par Jaspers* dans *Philosophie de l'existence* (1938). En France, les principaux représentants de cette doctrine sont Gabriel Marcel*, Merleau-Ponty* et surtout J.-P. Sartre*.

On distingue communément deux courants dans la philosophie existentialiste; l'existentialisme chrétien (Jaspers, Gabriel Marcel) et l'existentialisme athée (Sartre, Camus). En fait, cette distinction reste assez superficielle et n'enveloppe pas toutes les formes d'existentialisme. Il est plus exact de distinguer la *philosophie existentielle,* qui s'attache à comprendre la vie concrète de l'homme dans le monde et dans l'histoire, à décrire ses « attitudes fondamentales » — Jaspers, Merleau-Ponty —, et la *philosophie existentielle,* qui s'attache à comprendre l'*être* de l'homme, la réalité ontologique du *Dasein* (« être-là ») — Heidegger et Sartre dans *l'Être* et le Néant;* la première est une description empirique de l'existence, la seconde une métaphysique qui cherche sa signification fondamentale.
→ **Absurde, angoisse, engagement, essence, Kierkegaard, Pascal.**

existentiel, qui appartient au sentiment de l'existence.

La philosophie existentielle est une description psychologique ou morale de ce sentiment de l'existence (Jaspers), tel qu'il peut se manifester dans les situations les plus diverses (la souffrance, le combat, la faute, et même des situations limites comme la mort). Elle se distingue de la philosophie *existentielle*, qui est l'analyse métaphysique des éléments essentiels qui constituent l'existence (Heidegger), tels la liberté, le non-savoir (l'errance), la contingence de notre présence, etc. La philosophie existentielle décrit donc des situations particulières ; la philosophie existentielle analyse les caractères universels de toute existence humaine.

expérience (du lat. *experire*, éprouver). 1° Connaissance acquise par l'observation et non par la raison. C'est de l'expérience, et d'elle seule, que l'empirisme (Locke, Hume) fait venir toutes les connaissances humaines ; à cette doctrine s'oppose le rationalisme classique (Descartes, Kant), pour qui l'expérience sensible, quoique indispensable, ne suffit pas, et ne serait rien sans la pensée, qui nous permet d'appréhender et d'ordonner l'expérience concrète. De ce point de vue, on oppose l'*expérience* à la *raison* (« et à tout ce qui est inné »). 2° Sur le plan moral, ensemble de l'acquis constitué au long de la vie d'un individu ou de toute l'humanité. Dans ce sens, celui qui a de l'expérience, à la fois parce qu'il a vécu et parce qu'il connaît l'histoire des hommes et en tire les enseignements, est un « sage », apte à donner, comme le disait Kant, des « conseils de prudence » capables de nous apporter le bonheur. Le savoir-faire, qui se fonde sur l'expérience et la connaissance des hommes, peut aussi développer en nous l'« habileté » capable de nous « faire réussir » dans la vie. Mais la morale proprement dite est totalement indépendante de l'expérience ; elle se fonde sur un sentiment qui est indépendant de toute expérience et nous ordonne, de façon absolue, de tenir telle conduite, quelles que soient la situation et les circonstances particulières qui entourent notre acte (Kant). Il peut y avoir de l'empirisme en affaires ou en politique, il n'y a pas d'empirisme en morale.

expérimentation, méthode scientifique qui consiste à provoquer des observations, en vue de vérifier une probabilité, une hypothèse.

Alors que l'observation n'est que constatation d'un phénomène dont on est le témoin passif, « l'expérimentation réalise volontairement des conditions données » (Louis de Broglie) et provoque le phénomène dans des conditions parfaitement définies.

extase (gr. *ekstasis*, action d'être hors de soi), mouvement par lequel notre esprit semble sortir de nous-mêmes et participer à une réalité supérieure et universelle (Dieu, la nature ou l'histoire).

Les néo-platoniciens (en particulier Plotin) y voyaient l'acte par quoi l'âme s'anéantit en Dieu. On distingue toutefois l'*extase positive* (selon laquelle l'âme se réalise et s'épanouit en Dieu, ou dans la nature...) et l'*extase négative* (selon laquelle l'âme s'anéantit en Dieu). La théologie distingue l'extase naturelle, l'extase diabolique et l'extase divine, reconnaissables respectivement à la lassitude, au désordre et à la joie qui les accompagnent. La psychophysiologie ramène à un seul les trois cas ci-dessus et limite son domaine à l'analyse du comportement extatique : fixité du regard contrastant avec un état général d'exaltation intense, « inaccessibilité » du sujet aux autres êtres et, d'une façon générale, au monde extérieur.

La philosophie moderne et, en particulier, l'existentialisme ont repris le terme d'« extase » en un sens nouveau : l'extase ne consiste plus à sortir hors de l'existence (extase « évasive ») ; elle s'identifie à l'acte même de l'existence (du lat. *ex-sistere*, sortir de soi), qui consiste à se manifester en dehors et, en général, à agir, à sortir de son être, mais précisément pour faire quelque chose de nouveau (extase « fondative », dans la mesure où elle désigne un caractère fondamental de l'existence humaine).

extraverti, se dit du caractère de celui qui a tendance à s'extérioriser, à nouer des contacts avec les autres hommes, à exprimer ses émotions.

L'extraversion est nécessaire à l'équilibre psychologique. Mais un excès d'extraversion interdit tout retour sur soi, toute réflexion, et par là même le développement de l'intelligence. (Contr. : introverti.) → **Caractère.**

f

Fabulation, présentation romanesque des faits.

Il s'agirait, selon J. Delay, d'un délire de mémoire dans lequel le sujet prend des créations purement imaginaires pour d'authentiques souvenirs et croit fermement à leur réalité. Pick a noté cette variété de fabulation qui consiste à combler une lacune, dans un récit du passé, par une invention imaginaire ; il l'a nommée *confabulation*. Ces troubles inconscients se distinguent de la *mythomanie*, qui, au début du moins, est tout à fait consciente et vise à donner une haute idée de soi-même.

facticité, caractère de ce qui existe à titre de fait contingent, c'est-à-dire de ce qui pourrait ne pas être.

Le terme a été créé par Fichte pour désigner, d'une façon générale, tout ce qui est donné sans raison. (Par exemple, la réalité du monde est une « donnée factice » tant que nous ne l'avons pas déduite par un raisonnement rationnel ; la facticité s'oppose à la « genèse », ou déduction rationnelle ; la liberté humaine est la source de toute facticité.) Le terme a été repris par la philosophie existentialiste (Heidegger, Sartre) : la facticité de l'existence exprime ce fait que notre existence est injustifiable, incompréhensible en elle-même.

La facticité de l'existence se réduit à deux caractères fondamentaux : 1° *Nous sommes donnés à nous-mêmes*, c'est-à-dire que nous sommes nés avant de prendre conscience de nous-mêmes, et nous découvrons notre existence comme un fait que l'on ne peut que constater et non expliquer (c'est ce que Heidegger appelle la *Geworfenheit*) ; 2° *Nous sommes libres* d'orienter notre existence dans tel ou tel sens ; il n'y a pas de loi, pas de destinée qui nous seraient données d'avance et qui régleraient le cours de notre vie d'une façon nécessaire. Tout ce que nous faisons reste « factice ». → **Absurde.**

faculté, possibilité physique ou morale.

La psychologie classique avait cru distinguer trois facultés de l'âme : la *sensibilité*, qui est le pouvoir de sentir ; l'*intelligence*, qui est le pouvoir de comprendre ; l'*activité*, qui est le pouvoir d'agir (tendances, volonté, liberté). Toutes les leçons de psychologie, en classe de « philosophie », étaient groupées autour de ces trois rubriques, auxquelles on a ajouté l'*affectivité*, faculté des sentiments (amour, haine), qui se distingue de la *sensibilité*, faculté des sensations (éléments de la perception).

fait, toute donnée de l'expérience.

Les théoriciens des sciences distinguent le « fait brut », qui correspond à notre perception commune (par exemple : je vois un objet qui tombe) et le

« fait scientifique », qui est son énoncé en termes scientifiques (la loi de cette chute, conforme à la loi générale de la chute des corps, est un fait scientifique, indéfiniment répétable). Un fait historique, avec ses particularités de temps et de lieu, se nomme un « événement ». D'une façon générale, le fait désigne une simple donnée, et il s'oppose à la *loi*, qui énonce un principe général.

famille, le père, la mère et les enfants.

Les premiers théoriciens de la famille, les stoïciens, représentent celle-ci comme la cellule naturelle de la société. Les liens sont d'autant plus forts qu'ils sont biologiquement plus rapprochés ; et plus ces liens sont nombreux, plus ils ont tendance à se relâcher. La psychologie moderne a confirmé cette vision théorique : on a même remarqué que, lorsqu'il y a plus de six enfants dans une famille, la mère ne peut plus mettre la même chaleur dans ses relations avec chacun des enfants et que ceux-ci se sentent alors « frustrés » et mal aimés. La famille a désigné, par la suite, l'ensemble des personnes issues du même sang, de la même race : ce principe de la famille régit toute société de « clans » telle qu'elle existait au temps de la famille romaine agnatique, telle qu'elle existe encore aujourd'hui dans bien des pays — notamment en Afrique et dans les Balkans. Le clan, ou grande famille, comprend un ensemble d'individus consanguins et vivant en commun dans un espace restreint, sous l'autorité d'un patriarche. Quelle qu'en soit l'extension, la famille constitue le noyau de toute société.

fanatisme, attachement passionné à une opinion, en général religieuse ou politique.

C'est le fanatisme qui a conduit aux guerres de Religion, à l'Inquisition, et qui peut aujourd'hui conduire aux guerres idéologiques. Son principe est de ne point considérer comme des êtres humains ceux qui sont d'une autre religion, d'un autre parti ou d'une autre idéologie. Le fanatisme religieux a été condamné par le concile des Églises chrétiennes de 1962, qui a posé le principe de l'unité du genre humain ; quant au fanatisme idéologique, il l'a été par Khrouchtchev, qui a prôné la coexistence pacifique entre les deux idéologies (communiste et capitaliste) qui partagent le monde. Le contraire du fanatisme est la *tolérance*. Le fanatisme, qui est un phénomène humain universel, est, en général, inversement proportionnel à la compétence (fanatisme politique), au savoir et à la culture d'un individu ou d'un peuple. Il reste lié aux passions que peuvent susciter, entre les individus ou les peuples, les différences de niveau de vie, notamment la misère et le sous-développement.

Fārābī (Abū Naṣr Muhammal al-), philosophe de l'Islam (Wasīdj, distr. de Fārāb, Turkestan, 870 – Damas 950). Il pense que les Grecs ont apporté la vérité universelle, la *philosophia perennis*, et qu'il y a un accord total entre Platon et Aristote, idée qu'il s'applique à démontrer dans *le Livre de l'accord entre les deux sages* ; cette vérité permet d'éclairer les problèmes théologiques qui se posent aux penseurs musulmans. L'œuvre d'al-Fārābī est considérable. Ses commentaires d'Aristote, surtout de la logique et de la métaphysique, ont eu une grande influence tant en Orient (il eut Avicenne pour disciple), qu'en Occident (sur Avempace pour la philosophie politique, sur Averroès pour la logique). Ses ouvrages les plus importants sont : *Opinions des habitants de la Cité vertueuse, Livre de la constitution politique, Traité sur l'intellect*. Il développe une théorie de la connaissance qui s'épanouit dans un traité du bonheur.

fatalisme, doctrine ou attitude qui considère tous les événements comme irrévocablement fixés à l'avance.

Le fatalisme est une attitude religieuse qui concerne les événements de la vie humaine. Il se distingue du *déterminisme*, qui porte sur les événements de la nature et qui est un principe scientifique. Alors que le déterminisme scientifique s'oppose à l'*indéterminisme* (indétermination des phénomènes de la nature), le fatalisme s'oppose à la liberté humaine : d'après lui, l'existence est déterminée d'avance, selon une certaine loi, par un destin inéluctable. La plupart des doctrines de l'Antiquité grecque reconnaissent qu'une même nécessité *(anankê)* régit la vie des hommes et celle des dieux : cette fatalité toute-puissante est présente dans la tragédie grecque, où le tragique est précisément marqué par l'impuissance des volontés humaines à l'égard du destin (par exemple, *Œdipe roi*, de Sophocle) ; on la retrouve au fond de la philosophie stoïcienne. Toutes les théories chrétiennes de la « prédestination » sacrifient la liberté à la Providence. Fatalisme ou liberté ? Disons que le destin est un objet de croyance et le fatalisme une attitude sentimentale, une simple hypothèse, alors que la liberté est une donnée de la conscience, présente dans l'expérience de l'acte volontaire, confirmée par celle de l'action efficace, où notre liberté réalise quelque chose qui, sans son initiative, n'aurait pas existé. Ce n'est pas un hasard si, dans la philosophie scolastique, le fatalisme a été tenu pour un « argument paresseux ».

faute, manquement au devoir moral, à une règle en général.

L'expérience de la faute est liée au sentiment de notre responsabilité qui lui confère une signification morale : une faute est imputable à nous-mêmes, au sujet de l'action. C'est en ce sens que la « faute » se distingue de l'« échec », qui est imputé aux événements, à des conditions extérieures à nous. Nabert a décrit, dans *Éléments pour une éthique* (1943), le sentiment de la faute comme celui d'une impossibilité à nous reconnaître dans une action passée que nous avons accomplie : la personnalité ne peut assumer un passé qu'elle rejette d'elle comme une faute. D'une façon générale, il y a faute lorsque l'individu ne réalise pas ce qu'on était en droit d'attendre de lui.

Fechner (loi de), loi selon laquelle l'intensité d'une sensation varie comme le logarithme de l'excitation, c'est-à-dire que, lorsque l'excitation varie selon une progression arithmétique (1, 2, 3, 4, ...), la sensation varie selon une progression géométrique (1, 2, 4, 8, 16, ...).

Avec cette loi, Fechner pensait réduire la psychologie à une partie de la physique. Mais Bergson a montré qu'entre une sensation et la mesure extérieure de l'excitation il n'y a pas de commune mesure : par exemple, nous ne sentons pas de différence quand nous prenons dans les mains un poids de 14 g et un poids de 15 g, ni entre un poids de 15 g et un poids de 16 g, mais nous sentons une différence entre 14 et 16 ; il y aurait donc des « sauts » dans la sensation. La sensation serait alors plutôt une « qualité », qui n'a aucun correspondant quantitatif : « Il n'y a aucun rapport, ajoute Bergson, entre les couleurs que je vois et les ondes mesurables, qui agissent sur le cerveau, et à quoi le physicien veut réduire les couleurs. »

De plus, toute sensation a un retentissement dans notre personnalité, et ce retentissement dépend de notre attitude, de notre disposition psychologique. Bref, malgré l'effort dont elle témoigne et l'audience qu'elle a connue, la loi de Fechner n'a nullement fondé une science du psychisme en tant que telle, et il ne semble pas qu'une telle science soit possible.

féminisme, doctrine qui a pour objet de résoudre et même, de façon plus immédiate, de poser le problème de l'inégalité sociale et juridique des sexes.

Née avec la Révolution (*Déclaration des droits de la femme et de la citoyenne*, d'Olympe de Gouges, 1791), reprise par les saint-simoniens, la thèse de l'émancipation féminine a connu ses premières victoires sur le plan juridique (égalité devant la loi du mari et de la femme), puis sur le plan politique (droit de vote et droit d'éligibilité). On notera que la France est le dernier pays d'Europe à avoir adopté le droit de vote pour la femme, qui était encore refusé en 1934 par le Sénat, et qui a été institué en 1944 par le général de Gaulle. En revanche, la France est l'un des premiers pays d'Europe à avoir établi dans les années 1960 l'égalité des revenus masculins et féminins pour une même fonction.

Feuerbach (Ludwig), philosophe allemand (Landshut 1804 – Rechenberg, près de Nuremberg, 1872). Il fut d'abord hégélien, et changea d'opinion à la suite de travaux historiques sur la philosophie moderne de Bacon à Spinoza. Il écrivit alors une *Critique de la philosophie hégélienne* (1839). Il se rallia au matérialisme, procéda à une profonde critique de la religion, où nous projetons tout ce que nous n'avons pas ici-bas. *L'Essence du christianisme* (1841) montre que seul l'homme est l'objet de la religion véritable. Feuerbach a inspiré profondément Marx (*Thèses sur Feuerbach, 1845) et Engels (Ludwig Feuerbach et la fin de la philosophie classique allemande,* 1888).

Fichte (Johann Gottlieb), philosophe allemand (Rammenau, Saxe, 1762 – Berlin 1814). Élevé chez un pasteur de campagne, puis au collège de Schulpforta, il manifeste, par une fugue célèbre, un ardent amour de la liberté. Il lit Lessing, défenseur de la liberté de pensée, s'enthousiasme pour Kant, qui a donné une preuve pratique de la liberté capable de mettre un terme à tous les vains essais de démonstration théorique. Sa première œuvre spéculative est une *Critique de toute révélation* (1792); son premier ouvrage engagé s'intitule *Contributions destinées à rectifier le jugement du public sur la Révolution française.* La querelle de l'athéisme, qui va secouer toute l'Allemagne littéraire, est une querelle contre Fichte. Il est le premier professeur de philosophie à l'Académie de Berlin.

Sa philosophie présente deux aspects : 1° l'un, rigoureux et abstrait, s'exprime dans les différents exposés de la *Théorie* de la science* (1794, 1801, 1804). Cette théorie n'est « de part en part, qu'une réflexion sur la liberté ». La science dont il s'agit est finalement la science philosophique, seule apte à pouvoir donner consistance à toutes les aspirations de l'imagination humaine; **2°** dans l'autre, Fichte se montre un philosophe de la vie économique et sociale (*l'État commercial fermé,* 1800; *Discours à la nation allemande,* 1807-1808). Sa véritable pensée de républicain libéral et de philosophe humaniste a été déformée et méconnue. Il est le fondateur de la philosophie moderne : de la méthode « phénoménologique », des descriptions de l'existence et de la réflexion sur l'histoire. Hegel a écrit que trois grands événements avaient marqué son siècle : la *Théorie de la science,* de Fichte, est le premier (les deux autres sont *Wilhelm Meister,* de Goethe, et la Révolution française). L'esprit de la philosophie de Fichte a profondément inspiré la phénoménologie moderne et la philosophie de l'existence.

fidélité (du lat. *fides*, foi), exactitude à remplir ses engagements, à tenir ses promesses.

La première et vraie forme de la fidélité est la fidélité à soi, à ses tâches, à ses devoirs : on dit que l'individu fidèle à lui-même a du « caractère ». La fidélité à l'égard d'autrui est la constance dans l'attachement.

finalité, caractère de ce qui a un but.

Une explication par la finalité, ou explication finale, explique une action par sa fin, son intention. Elle s'oppose à *l'explication causale,* qui explique ce qui est par ce qui précède : l'explication finale nous dit « en vue de quoi » un événement se produit; l'explication causale, « par quels intermédiaires » il s'est produit. La finalité, qui est souvent anthropomorphique, trouve cependant un usage positif en biologie et en psychologie, où il est impossible d'isoler un élément de la totalité (de l'organisme ou du psychisme) à laquelle il appartient : la psychanalyse explique un rêve par sa fin, son but, son « intention »; de même que l'on explique l'existence du « foie », par exemple, par sa fonction dans l'organisme. Pour les événements de la nature, l'explication finale par une intention reste une explication de type « magique ».

finesse (esprit de), notion formulée par Pa•al et opposée, selon lui, à *l'esprit de géométrie,* « lequel a des vues lentes, dures et inflexibles ».

Immédiat au contraire, l'esprit de finesse se caractérise par la « souplesse de la pensée »; il est plus intuitif que logique et il s'attache aux cas d'espèce. Ainsi, les sciences humaines (la psychologie, par exemple) se distinguent des autres sciences en ceci que l'esprit géométrique n'y suffit pas et que l'esprit de finesse y est nécessaire. On oppose aujourd'hui, à la suite de Dilthey, la « compréhension » (esprit de finesse) à l' « explication » objective et analytique (esprit de géométrie).

finitude, caractère de ce qui est fini.

Ce terme, extrêmement courant dans la philosophie moderne, désigne plus particulièrement un caractère propre à la conscience humaine, qui se révèle dans l'angoisse de la mort (Heidegger), dans l'impossibilité, pour toute personnalité, de s'exprimer, de se dire une fois pour toutes dans une parole ou une action (Jaspers), enfin dans l'impossibilité de tout faire en même temps dans la vie et dans la nécessité où nous sommes de choisir librement, et de façon arbitraire, entre les possibilités qui nous sont offertes (Sartre).

Fink (Eugen), philosophe allemand (1905 - 1975). Il est en 1930 l'assistant de Husserl, fondateur de la phénoménologie, et en 1946 professeur à l'université de Fribourg. Son premier ouvrage *Vergegenwärtigung und Bild* (Représentation et image, 1930) est suivi de l'article célèbre, *la Philosophie phénoménologique de E. Husserl dans la Critique présente*, où il assigne à la réflexion phénoménologique la tâche de découvrir l' « origine du monde »; en quoi elle se distingue de la réflexion critique, dont le but est simplement de fonder notre connaissance du monde. Fink est l'auteur de la *6e Méditation cartésienne* de Husserl, écrite avec l'assentiment total de ce dernier. Le but actuel de ses réflexions est de fonder spéculativement l'attitude descriptive de la phénoménologie. On lui doit, en outre : *Das Problem der Phenomenologie Husserls* (1938), *Vom Wesen des Enthusiasmus* (*De l'essence de l'enthousiasme*, 1947), *Zur ontologischen Frühgeschichte*... (Contribution à l'histoire des débuts de l'ontologie, 1957), *le Jeu comme symbole du monde*, 1960, *la Philosophie de Nietzsche*, 1960.

Fischer (Kuno), philosophe allemand (Sandewalde bei Guhrau, Silésie, 1824 - Heidelberg 1907). Il essaya dans *Système de logique et métaphysique ou Théorie de la science* (1852) de concilier la dialectique hégélienne avec les données de l'évolutionnisme de Darwin. De 1852 à 1893, il écrivit *Histoire de la philosophie nouvelle*, qui conçoit l'histoire de la philosophie comme un processus évolutif, un progrès de la connaissance que l'homme a de lui-même.

flegmatique, type de caractère dont les composantes fondamentales sont l'absence d'émotivité, la tendance à agir, et l'existence d'un retentissement profond, dans la personnalité, des événements qui nous arrivent (par exemple, Joffre : organisateur, caractérisé par un sens de la loi, la tête froide; dort la veille d'une bataille). → Caractère.

foi, croyance en une religion, en un idéal, en une personne.

Le problème philosophique est celui des rapports du savoir et de la foi : la réflexion philosophique peut-elle résoudre tous les problèmes que l'homme se pose (comme le pensent Descartes, Spinoza, Fichte, Hegel), ou est-elle, au contraire, nécessairement limitée et inapte à résoudre les problèmes fondamentaux de l'immortalité de l'âme, de l'origine du monde et de l'existence de Dieu (comme le pensent Kant, Auguste Comte)? Les doctrines qui conçoivent le savoir comme limité et font place à la foi relèvent du fidéisme ou de l'agnosticisme.

C'est Feuerbach qui, avant Marx, a fait la critique de la foi (dans *l'Essence du christianisme*, 1841), en montrant que la foi ne peut se rapporter qu'à ce qui n'existe pas, car « ce qui existe » est l'objet d'un « savoir réel »; toutefois, il est une chose qui existe, mais dont le caractère infini échappe à tout savoir, c'est l'homme : la foi en l'homme peut se définir comme un espoir dans les progrès de la civilisation, dans l'élévation du niveau de vie et la vocation pacifique des hommes.

folie, **trouble profond de l'esprit.**

Le terme de *folie,* qui groupait au siècle précédent tous les désordres de l'esprit, reste beaucoup trop général et n'est plus guère employé en psychiatrie, sauf dans quelques expressions comme *folie des grandeurs, folie de la persécution.* On considérait jadis les fous comme des êtres à part. On s'est aperçu qu'en fait tout individu comporte une part d'ombre, de pulsions, de désirs qui sont refoulés, maîtrisés ou canalisés par la vie sociale. Un homme en colère est fou pendant quelques instants. La folie résulte donc plutôt d'un déséquilibre entre les différentes composantes d'une personnalité, entre les différents aspects de la vie. Elle a, plus généralement, une signification sociale et désigne un comportement socialement inadapté : ainsi, un être psychologiquement fou (par exemple, un épileptique) peut trouver un emploi socialement adapté (en Inde, il peut devenir un « schaman », c'est-à-dire un prêtre inspiré).

La notion commune de « folie » désigne une perte du sens des responsabilités, ou perte du sens du réel (psychasthénie). Au terme de *folie* se sont aujourd'hui substitués ceux de *névrose* (altération des relations avec autrui) et de *psychose* (rupture des relations avec autrui). Le fou n'est plus parqué et laissé à son sort. Les médecins essaient de le traiter par injections de réactifs chimiques; mais, en vérité, seule l'analyse psychologique (psychothérapie) permet de porter des diagnostics sûrs et d'endiguer l'évolution des troubles au moment où ils sont encore guérissables.

fonction, **ensemble d'opérations par lesquelles se manifeste la vie organique, physique ou sociale.**

Lorsque Kant dit que l'esprit est une « fonction », il dit que l'esprit n'existe pas comme une faculté abstraite, qu'il se réduit, au contraire, aux opérations de connaissance et aux actions par lesquelles il se manifeste (et « fonctionne »).

Fondements de la métaphysique des mœurs *(Grundlegung zur Metaphysik der Sitten),* ouvrage d'E. Kant (1785). Cet ouvrage est divisé en trois sections : le passage de la connaissance morale ordinaire à la connaissance philosophique; le passage de la philosophie élémentaire à la métaphysique des mœurs; et le passage de la métaphysique des mœurs à la critique de la raison pure pratique. Kant y démontre que seule est absolument bonne la volonté régie par « l'impératif catégorique ».

Fonseca (Pedro da), jésuite et philosophe portugais (Corticada, près de Crato, 1528 – Lisbonne 1599), auteur de *Commentaires* d'Aristote. Il inspira ce que Molina appela la « science moyenne », en cherchant à concilier le libre arbitre et la prédestination.

Fontenelle (Bernard Le Bovier de), écrivain et penseur français (Rouen 1657 – Paris 1757). C'est de son oncle Thomas Corneille qu'il reçut son éducation; avocat, il quitta rapidement le barreau de Rouen pour fréquenter les salons de Paris. Ses *Entretiens sur la pluralité des mondes* (1686) le signalèrent comme un de nos meilleurs vulgarisateurs scientifiques; avec l'*Histoire des oracles* (1687), il élargit la vulgarisation à la théologie, dénonça le vide des prophéties, et rechercha pour chaque fait sa cause naturelle.

Comme secrétaire perpétuel de l'Académie des sciences (1699-1740), il exprima pour la première fois, dans la *Préface* de l'histoire de la Compagnie, la solidarité des sciences et la constance des lois de la nature. Ses *Éloges* des membres défunts révélèrent un authentique penseur et un maître du style.

formalisme, **tendance à s'exprimer d'une manière logique et abstraite, à rassembler tous les problèmes de la philosophie dans une formule unique. Kant, par exemple, ramène tous les problèmes à celui-ci : « Comment les jugements synthétiques *a priori* sont-ils possibles ? »**

La doctrine morale de Kant est un formalisme dans la mesure où elle ne donne que le principe général de l'action morale (agir avec une intention bonne) et ne spécifie aucun devoir concret particulier. La morale n'est qu'une attitude, une « disposition de la volonté », dans ce que nous faisons naturellement dans la vie : elle ne préconise aucune vie particulière, mais une attitude générale dans la vie commune. À la « morale formelle » s'oppose la « morale concrète » (Fichte) ou l'« éthique matérielle » (Scheler). Le formalisme en art caractérise la tendance excessive à l'abstraction, au détriment de l'« art figuratif ».

forme (théorie de la) ou **Gestalttheorie,** théorie qui fut d'abord pour son fondateur (auteur de *la Structure de l'organisme*), Kurt Goldstein, une théorie globale de l'organisme, fondée sur cette constatation qu'il est impossible d'isoler un organe sans transformer tout l'organisme (l'organisme d'un homme qui a eu la main coupée n'est pas un organisme sans main, c'est un autre organisme).

Inversement, tout élément dépend de la structure d'ensemble de l'organisme (le foie ne fonctionne pas de la même façon dans un organisme sain et dans un organisme malade). La théorie de la forme a été étendue, à la suite de Bergson et des études de Ch. Foix, au domaine du psychisme : il est impossible de « localiser » dans le cerveau, par exemple, la mémoire ou l'émotivité, car il existe des phénomènes de compensation (lorsque les lieux de la mémoire sont détruits, d'autres les relaient) ; c'est l'équilibre du psychisme qui est remis en question lors de chaque ablation.

Enfin, la théorie de la forme est devenue, avec P. Guillaume et Merleau-Ponty, une théorie psychologique de la perception globale : « Quand je vois un arbre, je ne perçois pas d'abord les feuilles, puis les branches... pour en déduire l'idée de l'arbre ; je perçois d'abord l'arbre, comme une totalité (une " forme " ou une " structure "), ensuite seulement je puis analyser qu'il y a des feuilles, des branches, etc. » Les descriptions concrètes de la psychologie de la forme marquent une réaction contre la psychologie classique, pour qui la perception globale n'était pas première, mais un composé de sensations particulières.

Foucault (Michel), philosophe français (Poitiers 1926 – Paris 1984), nommé au Collège de France en 1970. En 1961, il fait paraître l'*Histoire de la folie à l'âge classique, folie et déraison*, où il analyse la séparation apparue au XVIIe siècle entre la raison (l'ordre) et la folie (le désordre), séparation ignorée au Moyen Âge, où le fou est un envoyé de Dieu. Il développe ensuite une philosophie de l'histoire, fondée sur la discontinuité, dans *les Mots et les Choses, une archéologie des sciences humaines* (1966), *l'Archéologie du savoir* (1969). L'évolution des connaissances est marquée par différentes stratifications, dont chacune constitue un champ épistémologique différent : à chaque époque, les connaissances (« les formations discursives ») s'organisent autour d'une méthode et d'un objet différents. On lui doit aussi : *Surveiller et punir. Naissance de la prison* (1975), *la Volonté de savoir* (tome I d'une *Histoire de la sexualité*, 1976), *Pouvoir-savoir* (1980).

Fouillée (Alfred), philosophe français (La Pouëze, Maine-et-Loire, 1838 – Lyon 1912). Selon lui, « les idées sont des forces » : elles portent en elles une puissance de réalisation qui transforme les âmes des individus et les milieux sociaux où elles se répandent. Il a écrit notamment : *Critique des systèmes de morale contemporains* (1883), *la Science sociale contemporaine* (1884), *l'Évolutionnisme des idées-forces* (1890), *la Psychologie des idées-forces* (1893), *la Morale des idées-forces* (1907).

foule, réunion d'un grand nombre de personnes.

Elle constitue un ensemble inorganisé, à la différence du « groupe social », organisé et possédant ses principes et ses institutions propres. La psychologie des foules décèle une mentalité particulière, une réalité psychologique du groupe, qui ne se réduit pas, comme le pensait Tarde, à la somme des esprits individuels qui le composent : une foule est capable de réactions typiques (par exemple, les paniques, les lynchages, les enthousiasmes), où l'individu, pris isolément, n'arriverait plus à se reconnaître. C'est pourquoi l'on a pu parler d'une « psychologie des foules » (Le Bon), située à la limite de l'« interpsychologie » (psychologie des relations entre les individus) et de la « sociologie » (analyse des groupes organisés).

Fourier (Charles), philosophe et économiste français (Besançon 1772 – Paris 1837). Fils d'un riche drapier, il perd sa fortune en 1793, dans une spéculation sur les denrées coloniales, et devient petit employé de commerce. Il dénonce dès lors les « vices de la civilisation ». On le considère souvent comme un socialiste, parce que, frappé par le déséquilibre entre la misère et la surabondance, il préconise la constitution de groupements humains pratiquant une communauté de vie presque totale : il imagina la constitution de « phalanstères », genre de villages socialistes où la vie est commune, et analogues aux kibboutsim qui existent actuellement en Israël. Toutefois, le phalanstère devait avoir la forme juridique d'une société par actions (type de société capitaliste); chaque membre, possédant une action, pourrait, de ce fait, dire « nos terres, notre palais, notre château, nos forêts, nos fabriques ».

Charles Fourier est encore lu en France, malgré le caractère souvent peu réaliste de ses constructions et son style tout à fait démodé.

Ses principaux ouvrages sont : *Théorie des quatre mouvements et des destinées générales* (1808), *Traité de l'association domestique agricole* (1822), réimprimé en 1841 sous le titre de *Théorie de l'unité universelle.*

Francfort (école de), école philosophique allemande regroupée autour de *l'Institut für Sozialforschung* de Francfort-sur-le-Main entre 1923 et 1938. Elle se transporta alors à New York pour revenir en 1950 à Francfort avec Max Horkheimer. Elle disparut en 1971 avec le départ de Jürgen Habermas. Marquée également par les personnalités d'Adorno et de Marcuse, elle s'efforça de repenser un marxisme indépendant des partis, à partir de la « recherche sociale » et des concepts issus de la psychanalyse.

Frege (Gottlob), logicien et mathématicien allemand (Wismar 1848 – Bad Kleinen, Mecklembourg, 1925). Il est le fondateur de la logique moderne. Le courant de la philosophie analytique se réclame de ses écrits. Il a inventé le langage formel — l' « idéographie », ou « écriture du concept » — approprié à l'étude et à la formalisation des théories mathématiques (*Écriture du concept*, 1879). Frege est également l'auteur de la doctrine logiciste en matière de fondement des mathématiques (*Fondements de l'arithmétique*, 1884; *Lois de l'arithmétique*, 1893-1903). Frege a établi une distinction qui demeure la base des théories modernes de la signification entre le sens (*Sinn*) et la référence ou dénotation (*Bedeutung*) d'une expression (*Sens et référence*, 1892). Ainsi les expressions « l'étoile du matin » et « l'étoile du soir » ont-elles la même référence (elles désignent toutes deux Vénus), bien qu'elles diffèrent de sens (le sens d'une expression est la voie d'accès à sa référence). La correspondance de Frege est d'une exceptionnelle richesse.

Freud (Sigmund), neurologue et psychiatre autrichien, fondateur de la psychanalyse (Freiberg [auj. Pribor], Moravie, 1856 – Londres 1939). Il subit en France (1885) l'influence de Charcot, dont l'idée fondamentale était que les névroses, en particulier l'hystérie, sont des affections psychiques sans lésion organique. Travaillant à Vienne avec Breuer, de 1895 à 1897, il put constater la guérison d'une hystérique par l'exploration de son passé mental au moyen du sommeil hypnotique, et par la reprise de conscience de ce qui avait causé, originellement, le choc émotionnel; ce choc était un événement de sa vie sexuelle. Dès lors, il tenait la base de sa doctrine, le « freudisme », qui explique presque tous les troubles psychiques à partir de la *libido* (ou « tendance sexuelle ») primitive, et les principes de sa méthode, la « psychanalyse », qui pense supprimer tous les troubles par la simple analyse de l'inconscient : la prise de conscience apparaît comme une délivrance et une restauration de l'état normal. Selon Freud, la personnalité d'un individu est déterminée par les relations de l'enfant à la mère de sa naissance à trois ans. Mais les troubles que la psychanalyse peut guérir sont, en général, liés à la sexualité de l'adolescence. Les ouvrages de Freud sont toujours très concrets et accessibles à tous. On commencera par l'*Introduction à la psychanalyse* (1917), puis on lira l'ouvrage publié en français sous le titre de *Cinq leçons sur la psychanalyse*. Notons, en outre, *la Science des rêves* (1901), *Totem et tabou* (1912). → **Enfance, psychanalyse.**

frustration, sentiment de privation d'une satisfaction à laquelle l'individu croit avoir droit.

La *frustration affective* a été mise en valeur par la psychanalyse* : elle peut être provoquée, chez l'enfant, par les préférences des parents pour son frère et par toute forme d'expérience qu'il peut ressentir comme une injustice. L'individu frustré peut réagir par une conduite d'agressivité ou, au contraire, se renfermer en lui-même, et alors son agressivité refoulée peut engendrer des troubles psychiques, que l'on réunit sous la dénomination de « complexe de frustration » (mortifications, conduites d'autopunition).

g

Gadamer (Hans Georg), philosophe allemand (Marburg 1900). Professeur à Marburg (1937), Leipzig (1939), Francfort (1947) Heidelberg (1949), il est connu pour la « philosophie herméneutique » qu'il développe dans *Vérité et méthode. Principes d'une herméneutique philosophique* (1960). « L'herméneutique, écrit-il, consiste avant tout à comprendre que nous ne trouvons jamais de mots capables d'exprimer quelque chose de définitif. » Pour lui la communication artistique comme partage d'une expérience demeure le modèle de toute communication : elle a la valeur d'une révélation. Dès lors, la condition essentielle pour appréhender la vérité d'une œuvre (artistique ou philosophique) est « la conscience de sa détermination historique ». Ce disciple de Heidegger, influencé par l'école néo-positiviste anglo-saxone, a étendu ses réflexions sur le langage à l'analyse des réalités sociales, de l'expérience religieuse et à tout le champ de la philosophie pratique. Il a écrit : *Goethe et la philosophie* (1947), *Dialectique de Hegel* (1971), *l'Histoire du concept et le langage de la philosophie* (1971), *Qui suis-je et qui es-tu?* (1973). Plusieurs de ses ouvrages ont été traduits en français : *l'Art de comprendre* (t. 1 et 2, 1991), *l'Actualité du beau* (1992), *l'Éthique dialectique de Platon, l'Idée du bien comme enjeu platonico-aristotélicien* (1995).

Gandhi (Mohandas Karamchand), surnommé **le Mahātmā** (« la Grande Âme »), apôtre national et religieux de l'Inde (Porbandar 1869 – Delhi 1948). Issu d'une famille riche et cultivée, il fut élève de l'université d'Ahmadābād, fit ses études juridiques à Londres (1888-1891), puis devint avocat à Bombay. Il fut l'âme du mouvement protestataire qui, pratiquant une double tactique (d'une part, non-participation aux emprunts, grève des tribunaux, boycottage des écoles du gouvernement, refus de tout poste civil ou militaire ; d'autre part, revendication de l'indépendance nationale), aboutit effectivement à l'indépendance de l'Inde (15 août 1947). Prophète de la non-violence, son arme était le jeûne. Sa doctrine politique et morale, fondée en outre sur la valeur spirituelle du travail domestique, dérivait de la religion jaïna, à laquelle il appartenait (le droit au suicide par jeûne est inclus dans la doctrine jaïna).

Paradoxalement, Gandhi n'était pas un théoricien, mais un homme d'action, se rendant sur les lieux des combats, organisant des « meetings de prières », agissant sur les masses indiennes par la parole. Ce fut un personnage complexe, à la fois pur et rusé, mélange étonnant de politicien et de saint, paysan madré et philosophe inspiré. Il reste un symbole éternel du « vrai philosophe » qui, après Socrate et peut-être Pyrrhon, fit de sa vie elle-même un enseignement pour le monde.

Gassendi (Abbé Pierre Gassend, dit), mathématicien et philosophe français (Champtercier, près de Digne, 1952 – Paris 1655). Il développa une critique d'Aristote dans *Exercitationes paradoxicae adversus Aristotelacos* (1624), et envoya à Descartes ses *Objections* (1644) contre les *Méditations*. Il développa une morale épicurienne fondée sur le plaisir de la sérénité dans le *De Vita et moribus Epicuri* (1647). Il influença Newton et les philosophes du XVIIIe siècle. Il fit progresser l'astronomie (il observa les satelites de Jupiter, plusieurs éclipses, Mercure, etc.).

Gehlen (Arnold), philosophe allemand (Leipzig 1904 – Hambourg 1976). Dans *Théorie de la liberté du vouloir* (1933), il développe une pensée réflexive très rigoureuse, inspirée de Fichte, puis une anthropologie sociale de type fonctionnaliste dans *l'Homme, sa nature et sa place dans l'univers* (1940). Il a écrit notamment : *Études d'anthropologie et de sociologie* (1963), *Morale et hypermorale* (1969).

généraliser, conclure du particulier au général.

La généralisation est une induction, c'est-à-dire que la conclusion est toujours hypothétique. Elle implique l'abstraction de certains caractères par lesquels les objets diffèrent, la pensée ne retenant que les caractères présents en tous les objets. Dans la recherche scientifique, la généralisation est très féconde : elle permet de passer de l'observation de quelques cas particuliers à une hypothèse énonçant une loi universelle. Cependant, il faut se garder des généralisations hâtives : la généralisation doit être vérifiée par l'application au plus grand nombre de cas particuliers. En toute rigueur, on distingue l'« idée générale » (obtenue à partir des cas particuliers) du « concept universel » (dont l'origine n'est pas empirique, mais rationnelle) : par exemple, Max Scheler raconte que, lorsque le Bouddha sortit du palais de son père, où il n'avait jamais vu la douleur ou la souffrance humaine, et qu'il vit *un* mort, ce fut alors (sur *un seul* cas particulier) le concept universel de la mort qui se présenta à son esprit, la mort comme phénomène humain universel. L'idée générale est le résultat d'une abstraction; le concept universel, l'objet d'une intuition.

génération, laps de temps qui sépare le père du fils : de trente-trois ans environ jusqu'au XXe siècle, il tend à passer à vingt-cinq ans.

À cette « diminution chiffrable » de l'intervalle entre les générations correspond du même coup une diminution sensible dans l'écart de l'« âge mental » du fils et du père, celui-ci étant moins soucieux de « garder ses distances ».

Théorie des générations, hypothèse, généralement abandonnée de nos jours, selon laquelle le mouvement des arts, des idées politiques et philosophiques possède un rythme d'ensemble (et connaît des mutations concomitantes) dont la périodicité est égale à celle d'une génération. Il semble au contraire qu'il y ait un « conflit des générations », les nouvelles générations s'opposant aux anciennes, comme les « modernes » s'opposaient aux « classiques ». La psychologie a remarqué que cette réaction contre la génération de nos pères marque, en général, un retour, ou du moins une identification, à celle de nos grands-pères (une reprise de leurs attitudes et de leurs thèmes d'inspiration). Les caractères psychologiques, comme les caractères morphologiques, se transmettraient de deux en deux générations. → **Évolutionnisme, transformisme.**

génération spontanée, hypothèse (longtemps admise sans discussion) selon laquelle la matière non vivante pouvait donner naissance à des êtres vivants, tels que parasites, scorpions, voire souris et batraciens.

Née au temps d'Aristote, mise en cause au XVIIe siècle, et plus encore au siècle suivant, la notion de génération spontanée a été définitivement éliminée du domaine scientifique par Pasteur, qui a établi que « la vie seule peut engendrer la vie »; mais cette constatation n'en réserve pas moins le cas de ce que l'on appelle la « parthénogenèse », qui se produit chez les pucerons et quelques végétaux, et désigne la génération à partir d'un ovule d'une oosphère non fécondée (c'est en ce sens qu'elle est « spontanée »). Certains savants, tel Mitchourine, ont affirmé avoir pu engendrer la vie de la matière ; ces découvertes et expérimentations n'ont toutefois reçu aucune vérification qui pût en établir l'universalité et l'objectivité ; leur succès semble avoir été affirmé à des fins strictement politiques et idéologiques, pour prouver la valeur du marxisme, ou matérialisme dialectique.

génétique, **qui retrace le développement graduel d'un être, d'une idée, d'un sentiment, d'une institution.**

En psychologie, les théories génétiques admettent que les caractères d'une personnalité se forment graduellement avec le temps (elles s'opposent aux théories « innéistes », qui les considèrent comme innés) ; les théories génétiques insistent, par exemple, sur le rôle de la misère dans le développement de la délinquance ou de la criminalité ; elles refusent l'idée de « criminels nés ». On oppose aussi l'analyse *génétique* (de la décision volontaire, par exemple) à l'analyse *eidétique* (de l'essence de la volonté) : la première décrit les « conditions d'exercice » (comment nous décidons et agissons) ; la seconde analyse les « conditions de possibilité » (quelle est la nature de l'homme qui lui permette d'agir volontairement : c'est une analyse métaphysique de la liberté). En philosophie, la méthode génétique consiste à former ses idées au niveau de sa conscience réelle (« à partir, comme disait Hegel, des données les plus basses de la conscience pour s'élever peu à peu aux idées plus hautes »). La méthode de réflexion *génétique*, ou réflexion concrète, a été créée par Fichte (dans la *Théorie de la science*) : elle s'oppose à la méthode *analytique*, qui consiste à analyser abstraitement une idée sans « se reconnaître » en elle. On parle plus couramment, aujourd'hui, de méthode « phénoménologique » (la genèse correspondant à la phénoménologie du « moi », ou phénoménologie de l'« esprit »).

génie **(du lat. *ingenium,* dispositions naturelles), nature propre d'un individu.**

Le génie désigne plus particulièrement les heureuses qualités d'une personne (lat. *genius,* divinité présidant à la naissance). Plus précisément encore, le génie est l'aptitude à inventer. Un esprit vraiment créateur semble tenir sa puissance d'une force qui dépasse l'homme : Kant a défini le génie comme une « force de la nature », exprimant ainsi cette communion avec l'univers, ou cette participation avec la vie, ou avec Dieu, où le génie doit trouver le principe de sa surpuissance. En fait, dans presque tous les domaines de l'activité humaine, sauf peut-être les mathématiques (Évariste Galois est le fondateur de la théorie des groupes à dix-neuf ans), « le génie est une longue patience », le résultat d'une mutation et d'un travail continu dans une spécialité.

Le *malin génie* désigne en général la malchance : celui qui désire obtenir un effet déterminé et qui obtient l'effet contraire (par exemple, celui qui avance le bras pour « servir » à boire et casse la bouteille ; celui qui donne un conseil de morale qui, contre ses prévisions, conduit un individu au suicide, etc.) peut se croire possédé par un malin génie. Descartes a employé le terme, dans la première *Méditation*, pour évoquer l'existence d'un Dieu trompeur (tout ce qui nous paraît vrai, les perceptions du monde les plus vives, ne seraient qu'une illusion) et pour justifier un doute radical ou « métaphysique » (distinct du simple doute « naturel »).

génocide, **destruction méthodique d'un groupe humain, national, ethnique, racial ou religieux.**

Le génocide de 6 millions de juifs, pendant la Seconde Guerre mondiale, par les Allemands, au nom d'une « race nordique » supérieure, ou celui des Arméniens par les Turcs en 1895-96 et en 1915-16, comme celui des Indiens d'Amérique par les colons anglo-saxons, ou celui des albigeois légendaires, ne peut trouver aucune justification, ni biologique, ni psychologique, ni historique, encore moins morale ou religieuse. → **Racisme.**

genre, groupement d'êtres ou d'objets qui ont entre eux des propriétés communes.

Le genre désigne un groupe biologique plus vaste que l'espèce. Ainsi, le genre *chien* (en lat. *canis*) recouvre plusieurs espèces, dont le loup, le renard et l'espèce « familière » dite proprement « chien ». La notion de genre n'avait, pour Aristote, aucun fondement dans les choses : à la différence de celle d'espèce le « genre » chien ne serait qu'un nom commun, une idée générale dans l'esprit, tandis que le loup, le renard, etc., seraient des « réalités ». En logique, une définition se fait par le « genre » et la « différence spécifique ». → **Définition.**

Gentile (Giovanni), philosophe italien (Castelvetrano, Sicile, 1875 – Florence 1944). Professeur à Palerme, Pise et Rome, ministre de l'éducation nationale sous Mussolini (1922-24), responsable en 1925 de la grande *Encyclopedia italiana*, directeur du *Giornale critico della filosofia*, il est tué par les partisans de la résistance. Il a payé de sa vie le droit d'être aujourd'hui étudié avec sérénité. On lui doit : *la Philosophie de Marx* (1899), *Théorie générale de l'esprit comme acte pur* (1916), *Système de logique* (1917-1922), *Philosophie de l'art* (1931), *La mia religione* (1943). — Bien qu'inspirée de Hegel, proche de Croce, sa pensée d'une grande richesse développe une philosophie originale, l'idéalisme actualiste, qui témoigne de l'effort de l'esprit pour récupérer ses propres produits (l'art, la nature, la religion, l'histoire, etc.) qu'il avait extériorisés et les réduire à de purs actes de l'esprit. Ses œuvres complètes, publiées par Sansoni, éditeur de Florence, comprennent 55 volumes.

gestaltisme (de l'allem. *Gestalt*, structure), théorie de la forme.

Ce fut d'abord une théorie psychophysiologique de l'organisme comme « structure totale » développée par K. Goldstein (dans *la Structure de l'organisme*), M. Merleau-Ponty (dans la *Structure du comportement*). Le « gestaltisme » désigne aujourd'hui, plus couramment, une théorie de la perception développée (P. Guillaume), selon laquelle nous percevons d'abord des structures globales. → **Forme (théorie de la) ; localisations cérébrales (théorie des.)**

Geulincx (Arnold), philosophe belge (Anvers 1624 – Leyde 1669). Il propagea le cartésianisme en Hollande dans *Metaphysica vera, Ethica, Physica vera,* ouvrages publiés après sa mort. Il aboutit, avant Malebranche, à un occasionnalisme qui nie toute action réciproque du corps et de l'âme, qu'il compare, comme le fera Leibniz, à deux horloges s'accordant, bien qu'indépendantes.

Gilson (Étienne), philosophe français (Paris 1884-Cravant, Yonne, 1978). Il fut professeur à Lille (1913), à Strasbourg (1919-1921), à la Sorbonne et à l'École pratique des hautes études (1922-1932), puis au Collège de France (1932-1950). Ayant montré l'influence de la scolastique sur la pensée de Descartes, il a ouvert une nouvelle perspective sur la philosophie médiévale, encore insuffisamment connue. Il a été l'un des principaux protagonistes dans le débat qui a éclaté après 1931 autour de la notion de la philosophie chrétienne* et dont il a fait la synthèse dans *Christianisme et Philosophie* (1936). Auteur de nombreux travaux d'histoire de la philosophie médiévale, sur Duns Scot, saint Bonaventure, saint Bernard, saint Augustin, il a contribué à faire renaître l'étude de saint Thomas d'Aquin, chez qui il a découvert le rôle décisif du concept *esse* (acte d'être).

On lui doit : *la Philosophie de saint Bonaventure* (1924), *la Philosophie au Moyen Âge* (1925), *Introduction à l'étude de saint Augustin* (1929), ainsi qu'une plaquette où il a raconté dans toute sa vérité historique la vie d'*Héloïse et Abélard* (1948). Il est également l'auteur d'une autobiographie intellectuelle, *le Philosophe et la théologie* (1960), de travaux sur l'art (*Introduction aux arts du beau,* 1963) des *Tribulations de Sophie, d'Aristote à Darwin et retour* (1971). [Acad. fr., 1946.]

Girard (René), philosophe et anthropologue français (Avignon 1923). Après l'École des chartes à Paris (1943) et un diplôme d'archiviste paléographe (1947), il enseigne aux États-Unis la culture et la civilisation françaises à l'Université Johns-Hopkins de Baltimore (1957-1980), à la State University de New York (1972-1976). Depuis 1981, il est professeur à l'université de Stanford en Californie. Il a profondément renouvelé l'anthropologie. Son explication de la naissance des sociétés à partir du fait religieux confirme l'intuition fondamentale de Durkheim. La mise en ordre des comportements humains les plus incompréhensibles — les rites et les interdits comme moyens de conjurer la violence destructrice qui découle du « désir mimétique d'appropriation » (qui n'a rien à voir avec le mimétisme superficiel des comportements) — apporte une clé nouvelle pour une anthropologie unifiée (sociologie, psychologie, ethnologie). Sa pensée, réductrice du structuralisme, du freudisme et du marxisme, fut pour cette raison marginalisée par les spécialistes des sciences humaines. La simplicité de son explication des phénomènes humains totalement incompris ou refoulés dans notre culture — telles la violence, les guerres qui se produisent mais dont personne ne veut, la dissolution des corps sociaux dans le monde moderne —, la profondeur et le réalisme de ses analyses des textes de Sophocle à Lévi-Strauss, de la Bible à Marx pour faire ressortir la réalité humaine ; son analyse du sacré comme barrage contre la violence ou du phénomène du bouc émissaire comme stabilisateur social et enfin le rôle thérapeutique de sa réflexion ont créé une école girardienne des sciences de l'homme avec E. Gans, J-P. Dupuy, P. Dumouchel, M. Deguy. Il a écrit : *Mensonge romantique et vérité romanesque* (1961), *la Violence et le Sacré* (1972), *Critique dans un souterrain* (1976), *Des choses cachées depuis la fondation du monde* (1978), *le Bouc émissaire* (1982), *la Route antique des hommes pervers* (1985), *Shakespeare* (1990).

gnose, système de pensée philosophico-religieuse, qui se fonde non sur une science acquise, mais sur une révélation intérieure, permettant d'accéder à une connaissance des choses divines, réservée aux initiés.

On retrouve la pensée gnostique dans l'hermétisme hellénistique, le judaïsme de Philon d'Alexandrie et de la cabale*, le christianisme des premiers siècles, l'ismaélisme de l'islām.

gnoséologie, théorie de la connaissance, de ses sources, de ses formes.

La *Critique de la raison pure* de Kant est, dans son Analytique, une gnoséologie : elle analyse les différents concepts fondamentaux qui se retrouvent dans toute connaissance du monde. L'épistémologie, ou théorie des méthodes fondamentales employées dans les sciences, recouvre presque tout le champ de la gnoséologie. Il existe cependant une théorie de la connaissance esthétique ou affective (Scheler, Cassirer, Dufrenne) qui déborde les cadres de la gnoséologie classique. On oppose la gnoséologie à l'« ontologie », qui est la théorie de l'être, objet de la connaissance. La gnoséologie reste, on le comprend, une théorie du sujet connaissant et un idéalisme.

Goblot (Edmond), philosophe français (Mamers 1858 – Labaroche, Haut-Rhin, 1935). Il a renouvelé la théorie de la démonstration. On lui doit : *Essai sur la classification des sciences* (1898), *le Vocabulaire philosophique* (1901), *Justice et Liberté* (1902), *Traité de logique* (1918), *le Système des sciences* (1922).

Goldmann (Lucien), philosophe français (Bucarest 1913 – Paris 1970). Il place le matérialisme dialectique à la base de son étude critique d'œuvres littéraires classiques, de *Racine* (1956), de Pascal dans *le Dieu caché* (1956), du roman contemporain (*Pour une sociologie du roman,* 1964). On lui doit aussi *Sciences humaines et philosophie* (1952), *Recherches dialectiques* (1958).

Goldschmidt (Victor), philosophe français d'origine allemande (Berlin 1914 – Amiens 1981). Il enseigna à la Sorbonne, puis à Rennes (1956), Clermont-Ferrand (1966), Amiens (1976-1981). Ses recherches d'histoire de la philosophie se conforment comme celles de Martial Gueroult, à une méthode structurale particulièrement rigoureuse. Il a écrit notamment : *Essai sur le Cratyle* (1940), *les Dialogues de Platon. Structure et méthode dialectique* (1947), *Anthropologie et politique. Les principes du système de Rousseau*

(1974), *la Doctrine d'Épicure et le droit* (1977). Son œuvre principale reste *le Système stoïcien et l'idée de temps* (1953).

Gonseth (Ferdinand), mathématicien et philosophe suisse (Sonviller, Jura Bernois, 1890 – Lausanne 1975). Il a enseigné, à Zurich et à Berne, une philosophie dite « ouverte » dont les principes sont issus de la science. Toutes les notions, du vrai à l'efficace, sont ouvertes à l'expérience, toujours en situation, c'est-à-dire dépendantes, pour chaque époque, de l'histoire du milieu où elles se réalisent. Ses œuvres principales sont *les Fondements des mathématiques* (1926), *les Mathématiques et la réalité, essai sur la méthode axiomatique* (1936), *Qu'est-ce que la logique?* (1937), *la Géométrie et le problème de l'espace* (1945-1955), *la Métaphysique et l'ouverture à l'expérience* (1960), *le Problème du temps* (1964), *le Référentiel, univers obligé de médiatisation* (1975).

Goodman (Nelson), philosophe américain (Somerville, Massachusetts, 1906 – Boston, 1998). Docteur à Harvard, il enseigne la philosophie à l'université de Pennsylvanie, puis à Brandeis, est enfin professeur émérite à Harvard. Disciple de Carnap, il participe avec Quine à une refonte de la philosophie analytique américaine. L'analyse de la saisie des données qualitatives du monde dans la *Structure des apparences* (1951), celle du processus « énigmatique » de l'induction qui préside aux créations de l'esprit, dans *Faits, fonctions et prédictions* (1954), enfin celle des *Langages de l'art* (1968) ouvrent le positivisme logique sur une pluralité des mondes de la connaissance, décrite dans *Problèmes et projets* (1972) et les *Manières de construire le monde* (1978). Il a profondément renouvelé le champ de l'esthétique considérée comme une forme de connaissance, une branche de l'épistémologie, la science d'un monde aussi réel et légitime que celui de la science physique. Il montre, dans *De l'esprit et autres sujets* (1984), comment, dans l'art, les émotions font partie de la connaissance, et s'efforce de dégager une méthode pour conditionner l'inspiration. Pour lui, la science et l'art doivent se compléter dans un même but : reconstruire le monde avec des signes et en accroître la compréhension. Il en tire une stratégie pour l'organisation des instituts de recherche, des établissements d'éducation, bibliothèques et musées. On lui doit, en collaboration avec Catherine Z. Elgin, *Reconceptions en philosophie* (1988 ; trad. fr. 1994) et *Esthétique et connaissance* (1991).

Gorgias (le), dialogue de Platon (v. 393 av. J.-C.), où la doctrine de Socrate sur le dialogue, dont le but est de rechercher ce que doit être la conduite de la vie, est opposée à celle des sophistes sur la rhétorique, qui n'est qu'une technique pour écraser l'adversaire.

gouvernement, autorité qui détient le pouvoir exécutif.

Platon a classé les formes possibles de gouvernement en cinq rubriques : 1° la *royauté* ou l'*aristocratie*, qui est, au sens originel, étymologique (du gr. *aristos*, le meilleur), le gouvernement des meilleurs, des plus cultivés et des plus qualifiés ; 2° la *timarchie* (du gr. *timê*, la crainte), qui est le gouvernement fondé sur l'autorité militaire (gouvernement de Sparte, régimes policiers ou juntes militaires du monde moderne) ; 3° la *ploutocratie* (du gr. *ploutos*, richesse), où l'autorité est fondée sur l'argent (régime censitaire ou capitalisme des États-Unis à la fin du XIXe siècle) ; 4° la *démocratie* (du gr. *dêmos*, peuple), où l'autorité s'exerce au nom du peuple, qui exprime sa volonté et élit les gouvernants par le suffrage universel ; 5° la *tyrannie*, qui est le gouvernement arbitraire d'un seul. On voit par là que, dans l'ordre des choses, la tyrannie est proche de la démocratie et menace toujours le cours de ses institutions. Elle advient par la médiation de l'« anarchie », qui est un cas limite de la démocratie ; « lorsque chacun, dit Platon, veut exprimer son avis et agir sur la volonté des gouvernements, la surenchère des intérêts individuels se substitue à l'intérêt général » *(la République)* ; la porte est alors ouverte à la tyrannie, par l'excès même du désordre unanimement récusé par les citoyens. À la recherche du gouvernement le *meilleur* s'est substitué au XVIIIe siècle celle du gouvernement *légitime*. J.-J. Rousseau en fait l'objet du *Contrat social* (1762); le gouvernement légitime est celui qui résulte d'un pacte social exprimé dans les termes suivants : « Chacun de nous met en commun sa personne et toute sa puissance sous la suprême direction de la volonté générale ». — Le gouvernement ne reste légitime que s'il n'outrepasse pas ses droits, lesquels ne peuvent s'exercer que sur le citoyen, non sur l'homme : « Outre la personne publique, nous avons à considérer les personnes privées qui la composent, et dont la vie et la liberté sont naturellement indépendantes d'elle. » Toutes les actions d'un gouvernement démocratique ne peuvent se faire que dans le cadre d'une constitution qui, s'inspirant de la *Déclaration des droits de l'homme et du citoyen*, impose le respect total de la vie privée, la condamnation de toute action arbitraire et, comme le souligne Montesquieu dans *l'Esprit des lois* (1748), la séparation des pouvoirs (exécutif, législatif et judiciaire). Le problème du pouvoir exécutif (ou gouvernement) dans le monde moderne est de concilier la pratique d'un gouvernement *démocratique* avec celle d'un gouvernement *fort* : bien qu'il soit évident qu'un gouvernement ne peut être fort que s'il a une assise démocratique profonde (suffrage universel, référendum, arbitrage éventuel du peuple en cas de conflit avec le pouvoir législatif), il n'en reste pas moins que plus un gouvernement doit agir avec énergie (pour la défense du pays, la sécurité intérieure, le développement économique ou la rigueur monétaire, etc.), plus il doit développer la concertation, multiplier les explications, en raison de l'exigence de plus en plus impérieuse des citoyens de recevoir l'information. La qualité et la sincérité des actions de communication peuvent participer à la définition de la légitimité ou de l'illégitimité des actions d'un gouvernement. → **État, politique.**

grâce, don gratuit, faveur faite par pure bienveillance.

En théologie, participation à la vie divine. Le problème théologique de la grâce est de savoir si elle peut être le résultat du perfectionnement intérieur ou de la conduite vertueuse de l'homme (conception catholique), ou bien si elle est absolument indépendante de nos efforts, un pur secours de Dieu sur lequel nous n'avons point de prise, à la manière d'un destin (conception protestante, qui fut aussi celle du jansénisme).

Gramsci (Antonio), philosophe et homme politique italien (Ales, Sardaigne, 1891 – Rome 1937). Il a été l'un des fondateurs du parti communiste italien en 1921. Il perdra la santé en prison. Il combattit le déterminisme historique des socialistes marxistes de la fin du XIXe siècle et du début du XXe siècle, lesquels considéraient que la révolution prolétarienne était inéluctable. Gramsci insiste sur la nécessité du travail politique et de l'action pour changer les choses et permettre « l'hégémonie du prolétariat ». Cette notion souligne que la direction intellectuelle par la création d'une nouvelle culture et d'une morale est plus importante que la domination d'État dont il souhaite la réduction au rôle de « veilleur de nuit » (l'expression est de Lasalle). Il a écrit notamment : *le Matérialisme historique et la philosophie de B. Croce* (1948), *les Intellectuels et l'organisation de la culture* (1949), *Littérature et vie nationale* (1960), *les Cahiers de prison* (1975).

Granger (Gilles Gaston), philosophe français (Paris 1920). Il enseigne à partir de 1964 à Aix-en-Provence. Sa réflexion porte sur l'épistémologie et la philosophie des sciences; il a surtout analysé les conditions nécessaires à la constitution des sciences humaines. Ses principales œuvres sont : *Méthodologie économique* (1955), *la Raison* (1955), *la Mathématique sociale du marquis de Condorcet* (1956), *Pensée formelle et science de l'homme* (1960), *Wittgenstein* (1969), *la Théorie aristotélicienne de la science* (1976), *Langage et épistémologie* (1979).

grecque (philosophie). La philosophie grecque s'est développée du VIIe siècle avant J.-C. au IIIe siècle après J.-C., avec un apogée au IVe siècle. avant J.-C.

(Platon et Aristote). On peut dire que la philosophie est née en Grèce. Les premiers philosophes veulent expliquer l'univers. Les *Ioniens* cherchent le principe des choses dans un élément de la nature : l'eau pour Thalès (VIIe s. av. J.-C.), l'air pour Anaximène, le feu pour Héraclite. Le *pythagorisme* (VIe s. av. J.-C) s'efforce d'exprimer l'harmonie du monde en des rapports numériques, et développe une véritable religion des nombres. L'école *d'Élée**, représentée par Xénophane, Parménide, Zénon, développe un monisme qui prouve le caractère illusoire du mouvement. Enfin, l'*atomisme* de Démocrite explique toutes choses par le mouvement des atomes. A la fin du VIe siècle naît la *sophistique*, qui donne à l'art de la discussion un rôle prépondérant et prépare l'humanisme du IVe siècle avant J.-C. et l'apparition d'un Socrate. De Socrate se réclament l'école *éristique* ou « disputeuse », l'école *cyrénaïque**, qui ramène la morale à la recherche du plaisir (Aristippe), et l'école *cynique*, qui identifie la vertu à l'effort. Platon, fondateur de l'*Académie**, et Aristote, fondateur du *Lycée*, marquent de leur empreinte toute la philosophie grecque à venir et même toute la philosophie occidentale. Aristote devait inspirer tout le Moyen Âge, et la philosophie de Platon, après avoir suscité le néoplatonisme de Plotin (IIIe s. apr. J.-C.), dernière école de la pensée grecque, devait influencer la pensée de Kant (à travers saint Augustin), de Fichte, de Hegel et, à un autre égard, de Husserl.

groupe, ensemble de personnes dans un même lieu.

Un groupe social est un ensemble organisé par des lois ou des institutions, et il se distingue en cela de la *foule*, qui est inorganisée. D'autre part, un groupe social ne se réduit pas à la somme des consciences individuelles, comme le pensait Tarde (qui ramenait la « sociologie » des groupes à une « inter-psychologie ») : un individu n'aura pas les mêmes réactions en groupe que tout seul; c'est le groupe qui le transforme et en fait un autre individu. La sociologie étudie le groupe comme un fait particulier et spécifique. On distingue toutefois l'analyse « statique », qui porte sur les institutions d'un groupe, et l'analyse « dynamique », qui étudie leur fonctionnement et la manière dont les individus vivent et pratiquent (et, le plus souvent, « tournent ») ces institutions (le sociologue se fait alors ethnologue). → **Sociologie.**

Gueroult (Martial), philosophe français et historien de la philosophie (Le Havre 1891 – Boulogne/ Seine 1978). Il fut professeur à la faculté de Strasbourg (1929-1945), à la Sorbonne (1945-1951), au Collège de France (1951-1962). Ses travaux sur la philosophie de Fichte (*l'Évolution et la structure de la doctrine fichtéenne de la science,* 1930), sur *la Philosophie transcendantale de Salomon Maïmon* (1930), sur Leibniz (*Dynamique et métaphysique leibniziennes,* 1934) et, plus récemment, sur *Descartes selon l'ordre des raisons* (1953), *Malebranche* (1955-1959), *Spinoza* (1967) ont élevé, pour la première fois, l'histoire de la pensée philosophique au rang d'une science à la fois historiquement exacte et philosophiquement rigoureuse : l'exactitude historique se fonde sur la réalité des textes, la rigueur philosophique sur leur compréhension rationnelle (cette dernière ne se réfère pas à un critère subjectif extérieur à l'œuvre philosophique, mais à la « structure » objective des systèmes, à leur cohérence interne). Cette attitude d'historien se trouve elle-même philosophiquement justifiée et fondée dans l'ouvrage *Philosophie de l'histoire de la philosophie* (posthume 1979), et les 3 volumes de *l'Histoire de l'histoire de la philosophie* (1984-1989). Gueroult n'apparaît pas seulement comme un grand historien, mais comme le premier philosophe qui fonde critiquement la légitimité de l'histoire de la philosophie.

Guertsen → **Herzen.**

guerre, épreuve de force entre peuples (guerre nationale) ou entre partis (guerre civile).

Les moralistes et les philosophes ont réfléchi sur le problème de la guerre soit pour en dénoncer les méfaits, soit pour en chercher les causes et les motivations : s'il est certain que la guerre est liée aux passions humaines (Platon, Alain : « Il n'y a de guerre que de religion »), telles que la haine, l'orgueil, etc., il faut distinguer cependant les passions individuelles et les raisons qui peuvent décider des actions de l'État : l'homme d'État ne peut agir par passion ; il doit voir les problèmes au niveau de la totalité et en toute sérénité. À ce niveau, la guerre est-elle une nécessité ou un accident ? Hegel, en son temps, considérait la guerre comme une nécessité biologique, sociale : « Seule la guerre peut ébranler une société et lui faire prendre conscience d'elle-même » ; ce que Renan commentait : « La guerre est une des conditions du progrès, le coup de fouet qui empêche une nation de s'endormir. » Et, de fait, les guerres font progresser les sciences (la science atomique s'est développée fébrilement avec la guerre). C'est aussi un fait que les sociétés qui s'endorment (dans le chaos politique, social et la débâcle économique) sont, de nos jours, vouées à la disparition. De ce point de vue, la guerre n'est pas en soi nécessaire ; il suffit du risque de guerre, ou « guerre froide », ou guerre subversive et psychologique, pour stimuler l'activité des nations et transformer les conflits en concurrence (économique, scientifique, etc.). La nécessité d'entretenir le risque de guerre peut être alors une nécessité de politique intérieure (Chine communiste), pour détourner l'opinion publique des difficultés internes et justifier les rigueurs particulièrement éprouvantes d'un travail quotidien acharné. Dans certains pays, la guerre peut revêtir aussi l'aspect d'une nécessité démographique, faisant une sorte de « saignée » qui résorbe le chômage et surtout la famine (la guerre de Corée [1950-1953] fut une « délivrance » démographique pour la Chine communiste).

Enfin, la guerre peut se présenter comme une nécessité économique : l'économie capitaliste, disait Marx, ne peut écouler sa production et éviter la « crise » qu'à la faveur de la guerre (« colonisatrice », « impérialiste »). En fait, toutes ces raisons de guerre peuvent se ramener à deux :

1° la *faim :* tant qu'il existera des nations sous-développées à côté de nations riches, des hommes qui auront faim à côté de sociétés regorgeant de biens, il existera des risques de guerre ;

2° la *liberté politique* : **a)** « La guerre est sainte, disait Fichte, quand l'indépendance, condition de la culture, est menacée. » Défendre sa nation est un devoir ; **b)** mais, aussi, tant qu'il existera des régimes tyranniques, écrasant les libertés individuelles (pays communistes), à côté de nations libres, tant qu'un « mur » sera nécessaire pour empêcher les populations captives de s'enfuir vers la liberté et de faire le vide démographique sous les gouvernements de dictature, il y aura risque de guerre. C'était l'idée de Kant dans son *Projet de paix perpétuelle* : « Seuls des peuples gouvernés démocratiquement peuvent édifier entre eux une paix perpétuelle. » Aujourd'hui, on peut distinguer les *guerres limitées,* qui peuvent s'interpréter comme la « continuation de la politique par d'autres moyens », et les *guerres totales,* qui ne sauraient plus avoir aucune signification ni aucune justification. Notons que les dangers d'une destruction atomique universelle créent une « solidarité nouvelle » entre les peuples, et poussent les hommes à comprendre et à dominer ce phénomène tragique. → **Progrès.**

Gurvitch (Georges), philosophe et sociologue français (Novorossyk, Russie, 1894 – Paris 1965). Professeur à la Sorbonne et à l'École pratique des hautes études, il appréhende la réalité sociale comme un tout, mais propose différents niveaux d'analyse (la sociologie « différentielle ») des cadres sociaux. Il a publié : *l'Idée du droit social* (1935), *Morale théorique et science des mœurs* (1937), *Essai de sociologie* (1939), *Éléments de sociologie juridique* (1940), *K. Marx et la sociologie du XXe siècle* (1948), *les Tendances actuelles de la philosophie allemande* (1950), *Dialectique et sociologie* (1962), *les Cadres sociaux de la connaissance* (1966).

Guyau (Marie Jean), philosophe français (Laval 1854 – Menton 1888). Il est l'auteur d'une *Esquisse d'une morale sans obligation ni sanction* (1884), dans laquelle il insista sur le rôle de la solidarité humaine.

h

Habermas (Jürgen), sociologue et philosophe allemand (Düsseldorf 1929). Après un doctorat sur Schelling (1964), il enseigne à Heidelberg (1961), Francfort (1964), Samberg en Bavière (1971). Sa philosophie, exposée dans *Connaissance et intérêt* (1968), analyse les trois intérêts qui commandent la connaissance : l'intérêt *technique* qui commande les sciences empirico-analytiques, l'intérêt *pratique* auquel répondent les sciences historico-herméneutiques, l'intérêt *émancipatoire* qui inspire les sciences critiques. Son épistémologie s'enracine dans une anthropologie de la connaissance. Habermas développe une réflexion sur les incidences de la technique et de la science sur la démocratie et la société (*Pour une logique des sciences sociales*, 1967). Ses études sur les sociétés capitalistes avancées tendent à montrer qu'aux crises économiques se substituent des crises politiques (*Raison et légitimation*, 1973). Il a écrit également : *Théorie et pratique* (1963), *la Technique et la science comme idéologie* (1968), *Pour la reconstruction du matérialisme historique* (1976), *Théorie du commerce de la communication* (1981).

habitude, manière d'être acquise.

On insiste souvent sur le caractère passif de l'habitude, qui résulte simplement de la répétition de certains actes devenant peu à peu inconscients et mécaniques. En fait, il faut une coopération de l'individu : on ne s'habitue jamais complètement à une chose désagréable ; en revanche, on s'habitue en une ou deux fois à une chose agréable. Les effets de l'habitude sont positifs : elle crée en nous l'automaticité des actes, c'est-à-dire une disposition à faire un travail déterminé avec moins d'effort et plus de réussite. On assimile souvent, à la suite d'Aristote, les habitudes à tout ce qui est acquis par la vie sociale (traditions, coutumes, institutions), que l'on oppose alors à la nature humaine (« l'habitude est une seconde nature »), qui se superpose à la première soit pour la contraindre (rigorisme moral, qui ramène les habitudes sociales à une maîtrise de nos désirs naturels), soit pour lui permettre de s'épanouir (la culture est une habitude qui féconde les semences naturelles de notre esprit). Le principe d'une vie sociale saine est de former les habitudes en harmonie avec les tendances de la nature humaine.

Halbwachs (Maurice), mathématicien et sociologue français (Reims 1877 – mort en déportation à Buchenwald 1945). Élève de Durkheim, professeur à Caen, Strasbourg et Paris, il étudia particulièrement le problème des niveaux de vie et celui de l'évolution des besoins dans la société. Ses travaux sur la mémoire découvrent que le souvenir, et en particulier la « localisation » des souvenirs, n'est possible qu'à partir de repères empruntés à la vie sociale (fêtes, événements qui ont marqué nos relations avec autrui, etc.); sa théorie de la mémoire comme fait social, sa conception du suicide lié à la « solitude » sociale (« on tient d'autant moins à soi qu'on ne tient qu'à soi ») approfondissent les rapports de la psychologie et de la sociologie, et eurent un retentissement considérable. On lui doit notamment : *la Classe ouvrière et les niveaux de vie* (1913), *les Cadres sociaux de la mémoire* (1925), *les Causes du suicide* (1930), *l'Évolution des besoins dans les classes ouvrières* (1933).

hallucination, perception, par un sujet éveillé, d'un objet sensible qui n'existe pas dans la réalité.

On distingue l'hallucination *élémentaire* (impression vague de lueur, de bruit, de malaise intérieur, etc.) et l'hallucination *complexe* (vision de personnages, audition de paroles, etc.). L'hallucination apparaît le plus souvent dans les délires d'origine infectieuse (fièvres tropicales, dengue, etc.), au cours des tumeurs cérébrales ou de certains troubles psychologiques (tels la démence paranoïde, le délire de persécution). Les hallucinations collectives sont beaucoup plus rares et relèvent de la « suggestion » (paniques ou enthousiasmes des foules) ou de l'hystérie collective. L'hallucination n'a point de rapport avec la « vision mystique », qui procède (du moins lorsqu'il s'agit de mysticisme authentique) selon une technique et une méthode extrêmement précises, rigoureuses (il suffit de se référer à saint Jean de la Croix), et s'apparente de très près à la compréhension rationnelle de la réflexion philosophique ou de la recherche scientifique.

Hamelin (Octave), philosophe français (Le Lion-d'Angers, Maine-et-Loire, 1856 – Huchet, Landes, 1907). Professeur à l'École normale supérieure et à la Sorbonne, il est l'un des rares philosophes français à avoir développé sa philosophie (*Essai sur les éléments principaux de la représentation,* 1907) comme un système clos, c'est-à-dire comme une explication purement rationnelle et démonstrative de tous les éléments de notre connaissance (mouvement, qualité, temps, espace, relation, nombre, causalité, finalité : tous ces « éléments » se synthétisent dans la personnalité de l'être humain).

Hamilton (sir William), philosophe écossais (Glasgow 1788 – Edimbourg 1856). Sa philosophie, qui complète la connaissance par la croyance, est inspirée de celles de Kant et de Reid. Ses *Lectures on Metaphysics and Logic* (1859-1860) ont été éditées par son fils.

Hartmann (Eduard von), philosophe et savant allemand (Berlin 1842 – Grosslichterfelde 1906), hégélien et vitaliste. On lui doit : *Philosophie de l'inconscient* (1869), *Néokantisme, Schopenhauérisme et Hégélianisme* (1877), *la Religion de l'avenir* (1882).

Hartmann (Nicolaï), philosophe allemand (Riga 1882 – Göttingen 1950). Il développe une *Métaphysique de la connaissance* (1927), inspirée à la fois par la philosophie de l'identité de Schelling et par la phénoménologie de Husserl : il cherche à unir une théorie de la « connaissance » avec une ontologie de l' « objet » de la connaissance, dans une identité absolue du sujet et de l'objet; sa réflexion philosophique se développe corrélativement en trois moments : **1°** phénoménologie de la connaissance; **2°** aporétique (conscience des problèmes insolubles); **3°** ontologie (théorie de l'être). On lui doit, en outre, une *Éthique* (1926), un essai *Sur le fondement de l'ontologie* (1935) et une *Philosophie de l'idéalisme allemand,* T. 1, 1923; T. 2, 1929. (Ne pas confondre avec le philosophe hégélien et vitaliste Eduard von Hartmann [1842-1906].)

Ham Ann (Johann Georg), écrivain et philosophe allemand (Königsberg 1730 – Münster 1788). Il a profondément influencé la pensée allemande de la fin du XVIIIe siècle et amorcé le mouvement de révolte contre le rationalisme et le classicisme venu de France. Il est l'auteur de : *Croisades d'un philologue* (1762), *Dernières déclarations du Chevalier de Rosecroix sur l'origine divine et humaine du langage*

(1772), *Métacritique du purisme de la raison pure* (1784).

hasard (de l'arabe *az-zahr,* dé et jeu de dés), caractère d'un événement, d'un fait dont on ne peut prévoir le déroulement.

La question de savoir si l'on peut déterminer la cause des hasards (rencontres, chance) a été longtemps un sujet de discussion : en droit, le hasard n'a pas de cause, puisqu'il est « contingence » pure (exemple type, cité par Cournot, de la tuile qui tombe du toit, « soit que je passe ou que je ne passe pas dans la rue »); cependant, la science (calcul des probabilités) a porté son étude jusqu'au domaine de l'indéterminé : selon Cournot, le hasard ne serait en fait que la « combinaison d'événements qui appartiennent à des séries (de causes) indépendantes les unes des autres ». C'est ainsi qu'on peut déterminer pratiquement, en fonction de la *loi des grands nombres,* la quantité exacte de coups de canon qui, pour une même hausse de la bouche à feu, tomberont dans les « différentes zones de dispersion du tir », cela à condition que le nombre de coups tirés soit assez grand (100, par exemple). Il n'y a donc pas, pour la science, d'indétermination pure, de hasard au sens large du terme : le hasard se ramène à une prévision statistique (à ce que la physique moderne appelle un « déterminisme global »).

hédonisme, doctrine philosophique qui fait du plaisir le but de la vie.

Aristippe* de Cyrène, dont les œuvres ont été perdues, est présenté par les historiens comme l'un des premiers hédonistes. Aristote et ses disciples constataient que les êtres vivants recherchent naturellement le plaisir et fuient la douleur; et que si les plaisirs du corps sont plus intenses que ceux de l'âme, ils provoquent aussi souvent la douleur physique ou morale. C'est pourquoi la sagesse et le vrai bonheur consistent à garder sa liberté d'esprit et à résister aux désirs et à l'illusion.

En morale, l'hédonisme est la doctrine qui considère que la moralité consiste dans la recherche du plaisir comme source de l'épanouissement de l'homme → **Épicure, eudémonisme.**

Hegel (Georg Wilhelm Friedrich), philosophe allemand (Stuttgart 1770 – Berlin 1831). Étudiant à l'université protestante de Tübingen, il a pour camarades Hölderlin et Schelling, dont il partage les enthousiasmes romantiques. D'abord précepteur (de 1793 à 1796), il enseigne à l'université de Francfort à partir de 1797, puis à Iéna à partir de 1800. Il écrit alors un important article sur la *Différence des systèmes de Fichte et de Schelling* (1801) et la *Phénoménologie de l'esprit,* terminée rapidement le soir de la bataille d'Iéna (1806). C'est de 1812 à 1816 qu'il écrit sa *Grande Logique (Wissenschaft der Logik).* De 1818 à sa mort, il occupera la chaire de philosophie de Berlin, en remplacement de Fichte. Ses premières réflexions sont extrêmement concrètes : elles portent sur l'esprit du judaïsme et du christianisme, et témoignent de préoccupations religieuses et historiques. Ce qui l'intéresse, c'est de découvrir l'esprit d'une religion ou d'un peuple, c'est de forger des concepts nouveaux, aptes à traduire la vie historique de l'homme et son existence dans un peuple ou dans une histoire. Cette pensée de la vie constitue la matière de la *Phénoménologie,* qui décrit l'histoire de la conscience depuis la participation sensible au monde, « à l'ici et au maintenant », jusqu'au savoir absolu, en passant par toutes les expériences que peut connaître l'âme humaine. Cette œuvre, écrite dans un langage abstrait, est en vérité une introduction à la *Grande Logique :* celle-ci réalise l'Absolu lui-même et l'identifie au savoir de la philosophie.

Hegel eut une influence considérable. Sa philosophie a donné lieu à deux interprétations : la première se fonde sur la *Logique* et considère le savoir absolu comme la fin dernière de toute histoire humaine; Hegel se présente alors comme un penseur spéculatif, d'inspiration religieuse. La seconde se fonde sur la *Phénoménologie* et considère que le problème fondamental est celui de la réalisation de l'humanité en nous et de l'humanisme dans l'histoire. De ce point de vue, la profonde originalité de Hegel est d'avoir été le premier à penser les réalités sociales et spirituelles, d'avoir ainsi rendu possible Feuerbach et Karl Marx. Les premières œuvres de Hegel sont extrêmement concrètes et suggestives *(Vie d'Abraham, Vie de Jésus)*. La *Phénoménologie de l'esprit* et la *Logique* requièrent, en revanche, une formation philosophique spéciale.

hégélianisme, doctrine philosophique de Hegel et de ses disciples.
Parmi les nombreuses interprétations de la pensée de Hegel, il faut distinguer : **1°** un hégélianisme « orthodoxe », qui cherche à continuer, sans le modifier, l'enseignement de Hegel (Rozenkranz, Biedermann, K. Prantl, J.E. Erdmann, K. Fischer, E. Zeller); **2°** le « néo-hégélianisme », qui, sur le plan philosophique, retient surtout de Hegel son idéalisme et, sur le plan politique, sa théorie de l'État comme totalité et but suprême (en Italie : Spaventa, Croce, Gentile; en Allemagne : Kroner, S. Mark, A. Liebert); **3°** l'« hégélianisme de gauche », qui retient surtout la méthode dialectique et la notion de devenir, aboutissant ainsi à un relativisme qui critique la religion (Feuerbach, David Strauss et Bruno Bauer) et les institutions établies (Lorenz von Stein, Max Stirner); **4°** le « marxisme », qui conserve toute la dialectique de Hegel, mais fait de l'homme et non de Dieu le sujet réel de l'histoire.

Heidegger (Martin), philosophe allemand (Messkirch, Bade, 1889 – *id.* 1976). Élève de Husserl, il publie en 1914 sa thèse la *Théorie du jugement dans le psychologisme*. Professeur à Marburg, il publie *Être et Temps (Sein und Zeit)* en 1927. L'influence de cette œuvre (à laquelle Sartre a emprunté presque toutes ses analyses dans *l'Être et le Néant*, dont Camus tient sa notion d'« absurdité » de l'existence) vient de ses analyses existentielles de l'homme en situation. Pourtant, les écrits plus récents du philosophe ont confirmé l'introduction de *Sein und Zeit*, selon laquelle ce n'est pas la question de l'homme, mais la question de l'être, qui est, pour Heidegger, le centre de sa réflexion (*De l'essence de la vérité et Lettre sur l'humanisme,* 1947). Celle-ci s'infléchit dans le sens d'une analyse du langage poétique *(Satz vom Grund,* 1957; *Die Sprache)* comme seul lieu de la révélation de l'être. Penseur inspiré plutôt que rigoureux, prophète de notre époque « décadente » et de l'âge atomique, Heidegger exerce actuellement un profond attrait sur tous les esprits. Heidegger a écrit également : *Kant et le problème de la métaphysique* (1929), *Les Chemins qui ne mènent nulle part* (1950), *le Sentier* (1953), *Introduction à la métaphysique* (1953), *Qu'appelle-t-on penser?* (1954), *Qu'est-ce que la philosophie?* (1956), *Identité et différence* (1957), *Temps et être* (1962).

Helvétius (Claude Adrien), philosophe français (Paris 1715 – Versailles 1771). Très jeune encore, il lut l'*Essai sur l'entendement humain* de Locke, qui devint son maître de philosophie. Son ouvrage *De l'esprit* (1758), condamné par le Conseil du roi, puis par le parlement de Paris, et, en 1772, l'ouvrage *De l'homme, de ses facultés intellectuelles et de son éducation* représentèrent, selon Diderot, « un furieux coup de massue porté sur les préjugés en tous genres ». Sa philosophie est un sensualisme matérialiste : seuls les objets matériels existent et la connaissance n'est qu'un produit de nos sensations. Il professait un athéisme absolu, liant directement, comme beaucoup d'Encyclopédistes, la religion et la tyrannie. Il critiqua les répartitions des richesses qui étaient alors pratiquées et préconisa de réformer la législation telle qu'elle résultait de la société féodale.

Héraclite, en gr. **Hérakleitos,** philosophe grec (Éphèse, Asie Mineure, v. 540 – 480 av. J.-C.). Membre de la famille royale, il est, dans l'Antiquité, le philosophe du feu « créateur du monde et des hommes ». De son traité *De la nature* il ne nous reste que des fragments, écrits en prose ionienne. Il est le philosophe du devenir, du changement constant de toutes choses *(panta reï) :* le froid devient chaud, le jour devient nuit, le vivant meurt, etc. Cette profonde sensibilité au devenir en fait, dans l'Antiquité, le philosophe du monde sensible; il s'oppose aux

« Éléates » (Parménide, Zénon), qui soulignent l'immuabilité de l'être, et à la philosophie des « essences » de Platon.

Herbart (Johann Friedrich), philosophe et pédagogue allemand (Oldenburg 1776 – Göttingen 1841). Il étudia en Suisse les méthodes pédagogiques de Pestalozzi, devint professeur à Göttingen (1805), succéda à la chaire de philosophie occupée par Kant à Königsberg (1809), revint enfin à Göttingen (1833). Toute son œuvre est un effort pour élever la psychologie au rang d'une science exacte. Sa psychologie « dynamique » est une étude des « forces » psychiques et de leur interaction. On lui doit notamment : *Précis d'introduction à la philosophie* (1813), *Psychologie comme science* (1824-1825), *Métaphysique générale* (1828-1829) et une *Encyclopédie de la philosophie* (1831). Herbart a fondé une école de « psychologie dynamique », dont les principaux représentants furent Wilhelm Drobisch (1802-1896) et W. Windelband.

hérédité, transmission des caractères individuels d'un être vivant à ses descendants.

L'immense majorité des faits de l'hérédité ont été connus et expliqués par les lois de Mendel, et il est établi aujourd'hui que les caractères acquis au cours de la vie d'un individu ne se transmettent que s'ils ont entraîné une modification au niveau chromosomique. Les caractères se transmettent plus nettement de deux en deux générations (grand-père – petit-fils) : si l'on prend une souris grise et une souris blanche, la première génération qui en est issue donnera des souris grises, mais la seconde génération pourra donner une souris blanche et une souris grise. L' « hérédité » et l' « éducation » sont les deux composantes de la personnalité : la méthode de la confrontation des jumeaux est souvent employée pour dégager la part jouée par l'hérédité et celle qui est jouée par l'éducation au sens large (toutes les circonstances qui entourent le développement, la croissance et la vie d'un individu : quantité et qualité de nourriture, milieu familial, scolaire, social, etc.).

herméneutique (du gr. *hermeneuein,* interpréter), théorie de l'interprétation des signes. Réflexion philosophique sur les symboles religieux, les mythes et, en général, toute forme d'expression humaine (sur le sens de l'émotion, celui d'une œuvre d'art, etc.).

L'herméneutique des phénomènes humains, qui requièrent une « interprétation » et une compréhension, s'oppose à l' « analyse » objective des phénomènes de la nature ; c'est une notion cardinale de la philosophie moderne, notamment de la phénoménologie existentielle (Heidegger dans *Être et Temps,* Jaspers, Sartre, P. Ricœur) : l'existence humaine est un « signe » dont le philosophe doit chercher le sens.

hermétisme, qualité de ce qui est difficile à comprendre.

L'hermétisme désignait primitivement la doctrine secrète des alchimistes au Moyen Âge : son objet était la transmutation des métaux et de la médecine universelle. Le terme est aujourd'hui synonyme de « science occulte » et englobe les expériences des fakirs, voyants, radiesthésistes...

héros (du gr. *hêrôs,* demi-dieu), homme qu'une volonté de « dépassement » élève au-dessus de l'homme.

Au sens classique, le héros se définit par le goût du risque, et le type en est le guerrier auréolé de succès militaires : le « héros » de l'Antiquité grecque gagnait ce titre en manifestant par des hauts faits une force physique extraordinaire (par exemple, Hercule, qui, dans son berceau, étrangle un serpent de ses mains ; Achille, dont l'apparition terrifiait les armées). Ce sens militaire ne s'applique aujourd'hui, en raison des moyens modernes de la guerre, qu'à des « rescapés » qui ont fait leur devoir par pure obéissance et que des événements extérieurs à eux nous font considérer rétrospectivement comme des héros. L'acception véritable du mot implique, au contraire, une action ou une création positive : le héros est celui qui incarne une cause nationale ou révolutionnaire, qui fait l'unanimité autour de lui et constitue une véritable force historique (toutes les grandes figures nationales ou politiques sont, en ce sens, des héros). Enfin, le héros peut être le créateur de valeurs culturelles importantes : Bergson (dans *les Deux Sources de la morale et de la religion*) tenait Socrate et le Christ pour des héros, le Christ ayant révélé à l'humanité la valeur de la « charité », au même titre d'ailleurs que Rousseau, qui lui a révélé le « sentiment de la nature ». D'une façon générale, le héros représente un style de vie (au même titre que le « saint » et le « sage »), qui s'oppose à la vie « prosaïque » et se caractérise par une activité créatrice d'une fécondité particulière (alors que le « saint » et le « sage » ne créent rien dans le monde : l'un s'en détache et s'en abstrait; l'autre jouit de sa simple et sereine contemplation). → **Sagesse, saint.**

Herzen ou **Guertsen (Aleksandr Ivanovitch)**, philosophe, critique et écrivain russe (Moscou 1812 – Paris 1870), pseudonyme **Iskander**. Il publie des essais philosophiques (*le Dilettantisme dans la science,* 1843). Ses écrits contre le régime tsariste *Sur le développement des idées révolutionnaires en Russie* (1850) ont une influence politique importante. Il considère la communauté villageoise russe comme la base du socialisme agraire.

Hesnard (Angelo Louis Marie), psychiatre français (Pontivy, Morbihan, 1886 – Rochefort-sur-Mer 1969). Il fit connaître en France la doctrine de Freud et la méthode psychanalytique (*la Psychoanalyse des névroses et des psychoses*, en collaboration avec E. Regis, 1912). Ses ouvrages, très rigoureux et très concrets (*l'Univers morbide de la faute* [1949], *Morale sans péché* [1954], *la Psychanalyse du lien interhumain* [1957], *les Phobies et la névrose phobique* [1961], *la Psychologie du crime* [1962], *de Freud à Lacan* [1970]), constituent une œuvre de « psychanalyse ouverte », où les idées de Freud sont révisées et enrichies par les données récentes de la biologie, de la linguistique, de la phénoménologie et de la sociologie. Ce pionnier de la psychanalyse reste encore à la pointe du mouvement psychanalytique français.

hétéronomie, condition d'une personne qui reçoit la loi de son action du dehors, au lieu de la tirer de soi-même.

Kant a montré qu'une volonté hétéronome ne peut pas être libre et que l'action qui en résulte ne peut avoir aucune valeur morale. Par exemple, celui qui « est contraint » de faire le bien ou le mal ne saurait en porter la responsabilité; de même, l'action de celui qui fait le bien par convenance, par imitation ou par intérêt n'a aucun sens moral.

Contr. : autonomie.

Hintikka (Jaakko), philosophe et logicien finlandais (Helsinki 1929). Après des études à Harvard, il est professeur à Helsinki (1959), Berkeley (1963) et Stanford. Il apporte une contribution importante à la logique mathématique, à la théorie de l'induction, à l'analyse logique des méthodes de la science, à la philosophie du langage et à l'histoire de la logique. Il a écrit notamment : *Distributive Normal Forms in the Calculus of Predicates* (1953), *Two Papers on Symbolic Logic* (1955), *Aspects of Inductive Logic* (1966), *Logic, Language Games and Informations* (1972).

Hippias (d'Élis), mathématicien et philosophe grec (2e moitié du Ve siècle av. J.-C.). Platon le met en scène dans trois dialogues : le *Protagoras* (satire vivante des sophistes autour du problème « la vertu peut-elle s'enseigner? »), *l'Hippias mineur* (contre la sophistique), *l'Hippias majeur* (sur la nature du Beau). Il inventa une courbe nouvelle, la quadratrice, qui, malheureusement, ne pouvait être construite à la règle et au compas, et sortait donc du cadre de la géométrie grecque.

histoire, connaissance du passé de l'humanité; déroulement actuel de la vie humaine.

En son premier sens, l'histoire est la connaissance de l'origine et de l'évolution de l'humanité, en particulier des peuples et des nations. La connaissance du passé pose un problème épistémologique, c'est-à-dire un problème de méthode, qui peut se formuler ainsi : quelles sont les méthodes qui permettent d'établir une connaissance *objective* du passé et de considérer l'histoire comme une science ? Il faut donc définir son objet et sa méthode.

L'objet de l'histoire : *L'histoire pure,* telle qu'on l'entendait jadis, avait coutume de ne considérer que les « événements », c'est-à-dire les faits uniques, qui ne se répéteront jamais, liés en général à l'action de personnages historiques. Le « fait » historique est établi par la convergence des témoignages oraux et écrits, et l'interprétation des familles. L'histoire va chercher par exemple l'endroit exact où se situe Alésia et les conditions détaillées dans lesquelles Vercingétorix dut se rendre à César en 52 avant J.-C. On peut considérer l'historien grec Hérodote (vers 485-420 av. J.-C.) comme le « père de l'histoire ». Les *Histoires* d'Hérodote sont le récit des guerres médiques et comportent une masse d'informations sur les mœurs, la vie quotidienne, les institutions et même les légendes de cette époque.

L'histoire comme recherche des *causes* dépasse la narration par un essai d'explication. On considère que c'est Thucydide (470-401 av. J.-C.) qui, avec *l'Histoire de la guerre du Péloponèse,* a été l'initiateur de l'explication historique en s'efforçant de dégager un principe d'intelligibilité des événements les uns par rapport aux autres, en introduisant un souci d'exactitude et de documentation approfondie ainsi qu'une approche critique des informations.

À la notion de causes, l'historien et économiste français François Simiand (1873-1935) préférera celle de *conditions,* (*le Salaire, l'évolution sociale et la monnaie,* 1932). Les conditions d'un événement, d'un changement historique peuvent comporter de nombreuses causes : elles définissent le cadre en dehors duquel l'événement ne peut se produire.

Lorsque l'on arrive à trouver un sens structurant à un très grand nombre d'événements et commandant une évolution générale, alors on peut parler de *lois.* L'histoire, comme la physique, veut définir des rapports constants entre les phénomènes humains. Sur le plan individuel, ces lois sont ressenties comme des forces qui dépassent les volontés particulières. C'est la conception dite « sociologique » de l'histoire. Dans *Guerre et Paix* (1865-1869), Tolstoï a montré avec beaucoup de détails humains l'expérience du général russe Koutouzov, qui refusait de prendre toute initiative individuelle, laissant agir librement les groupes de son armée, sans aucune action d'ensemble, persuadé que les lois sociales et humaines dont les individus ne sont que les jouets devaient amener la grande Russie à rejeter inéluctablement les troupes de Napoléon. Karl Marx (1818-1883) a développé une théorie des lois de l'évolution sociale, et situé dans les infrastructures économiques d'un pays les ressorts de l'évolution des superstructures (régimes politiques, idéologies, cultures). L'histoire a cependant montré que ces « lois » n'avaient pas permis à Marx de prédire l'avenir. Il annonçait que la Grande-Bretagne, étant le pays capitaliste le plus industrialisé, connaîtrait la première révolution prolétarienne ; or ce pays reste l'une des dernières monarchies parlementaires. La révolution s'est au contraire produite dans les pays les moins développés à prédominance agraire, tels la Chine, la Yougoslavie, etc. : Lénine fut le théoricien de cette évolution. L'effondrement des régimes collectivistes d'Europe de l'Est en novembre et décembre 1989 montre combien l'histoire peut réserver de surprise aux théoriciens de son évolution.

Les méthodes d'une connaissance objective : la question centrale pour l'historien réfléchissant sur son activité est celle de l'*objectivité* de la connaissance qu'il donne du passé ; il faut entendre par là non seulement l'*impartialité* du récit historique, mais sa conformité aux événements eux-mêmes. L'impartialité pose problème parce que l'historien est lui-même une subjectivité engagée dans l'histoire, qui peut avoir des projets pour l'avenir de la société. Par exemple la Révolution française de 1789 peut être interprétée très diversement : si la subjectivité est porteuse d'un projet socialiste, elle retiendra la notion d'égalité, l'égalitarisme (« À chacun la même part »). Si elle voit l'avenir de la société dans le libéralisme, elle retiendra la notion de « liberté » (« À chacun selon son mérite et les responsabilités qu'il aura prises »). L'homme politique soucieux de cohésion sociale (« fraternité » entre Français) pourra réfléchir aux conditions qui ont conduit à la « Terreur » en 1792-1794 pour éviter le renouvellement d'un tel processus, etc. Il faut donc que l'historien fasse abstraction de tout projet politique personnel pour avoir une méthode d'approche critique et objective. L'objectivité de l'histoire implique que l'on dépasse la subjectivité du politique pour « une subjectivité de haut rang, — celle de l'homme » (Paul Ricœur, *Histoire et vérité*, 1955). La sympathie qui est la source de la compréhension de tous les phénomènes humains implique un certain esprit critique et une remise en cause de l'édifice. Bref, le fait historique élaboré par l'historien ne doit pas être assimilé à l'événement, il est soutenu par des rapports lents et profonds sur lesquels à son tour il retentit, et qui lui donnent un sens. Par exemple si l'on s'interroge pour savoir quel est l' « événement » le plus important de la Seconde Guerre mondiale, en tant que guerre, certains diront que c'est le vote du Lend-Lease Act par le Congrès américain dite « loi du prêt-bail » le 11 mars 1941, qui a permis de doter la Grande-Bretagne, puis l'U.R.S.S., la Chine et la France combattante de moyens illimités en armements, parce qu'elle donne a posteriori une clef pour la compréhension des événements : à partir de cette loi, on peut considérer que l'invasion de la Russie le 22 juin 1941 (plan Barberousse) était condamnée à l'échec (débâcle allemande le 5 décembre 1941 devant Moscou, renversement général avec la reddition des armées allemandes à Stalingrad le 2 février 1943), que le destin de la guerre allait s'inverser avec ou sans l'engagement direct des troupes américaines après Pearl Harbor le 7 décembre 1941. En revanche si cet engagement américain ne fut pas déterminant pour l'issue de la guerre, il en élargit le champ, en accéléra le cours, et permit d'éviter au bout du compte (notamment à travers le débarquement du 6 juin 1944 en Normandie), que toute l'Europe ne passe sous le contrôle de l'U.R.S.S., pendant les 44 ans qui ont suivi. Ainsi donc, le « fait historique » le plus important est celui qui a le plus de « sens » puisqu'il permet de structurer a posteriori le plus grand nombre des événements qui ont suivi.

L'histoire, objet d'une étude pluridisciplinaire. Dans une analyse devenue célèbre, Fernand Braudel montre qu'il faut décomposer l'histoire en plans étagés, étudier les différents types de *rythmes historiques*, selon qu'il s'agit de l'histoire de la terre (glaciations, dérive des continents, équilibre biochimique de l'atmosphère), de l'histoire des sociétés ou de celle des individus (*La Méditerranée et le monde méditerranéen à l'époque de Philippe II*, 1946) : « Ce livre se divise en trois parties, chacune étant en soi un essai d'explication d'ensemble. La première met en cause une histoire quasi immobile, celle de l'homme dans ses rapports avec le milieu qui l'entoure ; une histoire lente à couler, à se transformer, faite souvent de retours insistants, de cycles sans cesse recommencés... Au-dessus de cette histoire immobile se distingue une histoire lentement rythmée : on dirait volontiers, si l'expression n'avait été détournée de son sens plein, une histoire *sociale*, celle des groupes et des groupements. Comment ces vagues de fond soulèvent-elles l'ensemble de la vie méditerranéenne ? Voilà ce que je me suis demandé dans la seconde partie de mon livre, en étudiant successivement les économies, les États, les sociétés, les civilisations, en essayant enfin, pour mieux éclairer ma conception de l'histoire, de montrer comment toutes ces forces de profondeur sont à l'œuvre dans le domaine complexe de la guerre. Car la guerre, nous le savons, n'est pas un pur domaine de responsabilités individuelles. Troisième partie enfin, celle de l'histoire traditionnelle, si l'on veut de l'histoire à la dimension non pas de l'homme, mais de l'individu, l'histoire événementielle de Paul Lacombe et de François Simiand : une agitation de surface, les vagues que les marées soulèvent sur leur puissant mouvement. Une histoire à oscillations brèves, rapides, nerveuses. Ultrasensible par définition, le moindre pas met en alerte tous ses instruments de mesure. Mais telle quelle, de toutes, c'est la plus passionnante, la plus riche en humanité, la plus dangereuse aussi... Ainsi sommes-nous arrivés à une décomposition de l'histoire en plans étagés. Ou, si l'on veut, à la distinction, dans le temps de l'histoire, d'un temps géographique, d'un temps social, d'un temps individuel. » Cette « histoire totale » ne peut être qu'une œuvre pluridisciplinaire, allant de la tectonique des plaques à la psychologie des individus, en passant par les mathématiques, la physique du globe, la chimie (de l'air et de la matière), la sociologie, etc.

Histoire (philosophie de l'), réflexion sur la nature et sur le sens de l'histoire.

À quelle condition une réflexion sur l'histoire est-elle possible?

Les télévisions, les radios, les journaux paraissent posséder aujourd'hui le monopole de l'histoire. Du fait de l'extension, de la mondialisation et de l'impact des nouveaux moyens d'information directe, l'histoire contemporaine se vit de plus en plus au présent. Mais l'avènement rapide de cette actualité historique débouche sur ce que P. Nora, dans *Le Retour de l'événement* (1974) appelle une « inflation événementielle » qui ne laisse que peu de place à la réflexion.

« L'histoire contemporaine pourrait symboliquement débuter avec le mot de Goethe à Valmy : “ Et vous pourrez dire : j'y étais !... ” Le propre de l'événement moderne est de se dérouler sur une scène immédiatement publique, de n'être jamais sans reporter-spectateur ni spectateur-reporter, d'être vu se faisant, et ce « voyeurisme » donne à l'actualité à la fois sa spécificité par rapport à l'histoire et son parfum déjà historique. D'où cette impression de jeu plus vrai que la réalité, de divertissement dramatique, de fête que la société se donne à elle-même à travers le grand événement. À la fois, tout le monde y a part et personne, car tous font la masse à laquelle nul n'appartient. Cet événement sans historien est fait de la participation affective des masses, le seul et unique moyen qu'elles ont de participer à la vie publique : participation exigeante et aliénée, vorace et frustrée, multiple et distante, impuissante et pourtant souveraine, autonome et téléguidée comme cette impalpable réalité de la vie contemporaine qu'on appelle l'opinion...

Cet état de surinformation perpétuelle et de sous-information chronique caractérise nos sociétés contemporaines. L'événement exhibé ne permet plus de faire la part de l'exhibitionnisme événementiel. Confusion inévitable, mais favorable à toutes les incertitudes, aux angoisses et aux paniques sociales. »

Si l'on parcourt le temps et que l'on se déplace dans l'espace, on voit que des populations entières et les civilisations dont elles étaient porteuses sont nées, se sont épanouies et sont mortes comme des organismes vivants. L'une des premières et des plus durables, la civilisation égyptienne, est apparue vers 3200 avant J.-C., a brûlé d'un feu intense, créateur et continu durant trente siècles avant de s'éteindre et de retomber dans un silence impénétrable et l'oubli de l'humanité, avant le simple décryptage de son écriture par Champollion en 1824. L'histoire de la Grèce ancienne a duré quatre siècles, avant que ses plus beaux monuments ne commencent à être désertés, celle des bâtisseurs de cathédrales (gothiques et romanes réunies) s'est essoufflée au bout de cinq siècles (du XIe au XVIe siècle), etc. Des ruines de la Vallée du Nil à celles de la Grèce, de Persépolis à Éphèse, de San Giminiano en Toscane à n'importe lequel de nos bourgs ruraux, dont les enceintes fortifiées protégeaient souvent, au XIIIe siècle, une population trois fois plus nombreuse que celle d'aujourd'hui, on voit que l'histoire est un cycle permanent de naissance, de grandeur et de décadence pour les cités comme pour les pays. Des capitales qui ont joué un rôle dans l'histoire du pays ont maintenant disparu et leurs populations se sont comme volatilisées, des pays qui ont occupé une place éminente dans l'histoire du monde se sont trouvés retirés de la scène. On dira qu'il y a eu des histoires, ou une histoire des civilisations. Mais on ne peut parler d'*histoire* que si l'on considère que la Grèce a repris le flambeau de la civilisation égyptienne, que Rome a pris le relais d'Athènes, et la Renaissance occidentale celle de l'Antiquité (en passant par l'Afrique du Nord), et que tous ces messages mis bout à bout, repris, ressourcés à chaque époque en d'autres lieux, ont concouru au développement et à l'état de la science et des techniques modernes ainsi qu'à la substance de notre culture et de notre propre histoire contemporaine.

La philosophie de l'histoire. Telle était l'idée de Kant, qui rappelait que pour trouver un sens à l'histoire, il fallait la considérer à l'échelon du genre humain tout entier et englober tous les pays (*Idée d'une histoire universelle au point de vue cosmopolitique*, 1784). Kant part d'une réflexion relativement moderne sur le monde : le spectacle de l'histoire superficielle est désolant ; c'est celui de la folie des hommes poursuivant leur intérêt propre, animés par « les passions de l'argent, du pouvoir ou des honneurs ». Kant considère que c'est la nature qui a voulu que les hommes se battent entre eux : « Le moyen dont se sert la nature pour mener à son terme le développement de toutes ces dispositions est leur antagonisme dans la société, dans la mesure où cet antagonisme finira pourtant par être la cause d'un ordre réglé par la loi » (id., 4e proposition). « Il y a donc un dédoublement au sein de l'histoire, entre ce que vivent les individus, leurs passions, leurs combats, leurs ambitions, et ce qui se fait au-delà d'eux sur le plan universel, l'exécution d'un plan caché de la nature pour établir une constitution qui règle parfaitement la politique intérieure, et aussi, à cette fin, la politique extérieure ». (id., 8e proposition).

Hegel analyse le même dédoublement, constatant que « les hommes défendent leurs buts particuliers contre le droit général : ils agissent librement » (*la Raison dans l'histoire*, 1830), ils agissent avec passion, mais « sous ce tumulte qui règne à la surface, s'accomplit une œuvre silencieuse et secrète », la réalisation de la raison. Il existe en allemand deux mots différents : *Geschichte*, qui désigne l'histoire au présent, qui relève de l'arbitraire, et *Historie*, qui concerne « ce côté du devenir de l'esprit... *qui se médiatise soi-même* » (préface de la *Phénoménologie de l'esprit*, 1806), c'est-à-dire qui se connaît soi-même. L'histoire qui se pense elle-même, qui a un sens, c'est l'histoire universelle. C'est en elle que tous les actes individuels trouveront leur sens final, et c'est pourquoi « l'histoire du monde est le tribunal du monde » ; c'est elle qui juge de la valeur des initiatives humaines. (*Principe de la philosophie du Droit*, 1821).

Pour Marx et Engels, la pensée de l'histoire est secondaire ; l'essentiel est de la faire, et son ressort est la lutte des classes : « Les hommes doivent être à même de vivre pour faire l'histoire, mais pour vivre, il faut avant tout boire, manger, se loger, s'habiller et quelques autres choses encore. Le premier fait historique est donc la production des moyens permettant de satisfaire ces besoins, la production de la vie matérielle elle-même... » (Marx-Engels, *l'Idéologie allemande*, 1, 1846). « L'histoire n'est pas autre chose que la succession des différentes générations dont chacune exploite les matériaux, les capitaux, les forces productives qui lui sont transmis par toutes les générations précédentes ; de ce fait, chaque mode d'activité lui est transmis, mais dans des circonstances radicalement transformées, et, d'autre part, elle modifie les anciennes circonstances en se livrant à une activité radicalement différente. » « Cette conception de l'histoire... n'est pas obligée, comme la conception idéaliste de l'histoire, de chercher une catégorie dans chaque période, mais elle demeure constamment sur le sol réel de l'histoire ; elle n'explique pas la pratique d'après l'idée, elle explique la formation des idées d'après la pratique matérielle. »

Le problème que se pose Heidegger n'est pas celui du contenu de l'histoire, mais celui, primordial, de « l'historicité » elle-même. Pourquoi l'homme est-il un être historique ? Pour lui, « l'historialité » de l'homme (c'est-à-dire le fait que l'homme est l'objet, le sujet d'une histoire) réside dans sa temporalité, et cette temporalité constitue son rapport privilégié à l'être. « Le développement initial de l'étant, dans sa totalité, l'interrogation sur l'étant comme tel et le commencement de l'histoire occidentale sont une seule et même chose ; ils s'effectuent en même temps, mais le " temps " lui-même non mesurable ouvre la possibilité de toute mesure » (*De l'essence de la vérité*, 1947). En d'autres termes, lorsque la première étincelle de l'interrogation fondamentale sur l'être a jailli dans la Grèce antique avec la naissance de la science, s'est ouverte pour l'homme occidental la possibilité d'une histoire, à la différence de nombreux peuples qui sont restés sans histoire.

Quant à Sartre, en passant de *l'Être et le Néant* (1943) à la *Critique de la raison dialectique* (1960), il prend conscience, dans une perspective marxiste, du rôle primordial de l'histoire, qu'il tente alors d'intégrer à sa philosophie. Il essaie d'expliciter l'idée de Engels selon laquelle l'homme fait l'histoire en même temps qu'il est fait par elle. « Si l'histoire m'échappe, cela ne vient pas de ce que je ne la fais pas ; cela vient de ce que l'autre la fait aussi... Notre tâche historique... c'est de rapprocher le moment où l'histoire n'aura qu'un seul sens... dans les hommes concrets qui la feront en commun » *(Question de méthode)*. Sartre s'est efforcé d'articuler l'existentialisme au marxisme dans le projet de fonder une anthropologie structurelle et historique sans pour autant minimiser le pouvoir de la subjectivité constituante, fût-elle collective (la culture).

Les différents plans de l'histoire universelle. De nombreuses analyses ont enrichi et précisé la notion d'histoire. Michel Foucault (dans *les Mots et les Choses*, 10, 1966), souligne la distance entre l'histoire vécue par les hommes (où les événements les plus importants peuvent être conditionnés par l'environnement naturel ou un enchevêtrement de causes secondes) et l'histoire telle qu'ils se la représentent. Selon lui, l'histoire n'a pas toujours « irrigué » la conscience des hommes de la même façon. Avant les Grecs, « ce qui caractérisait cette histoire... c'est qu'en ordonnant le temps des humains au devenir du monde... ou inversement, en étendant jusqu'aux moindres parcelles de la nature le principe et le mouvement d'une destination humaine (un peu à la manière de la providence chrétienne), on concevait une grande histoire lisse, uniforme en chacun de ses points, qui aurait entraîné dans la même dérive... tous les hommes et avec eux les choses, les animaux, chaque être vivant ou inerte. » L'histoire universelle ne se limite pas à l'histoire des hommes ou des sociétés. « On a découvert une historicité propre à la nature ; on a même défini pour chaque grand type du vivant des formes d'ajustement au milieu qui allaient permettre de définir par la suite son profil d'évolution ; bien plus, on a pu montrer que des activités aussi singulièrement humaines que le travail ou le langage détenaient, en elles-mêmes, une historicité qui ne pouvait pas trouver sa place dans le grand récit commun aux choses et aux hommes : la production a des modes de développement, le capital des modes d'accumulation, les prix des lois d'oscillation et de changements qui ne peuvent ni se rabattre sur les lois naturelles ni se réduire à la marche générale de l'humanité. » On le voit, la réflexion sur l'histoire universelle s'inspire de l'évolution de la science historique elle-même comme étude de différents rythmes historiques (de la terre, de la nature, des espèces, des différentes activités de l'homme, des sociétés, des individus). Ce qu'il y a de nouveau, c'est que les hommes prennent conscience que leur histoire peut infléchir celle de la terre (par les destructions, les pollutions, l'usure du milieu, une occupation trop dense) et sont soumis à l'impératif de rechercher au fond de leurs propres techniques les moyens de préserver l'environnement naturel, de garder le plus possible l'histoire de la terre vierge des influences perturbatrices de l'histoire des hommes (Michel Serres, *le Contrat naturel*, 1990).

historicité, caractère de ce qui est historique.

Le problème métaphysique de l'historicité est de savoir pourquoi l'homme naît, se développe et meurt. Bergson l'avait ramené au problème de la vie universelle, qui s'épanouit et se scinde en individus, comme la vie d'un arbre s'épanouit dans des feuilles vouées à disparaître chaque saison, mais se développe bien au-delà d'elles. Heidegger l'a identifié au problème de la finitude de l'homme, et toute sa philosophie consiste à comprendre la conduite humaine à partir de son historicité primitive, du sentiment d'une existence passagère et vouée à la mort.

Hobbes (Thomas), philosophe anglais (Wesport, Wiltshire, 1588 – Hardwick Hall 1679). C'est un matérialiste, qui nie l'existence de l'âme, déduit les idées et les connaissances à partir de la sensation. Sa morale utilitariste (développée dans les *Éléments de la loi naturelle et politiques,* composés en 1640, mais publiés en 1650, et dans le *Léviathan,* 1651) est célèbre pour avoir montré les origines du despotisme dans la disposition naturelle de l'homme à être « un loup pour l'homme »; dans l'état de nature, « c'est la guerre de tous contre tous ». Il s'oppose ainsi à la « monarchie de droit divin » et fait reposer, non sans un certain cynisme, l'absolutisme sur un contrat par lequel les individus confèrent tous les droits à un seul souverain (monarque ou conseil). Il sera combattu par les théoriciens du contrat (qui vise, en général, à limiter les droits de la royauté), et en particulier par J.-J. Rousseau.

Höffding (Harald), philosophe danois (Copenhague 1843 – id. 1931). Sa pensée procède de Spinoza, de Kant et de la philosophie anglaise. Il a publié : *la Philosophie en Allemagne depuis Hegel* (1872), *Introduction à la philosophie anglaise contemporaine* (1874), *le Fondement de l'éthique humaine* (1876), *le Fondement psychologique du jugement logique* (1899), *la Philosophie de Bergson* (1914).

Holbach (Paul Henri Thiry, baron d'), philosophe français (Edesheim, Palatinat, 1723 – Paris 1789). Il a joué un rôle essentiel pour la diffusion du matérialisme dans la seconde moitié du XVIIIe siècle. Il est l'auteur du *Système de la nature* (1770). Il critiqua la religion pour trois raisons : elle est contraire à la raison, elle empêche l'homme d'accéder au bonheur, elle favorise la tyrannie politique.

homme, être vivant doué de raison.

La question de l'homme (qu'il s'agisse de la question métaphysique de sa « nature » ou de la question morale de sa « destination ») constitue l'intérêt fondamental de la philosophie moderne. Celle-ci se distingue ainsi des philosophies du passé, pour lesquelles le problème central était celui de l'existence du monde extérieur (Berkeley, Hume, Kant), ou celui de l'existence et de la nature de l'âme seule (Descartes). L'homme désigne la totalité concrète d'un corps animé et d'une âme intelligente. Peut-on vraiment connaître ce qui est humain et comment peut-on le connaître : tel est le problème philosophique d'aujourd'hui.

La constitution de la science de l'homme. Après Hegel, qui a découvert que l'« histoire » pouvait être une méthode de connaissance des réalités humaines, c'est A. Comte qui a, le premier, parlé d'une « science de l'homme ». Son problème était de fonder une science véritable, une sociologie et une psychologie « positives », qui dégageraient la connaissance de l'homme des interprétations subjectives que nous suggèrent les passions et les émotions. Mais il ne trouva rien d'autre que de transposer les méthodes des sciences de la nature au domaine des « réalités humaines ». De ce point de vue, la « philosophie positive » n'apporte aucune méthode adaptée à la connaissance de l'homme comme intériorité et personnalité.

C'est Dilthey qui est le véritable fondateur de la « science de l'homme ». Selon lui, la science devait se définir comme la « théorie des intuitions du monde » *(Weltanschauungslehre)* ; il groupait ces intuitions du monde sous trois rubriques selon que dominaient en elles l'élément sentimental (religion), l'élément rationnel (science) ou l'élément volontaire (morale) : la science de l'homme se décomposait fondamentalement en philosophie de la religion, théorie de la science et morale. La méthode générale de la science de l'homme devait être la « compréhension », et Dilthey opposait l'« explication » des réalités physiques à la « compréhension » des phénomènes humains. « On n'explique pas un homme en colère, on le comprend », écrira Jaspers; et tous les hommes peuvent comprendre la relation de l'injure à la colère, bien qu'il ne s'agisse pas d'une relation causale de type physique, mais d'une relation spirituelle. C'est cette universalité qui confère à la méthode de compréhension une certaine objectivité.

La connaissance de l'humain s'est approfondie grâce à la psychologie et à la sociologie : **1°** la psychanalyse, ou « psychologie des profondeurs », a révélé l'existence d'une personnalité seconde, inconsciente et agissante, cachée sous les traits de la personnalité superficielle et sociale; **2°** la sociologie a découvert qu'un individu peut changer totalement si on le prend isolément et qu'ensuite on le prend en groupe. Le sociologue constate les ressources infinies de l'adap tation humaine, et le psychologue découvre l'impossibilité, pour les personnes analysées, de se reconnaître jamais totalement dans les images d'elles-mêmes qu'on leur découvre. L'homme est libre, et par là rebelle à toute science objective.

Le problème philosophique de l'homme. Il se définit comme la recherche d'une synthèse globale de tous les aspects de l'homme. La tâche est de « révéler l'unité d'une fonction générale qui coordonne toutes les créations de l'homme et présente le mythe, la religion,

LES SCIENCES DE L'HOMME : SCIENCES DESCRIPTIVES

psychologie : observation de l'individu	de son comportement objectif, de ses réactions physiques (béhaviorisme)
	de son « moi » individuel (introspection)
	de sa conduite (P. Janet) (conduite = comportement + signification)
	de ses relations à autrui (psychanalyse)
psychologie sociale (Tarde) : comportement des foules inorganisées	
sociologie (dont le fondateur est A. Comte) : science des groupes organisés, des sociétés	anthropologie culturelle (science des institutions)
	sociologie compréhensive (science des conduites sociales)
	ethnologie (étude descriptive des peuples)
histoire : science du passé de l'humanité	histoire objective : science des événements
	histoire compréhensive : science des lois générales (économiques, sociologiques, politiques, etc.) qui régissent le mouvement général de l'évolution.

LA PHIOSOPHIE DE L'HOMME : SCIENCES NORMATIVES DE L'HOMME	
esthétique : théorie du beau	• théorie physiologique de la sensation agréable • théorie de la perception esthétique (du sentiment de plaisir esthétique) • théorie de la création esthétique (du mystère de toute création humaine)
théorie de la connaissance	soit théorie du fondement et des limites de notre savoir (Kant), soit théorie de la science comme intention humaine de dominer l'univers (ce que Husserl appelle une analyse « noétique »). Répond à la question : « Que puis-je savoir ? », « Pourquoi ai-je envie de savoir ? »
morale	Répond à la question : « Que dois-je faire ? », « Quelle doit être la destination de l'homme dans le monde ? »
théorie du droit naturel	énonce ce que doit être l'organisation des rapports humains, telle qu'elle découle rationnellement de la nature de l'homme (concilie son droit naturel au respect, à la liberté individuelle, etc., avec la nécessité, naturelle aussi, de la vie sociale)
philosophie de la religion	interprétation de l'enthousiasme humain (Hegel) des rites et des mythes (Schelling, J. Bachofen, E. Cassirer, P. Ricœur)
philosophie de l'existence	comme analyse de l'Être de l'homme (ontologie du *Dasein* : Heidegger). La science de l'homme culmine dans cette philosophie fondamentale qui pose directement la question métaphysique : « Qu'est-ce que l'homme ? »

l'art, etc., comme des variations sur un même thème » (Cassirer). L'homme serait toujours identique à lui-même dans toutes ses manifestations. Toute la difficulté vient de ce que la philosophie contemporaine (l'existentialisme, la phénoménologie, la philosophie réflexive, le marxisme) veut saisir l'homme total, non plus partagé arbitrairement en « activité, affectivité et connaissance », mais à la fois comme action, sentiment et raison. Disons qu'elle n'y est pas encore parvenue. Mais n'est-il pas contradictoire de vouloir connaître « par sa pensée » une existence en elle-même irrationnelle ? Et, puisque c'est seulement dans l'expérience de la vie que l'homme peut réellement connaître l'homme, ne faut-il pas conclure qu'en l'absence de toute solution spéculative la solution se trouve dans une « philosophie engagée » ? L'homme est moins à « connaître » qu'à « réaliser ».

La véritable science de l'homme est la morale. Son problème est celui de la destination de l'homme dans le monde.

On peut distinguer, à ce sujet, les morales « formelles » (Kant), qui affirment que l'homme doit agir « par devoir », sans préciser concrètement le contenu des devoirs qu'il doit réaliser; et les morales « concrètes » (Fichte, Max Scheler), qui identifient le devoir avec la « vocation », la loi profonde et créatrice d'une personnalité. Comment l'homme peut-il connaître sa destination? Il n'en a pas une connaissance théorique positive, mais une conscience pratique négative : il prend conscience des fausses orientations qu'il donne à sa vie, et sa destination véritable se dégage de ses erreurs par une « théologie négative pratiquement vécue » (Scheler). C'est en prenant conscience de ses limites et de ses possibilités, que chaque homme peut réaliser sa voie, qu'il pourra « faire et, en faisant, se faire » (Nietzsche).

Horkheimer (Max), philosophe et sociologue allemand (Stuttgart 1895 – Nuremberg 1973). Professeur de philosophie sociale à Francfort-sur-le-Main (1930), il est l'un des fondateurs de l'école de Francfort. Sa philosophie sociale procède du matérialisme historique repris dans la double perspective d'un humanisme presque individualiste et d'une critique de la notion de totalité historique. Il a participé à de nombreux ouvrages collectifs : *Études sur l'autorité et la famille* (1936), *la Dialectique de la raison* (avec Th.W. Adorno, 1974). → **Francfort (école de).**

humanisme, mouvement des humanistes de la Renaissance (Érasme, Montaigne, Budé), qui ont remis en honneur à la fois la littérature de l'Antiquité gréco-latine et la réflexion personnelle. Doctrine morale qui reconnaît à l'homme la valeur suprême (elle s'oppose aussi bien au fanatisme religieux qu'à l'étatisme politique, qui voudrait sacrifier l'individu à la raison d'État) : son principe de morale est celui de la *tolérance,* sa philosophie propre défend l'idée d'un *progrès* de la civilisation vers une forme idéale de l'humanité, où l'homme serait à la fois libre, grâce au progrès technique, à l'égard des contingences de la nature (de la faim, du froid, des maladies), et libre à l'égard des autres hommes (dans une société sans luttes, sans classes, et cependant organisée), grâce à la mise en œuvre d'une Constitution idéale et mondiale.

Le terme d' « humanisme » s'applique, historiquement, à la « Religion de l'humanité » qu'Auguste Comte voulut substituer à celle de Dieu, et, aujourd'hui, à toute théorie philosophique, sociale, politique ayant pour but suprême le développement illimité des possibilités de l'homme et le respect réel de la dignité de la personne humaine (ce qui constitue un but moral et aussi un programme économique).

Hume (David), philosophe et historien écossais (Édimbourg 1711 – *id.* 1776). Il commença comme commerçant, voyagea en France, fut sous-secrétaire d'État et finit comme bibliothécaire de la corporation des avocats d'Édimbourg. Son *Traité de la nature humaine* (1739-1740), ses *Essais sur l'entendement humain* (1748) développent une philosophie empiriste, qui déduit tous les principes de la raison humaine à partir de l'expérience et de la sensation. Il ramène les lois de la nature à des habitudes de l'homme, ce qui devait profondément troubler Kant. Ses *Essais moraux et politiques* (1741-1742) inspireront les théories économiques de A. Smith et celles des économistes libéraux : il est le premier à avoir formulé la théorie classique de la répartition de l'or entre les nations. On lui doit, en outre, une *Enquête sur les principes de la morale* (1751), une *Histoire naturelle de la religion* (1757) et une *Histoire d'Angleterre* (1754-1762).

Husserl (Edmund), philosophe allemand, fondateur de la phénoménologie (Prossnitz, Moravie, 1859 – Fribourg-en-Brisgau 1938). Il fut l'élève de Fr. Brentano, enseigna la philosophie à Halle, Göttingen et Fribourg-en-Brisgau. Mathématicien de formation, Husserl fut d'abord un logicien attaché à « décrire » les opérations de l'esprit, à dégager les « essences » que l'intelligence perçoit dans les relations logiques. Il devient alors le théoricien de l' « expérience vécue » sous-jacente à toute opération mentale. Il a écrit notamment : *Recherches logiques* (1900-1901), *Idées directrices pour une phénoménologie pure et une philosophie phénoménologique* (1913), *Logique formelle et logique transcendantale* (1929), *Méditations cartésiennes* (1929), *Expérience et jugement* (1939). Sa phénoménologie*, qui fut d'abord une logique, puis se déploya en une philosophie de l'esprit, enfin en une philosophie de la vie, a exercé une profonde influence sur Scheler, Heidegger, l'existentialisme (Sartre, Merleau-Ponty), ainsi qu'auprès des logiciens (intuitionnisme de Brouwer). Elle a suscité enfin, dans toute la culture philosophique, un profond courant phénoménologique (Congrès internationaux de Royaumont, de Krefeld). → **Époché, phénoménologie, réduction.**

Hypatie, philosophe et mathématicienne grecque (Alexandrie v. 370 – *id.* 415). Elle fut, vers 400, à la tête de l'école néoplatonicienne et fut assassinée par des Chrétiens.

hypnose, sommeil artificiellement provoqué.

L'hypnose peut être provoquée par des procédés uniquement psychologiques. On distingue trois phases : **1°** celle de la *léthargie*, ordinairement provoquée par la fixation du regard ; **2°** celle de la *catalepsie* (suspension de la sensibilité et des mouvements volontaires), provoquée par la projection subite d'une lumière vive ou la production d'un bruit intense, inattendu ; **3°** celle du *somnambulisme provoqué* (manifestation automatique de l'inconscient). L'hypnose donne alors lieu à des manifestations du subconscient ou de l'oublié, se traduisant par des paroles évoquant des souvenirs anciens ou récents, que la conscience a oubliés ou refoulés (« secrets » de l'individu).

L'hypnose et surtout la suggestion hypnotique (hypnose provoquée artificiellement) ont été employées comme moyens d'analyse psychologique pour découvrir l'inconscient d'un individu, et aussi pour faire avouer des crimes et des délits. On arrive également, par hypnose, et par des procédés purement psychologiques, à provoquer une anesthésie rendant possible une intervention chirurgicale. Tout le monde ne peut pas être hypnotisé ; seules peuvent l'être les personnes très impressionnables ou celles qui coopèrent volontairement à l'hypnose.

hypothèse, vérité possible, mais non encore prouvée.

L'hypothèse est l'idée par laquelle on interprète les faits. La science comme la réflexion philosophique (selon Platon ou Fichte) consistent en un perpétuel va-et-vient entre les faits et les idées. L'observation des faits est le premier moment de toute recherche, l'hypothèse explicative le deuxième moment, et la vérification expérimentale le troisième. La capacité de pouvoir faire des hypothèses sert, en psychologie, à mesurer le degré d'esprit inventif d'une personne.

On distingue, en science, l'*hypothèse-loi*, ou *petite hypothèse* qui se définit comme l'anticipation de la loi, et la *grande hypothèse*, ou *hypothèse-théorie*, qui propose une explication de l'ensemble de l'univers (de sa naissance et de sa formation : Laplace ; de la nature de la matière : atomisme, etc.). Ce qui est « hypothétique » s'oppose à ce qui est « réel », tout comme le « probable » au « certain ».

Hyppolite (Jean), philosophe français (Jonzac 1907 - Paris 1968). Professeur à la Sorbonne puis au Collège de France, directeur de l'École normale supérieure, il a fortement contribué à la diffusion de la pensée de Hegel en France, par sa *Traduction de la Phénoménologie de Hegel* (1939-1941) et son commentaire *Genèse et structure de la Phénoménologie de l'esprit* (1947).

Introduction à la philosophie de l'histoire de Hegel (1948) et *Logique et Existence* (1953) poursuivent cette réflexion sur Hegel. Les *Études sur Marx et Hegel* (1955) montrent l'originalité des écrits de jeunesse de Karl Marx.

hystérie, névrose caractérisée, en général, par des crises de nerfs, une excitation exagérée (hystérie *excitative*), mais qui peut aussi s'exprimer par la paralysie (hystérie *déficitaire*).

Philippe Pinel et Jean Étienne Dominique Esquirol ont attaché une grande importance aux préoccupations sexuelles dans la genèse de l'affection; d'où son nom de « fureur utérine ». Jean Martin Charcot, qui l'a étudiée de 1882 à 1885, pensait y voir la trace d'une affection organique, alors qu'il ne s'agit (comme l'ont prouvé Joseph Babinski et Ernest Dupré) que d'une affection psychiatrique. Sigmund Freud, qui a étudié l'hystérie de 1893 à 1895, y voit, surtout chez la femme, l'expression d'un refoulement des tendances sexuelles. Quoi qu'il en soit, l'hystérie s'accompagne d'une exaltation imaginative qui l'apparente à la mythomanie; ses mobiles sont d'ordre affectif. On lira également l'ouvrage de Janet, *les Accidents mentaux des hystériques* (1893), *l'Hystérie, textes choisis de J.M. Charcot* (1971) et *Cinq psychanalyses* de S. Freud (1973).

i

Ibn al-'Arabi (Muhyī al-Din), philosophe arabe (Murcie 1165 – Damas 1240). Bien qu'ayant subi des influences néo-platoniciennes, sa pensée est directement inspirée par la réflexion sur des versets du Coran : la distinction du Dieu manifeste et du Dieu caché (Coran, 57, 3) est à la base de sa vision dialectique de l'être. Son œuvre est immense (846 ouvrages) et traite de toutes les sciences religieuses islamiques. Il est l'auteur des *Gemmes enchâssés des Sagesses* (1229), *le Livre des Théophanies* (1204). Il exerça une influence considérable en Anatolie, en Iran, en Inde et jusqu'en Indonésie.

Ibn Khaldūn, philosophe, sociologue et historien arabe (Tunis 1332 – Le Caire 1406). Son œuvre la plus importante, *les Prolégomènes* (*Muqaddima*) est une introduction aux méthodes de l'histoire comme « science des événements et de leurs causes ». Sa conception de l'histoire comme la connaissance de ce que se transmettent les générations et les peuples le conduit à une étude des sociétés, des modes de vie, de la civilisation comme exploitation des biens de la terre (*'umrān*) et comme type d'organisation sociale (*tamaddun*). Il décrit le passage d'une société de subsistance, guidée par le besoin et fondée sur l'entraide, à une société de richesse où la production dépasse le besoin, et qui porte en elle sa propre mort. Il a été un pionnier de la philosophie de l'histoire et de la sociologie. Il est l'auteur d'une *Histoire universelle* (*Kitāb al-'Ibar*).

Ibn Tufayl, philosophe et médecin arabe (Wādī Āch, auj. Guadix, début du XIIe siècle – Marrakech 1185). Il fut le médecin du Sultan auquel il présenta Averroès, qui le remplaça dans cette fonction en 1182. Il a écrit : *le Guide qui sauve de l'erreur, la Visée la plus haute sur les plus beaux noms de Dieu, Traité sur la Confession religieuse excellente, Politique*. Sa philosophie est la recherche d'un accord entre la philosophie héritée des Grecs et une authentique vie mystique inspirée par la méditation du Coran.

idéal, ce à quoi on aspire ; modèle parfait.

La représentation d'un idéal est celle d'un état de perfection que l'esprit imagine sans pouvoir y atteindre complètement : un tel état serait capable de donner une parfaite satisfaction à l'intelligence et au sentiment humain.

idéalisme, attitude de celui qui vit pour un idéal. Doctrine philosophique qui nie l'existence du monde extérieur et réduit celui-ci aux représentations que nous en avons.

Berkeley a énoncé le principe de l'idéalisme absolu : « Être, c'est être perçu » (*Esse est percipi*). L'idéalisme constitue donc l'une des deux réponses possibles au problème de la nature et de la portée de notre connaissance : son attitude, apparemment paradoxale, selon laquelle nous ne connaissons que nos représentations, demeure, théoriquement, extrêmement difficile à réfuter. La célèbre « réfutation de l'idéalisme » par Kant se réfère simplement à l'expérience d'une « conscience empiriquement déterminée », à l'expérience d'un « choc », à un sentiment de la réalité.

L'idéalisme a été soutenu par Platon (pour qui les notions qui nous permettent de penser le monde ne sont que pures relations intellectuelles, exprimant des « essences intelligibles »), par Kant (tout ce que nous connaissons du monde — intuitions et concepts — est un pur produit de l'esprit), par Fichte (dont la *Théorie de la science* [1794] se présente comme une « philosophie du moi » : idéalisme subjectif), par Schelling (idéalisme objectif : la Nature est identique à la Lumière), par Hegel (idéalisme absolu).

L'idéalisme est une philosophie qui justifie toutes les données de la conscience, une philosophie « explicative ». Mais, pour lui, l'homme réel reste en dehors de la philosophie : la philosophie moderne, extrêmement concrète et attachée à la vie, exprime des tendances nettement réalistes. L'idéalisme, qui est une théorie relative à la portée de notre connaissance, s'oppose au *réalisme* (selon lequel nous connaissons les choses telles qu'elles sont réellement en elles-mêmes) ; il ne faut pas le confondre avec le *spiritualisme*, qui est une théorie relative à la nature de l'être (par exemple, Leibniz : la réalité des choses serait de nature spirituelle), lequel s'oppose au *matérialisme* (toute réalité, même l'esprit, est de nature matérielle).

idée, ce qu'on a dans l'esprit. Dans le langage commun, représentation sommaire de quelque chose. Par exemple : « J'ai une idée de ce qu'il faut faire. »

En philosophie, représentation abstraite élaborée par la pensée d'un être, d'un rapport entre des choses, d'un objet : l'idée du beau, du bien. L'idée se distingue du produit de l'*imagination* (la vision, le rêve) comme de la *perception* (je regarde un individu). Une idée est donc *un objet de pensée en tant qu'il est pensé* ; elle n'est pas la chose sensible elle-même : l'homme peut avoir telle ou telle caractéristique (grand, petit, blanc, noir, etc.), l'idée qu'on en a n'est ni grande, ni petite, mais doit regrouper les caractères généraux de l'espèce humaine (bipède, raisonnable...).

Dans la vie courante, les idées se forment à l'occasion de discussions où chacun peut parler librement. Elles s'expriment par le langage, verbal ou écrit, à la différence des émotions ou des sentiments qui peuvent s'exprimer par le cri ou la simple expression corporelle. C'est pourquoi l'expression d'une idée, à la différence de l'expression d'un sentiment, exclut tout fanatisme.

Les idées peuvent avoir différentes qualités : elles peuvent être obscures, confuses, claires ou distinctes. Dans *Méditations sur la connaissance, la vérité et les idées* (1684), Leibniz les définit avec précision : « L'idée est *obscure* lorsqu'elle ne permet pas de reconnaître son objet. L'idée est *confuse* lorsque nous ne pouvons que la classer dans un groupe limité d'objets qu'elle signifie. L'idée est *claire* lorsque nous pouvons reconnaître à coup sûr l'objet qu'elle désigne. L'idée est *distincte* lorsque non seulement je peux la reconnaître mais disséquer tous les éléments qui la composent ». Passer de l'obscur au distinct, c'est passer de l'indéterminé au déterminé.

Une idée est par nature générale, c'est-à-dire qu'elle s'applique à toute une classe d'individus. Une idée générale a deux propriétés logiques : *l'extension*, le nombre d'individus auxquels elle s'applique, et la *compréhension* qui est l'ensemble des qualités qui définissent ces individus. Par exemple, s'il s'agit de l'idée d'homme : blanc, jaune, noir, ... Jean, Pierre, Paul... définissent l'extension ; les termes bipède, raisonnable... définissent la compréhension. Quand on pense à l'extension, on emploie le terme « idée générale » ; quand on pense à la compréhension, le mot « concept ». Pour avoir une idée générale, il faut abstraire (*ab-strahire* = tirer de), tirer de l'expérience les traits communs à une classe d'objets. S'interroger sur le processus de l'abstraction revient à poser le problème de la nature et de l'origine des idées.

La nature de l'idée : est-elle une simple représentation, à la manière d'un « tableau »? « Entre mes pensées, quelques-unes sont comme les images des choses, et c'est à celles-là seules que convient proprement le nom d'idées : comme lorsque je me représente un homme, ou une chimère, ou le ciel, ou un ange ou Dieu même. D'autres, outre cela, ont quelques autres formes : comme lorsque je veux, que je crains, que j'affirme ou que je nie, je conçois bien alors quelque chose comme le sujet de l'action de mon esprit, mais j'ajoute aussi quelqu'autre chose par cette action à l'idée que j'ai de cette chose-là ; et de ce genre de pensées, les unes sont appelées volontés ou affections, et les autres jugements » (Descartes, *Méditations métaphysiques*, 1641, Méd. III). Les philosophes cartésiens, Spinoza et Leibniz, compléteront cette analyse et montreront qu'en fait on ne se « représente » pas une idée, on la « comprend » : la compréhension est un acte d'incorporation à son esprit qui porte en outre généralement sur un « rapport intellectuel ». L'idée est « un concept de l'âme que l'âme forme pour ce qu'elle est une chose pensante » (*Éthique*, 1675). « Je n'entends point par idées des images comme celles qui se forment au fond de l'œil ». Une idée vraie est une idée vraiment pensée, qui porte en elle-même la certitude de la vérité (la vérité est *index sui*, signe d'elle-même). Telle est la définition de « l'idée adéquate ». C'est ce que Leibniz exprime également en définissant l'idée comme une « tendance », une force.

L'origine des idées : on distingue celles qui résultent de l'expérience, que Platon (428-347 av. J.-C.) appelle les sensations ou les opinions, que Descartes nomme idées « adventices » et qui se caractérisent comme des idées « générales » (elles résultent de la répétition d'un certain nombre de faits dans un ordre immuable : c'est une idée générale que le froid vient avec l'hiver et la chaleur avec l'été), et celles qui ont leur origine dans l'esprit ou la raison. Platon réservait le terme d'idées à ces notions abstraites qui constituent l'essence des choses. « Nous appelons beau en soi, bien en soi, et ainsi de suite l'être réel de chacune des choses que nous posions d'abord comme multiples, mais que nous rangeons ensuite sous leur idée propre, postulant ainsi l'unité de cette dernière » (*la République*, 6). « Les idées comme celles de la beauté ne connaissent ni la naissance, ni la mort, ne souffrent ni accroissement ni diminution » et existent de toute éternité (*le Banquet*) ; et il est vrai que tout homme, même le plus inculte, peut faire l'expérience pleine et entière du beau. Descartes parlera d' « idées innées » en pensant aux évidences mathématiques (l'idée de cercle existe avant que je la pense, et après) et à l'idée de substance ou de Dieu. Kant (*Critique de la Raison pratique*, 1788) parlera dans les mêmes termes de l'idée du devoir moral, de la justice. Les idées ne sont pas générales, elles sont « universelles ». Il distinguera les concepts et les idées (*Critique de la raison pure*, 1781). Les uns et les autres ont un caractère a priori (= antérieur à toute expérience) et existent comme des virtualités, des possibilités, mais seule l'expérience les révèle. Par exemple, la notion de « relation » ou celle de « causalité » : lorsque je trace une ligne droite entre deux étoiles, cette ligne n'existe pas dans le réel, elle vient uniquement de l'esprit comme le type de la relation la plus simple ; tout homme fait spontanément cette relation, mais il a fallu deux objets pour que je mette en œuvre cette notion. Il en est de même d'un événement physique, dont l'esprit cherche spontanément « la cause », mettant en œuvre une disposition naturelle de l'esprit. Ces dispositions « rendent possible » (= concepts transcendantaux) *la pensée* du monde. Mais le concept se rapporte à une intuition et constitue la perception ou science de *l'expérience*. Au contraire, « j'entends par idée un concept rationnel nécessaire auquel nul objet qui lui corresponde ne peut être donné dans les sens. Par exemple, les choses du monde doivent être comme si elles tenaient leur existence d'une intelligence suprême ». Les « idées transcendantales » que Kant analyse dans la 3e partie de la *Critique de la raison pure* (*Dialectique transcendantale*) correspondent aux notions que l'esprit utilise spontanément pour penser le monde (relation, causalité, analyse d'un tout en parties, etc.), mais portées à l'infini : pour reprendre le même exemple de la ligne droite que l'esprit trace entre les étoiles pour dessiner les constellations, lorsque les segments de droite s'appliquent alors à des points réels, on a une connaissance réelle ; mais lorsque l'on poursuit une droite à l'infini, on se pose la question : où va-t-elle ? ; l'univers est-il fini ou infini ? Il s'agit là d'une *idée*, au sens kantien, à laquelle aucune expérience ne répond. Kant fait l'inventaire des trois grands domaines où se développent les idées : l'essence de l'âme (idée psychologique), la nature de la matière (idée cosmologique), ou la cause première du monde (Dieu : idée théologique). Mais jamais aucune expérience ne répondra à ces idées, qui ne deviendront jamais des concepts correspondant à une connaissance réelle. Elles resteront l'objet de discussions abstraites ou verbales. En revanche, nous portons en nous une idée de l'infini qui peut être non pas l'objet d'une connaissance, mais la source d'une action, c'est le devoir moral (*Critique de la raison pratique*). L'action morale, à la différence de l'action intéressée ou du geste technique dont le motif et l'objectif sont limités, est la seule action qui porte en elle le sens de l'infini et véhicule une idée. → **Vérité, erreur, jugement, raison.**

identité, ce qui fait qu'une chose est tout à fait semblable à une autre.

La compréhension en général consiste à ramener (à « identifier ») une connaissance nouvelle à ce que nous connaissons déjà. C'est en ce sens que l'identité est la forme de toute compréhension. Meyerson voyait dans la synthèse de toutes les connaissances de l'Univers, dans leur réduction à l'« identité », l'idéal de la science : elle devait aboutir, selon lui, à une formule unique (représentée aujourd'hui par celle de la relativité), dont on pourrait déduire toutes les lois particulières de la science. Cet idéal semble plus philosophique que scientifique, car les progrès de la science vont plutôt dans le sens d'une diversification infinie de ses méthodes (spécialisations), et son but immédiat est de connaître des objets toujours nouveaux plutôt que d'unifier ses méthodes (ce travail d'unification est le but d'une réflexion sur la science, ou épistémologie).

idéologie, ensemble de croyances propres à une société ou à une classe sociale.

L'idéologie s'exprime généralement dans une doctrine politique ou sociale inspirant les actes d'un gouvernement, d'un parti, d'une classe sociale, etc. : le marxisme est une idéologie, comme d'ailleurs le libéralisme économique.

En particulier, à la fin du XVIIIe siècle, système des idéologues (Destutt* de Tracy, Cabanis *, Volney, Daunou), qui avait pour objet l'étude des idées et de leur origine (psychologie de la connaissance).

idiotie, état le plus grave de l'arriération intellectuelle, caractérisé par l'impossibilité d'accéder au langage parlé (A. Binet) et l'incapacité totale de prendre soin de soi-même.

L'idiot ne peut donc accéder au plan de langage parlé. Même à l'âge adulte, le développement intellectuel de l'idiot, mesuré par les tests, ne dépasse pas deux ans d'âge mental. On observe des degrés dans l'idiotie. Au niveau le plus bas, le comportement est purement réflexe et impulsif, tandis que, dans les cas les plus favorables, l'idiot peut être « dressé » à se nourrir tout seul, à subvenir à ses besoins. Ces infirmes, inéluctables, nécessitent une surveillance constante et une assistance permanente.

image, conscience d'un objet absent ou inexistant (l'image s'oppose à la « perception », qui est la représentation d'un objet présent).

On a cherché souvent à distinguer les *images* des *représentations réelles*, en invoquant la plus grande complexité et la cohérence de ces dernières. Ces critères restent fort discutables.

Sartre, s'inspirant de Moreau de Tours et de certaines analyses d'Alain, a apporté, dans *l'Imaginaire*, une description définitive et dégagé les quatre caractéristiques fondamentales de la représentation d'une image : 1° L'image est une « conscience » et non le contenu d'une représentation, c'est-à-dire que l'imagination est une attitude de l'homme; Sartre reprend ici l'analyse éclairante que Husserl a faite (*Méditations cartésiennes*, 1929) de la gravure de Dürer « Le Chevalier, la Mort et le Diable » : « Si je regarde la gravure (perception d'un objet réel), je ne vois pas le chevalier et la mort, je vois simplement une gravure. Par contre, lorsque je vois le chevalier et la mort, j'entre dans le monde imaginaire où les chevaliers, depuis les premiers siècles, ont affronté la mort, dans le monde glorieux et risqué de la chevalerie (monde imaginaire), et je ne perçois plus la gravure comme un objet matériel. » Imaginer et percevoir sont deux attitudes, deux formes de conscience qui s'excluent mutuellement. 2° L'image se caractérise par le phénomène de « quasi-observation ». On croit observer, mais on n'observe pas. Par exemple, chacun de nous peut se représenter l'image du Panthéon; mais, si l'on demande d'observer son image et de compter les colonnes qui en garnissent la façade, personne ne peut le faire. L'image ne nous apprend donc rien de nouveau, elle n'est pas une observation réelle; 3° « La conscience imageante pose son objet comme un pur néant »; l'homme qui imagine sait que l'objet de sa représentation n'existe pas; 4° La spontanéité de l'image, son indépendance à l'égard de la volonté, est son dernier caractère fondamental : on ne se représente pas ce que l'on veut et quand on veut; dans le rêve, qui constitue l'exemple par excellence de « conscience imageante », le sujet reste absolument passif : nous recevons nos rêves en l'absence de toute intervention de la volonté.

imagination, faculté de se représenter un objet absent.

On distingue l'*imagination reproductrice*, qui représente l'image de quelque chose que nous connaissons déjà, et l'*imagination créatrice*, par quoi l'homme est capable de produire des œuvres d'art, de faire progresser les sciences et les techniques. La psychologie, et en particulier la psychiatrie, étudie les perturbations de l'imagination, qui peuvent être un excès d'imagination (hallucinations, mythomanie, hystérie), mais aussi une carence imaginative (arriération mentale ou sottise pathologique). Entre l'imagination pathologique, qui est un frein dans la vie, et l'imagination créatrice, qui combine des faits ou des données réelles pour inventer une solution concrète, il n'y a qu'une nuance, mais elle est fondamentale : dans le second cas, l'homme agit et se réalise dans son action : dans le premier, ses rêveries ne sont pas suivies d'une réalisation concrète → **Création.**

imbécillité, grave état d'arriération mentale caractérisé par l'incapacité intellectuelle d'un individu d'utiliser et de comprendre le langage écrit, et de pourvoir à son entretien.

L'imbécile peut donc parler (à la différence de l' « idiot »), mais ne peut arriver à écrire. Son développement intellectuel peut varier entre deux et sept ans d'âge mental. L'imbécile peut avoir une bonne mémoire, mais il ne sait pas coordonner sa pensée, et, incapable d'abstraction et de généralisation, échoue devant les problèmes les plus simples. Il est inapte à la vie scolaire, tout juste apte à de menues tâches simples.

immanent, (du lat. *in*, dans, et *manere*, rester), qui est intérieur à un autre être : la *justice immanente* est la justice intérieure aux événements du monde; elle s'oppose à la *justice transcendante*, qui est celle que (selon Platon) Dieu exerce sur l'âme de chacun, après sa mort.

Les doctrines qui affirment l'immanence de Dieu au monde (Spinoza) ou à l'histoire des hommes (Hegel) constituent un *panthéisme*; elles s'opposent aux doctrines de la libre création du monde par Dieu (Descartes) ou de la libre création de l'histoire par l'homme (existentialisme marxiste : Sartre).

immatérialisme, → Berkeley.

immédiat, direct.

Les « données immédiates de la conscience », que Bergson a décrites (l'expérience interne de la durée, du « moi profond », etc.), s'opposent aux données auxquelles la science objective essaie de réduire la conscience. Par exemple, la physique nous apprend que les différentes couleurs se réduisent à des longueurs d'onde différentes. *Pour la science,* une onde déterminée frappe l'œil et déclenche une réaction dans le cerveau ; mais, *pour la conscience,* je perçois la couleur bleue, par exemple. Et il n'y a aucun rapport, aucune équivalence qui nous permette de passer du point de vue abstrait de la science au point de vue concret de la conscience immédiate. La philosophie réflexive (Lachelier, Lagneau) oppose les données immédiates de la conscience aux « idées » qu'en dégage la réflexion : elle oppose ainsi la « description » d'une émotion particulière à la « réflexion » sur son sens universel pour tout homme.

immortalité, caractère de ce qui n'est pas sujet à la mort.

C'est Platon (dans son dialogue le *Phédon,* du nom d'un des interlocuteurs de Socrate) qui a réfléchi le plus profondément sur le problème de l'immortalité de l'âme : il prouve l'immortalité de l'âme à partir du sentiment de la vie dans sa plénitude. On distingue la notion d'*immortalité* de celle d'*éternité,* qui désigne le caractère de ce qui n'est jamais né : Dieu est éternel, non immortel. L'immortalité, c'est la vie perpétuelle.

impératif, principe qui a le caractère d'une obligation impérieuse.

L'impératif « catégorique » désigne, chez Kant, le commandement obligatoire de la morale : il se manifeste en nous par le sentiment d'une impossibilité d'agir autrement (« tu dois parce que tu dois »). Il s'oppose à l'impératif « hypothétique », qui n'est pas absolument obligatoire (« tu dois faire cela *si* tu veux être heureux », ou « *si* tu veux être habile et réussir dans la vie »).

impulsion, force qui pousse à faire un acte.

L'impulsion est indépendante de la volonté ; elle correspond généralement à un acte instinctif ou à un besoin physiologique (impulsion à manger, à boire, impulsions sexuelles, impulsions agressives, au vol, etc.). Chez les sujets normaux, les impulsions sont canalisées, dirigées par l'éducation et les principes sociaux : le sujet « éduqué » parvient à maîtriser ses impulsions et à se dominer lui-même. Kant, après Platon, mesurait la liberté d'un individu à son aptitude à n'être pas esclave de ses impulsions.

inadapté, qui ne vit pas en harmonie avec son milieu.

Un « enfant inadapté », présentant un retard dans l'adaptation au milieu familial ou scolaire, souffre en général du manque d'affection réelle ou de compréhension éclairée des parents. Son étude et son traitement relèvent de la psychologie scolaire, dont les tests permettent de dire si l'inadaptation provient d'un manque d'intelligence de l'enfant (ce qui est rare) ou d'un trouble de caractère (dû à son affrontement au milieu familial ou scolaire) : les tests d'intelligence se présentent sous la forme de puzzles, de combinaisons de figures, de géométrie élémentaire ; les tests de caractère (tests de Rorschach, de Dembo) mesurent l'agressivité ou, au contraire, le « vide » sentimental de l'enfant. La plupart des enfants inadaptés proviennent de familles dissociées ou perturbées, parce que l'opposition des parents entre eux réagit profondément sur l'enfant. → **Test.**

inconscient, ce qui est privé de conscience, ou ce dont on n'a pas conscience, mais dont on peut prendre conscience. Le second sens se rapporte uniquement à l'homme.

L'hypothèse de l'inconscient a été émise par Leibniz dans le chapitre I des *Nouveaux Essais sur l'entendement humain* (1703), comme une hypothèse logique : « Pour que l'on entende le bruit d'une vague au bord de la mer, il faut que l'on ait entendu le bruit de chaque goutte d'eau. Si chaque goutte d'eau faisait un bruit égal à zéro, on n'entendrait jamais la vague. » Leibniz employait le terme de « petites perceptions », pas encore de perceptions inconscientes.

L'hypothèse d'un inconscient psychologique a été développée par Bergson à partir du phénomène de la mémoire (nous n'avons conscience actuellement que d'une infime partie de nos souvenirs), et par celui de l'habitude (nous agissons sans en avoir conscience). « Derrière les souvenirs qui viennent se poser ainsi sur votre occupation présente et se révéler au moyen d'elle, il y en a d'autres, en bas, au-dessous de la scène illuminée par la conscience. Oui, je crois que notre vie passée est là, conservée jusque dans ses moindres détails, et que nous n'oublions rien et que tout ce que nous avons perçu, pensé, voulu depuis le premier éveil de notre conscience persiste indéfiniment ». (*l'Énergie spirituelle*, Essais et Conférences, 1919).

D'après la théorie freudienne, l'inconscient est la partie du psychisme latent, faite de désirs, de pulsions, de tendances, dont on ne peut disposer car elle échappe à la connaissance. Refoulées hors du champ de la conscience par une puissance de contrôle qu'il appelle la « censure », les forces inconscientes arrivent cependant à se manifester dans les « actes manqués » de la vie quotidienne (oublis, lapsus), dans les rêves ou les troubles du comportement (bégaiements, blocages, incapacité d'achever son action). « Aussi bien chez l'homme sain que chez le malade, il se produit fréquemment des actes psychiques qui, pour être expliqués, présupposent d'autres actes qui, eux, ne bénéficient pas du témoignage de la conscience. Ces actes ne sont pas seulement les actes manqués et les rêves chez l'homme sain, et tout ce qu'on appelle symptômes psychiques et phénomènes compulsionnels chez le malade; notre expérience quotidienne la plus personnelle nous met en présence d'idées qui nous viennent sans que nous en connaissions l'origine, et de résultats de pensée dont l'élaboration nous est demeurée cachée » (S. Freud, *Métapsychologie, l'Inconscient*, 1915).

Dans l'inconscient, véritable substratum de la vie psychique, naissent les désirs et les fantasmes, et s'organisent les liens interhumains et les conduites (la compatibilité ou l'incompatibilité entre les personnes en est un exemple).

L'analyse de l'inconscient est possible par la méthode de relaxation et des libres associations d'idées, l'analyse des actes manqués et, surtout, l'étude des rêves. Dans ce dernier cas, la psychanalyse — ou analyse du psychisme — s'emploie à amener un sujet à raconter ses rêves : derrière le « contenu manifeste » du rêve (souvent incohérent), elle s'efforce de retrouver une logique profonde, qui est de l'ordre du sentiment (« contenu latent » du rêve). La prise de conscience des motivations profondes de notre conduite nous délivre d'une partie de nous-mêmes qui nous oppressait et nous dirigeait à notre insu (complexes) : elle permet à la personnalité d'éliminer des sentiments paralysants, comme le sentiment de culpabilité, et d'être mieux en accord avec elle-même et avec le monde qui l'entoure.

L'existence de l'inconscient a été mise en doute : l'inconscient, disait-on (béhaviorisme, existentialisme), n'est qu'une hypothèse et jamais une constatation; nous ne pouvons connaître que de la conscience, etc. Cette hypothèse semble cependant établie par la réussite même de l'analyse psychanalytique, qui fait souvent prendre conscience à l'individu de certaines tendances refoulées, où il « se reconnaît » effectivement. Ce phénomène de la *reconnaissance* et le mieux-être qui peut en résulter constituent une preuve suffisante de l'existence de phénomènes inconscients. → **Psychanalyse.**

Inde (philosophies de l'). Toutes les philosophies de l'Inde se présentent comme une interprétation et une reprise des hymnes védiques, écrits il y a cinq millénaires : eux-mêmes ne représentent qu'un effort pour fixer une vision complète et totale de la vérité, qu'auraient possédée de « lointains ancêtres » dans un passé très reculé. Le principe de la philosophie indienne est que le savoir abstrait n'a en lui-même aucune valeur s'il ne nous conduit pas à faire une expérience de la vérité. S'exprimant d'abord dans des « invocations » (*mantra*), puis dans des « paraboles » (*Upaniṣad*), des « rites » (*Brāhmana*), des « techniques » (*yoga*), la philosophie contemporaine a trouvé avec Aurobindo une expression discursive et rationnelle. Tout le problème est de dépasser le dualisme naturel de la conscience commune (*maya*) et de participer à la vie divine (*lilā*). Pour y parvenir, Madhvacharya préconisait la voie de l'adoration, Çankaracharya celle du travail intérieur. On oppose généralement les philosophies du détachement (vedānta, çivaïsme, bouddhisme) au mysticisme, qui nous invite au contraire à nous perdre dans le monde (tantrisme, vishnuisme).

Doctrine de la sagesse sans être pour autant irrationnelle, la philosophie indienne a toujours exercé une forte puissance de séduction sur la philosophie occidentale ; elle a inspiré directement la philosophie de Schopenhauer, et indirectement une certaine tradition de notre philosophie, qui passe notamment par Plotin. Bergson a consacré un chapitre des *Deux Sources de la morale et de la religion* au mysticisme hindou, opposé au mysticisme chrétien.

indéterminisme, absence de déterminisme* dans les phénomènes de la nature.

Dans la science moderne, en particulier la science atomique, l'indéterminisme désigne l'impossibilité de prévoir les mouvements pour un électron, mais non pas pour un faisceau d'électrons : l'indéterminisme est synonyme de *déterminisme statistique* (c'est-à-dire que la prévision s'exerce sur un ensemble d'éléments, non sur un élément isolé) ; on pourrait encore parler de *déterminisme global*. D'un point de vue philosophique, on peut considérer l'indéterminisme comme un caractère de la nature (indéterminisme « matériel »), ou bien comme le simple effet de la limitation de notre connaissance de la nature (indéterminisme « formel »). Mais il n'a point de rapport avec une preuve quelconque en faveur de la liberté humaine.

individualisme, tendance à l'affirmation de soi.

Cette tendance s'exprime dans la théorie qui fait prévaloir les droits de l'individu sur ceux de la société. L'attitude individualiste consiste à placer le bonheur de la vie domestique, la valeur du travail journalier au-dessus de tout engagement politique ; à faire passer sa vie privée avant sa vie publique (attitude finale d'un Camus, par exemple, qui avait commencé par l'attitude contraire). Un État libéral n'est vraiment démocratique que s'il préserve la valeur de la vie individuelle, à la différence de l'étatisme totalitaire, qui ramène l'individu à sa fonction sociale (qui réduit, par exemple, la valeur d'une création artistique à sa valeur comme propagande idéologique). La Déclaration des droits de l'homme reconnaît à l'individu des droits particuliers, qu'aucun État n'a moralement le droit de méconnaître (accession des individus à une condition de vie décente, condamnation des tortures et procédés inhumains, inviolabilité des habitations individuelles, etc.). Poussé à l'extrême, l'individualisme aboutit à l'attitude systématique du « citoyen contre les pouvoirs » et à l'anarchisme. Tout le problème de la philosophie du droit (du *contrat social* de Rousseau, des philosophies du droit de Kant et de Fichte) est de concilier les libertés individuelles avec les nécessités de la vie sociale : cette conciliation se trouve pensée avec les notions d' « influence » (l'État doit « influencer » les individus — l'influence se définissant comme l'action d'une liberté sur une autre liberté —, et non leur faire violence), d'« éducation sociale, nationale ou civique », etc.

induction, raisonnement qui nous fait passer du particulier au général (par exemple, l'Anglais qui débarque à Calais, qui voit *quelques* femmes rousses et en « induit » que *toutes* les Françaises sont rousses).

L'induction n'est pas un raisonnement rigoureux (au contraire de la déduction), mais elle est au principe de toutes les découvertes de l'esprit. Dans le schéma classique de la méthode scientifique, exposé par J.S. Mill*, l'induction correspond au deuxième moment de la recherche : elle fait suite à l'« observation » et permet de passer de celle-ci à l'énoncé d'une « loi ». (Le troisième moment est celui de la « vérification » expérimentale.)

ineffable, qui ne peut être exprimé par la parole : l'impression suscitée par une œuvre d'art est un sentiment ineffable.

Il existe deux types de philosophies : 1° celles qui reconnaissent la nature et la fonction positive de ce qui est « ineffable »; le sentiment est, pour elles, un moyen valable de connaissance (Schopenhauer, Scheler); 2° celles qui considèrent, par exemple, le plaisir esthétique comme un sentiment confus de rapports mathématiques parfaits (Leibniz); l'« ineffable » est une illusion sans consistance; l'artiste ou le prophète demeurent, à leurs yeux, frappés d'une impuissance à exprimer les choses d'une manière rationnelle et objective (Hegel). De ce dernier point de vue, le sentiment n'est qu'une connaissance rationnelle à l'état confus.

infantilisme, anomalie consistant dans la persistance, à l'âge adulte, de certains caractères psychologiques (et parfois physiologiques) de l'enfance.

Il se distingue du *puérilisme*, qui ne consiste pas en un arrêt du développement psychologique, mais en une régression de la mentalité. L'arrêt dans le développement de l'organisme et des fonctions psychiques peut être lié à un trouble organique (anomalie génétique comme le mongolisme; infection ou traumatisme de la mère pendant la grossesse; syphilis héréditaire; troubles glandulaires, notamment de la thyroïde, etc.), mais il peut résulter directement de la présence de « complexes » (agressivité retournée contre soi; arriération résultant d'une désadaptation familiale ou scolaire; anorexie mentale; hystérie, etc.). Au sens large, enfin, l'infantilisme désigne une attitude de refus ou de fuite devant la vie : l'infantile se retourne avec nostalgie vers son passé, qui est l'âge heureux de l'irresponsabilité. → **Âge mental, complexe, enfance** [esprit d'].

inférence, opération logique par laquelle on passe d'une proposition considérée comme vraie à une autre proposition au moyen d'un système de règles qui rend cette deuxième proposition également vraie. Les « règles d'inférences » permettent, dans une déduction, d'établir la vérité d'une proposition à partir d'une ou de plusieurs propositions prises comme point de départ.

La notion d'inférence est moins précise que celle de « déduction » (qui va du général au particulier) ou d' « induction » (qui va du particulier au général).

infériorité (complexe d'), sentiment d'être inférieur aux autres individus.

Le complexe d'infériorité conduit un sujet à se sous-estimer et à se déprécier, entraînant par là même des échecs sur les plans social, familial, sexuel; le sujet y réagit souvent par une agressivité excessive. Le complexe d'infériorité est dû, en général, à une éducation trop rigide, qui a érigé certains principes sociaux ou religieux en absolus, et où la personnalité du père (pour le garçon) ou de la mère (pour la fille) a écrasé celle de l'enfant et inhibé son développement; il peut être dû aussi à une éducation insuffisante. Mais ce qui le détermine, ce sont les premiers échecs : c'est pourquoi les échecs de l'adolescence (où se fixent la personnalité et le caractère d'un individu), dans l'ordre des études (début des études supérieures) ou dans l'ordre affectif, peuvent déterminer l'existence d'un véritable complexe; ces échecs peuvent alors marquer la personnalité si elle ne réagit pas en appréciant sainement leur importance.

inhibé, impuissant à agir.

L'inhibition « psychique » est l'impossibilité persistante de réaliser une tendance (les inhibés sexuels); elle est dite « motrice » lorsqu'elle désigne l'opposition à un mouvement physique (les bègues). Les personnes inhibées se caractérisent par la faiblesse, le caractère flou des idées, la diminution du pouvoir d'attention. Cet état s'observe en particulier dans les cas de mélancolie, de confusion mentale, de démence précoce. La psychanalyse considère l'inhibition psychique comme le résultat d'un « refoulement », qui empêche l'individu de s'adapter à une situation donnée (par exemple, sexuelle) et d'y être parfaitement présent avec la totalité de sa conscience.

inné, que nous portons en nous dès notre naissance

Le problème des *caractères innés* est celui de l'hérédité. Un caractère acquis par une génération dans le cours de sa vie ne devient pas un caractère inné pour la génération suivante, sauf s'il a entraîné une modification au niveau des chromosomes. Les caractères innés sont soit des caractères organiques, soit ce que l'on appelle communément des « dons » ou des « défauts » propres à telle ou telle famille. Le problème des *idées innées* est le problème de savoir si le nouveau-né humain porte avec lui une prédisposition à penser selon certaines lois. À vrai dire, les idées de l'esprit ne sont pas exactement « innées », mais plutôt *a priori* (l'expression est de Kant) : elles sont des prédispositions virtuelles qui ne se révèlent à nous qu'à l'occasion d'une expérience extérieure. On peut donc dire que si tout esprit possède en lui des « semences de vérité » (selon l'expression de Descartes), il n'en requiert pas moins d'être cultivé (à la fois « formé » aux exercices spirituels et « instruit » par des connaissances spéciales) pour que ces semences innées prennent la forme d'un savoir véritable. **Contr. : acquis.)**

instinct, impulsion à agir d'une certaine manière.

Cette action possède (surtout chez l'animal) ces trois caractères d'être : 1° *innée* (les guêpes solitaires, dites « guêpes maçonnes », font leur nid d'une manière toujours identique, bien que les « parents » meurent avant le développement de l'enfant-guêpe ; celui-ci n'aura donc pas pu « apprendre » à faire un nid. Il en est de même des oiseaux migrateurs, qui connaissent de façon innée le chemin de leur migration — de 6000 à 12000 km —, même s'ils sont dans leur première année et si les « parents » ne sont pas là pour les guider) ; 2° *uniforme* (l'instinct ne se perfectionne pas ; par exemple, la technique de la construction des barrages par les castors n'a jamais progressé au cours des temps) ; 3° *spécifique* (chaque espèce a des instincts particuliers).

Les instincts sont donc des réflexes complexes, qui sont donnés avec la nature d'un individu. Toutefois, ces réflexes peuvent être complétés par l'acquisition de « réflexes conditionnés », qui donnent une certaine souplesse et un certain pouvoir d'adaptation dans l'instinct. Chez l'homme, les instincts sont en général maîtrisés par les règles sociales, masqués par l'intervention de l'intelligence (raisonnements, motivations rationnelles et rétrospectives de conduites instinctives), et ils ne reparaissent que lorsque l'intelligence se trouve inhibée (rêve, émotions, passions, maladies mentales). → **Tendance.**

institution, ce qui est établi par la société (par opposition à ce qui est *naturel*).

La notion d'institution enveloppe, au sens large, tout ce qui est apporté par la culture. Chaque institution se caractérise (selon la description donnée par Malinowski) par une « charte » (des principes), un « personnel » (un groupe de personnes à qui s'applique cette charte) et un « matériel » (une destination propre de l'action des personnes). En ce sens, toute « association » constitue une institution ; elle a ses principes, rassemble certaines personnes pour faire quelque chose de particulier (sport, commerce, etc.).

La sociologie étudie les institutions d'un double point de vue : 1° d'un point de vue *statique* : quels sont les lois, les principes qui régissent théoriquement la vie d'une société ou d'un groupe ? ; 2° d'un point de vue *dynamique* : comment les personnes mettent-elles en pratique ces lois ou ces principes ? Par exemple, l'étude statique des institutions, du point de vue religieux, découvre la même proportion de catholiques en France et au Brésil ; l'étude dynamique découvre que la religion est beaucoup plus profonde et beaucoup plus envahissante, dans la vie sociale, au Brésil qu'en France. Tant il est vrai qu'une société ne se connaît pas par ses lois, mais par son mode de vie. La notion d' « institution », théorique ou vécue, reste la notion fondamentale de la sociologie.

instruction, enseignement.

Le terme d' « instruction », qui désigne ce que nous apprenons, est moins vaste que celui d' « éducation », qui enveloppe de plus l'idée d'une formation de la personnalité. On distingue l'instruction générale (les « humanités ») et l'instruction spécialisée dans une technique particulière. → **Éducation, laïcité.**

intellectualisme, doctrine qui affirme la prééminence et l'antériorité des phénomènes intellectuels sur les sentiments et la volonté.

Par exemple, Leibniz affirmait que les sentiments suscités en nous par l'audition d'une symphonie se réduisent à la perception confuse des rapports mathématiques; le sentiment de l'harmonie exprimerait au fond la perception des rapports « harmoniques ». L'intellectualisme consiste à supposer de la logique dans tous les phénomènes psychiques. Il s'oppose au *volontarisme*, qui voit, au contraire, un sentiment, une foi ou une décision volontaire à la source de toute expression et même de toute compréhension d'idées (Schopenhauer). Une certaine tradition kantienne et hégélienne oppose aussi l'intellectualisme au *rationalisme* : l'intellectualisme réduit l'esprit humain à la faculté d'appréhender des rapports entre les objets du monde sensible (mathématique, physique); le rationalisme, au contraire, distingue la raison et l'entendement, l' « homme » et le « philosophe », et reconnaît l'infinité de l'esprit humain, telle qu'elle se manifeste dans l'aspiration ou le devoir moral, dans le sentiment esthétique, dans la foi religieuse ou dans la métaphysique elle-même.

intelligence, faculté de comprendre, aptitude à saisir des rapports.

Il y a des compréhensions plus ou moins rapides, plus ou moins profondes : en général, une compréhension rapide sera superficielle, une compréhension lente sera profonde. Bref, il n'y a pas « une » intelligence, mais diverses formes d'intelligence. Le but de l' « orientation professionnelle » est de découvrir l'intelligence particulière de chacun et de lui permettre de « réussir » dans une spécialité. La « réussite » est une preuve générale d'intelligence (Spearmann). D'un point de vue pratique, l'intelligence se définit comme la faculté d'adaptation (Claparède), l'aptitude à s'adapter rapidement à des situations ou à des problèmes nouveaux. On mesure l'intelligence au moyen de « tests » (portant, par exemple, sur des combinaisons mécaniques, des calculs élémentaires, des constructions de puzzles, à réaliser dans un temps donné). L'intelligence animale se mesure à l'aptitude de l'animal à faire un détour (« conduite du détour ») pour obtenir un résultat déterminé (par exemple, le singe est parfois capable de prendre une perche pour attraper un fruit). Le développement de l'intelligence, chez l'enfant, est lié au développement du langage : à dix mois, il possède le degré d'intelligence d'un macaque, qu'il dépasse ensuite rapidement. Il ne faut pas confondre, chez l'homme, l'intelligence avec la mémoire, ou la jauger selon l'élévation ou la puissance des passions d'un individu, ou selon la force de sa volonté. Chacun peut développer son intelligence en se cultivant et en apprenant à raisonner et à juger.

intentionnalité, relation active de l'esprit à un objet quelconque.

Cette notion de la philosophie scolastique se trouve aujourd'hui couramment employée, à la suite surtout de Husserl et de la phénoménologie. Selon l'interprétation philosophique que l'on donne de la relation de l'esprit au réel, elle peut prendre, en gros, trois sens : 1° celui d'une relation psychologique de la conscience à un objet existant (c'est en ce sens que Franz Brentano, maître de Husserl, employait ce terme); 2° celui d'une relation « transcendantale » d'une conscience qui se crée en créant le sens de son objet : par exemple, en mathématiques ou en logique, la conscience ou l'« intentionnalité » d'un triangle consiste à le construire ; lorsque nous traçons une droite entre deux étoiles ou deux pics de montagne, cette droite n'existe pas dans la nature, c'est l'esprit qui la crée : il en a l' « intentionnalité » (c'est en ce sens que Husserl emploie le plus souvent le terme : il insiste sur la présence de l'esprit dans toute « signification ») ; 3° celui d'une relation « ontologique » d'un esprit qui prend conscience de lui-même comme créateur du monde ou principe de la « constitution » du réel. Cette interprétation idéaliste de l'intentionnalité a été, par exemple, celle de E. Fink. **Contr. : réceptivité.**

introspection, **méthode psychologique subjective, fondée sur l'observation de la conscience par elle-même.**

Nous nous analysons pour nous connaître et non point pour nous juger : en ce sens, l'introspection diffère de l'examen de conscience. En psychologie, l'introspection est irremplaçable ; elle seule permet l'appréhension des réalités psychiques comme telles ; elle sert de norme et de guide aux analyses objectives du comportement humain. Bergson a même considéré l'introspection comme la méthode même de la métaphysique, capable de nous ouvrir les voies du « moi profond », de la « durée » interne et de l'intuition de l'absolu. La philosophie réflexive (Lachelier, Lagneau) partait de l'introspection (appréhension d'un contenu mental : d'une émotion, d'un sentiment) pour dégager ensuite, par la réflexion, la signification universelle des contenus de conscience et situer les sentiments particuliers (d'agir, de percevoir ou de créer) les uns par rapport aux autres dans l'économie générale de la personnalité. La tendance anormale à l'introspection peut aboutir à une suspension du contact avec le monde, fréquente chez les psychasthéniques : la substitution de ce monde intérieur au monde réel et objectif caractérise la « schizophrénie ». La méthode d'introspection s'oppose à la méthode *béhavioriste,* qui se contente d'analyser objectivement le « comportement ». → **Psychologie.**

introversion, **repliement sur soi-même.**

C'est Alfred Binet qui a souligné l'opposition des caractères *introvertis,* silencieux, réfléchis, et des caractères *extravertis,* bavards, communicatifs. Les intelligences introverties sont plutôt sensibles au « mouvement » dans le spectacle des choses qu'à la « couleur » des objets (intelligences extraverties) ou à la forme de ces objets (type d'intelligences érudites, de caractère mélancolique).

intuition, **connaissance immédiate.**

On distingue, en principe, l'intuition « empirique », qui se rapporte à un objet du monde, et l'intuition « rationnelle », qui désigne la saisie immédiate d'un rapport entre deux idées (par exemple, c'est une intuition rationnelle qui nous permet de saisir la démonstration que la somme des angles d'un triangle est égale à deux angles droits). Toute intuition a un caractère de découverte, qu'il s'agisse de la découverte d'un objet du monde, d'une nouvelle idée ou de l'analyse d'un sentiment. C'est en ce sens qu'on a parlé de la nature « divinatrice » de l'intuition. On distingue, en psychologie, les intelligences « intuitives » et les intelligences « discursives », selon la rapidité de la compréhension et ses exigences de démonstrations objectives ou, au contraire, ses répugnances à leur égard.

intuitionnisme, **méthode d'analyse philosophique fondée sur l'intuition et particulièrement illustrée par Bergson*.**

invention, **création de quelque chose de nouveau.**

On la distingue de la « découverte », qui met au jour quelque chose qui existait déjà. L'invention mathématique ou poétique se distingue en ce sens de la découverte physique ou philosophique. La faculté d'inventer est l' « imagination créatrice » ; un esprit n'est inventif qu'autant qu'il peut se libérer de sa mémoire

(« imagination reproductrice ») et secouer les préjugés d'une époque (forte personnalité). → **Génie.**

Ionienne (école), école philosophique grecque (VIe s. av. J.-C.), représentée par Thalès* de Milet, Anaximandre*, Anaximène* et Anaxagore*, qui furent les premiers à chercher une explication rationnelle du monde. Ils marquent le point de départ de la science occidentale. L'école ionienne se distinguait alors de la philosophie italique, issue de Pythagore, qui recourait à un type d'explication mythique du monde, exprimé par les religions et les poètes.

ironie, forme de moquerie.

On distingue : 1° la *bonne ironie*, ou ironie socratique, qui procède du sentiment de notre ignorance et s'exprime en des interrogations naïves (Socrate demandait, par exemple, aux politiciens de lui définir l'essence de la politique ; aux médecins, de définir avant toute chose l'essence de la médecine) ; 2° la *mauvaise ironie* romantique, qui est destructrice et procède du sentiment de notre impuissance à l'égard du destin.

irrationnel, inaccessible à la seule raison.

L'irrationnel désigne aussi bien le sentiment (par exemple, le sentiment de la nature) que l'expérience de l'action volontaire : un sentiment ou un acte sont intrinsèquement irrationnels dans la mesure où ils sont irréductibles, dans leur réalité spécifique, aux discours que l'on peut faire sur eux. Est irrationnel, en un sens plus large, ce que nous ne pouvons connaître que par intuition, ce qui n'est pas conceptuel, par ex. la réalité du monde extérieur (Kant), l'existence de la raison elle-même (Lask). D'un point de vue psychologique, une conduite est irrationnelle si elle exprime une réaction spontanée (émotive, passionnelle, réflexe), et ne procède pas d'une décision volontaire mûrement réfléchie.

j

Jacobi (Friedrich Heinrich), philosophe allemand (Düsseldorf 1743 – Munich 1819). Conseiller des Finances pour les duchés de Berg et de Juliers, il se consacra aux lettres et à la philosophie. Sa philosophie de la croyance (*David Hume et la foi ou Idéalisme et Réalisme*, 1787) comme seul moyen de connaissance véritable de la réalité, le panthéisme exprimé dans son ouvrage *Sur la philosophie de Spinoza, lettres à Mendelssohn* (1785) ont profondément influencé la philosophie de Fichte* (la 3e partie de la *Destination de l'homme,* sa *Théorie de la science* de 1801) et l'interprétation que Hegel devait donner de Spinoza.

James (William), philosophe américain (New York 1842 – Chocorua, New Hampshire, 1910). Ses analyes du sentiment de l'effort (1880), où il critique la théorie de Maine de Biran, eurent un grand retentissement. Il fut, avec Peirce, l'un des fondateurs du pragmatisme (*le Pragmatisme*, 1907). On lui doit, en outre, *Principes de psychologie* (1891), *les Variétés de l'expérience religieuse* (1902), *la Philosophie de l'expérience* (1910).

Janet (Paul), philosophe spiritualiste français (Paris 1823 – *id.* 1899). Il est notamment l'auteur de *la Philosophie du bonheur* (1862), de *Principes de métaphysique et de psychologie* (1896), de *Psychologie et Métaphysique* (1897). (Acad. des sc. mor., 1864.)

Janet (Pierre), neurologue et psychologue français (Paris 1859 – *id.* 1947). Docteur ès lettres (1889), docteur en médecine (1893), il devint directeur du laboratoire de psychologie pathologique à la clinique de la Salpêtrière (1890) et succéda en 1902 à Th. Ribot dans la chaire de psychologie expérimentale et comparée du Collège de France. Sa psychologie et sa classification des tendances, ainsi que des activités humaines se développent autour de la notion de « tension » psychologique. Ses ouvrages donnèrent une impulsion vigoureuse au développement de la psychologie expérimentale.

On lui doit notamment : *l'Automatisme psychologique* (1889), *les Accidents mentaux des hystériques* (1893, *De l'angoisse à l'extase* (1927-1928), *Traité de psychologie* (avec G. Dumas, apr. 1928), *les Débuts de l'intelligence* (1935). (Acad. des sc. mor., 1913.)

Jankélévitch (Vladimir), philosophe français (Bourges 1903 – Paris 1985). Professeur à la Sorbonne, il s'est attaché à l'étude de Bergson (1931) et de Schelling (1933), mais sa réflexion est surtout une analyse existentielle de l'âme : *la Mauvaise Consience* (1933), *l'Ironie ou la Bonne Conscience* (1936), *l'Alternative* (1938), *Du mensonge* (1943), *le Mal*

(1947), *Traité des vertus* (1949), *l'Austérité et la Vie morale* (1956), *le Pur et l'Impur* (1960), *la Mort* (1966), *le Pardon* (1967), *Pardonnez?* (1971), *l'Irréversible et la nostalgie* (1974). Musicien, il a écrit : *Maurice Ravel* (1939), *Debussy et le mystère* (1949), *la Musique et l'ineffable* (1961), *De la musique au silence* (1974-1979).

jansénisme, doctrine de Jansénius (1585-1638), auteur de l'*Augustinus* (1640), et de ses disciples.

Le jansénisme reprend et développe le point de vue des « augustiniens » (contre les « molinistes »), selon lesquels la grâce est un pur don divin, qui descend sur un individu indépendamment de toute participation de la liberté humaine. Les thèses de l'*Augustinus* furent reprises en France par Jean Duvergier de Hauranne, abbé de Saint-Cyran, directeur spirituel du monastère de Port-Royal.

La querelle de l'*Augustinus*, pour lequel le Grand Arnauld prit ouvertement parti, dura jusqu'à la Révolution : combattu par Mazarin (1656-1664), toléré par Louis XIV (1669-1679), poursuivi en 1709 (année où Port-Royal est définitivement détruit), le jansénisme est resté un foyer d'opposition à l'absolutisme de la monarchie et le levain du gallicisme parlementaire. Une Église janséniste, fondée en 1724, subsiste encore à Utrecht.

Jansenius (Corneille Jansen, dit), théologien hollandais, évêque d'Ypres (Acquoy, près de Leerdam, 1585 – Ypres 1638). En 1602, il entra à l'Université de Louvain qui était alors le théâtre d'une lutte violente entre Jésuites et Augustiniens — pour lesquels il prit parti. Dès 1628, il travailla à son principal ouvrage, l'*Augustinus*, qui fut publié à titre posthume en 1640.

Jaspers (Karl), philosophe et psychiatre allemand (Oldenburg 1883 – Bâle 1969). Philosophe de l'*existentialisme**, il conçoit l'existence comme un déchirement entre notre présence dans le monde et notre aspiration à une « transcendance », entre la science et la religion. L'échec de la science à résoudre tous les problèmes, celui de l'homme à trouver le bonheur parfait dans l'action sont, selon lui, les signes d'une révélation divine. Sa réflexion « existentielle » analyse des situations (la souffrance, le combat, la faute, la mort) que les philosophies rationnelles avaient profondément négligées et qui constituent des pôles de l'existence humaine. Il conçoit les relations entre les hommes comme les formes d'un « combat amoureux », oscillant sans cesse de la haine à l'amour. Sa philosophie culmine dans une théorie des « signes » et du sentiment religieux. Il est resté, en toute occasion, le philosophe humaniste de l'Allemagne moderne et s'est toujours élevé contre l'idée d'un Empire allemand, soutenant notamment cette idée que la réunification de l'Allemagne risquait, comme en chaque occasion où elle s'est accomplie dans l'histoire, d'enterrer l'humanisme allemand et de faire renaître le guerrier prussien, la violence et l'expansionnisme qui ont tragiquement signalé son peuple (*la Culpabilité allemande,* 1946).

Il a écrit : *Psychologie der Weltanshauungen* (1919), *Philosophie* (1932), *Vernunft und Existenz* (1935), *Existenz-philosophie* (1938), *les Grands philosophes* (1957), *Philosophie und Welt* (1958).

Jean de Salisbury, philosophe scolastique (Salisbury v. 1115 – Chartres 1180). Élève d'Abélard, compagnon de Thomas Becket, évêque de Chartres (1176), il a écrit la *Vie* de Thomas Becket et celle de saint Anselme, le *Polycraticus,* satire du temps, le *Metalogicus* et l'*Entheticus,* satire des faux philosophes, ainsi qu'une *Historia pontificalis* (1148-1152).

jeu, activité sans fin utile.

En matière de pédagogie, le jeu a été revalorisé : sur le plan de l'observation psychologique, le jeu a été considéré comme une des méthodes essentielles d'analyse du caractère (la personnalité s'exprime plus librement dans le jeu que dans le travail), mais surtout le jeu est réhabilité en ce sens qu'il n'est plus tenu pour une absence d'activité, mais pour une « activité de loisir », gratuite mais non pas inutile, exprimant des possibilités de la personne qui ne trouvent pas à se réaliser dans le travail quotidien.

Comme détente, le jeu est nécessaire à toute activité intensive et peut même guérir certains troubles psychologiques, telles l'irritabilité ou l'émotivité excessives, résultant d'une « sursollicitation » prolongée. De la même façon, l'activité proprement dite de l'enfant (travail scolaire, par exemple) tend à prendre, en certains cas, la forme d'un « jeu dirigé », de façon à exciter l'attention de l'enfant. → **Loisir.**

joie, sentiment de satisfaction, résultant de la possession d'un bien réel ou imaginaire.

La *joie* se distingue du simple *plaisir,* qui est momentané et purement sensible (plaisir de manger); la joie possède un caractère de plus grande plénitude et résulte, en général, d'un travail personnel : la joie de créer quelque chose. Elle se distingue cependant du bonheur, dont elle ne possède pas la permanence et la continuité.

Jouffroy (Théodore), philosophe français (Les Pontets, Doubs, 1796 – Paris 1842). Il enseigne à l'École normale supérieure, à la Sorbonne et au Collège de France. On lui doit d'avoir fait connaître en France la philosophie écossaise. Ses œuvres principales sont : *Mélanges philosophiques* (1833), *Cours de droit naturel* (1835), *Nouveaux Mélanges philosophiques* (1842), *Cours d'esthétique* (1843), où il oppose l'idée de beauté à celle de sublime : « Un caractère n'est pas beau quand il lutte, mais quand il triomphe, ni sublime quand il triomphe, mais quand il lutte. »

jugement, activité de la pensée qui affirme ou nie.

Il peut s'agir d'affirmer ou de nier une existence (je vois un arbre) ou une proposition (le triangle est un polygone de trois côtés). Le jugement est la pensée d'une *liaison* entre deux termes. Il implique une *activité du sujet*; il s'oppose à *l'image,* à la *sensation,* à *l'idée,* considérées comme des données pour un sujet passif; il se distingue du *raisonnement,* qui se définit comme une liaison entre des jugements. Montaigne (*Essais, la formation du jugement,* 1580) distingue ainsi les *connaissances* encyclopédiques considérées comme des acquis empruntés aux auteurs et engrangées passivement dans une « tête bien pleine » et le *jugement* qui est l'aptitude d'une « tête bien faite » à incorporer à soi-même ou à rejeter les idées qui lui sont proposées.

Analyse de l'acte de juger. Aristote (384-322 av. J.-C.) a développé l'analyse logique du jugement; il comporte un rapport et une affirmation. « La proposition est une énonciation qui affirme ou nie une chose d'une autre » (*Analytique,* 1, 1, 4). Il constitue un intermédiaire entre le concept et le raisonnement. Dans le jugement, le terme qui sert de prédicat (= attribut) et celui qui a fonction de sujet sont unis par la copule *est* qui implique l'affirmation ou la négation. Le jugement explicite par la copule les implications du sujet (selon les catégories du genre, de la qualité...).

Descartes (1596-1650) souligne l'autonomie du jugement comme opération de pensée, qu'il oppose à la simple perception ou suspension du jugement : « Si par hasard je ne regardais d'une fenêtre des hommes qui passent dans la rue, à la vue desquels je ne manque pas de dire que je vois des hommes, tout de même que je dis que je vois de la cire; et cependant que vois-je de cette fenêtre, sinon des chapeaux et des manteaux, qui peuvent couvrir des spectres ou des hommes feints qui ne se remuent que par des ressorts? Mais je juge que ce sont de vrais hommes, et ainsi je comprends, par la seule puissance de juger qui réside en mon esprit, ce que je croyais voir de mes yeux » (*Méditations métaphysiques,* 2; 1641).

Kant (1724-1804) analyse la dynamique interne du jugement comme activité du sujet pensant. Il distingue les jugements logiques, dits *jugements analytiques* (lorsque le prédicat est contenu dans le sujet : par exemple, tous les corps sont étendus) et les jugements de réalité ou *jugements synthétiques* (lorsque le prédicat apporte au sujet quelque chose venant de l'expérience : par exemple, ce corps est métallique). Le concept d'un corps en général implique l'idée d'étendue, mais c'est l'expérience qui nous fait découvrir la qualité métallique. Il en est de même de la notion de poids : tout corps est pesant (*Critique de la Raison pure,* 1, 1, 1, 1781). Kant analyse le jugement synthétique comme l'acte de lier un concept à une expérience. *Les jugements synthétiques a priori* sont simplement l'application des catégories générales de l'esprit (les concepts) à l'intuition (espace et temps) ; la relation du concept à l'intuition se fait par l'imagination (le schématisme). Pour Kant, la connaissance du monde par la science est l'ensemble des jugements par lequel nous rapportons des faits particuliers appréhendés par intuition à des relations générales produites par l'esprit (concepts de causalité, d'élément,... c'est-à-dire que chercher la cause d'un événement ou l'élément d'un objet est une disposition naturelle de l'esprit). L'intuition est toujours particulière et le concept général. « Le jugement en général est la faculté de penser le particulier comme contenu dans le général. Exemple : Socrate est un homme. »

La philosophie de Husserl (1859-1938), jusque dans son dernier ouvrage, *Expérience et jugement,* cherche à retrouver et à décrire l'activité de la conscience dans toute forme de perception. « Toutes les fois que la conscience porte son attention sur une réalité et l'objective, même d'une façon " antéprédicative ", nous devons appeler cela un jugement. » (Un jugement antéprédicatif, c'est simplement la perception naturelle d'un objet, sans la conscience explicite d'effectuer un acte de l'esprit). Pecevoir, pour Husserl, c'est déjà juger, construire un objet par l'esprit. (V. IDÉE, ERREUR, IMAGINATION.)

Jung (Carl Gustav), psychologue et psychiatre suisse (Kesswil, Thurgovie, 1875 – Küsnacht 1961). Il étudia la médecine à Bâle, la psychiatrie à Zurich, travailla avec Janet et Bleuler, puis avec Freud (1907-1912). Il a jouté à la notion d'« inconscient personnel » de Freud celle d'un « inconscient collectif », dont il a analysé le contenu et les rapports avec l'individu (notions d'introversion, d'extraversion, etc.). Il a mis en évidence la notion d'*archétypes,* qui sont les noyaux fondamentaux de l'imagination humaine, autour desquels se forment les mythes et les religions. Le caractère discutable de sa psychanalyse, nommée aussi « psychologie des profondeurs », tient à son interprétation de l'inconscient profond comme conscience religieuse, attitude de l'homme en face de Dieu. On lui doit notamment : *Études cliniques des associations* (1906), *Métamorphoses et symboles de la libido* (1912), *les Types psychologiques* (1920), *Psychologie et religion* (1939), *Psychologie et alchimie* (1944), *Symbolique de l'esprit* (1948).

En 1958 fut fondée la Société internationale de psychologie analytique, qui regroupe les praticiens de la méthode de Jung.

justice, respect strict des droits en général.

On distingue la *justice commutative* (« à chacun la même chose », selon la formule de Gracchus Babeuf) et la *justice distributive* (« à chacun selon son mérite », dont le principe est défendu par Marx). On sépare souvent la justice et la charité, qui va plus loin que le respect des droits stricts d'autrui et implique une compréhension individuelle des besoins d'autrui. La valeur de la justice est d'instituer entre les hommes l'égalité véritable et anonyme, qui ne tient compte ni de la situation sociale ni de la personnalité des individus.

k

Kabbale. → Cabale.

Kant (Emmanuel, ou, en allem., *Immanuel*), philosophe allemand, fondateur de la philosophie critique (Königsberg 1724-*id.* 1804). Sa vie fut sans histoire, entièrement consacrée à l'étude, à l'enseignement et à la méditation. Il ne quitta jamais sa ville natale. Ses premiers écrits, plus lyriques que philosophiques, portaient sur la nature de la matière et la formation du monde. Ce n'est qu'à cinquante-sept ans qu'il développa sa philosophie proprement dite, dans *Critique* de la raison pure* (1781). Le génie de la méthode critique est d'avoir découvert que le but de la philosophie n'est point d'étendre nos connaissances du monde, mais d'approfondir notre connaissance de l'homme. C'est en analysant les possibilités profondes de l'esprit que nous saurons, en fait, de quoi l'esprit humain est capable : ce qu'il peut savoir, ce qu'il doit faire, ce qu'il peut espérer. La *Critique* analyse d'abord nos possibilités de connaître, dont Kant déduit très exactement les formes de la connaissance mathématique et les principes fondamentaux de la physique de Newton; il démontre, de plus, l'impossibilité d'une science métaphysique, en l'absence de tout objet réel capable de lui donner un contenu. La *Critique* de la raison pratique* (1788) montre que la loi morale est la possibilité la plus profonde de notre être; c'est en ce sens que l'« impératif catégorique » est une réalisation absolue de notre liberté, de notre destination véritable. On pourra lire avec profit les *Fondements de la métaphysique des mœurs* (1785), qui constituent le précis de l'action morale à la fois le plus clair et le plus rigoureux qui puisse exister.

Dans la *Critique du jugement* (1790), où se trouvent une philosophie de l'œuvre d'art et une théorie de la vie organique, Kant cherche à unifier sa philosophie théorique et sa philosophie pratique. C'est ce projet d'unification des différents aspects de l'homme (comme connaissance, action et sentiment) que reprendront les « postkantiens » (Fichte, Schelling et Hegel).

Kant est, en outre, l'auteur de : *Prolégomènes à toute métaphysique future qui pourra se présenter comme science* (1783), *Premiers Principes métaphysiques de la science de la nature* (1786), *la Religion dans les limites de la simple raison* (1794), *Anthropologie au point de vue pragmatique* (1798), et *Logique* (1800). G. Krüger a écrit que Kant était « le dernier des philosophes dogmatiques et le premier des philosophes modernes; le dernier à fonder sa philosophie sur une théologie et le premier à apercevoir le caractère absolu de la liberté humaine ». « J'ai limité le savoir, disait Kant, pour faire place à la foi. »

kantisme, doctrine de Kant et de ses disciples.

On distingue notamment : 1° les *kantiens*, disciples et commentateurs classiques comme Vaihinger, Chr. E. Schmid, Beck ; parfois critiques comme Reinhold, Salomon Maimon, Schulze (fin XVIIIe s.) ; 2° les *postkantiens*, qui veulent dépasser l'analyse de la connaissance vers une théorie de l'absolu : Fichte, Schelling, Hegel (fin XVIIIe s.-début XIXe s.) ; 3° les *néo-kantiens* (XIXe s.), qui se cantonnent dans la théorie de la connaissance et la logique : O. Liebmann, les philosophes de l'école de Marburg* et de l'école de Bade*.

Kayserling (Hermann von), philosophe allemand (Könno, Livonie, 1880 – Innsbrück 1946), naturaliste devenu philosophe sous l'influence de Simmel et de Bergson, il fonda entre les deux guerres une « école de la Sagesse » à Darmstadt. Il combattit le rationalisme étroit qui coupe l'homme occidental de ses racines. Il a écrit : *Das Gefüge der Welt* (*la Structure du monde*, 1906) ; *Das Reisetagebuch eines Philosophe* (*le Journal de voyage d'un philosophe*, 1919) ; *Die Weltrevolution* (*la Révolution mondiale*, 1931) ; *la Vie intime* (1946).

Kierkegaard (Søren), philosophe et écrivain danois (Copenhague 1813 – *id.* 1855). On le considère comme le fondateur de l'*existentialisme**. Son affirmation inconditionnelle de la valeur et de l'irréductibilité de la vie individuelle est à l'origine une réaction contre le « système » philosophique par excellence (celui de Hegel). Sa réflexion reste attachée aux vicissitudes de sa vie, et la figure de sa fiancée, Régine Olsen, hante nombre de ses œuvres. Ses analyses de l'angoisse, de la solitude, de la destinée aboutissent à une philosophie de l'homme face à Dieu, du temps au contact de l'éternité. Sa conception des « stades sur le chemin de la vie » en stades esthétique (ou sensible), éthique (ou réfléchi) et religieux est devenue classique. La pensée de Kierkegaard a profondément marqué la philosophie contemporaine (Heidegger, K. Jaspers, K. Barth, J.-P. Sartre).

On retiendra parmi ses œuvres : *le Concept d'angoisse* (1844), *Étapes sur le chemin de la vie* (1845), *Post-scriptum non scientifique et définitif aux « Miettes philosophiques »* (1846). Kierkegaard, qui pressentait qu'il serait dans l'avenir « lu, très lu », s'est cependant défini lui-même avec modestie comme « le poète du religieux ». Il en est également le héros.

kinesthésique, qui se rapporte aux mouvements du corps.

La sensibilité kinesthésique, qui est le sentiment, presque organique ou psychologique élémentaire, des mouvements de nos organes corporels, a été mise en lumière par Destutt* de Tracy dès la fin du XVIIIe siècle ; elle constitue, comme l'a montré Merleau-Ponty, le point de départ de toute analyse psychologique (même de l'analyse de la « perception »).

Kelsen (Hans), philosophe du droit autrichien naturalisé américain (Prague 1881 – Orinda, Californie, 1973). Professeur à Vienne, il rédige à la demande du chancelier Renner la Constitution autrichienne (1920). Plus tard il enseigne à Cologne, Genève et aux États-Unis. Sa théorie positiviste, influencée par l'école néo-kantienne de Marburg*, repose sur une distinction radicale du droit et de la science du droit, laquelle est une « pure » théorie distincte de la morale et des doctrines du droit naturel. Au contraire le droit est normatif et la constitution d'un pays représente la norme de référence. Il a écrit notamment : *Théorie générale de l'État* (1925), *la Théorie pure du droit* (1934), *Société et nature, une enquête sociologique* (1943).

Kojève (Alexandre *Kojevnikov*, dit), philosophe français (Moscou 1902 – Paris 1968). Il quitte la Russie en 1920, rédige une thèse sous la direction de Jaspers à Heidelberg, s'installe en France (1927) et enseigne à l'École pratique des hautes études *la Phénoménologie de l'Esprit* de Hegel (1933-39). Il a comme élèves Raymond Aron, Raymond Queneau, André Breton, Georges Bataille, Jacques Lacan, Maurice Merleau-Ponty, Jean-Paul Sartre. Les notes de ses cours désormais célèbres sont publiées en 1947 par R. Queneau sous le titre *Introduction à la-*

lecture de Hegel. Économiste, il représente la France dans les négociations sur le Commerce International (O.C.D.E., G.A.T.T., C.N.U.C.E.D.). Son entreprise philosophique est celle d'une mise à jour du système du savoir hégélien comme système « épuisant toutes les possibilités de la pensée » et système circulaire. Il analyse les événements du monde à la lumière du concept de « fin de l'histoire » ou de « mort de l'homme proprement dit », entendant par là la naissance d'une société post-révolutionnaire, donc homogène et universelle où l'ère de la tragédie disparaît devant celle de l'administration et de la gestion. Il laisse un *Essai d'histoire raisonnée de la philosophie païenne* (1971-1973), *Esquisse d'une phénoménologie du droit* (1981), *le Concept, le temps et le discours* (1990).

Koyré (Alexandre), épistémologue et philosophe français d'origine russe (Taganrog, Russie, 1882 – Paris 1964). Après des études supérieures à Göttingen (1908), où il suivit l'enseignement de Husserl et de Hilbert, il se rendit à Paris (1910), où il assista aux cours de Henri Bergson et de Léon Brunschvicg. La relation entre la philosophie et l'histoire des sciences anime toute sa pensée. Ses travaux d'épistémologie* se distinguent à la fois de l'épistémologie empiriste, qui méconnaît la pensée a priori et ne se fonde que sur l'expérience, et de l'épistémologie positiviste, dont le formalisme introduit une rupture entre mathématiques et réalité sous-jacente.

C'est par la publication d'études sur la philosophie classique (*l'Idée de Dieu et les preuves de son existence chez Descartes*, 1922 ; *l'Idée de Dieu dans la philosophie de saint Anselme*, 1923) que Koyré entreprit l'analyse des cosmologies des XVIe et XVIIe siècles et des principes qui fondent le renouveau de la pensée scientifique (*la Philosophie de Jakob Böhme*, 1929). Il publia *Études galiléennes* (1° *À l'aube de la science classique* ; 2° *la Loi de la chute des corps* ; 3° *Galilée et la loi d'inertie*). On lui doit également : *Du monde clos à l'univers infini* (1957), *la Révolution astronomique : Copernic, Kepler, Borelli* (1961), les *Études newtoniennes* (1964).

l

Lacan (Jacques Marie), médecin et psychanalyste français (Paris 1901 – *id.* 1981). Il passa sa thèse en 1932 : *De la psychose paranoïaque dans ses rapports avec la personnalité.* Il enseigna dix ans à l'hôpital Sainte-Anne, à Paris, fut chargé de conférences à l'École pratique des hautes études (1963) et fonda sa propre école de psychanalyse en 1964. Une partie de son enseignement, qui fut essentiellement oral, fut éditée en 1966 *(Écrits)* et est progressivement publiée depuis 1975 (Séminaire).

Le mot de ralliement de Lacan fut : « retour à Freud ». L'essentiel de son apport théorique consiste en ces deux énoncés corrélatifs : « l'inconscient est le discours de l'Autre » et « l'inconscient est structuré comme un langage ». Sur cette base, il développa notamment trois thèmes : le désir est désir de l'Autre ; l'ordre propre où évolue chaque être humain (sa *symbolique*) est défini par la parole comme dette à accomplir ; le *désir* est le moteur de la vie, la pierre angulaire de l'inconscient, et il ne peut subsister que grâce au sentiment de castration.

Lachelier (Jules), philosophe français (Fontainebleau 1832 – *id.* 1918). Agrégé des lettres (1854) et de philosophie (1863), docteur ès lettres (1871), professeur à l'École normale supérieure (1864-1875), il substitua à l'enseignement scolaire et dogmatique de V. Cousin une réflexion personnelle et critique. Sa méditation porta d'abord sur le fondement de notre connaissance scientifique (*Du fondement de l'induction*, 1871) ; il découvrit la nécessité de supposer une correspondance originelle entre les lois de notre pensée et la structure du monde pour expliquer la valeur de l'induction, par laquelle notre esprit passe de la contingence des faits à la nécessité des lois : les lois seraient donc à la fois les lois de notre esprit et celles de la nature ; il y aurait un parallélisme entre nos raisonnements et la nature des choses. Son article célèbre *Psychologie et métaphysique* (1885) est une réflexion approfondie sur le fondement de la pensée humaine. L'influence de Lachelier fut considérable sur Lagneau, Alain, Alexandre, sur la philosophie réflexive, et sur le développement des études kantiennes en France.

Lagneau (Jules), philosophe français (Metz 1851 – Paris 1894). Il préconisa une méthode d'analyse réflexive qui, partant des faits psychologiques de la conscience individuelle, dégage leur sens universel. Ses écrits sont posthumes et rassemblés dans les *Célèbres Leçons.* On y trouve notamment un *Cours sur l'évidence et la certitude*, un *Cours sur le jugement;* le livre culmine dans le *Cours sur Dieu*, qui s'efforce de concilier le panthéisme et le rationalisme de Spinoza avec le vif sentiment de la liberté humaine, hérité de

Descartes. Alain a écrit, en 1925, des *Souvenirs concernant J. Lagneau.*

Lakatos (Imre *Lipsitz*, dit) logicien et philosophe hongrois (Budapest 1922 – Londres 1974). Il a introduit les thèmes et concepts de méthodologie moderne. Sa problématique centrale fut : comment rendre compte objectivement de la croissance de la science, indépendamment de toute référence à la vérité? Il a écrit : *Proofs and Refutations, The Logic of mathematical Discovery* (1976) (trad. en 1979 : *Preuves et réfutations*), *Philosophical Papers*; vol. 1 : *The Methodology of Scientific Research Programmes*; vol. 2 : *Mathematics, Science and Epistemology* (1978).

Lalande (André), philosophe français (Dijon 1867 – Asnières 1963), principal rédacteur d'un grand dictionnaire de philosophie, le *Vocabulaire technique et critique de la philosophie* (1902-1923). Il considère que le trait essentiel du progrès, intellectuel, moral et social, est un accroissement des similitudes entre les hommes. Il est l'auteur d'une distinction, restée longtemps classique, entre la « raison constituée » (les principes de pensée et d'action communément admis, qui varient selon les époques) et la « raison constituante » (jugement de valeur qui ne change pas et qui détermine la qualité morale, le gain des évolutions d'une époque).

Il a écrit : *Psychologie des jugements de valeur* (1928), *les Théories de l'induction et de l'expérimentation* (1929), *les Illusions évolutionnistes* (1930), *la Raison et les normes* (1948).

Lamarck (Jean-Baptiste de Monet, chevalier de), naturaliste français (Bazentin-Le-Petit, Somme, 1744 – Paris 1829). Il fut le père du transformisme* et proposa une théorie explicative de l'évolution : les difficultés qu'il rencontra à classer les collections des animaux inférieurs conservées au Muséum d'histoire naturelle de Paris (où il occupait la chaire des animaux sans vertèbres) et à isoler les espèces l'amenèrent à penser que les espèces n'avaient pas été créées une à une; mais descendaient les unes des autres : elles se transformaient avec les transformations du milieu, suscitant, chez les animaux, de nouvelles habitudes; ce changement entraîne de nouveaux actes, qui eux-mêmes entraînent un changement dans le développement des organes. Lamarck illustre sa théorie avec l'exemple de la girafe : le sol s'étant desséché, la girafe doit brouter aux arbres; pour satisfaire à cette habitude, ses jambes s'allongent ainsi que son cou, et la girafe peut brouter jusqu'à 6 m de hauteur.

La « première loi » de Lamarck, énoncée dans *Philosophie zoologique* (1809), est ainsi exposée : « Dans tout animal qui n'a point dépassé le terme de ses développements, l'emploi plus fréquent et soutenu d'un organe quelconque fortifie peu à peu cet organe, le développe, l'agrandit, et lui donne une puissance proportionnelle à la durée de cet emploi; tandis que le défaut constant d'usage de tel organe l'affaiblit insensiblement, le détériore, diminue progressivement ses facultés, et finit par le faire disparaître. »

La théorie de Lamarck repose sur deux postulats discutables : **1°** celui de l'*usage* et du *non-usage*, selon lequel le besoin crée l'organe; **2°** celui de l'*hérédité des caractères acquis* sous l'influence des conditions du milieu. → **Darwinisme.**

La Mennais ou Lamennais (Félicité Robert de), écrivain et penseur français (Saint-Malo 1782 – Paris 1854). Fils d'un armateur de Saint-Malo, La Mennais fut élevé par un oncle érudit et subit l'influence religieuse de son frère aîné, Jean-Marie. Une retraite de plusieurs années dans la propriété de La Chesnaye décida de sa vocation religieuse et accentua l'intransigeance de ses convictions. Son premier écrit, *Réflexions sur l'état de l'église de France pendant le* XVIII*e* *siècle et sur sa situation actuelle* (1808), manifestait des tendances théologiques favorables à la cour de Rome, ce qu'on nommait l' « ultramontanisme ». Il fut poursuivi par la police impériale et s'exila à Guernesey pendant les Cent-Jours. Mais c'est son *Essai sur l'indifférence en matière de religion* (1817-1823) qui le rendit brusquement célèbre. Il écrivit ensuite *De la religion considérée dans ses rapports* *avec l'ordre politique et social* (1825), où il demandait pour le catholicisme une entière liberté d'action et réclamait, pour la première fois, la séparation de l'Église et de l'État. Ses idées furent condamnées par le pape en 1832 et 1834. Il écrivit alors les *Paroles d'un croyant* (1834), *le Livre du peuple* (1838), où s'exprime une sentimentalité catholique qui devait toucher les milieux libéraux.

Ses obsèques civiles révélèrent combien était grande la considération dont il jouissait dans les milieux populaires.

La Mettrie (Julien Offroy de,) médecin et philosophe matérialiste français (Saint-Malo 1709 - Berlin 1751), ami de Frédéric II de Prusse. Il appliquait aux hommes la théorie cartésienne de l'animal-machine : *l'Homme-machine* (1748), *l'Homme-plante, les Animaux plus que machines* (1750), *l'Art de jouir* (1751), *Vénus métaphysique* (1752).

La Mothe Le Vayer (François de), écrivain et philosophe français (Paris 1588 - *id.* 1672). Il essaie de développer un « scepticisme chrétien » dans les *Quatre*, puis les *Cinq dialogues faits à l'imitation des Anciens* (1630-31). À la suggestion de Richelieu, il attaqua le jansénisme* dans *la Vertu des païens* (1641). [Acad. fr., 1639.]

Lamy (Bernard), philosophe français (Le Mans 1640 - Rouen 1715). Oratorien, professeur de philosophie à Angers ; puis vicaire général à Grenoble, enseignant au séminaire de Saint-Magloire à Paris (1686). Il a écrit : *Nouvelles réflexions sur l'art poétique* (1668), *Traité de la grandeur en général* (1680), *Entretiens sur les sciences* (1683), *Harmonie évangélique* (1689) qui suscita l'hostilité de l'archevêque de Paris.

Lamy (François), théologien et philosophe français (Montirau, Eure-et-Loire, 1636 - Saint-Denis 1711). Bénédictin de Saint-Maur, il enseigna dans son ordre, où il propagea la philosophie de Descartes. Il a écrit : *l'Incrédule amené à la religion par la Raison* (1710), *De la connaissance et de l'amour de Dieu* (1712).

langage, tout moyen de communiquer des pensées ou des sentiments.

On distingue la notion de « langage », qui implique l'emploi de la parole, et celle de « langue » (la langue française, allemande), désignant plus exactement le système des signes qui constitue la base objective du langage. Lorsqu'on parle d'un langage animal (K. von Frisch a montré, en 1923, que l'abeille butineuse, revenant dans la ruche, accomplit une danse en forme de 8, indiquant l'orientation, la distance et la concentration du nectar qu'elle a pu trouver en un lieu), il s'agit d'un langage d'action, immédiatement lié à un besoin. La capacité de signaler par la voix des situations physiques ou psychiques (le chaud ou le froid, le danger, la douleur ou le bien-être) ou des besoins (par exemple la faim) a été étudiée chez les animaux, en particulier chez les dauphins et les baleines. Mais entre le signal vocal et le langage, il n'y a pas seulement une différence dans le degré de complexité et dans la structure, mais une différence de nature et de fonction. Le *langage humain* peut être intentionnel, il implique l'imagination et la représentation du futur. Il s'appuie sur une langue structurée qui lui sert de support ; et sa fonction propre est d'exprimer une pensée. Le langage comme « art de communiquer nos idées dépend moins des organes qui nous servent à cette communication que d'une faculté propre à l'homme, qui fait employer ses organes à cet usage » (J.-J. Rousseau, *Essai sur l'origine des langues*, 1781). Le langage est une *acquisition sociale*, et l'idée même d'un « langage naturel », d'expressions spontanées paraît problématique : les gestes varient selon les cultures ; le sourire peut, chez un Japonais, exprimer la colère. L'*acquisition du langage* commence par le gazouillement (4e-5e mois) ; vers dix mois apparaissent les premiers mots (3 ou 4) ; à cinq ans, l'enfant connaît 3 000 mots.

Les *troubles du langage* peuvent être liés à une atteinte du lobe temporal ou de la 3e circonvolution frontale du cerveau. On distingue l'aphasie (abolition de la mémoire motrice verbale), l'anarthrie (trouble de prononciation), l'alexie (trouble de lecture).

Réflexion sur la langue, le langage et ses pouvoirs. – *L'analyse de la langue* comme système de signes, ou linguistique, a été inaugurée par Platon (428-347 av. J.-C.) dans le dialogue *Cratyle.* Il posait la question de savoir si les noms des choses sont inscrits dans leur nature (à la façon des onomatopées, dans lesquelles les sons évoquent immédiatement le sens) ou s'ils n'en sont que des signes conventionnels. C'est Ferdinand de Saussure (1857-1913) qui le premier a dépassé la description phonétique des sons par une analyse des relations fonctionnelles entre les éléments du système qui constituent une langue. Ses études sur le sanskrit et l'origine commune des langues indo-européennes (de toutes les langues de l'Europe et de l'Inde) aboutissent à définir la langue comme « un produit social de la faculté du langage et un ensemble de conventions nécessaires, adoptées par le corps social pour permettre l'exercice de cette faculté chez les individus » (*Cours de linguistique générale,* 1916). — *L'analyse du langage* distingue la parole et l'écriture. Le langage parlé est considéré comme l'expression d'une personnalité, comme une création permanente liée à une situation, à une présence d'autrui, mais aussi comme un langage imparfait et mal structuré. Le langage écrit peut être considéré comme une fixation trop rigide et une manifestation appauvrie du langage oral — et tel peut être le cas de ce qu'on appelle le langage administratif —, mais aussi comme l'expression de la pensée la plus rigoureuse (le langage scientifique ou mathématique). — *Les pouvoirs du langage* : Hegel, dans *la Phénoménologie de l'Esprit* (1807) rappelle que lorsque « Adam et Ève donnèrent un nom aux différents animaux de la création, ils recréèrent un monde à l'aulne et sous la domination de l'homme, ils apprivoisèrent la création ». Cette puissance sur la nature, que représente précisément la culture, source de la technique, peut devenir aussi un pouvoir sur les hommes. Dès l'aurore de l'histoire politique occidentale, Platon décrit dans *Gorgias* (395-391 av. J.-C.) — dialogue consacré à ce que doit être la conduite de la vie — comment « le pouvoir de persuader par ses discours les juges au tribunal, les séna teurs dans le Conseil, les citoyens dans l'Assemblée du peuple et dans toute autre réunion de citoyens » pouvait transformer en esclaves tous les membres de la société ; c'est pourquoi Gorgias, maître en rhétorique, pensait que le langage, au travers de cet art de persuader, était le plus grand des biens. Socrate lui répondra que la vocation du langage n'est pas d'écraser l'adversaire, ce qui engendre une morale individualiste (« la morale de Calliclès ») mais de connaître le vrai et de l'exprimer, d'accéder ainsi au bonheur dont les conditions sont la justice et la tempérance. — L'idée que l'on se fait de la vocation du langage est, on le voit, liée à celle de la destination de l'homme.

Peut-on dire qu'il existe un *langage proprement philosophique*? Il semble au lecteur non averti qu'une des difficultés premières de la philosophie tient au caractère technique, ésotérique des termes employés. C'est simplement parce que la philosophie a un objet propre : elle peut être une réflexion sur les *méthodes de la pensée* (intuition, raisonnement, méthodologie, épistémologie, etc.), remonter à des *fonctions de l'esprit* (entendement, affectivité, inconscient, etc.). La spécialité de la philosophie étant la généralité (l'expression est d'Auguste Comte, dans *Cours de philosophie positive,* 1830-1842), elle va évoquer des *théories générales du monde ou de la vie* (déterminisme, existentialisme) qui se réfèrent souvent *aux noms* de leurs auteurs (platonisme, cartésianisme, marxisme, darwinisme, etc.). Tous ces termes font référence à une connaissance de ces théories, à une réflexion préalable.

De Platon (428-347 av. J.-C.) à nos jours, les grands philosophes ont toujours cherché à s'exprimer dans un langage simple, commun. Dans « l'Apologie de Socrate », ce dernier annonce à ses juges qu'il va s'exprimer dans un langage usuel, dépourvu de la rhétorique propre aux avocats ou aux sophistes. Descartes (1596-1650) s'exprimera en français « pour être entendu de tous », le latin restant la langue des savants.

Bergson (1859-1941) rappelle que « les difficultés qu'on rencontre au cours d'une lecture philosophique tiennent rarement au vocabulaire, quoique ce soit presque toujours au vocabulaire qu'on les attribue. Il est inutile et il serait d'ailleurs impossible au philosophe de commencer par définir — comme certains le lui demandent — la nouvelle signification qu'il donne à un terme usuel, car toute son étude, tous les développements qu'il va nous présenter auront pour objet d'analyser ou de reconstituer avec exactitude et précision la chose que ce terme désigne vaguement aux yeux du sens commun » (*la Pensée et le mouvant*, 1934).

Un langage philosophique est *un langage qui s'efforce d'exprimer une vérité avec précision.* La personne qui s'exprime est en train d'assimiler une vérité, de l'incorporer à sa personnalité ou à son esprit par une démarche décrite par Socrate dans la « maïeutique » (l'accouchement d'une idée) et par Montaigne dans « la formation du jugement » (*Essais*, 1580); c'est un langage qui est l'expression d'une réflexion. Les philosophes allemands (Fichte, 1762-1814, Hegel, 1770-1831, la phénoménologie de Husserl, 1859-1938) parleront d'un langage porteur de *sens* (ce dernier terme étant pris comme l'expression d'un travail de l'esprit qui s'engage dans ce qu'il dit).

Le langage philosophique se distingue du langage *scientifique* (qui décrit des lois ou des faits objectifs); du langage *poétique* (qui est l'expression d'une subjectivité). Il ne recherche pas l'*exactitude* comme la science, mais la *rigueur*. Cette rigueur tient à la continuité du sens qui est exprimé. Il engage le sujet, comme la poésie, mais le sujet pensant (l'expression est de Descartes), alors que la poésie fait appel au pur sentiment ou à la sensibilité.

Martial Gueroult (1891-1978), dans *Philosophie de l'histoire de la philosophie* (1979), montre qu'il existe une réalité philosophique qui possède la même plénitude de contenu que le langage poétique, mais qui exprime la logique propre d'une démarche de la conscience et aspire à la rigueur et à l'universalité de l'expression scientifique.

Lange (Friedrich Albert), philosophe allemand (Wald, près de Solingen, 1828 – Marburg 1875), auteur d'une *Histoire du matérialisme* (1866).

Lao-tseu ou Lao-tan, philosophe chinois (VIe s. ou Ve s. av. J.-C.). On le connaît par des légendes. Archiviste à la cour des Tcheou, rebuté par la décadence de son époque, il serait parti vers l'Occident. En franchissant la frontière du royaume, il aurait dicté le *Tao-tö king* au gardien, avant de disparaître. Les taoïstes devaient prétendre que Lao-tseu partit vers l'Inde et que sa doctrine est devenue le bouddhisme. Le *Tao-tö king* se présente comme un traité sur le principe des choses et la vraie « voie » ou destinée de l'homme.

La Rochefoucauld (François VI, duc de), moraliste français (Paris 1613 – *id.* 1680). Il porte, jusqu'à la mort de son père, François V (1650), le titre de « prince de Marcillac ». Représentant à peu près parfait de l'aristocratie du XVIIe siècle, sa vie fut partagée entre l'intrigue à l'époque de la Fronde et la fréquentation des salons littéraires. Bien qu'il ait écrit un premier ouvrage en 1662 (*Mémoires contenant les brigues pour le gouvernement à la mort de Louis XIII*), il tient sa célébrité des *Réflexions ou Sentences et Maximes morales* de 1664, rééditées en 1665, 1666, 1671, 1675 et 1678, où s'expriment sa misanthropie et sa propre expérience de l'ingratitude humaine. L'auteur s'efforce de retrouver derrière toutes les actions humaines des mobiles d'intérêt personnels. L'influence de Mme de La Fayette, succédant à celle de Mme de Sablé, l'amena à atténuer ce que certaines de ses maximes avaient de trop absolu.

Penseur janséniste, La Rochefoucauld est aussi un artiste de la langue : la concision des *Maximes* reste un des secrets de son art.

Lask (Emil), philosophe allemand (Wadowice, Autriche, 1875 – Carpates, sur le front de Russie, 1915). Il fut professeur à Fribourg, puis à Heidelberg (1910). Sa réflexion est un essai pour dépasser le néo-kantisme et pour fonder une métaphysique de la connaissance. Son œuvre expose finalement une synthèse entre le criticisme de Kant et l'intuitionnisme de la phénoménologie de Husserl. Il fut le professeur de Heidegger. Ses œuvres complètes (*Gesammelte Schriften*, 1923) comprennent notamment *l'Idéalisme de Fichte et l'histoire* (1902), *la Philosophie du droit* (1905), *la Logique de la philosophie et la théorie des catégories* (1911) et la *Théorie du jugement* (1912).

Lavater (Johann Caspar), philosophe, poète, orateur et théologien protestant suisse (Zurich 1741 – *id.* 1801). Son mémoire sur *l'Art d'étudier la physionomie* (1772), ou « physiognomonie », proposait d'étudier le caractère et les facultés d'un homme non pas d'après la structure de la tête (comme le voulait Gall, qui est le véritable ancêtre de la théorie des localisations cérébrales), mais d'après le jeu vivant et mobile du visage. Il annonce plutôt la caractérologie moderne.

Lefebvre (Henri), philosophe et sociologue français (1905 - 1991). Il fréquente d'abord le mouvement surréaliste français, et entre dans l'enseignement (1930). Il rejoint la Résistance en 1942. Docteur ès lettres, directeur de recherches au C.N.R.S. (1949), il est professeur de sociologie à Strasbourg, puis à Nanterre. Marxiste communiste dès 1928, il est exclu du parti en 1958. Sa réflexion sur le matérialisme dialectique (*Logique formelle et Logique dialectique*, 1947), sur les grandes questions du marxisme contemporain (*Critique de la vie quotidienne*, t. 1. 1947, t. 2, 1962) l'amène à approfondir les rapports *actuels* de la « vie quotidienne » et les niveaux « d'aliénation » qui l'accompagnent. Il développe une sociologie des besoins et des désirs. Sa démarche est de partir d'une évaluation des « possibles » et reconstruire une histoire, pour orienter son élaboration scientifique ou les volontés d'action pour le changement. On lui doit : *Sociologie de Marx* (1966), *l'Irruption de Nanterre au sommet* (1968), *Du rural à l'urbain* (1970), *De l'État* (4 vol, 1976-1978).

Lefort (Claude), philosophe français (Paris 1924). Il est l'un des fondateurs (1949) de la revue *Socialisme ou Barbarie*, où il donne des analyses du totalitarisme, réunies dans *Éléments d'une critique de la bureaucratie* (1971). Son étude sur *Machiavel* (1972) s'applique à définir les rapports entre le politique et l'idéologique. On lui doit l'édition des œuvres posthumes de Maurice Merleau-Ponty, ainsi que *Un homme de trop* (1976), *Sur une Colonne absente. Écrits autour de Merleau-Ponty* (1978), *les Formes de l'histoire* (1978), *l'Invention démocratique* (1981).

légalité, caractère de ce qui est conforme aux dispositions de la loi.

La légalité invoque directement la loi sociale, à laquelle peut s'opposer la loi morale (comme dans la tragédie de Sophocle, où Antigone juge légitime de donner une sépulture à son frère, contre la loi de l'État). La « légitimité » peut donc s'opposer à la « légalité » lorsque le gouvernement trahit la nation.

Leibniz (Gottfried Wilhelm), philosophe et mathématicien allemand (Leipzig 1646 – Hanovre 1716). Génie précoce, à quinze ans il était initié à la philosophie scolastique et avait lu les littératures grecque et latine. Il alla étudier les mathématiques à Iéna, où il entrevit les principes du calcul différentiel. Il passa de là à Altdorf, où il étudia la jurisprudence. Sa vie fut marquée non seulement par ses œuvres philosophiques, mais par ses découvertes mathématiques et une intense activité politique : en 1672, il se rendit à Paris et s'efforça de gagner Louis XIV à l'idée de conquérir l'Égypte ; il soutint en 1678 les droits des princes allemands dans l'Empire, exposa à Pierre le Grand un plan pour introduire parmi ses peuples la culture occidentale, se trouva mêlé enfin à toutes les négociations diplomatiques. Ses découvertes mathématiques déterminèrent la forme de sa philosophie.

La *Nouvelle Méthode pour la détermination des maxima et des minima* (1684) énonce les principes du calcul infinitésimal et fonde la science du mouvement, ou « dynamique ». Leibniz pensait que le mouvement que nous percevons exprime une force de nature spirituelle, et que seule une réflexion sur le mouvement peut nous initier aux réalités métaphysiques, à la présence de Dieu dans l'univers.

Leibniz est notamment l'auteur des *Méditations sur la connaissance, la vérité et les idées* (1684), où il distingue sa philosophie de celle de Descartes; des *Nouveaux Essais sur l'entendement humain* (1701-1709), publiés en 1765, où il expose sa théorie sur la connaissance; des *Essais de Théodicée* (1710), où il développe son optimisme métaphysique; d'une *Monadologie* (1714), où il expose sa conception générale de l'univers. → **Monade.**

léninisme, ensemble des théories de Lénine (1870-1924).

Lénine compléta la théorie de Marx, selon lequel la révolution prolétarienne devait advenir d'abord dans les pays capitalistes fortement industrialisés. Il a montré les raisons de la naissance du socialisme dans les pays, au contraire, sous-développés et à prédominance agraire (tels que l'U.R.S.S., la Chine, etc.). Lénine élargit les thèses marxistes : il souligne la priorité qu'il faut donner au développement des moyens de production, les contradictions internes qui doivent amener la chute du capitalisme, l'inéluctabilité périodique des crises de surproduction en régime capitaliste. *Le Gauchisme, maladie infantile du communisme* (1920) expose la tactique de la révolution, la nécessité d'une autocritique des partis prolétariens, qui doivent toujours concilier leur prise de position théorique avec l'évolution des faits récents. Le marxisme doit être, selon Lénine, une doctrine toujours réaliste. La révolution bolcheviste d'octobre 1917 porta Lénine au pouvoir, où il trouva l'occasion de confronter ses théories avec les réalités. Le marxisme-léninisme a fait l'objet, en 1924, d'un ouvrage de Staline et d'études de Mao Tsö-tong.

Lequier (Jules), philosophe français (Quintin 1814 – Plérin, près de Saint Brieuc, 1862). Ancien élève de l'École polytechnique, il a écrit sa biographie. Une œuvre posthume, *Recherche d'une première vérité,* a été publiée en 1865. La solidarité de la science et de la liberté, l'impossibilité de « supprimer le libre-arbitre sans supprimer la science, parce que le libre-arbitre est la condition de la certitude », telle est la thèse qui a fait de Lequier un des précurseurs du néo-criticisme français.

Le Roy (Édouard), philosophe et mathématicien français (Paris 1870 – *id.* 1954). Il fut profondément inspiré par la philosophie de Bergson. On lui doit : *Une philosophie nouvelle : Henri Bergson* (1912), *les Origines humaines et l'évolution de l'intelligence* (1928), *le Problème de Dieu* (1929), *Introduction à l'étude du problème religieux* (1944). [Acad. fr., 1945.]

Le Senne (René), philosophe spiritualiste français (Elbeuf 1882 – Paris 1954). Il est l'auteur d'une caractérologie fondée sur l'analyse introspective. Il a écrit : *Introduction à la philosophie* (1925), *le Devoir* (1930), *le Mensonge et le caractère* (1930), *Obstacle et valeur* (1934), *Traité de morale générale* (1943), *Traité de caractérologie* (1949).

Lessing (Gotthold Ephraim), écrivain et philosophe allemand (Kamenz, Saxe, 1729 – Brunswick 1781). Il fut le conciliateur du romantisme et du rationalisme allemands. Sa théorie morale de l'histoire, fondée sur la foi dans les progrès moral de l'humanité et exprimée dans *l'Éducation du genre humain (Die Erziehung des Menschengeschlechts)* [1780], a inspiré profondément la philosophie de Fichte.

Lettres philosophiques sur l'Angleterre ou **Lettres anglaises,** écrites par Voltaire (1734). Au nombre de vingt-cinq, elles rapportent ce que l'auteur a observé en Angleterre sur la religion, le gouvernement, le commerce, la philosophie, le théâtre et les gens de lettres. Ce vivant reportage porte en germe toutes les idées philosophiques de Voltaire : liberté de conscience, égalité politique, justice fiscale, séparation de la foi et de la raison, méthode expérimentale, liberté de la science. L'ouvrage fut saisi et brûlé, et l'auteur ne dut qu'à une fuite rapide d'échapper à la lettre de cachet dont il fut l'objet. Le livre fut dix fois réédité.

Leucippe, en gr. **Leukippos,** philosophe grec (v. 460-370 av. J.-C.). Disciple de Zénon d'Élée, il est le fondateur de l'atomisme et du matérialisme mécaniste, exposés par ses disciples Démocrite, Épicure, puis Lucrèce.

Levinas (Emmanuel), philosophe français (Kaunas, Lituanie, 1905 – Paris 1995). De ses premiers travaux sur la phénoménologie de Husserl (*Théorie de l'intuition dans la phénoménologie de Husserl,* 1930), Levinas retient les principes de la « méthode » phénoménologique, qui sont éminemment : **1°** une « description » des actes de l'esprit, de son « intentionalité » et de ses affections (de sa « sensibilité »); **2°** une réflexion à partir du sujet. C'est Levinas qui a révélé en France la philosophie de Heidegger (*En découvrant l'existence. Avec Husserl et Heidegger,* 1949). Sa propre philosophie de l'existence, qui est une réflexion sur la plénitude du monde (*De l'existence à l'existant,* 1947 ; *le Temps et l'autre,* 1948), se fonde sur une éthique dont l'expérience fondamentale est celle du regard et du visage d'autrui (*Totalité et infini, Essai sur l'extériorité,* 1961). On lui doit, en outre, une série d'essais sur le judaïsme, exposés dans *Difficile Liberté* (1963), *Quatre Lectures talmudiques* (1968), *l'Humanisme et l'autre homme* (1972). *Autrement qu'être* (1974), *Du sacré au saint — cinq nouvelles lectures talmudiques* (1977).

Lévi-Strauss (Claude), sociologue et anthropologue français (Bruxelles, Belgique, 1908). Il effectue, en Amérique du Sud et en Asie, plusieurs missions, dont il dégage la leçon, tant humaine que sociale, dans *les Structures élémentaires de la parenté* (1949) et *Tristes Tropiques* (1955). Il est le promoteur d'une méthode de sociologie fondée sur la compréhension d'autrui, et qui a pris aujourd'hui le nom d'« anthropologie sociale ». La sociologie vient ici au contact de la psychologie, puisque Lévi-Strauss propose de psychanalyser les cultures, à partir des légendes et des mythes religieux qui en constituent le fond véritable, et de dégager ainsi la personnalité propre des collectivités.

Il applique la notion de structure à l'ethnologie, pour la compréhension globale des conduites sociales. La « structure sociale » se distingue des « relations sociales » : elle est le modèle, l'inspiration psychique à partir desquels se comprennent globalement les relations sociales. On lui doit : l'*Anthropologie structurale* (1958), complétée par l'*Anthropologie structurale Deux* (1973). *Le Totémisme aujourd'hui* et *la Pensée sauvage* (1962) marquent un tournant dans son œuvre et annoncent la série des *Mythologiques :* il étudie notamment la littérature mythique amérindienne dans *le Cru et le Cuit* (1964), *Du miel aux cendres* (1967), *l'Origine des manières de table* (1967), *l'Homme nu* (1971). Attentif à fonder l'unité de l'homme sur la diversité même de ses productions culturelles, Claude Lévi-Strauss a donné au structuralisme la dimension d'un humanisme hostile à toute forme d'évolution sociale et même pessimiste sur le progrès et l'avenir de l'homme (*Race et Culture* (1971), *l'Identité* (1977), *la Voie des masques* (1979). Il a occupé au Collège de France à partir de 1959 la première chaire d'anthropologie sociale. (Acad. fr., 1973.)

Lévy-Bruhl (Lucien), sociologue français (Paris 1857 – *id.* 1939). Il est célèbre par ses travaux sur *la Mentalité primitive* (1922) des sociétés africaines ou australiennes non évoluées. En fait, la notion de « mentalité primitive » a aujourd'hui totalement disparu des registres de la sociologie, qui étudie, de façon plus compréhensive et sans les juger, la diversité des cultures humaines. Lévi-Strauss parlera d'une pensée spontanée ou « sauvage », et non plus d'une forme de pensée primitive. On lui doit, en outre : *l'Allemagne depuis Leibniz : essai sur le développement de la conscience nationale en Allemagne* (1890), *la Philosophie de Jacobi* (1894), *la Philosophie d'Auguste Comte* (1900), *la Morale et la science des mœurs* (1903).

Lewin (Kurt), psychologue américain d'origine allemande (Mogilno, Prusse, 1890 - Newtonville, Massachusetts, 1947). Professeur de psychologie à l'Université de Berlin (1926), il émigra aux États-Unis à l'avènement du nazisme (1932). Il délaissa les sujets classiques de la psychologie (volonté, association, perception) pour étudier le comportement humain d'une manière dynamique. Il développa la théorie du « champ de la personnalité » et de la motivation (représentée par l'ensemble des tensions produites par l'interaction des forces individuelles et sociales). Il se tourna plus tard vers l'étude expérimentale de la dynamique de groupe. Il représente le néo-béhaviorisme. On lui doit : *Une théorie dynamique de la personnalité* (1935), *Représentation conceptuelle et mesure des forces psychologiques* (1938), *Pour résoudre les conflits sociaux* (1948).

liberté, notion qui se définit, négativement, comme l'absence de contrainte ; positivement, comme l'état de celui qui fait ce qu'il veut.

Problème philosophique. C'est celui d'une définition et d'une preuve de la liberté, justifiant le « sentiment vif et interne » (Descartes) que nous avons d'être libres.

Pour définir la liberté, il suffit d'en donner une description adéquate : **1°** Au niveau le plus bas et proprement biologique, la liberté s'identifie avec la santé de l'organisme, que Leriche a définie comme « la vie dans le silence des organes ». L'homme malade se sent asservi à son corps : il n'est pas libre de faire ce qu'il veut ; **2°** À un stade plus élevé, la liberté s'identifie avec la spontanéité des tendances. L'homme est libre quand il peut réaliser ses désirs (épicurisme). Mais il y a des désirs contre lesquels nous luttons à cause de leurs conséquences fâcheuses pour l'organisme ou parce que la raison s'y oppose. La liberté ne saurait donc consister à se laisser aller à ses tendances (« Nous n'avons pas conscience d'être libres, disait Platon, quand nous succombons aux passions »), mais à « choisir » entre ses tendances ; **3°** Au niveau de la conscience, la liberté se définit par la possibilité de choisir. Pour qu'il y ait choix, il faut plusieurs motifs, plusieurs possibilités d'action. Le choix peut être impossible lorsque tous les motifs se valent : l'âne de Buridan, placé entre deux sacs d'avoine identiques, meurt de faim au milieu parce qu'il n'a pas plus de raison d'aller à droite qu'à gauche. Une décision, dans ce cas, eût relevé de ce qu'on appelle la « liberté d'indifférence » ; mais une telle liberté n'est guère l'expression d'une personnalité ; **4°** Au sens le plus plein, la liberté se définit comme une « réalisation » volontaire, justifiée par le plus grand nombre de motifs ; car notre action est alors non seulement l'expression d'un choix personnel, mais d'un choix capable de se justifier rationnellement aux yeux de tous les hommes. Après Platon et Spinoza (« l'action libre est celle qui se détermine en faveur du désir raisonnable »), Kant a donné toute son ampleur au « rationalisme » de la liberté : l'action est libre lorsque la conscience se détermine « contre » les désirs sensibles, en fonction d'un principe rationnel (par exemple, faire l'aumône « par pitié », c'est céder au penchant ; mais faire l'aumône « par principe », c'est agir librement, selon un principe rationnel) ; **5°** On s'aperçoit qu'au fond la liberté ne consiste pas dans ce qu'on fait, mais dans la manière dont on le fait. La liberté est une attitude, celle de l'homme qui se reconnaît dans sa vie, qui approuve l'histoire du monde et des événements. C'est pourquoi la liberté consiste souvent à « changer ses désirs plutôt que l'ordre du monde », à s'adapter à l'évolution et à l'ordre des choses. C'est à une telle conception (qui était celle des stoïciens) que sont revenus les philosophes modernes (Jaspers, Sartre) : l'homme devient libre lorsqu'il substitue une « attitude active » à une « situation subie », lorsqu'il prend parti à l'égard des événements de son temps, se définit par rapport au régime et par rapport aux autres hommes : bref, la liberté se prouve en se réalisant, lorsque l'homme réalise sa personnalité à travers les événements du monde, au lieu de les subir du dehors, comme un destin aveugle.

Problème social. C'est d'abord, et d'une façon très générale, lié au bien-être de l'homme. Une nation ne peut être libre lorsque la misère y règne : du dehors, elle dépend des nations les plus riches ; mais, surtout, du dedans, les populations misérables ne peuvent avoir le sentiment d'être libres. La liberté requiert, sur le plan social, que tous les hommes d'une société puissent trouver du travail, et, sur le plan humain, une volonté des citoyens de travailler efficacement et de construire une économie.

D'une manière plus particulière, le problème social de la liberté est de concilier la liberté individuelle et la loi sociale : **a)** Le point de vue selon lequel les libertés individuelles doivent pouvoir s'exprimer sans limites est celui que Platon nommait « démocratie directe » ou « anarchie ». Lorsqu'il n'y a plus que des individus, une société n'est plus possible. **b)** Dans le dialogue *la République,* Platon montre que cet état de désordre conduit à la « tyrannie ». Les volontés individuelles étant incapables de s'organiser, il advient un pouvoir fort qui les organise du dehors et leur impose sa loi. C'est ce que fit Alexandre le Grand à l'égard des cités grecques désunies. **c)** Enfin, quand les individus prennent conscience que leur liberté s'arrête là où elle commence à entraver la liberté d'autrui, on arrive à une situation de responsabilité qui caractérise la « démocratie ». Ce principe inspirera l'article IV de la *Déclaration des droits de l'homme et du citoyen* (août 1789) : « La liberté consiste à pouvoir faire tout ce qui ne nuit pas à autrui. » Sur le plan économique, l'idée selon laquelle le maximum de prospérité est acquis en laissant simplement jouer les libres initiatives s'appelle le *libéralisme* (Adam Smith, 1723-1790 ; John Stuart Mill, 1773-1836). Il s'oppose au *dirigisme* ou à l'*étatisme* selon lequel une loi ou un plan de développement économique est imposé par l'État aux individus : cette loi peut être l'expression d'une classe dominante (Karl Marx, 1818-1883), d'une bureaucratie qui prétend régenter les forces productives de la Nation (dont Marx a fait la critique dès 1843 dans *Critique du droit politique hégélien*).

Le développement de l'information fait qu'aujourd'hui les libertés individuelles ou initiatives privées sont obligées de tenir compte de la totalité du marché, de la situation économique générale pour réussir dans leurs entreprises, de même que les États sont obligés de stimuler au maximum les initiatives privées ou les libertés individuelles pour obtenir le meilleur rendement économique.

Le débat idéologique (libéralisme – étatisme) est largement dépassé en faveur d'un pragmatisme économique dont le but est de concilier la meilleure efficacité économique avec le maximum de solidarité sociale.

Données historiques. La philosophie classique (XVIIe s.) a vu s'opposer les théories de la prédestination (Leibniz, 1646-1716) selon laquelle Dieu a programmé tous les événements de la vie humaine, à l'humanisme volontariste de la morale de Descartes (1596-1650) qui en revient sans cesse « au sentiment vif et interne que nous avons d'être libres ».

Qu'est-ce que la liberté ? La liberté est un pouvoir d'agir et non de penser : « Je vous ai dit que sa liberté [de l'homme] consiste dans son pouvoir d'agir, et non pas dans le pouvoir chimérique de vouloir vouloir » (Voltaire, *le Philosophe ignorant*). « La liberté consiste à se déterminer soi-même » (Leibniz, *Théodicée,* 319) ; Kant disait : à être « autonome ».

Où est la liberté ? Elle est dans la puissance de notre raison, de notre volonté sur notre vie : « Seul l'être rationnel, considéré comme tel, est absolument autonome, fondement absolu de soi-même » (Fichte, *Sämtliche Werke,* t. IV, p. 36). « Être libre, c'est réaliser l'idéal dans le réel » (Schelling, S. W., t. VI, p. 31). « Je veux être libre... signifie : je veux me faire moi-même ce que je serai » (Fichte, S. W., t. II, p. 193).

Valeur de la liberté. Seule la vie libre peut avoir une valeur morale. « Les actions sont par nature quelque chose de transitoire, de passager. Quand elles ne jaillissent pas d'une cause dont le lieu est le caractère ou le tempérament de la personne qui les accomplit, alors elles n'adhèrent pas à cette personne et ne peuvent, quand elles sont bonnes, lui conférer du mérite ni, quand elles sont mauvaises, lui apporter de la honte »

(Hume, *Traité*, III). « Être libre est un bien; devenir libre, c'est le ciel! » (Fichte.)

libido (mot lat. signif. *désir*), énergie vitale qui est à l'origine du goût de vivre en général et de toutes les manifestations positives de la vie : vie sexuelle, œuvres d'art, toutes formes de création.

La libido était pour Freud presque uniquement liée aux manifestations de la vie sexuelle, dont le « refoulement » pouvait susciter des « déviations », des « sublimations », voire des troubles de la personnalité; elle était le principe fondamental à partir duquel il préconisait d'expliquer les rêves et toutes les formes d'expression de l'inconscient. Pour les psychiatres modernes, la libido désigne la puissance de vie tout entière, principe de toute explication de nos actes, normaux ou morbides.

La libido est, en dernier ressort, l'instinct de vie, qui explique toutes les conduites actives (créations, esprit d'entreprise, instinct de conservation). Elle s'oppose à l' « instinct de mort », la tendance à persévérer dans son être.

limite, ligne qui marque la fin d'une étendue. Borne d'une action, d'un pouvoir.

C'est Kant qui a défini la philosophie comme une critique de notre connaissance, c'est-à-dire une pensée de ses limites : la connaissance ne peut s'exercer dans le vide, il lui faut un objet réel; c'est pourquoi il n'y a pas de connaissance métaphysique. Fichte a élargi cette recherche et déterminé les limites ultimes de la « pensée » réflexive et philosophique. On distingue, en toute rigueur, la *limite*, qui est une limitation de droit (en ce sens, la philosophie kantienne est une « pensée des limites » [en allem. *Grenze*]), et la *borne* (en allem. *Schranke*), qui est une limitation de fait, accidentelle et susceptible d'être dépassée.

localisations cérébrales (théorie des), théorie qui affirme une correspondance entre certaines parties du cerveau et certaines fonctions psychiques : mémoire, émotions, etc.

En fait, il est impossible d'assigner objectivement une partie du cerveau à une faculté particulière de l'esprit humain (de déterminer, par exemple, un centre du calcul ou de la mémoire). En revanche, l'anatomie, la physiologie et la pathologie permettent de déterminer des régions de l'écorce cérébrale liées à la motricité (circonvolution frontale ascendante), à la sensibilité (pariétale ascendante), à la vision (cortex occipital), etc. La théorie des localisations fut, au XIXe siècle, particulièrement développée par Ribot.

À l'heure actuelle, à la suite des études de P. Marie (1906-1907), puis de Charles Foix, pendant la guerre de 1914, on constate des phénomènes de suppléance en cas de lésion du cerveau, de même que l'atteinte d'une partie du cerveau entraîne une modification générale de la personnalité et non, simplement, la suppression d'une de ses facultés. La théorie globale des « structures », développée par Kurt Goldstein dans son ouvrage sur *la Structure de l'organisme,* a supplanté celle des localisations. → **Gestaltisme.**

Locke (John), philosophe anglais (Wrington, Somersetshire, 1632 – Oates, Essex, 1704). Fils d'un juriste, il fit ses études secondaires à Londres, à Westminster, puis il entra à l'université d'Oxford. Son souci de la réalité l'amena à s'occuper de physique, de chimie, de médecine et de politique. Sa théorie sur l'origine de la connaissance (*Essai sur l'entendement humain*, 1690) est un sensualisme selon lequel toutes nos connaissances et les principes mêmes de notre esprit résultent de l'expérience et de l'habitude; sa philosophie du droit est, contre Hobbes, une justification de la tolérance (*Lettres sur la tolérance*, 1689). Les *Traités du gouvernement civil* (1690) font la théorie de la société libérale. On lui doit en outre un traité sur *l'Éducation* (1693), où il présente le christianisme primitif comme la religion naturelle au cœur humain.

logicisme, doctrine philosophique qui ramène toutes les sciences à la forme mathématique, et fait des mathématiques elles-mêmes une application logique. Bertrand Russell* est l'un des fondateurs du logicisme.

logique, au sens classique : science des lois de la pensée ; au sens moderne : science des formes du discours.

La logique a été présentée comme l'art de « bien conduire sa raison dans la connaissance des choses, tant pour s'instruire soi-même que pour instruire les autres » (*Logique de Port-Royal,* 1662). La logique est essentiellement la science formelle des formes de concepts, de jugements et de raisonnements. Cette interprétation de la logique remonte à Aristote* (384-322 av. J.-C.), dont l'*Organon* donne les principes et les éléments éternels de la logique formelle (théorie du syllogisme, de la déduction, de l'induction) : l'élément le plus simple de la logique est l'*idée* ou *concept ;* celui-ci se définit au point de vue de son extension et de sa compréhension. La compréhension est l'ensemble des qualités qui caractérisent l'objet du concept ; l'extension, l'ensemble des êtres qui ont la même qualité. Par exemple, le concept de « chien » est celui d'un animal que l'on peut décrire avec une grande précision ; il possède un grand nombre de qualités particulières (une grande « compréhension »). Celui de « vertébré » est beaucoup plus général (il possède une plus grande « extension »), mais reste beaucoup plus vague : la compréhension est donc en raison inverse de l'extension. Le *jugement* se définit comme une relation entre deux concepts ; le *raisonnement,* comme une relation entre deux ou plusieurs jugements. Tels sont les trois éléments principaux de la logique formelle.

Emmanuel Kant* (1724-1804) a fondé la logique *transcendantale* ou *matérielle,* qui est l'étude de la pensée appliquée au réel, s'incarnant dans les « méthodes » des sciences mathématiques ou des sciences physiques. Aujourd'hui, la logique formelle rejoint les mathématiques et se nomme *logistique.* Au lieu de partir du langage, comme la logique formelle, la logistique établit un système de signes ou de symboles calqués sur les formes de la pensée et les combine suivant des règles constituant son axiomatique, en faisant complètement abstraction de leur sens. On pourra lire *Introduction à la logique contemporaine* (1968) de R. Blanché
→ **Mathématiques, raisonnement.**

logique déductive et inductive (système de) [*System of logic*], œuvre de John Stuart Mill* (1843). Dans ce manuel de la logique empirique, Mill développe les méthodes de concordance, de différence, des variations concomitantes et des résidus qui permettent d'induire les lois de la science.

Logique formelle et logique transcendantale (*Formale und transzendentale logik*), œuvre fondamentale de E. Husserl* (1929), où celui-ci dégage « les principes et les normes de toutes les sciences ».

logistique, logique mathématique, mise sous forme d'algorithme.

Ce terme, créé en 1904 au Congrès des logiciens, à Genève, remplace les expressions de « logique mathématique » ou « algorithmique », d' « algèbre de la logique », etc. La logistique est la logique moderne, forme de combinaison mathématique. Elle a été développée par le cercle de Vienne (Carnap, Tarski, Wittgenstein) et le néo-positivisme ou positivisme logique anglo-saxon (école de Bertrand Russell).

logos, dans la philosophie d'Héraclite, loi de l'être, nécessité universelle. Chez Platon, Dieu en tant que source des idées. Chez les stoïciens, sort, raison. Chez les Néo-Platoniciens, un des aspects de la Divinité. Dans le système de Hegel, concept, raison, esprit absolu.

loi, règle nécessaire ou impérative.

Il peut s'agir d'une *loi de la nature,* qui se définit plus exactement comme un rapport nécessaire et constant entre les phénomènes : dans ce cas, la loi s'obtient par induction à partir des observations répétées d'un même phénomène ; la loi se vérifie ou se prouve par l'expérimentation, c'est-à-dire la reproduction du phénomène en laboratoire. Dans son second sens, la loi peut désigner la *loi morale,* au sens d' « impératif catégorique », qui se manifeste immédiatement à la conscience de l'homme sous la forme d'un sentiment d'impossibilité à commettre certains actes (mensonge, vol) ou à ne pas commettre certains actes (aide à personne en danger de mort). Dans ce même sens « pratique », la loi peut désigner la *loi sociale* au sens d'obligation imposée par la vie en collectivité : cette obligation peut être explicite (loi positive) ou implicite (« conscience sociale » des sociologues, influence profonde de la coutume). [V. DÉTERMINISME, IMPÉRATIF.]

Lois (les), dialogue de Platon*, resté inachevé. C'est un essai de réflexion, divisé en douze livres, sur les meilleures lois possibles. Il pense que la meilleure société doit être pénétrée d'esprit religieux : toutes les lois de la cité doivent être soumises à la sanction d'Apollon.

loisir, temps disponible en dehors du travail, des occupations habituelles.

Le problème des loisirs nécessaires se pose depuis la Révolution : depuis la suppression des corporations (qui imposaient à leurs membres des règles limitant le travail) et des fêtes religieuses ; depuis que la libre discussion entre patrons et ouvriers préside à la détermination des conditions de travail. La conséquence en fut la disparition quasi totale de tout loisir pour les classes populaires. Le machinisme, le désir forcené de produire, la concurrence imposèrent un rythme de travail ne laissant point de place au loisir, à peine au repos physiologique. Or, la division du travail, la monotonie des tâches parcellaires ont un effet démoralisant indéniable. Le loisir devient alors nécessaire, essentiel à l'équilibre des hommes, qui cherchent, comme l'a montré Friedmann, à réaliser dans les loisirs toute une partie d'eux-mêmes dont ils ne peuvent trouver l'emploi dans leur vie professionnelle.

Certains sociologues ont même souligné que le loisir était amené à prendre la place du travail sur la voie de l'épanouissement humain, au point que les activités considérées comme secondaires pourraient devenir essentielles.

Le loisir n'est pas nécessairement le repos ; il peut désigner une activité intense. Mais il s'agit d'une activité libre et non rémunérée, où l'homme exprime simplement sa personnalité.

Longin, philosophe et rhéteur grec (Palmyre, Emèse ou Athènes, v. 213 – Palmyre 273). Il enseigna à Athènes et en Syrie, fut ministre de Zénobie, reine de Palmyre. De son œuvre philosophique, il reste un fragment *Sur le souverain bien.*

Lotze (Rudolf Hermann), philosophe et physiologiste allemand (Bautzen 1817 – Berlin 1881). Dans les *Principes de la psychologie physiologique* (1852), il a combattu l'idée de force vitale et défendu la théorie mécanique. Son œuvre principale est : *Histoire de l'esthétique en Allemagne* (1868). Dans *Système de philosophie* (1874-1879), il développe un idéalisme finaliste influencé par Leibniz.

Lucien de Samosate, en grec **Loukianos,** philosophe grec (Samosate, Syrie, v. 125 – v. 192). Il laisse 82 ouvrages et un recueil d'épigrammes. C'est à Athènes, où il vit de 165 à 185 environ, qu'il écrit ses plus grandes œuvres : *la Pantomine, Anacharsis, Tozaris, la Double accusation, les Sectes à l'encan.* Il fut un peu le Voltaire de son époque. Son scepticisme évite le dogmatisme et le cynisme. Sa morale préconise de vivre comme tout le monde, de prendre part aux devoirs ordinaires des citoyens. En une époque troublée, il en appelle à l'esprit critique, au libre examen et à la raison. Son œuvre la plus importante est *l'Hermotimos* (166).

ludique, relatif au jeu.

Le problème des activités ludiques est celui des loisirs. → **Loisir.**

Lukács (György), philosophe et homme politique hongrois (Budapest 1885 – *id.* 1971). Il fut professeur à l'université de Budapest, académicien, ministre de l'Éducation nationale en 1956 dans le gouvernement Nagy, emprisonné après la révolte hongroise, puis libéré. Il est un des penseurs les plus originaux du marxisme. C'est en 1908 qu'il publie son premier ouvrage, qui est consacré au théâtre : *le Drame moderne*; en 1911, il réunit diverses études sous le titre *l'Âme et la forme*. Cet ouvrage lui vaut une certaine célébrité, à laquelle font écho Thomas Mann, Charles Andler, Félix Berteaux. La même année, il publie *l'Évolution du drame moderne*; en 1916, *la Théorie du roman*; en 1923, *Histoire et conscience de classe* et en 1924, *Lénine*. Il séjourne fort longtemps à Moscou, où il collabore à l'Institut Marx-Engels. Ses autres ouvrages importants paraissent après 1945 : *Existentialisme et marxisme* (1948) et surtout *la Destruction de la raison* (1955).

Lukács part de l'opposition classique des idéalistes et des matérialistes pour rechercher une « troisième voie ». Ses critiques s'adressent surtout à la phénoménologie* et à l'existentialisme*. Il étudie le développement de l'irrationalisme moderne depuis Schelling jusqu'au fascisme. Mais ses préoccupations fondamentales restent d'ordre esthétique : son but est de fonder une esthétique du réalisme (cf. *K. Marx et F. Engels comme historiens de la littérature,* les *Textes philosophiques choisis de* N. Tchernychevski, et *Goethe et son époque*). Il aurait voulu achever son œuvre par un « Traité d'esthétique réaliste » ou « grand réalisme », qui situe l'homme dans une totalité historique spatiale (le milieu social) et temporelle, tel que l'ont illustré Shakespeare, Balzac ou Thomas Mann.

lumières (philosophie des) [en allem. *Aufklärung*], mouvement philosophique du XVIIIᵉ siècle, caractérisé par la croyance au progrès humain, la foi dans la raison, la défiance à l'égard de la religion et de la tradition.

L'*Encyclopédie* de d'Alembert et Diderot est l'œuvre de la philosophie des lumières. Les principaux représentants en furent Diderot, d'Alembert, Cabanis, Helvétius, l'abbé de Condillac. En Allemagne, les représentants des « lumières » (fin XVIIIᵉ s.), dont le chef était Nicolai, et qui s'exprimaient dans la revue *Eudemonia,* soutenaient une forme de rationalisme assez plat, opposé tant à l'inspiration romantique qu'aux « ténèbres » de la philosophie kantienne.

Luther (Martin), théologien et réformateur protestant allemand (Eisleben, Thuringe, 1483 – *id.* 1546). Ses parents étaient ouvriers-paysans. Il fut élève de l'université d'Erfurt (1501), maître en philosophie (1505), docteur en théologie (1511). Il devint professeur de théologie à l'université de Wittenberg (1513) et même vicaire général des Augustins en Allemagne (1515). Excellent moine, Luther se plongea dans la pénitence, la prière, la recherche théologique, cherchant à atteindre partout son salut dans la vérité. On connaît sa formule célèbre : « Le chrétien se sait toujours pécheur, toujours juste et toujours repentant. » Il lutta d'abord, au sein de l'église, contre les abus et les erreurs, notamment contre la vente des « indulgences », que Tetzel répandait en Allemagne pour permettre de poursuivre la construction de Saint-Pierre de Rome : chacun pouvait ainsi acheter des bons qui le tenaient quitte de ses péchés. L'opposition de Luther fut le début de la Réforme. Le *Petit Traité de la liberté chrétienne* (1520), concentre l'essentiel de sa pensée, exposée par ailleurs dans le *Manifeste à la noblesse allemande* et *la Captivité de Babylone* : il y exprime les principes de l'Église invisible (opposée à l'Église romaine), qui est celle de la vraie foi, selon laquelle l'homme n'est sauvé du désespoir que par la grâce divine intérieure (et non point par une autorité extérieure qui passerait l'éponge).

En 1530, Melanchthon présenta, à l'occasion de la diète d'Augsbourg, une confession qui faisait suite à une série de travaux de Luther; approuvée par Luther, elle est connue sous le nom de *Confession d'Augsbourg* et est aujourd'hui la confession de foi des Églises luthériennes.

Lyotard (Jean-François), philosophe français (Versailles 1924). Il a collaboré à la revue *Socialisme ou Barbarie.* Ses recherches portent sur la théorie de l'art, les différentes formes de discours (*Discours, figure,* 1971) et le freudo-marxisme (*Dérive à partir de Marx et Freud,* 1973; *Des dispositifs pulsionnels,* 1973). Il cherche à montrer que l'économie politique est fondée sur les mouvements des désirs (*l'Économie libidinale,* 1974).

m

Mably (Gabriel **Bonnot** de), philosophe et historien français (Grenoble 1709 – Paris 1785), frère de Condillac. Auteur du *Droit public de l'Europe fondé sur les traités* (1748) et d'*Observations sur l'histoire de France* (1765), il est un précurseur du socialisme communautaire. D'inspiration moraliste, il préconise une réduction de la production et une diminution des besoins.

Mach (Ernst), physicien et philosophe autrichien (Chirlitz – Turas, auj. Chrlice – Tuřany, Moldavie, 1838 – Haar, près de Munich, 1916). Il enseigna les mathématiques, la physique (à Graz, 1864 et à Prague, 1867), enfin la philosophie (à Vienne, 1895). Il apporte une nouvelle définition du concept de masse en physique (deux corps sont de même masse s'ils se communiquent des actions égales et directement opposées). Sa philosophie des sciences, l'empiriocriticisme (*la Connaissance et l'erreur,* 1905), donne au positivisme une fonction plus opératoire dans le domaine de la mécanique. Il développe le principe que la science ne peut espérer atteindre le réel et qu'elle ne progresse que par la recherche d'une économie de pensée.

Sa philosophie a profondément influencé les premiers travaux d'Einstein relatifs à l'établissement de la relativité restreinte et le néo-positivisme de l'école de Vienne.

Machiavel (Niccolo, en ital. Machiavelli), homme d'État, écrivain et théoricien politique italien (Florence 1469 – *id.* 1527). Né dans une famille noble peu fortunée, Machiavel devient à près de trente ans secrétaire de la deuxième chancellerie de la république de Florence. Il accomplit jusqu'en 1512 de nombreuses missions diplomatiques à la cour papale, où domine César Borgia, à la cour de France, où règne Louis XII, à celle de l'empereur Maximilien Ier. Ces missions lui donnent l'occasion d'observer les mœurs des cours, les pratiques des gouvernants, et c'est ainsi qu'il se forge peu à peu une pensée politique. Son ouvrage fondamental est *le Prince** (1513), où il décrit, dit-on, César Borgia, le modèle du dirigeant lucide, volontaire et surtout sans scrupule, réalisant inexorablement ses desseins quels que soient les moyens qu'ils requièrent. La mémoire de Machiavel a cruellement souffert d'une confusion : on l'a identifié avec son « exécrable héros », César Borgia; on l'a même accusé d'avoir conseillé la Saint-Barthélemy à Catherine de Médicis — d'où l'expression de « machiavélisme ». En fait, loin d'être le « majordome du diable », il fut avant tout soucieux de salut de sa patrie, républicaine ou non : la loi suprême était pour lui celle de la « raison d'État », bien que les *Discours sur la première décade de Tite-Live* (1513-1519) prennent nettement position en faveur d'un gouverne-

Les Désastres de la guerre *de Francisco Goya (1746-1828).* « Les pendus » *illustrent les malheurs de la guerre d'Espagne (1808-1813). La fonction de l'art est non seulement de montrer le beau mais de révéler la vérité, fût-elle triste et laide. Le beau est « ce qui est expressif ».* (Phot. Giraudon.)

L'Apollon de Piombino. *« Ordre et beauté... », la raison s'exprime dans la mesure.* (Phot. Giraudon.)

Bonze se faisant brûler à Saigon *(1963).* ►
Le sacrifice est ce qui donne un sens non seulement à la souffrance mais même à la mort. Il transforme la vie et la mort en acte volontaire, et donne un contenu à la notion de « mort propre » à une personnalité, notion développée par Rainer Maria Rilke. **(Phot. Associated Press.)**

Scène du film d'Ingmar Bergman, le Septième Sceau *(1956) : la partie d'échecs entre le chevalier et le spectre de la mort. C'est l'ombre de la mort qui donne tout son relief à la vie.* **(Phot. Filmindustri - Coll. J. L. Passek.)**

Les Misères et malheurs de la guerre, *d'après Jacques Callot (1632-1633), décrivent le châtiment des bandes de brigands qui, à l'époque, dévastaient la Lorraine. La mort y apparaît comme l'exercice du droit dans le but de restaurer la cohésion de la société : à la fois comme un exemple, qu'il fallait peindre et raconter, et comme une purge. Le progrès du droit, le développement économique ont profondément modifié la sensibilité de notre société et mis en cause le caractère d' « exemplarité » de la peine capitale. Cabinet des Estampes, BN.* (Phot. Larousse.)

Henri Bergson à sa table de travail. *L'auteur des* Données immédiates de la conscience *(1889), remonte à la source de l'attention et de toute création intellectuelle, morale ou artistique. L'intuition de la « durée » lui apparaît comme le moteur et la substance de la conscience.* **(Phot. Larousse.)**

La conscience *peut se définir comme l'acte d'attention. Celle-ci se cultive dans l'art des combinaisons. L'informatique à l'école est l'art d'utiliser une information déjà traitée et stockée : la conscience est un acte et non un réceptacle de données.* **(Phot. Paul Fusco.)**

L'Autrichien Sigmund Freud *(1856-1939), fondateur de la psychanalyse comme science de l'inconscient. Sa méthode consiste à utiliser le libre jeu des associations d'idées afin de faire remonter l'inconscient à la conscience et de supprimer les facteurs de déséquilibre et d'échec.*
(Phot. Halberstadt, Hambourg.) ▼

Une obsession : *le vautour de Léonard, selon Freud (regarder latéralement).*
(La Vierge, l'Enfant Jésus et sainte Anne, *musée du Louvre, Paris.*)
(Phot. Giraudon.) ▶

Amour et Psyché. *Sculpture grecque (musée du Capitole, Rome). L'amour symbolise le plus souvent le désir. Dans le dialogue* le Banquet, *Platon raconte qu'« Éros » (l'Amour) est fils de « Poros » (Richesse) et de « Pénia » (Pauvreté) : l'amour est pauvre dans la mesure où il désire ce qu'il ne possède pas. C'est cet aspect qui explique le dynamisme du désir.*
(Phot. Anderson-Giraudon.)

Extrait du film À nos amours *de M. Pialat, 1983.* (Phot. X.)

◀ La Nef des fous, *un des plus célèbres tableaux de Jérôme Bosch (v. 1450-1460), était destinée à illustrer un poème satirique de l'Alsacien Sébastian Brant qui dénonçait les aberrations des cinq sens. Un individu peut adorer une nourriture qui lui est néfaste ou chanter la vie à la veille de sa mort. L'ouvrage de Brant, qui eut un succès considérable à l'époque, lie la notion de bonheur non seulement à celle d'inconscience mais à celle d'erreur des sens.*
(Phot. Giraudon.)

Le bonheur des champions. *Daniel Sangouma (à gauche) et Bruno Marie-Rose, deux des quatre gagnants du record du monde (37'79'') du relais 4 × 100 mètres le 1er septembre 1990, à Split (Yougoslavie). Si le bonheur consiste à se réaliser soi-même dans ce qu'on fait, il est en l'espèce redoublé : d'abord parce que les athlètes se sont dépassés eux-mêmes, ensuite parce qu'ils ont réalisé leur exploit collectivement et que chacun peut voir dans le bonheur de l'autre le reflet de son propre bonheur.* (Phot. A.F.P.)

Johann Gottlieb Fichte *(1762-1814). Sa philosophie fut « de part en part une réflexion sur la liberté ».* **(Phot. Larousse.)**

Un étudiant isolé arrête une colonne de tanks. *Cette scène de la révolte étudiante à Pékin en juin 1989 a fait le tour du monde. Elle illustre la puissance symbolique de la revendication à la liberté sur le cours de l'histoire.* **(Phot. Stuart Franklin-Magnum.)** ▶

Dans sa séance du 4 février 1794 (16 pluviose an II), la Convention décrète l'abolition de l'esclavage. (D'après André Monsiaux, 1754-1837. Musée carnavalet, Cabinet des Estampes. **(Phot. Lauros-Giraudon.)**

Le 11 novembre 1989, à Berlin, devant la porte de Brandebourg. *Le mur qui, depuis 28 ans, séparait le monde libre des sociétés collectivisées a implosé non par la force des armes, mais par la* ▼ *seule puissance de l'aspiration des peuples à la liberté.* (Phot. A.F.P.)

La connaissance scientifique repose sur l'observation des données fournies par des instruments de mesure. Ci-dessous, l'Astronomie au XVIe siècle *(avec astrolabe, servant à mesurer la hauteur d'un astre au-dessus de l'horizon, et quadrants azimutaux mesurant l'angle entre deux étoiles).*
[Phot. B. Barbier.]

Descartes *(1596-1650), philosophe, mathématicien, physicien et maître d'armes. Il imposa à notre culture un style de pensée par « idées claires et distinctes » et libéra la réflexion philosophique de toute autorité religieuse ou politique, inaugurant la pratique de la méditation personnelle. Son rationalisme est fondé sur la certitude que tout esprit bien conduit peut parvenir à la connaissance de la vérité.*
(Phot. B.N., cabinet des Estampes.)

La communication *sous la forme du message télévisé est un art, un métier qui tend à faire passer au second plan l'action, l'efficacité réelle. Mais elle est la base de la démocratie, fondée sur la persuasion de l'opinion publique.* (Phot. Santos-Rapho.)

La communication mère-enfant, *de nature affective, est antérieure au langage, et plus profonde. Quelles que soient les paroles, l'enfant sent s'il est aimé ou non.* (Phot. Leonard Fread-Magnum.)

Signature de la Charte de l'Organisation des Nations unies le 26 juin 1945, à San Francisco. *Cette charte visait à mettre un terme aux conflits armés en mobilisant tous les pays du monde et leur opinion publique pour faire prévaloir un état de droit entre les peuples.* (Phot. D.R./coll. Larousse.)

Paris, Parc des Princes le 8-6-1985, match de football P.-S.-G./A.S. Monaco. *Des supporters du P.-S.-G. dans les tribunes. Certaines manifestations sportives sont parfois l'occasion de tous les débordements. Les entraîneurs ont tendance à y voir le comportement de non-sportifs incapables de canaliser leur énergie ; les économistes , le contrecoup d'une crise du chômage ; les politiques, l'expression d'une idéologie fasciste. Voltaire résumait cela en une phrase : « On entend par fanatisme une folie religieuse, sombre et cruelle ; c'est une maladie qui se gagne comme la petite vérole. »* (Phot. A.F.P.)

Bonaparte au pont d'Arcole *(15-17 nov. 1796). Le héros est celui qui rallie les hommes et les entraîne à sa suite dans un de ces événements qui font l'histoire...* **(Phot. Goldner.)**

Débarquement de Normandie le 6 juin 1944. *Les guerres constituent le principal contenu de l'histoire des hommes. Mais chaque événement s'inscrit dans une logique d'ensemble que l'historien s'efforce de reconstruire.* **(Phot. U.S. Army.)**

ment républicain et démocratique. Machiavel n'a pas proposé une théorie générale de l'histoire ni glorifié la duplicité des gouvernants. C'est avant tout un observateur et un écrivain, qui a décrit de très près les mœurs politiques des gouvernants de son temps. On lui doit en outre : *De la manière de traiter les populations révoltées du Val de Chiana* (1504), *Rapport sur les choses de l'Allemagne* (écrit en 1508, publié en 1532), *Histoire de Florence* (1521-1525) et une série de *Lettres* et d'ouvrages littéraires.

machinisme, emploi généralisé de machines.

Le machinisme, substituant la machine à la main-d'œuvre humaine, organisant une division du travail et une normalisation même des gestes de l'ouvrier, a provoqué une augmentation considérable du rendement. Mais il pose d'abord un problème *social* et *pédagogique* : celui de la reconversion incessante des travailleurs à de nouveaux travaux et à de nouvelles machines lors de chaque progrès technique. Le problème ne peut être résolu que par une éducation appropriée, et suffisamment générale, seule susceptible de leur permettre de se « reconvertir » incessamment. Il pose, en outre, un problème psychologique, d'adaptation au milieu de l'usine, que Friedmann a traité dans *Où va le travail humain?* et *Problèmes humains du machinisme industriel.* Le caractère anonyme et parfois déprimant du travail mécanique, le bruit qui l'entoure, la vitesse d'exécution requise constituent un univers dont l'homme doit absolument sortir par le loisir : les développements du machinisme rendent aujourd'hui les loisirs nécessaires (sports, théâtre, cinéma, télévision, etc.) et transforment profondément l'équilibre psychologique de l'homme moderne, qui s'accomplit non plus dans son travail, mais hors de son travail, dans ses occupations de loisir. → **Automation, division du travail, loisir.**

magie, art prétendu de produire par certaines techniques (gestes, incantations) des effets contraires aux lois naturelles.

La magie « imitative » consiste à imiter le phénomène que l'on veut voir se produire (le bruit du tonnerre pour avoir la pluie). La magie « par contagion » se fonde sur la croyance que, si un être possède une vertu particulière, il la communique à ceux qui le touchent. L'*explication magique,* qui représente, selon A. Comte, le premier stade de l'explication scientifique, consiste à rapporter les effets que l'on constate dans le monde à une volonté ou à une force surnaturelle ; elle s'oppose à l'*explication positive,* qui consiste à chercher les lois, c'est-à-dire les rapports constants entre les phénomènes.

maïeutique (gr. *maieutikê,* art de l'accouchement), art d'accoucher les esprits, c'est-à-dire de faire découvrir à l'interlocuteur des vérités qu'il porte en lui.

Socrate prétendait exercer cet art en posant au bon moment des questions à ses interlocuteurs et en les faisant « se rappeler » (réminiscence) des données élémentaires des mathématiques ou des vérités morales universelles. La psychanalyse est, en ce sens, une maïeutique.

Maïmon (Salomon Ben Josua, dit), philosophe polonais d'expression allemande (Niéswiez, Pologne, 1754 – Niedersiegersdorf, Silésie, 1800). Son œuvre est une réflexion sur la pensée kantienne. Il écrit un *Essai sur la philosophie transcendantale* (1770), une *Histoire des progrès de la métaphysique en Allemagne depuis les temps de Leibniz et de Wolff* (1793), et son principal ouvrage, *Essai d'une nouvelle logique ou Théorie de la pensée* (1794). Il développe la philosophie critique dans le sens du scepticisme en montrant qu'il est aussi impossible de saisir en son fond l'activité de connaissance que la chose en soi. La réflexion ne peut construire qu'une théorie de la représentation, non des objets de l'expérience. Il favorisera la transition entre Kant et Fichte.

Maïmonide (Moïse), en hébr. *Moshe ben Maïmon,* dit Ramban), médecin, talmudiste et philosophe juif (Cordoue 1135 – Fustāt 1204). Il vécut à Fès (1160), puis en Palestine (1165), enfin en Égypte.

Ses trois grands ouvrages sont : *le Luminaire* (Sirâdj), qui comprend notamment *les Huit chapitres,* traité de philosophie et d'éthique, et *les Treize articles* de la foi, qui font aujourd'hui partie de la liturgie synagogale ; *le Mishne Tora* (1180), traité de philosophie religieuse inspiré de la pensée d'Aristote ; *le Guide des égarés* ou des « indécis » (1190). Ses travaux ont influencé la pensée juive, mais aussi la philosophie chrétienne d'Albert le Grand, de Duns Scot ; ils constituent, selon Pic de la Mirandole, la première interprétation philosophique de la Bible.

Maine de Biran (Marie François Pierre Gontier de Biran, dit), philosophe français (Bergerac 1766 – Paris 1824). Il fut administrateur du département de la Dordogne, député, conseiller d'État. Son spiritualisme se fonde sur une méthode d'analyse psychologique du sujet, dont le moyen est, exclusivement, l'aperception immédiate interne : celle-ci nous permet de saisir notre « moi » comme une tendance, une libre spontanéité, une et indécomposable. Ses analyses de l'effort volontaire constituent un apport indéniable à toute philosophie de la volonté. On lui doit notamment : *Mémoire sur l'influence de l'habitude sur la faculté de penser* (1802), *Mémoire sur la décomposition de la pensée* (1805), *Mémoire sur l'aperception immédiate* (1807), *Mémoire sur les rapports du physique et du moral de l'homme* (1814).

Maistre (comte Joseph de), homme politique, écrivain et philosophe français (Chambéry 1753 – Turin 1821). Il fit des études de droit à Turin, fut membre du Sénat de Savoie (1774). On le retrouve ministre de Sardaigne à Saint-Pétersbourg, où il se lia avec Alexandre Ier. Il y composa ses grands ouvrages, dont l'*Essai sur le principe générateur des constitutions politiques* (1810), *Examen de la philosophie de Bacon* (1836). Il fut, avec Bonald, l'adversaire le plus passionné de la Révolution française et du XVIIIe siècle. À la raison chère aux philosophes et aux idéologues, il oppose le sens commun, la foi, l'intuition de la conscience intellectuelle. Sa philosophie de l'histoire, fondée sur la volonté divine, la Providence, se rapproche de celle de Bossuet. On lui doit, en outre, une précieuse et spirituelle *Correspondance,* publiée de 1858 à 1886.

mal, ce qui est contraire au bien.

Le problème du mal est posé par le « mal physique », la douleur, la maladie, la mort ; c'est le mal que l'homme subit : le malheur. Celui que l'homme fait est le « mal moral » : celui-ci peut se réduire, d'une façon universelle, à la violence et au mensonge. L'origine des maux se trouverait dans l'imperfection générale de l'homme, ou « mal métaphysique », qu'il tiendrait de sa nature imparfaite, de son caractère de simple « créature ». Dans la *Religion dans les limites de la simple raison,* Kant a distingué la « méchanceté » (acte de faire le mal accidentellement) et la « malignité diabolique » (acte de faire le mal pour le mal). Le *pessimisme** est l'attitude qui consiste à voir l'aspect négatif et l'imperfection de toutes choses, à affirmer le primat du mal sur le bien dans tous les événements du monde, et une influence prépondérante du mal dans l'évolution (la décadence) de l'histoire.

maladie, altération dans la structure ou dans les fonctions des organes.

Toute maladie a un aspect psychologique : l'individu se sent malade et en marge de la vie des autres hommes. Ce caractère psychologique de la maladie — comme le caractère de toute maladie psychologique — est celui d'une désadaptation. Dans les troubles psychologiques, cette désadaptation peut être simplement ressentie comme telle (névrose) ou, au contraire, elle peut être réelle et inconsciente (psychose). On ne parle guère de « maladie psychologique », mais plutôt de « trouble psychologique » ou de « phénomène pathologique ». La maladie s'oppose à la *santé,* qui est « la vie dans le silence des organes » (Leriche), et, du point de vue psychologique, au bonheur, à la participation totale de l'individu au monde et à la vie. → **Pathologique.**

Malebranche (Nicolas de), philosophe cartésien français (Paris 1638 – *id.* 1715). Étudiant à la Sorbonne, prêtre en

1664, il découvrit tardivement sa vocation philosophique en lisant par hasard le *Traité de l'homme,* de Descartes. Il publia en 1674 le premier volume de son traité *De la Recherche de la vérité,* qui suscita un intérêt considérable. Il écrivit ensuite, notamment, les *Conversations chrétiennes* (1677), le *Traité de la nature et de la grâce* (1680), les *Entretiens sur la métaphysique et la religion* complétés en 1696 par les *Entretiens sur la mort.* Sa philosophie de la religion, ses discussions sur des points de théologie sont loin d'atteindre à l'intérêt universel de sa théorie du verbe et du fondement de la connaissance (dans l' « étendue intelligible »), qui est l'une des plus pénétrantes qui soient : sa doctrine se situe entre la théorie cartésienne, dont le centre est le libre arbitre de l'homme (humanisme), et la théorie spinoziste, dont le centre est la participation à Dieu (panthéisme). L'essentiel de sa doctrine, sur ce point, se trouve exposé par Joseph Moreau dans l'introduction à la *Correspondance avec Dortous de Mairan.* Les principaux disciples de Malebranche, au XVIIe et au XVIIIe siècle, furent d'abord des amis du philosophe : le P. Thomassin, le P. Bernard Lamy, le P. Roche, Lelevel, Fidé ; ils défendirent sa doctrine contre les courants empiristes venus d'Angleterre.

Malraux (André), écrivain, penseur et homme politique français (Paris 1901 – Créteil 1976). Son patriotisme, son idéal de liberté et de justice sociale l'amènent à participer, dès 1926, à la révolution chinoise (*la Condition humaine* [1933] reste un témoignage) ; à la guerre d'Espagne, où il dirige l'aviation étrangère au service du gouvernement républicain espagnol (*l'Espoir,* 1937) ; à la Résistance française (1940-1944) ; au gouvernement du général de Gaulle (1945-46 et 1958-1969). La *Psychologie de l'art,* dont les trois volumes : *le Musée imaginaire* (1947), *la Création artistique* (1948), *la Monnaie de l'absolu* (1950), furent réunis et augmentés dans *les Voix du silence* (1951) et suivis du *Musée imaginaire de la sculpture mondiale* (1952-1954), puis de *la Métamorphose des dieux* (1957), constitue une recherche longue et passionnée de l'homme et de sa maîtrise à travers les grandes créations artistiques. Ces œuvres représentent la plus importante contribution à l'esthétique depuis l'*Esthétique* de Hegel.

mana, force immanente et impersonnelle qui détermine tout ce qui arrive.

C'est, dans certaines sociétés traditionnelles de Polynésie, le synonyme du « destin », au sens d'une cause active, impersonnelle et indifférenciée des événements.

manichéisme, toute doctrine philosophique qui admet deux principes actifs de l'univers, celui du bien et celui du mal.

Le terme vient de Manicheus (ou Manès), philosophe persan du IIIe siècle, qui essaya de concilier le christianisme et le dualisme de l'ancienne religion de Zoroastre : le manichéisme se voulait une religion universelle. Il se répandit en Orient, en Perse, en Inde, au Tibet, en Chine et au Turkestan, où il est encore florissant au XIe siècle. Il se manifesta en Europe, et d'abord en Espagne, à partir du VIe siècle.

manie, surexcitation générale, avec périodes d'agitation et de délire.

On voit qu'en son acception rigoureuse le terme n'a rien à voir avec le sens d' « habitude étrange », dans lequel il est couramment employé. La manie est, très exactement, une psychose maniaco-dépressive, caractérisée par une exaltation de l'humeur que rien ne justifie. Les troubles « maniaques » se caractérisent : **1°** par une *conscience euphorique,* avec joie morbide, plaisanteries continuelles, jeux de mots, coq-à-l'âne, etc. ; **2°** par une *expansivité* sans aucune retenue ; **3°** par une *versatilité* de l'humeur, qui peut passer de l'euphorie à la colère ou au découragement en l'espace de quelques minutes.

Marburg (école de), mouvement de pensée philosophique qui se développa dans la seconde partie du XIXe siècle à Marburg (dans la Hesse, en Allemagne occidentale). Elle infléchit la doctrine kantienne de la connaissance vers une logique mathématique et une réflexion sur les formes symboliques de la pensée, avec notamment H. Cohen* et E. Cassirer*.

Marc Aurèle, empereur romain et philosophe stoïcien (Rome 121 – Vindobona 180). Il étudie la rhétorique grecque et latine avec Fronton, revêt, en 133, le manteau de philosophe. Adopté par Antonin (138) sur l'ordre de l'empereur Hadrien, il devient empereur en 161. « Comme empereur, disait-il, je suis le premier à Rome; comme homme, je suis l'égal de chacun dans le monde. » Il est l'auteur d'un ouvrage intitulé *À soi-même*, traduit sous le titre de *Pensées de Marc Aurèle*, qui retient l'aspect moral du stoïcisme : la pratique de la tempérance, la douceur, la bonté, l'effort vers la perfection.

Marcel (Gabriel), philosophe français (Paris 1889 – *id.* 1973). Il se rattache au courant de l'existentialisme*, c'est-à-dire à une philosophie fondée sur la description des situations et des sentiments humains; il lui imprime un caractère chrétien qui le rapproche de Kierkegaard et de Jaspers. La réflexion de G. Marcel porte avant tout sur les rapports humains (où la notion fondamentale est celle de la « fidélité ») et sur la notion d'autrui, qui mène à celle de Dieu. On lui doit des essais philosophiques : *Existence et Objectivité* (1914), *Journal métaphysique* (1914-1923), *Être et avoir* (1918-1933), *Du refus à l'invocation* (1940), *Homo viator* (1944), *la Métaphysique de Royce* (1945), et des pièces de théâtre dont : *Un homme de Dieu* (1925), *le Chemin de crête* (1936), *Rome n'est plus dans Rome* (1951), *les Cœurs avides* (1953).

Marcuse (Herbert), philosophe américain d'origine allemande (Berlin 1898 – Starnberg, près de Munich, 1979). Élève de Husserl, il soutient sa thèse sur Hegel, *l'Ontologie de Hegel et la théorie de l'historicité* (1932). Il fuit l'Allemagne en 1933 et gagne les États-Unis. Il enseigne à Boston (1954), puis à San Diego en Californie (1965). Il développe à la fois une critique de la civilisation industrielle et de la bureaucratie des États socialistes. Sa critique la plus connue est celle de la « société de consommation », qui « manipule les consciences » par une mise en condition propre à la consommation de masse et à l'éducation. Ses analyses s'inspirent de Marx par leur objet (les consciences aliénées) et de Freud par leur méthode. Il considère la « répression » au sens freudien (de rejet conscient d'une sollicitation psychique — par opposition au refoulement, qui est inconscient) comme « non seulement le secret de l'individu, mais encore celui de la civilisation ». Il appelle ainsi à une libération des consciences, tout en regrettant que dans les pays économiquement avancés l'esprit révolutionnaire soit neutralisé par la disparition de toute idéologie organisatrice des masses.

On lui doit : *Raison et révolution* (1941), *Éros et civilisation* (1955), *le Marxisme soviétique* (1958), *l'Homme unidimensionnel* (1964), *Contre-révolution et révolte* (1973).

Maritain (Jacques), philosophe français (Paris 1882 – Toulouse 1973), défenseur du néo-thomisme et adversaire du bergsonisme. Il joua un rôle important entre les deux guerres dans le renouveau spirituel du catholicisme français. Il a écrit : *Primauté du spirituel* (1927), *Humanisme intégral* (1947).

Marx (Karl Heinrich), homme politique, philosophe et économiste allemand (Trèves 1818 – Londres 1883). La vie de Marx est à elle seule un roman : de famille aisée, fils d'un avocat allemand, il fait des études classiques aux universités de Bonn, puis de Berlin, où il subit l'influence de Hegel et se lie avec Feuerbach. En 1841, il présente une thèse sur la philosophie d'Épicure, puis se tourne vers le journalisme. Il est, en 1842, rédacteur en chef de la *Gazette rhénane*, fondée par les radicaux de l'opposition; le gouvernement allemand la suspend. Il vient alors à Paris, où il édite les *Annales franco-allemandes*, dans lesquelles il publie deux articles capitaux : *Contribution à la critique de la philosophie du droit de Hegel* (1843) et *Sur la question juive*; cette revue est également suspendue. Expulsé de France en 1845, il va à Bruxelles, où, à la demande de la Ligue des communistes, il rédige en 1847, avec Engels, le *Manifeste du parti communiste*. Les événements de la politique et de l'histoire l'amènent à se réfugier à Paris (1848), à Cologne, de nouveau à Paris (1849), enfin à Londres, où il restera définitivement : il est l'animateur de la Ire Internationale ouvrière (1864-1876). Son œuvre principale est *le Capital* (1864-1876), que sa mort laisse inachevé. Les principes de sa doctrine philosophique se trouvent résumés dans l'écrit : *Économie politique et philosophie* (1844, publié en 1928-1932).

La formation, les voyages et les rencontres de Marx l'ont placé au carrefour de trois courants de pensée : la philosophie allemande, le socialisme français, l'économie politique britannique. Le principe de la philosophie de Marx est de partir de l'homme comme *être agissant* et non comme être pensant. La doctrine de Marx est à la fois une *théorie de la connaissance* : le *matérialisme dialectique*, qui garde toute la dialectique de Hegel, mais en la renversant, en substituant le terme d' « homme » à celui d' « absolu », celui de « conscience humaine » à celui de « conscience divine »; une *philosophie de l'histoire*, selon laquelle le développement historique (social et politique) est régi par des lois économiques (« infrastructure économique »), et notamment par la lutte entre les « classes exploitantes » et les « classes exploitées »; enfin, une *théorie économique*, qui prétend expliquer l'injustice de l'économie capitaliste (théorie de la « plus-value ») et énoncer les principes selon lesquels la société capitaliste se détruira elle-même (au cours d'une grande crise de surproduction, accompagnée d'une grève générale), permettant l'avènement d'un État ouvrier. Si l'œuvre de Marx se trouve quelque peu dépassée, elle n'en a pas moins marqué toute notre époque, tant sur le plan des théories économiques que sur celui de l'histoire des États (le régime soviétique a revendiqué le parrainage de Marx). Pour la conscience populaire, Marx fait figure d'un prophète de l'histoire. → **Marxisme, matérialisme dialectique, plus-value.**

marxisme, théorie de Marx et Engels, et du matérialisme dialectique, dont ils ont été les promoteurs.

Comme réalité politique, le marxisme s'identifie à l'histoire des pays socialistes (U.R.S.S. depuis 1917; Europe de l'Est depuis Yalta en 1945 jusqu'au 9 novembre 1989, date de la chute du mur de Berlin; Chine depuis Mao en 1949; certains pays du tiers-monde).

Comme doctrine, on entend couramment par « marxisme » l'application du matérialisme dialectique aux phénomènes historiques et sociaux (matérialisme historique) : le marxisme explique le mouvement de l'histoire, l'évolution des sociétés à partir des réalités économiques. Cette théorie, qui est exposée dans *le Capital*, œuvre fondamentale de Marx, prévoyait une révolution sociale dans les pays les plus industrialisés, c'est-à-dire d'abord en Angleterre, puis en Allemagne et en France. Or, cette révolution ouvrière, dite « révolution prolétarienne », a eu lieu d'abord en Russie. Ce phénomène a vivement frappé Lénine, qui a, sur ce point, complété le marxisme, en montrant et en prévoyant une autre perspective : celle de la révolution dans les pays arriérés à prédominance agraire. Ce sont les travaux de Lénine qui ont guidé les révolutions et les transformations sociales des pays dits « sous-développés » à prédominance agraire (Russie, Chine, Yougoslavie, démocraties populaires, etc.). D'un point de vue philosophique, le marxisme est l'attitude de toute pensée « engagée » qui part de cet axiome de Marx : « Les philosophes n'ont fait qu'interpréter le monde de différentes manières : il s'agit maintenant de le transformer »; cette attitude exprime, de plus, une croyance fondamentale, que l'histoire va dans le sens du communisme. À cet égard, la disparition progressive de la lutte des classes telle qu'elle pouvait exister à la fin du XIXe siècle, la généralisation des classes moyennes dans les sociétés modernes, le fait que pratiquement tous les citoyens vivent du produit de leur travail, enfin l'évolution des régimes communistes et celle des régimes dits « capitalistes » font ressortir que le marxisme comme philosophie de l'histoire se présente aujourd'hui beaucoup plus comme un article de foi que comme une loi réelle de l'histoire.

En revanche, comme analyse sociologique, il s'oriente davantage vers une « critique de la vie quotidienne » (Henri Lefebvre), analysant et pourchassant toutes les formes d' « aliénation » dans la société contemporaine. La théorie sommaire des « deux camps » (marxisme – capitalisme, matérialisme – idéalisme) est largement dépassée par la recherche de toutes les formes d'oppression. L'analyse marxiste emprunte à la psychanalyse (avec Herbert Marcuse) pour rechercher et stimuler les ferments de toute possibilité de conscience révolutionnaire. → **Communisme, histoire** [philosophie de l'], **léninisme, Marx, socialisme.**

masochisme, perversion sexuelle qui fait rechercher le plaisir dans la douleur. Le masochisme tire son nom de celui de *Léopold von Sacher-Masoch*, écrivain autrichien (1836-1895), dont les contes et les romans passionnels révélèrent une obsession maladive.

Le masochiste cherche la souffrance (flagellation, torture, humiliation), et cette disposition serait due à une intériorisation des tendances agressives et à un sentiment de culpabilité lié à la présence en nous d'une conscience sociale trop puissante et rigoureuse : cette présence, dans un sujet, d'impératifs sociaux fortement « intériorisés », l'amène à se punir lui-même de ses pensées ou intentions intimes, et à trouver son bonheur dans cette punition.

matérialisme, doctrine selon laquelle il n'existe d'autre substance que la matière. Il s'oppose au *spiritualisme, pour lequel l'esprit constitue la substance de toute réalité. Matérialisme et spiritualisme sont des doctrines « ontologiques » sur la nature de l' « être » ou de la réalité ; leur opposition ne doit pas se confondre avec celle de l'*idéalisme* et du *réalisme*, qui sont des doctrines « gnoséologiques » sur le fondement de la connaissance.**

D'une façon générale, le matérialisme rejette l'existence de l'âme, de l'au-delà, de Dieu. Quant à la pensée, il en fait une « donnée seconde », soit qu'il la ramène à des faits purement matériels (Démocrite), soit qu'il la nie en tant que réalité et voie en elle une sorte d'illusion (un « épiphénomène »), soit qu'il explique sa genèse à partir de la matière (matérialisme dialectique). Le matérialisme refuse de reconnaître la spécificité du psychique (il ramène, par exemple, la découverte spirituelle d'une idée à une réaction physicochimique dans le cerveau) et considère la connaissance de l'homme comme un simple prolongement de la connaissance de la nature. Il s'interdit ainsi toute approche « compréhensive » des réalités spirituelles et humaines. → **Épiphénomène, marxisme, matérialisme dialectique.**

matérialisme dialectique, théorie qui explique la genèse de l'esprit à partir des phénomènes matériels.

Le matérialisme dialectique ne considère point l'esprit comme un simple reflet de la nature, comme le fait le matérialisme dogmatique ; il est « dialectique » en ce sens que l'esprit et la nature s'expliquent l'un par l'autre, constituent une totalité originaire, dont les formes concrètes vont de l'impression sensorielle à la conscience la plus haute, en passant par la sensation kinesthésique (sensation organique de mouvement), le réflexe, l'intelligence animale ; puis par la réaction réprimée, dont naissent la conscience, le langage, enfin l'intelligence et la pensée par concepts. C'est en ce sens que Lénine écrivait que « les concepts sont les produits les plus élevés du cerveau, qui est lui-même le produit le plus élevé de la matière ». Le matérialisme dialectique est donc une vaste théorie de l'évolution, qui explique l'homme et les phénomènes spirituels (comme la connaissance, la religion) à partir du mouvement matériel qui est à l'origine de la sensation. En d'autres termes, la dialectique se présente comme une méthode scientifique pour connaître comment la vie naît de la matière et comment l'esprit jaillit de la vie : c'est ainsi que l'interprètent les marxistes soviétiques comme Kammari, ou le *Dictionnaire philosophique* de Loudine et Rosenthal.

Cette théorie possède cependant certaines limites : entre chaque moment du développement, qui va de la sensation à la pensée, il existe des « bonds qualitatifs », c'est-à-dire, simplement, qu'entre la sensation et le réflexe, le réflexe et la pensée, il existe une différence de nature que le matérialisme se trouve impuissant à expliquer et qu'il ne peut que constater. En d'autres termes, le matérialisme dialectique *reconnaît le fait* d'une différence de nature entre la matière et la vie d'une part, la vie et l'esprit d'autre part (quand il parle de « bonds qualitatifs »), mais il *suppose hypothétiquement* une continuité de développement. Il exprime moins une loi scientifique qu'une hypothèse philosophique. Cette hypothèse philosophique n'a aucune utilité en elle-même ; elle exprime plutôt un idéal de la science. La dialectique matérialiste ne prouve pas le matérialisme ; elle exprime une foi préalable dans la vérité du matérialisme. → **Épiphénomène, marxisme, matérialisme.**

mathématiques **(philosophie des), réflexion qui part de l'analyse du raisonnement mathématique pour en dégager une théorie générale du fonctionnement de l'esprit humain.**

Quel est l'objet des mathématiques? Nous savons que les mathématiques se sont développées en Égypte (20 siècles av. J.-C.) dans le but de redéfinir les parcelles de terres totalement confondues chaque année après les crues du Nil : ainsi est née la géométrie, au sens étymologique (mesure de la terre). Ce sont les pythagoriciens (VIe s. av. J.-C.) qui ont développé la science des nombres et la mesure des figures. Le théorème de Pythagore a été découvert par l'observation des dallages triangulaires dans les maisons. La démonstration mathématique consistait à construire l'objet défini avec une règle et un compas. Le philosophe grec Zénon d'Élée (Ve s. av. J.-C.) voulut déjà démontrer, dans ses paradoxes célèbres (Achille* et la tortue, la flèche qui ne rejoint pas son objet), que le mouvement est une réalité des sens mais qu'il ne peut être pensé : qu'il n'a aucune existence rationnelle ; il constatait qu'un monde séparait la réalité sensible et la réalité logique ou mathématique. Il fallut attendre cependant vingt siècles avec Descartes (XVIIe s.) pour que *l'analyse mathématique* se substitue à la construction de figures, pour que celles-ci soient remplacées par des équations. Leibniz (XVIIe s.), en inventant le calcul infinitésimal (en même temps que Newton), place l'objet mathématique au-delà de toute représentation sensible. Ainsi vont se développer des systèmes mathématiques indépendants de toute référence à des réalités sensibles : alors qu'Euclide (*Éléments de géométrie*, IIIe s. av. J.-C) appuyait toute sa géométrie sur des axiomes (un axiome est un principe évident par soi-même), les mathématiciens vont partir de postulats (principes purement arbitraires) dont la valeur se mesurera uniquement à la richesse des conséquences qu'on en peut tirer. Ainsi, le mathématicien russe Lobatchevski (1792-1856) construira-t-il un système à partir de l'hypothèse (ou postulat) que l'on peut tirer non pas une parallèle mais une infinité de parallèles à une droite en un point. Le mathématicien allemand Riemann (1826-1866) partira d'un postulat contradictoire (on ne peut tirer aucune parallèle à une droite en un point) pour construire un nouveau système de géométrie ne correspondant absolument pas à notre réalité perçue mais parfaitement cohérent. On dit que la vérité mathématique est *hypothético-déductive* : le sens d'un terme ne se définit que par le rapport qu'il entretient avec les autres termes. La vérité mathématique ne se définit plus du tout comme l'accord de la pensée avec le réel, mais comme l'accord de la pensée avec elle-même dans des combinaisons de signes ou de symboles suivant des règles (ou axiomatiques) postulées au départ.

Mathématiques et réalité. Il faut savoir qu'Einstein (1879-1955) n'a pu construire sa théorie de la relativité générale qu'à partir du cadre de la géométrie de Riemann, et que c'est à partir de ses calculs qu'a été rendue possible la production de la bombe atomique (à l'usage de laquelle il s'est toujours opposé). « Le plus étonnant, écrivait Einstein, est que les raisonnements mathématiques les plus formels, les plus abstraits, finissent toujours par élargir notre connaissance du monde. » « La chose la plus incompréhensible, c'est que le monde est compréhensible. » Ce miracle d'une correspondance entre le formalisme mathématique le plus complexe et les réalités du monde sera ressenti par Einstein comme « l'expérience religieuse cosmique (qui) est la raison des plus fortes et des plus nobles recherches scientifiques ». Ce sentiment de ce qu'on peut appeler une communauté de nature entre la raison et l'expérience avait déjà été décrit par Kant dans la *Critique du Jugement* (1790) sous la forme du sentiment esthétique.

Mathématiques et philosophie. Descartes, dans le *Discours de la Méthode* (1637), voudra appliquer à la méditation philosophique la méthode qui permet à la démarche mathématique d'enchaîner des énoncés clairs et évidents. « Ces longues chaînes de raisons, toutes simples et faciles, dont les géomètres ont coutume de se servir pour parvenir à leurs plus difficiles démonstrations, m'avaient donné l'occasion de m'imaginer que toutes les choses qui peuvent tomber dans la connaissance des hommes, s'entresuivent en même façon, et que, pourvu seulement qu'on s'abstienne d'en recevoir aucune pour vraie qui ne le soit, et qu'on garde toujours l'ordre qu'il faut pour les déduire les unes des autres, il n'y peut en avoir de si éloignées auxquelles enfin on ne parvienne, ni de si cachées qu'on ne découvre. » Leibniz rêvera, tout au long de son œuvre (depuis le *De arte combinatoria*, 1666, jusqu'aux *Nouveaux Essais sur l'entendement humain*, 1704) de définir une logique ou une combinatoire des pensées humaines, « une mathématique universelle » ou « un art d'infaillibilité » permettant d'enchaîner des raisonnements « en sorte qu'on est sûr de ne s'y point tromper ». On peut considérer que Leibniz a développé une conception du monde (*la Monadologie*, 1714) issue d'une réflexion sur le calcul infinitésimal. Le néokantisme de l'école de Marburg* (seconde partie du XIXᵉ s.) infléchira la théorie kantienne de la connaissance, considérée comme une réflexion sur la physique de Newton, vers une logique mathématique où se révéleraient les plus hautes fonctions de l'esprit.

La philosophie des mathématiques désigne communément l'analyse des opérations de l'esprit dans la construction mathématique — ou épistémologie des mathématiques — telle qu'elle fut exposée par Bertrand Russell* dans *Principia Mathematica* (1910-1913) et, en France, dans la tradition de Jean Cavaillès*, notamment par Jean Toussaint Desanti*. → **Raisonnement, logique.**

matière, substance étendue, divisible, pesante et susceptible de toutes sortes de formes. C'est en ce sens qu'Aristote a défini la matière comme une réalité « potentielle ».

Le problème de la nature de la matière est le problème de la science (en particulier de la physique); le problème fondamental de la philosophie est celui de la nature de l'esprit (Bergson, *la Pensée et le mouvant* : métaphysique et science) : les domaines de la science et de la philosophie restent parfaitement distincts et déterminés, et par là même impossibles à confondre.

Matière et mémoire, ouvrage d'Henri Bergson (1896), dans lequel le philosophe expose ses théories psychologiques, notamment sa célèbre théorie de la mémoire et du « cône » des souvenirs. Celle-ci distingue une mémoire mécanique, de nature corporelle, et une mémoire pure, localisée non dans le cerveau, mais dans l'inconscient, d'où les souvenirs surgissent selon les besoins de l'action présente. Cette œuvre affirme à la fois la réalité de l'esprit et celle de la matière, et elle détermine les rapports de l'un à l'autre sur l'exemple précis de la mémoire. Bergson y esquisse la théorie générale de l'évolution du monde, qu'il développera dans *l'Évolution créatrice*.

Mauss (Marcel), sociologue et ethnologue français (Épinal 1872 – Paris 1950). Professeur d'histoire des religions des peuples non civilisés à l'École pratique des hautes études, puis professeur de sociologie au Collège de France, il forma, de 1901 à 1950, l'école ethnologique française. Son souci de ne jamais isoler un fait social du contexte culturel où il se situe le conduisit à une théorie globale des « faits sociaux comme totalités culturelles ». En 1928, il créa, avec Paul Rivet, l'Institut d'ethnologie. On lui doit : *Essai sur le don : forme et raison de l'échange dans les sociétés archaïques* (1925), *Fragment d'un plan de sociologie générale descriptive* (1934).

maxime, formule brève exprimant une règle de conduite, un principe de logique ou de droit, ou une observation psychologique générale.

C'est Kant qui a fait la célèbre distinction entre le « principe » général de la morale et la « maxime », qui est la formulation concrète de ce principe au niveau de notre action quotidienne : par exemple, le *principe* de la morale étant d'agir par pur devoir, c'est une *maxime* particulière, que l'individu donne à sa volonté propre, de rendre une somme qui nous a été confiée en dépôt (cf. *Fondement de la métaphysique des mœurs*).

maya n. f. (mot hindoustani signif. *illusion*), dans le Vedanta et dans la philosophie hindoue en général, ensemble des désirs, des tendances individuelles qui nous masquent notre véritable destin.

La maya est le « voile de l'illusion », que l'on assimile au mirage du désert. Elle désigne le degré le plus bas de la connaissance selon la philosophie boudhique (et dans la philosophie de Schopenhauer, qui s'est inspirée de la méditation hindoue).

Mead (George Herbert), philosophe et psychosociologue américain (Hadley, Massachusetts, 1863 – Chicago 1931). Professeur à Chicago (1894), figure importante du pragmatisme, il est l'un des pionniers de la psychologie sociale. Il s'attache à démontrer la genèse et la nature sociale de la conception de soi (*self*) et de la pensée (*mind*). Son enseignement, rassemblé par ses élèves, fut publié après sa mort : *l'Esprit, le soi et la société* (1934), *Psychologie sociale* (1964), *la Philosophie de l'acte* (1972).

mécanisme, combinaison d'organes ou de fonctions en vue de produire un résultat déterminé.

La théorie mécaniste ramène la vie à un ensemble d'organes fonctionnant comme les rouages d'une machine. Descartes, dans sa théorie des animaux-machines, considérait ainsi la conduite des animaux comme un ensemble de simples réactions mécaniques.

En physique, le mécanisme explique le changement à partir de l'action réciproque des corps les uns sur les autres (Descartes), et s'oppose au « dynamisme », qui l'explique par une force intérieure aux corps (Leibniz).

médiation, intermédiaire.

Le problème de la médiation a été identifié depuis Hegel au problème de l'histoire ou de la dialectique. Cette dialectique est pour Hegel — qui a fait la théorie du devenir de notre pensée — celle de l'intuition que l'esprit a de son activité, ou « intuition intellectuelle ». Entre l'homme et le monde, la médiation est, selon Marx, le travail, et seule une « dialectique » du travail peut expliciter la nature de l'action humaine. La notion de médiation prend alors le sens de « devenir ». → **Dialectique.**

méditation, réflexion profonde.

Elle n'est pas seulement un procès de connaissance, mais l'histoire spirituelle d'une personnalité : c'est en ce sens que la méditation est d'abord une réflexion sur soi : elle associe le progrès de notre connaissance de la vérité avec l'histoire d'un esprit humain. Les *Méditations* métaphysiques* de Descartes (1641), les *Méditations cartésiennes* de Husserl (1929) se fondent sur ce principe que toute réflexion rigoureuse est une réflexion « immanente » à soi.

Méditations métaphysiques, œuvre de Descartes (1641), dont le titre complet est : *Méditations touchant la philosophie première, où l'on démontre l'existence de Dieu et la distinction réelle entre l'âme et le corps de l'homme.* Le philosophe commence par douter de tout, afin de ne recevoir pour vrai que ce qu'il connaît clairement et distinctement être tel. Sa première certitude porte sur l'acte même de douter, qui est un acte de penser. C'est ainsi que la pensée est le premier objet de connaissance véritable. Or, « je pense, donc je suis ». Descartes examine ensuite toutes les idées qu'il se trouve posséder en son esprit : il relève en particulier l'idée de l'infini, dont le sujet humain ne peut être l'auteur ; cette idée, qui, en fait, nous dépasse, est le signe tangible d'une réalité, qui elle-même nous dépasse, de Dieu. La certitude de Dieu est donc la seconde de nos connaissances vraies. De l'idée même de Dieu, de sa toute-puissance et de sa bonté, le philosophe déduira la véracité de toutes nos connaissances naturelles : sensibles (perceptions du monde) et même sensorielles (perceptions de notre corps). Les *Méditations* donnent donc les principes d'une physique et d'une médecine, fondées sur la connaissance de la vérité.

mégalomanie, folie des grandeurs ; forme de mythomanie qui porte l'individu à se croire démesurément riche, empereur ou Dieu : elle se caractérise, en général, par une tendance de l'individu à surestimer tant sa valeur physique (dimensions du corps, forces physiques, puissance sexuelle) que ses capacités intellectuelles et son importance sociale (recherche de distinctions honorifiques, etc.).

La mégalomanie peut prendre une forme bénigne et porter l'individu à de simples exagérations ; elle peut aussi devenir systématique et évoluer dans le sens d'un délire portant l'individu à déformer ou à inventer des faits justifiant la haute opinion qu'il veut donner de lui-même. La mégalomanie est, en général, une réaction d'échec : l'homme raconte et décrit la personnalité qu'il aurait rêvé d'être et qu'il n'est pas. Elle peut répondre aussi à un affaiblissement du sens critique, lié à un trouble organique (paralysie générale, démence sénile) ou à un trouble psychique caractérisé (paranoïa, manie aiguë).

Mégare (école de), école philosophique grecque, fondée par Euclide de Mégare (v. 400 av. J.-C.). Elle fut célèbre comme école de dialectique, ce qui lui valut le surnom d'« éristique » (disputante). Sa doctrine combine les idées de Socrate sur l'identité du Bien, avec celles de Parménide sur l'unité de l'être. Platon a développé une réflexion critique sur cette doctrine dans *le Sophiste*.

Meinong (Alexius von), philosophe autrichien (Lemberg 1853 - Graz 1920). Professeur de psychologie expérimentale à Graz (1889), inspiré par Brentano et la phénoménologie de Husserl, il développe une philosophie de l'objet qui oppose l'objet connu au processus qui a permis de le connaître (*Gegenstandstheorie*). Il a écrit notamment : *Sur la science philosophique et sa propédeutique* (1885), *De la possibilité et de la vraisemblance* (1915), *De la théorie de l'objet* (1904).

mélancolie, tristesse vague.

La mélancolie, avec toutes les aspirations qu'elle porte en elle, désignait, chez les philosophes romantiques allemands (Schelling, Schlegel), le sentiment authentique de l'existence humaine comme désir d'infini *(Sehnsucht)*. En psychologie, la mélancolie désigne un état morbide de tristesse et de dépression, propre aux caractères cyclothymiques ; elle frapperait environ 1 p. 100 de la population, ce qui rend le cas très fréquent ; elle touche l'individu entre trente et quarante ans, et se trouve liée à une perturbation de la région du centre de l'encéphale, dont l'origine est le plus souvent héréditaire. Le malade se sent alors indigne, coupable de toutes les fautes et exige un châtiment sévère. L'évolution de la maladie s'étend sur quatre à huit mois ; le risque élevé de suicide requiert un traitement rapide, qui peut aller de l'analyse psychologique à l'intervention de la psychochirurgie (consistant en un sectionnement des fibres nerveuses qui unissent le thalamus à l'écorce cérébrale du lobe frontal, ou lobotomie frontale), en passant par l'usage de stimulants chimiques.

mémoire, persistance du passé. Le passé peut persister sous forme de simples habitudes ; mais la mémoire désigne plus proprement la représentation du passé.

Les cinq éléments de la mémoire sont : 1° la fixation des souvenirs ; 2° leur conservation ; 3° le rappel ; 4° la reconnaissance ; 5° la localisation. Les troubles de la mémoire peuvent être des troubles : ***a*** de *fixation* (amnésie antérograde, émotion violente) ; d'une façon générale, pour qu'une chose soit fixée dans notre mémoire, il faut qu'elle soit « comprise » ; on ne se souvient bien que de ce que l'on a clairement compris ; ***b*** de *conservation* (atteinte des cellules du cortex) ; ***c*** du *rappel* (amnésie rétrograde des vieillards, décrite par Théodule Ribot) ; ***d*** de la *reconnaissance* (paramnésie ou sentiment d'avoir déjà vu ce qu'on n'a jamais vu, que Bergson a analysé particulièrement) ; ***e*** de la *localisation* (désadaptation sociale, voyage, changement de société ; cf. Maurice Halbwachs, *les Cadres sociaux de la mémoire*, 1925). En général, les souvenirs ou les événements oubliés sont ceux que nous « refoulons » dans l'inconscient (Freud), soit qu'ils choquent notre conscience sociale, soit qu'ils nous forceraient à réfléchir et à repenser notre vision des choses et des hommes. → **Amnésie, paramnésie.**

Mendelssohn (Moses), philosophe allemand (Dessau 1729 – Berlin 1786). Il développe un système de pensée dans la tradition du rationalisme classique de l'Aufklärung, fondé sur les vérités de la raison jointes aux vérités de fait issues de l'expérience sensorielle. Une controverse célèbre l'opposa à Lavater, car il demandait la reconnaissance de la spécificité des croyances et pratiques juives dans un État chrétien. Il s'efforça de réformer le judaïsme en le modernisant. On lui doit : *Entretiens philosophiques* (1755), *Lettres sur les sensations* (1756), *Phédon ou l'Immortalité de l'âme* (1767), *Jerusalem oder Über die religiöse Macht und Judentum (Jérusalem ou De la force religieuse et du judaïsme)* [1783], *An die Freunde Lessings (À mon ami Lessing)* [1786].

mentalité, disposition d'esprit, ensemble des croyances fondamentales d'un individu ou d'une collectivité.

Il existe différentes mentalités selon les sociétés, mais toutes sont aussi valables et logiques ; la notion d'une « mentalité primitive », insensible aux principes de la raison, n'est qu'une fiction, un préjugé d'une société à l'égard d'une autre, n'exprimant, en fait, qu'une incompréhension ethnologique (Claude Lévi-Strauss, *la Pensée sauvage*, 1962).

mérite, valeur morale qui rend une personne digne d'estime, de récompense.

Le but de la morale n'est pas, selon Kant, de nous apporter le bonheur, mais de nous « rendre dignes » d'être heureux. Cette attitude rigoriste fonde toutes les morales du « mérite », où la « vertu » se définit par l'effort, l'intention bonne ; les morales du mérite (stoïciens, Kant) s'opposent aux morales qui voient dans le bonheur une preuve de moralité (épicuriens).

Merleau-Ponty (Maurice), philosophe français (Rochefort-sur-Mer, Charente-Maritime, 1908 – Paris, 1961), l'un des représentants de l'existentialisme*. Il fut professeur à l'Université de Lyon (1945-1949), à la Sorbonne (1949-1952) et au Collège de France à partir de 1952. Il appliqua la « théorie de la forme » à l'étude du comportement (*la Structure du comportement*, 1942) en montrant la compénétration du psychique et du physiologique en toute conduite humaine ; puis à celle de la perception, qui est régie par la loi du fond et de la forme (*Phénoménologie de la perception*, 1945). L'influence de Husserl, notamment de ses dernières œuvres, imprègne profondément sa pensée. À partir de 1945, il anime avec Sartre la revue *les Temps modernes*. Sa réflexion sur les problèmes politiques, et en particulier sur le marxisme, l'amène à prendre une position de gauche mais à se dégager du communisme ; c'est alors qu'il se sépare de Sartre (1953). Sa conception de l'homme engagé dans le monde et dans l'histoire, et réfléchissant à partir de cet engagement (*Humanisme et terreur ; Essai sur le problème communiste*, 1947 ; *les Aventures de la dialectique*, 1955 ; *Signes*, 1960), son idée de la philosophie « boiteuse », à cheval entre l'action et la pensée, le « non-sens » et l' « absolu », achèvent de caractériser sa doctrine comme une méditation sur l'homme pris dans son existence concrète, à la fois esprit et corps, raison et chair : comme une « philosophie de l'ambiguïté ». Il ne voulut jamais trancher les problèmes mais les approfondir, et, d'une façon générale, approfondir ainsi les frontières qui séparent et unissent la conscience et l'inconscient.

Il prévoyait, avant de mourir, d'élargir sa philosophie dans le sens d'une méditation sur les relations qui unissent l'expérience vécue à la vérité pensée (dans un ouvrage qui se serait intitulé *l'Origine de la vérité*), puis sur le langage, qui nous permet de nous dégager du monde et de le représenter (dans la *Prose du monde,* 1969) ; sa philosophie aurait enfin voulu culminer dans une métaphysique de la connaissance (avec *l'Homme transcendantal*).

Meslier (Jean), dit *le curé Meslier*, philosophe matérialiste français (Mazerny, près de Rethel, 1664 – Étrépigny, près de Mézières, 1729). Son manuscrit, connu sous le nom de *Testament,* diffusé clandestinement à partir de 1735, édité en partie par Voltaire (1762, 1768), puis par d'Holbach (1722), n'est intégralement publié qu'en 1864 à Amsterdam, 1969 en France. Il dénonce un ordre social injuste ; le fondement de cette injustice est la propriété. Il élabore un système social fondé sur la communauté des biens.

métaphore **(du gr. *metaphora,* transport), expression symbolique, qui consiste à exprimer le sens d'une chose par une image.**

Bergson pensait que, toute compréhension des réalités spirituelles et vitales étant de nature intuitive, le langage qui les exprime ne pouvait être que métaphorique. Il justifiait ainsi la forme même de sa philosophie.

métaphysique **(du gr. *meta ta phusika,* après la physique [c'est sous cette rubrique que l'on groupa tous les parchemins d'Aristote qui se trouvaient placés après sa *Physique*]), connaissance des causes premières et des principes des choses.**

C'est ainsi que, pendant près de vingt siècles, de Platon à Descartes, le problème fondamental de la métaphysique a été celui de l'*existence* et de la *nature de Dieu* ; la métaphysique scolastique du Moyen Age se présente explicitement comme la « servante de la théologie ».

À partir de la Renaissance, qui est marquée précisément par la naissance et le développement des sciences modernes, notamment de la physique et de la mathématique, le problème de la métaphysique devient celui de l'*existence du monde extérieur* ; la métaphysique cherche à savoir comment les créations de notre esprit (notamment mathématiques) peuvent s'appliquer réellement au monde ; cette période va de Descartes à Kant. Enfin, la métaphysique moderne, qui commence avec Fichte et se trouve aujourd'hui représentée par Heidegger, connaît le problème fondamental de l'*homme,* de sa nature et de son existence ; elle ne traite pas seulement de l'homme comme esprit et connaissance, mais comme sujet de l'action, comme engagé dans le monde et dans l'histoire humaine. Le problème de l'homme est donc à la fois celui de sa nature profonde (métaphysique de l'existence ou de la liberté), celui de ses relations à autrui (éthique, philosophie de l' « intersubjectivité », sociologie) et celui du sens de l'histoire, à laquelle il est amené à participer (métaphysique de l'histoire).

méthode **(du gr. *meta,* vers, et *odos,* voie [s'interroger sur la « méthode », c'est s'interroger sur la « voie » suivie par une recherche]), ensemble des procédés qui conduisent l'esprit à un procédé déterminé :**

Les « méthodes » de l'esprit ont été le premier objet de la *logique* ; celle-ci a distingué, parmi les démarches naturelles de l'esprit, deux procédés très généraux de la pensée : la « déduction » (qui consiste à conclure du général au particulier) et l' « induction » (par laquelle l'esprit passe du particulier au général). Parmi les mouvements très généraux de la pensée, on peut également distinguer la « synthèse » et l' « analyse ».

L'étude des méthodes de la recherche et de la connaissance scientifiques est l'objet de l'« épistémologie » : celle-ci a été pour la première fois systématiquement développée par Stuart Mill (qui a fait la théorie générale de la connaissance physique et énoncé ses trois moments : « observations des faits », « induction de l'hypothèse » et « vérification expérimentale »). La méthode de la connaissance philosophique, ou méthode réflexive, se définit comme une « dialectique », c'est-à-dire comme une démarche où nous sommes conduits d'une idée à son contraire, jusqu'à la connaissance de la vérité. → **Dialectique, *discours de la méthode*, épistémologie.**

méthodologie, partie de la logique qui étudie les méthodes des divers ordres de connaissance. Cette étude ne consiste pas à inventer une méthode de recherche, mais simplement à décrire celles qui sont, en fait, pratiquées. → Épistémologie.

Meyerson (Émile), philosophe français d'origine polonaise (Lublin 1859 — Paris 1933). Il fit des études de chimie en Allemagne, puis en France, où il se fixa à partir de 1882. Longtemps rédacteur de politique étrangère à l'agence Havas, il s'intéresse dès 1890 à la philosophie des sciences. Il écrit alors *Identité et réalité* (1908), *De l'explication dans les sciences* (1921), *la Déduction relativiste* (1925), *Du cheminement de la pensée* (1931). Son idée principale est que l'explication scientifique progresse en ramenant à l'identité toutes les données du monde réel. Sa philosophie se présente comme un rationalisme critique centré sur la tension entre la raison et le réel.

milieu, environnement physique, intellectuel, moral et social où nous vivons.

Le problème de la relation de l'individu au milieu désignait, au siècle dernier, celui de l'évolutionnisme, c'est-à-dire de l'adaptation de l'organisme à l'environnement physique : on se demandait dans quelle mesure le milieu peut provoquer des changements héréditaires dans l'organisme. La théorie de Lamarck insistait sur l'action du milieu, qui peut transformer l'organisme. (Il montre comment, par exemple, la terre d'Afrique s'asséchant peu à peu et les feuilles des arbres devenant de plus en plus élevées, les girafes ne purent survivre que par un développement parallèle de leur cou et de leurs pattes de devant, leur permettant de manger les feuilles jusqu'à plus de 6 m de hauteur.) Le problème du milieu est plutôt, aujourd'hui, un problème sociologique : celui de l'influence de la condition sociale sur le développement moral et intellectuel de l'individu. Toutes les théories « génétiques », en psychologie, insistent sur le rôle du milieu (misère, séparation des parents, etc.) pour expliquer les particularités de caractère des individus et leur attitude dans la vie (elles s'opposent aux théories de l'hérédité). Le souci fondamental de la pédagogie porte précisément sur la découverte et la constitution d'un milieu où chacun pourrait s'épanouir et réaliser ses possibilités : il préside à l'orientation professionnelle aussi bien qu'à la réforme de l'enseignement.

militarisme, sentiment ou doctrine selon laquelle la force de l'armée doit être le principal soutien du gouvernement.

Le militarisme (ce que Platon nommait la « timarchie » [du gr. *timê*, crainte], c'est-à-dire le régime fondé sur la recherche des honneurs militaires, en pensant au gouvernement antique de Sparte, que l'on nomme aujourd'hui « junte militaire », et qui évoque les dictatures d'Amérique centrale et du Sud et, d'une façon générale, tous les régimes fondés sur la terreur) s'oppose à la *démocratie*, qui tient sa légitimité non de la force, mais du libre consentement des citoyens. Le premier est fondé sur le « coup d'État », la seconde sur le suffrage universel et la volonté populaire.

Mill (James), historien, philosophe et économiste anglais (Northwater Bridge, Écosse, 1773 – Kensington 1836). Il continua la philosophie de David Hume, qui fait dériver tous les phénomènes de l'esprit humain de la sensation et de l'expérience (sensualisme et empirisme). En morale et en économie, il développa l'utilitarisme (est bon ce qui procure le bonheur) de J. Bentham. Il eut une grande influence. On lui doit : *Principes d'économie politique* (1822), *Analyse des phénomènes de l'esprit humain* (1829).

Mill (John Stuart), philosophe et économiste anglais de l'école expérimentale (Londres 1806 – Avignon 1873). Il est le fils du grand économiste James Mill*, auteur des *Principes d'économie politique* (1822). Stuart Mill s'illustra d'abord dans le journalisme (il écrivait dans le *Traveller*, la *Westminster Review*, l'*Edimburg Review*, l'*Examiner*). En 1865, il fut élu membre de la Chambre des communes.

Sa philosophie se rattache à celle de Hume et à l'empirisme du XVIIe siècle. C'est en logique qu'il affirma toute son originalité : sa théorie de l'induction et des procédés d'expérimentation (tables de présence, d'absence, de variations concomitantes) est demeurée célèbre. Son empirisme se développe, en morale, dans un utilitarisme qui considère le bonheur comme le but dernier de la morale. Sa politique fut celle d'un libéral qui ne manqua aux principes de l'individualisme que pour demander l'intervention de l'État au profit des faibles et en particulier de la femme.

On doit à John Stuart Mill : *Système de logique inductive et déductive* (1843), *Principes d'économie politique* (1848), *la Liberté* (1859), *le Gouvernement représentatif* (1861), *l'Utilitarisme* (1861), *Auguste Comte et le positivisme* (1865), *Examen de la philosophie de Sir William Hamilton* (1865), et *Autobiographie* (1873).

miracle (du lat. *mirari*, s'étonner), phénomène qui ne s'explique pas par des causes naturelles.

On n'expliquait pas, au temps de Descartes, le fait de l'arc-en-ciel, et on le tenait par là même pour un miracle, une manifestation divine; en ce sens, la sphère des miracles tend à se rétrécir avec les progrès de la science; la science atomique explique même la transmutation des corps. Mais le véritable miracle, du point de vue religieux, ce n'est pas le miracle extérieur, c'est le miracle intérieur de la grâce, du repentir, de la conversion spirituelle. En ce sens strict et rigoureux, l'existence ou la non-existence du miracle ne saurait avoir aucun rapport avec les progrès du déterminisme dans les sciences.

mobile, impulsion qui pousse à agir.

Cette impulsion peut venir d'une idée, d'un sentiment, d'un intérêt. On distingue les *mobiles*, qui sont les causes réelles d'une action et qui peuvent être inconscients, et les *motifs*, que l'on invoque pour expliquer ou justifier publiquement son action. Par exemple, la « recherche du pouvoir » peut être le mobile de l'action politique, quand le motif invoqué est le « dévouement à la nation ». D'une façon générale, le « mobile » est d'ordre sentimental et le « motif » d'ordre rationnel : seule l'action vraiment morale peut avoir un mobile rationnel (Kant), lorsque l'individu agit uniquement par devoir, par pur respect pour la loi morale.

modalité, forme particulière d'un jugement.

Selon que notre jugement exprime un simple fait réel, une hypothèse probable ou une loi nécessaire, il est dit « assertorique », « problématique » ou « apodictique » (nécessaire) : par exemple, « Il fait beau » est un jugement assertorique; « Je sortirai s'il fait beau » est un jugement problématique; « Deux et deux font quatre » (nécessairement) est un jugement apodictique, qui est l'expression d'une loi. Le réel, le probable et le nécessaire sont, selon la classification de Kant, les trois modalités possibles de notre connaissance (cf. *la Modalité du jugement*, de Léon Brunschvicg [1897]).

mœurs, habitudes, sentiments, croyances communs à un groupe social.

Les mœurs ou habitudes sociales constituent la première forme du droit, fondé sur la tradition, ou droit coutumier; le juriste recourt encore aujourd'hui à cette « morale commune » matérialisée par les mœurs et les préjugés d'une société. La sociologie comme

« science des mœurs » (l'expression est de Durkheim) se propose de dégager les croyances morales exprimées par les individus d'une société et aussi impliquées dans la pratique même des relations sociales ; elle peut ainsi caractériser certains « types » de culture (typologie sociale) et déterminer le sens de l'évolution sociale, à condition que l'étude en soit faite de façon rationnelle, méthodique et positive (ce que Lévy-Bruhl avait nommé un « art moral rationnel », et qui appliquait aux faits sociaux des méthodes expérimentales régissant les sciences du monde physique).

moi, sujet individuel.

Dans la psychanalyse, le « moi » définit l'équilibre entre les tendances instinctives (« ça ») et la conscience sociale présente en nous (« sur-moi ») ; cet équilibre entre les désirs individuels et le sentiment des nécessités sociales est capable de varier dans un sens ou dans l'autre. En psychologie, l'étude du « moi » se fait par « introspection », ou analyse directe. La philosophie réflexive française (Lachelier*, Lagneau*, Alain*) s'est efforcée d'approfondir l'analyse psychologique du moi en une analyse métaphysique : le principe de cet approfondissement consiste à partir d'un fait de conscience individuel et à en dégager la signification universelle pour tous les hommes. Bergson concevait également (*Essai sur les données immédiates de la conscience* [1889]) un passage du moi psychologique (moi social) au moi métaphysique (moi profond, identique à l'expérience de la durée). D'une façon générale, en philosophie, le moi est le principe de toute méditation, ce qui ne signifie pas que les vérités sont relatives à nous, mais que le nombre des vérités que nous pouvons découvrir est relatif à l'ouverture, à la formation et à la richesse de notre « moi » (telle est l'idée directrice de la philosophie du moi de Fichte, de Husserl et, en général, de l'idéalisme critique).

Moleschott (Jacobus), physiologiste et philosophe matérialiste hollandais (Bois-le-Duc 1822 – Rome 1893).

Molina (Luis), jésuite espagnol (Cuenca 1536 – Madrid 1600). Entré chez les jésuites à Alcalá (1553), il enseigna ensuite à Coimbra, puis à Évora. C'est en 1587, retiré à Cuenca, qu'il publia ses cours de théologie, où il s'efforce de concilier avec la liberté humaine la prescience de Dieu et la nécessité de la grâce. Sans nier le caractère surnaturel de la grâce et la toute-puissance divine, Molina insiste sur l'effort humain dont nous avons intérieurement conscience. Dès son apparition (1588), ce système eut des défenseurs (les molinistes : la plupart théologiens de la Compagnie de Jésus) et des adversaires (les dominicains espagnols, les jansénistes) passionnés. Les « congrégations » organisées à ce sujet par les papes Clément VIII et Paul V, pour analyser et juger le molinisme, aboutirent à un non-lieu.

monade, dans le système de Leibniz, substance simple douée de tendance et de perception.

D'une façon très générale, toute conscience individuelle est une monade, du fait qu'elle possède des désirs et un point de vue original sur le monde.

Monadologie (la), ouvrage de Gottfried Wilhelm Leibniz*, écrit en français en 1714 et qui expose sa conception générale de l'univers et de « l'harmonie préétablie ».

monde, ensemble de tout ce qui existe.

La notion de « monde », qui, jusqu'au XVIIIe siècle (jusqu'à Kant), désignait l'ensemble de la création, opposé à Dieu, possède aujourd'hui deux sens fondamentaux : 1° l'ensemble des objets qui constituent l'univers physique ; c'est le monde matériel, objet de la science ; 2° l'ensemble des relations humaines qui constituent l'humanité ; c'est le monde au sens « existentiel », dans son opposition à l'univers physique. C'est le monde des relations humaines que Kant, dans l'hypothèse où toutes ces relations auraient exprimé une intention morale et purement rationnelle, avait nommé le « monde intelligible ». Dans la philosophie de Heidegger, la notion de « monde » a pris un sens particulier, puisqu'elle désigne l'« ouverture » du sujet à la lumière en général (qui est la lumière physique aussi bien que la lumière spirituelle), dans son opposition à l'obscurité de la « terre » (qui désigne l'enracinement de l'être dans son milieu physique et historique).

Monde comme volonté et comme représentation (le), [*Die Welt als Wille und Vorstellung*], œuvre de Schopenhauer (1818; traduction française de Burdeau, Paris, 1888-89). Schopenhauer y développe ces deux idées : 1° que le monde, qui est objet de notre connaissance, se réduit uniquement à notre représentation; **2°** mais que, dans sa réalité en soi, au-delà de notre connaissance, la substance du monde est un « vouloir-vivre » aveugle, inconscient et universel : ce vouloir-vivre s'exprime dans la croissance même des plantes, la lutte pour la vie des animaux, la consistance même des minéraux, et seul l'homme peut en triompher en prenant conscience du mal qu'il fait et en se niant lui-même (par des processus ascétiques inspirés du yoga hindou).

monisme, système philosophique selon lequel il n'y a qu'une seule réalité : la matière ou l'esprit.

On oppose le monisme *matérialiste* de Marx et le monisme *spiritualiste* de Hegel. Du système de Spinoza, qui identifie Dieu à la nature, on a donné des interprétations tantôt matérialistes (qui se placent du point de vue de la Nature, à laquelle le philosophe aurait identifié Dieu), tantôt spiritualistes (qui se placent du point de vue de Dieu, auquel il aurait rapporté toute réalité naturelle). Le monisme supprime donc la différence de nature qui nous paraît exister entre notre conscience et le monde, entre l'esprit et la matière. → **Contr. : dualisme, pluralisme.**

monoïdéisme, état de la conscience dans lequel l'esprit est absorbé par une idée dominante.

Théodule Ribot décrit ainsi l'« état de concentration de l'esprit ». En fait, la concentration est plutôt la recherche d'idées multiples sur un sujet précis. J. Braid et P. Janet voient dans le monoïdéisme certains états d'hypnose, où le champ de la conscience est particulièrement rétréci. → **Contr. : polyidéisme.**

monothéisme, croyance en un Dieu unique.

Le monothéisme marque l'état le plus élaboré de la religion. Il semble que la première religion monothéiste ait été pratiquée en Égypte, sous le règne d'Aménophis III, qui dépouilla les colonnes des temples et les temples eux-mêmes de tout motif figuratif (par exemple, le temple de Louxor). Le monothéisme fut revendiqué par le peuple juif. Le protestantisme, qui supprime toute figuration de Dieu et tout symbole religieux, est plus un monothéisme que le catholicisme, qui affirme la « trinité » de Dieu (les écoles musulmanes exposent même le catholicisme comme une religion à « trois Dieux ») et remplit ses églises de statues et d'images.

On assimile le polythéisme* au fétichisme.

Montesquieu (Charles-Louis de Secondat, baron de La Brède et de), écrivain et philosophe français (château de La Brède, près de Bordeaux, 1689-Paris 1755). Reçu avocat en 1708, conseiller au parlement de Bordeaux en 1714, il est élu à l'Académie française en 1727. On le considère comme le fondateur de la science politique, qu'il préserva de toute considération théologique ou morale, ainsi que de toute métaphysique de la « nature » humaine. Son œuvre principale, à laquelle il travailla quatorze ans (de 1734 à 1748), s'intitule *De l'esprit des lois.* Il fut le premier à considérer positivement les lois comme de « simples rapports » entre les réalités sociales. Quant à leur « esprit », il naît de la rencontre du « climat de la religion, des maximes du gouvernement, des exemples des choses passées, des mœurs, des manières... ». Sa théorie du gouvernement envisagea les trois types principaux que sont la république, la monarchie et le despotisme. Il fut républicain par raison, monarchiste de sentiment. On lui doit, en outre : une

Dissertation sur la politique des Romains dans la religion (1716), les *Lettres persanes* (1721), *Considérations sur les causes de la grandeur des Romains et de leur décadence* (1734), *Défense de « l'Esprit des lois »* (1750).

Moore (George Edward), philosophe britannique (Londres 1873-Cambridge 1958). Son œuvre principale, *Principia ethica* (1903), permet d'apprécier l'influence de Kant et de Hegel sur la philosophie britannique : il en retient l'idée que le bien est l'objet d'une intuition directe, guidée par la force du désir qui peut être source d'erreur. Il a écrit également *Philosophical Studies* (1922), *Some Main Problems of Philosophy* (1953).

morale, science du bien et des règles de l'action humaine.

La morale s'est constituée, dans l'Antiquité, en s'opposant à la physique comme la science de l'homme (Socrate) à celle de la nature (les philosophes ioniens). La morale répond à la question de la destination véritable de l'homme ; elle est donc la partie de la philosophie qui intéresse le plus directement chacun. Toute action libre et réfléchie suppose que sa fin soit tenue pour valable, c'est-à-dire qu'elle suppose une réflexion et une décision morales. D'une façon générale, dès que nous réfléchissons à notre vie et au sens que nous voulons lui donner, nous posons le problème de la morale. Le problème a reçu, dans l'histoire de la philosophie, deux solutions générales : selon la première, le but suprême de l'homme est le *bonheur* (épicurisme, utilitarisme anglais) ; selon la seconde, le but dernier est la *vertu,* ou pratique du devoir (stoïcisme, morale de Kant). L'homme moral, écrivait Kant, n'est pas celui qui est heureux, mais celui qui « mérite » d'être heureux ; en ce mérite consiste toute la valeur morale. En somme, la moralité d'un acte ne consiste pas dans le contenu de l'acte même, mais dans la manière dont nous le faisons : par exemple, on peut faire l'aumône par intérêt, espérant ainsi acheter une place de choix dans l'autre monde, ou par un sentiment occasionnel de pitié. En fait, l'homme moral n'est pas celui qui porte secours aux miséreux par calcul ou par sentiment, mais par principe. Seule est morale la conduite humaine qui est l'expression d'un « principe » rationnel et volontairement pratiqué.

Aujourd'hui, la morale se présente plus particulièrement comme une théorie des relations avec autrui, une philosophie de la « communication » (M. Buber, E. Levinas) : c'est dans la relation immédiate au « visage » d'autrui que l'homme fait originellement l'expérience des valeurs morales (par exemple, saisir le regard d'autrui, c'est comprendre qu'on ne peut lui faire violence).

La morale tend donc à s'inscrire dans une « ontologie », c'est-à-dire dans une théorie de la réalité : c'est de la description des « faits humains », plutôt que d'une analyse intérieure de sa conscience, que le philosophe s'efforce de déduire naturellement nos devoirs élémentaires et de fonder ainsi une théorie des valeurs.

→ **Communication, historique.**

Quelques textes essentiels : Descartes, dans le *Discours de la Méthode,* chap. 3 (1637) reprend l'idée stoïcienne que ce sont les passions qui empêchent l'homme d'atteindre le souverain bien que constitue le « contentement de l'âme ». « Je me formais une morale par provision, qui ne consistait qu'en trois ou quatre maximes... La première était d'obéir aux lois et aux coutumes de mon pays... Ma seconde maxime était d'être le plus ferme et le plus résolu en mes actions que je pourrais, et de ne suivre pas moins constamment les opinions les plus douteuses lorsque je m'y serais une fois déterminé, que si elles eussent été très assurées, imitant en ceci les voyageurs qui, se trouvant égarés en quelque forêt, ne doivent pas errer en tournoyant tantôt d'un côté, tantôt d'un autre, ni encore moins s'arrêter en une place, mais marcher toujours le plus droit qu'ils peuvent vers un même côté... car par ce moyen, s'ils ne vont justement où ils désirent, ils arriveront au moins à la fin quelque part... Ma troisième maxime était de tâcher toujours plutôt à me vaincre que la fortune, et à changer mes désirs que l'ordre du monde... ».

Kant distingue la morale de toute recherche du bonheur (terrestre ou céleste) : « La morale n'est donc pas à proprement parler la doctrine qui nous enseigne comment nous devons nous *rendre* heureux, mais comment nous devons nous rendre *dignes* du bonheur » (*Critique de la raison pratique,* 1788). Le seul sentiment moral est le respect : « Tel est le véritable mobile de la raison pure pratique ; il n'est autre que la pure loi morale elle-même, en tant qu'elle nous fait sentir la sublimité de notre propre existence suprasensible et que, subjectivement, dans les hommes qui ont conscience en même temps de leur existence sensible et de la dépendance qui en résulte pour eux relativement à leur nature, en tant que pathologiquement affectée, elle produit du respect pour leur plus haute détermination » (id). Le respect de la loi morale dicte la formule d'un « impératif catégorique » : « Agis selon la maxime qui peut en même temps s'ériger elle-même en loi universelle. » (*Fondement de la métaphysique des mœurs,* 1783). Chacun porte en soi la loi morale et doit donc être objet de respect : « Car des êtres raisonnables sont tous sujets de la *loi* selon laquelle chacun d'eux ne doit *jamais* se traiter soi-même et traiter tous les autres *simplement comme des moyens,* mais toujours *en même temps comme des fins en soi.* »

Bergson montre que *les Deux sources de la morale et de la religion* (1932) sont la société et l'inspiration : « Mais conçoit-on que, ce qui est primitivement et purement obligatoire étant bien ce que nous venons de dire, l'obligation s'irradie, se diffuse et vienne à s'absorber en quelque autre chose qui la transfigure. Voyons donc maintenant ce que serait la morale complète... De tout temps ont surgi des hommes exceptionnels en lesquels cette morale s'incarnait. Avant les saints du christianisme, l'humanité avait connu les sages de la Grèce, les prophètes d'Israël, les Arahants du bouddhisme et d'autres encore.

C'est à eux (que Bergson appelle les héros de l'humanité) que l'on s'est toujours reporté pour avoir cette moralité complète, qu'on ferait mieux d'appeler absolue... La vie a pour eux des résonances de sentiment insoupçonnées, comme en pourrait donner une symphonie nouvelle ; ils nous font entrer avec eux dans cette musique, pour que nous la traduisions en mouvement... C'est dire qu'en faisant une large part à l'émotion dans la genèse de la morale, nous ne présentons nullement une « morale du sentiment ». Car il s'agit d'une émotion capable de cristalliser en représentations, et même en doctrine... métaphysique et morale expriment la même chose, l'une en termes d'intelligence, l'autre en termes de volonté... ». → **Conscience morale.**

More (Thomas) ou **Morus** (*saint*), humaniste anglais (Londres 1478-1535). Chancelier du Royaume (1529), il fut décapité pour n'avoir pas voulu reconnaître la puissance spirituelle du roi. Il est l'auteur de l'*Utopie.*

Morin (Edgar), sociologue français (Paris 1921). Directeur de recherches au CNRS (1973), il a étudié le rapport entre l'imaginaire et le réel dans la culture de masse issue des nouveaux médias (*Le Cinéma ou l'Homme imaginaire,* 1956 ; *l'Esprit du temps,* 1962). Il analyse le phénomène de propagation de rumeurs fondées sur l'antisémitisme. Il développe une sociologie du présent, baptisée « événementielle » (*Journal de Californie,* 1970 ; *le Paradigme perdu : la nature humaine,* 1973). Dans *Science avec conscience* (1982), il s'interroge sur le statut des sciences sociales et leur rapport avec des fins morales.

mort, cessation définitive de la vie.

Il semble que toute philosophie soit, comme le disait le romancier Pasternak, « un immense effort pour surmonter le problème de la mort et de la destinée ». Comment se présente l'idée de la mort ? **Le sentiment de la mort.** Si la nature n'a point doué l'homme d'un instinct qui l'avertirait de la date et de l'heure exactes de sa mort, c'est — dit Bergson dans *les Deux Sources de la morale et de la religion* — qu'il en résulterait un sentiment tout à fait déprimant, capable d'annihiler toute volonté d'action et tout désir élémentaire de vivre. La nature ne nous a donc point donné un instinct qui nous permettrait de deviner le moment précis de notre mort. Il en résulte que l'idée de la mort n'est pas, pour l'homme, une idée précise, mais un sentiment indéterminé d'« angoisse » : on ne peut pas dire que l'on ait « peur » de la mort, dans la mesure où la peur se réfère à un objet déterminé (on a peur de quelque chose, d'un lion, etc.); l'angoisse, au contraire, n'évoque pas un objet déterminé, mais plutôt une présence vague et latente, une possibilité permanente, dont les maladies, les dangers extérieurs, la fatigue de l'organisme sont les signes annonciateurs. En fait, d'un point de vue psychologique, la présence en nous de l'idée de la mort n'est que le signe et la preuve de l'exercice de l'intelligence. Elle hante, en général, l'ennui de l'inaction mais, comme cet ennui est lui-même le point de départ de la réflexion, tous les penseurs ont été amenés naturellement à lier l'idée — voire l'angoisse — de la mort avec l'exercice de la réflexion. Les penseurs modernes (Jaspers, Heidegger, à la suite de Hegel) ont fait une distinction entre la « vie organique » et l' « existence humaine », et ils ont défini l'existence comme la vie plus la conscience de la mort. Seul l'homme — et non point les animaux — peut connaître l'angoisse de la mort. Dans le développement de la personnalité, l'angoisse de la mort apparaît (vers quinze ans chez le garçon) avec la naissance de la réflexion sur soi. En général, l'homme se jette dans l'action pour fuir l'idée de la mort qui escorte, en revanche, et entoure toute réflexion philosophique (Platon, Hegel, Heidegger).

Que peut-on penser de la mort? Presque toutes les religions du monde nous font concevoir la mort comme le moment du jugement dernier. Certains passages de l'Apocalypse précisent que ce jugement ne pourrait avoir lieu qu'à la fin de l'humanité, au moment où l'on sera en mesure de juger d'une manière définitive des conséquences ultimes de nos actions dans le monde, qui, en fait, nous échappent et sont toujours changeantes. Dans la religion chrétienne, la mort du corps est interprétée comme le moment de la renaissance de l'esprit en Dieu. On conçoit deux types d'immortalité : celle de l'âme individuelle (Platon, doctrine chrétienne) et celle où l'âme individuelle se résout dans une totalité universelle (immortalité impersonnelle, soutenue par Spinoza). Mais, en fait, il faut reconnaître, avec Socrate, que l'on ne peut rien penser concrètement de la mort. « Tant qu'on est là, elle n'est pas, et lorsqu'elle advient on n'est plus là. » Il est donc plus utile de dégager l'enseignement que peut apporter pour la vie humaine le sentiment de la mort.

Les réactions au sentiment de la mort. Le sentiment de la limitation de notre vie individuelle provoque une réaction naturelle : l'individu veut se perpétuer au-delà de lui. Le besoin d'avoir des enfants répond à ce « désir d'éternité » (titre d'un ouvrage de F. Alquié). L'individu meurt, mais il se perpétue dans l'espèce (c'est en ce sens que, pour Marx, « la mort apparaît comme la dure victoire de l'espèce sur l'individu »). Le désir d'éternité peut se manifester par une œuvre historique : culturelle, artistique, politique. L'œuvre assure la perpétuité de l'individu, et l'histoire est le jugement dernier qui fait vivre éternellement les héros et qui enterre dans l'oubli ceux qui n'ont rien fait de leur vie. (Cette religion de l'histoire fut le principe de la philosophie de Hegel : *Weltgeschichte ist Weltgerichte,* « l'histoire du monde est le jugement du monde ».)

Mais, si l'on y réfléchit, on voit que l'humanité, qui a eu une naissance il y a quelques milliers d'années, aura nécessairement une mort : c'est la définition de la vie. L'espèce et l'histoire humaines sont elles-mêmes limitées; il y a une préhistoire, il y aura un âge posthistorique. La mort comme la vie de l'individu prennent alors une signification absolue : pour l'homme, il n'y a pas de vérité de la vie au-delà de la vie présente. C'est pourquoi les philosophes, qui ont pensé d'une manière radicale (Platon, Spinoza, Leibniz, Fichte, Hegel) ont jugé que la destination de l'homme ne pouvait consister que dans la présence totale de soi-même à la vie, dans le maximum d'activité. Cette volonté de vivre totalement — qui est une réaction au sentiment de la mort — peut s'exprimer, comme l'a montré Albert Camus, dans un désir immodéré de « jouir » de la vie. Mais les jouissances sensibles

LA MORALE (science des buts de la vie, des principes de l'action)	
morales du bien (le but dernier de l'homme est le bonheur)	*hédonisme :* le bonheur physique (Aristippe). *épicurisme :* le bonheur résulte de l'exercice de nos facultés spirituelles.
	stoïcisme : le bonheur résulte de la pratique du bien, en particulier de la justice et de la tempérance.
morales du devoir (le but dernier de l'homme est la vertu)	*Kant :* l'action morale est celle qui est faite par respect du devoir.
	morale du sentiment : l'acte bon est celui qui suscite la sympathie (Adam Smith).
	morale de l'inspiration : l'acte bon est celui que nous inspire notre propre nature : seules les tâches qui ont une valeur humaine universelle suscitent l'enthousiasme (Fichte, Bergson).

ne satisfont pas l'homme tout entier. La plupart des philosophes ont reconnu que cette présence totale de l'homme — non seulement physique, mais intelligent — à soi-même ne pouvait s'accomplir que dans le travail intellectuel, la création spirituelle d'une œuvre, dans la réflexion philosophique proprement dite (Spinoza, Fichte, Hegel).

Il reste donc à vivre pleinement sa vie, à agir au maximum dans la voie où notre volonté et les circonstances nous ont placés, à poursuivre son œuvre et son travail, car au-delà de l'existence individuelle, des décisions actuelles, de l'action efficace ou du moment de création spirituelle, il n'y a qu'une histoire problématique et, en ce qui concerne la mort, un néant inconcevable.

motif, raison par laquelle nous justifions notre action. S'oppose au « mobile », qui est la cause réelle de notre action, ce qui la meut effectivement.

Le motif est la raison consciente, la justification sociale et souvent rétrospective de ce que nous avons fait : tandis que le mobile est un sentiment, un était affectif, qui peut d'ailleurs demeurer inconscient.

motricité, ensemble des fonctions de mouvement propres à l'être vivant; s'oppose aux fonctions réceptives et sensorielles.

On distingue la *motricité réflexe* (totalement indépendante de la volonté), la *motricité automatique* (où la volonté n'intervient que pour déclencher une succession de mouvements automatiques : marcher, avaler, etc.), enfin la *motricité volontaire* (où chaque geste est pensé avant d'être exécuté). Le terme appartient plutôt au langage de la physiologie qu'à celui de la psychologie.

Mounier (Emmanuel), philosophe et écrivain français (Grenoble 1905 – Châtenay-Malabry 1950). Il conçut, à la lecture de Péguy, l'idée d'une synthèse entre le christianisme et le socialisme, qu'il nomma le « personnalisme » : son principe est de maintenir « le primat de la personne humaine sur les nécessités matérielles et sur les appareils collectifs qui soutiennent son développement ». Pour cela, il fallait que le philosophe s'engageât dans la vie réelle et dans l'histoire. Mounier quitte alors l'Université et renonce à la tâche un peu abstraite de l'enseignement pour fonder, en 1932, la revue *Esprit*. Ses deux maximes étaient d'« être soi-même » (l'éveil de la personne) et de travailler à améliorer les conditions de la vie en société (pédagogie de la vie communautaire). On lui doit notamment : *Révolution personnaliste et communautaire* (1935), *l'Affrontement chrétien* (1944), *Liberté sous conditions* (1946), *Traité du caractère* (1946), *Qu'est-ce que le personnalisme?* (1947), *Introduction aux existentialismes* (1947), *le Personnalisme* (1949), *l'Espoir des désespérés* (1953), *l'Engagement de la Foi* (1958).

mutation, variation brusque dans un organisme, qui apparaît d'emblée héréditaire.

Les mutations se produisent brusquement sur des individus isolés, le plus souvent sans cause apparente ; elles sont dues à une modification des gènes ou des chromosomes. C'est ainsi, par exemple, que les fleurs « dahlias » apparurent brusquement en 1894. La théorie qui explique l'évolution des espèces par des mutations se nomme le *mutationnisme* : fondé par A. Wallace et A. Weismann, il fut développé par De Vries et confirmé par les lois de Mendel (qui montrent l'hérédité des transmissions de caractères acquis par mutations chromosomiques et rejettent celle des caractères corporels acquis au contact du milieu). Bien que le mutationnisme possède un fondement réellement scientifique, il accorde une large part au hasard et demeure incapable d'expliquer le caractère « orthogénétique » de l'évolution générale des espèces (c'est-à-dire que les espèces évoluent toujours « dans le même sens »). Pas plus que le lamarckisme ou le darwinisme, le mutationnisme ne permet de comprendre totalement le mécanisme évolutif.

mystère, tout ce qui est inaccessible à la raison humaine.

Gabriel Marcel a établi une distinction suggestive entre le « problème », qui désigne une incompréhensibilité objective, susceptible d'être analysée et levée, et le « mystère », dont l'incompréhensibilité possède un caractère « englobant », indéfinissable. On détermine un problème, on pressent un mystère. L'opposition rejoint celle de l'« inexpliqué » et de l'« inexplicable ».

mystique (ou mysticisme**), doctrine ou croyance fondée sur le sentiment et l'intuition.**

Le mysticisme pense que seul le sentiment peut nous élever à l'idée de l'infini, tandis que la raison nous enferme dans le monde illusoire et artificiel de nos créations verbales. Le mysticisme ne doit pas être confondu avec l'« illuminisme » ou toute forme quelconque et arbitraire d'intuitionnisme : depuis saint Jean de la Croix (XVIe s.), les théologiens reconnaissent que la mystique véritable requiert une technique extrêmement précise et une préparation rigoureuse, qui interdit de la confondre avec n'importe quel désordre du sentiment. On distingue une « mystique négative », qui conduit à l'anéantissement de l'individu dans la divinité, et une « mystique positive », qui l'appelle, au contraire, à un plein épanouissement de lui-même dans la lumière divine. Parmi les mystiques, on peut remarquer particulièrement Maître Eckhart* (fin XIIIe s. – début XIVe s.) et Jacob Böhme (fin XVIe s.), pour l'influence profonde qu'ils ont exercée sur toute la culture et la philosophie allemande, inspirant notamment la philosophie romantique de la nature (Novalis, Jacobi, Schelling). Sainte Thérèse d'Avila et saint Jean de la Croix ont eu un rayonnement particulier. De nos jours, le mysticisme chrétien, exalté par Bergson (et qu'il plaçait bien au-dessus des mysticismes antique et hindou), a trouvé un écho remarquable dans l'œuvre de Simone, Weil, où le sentiment de la transcendance se pénètre de lumière et de rationalité, où la mystique éclaire l'homme sur lui-même, dans la réalité de sa vie concrète.

Il reste que, sur le plan de l'éthique et des relations humaines, le mysticisme demeure le germe de l'intolérance et des guerres idéologiques. Il s'oppose au « rationalisme » aussi bien qu'à l'« humanisme », pour qui la fin dernière de la vie n'est pas de nous perdre dans une réalité supérieure (Dieu), mais de nous réaliser au niveau de notre humanité (en contribuant à l'amélioration des conditions de vie et au progrès de la culture).

mythe **(du gr. *muthos*, fable), récit des temps fabuleux et héroïques, objet de la mythologie.**

La réflexion sur les mythes et sur la mythologie s'emploie à découvrir la naissance des religions, car le mythe constitue une première forme d'explication des choses et de l'univers, une explication qui est de l'ordre du sentiment, non de la raison. Une réflexion sur les mythes comme méthode d'une connaissance approfondie de l'homme et des religions a été préconisée et pratiquée par Schelling, J. Bachofen, E. Cassirer, K. Jaspers, et P. Ricœur.

mythomanie, **tendance pathologique à mentir.**

La mythomanie est le plus souvent liée à la perversité sexuelle ; elle se caractérise par un fond de vanité et, en général, de débilité mentale, et par une exaltation permanente de l'imagination. Les études de Dupré nous amènent à distinguer : 1° la mythomanie qui conduit le sujet à s'accuser d'un crime célèbre, soucieux seulement d'être remarqué, même si sa réputation doit être entachée ; 2° la mythomanie glorieuse, qui pousse le sujet à raconter des exploits étonnants, des succès amoureux flatteurs, des faits d'armes qui font de lui un héros (*Tartarin,* de Daudet) ; 3° celle qui pousse l'individu à simuler une maladie ou un forfait pour satisfaire sa vanité, ou par calcul utilitaire.

n

Nabert (Jean), philosophe français (Izeaux, Isère, 1881 – Loctudy, Finistère, 1960). Il fut professeur aux lycées de Saint-Lô (1908), de Brest (1910), de Metz (1919) et au lycée Henri-IV à Paris (1925). Sa philosophie, qui est une réflexion sur la conscience humaine, se développa sous la double inspiration de la philosophie kantienne (exposée notamment dans la première philosophie de Fichte) et de celle de Bergson. Il emprunta à la première la rigueur réflexive et à la seconde le sentiment de la plénitude intérieure. *L'Expérience intérieure de la liberté* (1924) découvre, au-delà de tout raisonnement et même de toute intuition intellectuelle, une « expérience originaire » du vouloir qui est une épreuve de la liberté et le fond de toute preuve de la liberté. Les *Éléments pour une éthique* (1943) approfondissent sa réflexion sur cette affirmation originaire de la volonté, qui reste, pour Nabert, la matière et la source de sa philosophie. L'*Essai sur le mal* (1955) développe sa pensée dans le sens d'une métaphysique de la part « injustifiable » du monde et de la vie ; enfin, une note sur « le Divin et Dieu » (*Études philosophiques*, septembre 1959) s'efforce de dégager la synthèse suprême entre une philosophie de l'acte et une philosophie de l'être. On lui doit, en outre, un article sur « l'Expérience interne chez Kant » (*Revue de métaphysique et de morale*, 1924).

Nâgârjuna, philosophe bouddhiste de l'Inde du Sud, en grande partie légendaire (fin du Ier s. – début du IIe s. apr. J.-C.). Sa légende recouvre néanmoins une personnalité de génie, qui a réellement donné au bouddhisme du Mahāyāna une orientation décisive.

narcissisme, admiration excessive de sa propre personne.

Une légende de l'Antiquité raconte que Narcisse aperçut sa propre image dans l'eau d'une fontaine, tomba en extase et, désespéré de ne pouvoir saisir cet autre lui-même, languit et mourut. Il y a narcissisme pathologique lorsque le sujet s'éprend véritablement de lui-même et que toutes ses énergies affectives se dirigent sur lui-même.

narco-analyse, procédé d'analyse de l'inconscient par l'injection d'un narcotique qui entraîne dans l'individu une diminution du contrôle de soi.

L'emploi de narcotiques (en général, le penthiobarbital ou l'amobarbital) sert au dépistage de la simulation ou des pseudo-maladies (provoquées par l'hystérie) ; il plonge le sujet dans un état de demi-sommeil qui favorise les « confessions » involontaires. Certains psychiatres pensent pouvoir découvrir ainsi les tendances affectives profondes du sujet et la cause des troubles ou des problèmes « conflictuels » qui sont responsables des comportements névrotiques. La narco-analyse fut employée, pendant la Seconde Guerre mondiale, par la police allemande, pour obtenir des aveux de prisonniers, de résistants, d'espions véritables ou supposés. On a parlé de « sérum de vérité ». En fait, le procédé n'a pas une efficacité absolue : un individu fermement décidé peut garder un certain contrôle de soi et conserver un secret. Le sujet peut aussi être suggestionné et donner des réponses que l'examinateur a induites. L'Ordre des avocats et l'Académie de médecine ont pris position contre la méthode de narco-analyse, qui porte assurément atteinte à l'intégrité de la personne humaine. Il faut finalement distinguer l'interrogatoire policier sous narco-analyse (qui est condamné) et le procédé psychiatrique de narco-analyse, qui permet, sous la garantie du secret médical, le diagnostic d'un trouble psychique et qui peut ainsi déterminer, pour le bien de l'individu, une thérapeutique ayant des chances accrues de succès.

nation, depuis le XVIIIe siècle, ensemble des citoyens qui, de leur propre consentement, désirent vivre en commun.

La *nation* se distingue de l'*État* (organisme de gouvernement et d'administration) : la nation est l'ensemble des individus, de toute classe, qui exercent leur suffrage lors des référendums ou des élections législatives. La nation désigne le corps social tout entier. L'"état et le gouvernement ne font, en principe, et dans les meilleurs cas, que représenter la nation et réaliser ses volontés fondamentales. On ne peut parler d'un État « représentatif » de la nation que dans les pays démocratiques, où les élections sont libres, et les citoyens, dégagés de l'emprise d'un régime policier fondé sur un parti unique.

nativisme, théorie psychologique selon laquelle la représentation de l'étendue est donnée immédiatement avec toute sensation et non acquise par l'expérience ou par le travail de l'esprit.

Issu de Kant, le nativisme s'est développé avec Stumpf, Panum, Hering, Müller, William James — selon ce dernier, nos sensations seraient par nature plus ou moins « volumineuses ». En revanche, d'autres philosophes, comme Berkeley, Wundt, Helmholtz, tout en reconnaissant que toutes nos représentations impliquent spontanément l'*étendue*, font découler la perception de la *profondeur* d'un travail de comparaison et d'adaptation, où l'action des mains sur les objets jouerait un rôle considérable. D'une façon générale, le nativisme est une sorte d'"« innéisme » qui s'oppose à l'empirisme*.

Natorp (Paul), philosophe allemand (Düsseldorf 1854 — Marburg 1924). Professeur à l'université de Marburg, il appartient à un mouvement qui, contre la mystique issue des philosophies postkantiennes (Fichte, Hegel), préconisa le « retour à Kant ». Ce mouvement se nomme le « néo-kantisme » ou l'école de Marburg*. Les analyses intellectuelles de Natorp prolongent celles de Lange, de Zeller et surtout de Hermann Cohen; elles préparent la voie à la phénoménologie de Husserl.

Natorp est notamment l'auteur de : *la Religion dans les limites de l'humanité* (1894), *Philosophie, son problème et ses problèmes, introduction à l'idéalisme critique* (1911), *Psychologie générale d'après la méthode critique* (1912).

naturalisme, doctrine qui nie l'existence du surnaturel.

La philosophie de Spencer, comme toute philosophie matérialiste, est un naturalisme en ce sens qu'elle explique la formation de la nature et des êtres vivants à partir d'un principe vital immanent et matériel; le naturalisme récuse l'idée d'une création divine. C'est pourquoi il peut aussi bien prendre la forme du panthéisme* : on a parfois rapproché le panthéisme de Spinoza *(Deus sive Natura)* de la philosophie de la nature de Schelling et des romantiques allemands (Novalis, Jacobi, Schlegel). Mais il faut, en toute rigueur, distinguer le panthéisme du naturalisme proprement dit, qui considère la nature matérielle comme l'absolu et qui implique ainsi la négation de toute idée de Dieu. Le naturalisme est par vocation un matérialisme. D'un point de vue théologique, le naturalisme consiste à affirmer la bonté de la nature humaine et à nier la nécessité de la grâce (intervention surnaturelle); l'Église l'a considéré comme une hérésie. Enfin, comme doctrine sociale, le naturalisme explique le développement de la société humaine à partir des lois de la nature : climat, géographie, biologie, etc. (malthusianisme, « darwinisme social »); il s'oppose aux théories qui lient le déroulement de l'histoire à l'intervention d'une Providence ou qui le considèrent comme le développement d'un « plan divin ».

Il ne faut pas confondre ce naturalisme philosophique avec le *naturalisme* en littérature (école littéraire groupée autour d"Émile Zola et qui prônait une forme de réalisme esthétique).

nature, l'univers physique.

A. Lalande a dénoncé avec raison le sens équivoque du mot, qui peut désigner : 1° l'ensemble des caractères qui définissent un être, une chose (la « nature animale, humaine »); 2° le monde matériel, en spécifiant si on le considère du point de vue scientifique comme univers physique (ensemble de relations ou de lois), ou du point de vue métaphysique comme totalité organique (la « nature naturante » chez Spinoza, comme énergie créatrice, présence de Dieu au monde, opposée à la « nature naturée », objet de la science humaine; la Nature au sens romantique — Novalis, Schelling —, comme médiatrice entre l'homme et la divinité; ou au sens vitaliste — Bergson —, comme « évolution créatrice »; etc.); 3° ce qui ne provient pas de l'art ou de l'industrie de l'homme. Dans ce sens, on emploie plutôt le terme de « naturelle » : une « beauté naturelle »; 4° l'ensemble des tendances, ou tempérament, qui constituent le naturel d'un individu, par opposition à ce que peuvent lui ajouter l'art, la civilisation ou sa volonté propre (caractère qu'on se donne à soi-même).

Cette acception de la notion de « nature » pose le problème suivant : peut-on distinguer, voire opposer *nature* et *culture*? Si l'antériorité de la « nature » sur la « culture » semble requise par le simple bon sens, peut-on pour autant définir une nature première de l'homme ou un état originaire de l'humanité?

Platon (428-348 av. J.-C.) distinguait, avec l'exemple de la soif, le besoin naturel du besoin rationnellement ou culturellement formulé. L'homme qui dit : « J'ai soif » exprime un besoin naturel; lorsqu'il dit : « J'ai soif d'eau, ou de vin, ou d'autre chose », il donne une expression culturelle à son besoin. On peut dire que manger, boire, se reproduire sont des besoins naturels. Mais on ne voit pas en quoi la nature de l'homme se distingue là de la nature animale.

La notion même de nature humaine fait problème : Lévi-Strauss ne souligne-t-il pas que les enfants sauvages ne sont que « des monstruosités culturelles », en aucun cas les « témoins fidèles d'un état antérieur ». Un animal domestique, abandonné dans la nature, peut retourner à un comportement instinctif, c'est-à-dire inné, spécifique, uniforme. Rien de tel ne peut se produire chez l'homme qui ne saurait retrouver, par régression, un état antérieur resté en lui à l'état latent.

Même J.-J. Rousseau, qui cherchait à retrouver l'état de nature, qu'il présupposait « bon », reconnaît qu'il s'agit d'une hypothèse ou d'un concept idéal (*Discours sur l'origine de l'inégalité parmi les hommes*, 1754) : « Et comment viendra-t-il à bout de se voir tel que l'a formé la Nature, à travers tous les changements que la succession des temps et des choses a dû produire dans sa constitution originelle, et de démêler ce qu'il tient de son propre fond d'avec ce que les circonstances et ses progrès ont ajouté ou changé à son état primitif? (...) Car ce n'est pas une légère entreprise de démêler ce qu'il y a d'originaire et d'artificiel dans la nature actuelle de l'homme, et de bien connaître un état qui n'existe plus, qui n'a peut-être point existé, qui probablement n'existera jamais, et dont il est pourtant nécessaire d'avoir des notions justes pour bien juger de notre état présent. » C'est pourquoi l'idée d'un degré zéro de société et de culture, qui distinguerait ce que l'homme *est* (nature) de ce qu'il *a fait de lui-même* (culture) reste une hypothèse qu'aucune observation réelle ne peut corroborer.

Il semble au contraire que la culture fasse partie de la nature de l'homme. Après Platon qui définissait l'homme comme un « être doué de raison », Aristote (384-322 av. J.-C.) le définissait comme un « animal politique » (*la Politique*, 1, 2). « La nature, selon nous, ne fait rien en vain; et l'homme, seul de tous les animaux, possède la parole. Or, tandis que la voix ne sert qu'à indiquer la joie et la peine, et appartient pour ce motif aux autres animaux également (car leur nature va jusqu'à éprouver les sensations de plaisir et de douleur, et à se les signifier les uns aux autres), le discours sert à exprimer l'inutile et le nuisible, et, par suite aussi, le juste et l'injuste ».

La culture peut apparaître comme extérieure ou intérieure à l'individu, selon qu'elle s'exprime par la discipline ou par l'éducation (Kant, *Traité de la pédagogie*, 1776-1787) : « La discipline nous fait passer de l'état animal à celui d'homme... Il (l'homme) n'a pas d'instinct, et il faut qu'il se fasse à lui-même son plan de conduite. Mais, comme il n'en est pas immédiatement capable, et qu'il arrive dans le monde à l'état sauvage, il a besoin du secours des autres. L'espèce humaine est obligée de tirer peu à peu d'elle-même par ses propres efforts toutes les qualités naturelles qui appartiennent à l'humanité. Une génération fait l'éducation de l'autre. On ne peut chercher le premier commencement dans un état brut ou dans un état parfait de civilisation; mais, dans ce second cas, il faut encore admettre que l'homme est retombé ensuite à l'état sauvage et dans la barbarie.

La discipline empêche l'homme de se laisser détourner de sa destination, de l'humanité, par ses penchants brutaux... Mais la discipline est purement négative, car elle se borne à dépouiller l'homme de sa sauvagerie; l'instruction au contraire est la partie positive de l'éducation. » L'on se souvient que Socrate, déjà, ne concevait l'éducation véritable que comme l'art d'accoucher (la maïeutique) les esprits des idées qu'ils portent en eux naturellement. La culture est donc un produit de la nature humaine, et la « perfectibilité » permanente des individus et des sociétés témoigne de la permanence de cette activité.

Dans un effort d'« analyse idéale », Claude Lévi-Strauss (*les Structures élémentaires de la parenté*, 1947) situe la ligne de séparation entre nature et culture, ou la forme élémentaire de la culture, dans la réciprocité des échanges et la prohibition de l'inceste : « Posons donc que tout ce qui est universel, chez l'homme, relève de l'ordre de la nature et se caractérise par la spontanéité, que tout ce qui est astreint à une norme appartient à la culture et présente les attributs du relatif et du particulier. Nous nous trouvons alors confrontés avec un fait, ou plutôt un ensemble de faits, qui n'est pas loin, à la lumière des définitions précédentes, d'apparaître comme un scandale : nous voulons dire cet ensemble complexe de croyances, de coutumes, de stipulations et d'institutions que l'on désigne sommairement sous le nom de prohibition de l'inceste. Car la prohibition de l'inceste présente, sans la moindre équivoque, et indissolublement réunis, les deux caractères où nous avons reconnu les attributs contradictoires de deux ordres exclusifs : elle constitue une règle, mais une règle qui, seule entre toutes les règles sociales, possède en même temps un caractère d'universalité. Que la prohibition de l'inceste constitue une règle n'a guère besoin d'être démontré; il suffira de rappeler que l'interdiction du mariage entre proches parents peut avoir un champ d'application variable selon la façon dont chaque groupe définit ce qu'il entend par proche parent; mais que cette interdiction, sanctionnée par des pénalités sans doute variables, et pouvant aller de l'exécution immédiate des coupables à la réprobation diffuse, parfois seulement à la moquerie, est toujours présente dans n'importe quel groupe social. »

Les analyses sur l'aurore du fait social ou du fait culturel ne masquent pas qu'il est impossible de distinguer chez l'homme la part de l'inné et de l'acquis, le rôle de l'hérédité et celui du milieu, tant l'interaction du biologique et du culturel est profonde et permanente. Le biologiste français A. Jacquard le souligne : « Tout ce qui se manifeste en moi, mon groupe sanguin B, la couleur de ma peau, mon tour de tête, la rougeole que j'ai eue enfant, ou tel trait de mon "intelligence", tout cela résulte de mécanismes biologiques qui dépendent à la fois : — des informations apportées par le patrimoine génétique fourni moitié par mon père, moitié par ma mère ; ce qui est en moi est « inné » ; — et des apports du milieu en matériaux, énergie, lectures, affection..., ce qui est en moi est "acquis".

Il est tentant de s'interroger sur les influences respectives de ces deux ensembles et de poser la question : quelle a été la part de chacun ? Il semble clair, par exemple, que mon groupe sanguin a été déterminé par des éléments innés, tandis que la rougeole a été provoquée par des facteurs acquis. Il se trouve cependant que, le plus souvent, cette question ne peut avoir de sens ; chercher à y répondre ne peut que conduire à des absurdités » (*Moi et les autres*, 1983)

On doit distinguer les *sciences de la nature* (physique, chimie, etc.) et les *philosophies de la nature* : ces dernières ne nous entretiennent pas, comme les sciences, des objets qui sont dans la nature ; elles partent du sentiment originaire de l'homme de participer à la nature comme à une totalité qui nous englobe. Ce sentiment de la nature s'est exprimé, d'abord, dans l'histoire de la philosophie, dans les théories présocratiques des Ioniens, qui considéraient la nature comme une force vitale : ce sentiment était celui de l'ordre du monde (les Anciens nommaient le monde *cosmos* : « ordre ») et, par là même, celui de la rationalité des choses (le *cosmos* était l'expression du *logos*). La méditation des Anciens sur la nature partait surtout de la contemplation du ciel étoilé. Avec la métaphysique d'Aristote, la philosophie de la nature est devenue un « vitalisme », rapportant tous les mouvements des objets dans le monde à une force intérieure, à une tendance qui les animeraient : si les corps tombent vers le sol, c'est, selon Aristote, qu'ils « désirent » ou « aspirent » à retrouver leur « lieu propre » (fictivement localisé au centre de la terre). Avec la Renaissance et le développement de la science moderne, la nature est devenue l'objet de la science physique : elle a désigné alors l'ensemble des objets du monde matériel (Descartes, Kant) ; pour Kant, la « nature » correspondait très exactement à l'univers de Newton. Dans ce contexte, la philosophie de la nature a été une recherche des principes rationnels (des « lois de l'esprit ») qui rendent possibles les lois les plus générales de la science physique. La *métaphysique de la nature* de Kant se présente comme une déduction des lois fondamentales de la physique newtonienne, à partir des « catégories » de l'esprit découvertes par la réflexion philosophique.

L'ontologie moderne a substitué à la notion de « nature » celle de l'« être » comme présence et lumière (Heidegger). En résumé, l'histoire des « philosophies de la nature » découvre une oscillation entre les théories vitalistes, qui portent sur l'*être* de la nature, et les théories rationalistes, qui portent sur la *connaissance* de la nature.

Nature et formes de la sympathie (*Wesen und Formen der Sympathie*), ouvrage de Max Scheler (1923 et 1926). Étudiant le problème des valeurs, l'auteur analyse les différentes saisies « émotionnelles » et affectives des valeurs, au nombre desquelles figurent, en premier lieu, l'amour et la sympathie*.

Nature humaine (Traité de la), œuvre de David Hume (1739-40), exposant sa théorie de la connaissance fondée sur la sensation, l'habitude et l'imagination ; il affirme, en outre, que les principes de la connaissance ne peuvent prétendre à aucune certitude rationnelle et ne sont que des « croyances » fondées sur l'habitude et l'imagination (association des idées).

naturel, ce qui est donné par la nature ; s'oppose à ce qui est produit par la culture.

Une religion ou une morale naturelle, comme celle que Rousseau voulait éveiller dans le cœur et l'enfant par le simple spectacle de la nature, est fondée sur les seules données du sentiment ou de la raison. Une théorie du « droit naturel » se déduit de la nature humaine et s'oppose à une théorie du « droit positif », fondé sur des conventions arbitraires. Du point de vue psychologique, le naturel désigne le tempérament d'un individu (composantes organiques — nerveuses, glandulaires — qui appartiennent à un individu dès sa naissance). Galien distinguait, à cet égard : le colérique (prédominance du sang), le flegmatique (prédominance de la lymphe), le mélancolique (prédominance de l'atrabile), le bilieux. Le tempérament, qui est naturel, s'oppose au *caractère*, acquis par l'éducation, les conventions, mais aussi que l'individu peut s'imposer à lui-même par sa volonté propre : saint Ignace était de naturel « colérique » et « saint » de caractère.

Naville (Pierre), sociologue français (Paris 1904). Spécialiste de la sociologie du travail, il s'est intéressé aux problèmes de la formation professionnelle et aux conséquences sociales de l'automatisation. Il a écrit notamment : *la Révolution et les intellectuels* (1927), *la Psychologie, science du comportement* (1942), *la Vie de travail et ses problèmes* (1954), *l'Automatisation et le travail humain* (1961), *la Genèse de la sociologie du travail chez Marx et Engels* (1967), *Sociologie d'aujourd'hui* (1981), *Sociologie et logique* (1982). Il a dirigé avec Friedmann un *Traité de sociologie du travail* (1962, 2 vol.).

néant, le non-être.

Il désigne moins un non-être physique (le vide) qu'un non-être au sens psychologique : dans la philosophie hindoue, le néant ou « nirvāna » désigne l'état d'apathie auquel parvient l'individu lorsqu'il s'est délivré de tout désir ou de toute tendance à l'action.

La philosophie existentialiste, s'inspirant en cela de Hegel, a rendu à la notion du néant un rôle fondamental : le néant serait ressenti, chez Heidegger, dans l'angoisse de la mort; Sartre (*l'Être et le Néant*, 1943) a identifié l'expérience du néant à celle de la liberté, par laquelle nous refusons notre état et décidons de « ne plus être ce que nous sommes » : le néant serait ressenti dans l'expérience de la négation, dans celle de l'absence ou de l'échec.

Mais ce sont encore les analyses de Hegel, dans la *Phénoménologie* de l'esprit*, qui restent les plus suggestives : le néant serait éprouvé dans l'expérience de l'angoisse où le monde devient « totalement fluide », où le sujet s'anéantit dans une impression de chute et de vertige infinis. Cette expérience serait très précisément celle du condamné à mort (et, dans l'Antiquité, celle de l'esclave qui pouvait être à tout instant mis à mort par son maître).

D'une façon générale, la notion de « néant » ne peut avoir de sens que s'il s'agit d'un « néant relatif », que l'on éprouve dans l'expérience de l'absence, du passage des choses et de toute forme d'anéantissement. L'idée d'un « néant absolu » ne pourrait être qu'une absence absolue d'idée.

nécessaire, qui ne peut pas ne pas être.

Cette définition logique caractérise ce que l'on appelle la *nécessité absolue*. À ce titre, le *nécessaire* s'oppose non seulement à ce qui est *problématique*, mais aussi à ce qui existe purement et simplement (qui est *assertorique*). Une loi nécessaire n'énonce pas ce qui est, mais ce qui doit être. De cette nécessité absolue, on distingue la *nécessité morale*, qui s'exprime dans le sentiment de ce qu'il faut faire et de ce qu'il ne faut pas faire : bien que nous sachions ce qu'il faut faire, il dépend de notre liberté (libre arbitre) d'agir moralement ou non. La nécessité morale est donc un devoir qui se propose à notre liberté, mais ne saurait nous contraindre ni s'imposer absolument.

négativité, action de la négation, en particulier de la liberté humaine comme pouvoir de refuser le monde réel et d'instaurer un monde idéal. Ce terme, très employé en toute philosophie « dialectique », fut créé par Fichte et répandu par Hegel.

Toute création spirituelle est, en ce sens, une forme de « négativité »; l'esprit s'affirme en niant ce qui est (« Je suis l'esprit qui nie », dit Méphisto dans le *Faust* de Goethe) : l'ordre établi, la tradition scientifique ou philosophique. Mais la négativité n'est pas une « négation formelle » et vide; elle est aussi une « négation de cette négation », l'affirmation d'un nouvel ordre et de nouvelles valeurs.

néo-criticisme ou néo-kantisme, mouvement philosophique issu de Kant et né en Allemagne vers 1860; il se développa jusque vers 1914.

Il groupe de nombreuses écoles : physiologiste (avec Helmholtz, F.A. Lange), métaphysique (avec Liebmann, J. Volkelt), réaliste (avec A. Riehl), relativiste et positiviste (avec H. Cornelius), enfin et surtout l'école de Marburg, ou école logique (avec H. Cohen, P. Natorp, E. Cassirer, A. Lieber), et l'école de Bade, ou école axiologique (avec Windelband, Rickert, Lask). Il faut distinguer le « néo-kantisme » du « post-kantisme », qui lui est bien antérieur (Fichte, Schelling, Hegel). Le néo-kantisme est même issu d'une réaction contre la « métaphysique » postkantienne (v. POSTKANTIEN). Il se présente comme un « retour à Kant », à la théorie des sciences positives (épistémologie) et à une morale fondée sur le devoir (et non sur l'inspiration) : il se définit comme une philosophie « rigoureuse et méthodique », qui se situe entre la métaphysique spéculative et l'empirisme pur et simple.

néo-kantisme, → néo-criticisme.

néo-platonisme, système philosophique qui naquit à Alexandrie au IIIe siècle apr. J.-C. et qui fut enseigné dans diverses écoles jusqu'au VIe siècle.

Il provient d'une jonction des influences rationnelles de la Grèce (pythagoriciens, Platon) et des influences mystiques d'origines hindoue et juive. Le fondateur en fut Ammonios Saccas; le principal représentant en fut Plotin : sa doctrine est une théorie de l'« émanation » qui a profondément inspiré la patristique chrétienne (doctrine des Pères de l'Église du Ier au Ve siècle), la pensée médiévale et la cabale. Les théories du Verbe divin, de la compréhension spirituelle, qui requiert non seulement l'intelligence, mais la participation de l'âme, celle de la volonté humaine comme désir du bien et surtout celle de l'« Un au-delà de l'être » (et pas seulement au-delà de la connaissance) en font un spiritualisme très profond, qui devait inspirer saint Augustin et marquer toute notre philosophie occidentale (en procède, par exemple, la conception de l'esprit comme « activité », qui est fondamentale chez Kant, Fichte et dans toute philosophie réflexive).

néo-positivisme ou positivisme logique, positivisme contemporain, qui fait actuellement école aux États-Unis et en Angleterre.

Né aux États-Unis en 1918, il est représenté par le cercle de Vienne* (créé en 1929). Il s'apparente au positivisme classique d'Auguste Comte et de John Stuart Mill, fondé sur une foi inconditionnelle dans la valeur des sciences positives et celle de leurs méthodes. Mais il s'y ajoute de nouvelles tendances, en particulier l'intérêt porté à la logique et à l'analyse technique des problèmes. On lui a aussi donné le nom de *philosophie analytique.* Les principaux représentants en sont Carnap, H. Reichenbach, Schlick, Tarski; le cercle anglais de l'« Analysis » se trouve représenté par Ryle, Ayer, Russell et le logicien Wittgenstein.

néothomisme, → Thomas d'Aquin (saint).

nerveux, type de caractère, dont les composantes fondamentales sont l'émotivité, l'absence d'activité et l'absence d'un retentissement profond, dans la personnalité, des événements qui nous arrivent : caractère « primaire » (par exemple, Byron) → Caractère.

neurasthénique, caractère d'un individu fatigué et déprimé.

Le terme est vieilli, et l'on parle plutôt aujourd'hui de *dépression.* La neurasthénie est une névrose, c'est-à-dire un trouble psychique où le sujet se plaint de douleurs diverses (à la tête, à la colonne vertébrale; de douleurs digestives, précordiales, etc.) en l'absence de toute lésion organique. Il s'ensuit un sentiment de fatigue physique, particulièrement intense au réveil, et une « fatigabilité » psychique qui détourne le sujet de tout effort, même de l'effort d'attention. En outre, le neurasthénique est en général inquiet, ennuyé de tout et irritable. Le principe d'une cure de repos doit alors être admis (il faut toutefois se méfier de toutes les conclusions médicales qui se hâtent de souligner l'absence de lésion organique apparente et cherchent le germe ou l'existence d'une lésion authentique sous-jacente).

neutralisme, refus d'adhérer à toute alliance militaire.

Issu d'un effort louable d'objectivité politique dans les différends internationaux qui opposent notamment les blocs occidental et communiste, le neutralisme (préconisé par l'Inde, la Yougoslavie, l'Égypte) se proposait une politique d'abstention et d'arbitrage. En fait, loin d'« arbitrer » les conflits militaires, diplomatiques ou idéologiques entre les grandes puissances, le neutralisme reste l'attitude des petits pays (petits en raison de leur pauvreté économique ou démographique) qui n'ont aucune responsabilité internationale et qui ne peuvent qu'être les spectateurs de l'histoire du monde. Le neutralisme exprime l'impuissance d'un pays à avoir une politique internationale.

névrose, affection mentale caractérisée par la conscience claire et douloureusement ressentie d'un conflit psychique.

L'absence de délire ou d'affaiblissement mental la distingue de la *psychose**, qui est beaucoup plus grave et se caractérise par une rupture des relations avec autrui, tandis que la névrose n'implique qu'une « altération » des rapports avec autrui. Enfin, on ne peut rapporter la névrose à aucun trouble anatomique précis.

Quatre grandes théories prétendent expliquer les névroses :

1° la *théorie socio-génétique* attribue la névrose à la « pression sociale » (les névroses seraient plus répandues dans les sociétés puritaines ou particulièrement contraignantes, lorsque les tendances naturelles de l'individu se heurtent violemment aux conventions sociales : de ce conflit naîtraient, par exemple, les conduites d'autopunition, ou « névroses obsessionnelles ») ; 2° la *théorie de Pavlov* rapporte la névrose à un excès de sollicitations extérieures (vie trépidante des villes, excès de travail ou tâches diverses) ; une telle théorie néglige naturellement l'aspect individuel des névroses ; 3° selon la *théorie de Janet*, le développement de la personnalité s'effectue en plusieurs étapes, qui exigent chaque fois une nouvelle adaptation. En cas de déficit de la tension psychologique, l'adaptation ne se fait pas (c'est alors la névrose d'angoisse, la névrose obsessionnelle, l'hystérie) ; 4° la *théorie psychanalytique* de Freud explique la névrose par le « refoulement » des tendances sexuelles primitives, dû à des impératifs sociaux, et par l'impossibilité de tolérer la tension opposant les pulsions instinctives aux mécanismes de défense (conscience sociale en nous).

Quelles que soient les « causes » de la névrose, on distingue, d'un point de vue simplement descriptif, trois types de troubles psychiques, tous liés à la présence de la « douleur » dans l'homme : ceux du *pervers* (qui trouve sa joie dans la souffrance d'autrui), du *psychopathe* (qui, inconsciemment, fait souffrir ses proches, quitte à en souffrir lui-même), enfin du *névrosé* (qui, dans tous les rapports humains, est toujours la « victime » qui souffre).

Nicolas de Cusa (Nikolaus Krebs ou Chrypffs, dit), cardinal et philosophe allemand (Kues, diocèse de Trèves 1401 – Todi, Ombrie, 1464). Il s'efforce de concilier les thèses opposées de la primauté du Pape et du Concile. Son œuvre principale, la *Docte Ignorance* (1440), inspirera plus tard G. Bruno. Il a laissé une importante œuvre exégétique et philosophique : *De Conjecturis* (1440), *De Visione Dei* (1453), *Non Aliud* (1462). Il chercha à concilier la théorie platonicienne avec les Saintes Écritures. Il pose un Dieu infini, transcendant, dans lequel se concentrent toute réalité et toute vérité. Le monde est l'« explication » de Dieu, chaque chose créée existant en essence dans l'intellect divin auquel l'homme peut participer dans l'amour.

Nietzsche (Friedrich), philosophe allemand (Rökken, Saxe, 1844 – Weimar 1900). Étudiant à Bonn et à Leipzig, ami de Richard Wagner, il professa à l'Université de Bâle de 1869 à 1878. Il mourut fou. L'amour enthousiaste de la vie fut le principe invariable de sa philosophie. Sa recherche d'une synthèse entre le monde dionysiaque des désirs et le monde apollinien de la sagesse (*la Naissance de la tragédie*, 1872), son refus de la morale chrétienne, ou « morale des esclaves » (*Humain trop humain,* 1878; *Par-delà le bien et le mal,* 1886), son « renversement des valeurs », qui substitue une morale créatrice aux théories des valeurs toutes faites, sa théorie du « surhomme » (*Ainsi parlait Zarathoustra,* 1883-1885; *la Généalogie de la morale,* 1887; *le Crépuscule des idoles,* 1888) ainsi que sa théorie du « retour éternel » des choses de la vie humaine sont les thèmes principaux de sa pensée. L'effort de sa morale fut de sortir du pessimisme le plus profond, mais en reconnaissant toutes les expériences négatives, les « malheurs » que la vie peut réserver à l'homme : sa maxime fut de « faire avec le désespoir le plus profond l'espoir le plus invincible », grâce à un héroïque effort de la volonté et de l'imagination. Son lyrisme, qui implique une contemplation esthétique de la vie et de la nature, le rapproche des philosophies de la nature propres au romantisme allemand (Schelling, Schopenhauer). Sa théorie du retour éternel a influencé certaines philosophies de l'histoire, notamment la théorie des « cycles de culture » de Spengler ou de Toynbee; sa morale individualiste a marqué certaines œuvres littéraires — celle de Gide, par exemple. Quant à l'exploitation de sa philosophie par le fascisme et le national-socialisme, elle procède d'une déformation de la pensée d'un philosophe qui opposa toujours la « brute prussienne » à la civilisation française.

nihilisme, négation de toute croyance.

Le nihilisme apparut en Russie, au XIXe siècle, d'abord comme une attitude, un « état de désespérance » propre à tous ceux qui ne savent « que faire » de leur vie; il devint ensuite une doctrine, énoncée par Nikolaï Aleksandrovitch Dobrolioubov (1836-1861) et Dimitri Ivanovitch Pissarev (1840-1868) [profondément inspirés par le positivisme d'Auguste Comte], dont l'objectif immédiat est de balayer toutes les idées acquises (théologie, esthétique, etc.), tous les préjugés sociaux, et dont le but ultime est d'instaurer, sur des données scientifiques, une société nouvelle apte à assurer le bonheur des masses. Après 1870, le nihilisme évolua, sous l'influence de Nikolaï Gavrilovitch Tchernychevski (1828-1889), dans le sens d'une critique du capitalisme et de l'injustice sociale en Russie. Par réaction aux poursuites gouvernementales et à l'instigation d'agitateurs, certains nihilistes participèrent à des attentats anarchistes, qui ne faisaient pas partie du programme primitif. Ainsi se fit la liaison avec des hommes tels que Bakounine*, dont *l'État et l'Anarchie* (1873) recommandait de « détruire le plus possible, le plus rapidement possible ». Le nihilisme se confondit alors avec tous les mouvements qui visaient à détruire le régime du tsar.

Son objet est la destruction totale des structures sociales, sans intention positive de renouveau. Le nihiliste s'identifie à l'anarchiste, pour lequel la destruction et la lutte révolutionnaire constituent une fin en soi. Il s'oppose au *révolutionnaire,* dont le but n'est pas de détruire, mais d'instaurer un ordre nouveau.

nirvāna (mot sanskr. signif. *évasion de la douleur*), dans le bouddhisme, état suprême de l'esprit.

Défini par la cessation de la douleur, dont la forme la plus courante est le « désir » de posséder quelque chose dont on manque, le nirvāna est un état d'absence, non un pur néant. Lorsque l'âme y atteint, elle est alors délivrée de ce que la religion bouddhique appelle la « transmigration », du cycle perpétuel des réincarnations, qui affecte toute âme imparfaite. On atteint au nirvāna par un entraînement systématique qui concerne autant le corps que l'esprit (yoga).

Ce terme de la religion bouddhique fut repris par Arthur Schopenhauer, dans son principal ouvrage, *le Monde comme volonté et comme représentation* (1818), pour désigner le renoncement au vouloir-vivre et la sérénité qui résulte de ce renoncement. La vie n'est, pour ce philosophe, qu'illusion et vanité; aussi la sagesse ne peut-elle consister qu'à y renoncer.

niveau mental, degré de développement intellectuel, défini et mesuré par la méthode des tests.

Le niveau mental d'un individu dépend à la fois de son intelligence propre et de son degré de culture. On parle aussi du « niveau mental » d'un groupe d'individus ou d'une société, pour caractériser son aptitude au raisonnement logique et aux formes de la pensée scientifique et technique. L'expression de « niveau mental » impliquant un jugement de valeur, on lui préfère actuellement l'expression plus précise de « quotient intellectuel », qui exprime exactement le rapport de l'« âge mental » mesuré par les tests à l'« âge réel » de l'individu. → **Âge.**

noème (du gr. *noêma*, conception), objet de pensée, contenu de l'idée, opposé à la « noèse » (terme employé surtout dans la phénoménologie de Husserl).

Par extension, toute donnée de l'intuition, tout contenu d'une proposition. — On parle de « contenu noématique » pour désigner un contenu de pensée. L'analyse phénoménologique des actes de l'esprit complète l'analyse noématique des *objets*, que nous connaissons par l'analyse « noétique » de la *forme* de notre connaissance.

noèse (du gr. *noêsis*, intuition), forme du jugement (hypothétique, nécessaire ou simplement assertorique, c'est-à-dire qui énonce l'existence d'une chose), opposé au contenu du jugement (le « noème »).

La phénoménologie de Husserl oppose ainsi le sens « noétique » du jugement à son contenu « noématique ».

nominalisme, doctrine qui, au Moyen Âge, affirmait que les idées générales ne sont que des mots, auxquels ne correspond aucune réalité dans l'esprit.

Dès l'Antiquité, le philosophe cynique Antisthène, combattant la théorie platonicienne des idées, s'écriait : « Je vois bien le cheval, je ne vois pas la chevalité. » Le nominalisme s'opposait donc au réalisme platonicien selon lequel les « idées » possèdent une existence et une réalité propre, indépendante de l'esprit qui les pense. Mais c'est au Moyen Âge que le nominalisme prit un développement considérable avec Roscelin (fin Xe s.), qui eut l'audace de l'appliquer à la théologie et de s'opposer ainsi à la trinité réelle, qui eût conduit, selon lui, à un trithéisme. Le nominalisme fut repris au XIVe siècle par Guillaume d'Occam, qui critiqua le « réalisme » des idées générales ou « universaux ». Aujourd'hui, l'opposition est devenue celle de l'empirisme* (Hume) et du rationalisme* (Kant), le premier reprend les thèmes du nominalisme et prétend fonder notre connaissance uniquement sur l'expérience (toujours particulière); le second prétend, au contraire, la fonder sur la raison.

non-moi, ensemble des objets distincts du sujet.

Le non-moi désigne plus précisément, dans la philosophie de Fichte, qui emploie systématiquement le terme, une des composantes de la perception du monde : c'est le fait du donné, le « choc » du réel par quoi nous distinguons une représentation du monde d'une simple image de l'esprit. Fichte montre que ce non-moi est le produit d'une activité inconsciente du moi : l'activité pratique et réelle de l'homme dans le monde. Le sentiment du réel, le spectacle du monde (le « non-moi ») sont les signes de notre destination morale et de l'activité infiniment créatrice du sujet (action et travail sur le monde). Il ne faut absolument pas confondre le « non-moi » et « autrui » : le non-moi est *opposé* au moi, tandis qu'autrui est *avec* moi pour regarder le monde; la rencontre avec autrui est une relation de communication, au niveau du discours, tandis que la relation avec le monde (le « non-moi ») est une relation de lutte, dont le travail manuel est l'illustration la plus claire.

normal, conforme à la règle.

La notion d'« individu normal » a, en général, un sens social. C'est celui dont la taille et le type correspondent aux statistiques de son pays (un Américain de taille normale sera anormalement grand en Italie), dont l'esprit reflète, de plus, tous les préjugés sociaux et les habitudes psychologiques de son groupe. En ce sens, l'éducation anglo-saxonne se soucie moins d'enseigner des connaissances que d'éduquer socialement des individus pour en faire de « bons Anglais » ou de « bons Américains », bref des individus socialement « normaux ».

Cette recherche de l'individu normal, au sens du « type moyen dégagé par recensement statistique », s'oppose à celle du normal au sens d'idéal, de norme, de prototype, de forme parfaite : « L'ordre normal des choses requiert la paix entre les sociétés; la justice entre les citoyens ». *La notion de « normal » est* donc fondamentalement ambiguë : elle oscille entre le concept statistique de « type moyen » et le concept normatif de « type idéal »; en médecine, par exemple, l'homme « normal » serait l'individu parfaitement sain; mais cet individu n'existe pas en toute rigueur, et « normalement » tous les individus rencontrent des difficultés biologiques d'adaptation dans le cours de leur vie. (V. *la Connaissance de la vie,* de G. Canguilhem, 1952.) → **Pathologique.**

normatif, qui a un caractère d'exemple ou de loi.

Une conduite normative est une conduite exemplaire. Les « sciences normatives » (nom donné par Wundt à l'esthétique, à la logique et à la morale) dégagent des lois et des principes permettant de « juger » de la beauté d'une œuvre, de la valeur d'une connaissance, de la moralité d'une action. Elles s'opposent aux sciences « descriptives », comme les sciences de l'« idéal » aux sciences du « réel ». (Syni. canonique.)

nouménal (du gr. *noomenon*, chose connue par la raison), que seule la raison peut atteindre.

C'est Kant qui a opposé, dans la *Critique de la raison pure,* les *noumènes,* choses « en soi », c'est-à-dire existant indépendamment de toute relation à notre esprit (au nombre desquelles figurent les notions d'« esprit pur », de « réalité absolue », de « Dieu ») aux *phénomènes.* Seuls les phénomènes peuvent être des objets de connaissance, les noumènes restant des articles de foi (des « postulats de la raison pratique »). On emploie communément l'adjectif *nouménal* pour parler d'un caractère ou d'une réalité qui dépasse notre esprit; il s'oppose à *phénoménal.*

O

Objectif (du lat. *ob-jectus*, qui est placé devant), ce qui a rapport à l'objet; qui est placé devant le sujet.

Ainsi, tout ce qui est « représenté », fût-ce une donnée de l'imagination, peut être dit « objectif » (Descartes). En ce sens, le terme d'*objectif* se distingue très nettement de *réel* : une représentation de l'imagination peut avoir une *qualité objective* bien qu'elle ne corresponde à aucun objet *réel*. Mais, en fait, depuis Kant les deux termes tendent à se rejoindre : le mot *objectif* désigne très précisément ce qui existe indépendamment du sujet : le monde extérieur. Le terme d'*objectif* prend alors un double sens : 1° le monde physique existe *objectivement* dans la mesure où il n'est pas une création de l'imagination, une production de l'esprit subjectif, et dans la mesure où il s'impose au sujet dans le sentiment du réel, ce que Fichte appellera le « choc » du non-moi; en ce sens, *objectif* égale *réel*; 2° le monde objectif est celui qui fait l'objet d'une *connaissance* objective. Cette connaissance, ou science objective, est celle qui est universellement valable, qui procède selon les lois nécessaires et se trouve par là même indépendante de nos sensations et de notre point de vue particulier. Corrélativement, la notion d'*objectivité* implique deux caractères fondamentaux : 1° ce qui existe indépendamment du sujet; 2° ce qui est universellement valable.

objectivation, acte de projeter au-dehors certaines de nos sensations internes.

Par exemple, si je suis piqué, je rapporte immédiatement ma piqûre à une cause extérieure; si j'ai chaud, même si mon voisin a froid, je dis : « Il fait chaud. » Le passage de la sensation (« *J'ai* chaud ») à l'affirmation objective (« *Il fait* chaud ») est précisément celui du sentiment subjectif à l'affirmation objective. Si la tendance à objectiver nos états est une tendance naturelle, elle n'est pas toujours légitime : elle ne le devient que lorsque l'objectivation a un caractère universel, lorsque tout le monde reconnaît, par exemple, qu'il fait chaud; on atteint alors à une certaine *objectivité*. Mais comme il existe aussi bien des illusions collectives (visions de lueur, sentiment d'une vérité historique; de même qu'une foule qui a couru peut avoir chaud même s'il « fait » froid), l'objectivation ne peut posséder une *objectivité scientifique* que si elle s'accorde avec les lois générales de la science (dont les instruments scientifiques — thermomètre, mesure des lois économiques qui régissent l'histoire, etc. — donnent l'expression directe). En résumé, il faut reconnaître à l'objectivation soit une valeur *subjective* (1er cas), soit une valeur *générale* (2e cas : affirmation collective), soit enfin une valeur *universelle* (3e cas : objectivité scientifique). → **Objectif.**

objet (du lat. *ob-jectum*, chose placée devant), toute chose qui s'offre à la vue.

D'une manière plus précise, l'objet est le contenu de notre pensée et il s'oppose au sujet pensant. À cet égard, l'*objet* peut désigner (comme il arrive chez Descartes) une sensation ou un sentiment auquel je pense, ou une image dans mon esprit, et pas nécessairement un objet réel existant dans le monde. C'est en ce sens que la phénoménologie moderne (Husserl) parle d'*objet intentionnel :* elle met « entre parenthèses » tout problème d'existence réelle; lorsqu'elle réfléchit, par exemple, sur le sens des religions, son objet est à la fois un sentiment spécifique et un ensemble de symboles, de dogmes, de rites dans lesquels il s'exprime. La réflexion phénoménologique ne pose pas le problème de savoir si ces religions existent encore réellement dans le monde, si elles sont la « vraie » religion ou non : son but est simplement de développer le *sens* de son objet, les religions. Le terme d'*objet* se distingue donc de celui de *réel.*

Dans l'ordre de notre connaissance, nous avons d'abord conscience des objets du monde avant d'avoir conscience de nous-mêmes. Mais d'un point de vue psychologique, toute perception ou toute action implique, comme un fait indiscutable, la solidarité du sujet et de l'objet : il n'y a pas d'objet sans sujet qui le voit ou le pense. Du point de vue métaphysique, le problème de la cause ou du fondement de l'objet s'inscrit dans le problème théologique de l'origine du monde. Il s'oppose au problème critique (Kant) du fondement de « notre connaissance » des objets.

obscur, impossible à discerner.

Dans le langage cartésien, une *idée obscure* se distingue d'une simple *idée confuse :* l'idée confuse est celle que je puis distinguer parmi d'autres, mais que je ne puis pas analyser sans sa réalité intrinsèque. Une idée obscure est celle que je ne puis même pas discerner parmi d'autres. → **Clarté et distinction.**

observation, perception attentive.

L'observation est la recherche des caractères distinctifs d'une chose et, à ce titre, le premier moment de toute connaissance scientifique. Selon Francis Bacon et John Stuart Mill, le deuxième moment en est l'« hypothèse », par laquelle nous passons de l'observation des « faits » à l'énoncé de la « loi »; le troisième moment étant la « vérification ». On distingue l'observation *naturelle,* qui consiste simplement à percevoir les choses (l'observation des faits naturels s'oppose à l'*expérimentation*), et l'observation *scientifique,* qui consiste à lire des instruments de mesure (thermomètre, baromètre, etc.) et qui nécessite une certaine expérimentation. D'une façon générale, toute observation implique un certain intérêt et certaines connaissances : l'observation n'est jamais passive, et nous ne remarquons les choses ou les caractères qu'en fonction de nos dispositions mentales et de nos connaissances. C'est pourquoi entre l'observation naturelle et l'observation scientifique il y a moins une différence de nature qu'une simple différence de degré.

obsession, idée fixe qui s'impose à l'esprit indépendamment de la volonté.

Les théologiens représentent volontiers l'obsession comme une action du Démon, qui tourmente un individu par ses continuelles suggestions (l'obsession se distingue cependant de la « possession » réelle par le Démon, qui conduit au délire et à la folie). Le caractère contraignant et angoissant de l'obsession, le sentiment d'absurdité résultant de la disproportion entre l'idée et l'intérêt que nous y apportons constituent précisément l'obsession. On distingue trois types d'obsession fort répandus : 1° l'*obsession idéative,* qui porte sur une idée morale (scrupule, idée de culpabilité, impression d'avoir mal agi), sur une idée métaphysique (Dieu, idée permanente de la mort), ou sur une idée quelconque, comme les nombres (la représentation permanente des nombres se nomme l'« arithmomanie »); 2° l'*obsession phobique* (du gr. *phobos,* crainte) comme la crainte de rougir en public, la peur du ridicule, la peur des épingles, des couteaux, etc.; 3° l'*obsession-impulsion,* où le sujet a peur de réaliser un acte auquel il se sent psychologiquement poussé ; c'est le cas de la jeune mère qui a continuellement peur de tuer son enfant, précisément parce qu'elle se sent poussée à le faire. → **Névrose** [obsessionnelle].

Occam **(Guillaume d')** ou d'**Ockham,** théologien anglais (Ockham, Surrey, v. 1295 – 1300-Munich, v. 1350), représentant le plus notoire du nominalisme* et précurseur des empiristes anglais. Il exposa sa doctrine dans ses *Commentaires des sentences*, ses *Quodlibeta septem* et dans son *Centiloquium theologicum*. Il contribua à séparer la philosophie (fondée sur la raison) et la théologie (fondée sur la révélation) ; il permit ainsi le développement autonome de la science, fondée uniquement sur l'expérimentation.

occasionnalisme, théorie des causes occasionnelles, illustrée par l'occasionnalisme de Malebranche.

Il voyait dans toutes les causes naturelles une « occasion » dans laquelle Dieu, véritable cause de toutes choses, manifestait sa force et sa puissance. En particulier, comme le corps et l'esprit sont des substances hétérogènes qui ne peuvent donc agir l'une sur l'autre, la décision volontaire ne peut être que la cause occasionnelle d'une idée dans l'esprit ; c'est Dieu qui est la cause véritable de nos actes. Il en était de même, selon Malebranche, pour les causes naturelles : les mouvements dans le monde ne sont que les « phénomènes » d'une force primitive et spirituelle, qui est l'action de Dieu. Mais il en était aussi de même (la doctrine est psychologiquement très intéressante) dans les rapports entre les « esprits », c'est-à-dire entre les hommes : lorsque je parle, autrui ne peut me comprendre que par une force qui ne vient pas de moi, mais qui agit en lui d'une manière parfaitement autonome ; mon discours ne peut être que la cause occasionnelle de sa compréhension.

Cette doctrine théologique a inspiré bien des psychologues et des philosophes modernes. Le meilleur exposé, succinct, de la théorie malebranchiste des causes occasionnelles est de Joseph Moreau, dans la Préface à la *Correspondance avec Dortous de Mairan*.

occultes (sciences), sciences dont la connaissance et la pratique s'enveloppent de mystère.

Elles désignaient jadis l'alchimie (science de la transformation des métaux), la magie, la nécromancie (art d'évoquer les morts), l'astrologie (prédiction de l'avenir), la cabale, etc. A la fin du XVIIIe et au début du XIXe siècle, dans une Allemagne imprégnée d'esprit romantique, le médecin Franz Anton Mesmer (1734-1815) réalisa des expériences de « magnétisme » et de « vision à distance » qui impressionnèrent fortement les philosophes Fichte et Hegel.

De nos jours, les sciences occultes groupent surtout les fakirs, les voyants, les yogis et les radiesthésistes. Un célèbre yogi, le swami Dev Mufti, étonna Khrouchtchev en se couchant devant un rouleau compresseur. Des expériences d'insensibilité à la douleur, de vision d'événements concernant une personne et qui se passent au moment même où le « voyant » les énonce, des expériences de transmission de pensée permettent de constater des faits apparemment inexplicables.

Œdipe (complexe d'), ensemble des tendances attractives du garçon à l'égard de sa mère et des tendances répulsives à l'égard de son père.

Selon la conception de Freud, c'est vers l'âge de trois ans qu'apparaîtrait l'opposition au père, avec lequel il doit partager l'affection de la mère. D'où un sentiment de jalousie et de rivalité. Le *complexe d'Électre* est, chez la fille, le correspondant du *complexe d'Œdipe* et la porte vers le père. Ce sentiment normal ne devient pathologique que s'il se prolonge au-delà de l'enfance.

Mais en général, conflit intérieur et tension se résolvent normalement par le refoulement des tendances sexuelles jusqu'à la puberté, et l'identification au père. Comme celui-ci, le jeune garçon apprendra à devenir viril et moins dépendant à l'égard de sa mère. Le complexe d'Œdipe caractérise les enfants des familles monogamiques.

onirique (du gr. *oneiros*, songe), relatif à l'onirisme*.

onirisme, « délire de rêve », genre d'hallucination visuelle, entraînant chez l'individu des sentiments et même des mouvements.

Il se distingue du rêve normal : 1° par son caractère prolongé et sa continuation à l'état de veille ; 2° par les sentiments (peur, angoisse, tristesse, etc.), ainsi que par les mouvements qu'il entraîne chez le sujet ; 3° par les obsessions qu'il peut susciter chez l'individu (notamment la jalousie). L'onirisme est d'ordinaire lié aux délires alcooliques et à différents types d'affections toxiques (telle la maladie tropicale de la « dengue »), qui entraînent une diminution des forces de la conscience.

ontique, qui se rapporte aux objets du monde.

La philosophie de Kant reste une philosophie ontique parce qu'elle ne réfléchit que sur les problèmes intérieurs du monde et ne s'élève pas au problème ontologique de l'« origine » du monde (Fink). La réflexion *ontique* (sur les « objets » du monde) s'oppose donc à la réflexion *ontologique* (sur l'« être » même du monde). C'est sur ce point que la philosophie de Heidegger, par exemple, prétend s'opposer à celle de Kant et même la compléter.

ontogenèse, développement de l'individu de l'œuf jusqu'à l'état d'adulte.

On dit que l'ontogenèse reproduit la *phylogenèse* (développement général de l'espèce) : c'est ainsi que le développement de l'enfant (homme) depuis le germe, et notamment à travers la vie fœtale, reproduit tous les stades de l'évolution générale des espèces, du simple placenta, à travers les phases de la larve, du reptile, du mammifère, etc., jusqu'au stade de l'humanité.

ontologie, science de l'être en soi ; s'oppose à l'*anthropologie*, qui est la science de l'homme.

Platon (au livre VII de *la République*), Spinoza, Hegel et, aujourd'hui, Heidegger ont développé le problème ontologique, qui fut d'abord (pour Platon) celui de la lumière qui nous découvre les objets du monde, ensuite (pour Spinoza) celui de Dieu, puis (pour Hegel) celui de l'Histoire, et (pour Heidegger) celui du fait de l'existence qui s'accomplit en tout homme. L'ontologie, qui analyse la lumière qui fait « être » toutes choses et l'esprit humain lui-même (Platon), se distingue également de la morale, qui étudie ce qui « doit être » et qui se présente comme une théorie de l'*action* (et non comme une théorie de l'*être*). L'ontologie, qui est la recherche de l'absolu, est évidemment le but ultime de toute philosophie.

ontologique (preuve), preuve de l'existence de Dieu.

On distingue trois types de preuves classiques : 1° la *preuve ontologique*, qui déduit de l'idée de Dieu, être infiniment parfait, la nécessité de son existence (s'il n'existait pas, il serait imparfait). Kant a reproché à cette preuve de n'être qu'une preuve formelle et non une preuve réelle : elle prouve la nécessité de l'*idée d'existence* et non celle de l'*existence réelle* ; 2° la *preuve cosmologique*, qui déduit l'existence de Dieu en vertu de la nécessité de trouver une cause première au processus infini des causes : une tuile tombe ; la cause est le vent; mais pourquoi le vent? une dépression atmosphérique; mais pourquoi une dépression?, etc., et l'on remonte à Dieu. Cette preuve comporte, selon Kant, un « saut » injustifiable, car entre notre connaissance des phénomènes naturels (dont la chaîne est infinie) et l'affirmation de Dieu, il n'y a pas continuité mais changement de registre : le caractère indéfini de notre connaissance sensible ne constitue pas en soi la preuve d'une connaissance transcendante (de Dieu). Ou encore : entre l'infinité (empirique) du monde et l'infinité (qualitative) de Dieu, il n'y a pas de commune mesure ; 3° la *preuve physico-théologique*, qui déduit l'existence de Dieu de la beauté et de la variété du monde, de la finalité dans la nature, etc. (Dieu comme Artiste suprême). Mais cette preuve ne se fonde que sur une analogie, que nous imaginons arbitrairement, entre l'activité de Dieu et celle de l'homme.

Aussi Kant a-t-il voulu ajouter à ces faibles preuves une preuve pleinement valable : celle qui est fondée sur l'existence en nous du sentiment moral du devoir (preuve morale de Dieu). Le fait même de l'obligation morale est la preuve d'une intervention surnaturelle en nous ; elle représente la voix de Dieu : nous devons donc en affirmer l'existence, quoique nous ne puissions rien dire de sa nature.

opinion, manière de penser.

L'opinion caractérise un sentiment subjectif qui n'est pas fondé sur une connaissance scientifique des choses. L'opinion se fonde simplement sur un sentiment vague que nous avons de la réalité. L'*opinion* s'oppose en ce sens à la *science* (Platon). On distingue différents degrés de l'opinion, selon qu'elle exprime un jugement probable, une possibilité ou une vérité. En matière de jugement historique et politique, l'opinion est reine, et seule compte l'opinion du « plus grand nombre » ; car là où il n'est point de science certaine, tous les avis se valent. En revanche, on ne parle pas de l'opinion d'un mathématicien lorsqu'il énonce un résultat d'un problème numérique : on parle de « savoir » ou de « science ». Quelle que soit la faiblesse logique d'une simple opinion, le respect des opinions diverses est un principe de morale et se nomme *tolérance* ; celle-ci est le principe de toutes les démocraties véritables. La science des opinions, ou science statistique (enquête Gallup), permet de déterminer l'état d'esprit d'une nation ou d'un groupe.

optimisme, attitude ou doctrine selon laquelle la somme des biens dans le monde dépasse celle des maux (Leibniz).

Plus précisément, l'optimisme est la croyance en la bonté naturelle de l'homme (Rousseau), la foi dans le progrès du genre humain et de la civilisation (Encyclopédistes*). L'optimisme est une forme de courage et de caractère qui consiste à penser que tout n'est jamais perdu, que notre travail quotidien est utile, que le monde est perfectible et que nous pouvons concourir à son progrès. À ce titre, l'optimisme est le levain indispensable de toutes les formes de l'activité humaine et même le principe premier de toute morale : l'homme n'agirait pas s'il pensait que son action dût être nécessairement inutile, autrui nécessairement méchant, etc. L'optimisme n'est, au fond, qu'une reprise consciente du mouvement originel de la vie, qui est un mouvement créateur et progressif.

organicisme, doctrine selon laquelle la vie procède non pas d'une force qui anime les organes, mais du simple jeu des organes (Descartes, Bichat, Cl. Bernard et surtout W. Roux).

L'organicisme se présente donc comme une application de la mécanique à l'organisme vivant. L'organicisme est aussi une théorie sociale qui conçoit la société comme un organisme et applique les lois biologiques aux phénomènes sociaux (A. Comte, Espinas).

orgueil, estime excessive de soi-même.

Toutes les grandes créations techniques (le pont de Xerxès à travers le Bosphore, dans l'Antiquité ; la tour de Babel) ont été d'abord interprétées comme un défi orgueilleux que l'homme lançait à Dieu et à la Nature. En fait, l'univers est infini, et il n'est point de technique si formidable au niveau de l'homme qui ne paraisse misérable du point de vue de l'univers. L'orgueil est donc moins un péché théologique qu'un défaut psychologique et social : à ce niveau, il constitue un obstacle aux relations avec autrui et se caractérise par un certain culte de l'intériorité et du mystère, et par une tendance permanente à considérer autrui comme un pur néant. L'orgueil se présente donc comme une attitude de défi social, entraînant assurément les mêmes calamités que les Anciens attribuaient spontanément à la vengeance des dieux.

orientation scolaire et professionnelle, détermination de la meilleure voie scolaire et professionnelle ouverte à un sujet.

Elle est établie en fonction des aptitudes de sa nature et des aspirations de sa conscience. L'*orientation scolaire et professionnelle* est pratiquée dans les établissements scolaires par le Conseil de classe qui a lieu au troisième trimestre de la 5ᵉ et de la 3ᵉ. Les membres du Conseil de classe (enseignants, assistante sociale, délégués, parents, etc.) sont assistés par des conseillers d'orientation et décident de l'orientation vers la seconde (cycle long) ou vers un C.A.P. (cycle court) ou encore vers la vie active. La famille peut demander un examen d'appel.

Les premiers travaux sur l'orientation professionnelle ont été menés en France, au début du XXᵉ siècle, par Alfred Binet (1857-1911) qui a mis au point la première *échelle métrique de l'intelligence.*

Un décret-loi de 1938 prévoit qu'aucun adolescent ne pourra être engagé dans un emploi sans la présentation d'un certificat qui justifie de son passage dans un centre d'orientation professionnelle. Ce même décret prévoit l'organisation de secrétariats départementaux d'orientation professionnelle, dont il existe au moins un centre par département. Dès 1932, il s'est créé à Paris, sur l'initiative du ministère de l'Éducation nationale, un service spécialisé, dont la dénomination exacte était « Bureau universitaire des statistiques et de documentation scolaire » (B.U.S.). Il existe dans chaque département, dépendant de la Direction départementale de l'emploi, une *Commission technique d'orientation et d'enseignement professionnel* (COTOREP), chargée de conseiller, de former, de réadapter tous les travailleurs atteints d'une infirmité ou d'une difficulté qui les empêche de continuer à occuper le poste de travail qui est le leur. Les mutations industrielles ont également requis la mise en place de services d'orientation professionnelle spécifiques. → **Division du travail.**

originalité, particularité d'un individu, d'une œuvre.

L'originalité se distingue de la fantaisie, de la bizarrerie superficielles parce qu'elle est liée à la création d'une œuvre, à l'invention d'un procédé : un général original est celui qui découvre une nouvelle stratégie des batailles, non celui qui porte un nouveau plumet. En ce sens, la notion d'« originalité » enveloppe celle d'*originaire,* d'une mise en œuvre des forces profondes de l'esprit. Elle recoupe la notion de *génie,* qui désigne d'abord les « qualités propres » d'un individu. À ce titre, l'originalité véritable d'un homme ne se manifeste pas au moment de la crise d'originalité propre aux adolescents (l'originalité reste alors tout à fait superficielle : d'ordre vestimentaire, par exemple), mais au moment de la maturité, quand l'homme affirme sa personnalité dans les relations humaines ou la réalise effectivement dans une œuvre (politique, sociale, artistique, etc.). → **Héros bergsonien ; personnalité.**

orphique, se dit des dogmes, des mystères, des principes philosophiques attribués à Orphée (poète mystique de l'Antiquité grecque).

L'orphisme enseignait la divinité de l'âme et l'impureté du corps ; la mort était une libération. Le centre de ses préoccupations était le problème de la vie future. Cette mystique suscita une abondante littérature, dont les *poèmes orphiques ;* elle trouva un auxiliaire dans le pythagorisme et exerça jusqu'à la fin de l'Antiquité une profonde influence morale : on retrouve parfois, chez Platon, ce détachement à l'égard de la vie, cette nostalgie de la vie future, qui caractérisaient l'orphisme. « Peut-être, disait Socrate, la vie présente est-elle la mort, et la mort le commencement de la vie ? »

orthopédagogie, science de l'éducation spéciale qui s'exerce sur les enfants en difficulté. En France, on préfère à ce mot l'expression « pédagogie curative ».

ostensif, qui consiste à montrer.

Ce terme employé par Kant et Fichte, repris par toute philosophie réflexive*, caractérise une connaissance qui est en même temps une conscience de soi. Par exemple, l'« analytique transcendantale » de Kant déduit d'une manière ostensive les principes de la science en les présentant comme un « enfantement spontané de l'entendement »; l'esprit a conscience de son activité dans la connaissance de ces principes. En mathématiques, un raisonnement ostensif est celui qui conduit au résultat avec la conscience claire de tous les intermédiaires qui le rendent possible. Une *preuve ostensive* s'oppose à une preuve simplement logique, formelle, dite *preuve apagogique :* la preuve apagogique peut démontrer, elle ne peut persuader; la preuve ostensive démontre et persuade.

Otto (Rudolf), philosophe et historien des religions allemand (Peine 1860 – Marburg 1937). Il se détourna de toute explication rationnelle ou morale de la religion pour décrire avec la plus grande précision le « phénomène » de la conscience religieuse. Sa phénoménologie du sacré (*le Sacré,* 1917), par laquelle il tente d'approcher négativement le « religieux » en le distinguant de toutes ses approximations (la crainte, le mystère, l'énorme, le fascinant), est devenue un classique de la philosophie. → **Sacré.**

oubli, absence ou disparition de la mémoire.

L'oubli peut être dû à des causes multiples : 1° à une incapacité de fixer des souvenirs; l'individu oublie au fur et à mesure. Cette impossibilité est le plus souvent liée à des causes physiologiques ou affectives assez précises; c'est le cas lors de « chocs » ou d'émotions intenses; 2° à une incapacité de conserver les souvenirs. C'est ce que l'on appelle proprement l'absence de mémoire. L'oubli est dû dans ce cas à une absence d'effort de mémoire, à un travail insuffisant pour renouveler la fixation par la répétition. « Il faut oublier sept fois pour retenir », dit le proverbe; 3° à une incapacité de se rappeler les souvenirs que nous avons en nous. Ce type d'oubli caractérise les vieillards; Ribot le nommait l'« amnésie antérograde » : ce sont les souvenirs les plus récents qui disparaissent les premiers; les vieillards se souviennent de leurs souvenirs d'enfant et oublient ceux de l'âge mûr, *a fortiori* ceux de la vieillesse. Dans cette forme d'oubli « antérograde », ce sont d'abord les « noms propres » qui disparaissent (parce qu'ils ont été les derniers appris); ensuite les noms communs qui désignent les « choses »; puis ceux qui désignent des « qualités » (blanc, noir, etc.); enfin les « verbes »; 4° à une incapacité de reconnaître les souvenirs qui nous reviennent; de les restituer dans leur contexte primitif. Il n'y a de souvenir que si l'on peut le « réintégrer » (dit Höffding) dans un ensemble; **5°** à une incapacité de localiser les souvenirs dans le temps. C'est en ce sens que la mémoire du temps a des « cadres sociaux » (Halbwachs); si nous n'avions pas de calendrier, nous n'aurions pas de passé déterminé et ordonné. Quelle que soit sa forme ou sa cause (un choc, l'âge, un refoulement dans l'inconscient, etc.), l'oubli n'en reste pas moins la condition de notre action actuelle et de toute création véritable dans l'ordre de la culture, de la science ou des arts.

ouverte (morale), terme employé par Bergson, dans les *Deux Sources de la morale et de la religion,* pour caractériser la morale libre, « ouverte » aux valeurs universelles de l'humanité.

Elle caractérise les individus qui savent, par-delà les tabous et les préjugés sociaux *(morale close),* retrouver l'élan créateur de la vie, la mystique, l'amour et la sainteté. Parmi les « héros » de la morale ouverte, Bergson range Socrate (qui fit valoir la liberté de l'esprit), le Christ (qui révéla à l'humanité la valeur de la charité), Rousseau (qui, lui, révéla le sentiment de la nature).

P

Paidologie (du gr. *paidos*, enfant, et *logos*, étude) ou pédologie (à ne pas confondre avec la *pédologie*, science des sols), science qui étudie l'enfant, non pas comme un homme en miniature, mais comme un être dont l'univers diffère qualitativement du monde de l'adulte.

Cette science a été fondée au XIXe siècle par Preyer, puis développée par Piaget et Claparède ; mais c'est Henri Wallon, en France, et Arnold Gesell, aux États-Unis, qui ont vraiment élevé la paidologie au rang d'une science. Le principe de la paidologie est, selon Wallon, d'étudier le développement de l'enfant comme un processus de « socialisation » : toutes les réactions et les conduites de l'enfant n'ont de sens que par rapport au groupe social et humain auquel il appartient. Gesell a mis en œuvre les instruments susceptibles de permettre une étude scientifique de l'enfant : ceux-ci sont, fondamentalement, les « baby-tests » (l'enfant, ne sachant pas lire, ne pourrait en effet « répondre » aux tests pour adultes) et l'analyse cinématographique qui enregistre, à son insu, le comportement de l'enfant. Gesell aurait même placé une caméra sur le dos de l'enfant pour photographier le « monde » de l'enfant (le plateau de la table est vu « d'en dessous », les grandes personnes aperçues au niveau des genoux, etc.). La paidologie est, en somme, l'étude psychologique de l'enfant. → **Enfance.**

paix, état de concorde, d'accord entre les membres d'un groupe, d'une famille, et, en particulier, entre les nations.

La paix avec autrui ne peut résulter, selon Platon, que de la paix intérieure, c'est-à-dire de l'absence d'impulsions violentes, de tendances agressives dans un individu ou dans une nation. Cette paix intérieure ne peut elle-même résulter, toujours selon Platon, que de l'équilibre entre les trois composantes de l'individu que sont les desirs biologiques, le cœur (ou le courage) et l'esprit (ou la raison). Ces trois composantes correspondent, au niveau de la nation, à l'économie (qui satisfait les besoins vitaux), à l'armée (qui incarne le courage et les vertus viriles) et au pouvoir politique (qui est le principe des décisions rationnelles). Si l'équilibre intérieur est rompu soit par la misère, soit par une armée trop faible ou trop forte, soit du fait d'un pouvoir politique coupé de la nation, alors la guerre avec l'extérieur est bien près d'éclater ; dans le premier cas (celui de la misère), c'est la « faim » qui poussera les individus d'une nation à envahir un autre pays pour lui prendre ses biens ; dans le second cas, la domination de l'élément agressif à l'intérieur d'une nation suscitera rapidement l'expansionnisme à l'extérieur (tel le national-socialisme en Allemagne de 1936 à la Seconde Guerre mondiale) ; enfin un pouvoir politique désincarné et séparé du corps de la nation provoquera un affaiblissement national, appelant finalement l'intervention étrangère : une nation forte et équilibrée qui possède la paix à l'intérieur, la possède naturellement aussi à l'extérieur. Bref, l'état de paix est d'abord une disposition intérieure, accessoirement une forme de relation avec autrui. Le problème d'une paix perpétuelle entre les hommes — non pas au sens d'un idéal utopique, mais d'un objectif précis d'action politique — a excité l'esprit des philosophes. Quelles sont les conditions politiques de la paix dans le monde ? C'est à ce problème que répond l'ouvrage de Kant intitulé *Projet de paix perpétuelle* (1795) : l'état de paix ne saurait vraiment s'instaurer, selon Kant, que lorsqu'il existera une constitution politique à peu près parfaite, réglant impérativement non seulement les relations des individus dans un État, mais les relations des États entre eux. Une telle union juridique des hommes ferait de chacun un « citoyen du monde ». Les chefs d'État devraient donc avoir pour but, selon Kant, non seulement le bien de leur pays, mais celui du monde entier.

À ce projet de Kant a répondu, sur le plan juridique, la Constitution de l'O.N.U. (Organisation des Nations Unies), qui tend même à se substituer, lors des différends internationaux, à la Cour internationale de justice de La Haye. Sur le plan des faits, l'aide aux pays sous-développés, pratiquée au premier chef par la France depuis les années 60, vise à aider les pays ravagés par la faim et à instituer des liens amicaux avec le plus grand nombre d'entre eux ; car l'union politique des États ne peut se réaliser que sur la base d'une union économique liant charnellement les États les uns aux autres. Une constitution politique mondiale, dotée d'un pouvoir efficace et d'une réalité matérielle (et non d'une simple réalité formelle et idéale comme la charte des Nations unies), ne peut que couronner une union économique entre les grands ensembles continentaux qui constituent le monde.

Chaque siècle a nourri l'espérance d'un projet de paix perpétuelle. Ce projet ne se limite pas à celui du désarmement, qui semble, d'ailleurs, tout à fait insoluble ; il ne pourra devenir un projet politique qu'au moment où les relations économiques, culturelles et humaines auront tissé entre les nations ou les groupes des nations « ennemies » un lien tel que l'union politique en résultera d'elle-même. La guerre ne sera inconcevable que lorsque tous les hommes du monde dépendront économiquement les uns des autres et auront le sentiment intime d'appartenir à la même collectivité. Peut-être faudra-t-il attendre la perspective d'un danger commun à tous pour que cette union des hommes finisse par se réaliser.

palingénésie (du gr. *palin*, de nouveau, et *genesis*, naissance), résurrection, renaissance.

Ce terme, employé surtout par les stoïciens (pour désigner le retour périodique et éternel des mêmes événements) et par Platon (qui décrit, dans le *Phèdre*, la perpétuelle réincarnation des âmes humaines qui n'ont pas réalisé une vie suffisamment parfaite), se trouve aujourd'hui employé en sociologie par les théoriciens de l'histoire humaine comme « cycle » et « retour périodique » : telle est notamment la théorie des « cycles de culture », exprimée par Oswald Spengler (dans *le Déclin de l'Occident*, 1918-1922) et par Arnold Toynbee.

panlogisme, doctrine selon laquelle tout ce qui est réel est intelligible.

Le panlogisme est, en particulier, la maxime des philosophes logisticiens de l'école de Marburg (XIXe s.) et celle de la phénoménologie de Husserl (début XXe s.). Beaucoup plus généralement, on appelle *panlogisme* toute philosophie pour qui Dieu, ou l'absolu, est lui-même concevable ; on parle, en ce sens, du panlogisme de Hegel (pour lequel Dieu se réalise dans le savoir des philosophes), voire de Leibniz : il s'oppose à l'existentialisme comme à toute forme d'irrationalisme.

panthéisme, doctrine d'après laquelle tout est en Dieu ; en particulier, doctrine où Dieu est identifié au monde.

Ce fut la doctrine des stoïciens (pour lesquels Dieu est la force vitale immanente au monde), de Spinoza (dont le principe célèbre *Deus sive Natura* identifie Dieu et la nature), de Hegel (qui décrit la réalisation de Dieu, non seulement dans l'histoire humaine, mais aussi dans l'histoire « dialectique de la nature »). Le romantisme philosophique de la fin du XVIIIe siècle et du début du XIXe siècle en Allemagne (représenté par Novalis, Schlegel, Jacobi, Schelling et toute la philosophie de la nature) a été profondément inspiré par le panthéisme. La théologie chrétienne (voir, par exemple, la condamnation de l' « athéisme » de Spinoza) a curieusement identifié le panthéisme avec l'athéisme, parce qu'il récuse l'idée d'un Dieu personnel. Le panthéisme n'en reste pas moins une conception de la divinité, bien qu'elle n'évoque qu'une force impersonnelle, présente partout dans le monde et en nous. → **Théisme.**

paradoxe (du gr. *para*, contre, et *doxa*, opinion), jugement contraire à l'opinion commune.

Le *Paradoxe sur le comédien*, dialogue en prose de Diderot (écrit vers 1770, publié en 1830), insiste sur la nécessité de l'*insensibilité* pour un interprète désireux de *toucher* le public. Les paradoxes philosophiques les plus célèbres dans l'Antiquité sont ceux qui ont été développés par Zénon d'Élée pour prouver l'impossibilité du mouvement; tel est l'argument d'*Achille* et la tortue* : Achille ne peut, théoriquement, rattraper la tortue qui a sur lui une avance, si petite qu'elle soit. Car, pour la rattraper, il devra d'abord arriver au point où celle-ci se trouvait quand il a commencé à courir, puis au point où, pendant ce temps, est arrivée la tortue, et ainsi de suite à l'infini. L'argument, logiquement valable, n'en reste pas moins paradoxal : en l'écoutant, Diogène ne trouva rien de mieux que de marcher, prouvant par le fait l'existence du mouvement.

parallélisme psychologique, hypothèse d'après laquelle tout phénomène psychique se trouve en corrélation avec un phénomène physiologique (en particulier nerveux), et inversement.

Il en résulte que tout phénomène psychique est le signe d'un phénomène nerveux et vice versa. Cette théorie a été développée par Fechner et Weber, qui ont dégagé une loi de correspondance entre la sensation physique et la sensation psychique (d'après laquelle la sensation psychique varie selon le logarithme de l'excitation). Cette loi a été critiquée par Bergson, qui a souligné la différence qualitative qui existe entre un état physique et un état psychique (par exemple, nous sentons la différence de poids dans la main entre 14 et 16 g, mais pas entre 14 et 15 g; il y a discontinuité psychique et continuité physique).

Enfin, dit Bergson, il n'y a pas de rapport entre la perception humaine d'un ciel bleu et tel nombre de vibrations lumineuses correspondant à la couleur bleue; il n'y a pas de commune mesure entre le fait psychique et la mesure scientifique de l'excitant : ce qui est humain constitue un fait irréductible.

paralogisme (du gr. *para*, contre, et *logos*, raison), faute de raisonnement, faite de bonne foi.

Il se distingue du sophisme*, qui est, en principe, mensonger.

paramnésie, trouble de la mémoire, caractérisé par une illusion de reconnaissance, apportant dans une situation nouvelle l'impression du « déjà vu ».

La paramnésie est donc une confusion du présent (nouveau) et du passé. Le phénomène ne se rencontre fréquemment que dans les cas de confusion mentale et dans les délires de persécution.

paranoïa (du gr. *para*, contre, et *noûs*, esprit), trouble de l'esprit, caractérisé, selon Kraepelin, par un orgueil démesuré (hypertrophie du « moi »), par une susceptibilité exagérée (impression de persécution), par des erreurs de jugement (justifiées parfois par des arguments absurdes), par une inadaptation sociale.

Au nombre des psychoses paranoïaques se rangent les cas des persécuteurs, des érotomanes, des jaloux et des idéalistes passionnés.

paraphasie, trouble du langage, constitué par la substitution des mots les uns aux autres (ex. *chapeau* pour *marteau*) et par la déformation des mots (ex. *tato* pour *bateau*).

Parménide, philosophe grec, né à Élée (v. 515 – v. 450 av. J.-C.). Son poème *De la nature,* première théorie philosophique de l'être que revendique notre culture occidentale, unit de façon mystérieuse l'éternité, l'immuabilité et l'unité de l'être avec la variété de l'opinion humaine. Le poème a été traduit et expliqué par J. Beaufret (1954), à la lumière de la métaphysique de Heidegger. La doctrine parménidienne de l'être, qui s'oppose à la doctrine du devenir d'Héraclite, a inspiré le *Parménide,* de Platon (v. 360), qui essaie d'unir les deux thèses de l'unité de l'être et de la diversité du savoir; ce dialogue introduit la méthode dialectique dont s'inspirera Hegel.

parole, action d'exprimer sa pensée par le langage articulé.

La *parole* vivante, orale ou poétique, s'oppose au *langage* constitué, écrit, prosaïque ou technique. Platon définissait la pensée comme la *parole intérieure*; cette dernière expression définirait, selon Victor Egger et d'autres philosophes, la vie de la conscience : la parole serait donc inséparable de toute compréhension spirituelle, de toute opération de la raison humaine. Toutefois, on peut faire une distinction et dire qu'entre la compréhension d'un rapport nécessaire (par exemple, en mathématiques, la compréhension que les trois angles d'un triangle sont égaux à deux droits) et son expression par la parole intervient la liberté : la parole humaine est toujours libre et comporte un élément d'arbitraire, même si la relation que l'on veut démontrer est en soi absolument nécessaire.

Parsons (Talcott), sociologue américain (Colorado Springs 1902 – Munich 1979). Il a développé une « sociologie de l'action » qui définit l'action par le sens ou la résonance que prend un comportement individuel au sein d'un groupe. Il n'y a pas d'action sans « groupe ».

participation, acte de prendre part à quelque chose.

La théorie de la participation conçoit la relation entre le monde ou l'esprit humain, d'une part, et Dieu, d'autre part, comme une relation de présence réciproque. C'est la théorie des néo-platoniciens (Plotin); elle s'oppose aux théories de la création, qui séparent le créateur et le créé. Bref, la métaphysique de la participation est une forme de panthéisme. On parle aussi de participation pour décrire, en psychologie et en sociologie, l'état de l'homme qui vit en symbiose avec le monde et avec autrui, sans avoir conscience de l' « objectivité » du monde et de l' « altérité » d'autrui, sans s'opposer à eux en se posant comme moi individuel : cet état de participation est celui du tout jeune enfant (de sa naissance à deux ans environ). Enfin, en morale, une philosophie de la participation implique la nécessité de l' « engagement » de l'individu dans les luttes sociales et politiques de son époque (par exemple, le marxisme et l'existentialisme).

Pascal (Blaise), mathématicien, physicien, philosophe et écrivain français (Clermont-Ferrand 1623 – Paris 1662). Appartenant par sa naissance à la haute bourgeoisie auvergnate, il acquiert une formation précoce dans les lettres et les sciences. À seize ans, il publie un *Essai sur les coniques.* À dix-neuf ans, pour aider son père chargé de l'administration fiscale de la Normandie, il invente la machine à calculer. Puis il poursuit ses études scientifiques sur le vide. Son attitude change en 1654 : il échappe de peu à un accident de voiture sur le pont de Neuilly, et, à la suite d'une nuit d'extase (le 23 novembre 1654) — dont le *Mémorial* reste un émouvant témoignage —, il fait un retour total à Dieu. Les dix-huit *Lettres provinciales* sont une défense d'Arnauld et de la rigueur de Port-Royal contre la Sorbonne et la casuistique des Jésuites. Sa réflexion théologique se prononce dans les *Écrits sur la grâce*. Sa méditation se tourne alors vers une apologie du christianisme, pour laquelle il accumule les fiches et les notes. Mais la maladie ne lui laissera plus de répit. Son œuvre capitale, qui devait être son *Apologie de la religion chrétienne*, restera inachevée ; elle subsiste en fragments : les *Pensées**, publiées par ses amis en 1670.

La pensée de Pascal, profonde, austère et parfois angoissée, toujours vivante et émouvante, demeure un thème particulièrement suggestif pour la réflexion philosophique sur l'homme. L'existentialisme revendiquera, bien au-delà de Kierkegaard, la paternité de Pascal. → **Jansénisme.**

passion (du lat. *patior, pati* =supporter, souffrir) état de celui qui subit; passivité.

Dans *le Traité des passions de l'âme* (1649), Descartes décrit sous ce titre tous les états affectifs (plaisirs, douleurs, émotions, sentiments), en tant qu'ils sont subis par l'âme du fait de son union avec le corps. Dans l'Antiquité grecque, aussi bien chez les stoïciens pour qui passion est synonyme de déraison, que chez Platon (428-347 av. J.-C. — *Apologie de Socrate*), les désirs sont considérés comme des passions qui viennent du corps et que le sage doit maîtriser et dépasser s'il veut accéder à la sérénité qui constitue le bonheur et l'épanouissement de l'âme.

Pour Descartes, les passions (au sens de sensations, affections) ont cependant un rôle positif à jouer, elles ont une foncton naturelle qui est de « disposer l'âme à vouloir les choses que la nature nous dicte utiles et à persister en cette volonté » (id.). Par exemple la sensation de douleur nous avertit d'un risque pour l'organisme, celle de soif d'un besoin du corps.

Nature de la passion. Dans son sens moderne, la passion est une tendance qui envahit totalement la personnalité.

Les moralistes opposent la passion à la raison comme la démesure à la tempérance. Tout homme a normalement plusieurs tendances ou préférences et il choisit librement entre ses désirs ; c'est la raison qui arbitre et son choix devient un acte volontaire ; l'homme vit en régime démocratique des tendances. Dans la passion au contraire, il vit sous le régime tyrannique d'une seule tendance. Dans l'acte passionnel, la responsabilité du sujet peut paraître réduite, en ce sens que la raison n'intervient pas pour choisir le but que l'individu poursuit, mais uniquement pour le justifier, pour chercher tous les moyens susceptibles de le réaliser : il y a une logique affective par laquelle le passionné ramène tout à sa passion : on ne le comprend pas dès l'instant où on ne l'approuve pas, on le comprend quand on l'approuve. « Le cœur a ses raisons que la raison ne connaît pas » (Pascal, *Pensées*, 1670). Il y a une paralogique du passionné, qui ne donne de valeur aux idées et aux êtres que dans la mesure où ils se rapportent à l'objet de sa passion. Hegel a décrit la *forme* de la passion : « Cette forme exprime seulement ceci qu'un sujet a placé tout l'intérêt vivant de son esprit, de son talent, de son caractère, de sa jouissance dans un seul contenu » (*Précis de l'Encyclopédie des Sciences humaines*, 1817) ; la tension spirituelle de la conscience est tout entière absorbée par sa fin.

Non seulement la passion fait converger toutes les forces de l'esprit vers une seule fin (« il n'y a pas de passion sans conscience », et c'est pourquoi les animaux en sont exempts : Kant, *Anthropologie du point de vue pragmatique*, 1797), mais elle implique une grande activité de l'imagination. Stendhal montre comment la passion amoureuse reconstruit et magnifie son objet en suscitant une gerbe d'images qu'il décrit sous le nom de phénomène de « cristallisation » (*De l'amour*, 1822), dont il décrit ainsi la première phase : « Laissez travailler la tête d'un amant pendant 24 heures, et voici ce que vous y trouverez : aux mines de sel de Salzbourg, on jette dans les profondeurs abandonnées de la mine un rameau d'arbre effeuillé par l'hiver; deux ou trois mois après on le retire couvert de cristallisations brillantes : les plus petites branches, celles qui ne sont pas plus grosses que la patte d'une mésange, sont garnies d'une infinité de diamants mobiles et éblouissants ; on ne peut plus reconnaître le rameau primitif. Ce que j'appelle cristallisation, c'est l'opération de l'esprit qui tire de tout ce qui se présente, la découverte que l'objet aimé a de nouvelles perfections. » Enfin la passion est un état qui modifie durablement la personnalité, à la différence de l'émotion qui n'est qu'un état passager. Kant (*ibid.*) a même opposé émotions et passions : « Là où il y a beaucoup d'émotions il y a peu de passion », entendant par là que les émotions dissipent la personnalité dans plusieurs directions alors que la passion l'enferme dans une seule.

La passion comme moyen de connaissance. Platon, dans le dialogue *le Banquet* (385 av. J.-C), loin d'opposer la passion à la raison, montre que la passion est à l'origine du mouvement par lequel la raison accède à la connaissance. Platon développe une théorie de l'amour selon laquelle chaque être est en quête d'un autre être unique dont il est complémentaire et avec lequel il a formé un être unique dans un passé mythique. L'amour, comme quête d'un autre, va élever l'esprit des beaux corps aux belles âmes, des belles œuvres humaines aux sciences, enfin à la beauté éternelle, objet de la philosophie. Hume (*Traité de la nature humaine*, 1737), montrera que la raison comme faculté de connaissance n'est pas susceptible de fonder des jugements de valeur. La charité, la générosité ou la fraternité peuvent m'amener à choisir « de me ruiner complètement pour prévenir le moindre malaise d'un Indien ou d'une personne inconnue de moi ». La raison est totalement étrangère à ce choix, comme à tout choix. Seules les passions donnent la mesure des valeurs qui animent nos actions. Si la passion est très puissante, l'engagement de l'individu sur une valeur peut aller jusqu'au sacrifice. La raison est une lumière mais ne fait pas agir : « L'amour de la vérité est une inspiration très élevée mais une motivation très faible » (A. Comte, *Système de politique positive*, 1851-1854).

La littérature romantique a exalté la passion comme seule forme de vie authentique. L'histoire de Tristan et Yseult, venue du Moyen Âge, est celle de la passion légendaire la plus célèbre en Occident : elle illustre la force irrésistible de la passion amoureuse, symbolisée par le philtre qui leur fait braver l'ordre social (et d'abord le mariage), et s'accomplit avec la force d'un destin jusqu'à consumer ses acteurs. Les Romantiques y verront l'illustration du décalage entre la vraie vie et les conditions prosaïques de son accomplissement ici-bas ; les drames romantiques s'achèvent généralement par la mort des héros. Les philosophes romantiques, comme Schelling (*De la possibilité d'une forme de la philosophie en général*, 1796), ont décrit la passion comme un désir de fusion avec l'univers et de la réalisation de sa personnalité en autre chose que soi (l' « identité absolue ») : la passion révélerait le fond de l'individu, sa réalité infinie, seule capable d'appréhender l'infinité du monde. Mais cette identité entre nous et le monde, dans le sentiment de la nature, ne parvient pas à se réaliser effectivement et à subsister au-delà d'un instant ; dans ces mêmes philosophies romantiques, le fond de l'âme humaine reste la « nostalgie » et le désir (*Sehnsucht*, *Heimweh*).

Les passions individuelles, moteurs et instruments de l'histoire. Les moralistes distingueront les passions plutôt bonnes ou plutôt mauvaises (l'avarice, la haine) en fonction de leur objet : les passions éclairées qui conduisent à l'enthousiasme (du grec *en-theos*, être en Dieu) et à la création, et les passions aveugles qui portent avec elles le fanatisme ; les psychologues distingueront à ce sujet le passionné qui n'entend rien à ce qui est extérieur à sa passion, du fanatique qui veut absolument la faire partager à autrui, fût-ce par la violence. Le sociologue remarquera que toute passion qui gêne la vie en société sera réputée mauvaise, voire imputée à la folie, alors que le passionné qui réussit à servir la société ou à la changer sera qualifié d' « homme au service d'un idéal ». Toujours est-il que « rien de grand ne s'est accompli dans le monde sans passion » (Hegel, *la Raison dans l'histoire*, 1830) et que les passions sont le moteur de l'histoire : « Nous disons donc que rien ne s'est fait sans être soutenu par l'intérêt de ceux qui y ont collaboré. Cet intérêt nous l'appelons passion lorsque, refoulant tous les autres intérêts ou buts, l'individualité tout entière se projette sur un objectif avec toutes les fibres intérieures de son vouloir et concentre dans ce but ses forces et tous ses besoins » (*ibid.*). Les individus poursuivent tous leurs passions particulières dont les plus courantes sont l'argent, les honneurs et le pouvoir (les exemples sont de Kant, dans *Idée d'une histoire universelle d'un point de vue cosmopolitique*, 1784), mais derrière « ce tumulte qui règne à la surface... s'accomplit une œuvre silencieuse et secrète dans laquelle sera conservée toute la force des phénomènes » (Hegel, *ibid.*) Dans l'histoire universelle, « les passions constituent l'élément actif », mais au-delà d'elles et par elles se réalise l'Idée, c'est-à-dire une évolution générale du monde vers un meilleur ordre social. Les passions particulières sont alors les instruments inconscients de l'avènement de la raison dans l'histoire.

passionné, type de caractère dont les composantes fondamentales sont l'émotivité, la tendance à agir et l'existence d'un retentissement profond, dans la personnalité, des événements qui nous arrivent : caractère « secondaire » (par exemple, Napoléon). → Caractère.

pathologique, anormal, malade.
La notion de « pathologique » est difficile à préciser (Canguilhem) : un organisme peut comporter une différence anormale (main humaine à six doigts) et être un organisme sain. Le pathologique n'est donc pas l'anormal au sens de « caractère exceptionnel », sur lequel on ne peut fonder une moyenne statistique. L'altération pathologique ne doit pas être confondue avec l' « irrégularité statistique ». Le pathologique apparaît lorsqu'on note une désadaptation (biologique ou psychologique) entre l'individu et le milieu : d'un point de vue biologique, lorsqu'il y a trouble fonctionnel (hypertension, par exemple) ou lésion morphologique (ulcère de l'estomac, par exemple); d'un point de vue psychologique, lorsqu'il y a, de la même façon, tension exagérée (inhibition, complexe), empêchant l'épanouissement de la personnalité, ou échec et désadaptation sociale permanents. On voit que la notion de « pathologique » n'a pas de signification absolue; elle caractérise un « mode de relation » au milieu ou à autrui, une rupture de l'adaptation. → **Normal.**

Pavlov (Ivan Petrovitch), physiologiste et médecin russe (Riazan 1849 – Leningrad 1936). Reçu médecin en 1879, à l'Académie militaire de Saint-Pétersbourg, Pavlov travailla en Allemagne chez les physiologistes Rudolf Heidehain et Carl Ludwig (1884-1886), et, à partir de 1889, il entreprit ses célèbres travaux sur la digestion. C'est en 1890 qu'il fut nommé professeur de pharmacologie à Tomsk et à Saint-Pétersbourg, où il préconisa l'emploi de la méthode expérimentale en physiologie. En 1904, il reçut le prix Nobel (physiologie et médecine) pour ses études sur les glandes digestives, qui avaient été publiées en 1897 dans ses *Conférences sur l'activité des principales glandes digestives :* Pavlov y insistait sur l'action du système nerveux dans la nutrition de l'organisme et sur les rapports étroits qu'institue la nutrition entre l'être et le milieu. Cette idée fondamentale de Pavlov était déjà celle de son professeur, le physiologiste Ivan Setchenov (1829-1905).

Mais Pavlov est surtout connu pour la découverte qu'il communiqua au Congrès médical international de Madrid : *la Psychologie et la psychopathologie expérimentales sur les animaux.* Pavlov y révélait ses études sur les « réflexes conditionnés », qui consistent à produire artificiellement une certaine réaction automatique de l'individu (par exemple, abaisser un levier) à partir d'une stimulation quelconque (par exemple, une décharge électrique, un signal lumineux).

En 1915, Pavlov publia *Données sur la physiologie du sommeil,* où il expose une théorie du sommeil comme inhibition d'origine corticale, ainsi qu'une théorie de l'hypnose et de l'hystérie affirmant l'unité du physiologique et du psychologique, de l'objectif et du subjectif. En 1921, un décret de Lénine créait pour les recherches propres de Pavlov la station biologique de Koltouchi. Son dernier ouvrage essentiel fut l'article sur le « réflexe conditionné » (1935) destiné à la *Grande Encyclopédie médicale* soviétique. Le principe général des travaux de Pavlov est celui d'une différence essentielle entre la psychologie humaine — qui suppose l'intervention du langage, du concept et de l'intelligence — et la physiologie animale — qui ne suppose que l'activité nerveuse supérieure. Mais ce principe s'inscrit dans une doctrine générale matérialiste qui l'amène à considérer le langage — dont sont nés les concepts de l'intelligence humaine — comme une réaction au second degré, un « deuxième système de signalisation » se superposant à la réaction au premier degré (« premier système de signalisation »), que constituent les réflexes nerveux. Bref, il y a répercussion des réactions nerveuses dans la sphère de la conscience : les conduites conscientes et apparemment volontaires peuvent être maîtrisées et déterminées par un conditionnement nerveux approprié. Telle se présente, dans l'ensemble de la doctrine pavlovienne, la théorie des « réflexes conditionnés ».

Les travaux de Pavlov, continués par Bechterev, sont à la base de la psychologie du comportement et des études des réflexes qui permettent à l'homme de s'adapter à des techniques complexes (travail à la chaîne, vols spatiaux, ainsi que tout ensemble de réactions automatiques de l'intelligence à des situations complexes).

pédagogie, art d'instruire et de former les individus.

Le principe de toute pédagogie est non seulement d'enseigner des connaissances, mais de former des hommes. La pédagogie n'est pas seulement intellectuelle, elle est aussi psychologique. Son premier devoir est de rendre l'enseignement vivant, afin que les individus puissent être précisément « réceptifs ». C'est l'enseignement de Pestalozzi qui a présidé, dans les années 1960, à la réforme de notre enseignement et vise à associer de plus en plus directement l'élève à l'enseignement du maître. Le but de la pédagogie étant de permettre à chacun de se réaliser et d'épanouir sa personnalité et sa forme propre d'intelligence, la pédagogie moderne est étroitement associée à l' « orientation » scolaire. La *pédagogie curative* est la branche particulière de la pédagogie s'exerçant sur les enfants en difficulté (par suite d'une déficience physique, intellectuelle ou d'un trouble affectif). Cette branche de l'éducation, fortement influencée par la psychanalyse et la psychologie moderne, s'efforce d'obtenir la réadaptation des enfants dans leur milieu scolaire et familial.

On doit distinguer le pédagogue et le savant, le professeur et le chercheur, dont les vocations sont différentes. → **Docimologie, orientation.**

Peirce (Charles Sanders), philosophe et logicien américain (Cambridge, Massachusetts, 1839 – Milford, Pennsylvanie, 1914). Il se signala d'abord par des travaux en chimie, en physique, en mathématiques et en astronomie, avant de se consacrer à la philosophie et à la logique. Ses travaux de logique en font l'inventeur, avec Frege, des quantificateurs. Ses écrits ont été rassemblés dans les *Collected Papers* (publiés à partir de 1931).

Peirce est le fondateur du pragmatisme, qu'il présente d'abord comme une théorie de la signification identifiant la signification d'un terme ou d'une proposition avec l'ensemble des effets qu'ils produisent (*Comment rendre nos idées claires,* article paru en 1882). Il est l'initiateur de la sémiotique : on lui doit une classification des signes en icônes, indices et symboles (selon que la relation du signe à l'objet est de ressemblance, de continuité ou de convention).

Pèlerin de Maricourt (Pierre Le), philosophe français (Maricourt au XIIIe s.) Maître de Roger Bacon, il écrivit une lettre sur l'aimant *(Epistola de magnete),* qui pose les bases du magnétisme ainsi que de la méthode expérimentale. → **Méthode.**

pensée, tout ce dont nous avons conscience.

La pensée désigne plus particulièrement l'acte de réfléchir (« Penser, c'est juger », dit Kant) ou le produit de la réflexion (les *Pensées* de Pascal). Le problème de la nature et de l'origine de nos pensées, qui est le problème ultime de toute réflexion, n'a été directement abordé que par Spinoza (dans le deuxième livre de l'*Éthique*), par Fichte (dans *la Théorie de la science*) et Heidegger (dans *Qu'est-ce que penser?*). Il apparaît que l'analyse de la pensée humaine et la réflexion sur sa propre activité constituent la voie la plus féconde pour accéder à la connaissance de l'être absolu ou Dieu. On distingue, en toute rigueur, la notion de « pensée », qui est réflexive, et celle de « connaissance », qui porte immédiatement sur un objet réel (le monde, les hommes, etc.) et n'implique pas nécessairement la réflexion.

Pensées, titre sous lequel ont été publiées, en 1670, les fiches et les notes qu'avait réunies Pascal en vue d'un grand ouvrage consacré à l'*Apologie de la religion chrétienne*. Sa maladie et sa mort en avaient interrompu la composition. Pascal s'y adresse à un « libertin », dont il veut éveiller l'inquiétude en lui montrant la misère de l'homme sans Dieu. Il y emploie, pour ce faire, les ressources de la persuasion (esprit de finesse) et de la démonstration (esprit de géométrie). Pascal décrit la situation de l'homme entre les deux infinis (l'infiniment grand et l'infiniment petit), l'obstacle à la réflexion véritable, que constituent l'« amour-propre » et les préjugés, et la fuite de l'homme, devant la misère de sa condition dans le « divertissement ». Pourtant, malgré sa misère, l'homme est grand par son esprit; c'est un « roseau, mais un roseau pensant ». Abîme de grandeur et de petitesse, ni ange ni bête, énigme vivante, l'homme ne trouvera l'explication de lui-même que dans la religion. Pour entrer dans la religion, il faut faire un pari pour Dieu. L'ouvrage s'achève sur la figure rayonnante du Fils de Dieu, sur une mystique du cœur, qui « a ses raisons que la raison ne connaît pas ». C'est là l'ultime aboutissement de toute vie chrétienne. Ce livre admirable est de ceux qui ont soulevé les commentaires les plus passionnés.

perception, représentation d'un objet réel.

Elle s'oppose à l'*image*, qui est la représentation d'un objet irréel. Si nous analysons la nature de nos perceptions, nous voyons qu'elles comprennent un élément affectif (une sensation), un sentiment d'extériorité, enfin un élément de connaissance qui nous permet de nommer, de déterminer l'objet. Si l'on considère l'*objet* de la perception, on peut distinguer les *perceptions externes* d'un objet hors de nous et les *perceptions internes* d'un état de sujet; et entre ces deux types de perceptions se situent les *perceptions proprioceptives,* qui se rapportent au corps. Si l'on considère la genèse des perceptions, on peut distinguer les *perceptions acquises* (par exemple, discerner par la vue si une surface est lisse ou rugueuse) et les *perceptions naturelles* (par exemple, des différences de couleur).

Les philosophes et les psychologues du XVIIIe siècle opposaient volontiers la « perception » (qui est la représentation d'un objet précis) et la « sensation » (qui est indéfinissable). La théorie moderne de la forme, ou *Gestalttheorie,* a supprimé cette opposition en découvrant que la perception n'est pas un « composé » de sensations élémentaires mais elle-même une sensation globale : « Nous ne percevons pas d'abord les feuilles, puis l'arbre; nous n'entendons pas d'abord des notes, puis la mélodie; c'est l'ensemble de l'arbre ou de la mélodie qui est d'abord perçu; et c'est en lui que nous apprenons à distinguer des feuilles ou des notes » (P. Guillaume, *La Psychologie de la forme,* 1937). La perception est donc l'appréhension immédiate de « structures » dans la réalité. Les psychologues modernes (par exemple, Merleau-Ponty) opposent plus volontiers la « perception » naturelle à la « représentation », qui implique l'analyse et la réflexion.

Enfin, si l'on considère les conditions de la perception, l'on doit reconnaître que l'on ne perçoit que ce qui nous intéresse. C'est ce qu'on nomme la « loi d'intérêt ». C'est en ce sens que la perception est liée à l'action : « Percevoir un fauteuil, écrit P. Janet, dans l'*Automatisme psychologique* (1889), c'est se préparer à s'y asseoir. » Bref, si la perception est le point de départ de notre connaissance du monde, elle est aussi l'instrument de notre action sur lui. → **Forme [théorie de la], image.**

péripatéticien (du grec *peripatein*, se promener), membre de l'école fondée par Aristote (ainsi nommée parce qu'Aristote enseignait en marchant dans les jardins d'Athènes).

péripatétisme, philosophie d'Aristote* et de ses disciples.

Ce nom fut réservé à l'école d'Aristote parce qu'il donnait ses leçons en se promenant sous les portiques dans le gymnase du Lycée. On appelait ce lieu le *péripatos*. Le péripatétisme s'illustra avec Théophraste, Straton, Andronicus de Rhodes. À la fin du IIe siècle apr. J.-C., une école péripatéticienne se fonda à Alexandrie et, délaissant les mathématiques, l'astronomie et les sciences naturelles, qui étaient jusqu'alors ses disciplines privilégiées, s'orienta vers la logique et la théologie. La philosophie musulmane reprit le flambeau, en particulier avec Averroès, et c'est par cette filiation, qui fut commune à l'astronomie et à d'autres sciences, que l'Occident du Moyen Âge connut les œuvres d'Aristote. Saint Thomas d'Aquin en fit la philosophie de l'église.

personnalisme (le terme a été créé, semble-t-il, par Renouvier, en 1903, pour qualifier sa philosophie), attitude ou doctrine qui pose, au-dessus de toute nécessité d'État, de tout intérêt économique, de toute institution impersonnelle, la valeur fondamentale de la personnalité humaine.

On voit que le personnalisme est une doctrine sociale dont le principe est celui même de la morale kantienne, à savoir le respect de la personne humaine ; il vise à sauvegarder ce respect, malgré les conditions de vie du monde moderne. Le « personnalisme » a été, en fait, créé comme doctrine par Emmanuel Mounier* (*Qu'est-ce que le personnalisme ?*, 1947) : il substitue une pensée « engagée » à une pensée « spéculative », affirme le primat des problèmes sociaux et humains sur les problèmes « métaphysiques » ; il se distingue du marxisme dans la mesure où il affirme l'irréductibilité de la personne humaine à sa simple fonction dans l'État : il préserve ainsi les valeurs de l' « intimité » et la spécifité de la liberté individuelle. À travers ses descriptions de la vie sociale, le personnalisme retrouve les valeurs du christianisme et se situe finalement dans la ligne de l'existentialisme chrétien. Le terme de « personnalisme » a été justement appliqué à la philosophie de Max Scheler : sa théorie de la personne concrète comme « centre d'actes », comme « existence-valeur », opère la synthèse entre le formalisme de la morale kantienne et l'utilitarisme des morales concrètes anglo-saxonnes ; le personnalisme se veut à la fois profondément concret et profondément moral.

personnalité, individualité consciente et libre.

Cette définition enveloppe les trois éléments de la personnalité, qui sont l'*unicité* (ou individualité), l'*intériorité* (ou conscience) et l'*autonomie* (ou liberté). La notion de *personnalité* se distingue de la notion anonyme de *personne* et de la notion numérique d'*individu ;* avec tous ses caractères, la personnalité est, de plus, l'objet du respect moral. D'un point de vue strictement psychologique, l'analyse de la personnalité n'a pu la réduire ni à une constitution physique héréditaire (Kretschmer, Sheldon), ni à des influences sociales. Elle est l'ensemble structuré des dispositions innées (hérédité, constitution) et acquises (milieu, éducation et réactions à ces influences) qui déterminent l'adaptation originale de l'individu à son entourage. Cette organisation s'élabore et se transforme sous l'influence de la maturation biologique (âge, puberté, ménopause, etc.) et des expériences personnelles (conditions socioculturelles et affectives). En fait, la notion de personnalité déborde toute analyse : elle apparaît comme une « force d'influence », un « centre de rayonnement ou de ralliement » impossible à analyser et à justifier objectivement. La personnalité ne se réduit ni à l'intelligence ni à un type de caractère. Pendant la Seconde Guerre mondiale, l'armée australienne a voulu détecter ceux qui avaient des qualités de « chef », en somme les individus capables d'affirmer leur personnalité auprès des autres hommes : les services psychologiques déployèrent, pour ce faire, quantité de batteries de tests psychologiques (tests « psychométriques » ou analytiques) ; or, on s'est aperçu que ceux qui prenaient le commandement effectif sur le terrain, ceux qui ralliaient les hommes n'étaient que fort rarement ceux que l'on pressentait. Inversement, sur 100 directeurs d'entreprises américaines qui se sont prêtés aux tests de personnalité, 90 se sont révélés (selon les tests) « inaptes au commandement ». C'est pourquoi les tests modernes de personnalité complètent les tests analytiques, ou « psychométriques », qui mesurent telle ou telle aptitude de l'individu (tests de composition de figures, puzzles, etc.), par des tests dits « projectifs », qui essaient d'appréhender la personnalité dans sa totalité ; ils s'orientent alors vers des tests de caractère. Bref, la personnalité reste une notion pratique ; on ne peut la représenter que comme une force diffuse, irréductible aux qualités intellectuelles ou à telles tendances de l'individu (colérique, flegmatique, passionné, etc.). Une personnalité ne s'analyse pas, elle se réalise et se manifeste pratiquement par les réussites (artistiques, culturelles, politiques, etc.) de l'individu dans la vie. → **Caractère.**

perversion, perturbation des instincts, qui conduit l'individu à jouir de la souffrance d'autrui.

La perversion est caractérisée par une absence ou une déviation des sentiments généraux des hommes. Cette absence de la conscience du bien et du mal explique qu'on l'ait nommée *folie morale*. La perversion — lorsqu'elle n'est pas occasionnelle mais permanente ou « constitutionnelle » — s'accompagne d'une grande lucidité intellectuelle, et ses corollaires sont l'inadaptation au milieu familial, scolaire, professionnel et enfin social. Le *pervers,* qui trouve de la joie à faire souffrir, se distingue du *psychopathe*, qui, lui, par sa conduite, fait systématiquement souffrir autrui, mais sans le vouloir et même le plus souvent inconsciemment ; il s'oppose au *névrosé*, qui, dans toutes les relations humaines, est toujours celui qui souffre, et se présente comme le perpétuel « persécuté ».

pessimisme, attitude ou doctrine philosophique selon laquelle la somme des maux, dans le monde dépasse celle des biens. En particulier, doctrine selon laquelle la vie humaine est une perpétuelle douleur (Schopenhauer), parce que notre destination ici-bas est d'agir et qu'agir consiste à s'efforcer d'avoir ce que nous n'avons pas.

Toute la vie active de l'homme serait donc, selon cette théorie, une perpétuelle souffrance : l'homme travaille pour gagner de l'argent ; il dépense son argent pour avoir ce qu'il n'a pas ; mais le cercle des désirs humains étant infini, la souffrance de l'homme serait elle-même perpétuelle. Plus proprement, le pessimisme nie l'idée d'un progrès de la civilisation et de la nature humaine, et il interprète l'évolution historique dans le sens d'une décadence. Le pessimiste est celui qui n'agit pas et qui regarde agir les autres.

Peter (Laurence J.), psycho-sociologue américain (Vancouver, Canada, 1919 – Los Angeles 1990). Il acquiert la célébrité en publiant en 1969 *le Principe de Peter ou Pourquoi tout va mal.* Dans toute administration ou entreprise, tout individu tend à s'élever à son niveau d'incompétence ; avec le temps, tout poste sera occupé par un employé incapable d'en assumer la responsabilité. Peter appuie sa démonstration sur des analyses graphiques, des enquêtes, des études minutieuses de cas particuliers. Il a écrit : *les Ordonnances de Peter, 66 formules pour améliorer votre vie* (1972), *le Plan de Peter, une proposition pour survivre* (1975), *Pourquoi tout va mal* (1985), *le Monde selon Peter ou les subtilités de la pyramide hiérarchique* (1986).

pétition de principe, raisonnement vicieux qui consiste à supposer vrai ce qui est à démontrer.

On destinguera le *paralogisme*, où l'erreur du raisonnement est faite de bonne foi, et le *sophisme*, qui fait consciemment une pétition de principe pour tromper l'interlocuteur.

Phédon, dialogue de Platon (v. 380 av. J.-C.), qui met en scène les derniers moments de Socrate entouré de ses disciples. Le sujet du dialogue est l'immortalité de l'âme, que Socrate prouve à partir du sentiment de la vie comme réalité transcendante à la mort physique, et à partir de la tradition religieuse. L'âme ne meurt pas mais, purifiée, elle atteint à la contemplation du divin. La conversation de Socrate avec ses disciples est interrompue par l'arrivée du serviteur des Onze, qui présente la ciguë au philosophe. Après l'avoir bue, Socrate expire paisiblement parmi ses amis en larmes. Le Phédon a inspiré à Lamartine le poème philosophique, *la Mort de Socrate.* Nietzsche considérera Socrate comme un « monstre », privé de l'élan vital qui est la substance de tout homme digne de ce nom et qui aurait dû susciter en lui une réaction instinctive de révolte devant la mort.

Phédon d'Élis, philosophe grec (v. 400 av. J.-C.). Auditeur et ami de Socrate, qu'il assista jusqu'à sa mort, il retourna ensuite à Élis, où il fonda une école apparentée à celle de Mégare. → **Mégare.**

Phèdre, dialogue de Platon qui fait suite au *Banquet*, traitant de la beauté et de l'amour, puis de la rhétorique. Son exposé de la dialectique de l'amour complète celle du *Banquet* et elle sera elle-même complétée dans *la République.* Les trois grands dialogues appartiennent à la période de maturité de Platon (v. 380 av. J.-C.).

phénoménologie, étude descriptive d'un ensemble de phénomènes.
La phénoménologie désigne aujourd'hui le système d'Edmund Husserl* et tout un courant de pensée qui se réclame sinon des concepts, du moins de la méthode de Husserl. La phénoménologie procède d'une critique de la métaphysique classique, et sa tendance fondamentale est celle d'un retour au concret. Husserl (mathématicien de formation) conçoit ce retour au concret comme un retour à l'« intuition originaire » des choses et des idées. Il explique cette intuition originaire sur un exemple mathématique : il constate, par exemple, que si l'on peut se représenter intuitivement trois ou quatre objets, on ne peut intuitivement s'en représenter mille ; on peut seulement « y penser ». Husserl distingue ainsi deux types opposés de relation au donné ou d'« intentionnalité » : la perception réelle, qui est « originaire », et la pensée, qui ne fait que « viser » l'objet en une « intention vide ». Développant cette distinction entre intuition originaire et pensée, intentionnalité pleine et vide, les phénoménologues modernes retiennent : 1° ou bien le *contenu* de la doctrine de Husserl : ils cherchent alors, dans la perception réelle, le point de contact entre l'esprit et le réel, l'« au-delà du réalisme et de l'idéalisme » (Merleau-Ponty, De Waelhens) ; 2° ou bien sa *méthode*, et ils appliquent alors le principe d'une analyse de l'intuition aux domaines de la « connaissance d'autrui », assez négligés par Husserl (Levinas) ; 3° ou bien ils cherchent à justifier *métaphysiquement* le principe même d'une analyse des phénomènes (E. Fink). Une théorie des phénomènes ne peut se définir que par rapport à une théorie de l'Être absolu, ou ontologie. Sur ce point, la phénoménologie spéculative d'un Fichte, dans la *Théorie de la science*, de 1804, reste d'une force et d'une profondeur inégalées. → **Époche.**

Phénoménologie de l'esprit, ouvrage de Hegel*, écrit et publié en 1806. Destinée d'abord à servir d'introduction à la théorie de l'Être absolu (exposée dans la *Logique*), la *Phénoménologie* retrace, à partir d'exemples historiques, l'histoire par laquelle la conscience humaine s'est élevée, des représentations les plus élémentaires de l'Être absolu, ou Dieu, à sa représentation philosophique adéquate. Elle décrit, en somme, l'histoire par laquelle l'homme s'élève à l'Absolu. Elle constitue l'anthropologie de Hegel. Elle comprend deux parties principales, dont la première décrit les « représentations de la conscience » *(Phénoménologie de la conscience)* et la seconde, les « expériences de l'esprit » *(Phénoménologie de l'esprit)*. Elle a été traduite en français, en 1939, par J. Hyppolite.

Philon le Juif, philosophe grec d'origine juive (Alexandrie v. 13 av. J.-C. – v. 54 apr. J.-C.). Sa philosophie, imprégnée de Platon et de la Bible, a inspiré le néoplatonisme et la doctrine des Pères de l'Église. On lui doit notamment des traités : *Sur l'esclavage de l'insensé, Sur la liberté du sage, Sur la Providence,* ainsi que des travaux d'exégèse *(Questions et Solutions sur la Genèse et l'Exode).*

philosophe, (du gr. *philos,* amoureux, et *sophein,* savoir), individu dont la vie est consacrée à la recherche de la vérité.

Un philosophe n'est pas nécessairement celui qui écrit une œuvre, crée un système. Socrate est, selon Hegel, un « vrai philosophe », précisément parce qu'il a vécu sa doctrine au lieu de l'écrire. « Être philosophe, disait Socrate, ne consiste pas à savoir beaucoup de choses, mais à être tempérant. » C'est seulement par déviation, et depuis que la philosophie est devenue un métier, une forme d' « enseignement rétribué », que la notion de « philosophe » a perdu sa signification originaire de type exemplaire, de chercheur désintéressé, soutenu par sa seule vocation ; depuis lors, il n'y a plus eu de philosophes, remarque Hegel, mais des philosophies, des systèmes de pensée.

philosophie, (du gr. *philos,* amoureux, et *sophia,* sagesse), recherche de la sagesse.

L'ambiguïté de la notion antique de « sagesse », qui évoque à la fois un savoir de la vérité et une pratique de la morale, devait susciter deux interprétations de la philosophie. La première, qui remonte aux « physiciens » ioniens (VIe s. av. J.-C.) et se développe chez Hegel et dans le positivisme rationnel anglo-saxon, conçoit la philosophie essentiellement comme une connaissance rationnelle, une recherche d'intelligibilité. La seconde, qui se recommande de Socrate, de Kant, de l'existentialisme moderne, considère la philosophie comme une recherche morale, celle de notre destination véritable, et comme un apprentissage de la vertu. Cependant, s'il est vrai qu'il puisse y avoir des philosophes qui n'aient point écrit de philosophie (comme Socrate), la notion de philosophie n'en implique pas moins le développement d'un savoir rationnel, d'un système. Par exemple, on dit qu'Alain fut un « philosophe », parce qu'il fut un essayiste ; la « philosophie » d'Alain correspond à l'ensemble de ses idées mises en système. On parle, au contraire, de la « philosophie » de Kant ou de Hegel. La philosophie est donc par vocation une science rationnelle, une explication cohérente du réel.

Quelle est la nature de cette explication, et de quel réel s'agit-il ? Disons d'un mot que la méthode de cette science est la réflexion et que son objet est l'esprit : « Reconnaissant à la science, écrit Bergson, le pouvoir d'approfondir la matière, elle (la philosophie) se réserve l'esprit » *(Matière et mémoire).* En quel sens s'agit-il d'une recherche concrète ? Qu'est-ce qui distingue, par exemple, la *science* de la nature et la *philosophie* de la nature de Schelling ? C'est que la première étudie la structure de la matière ou, d'une manière générale, les objets ou phénomènes qui se trouvent *dans* la nature, tandis que la seconde analyse le sentiment humain de la nature, l'expérience concrète par laquelle l'esprit humain *participe* à la nature. Il en est de même pour la science historique qui porte sur les « faits » de l'histoire, tandis que la philosophie de l'histoire tente d'analyser le sens de l'histoire à laquelle les hommes participent. La philosophie est donc initialement une réflexion sur les expériences réelles de la conscience humaine. Si son objet ultime est bien de dégager le sens de ces expériences, cette analyse peut procéder soit à partir des formes de la connaissance (scientifique, psychologique), soit à partir des formes de l'action (création artistique, action morale, travail humain), soit à partir d'une réflexion sur l'histoire humaine. Mais son but ultime est de retrouver,

LA PHILOSOPHIE DANS L'ANTIQUITÉ

VIIᵉ-VIᵉ av. J.-C.	
Ioniens	Thalès, Anaximandre, Héraclite
Pythagoriciens	Pythagore
Vᵉ av. J.-C.	
Éléates	Parménide, Zénon
atomisme	Démocrite
Académie ancienne	Platon, Xénocrate
IVᵉ s. av. J.-C.	
Péripatéticiens	Aristote
Sophistes	Gorgias
Cyniques	Anthisthène, Diogène
Hédonistes	Aristippe, Épicure
Sceptiques	Pyrrhon
IIIᵉ s. av. J.-C.	
Académie nouvelle	Arcésilas
ancien stoïcisme	Zénon de Citium, Cléanthe, Chrysippe
moyen stoïcisme	Panétius, Posidonios
nouveau stoïcisme	Épictète, Sénèque, Marc Aurèle
Néo-platoniciens	Plotin

derrière ces expériences diverses, l'unité d'une même fonction, que Hegel nommait l' « esprit », Cassirer, l' « essence de l'homme », et la phénoménologie moderne, le « sens des choses ».

En quoi consiste concrètement l'acte de philosopher? On constate que toutes les grandes philosophies (Platon, Descartes, Spinoza, Kant, Hegel) ont procédé, par des voies différentes, à un approfondissement de l'esprit humain; mais comme cet approfondissement met nécessairement en œuvre cet esprit même et requiert de ce fait une formation personnelle, une série d'épreuves personnelles rencontrées et surmontées, on peut conclure que la philosophie est à la fois savoir et sagesse, connaissance et épreuve : c'est un savoir « compréhensif », qui exige la participation effective et pratique de celui qui réfléchit. En un mot, réfléchir c'est méditer, et la méditation est autant l'histoire d'une conscience que la formation d'un savoir, autant une éthique (selon le terme de Spinoza) qu'une logique (Hegel).

Disons, pour finir, qu'il convient de distinguer d'une part la philosophie proprement dite, ou « philosophie première », dont le but est directement de connaître l'esprit, et d'autre part les applications de l'esprit philosophique aux connaissances scientifiques et aux réalités humaines (psychologiques et sociologiques), à l'histoire, à l'économie, à la politique, à la médecine, etc. (marxisme, prospective, thérapeutique psychologique, psychanalyse, etc.).

philosophie de la misère (**Système des contradictions économiques ou la**), ouvrage de Proudhon (1846), où l'auteur propose une réforme du capitalisme qui, sans détruire la propriété privée et l'échange, préconise une mise en commun des moyens de production. Il a été critiqué par Marx dans *Misère de la philosophie* (1847).

phobie, peur obsédante et angoissante qui s'attache à certains objets ou à certains actes (par exemple : l'*agoraphobie*, peur morbide du vide et de l'espace, qui empêche un individu de traverser une place publique et le pousse à raser les murs; la *claustrophobie*, peur d'être enfermé; l'*érythrophobie*, peur de rougir).

La présence d'une phobie empêche souvent d'agir dans la vie et de se réaliser pleinement.

LES GRANDS COURANTS DE PENSÉE				
		France	pays germaniques	pays anglo-saxons
Xe-XIIe s. apr. J.-C.	*scolastique*	Abélard Thomas d'Aquin		
XVe-XVIe s.	*humanisme*	Montaigne G. Budé	Érasme	
XVIIe s.	*cartésianisme*	Descartes Malebranche	Spinoza Leibniz	
	empirisme			J. Locke
	jansénisme	Pascal	Jansénius	
	idéalisme			G. Berkeley
XVIIIe s.	*matérialisme*	La Mettrie Helvétius		
	physiocratie	F. Quesnay		
	encyclopédisme	Diderot d'Alembert d'Holbach		
	sensualisme	Condillac		
	criticisme		E. Kant	
	empirisme			D. Hume
XIXe s.	*éclectisme*	V. Cousin		
	évolutionnisme	Lamarck		Ch. Darwin H. Spencer
	positivisme	A. Comte		
	spiritualisme	Maine de Biran		
	philosophie réflexive	J. Lachelier J. Lagneau		
	idéalisme subjectif		Fichte	

	idéalisme objectif		Schelling	
	idéalisme dialectique		Hegel	
	matérialisme dialectique		Marx	
	néo-kantisme		*École de Marburg :* H. Cohen	
	utilitarisme			J. Bentham Stuart Mill
	pragmatisme			W. James J. Dewey
XXe s.	*intuitionnisme*	H. Bergson		
	néo-thomisme	J. Maritain		
	personnalisme	E. Mounier		
	existentialisme	G. Marcel J.-P. Sartre Merleau-Ponty	*Précurseur :* Kierkegaard Heidegger Jaspers	
	école psychanalytique		Freud Jung	
	positivisme logique		Wittgenstein *Cercle de Vienne*	B. Russell R. Carnap
	phénoménologie		E. Husserl E. Fink	
	psychologie objective (« béhaviorisme »)			Thorndike J. B. Watson K. Levin
	structuralisme	Lévi-Strauss M. Foucault		

phrénologie, théorie (de Gall et de Spürzheim) qui préconisait l'étude du caractère et des fonctions intellectuelles de l'homme à partir des « bosses » du crâne.

C'est à partir des renflements de la surface extérieure du crâne, dits « localisations phrénologiques », que Gall concluait à un développement proportionnel de certaines facultés psychiques : il remarquait notamment que les enfants les plus intelligents avaient une légère tendance à l'exophtalmie (les yeux assez fortement sortis des orbites), liée à un grand développement des circonvolutions frontales du cerveau. Cette théorie est aujourd'hui abandonnée et dépassée par la théorie des localisations cérébrales (liant, par exemple, la motricité à la circonvolution frontale ascendante, la vision au cortex occipital, etc.), qui est fondée sur des analyses anatomiques, psychologiques et pathologiques, et non simplement sur l'observation externe. Il ne faut pas confondre la *phrénologie* de Gall (théorie des « bosses ») avec la *physiognomonie* de Lavater, fondée sur l'étude des « traits » du visage et qui est plus psychologique que physiologique.

Piaget (Jean), psychologue et pédagogue suisse (Neuchâtel 1896 – Collonge-Bellerive 1980). Il est un des fondateurs et promoteurs de la psychologie de l'enfant. Ses travaux sur le développement « par paliers » de la pensée et du langage chez l'enfant, sa conception de l'enfant comme autre chose qu'un « adulte en petit » sont marqués d'une originalité certaine : avant lui, on concevait l'enfant comme un adulte en miniature; Piaget a souligné la différence de « nature » qui existe entre le monde de l'adulte et celui de l'enfant. Ce sont ses études sur la genèse de l'intelligence humaine qui l'ont amené, finalement, à étudier les manifestations les plus élevées de l'intelligence, notamment la pensée scientifique : tel est le projet de l'*Introduction à l'épistémologie génétique* (1950), qui ouvre à la psychologie génétique un nouvel horizon de recherches. Parmi ses ouvrages : *le Langage et la pensée chez l'enfant* (1923), *la Représentation du monde chez l'enfant* (1926), *la Psychologie de l'intelligence* (1947), *Biologie et connaissance* (1967), *Logique et connaissance scientifique* (1967), *le Structuralisme* (1968), *l'Équilibration des structures cognitives* (1975).

Jean Piaget a enseigné à partir de 1952 à la Sorbonne. Il a fondé, en 1955, le Centre international d'épistémologie génétique, qui a publié près de 40 volumes d'*Études d'épistémologie génétique*. Il a, d'autre part, dirigé avec P. Fraisse un important *Traité de psychologie expérimentale* (9 vol.). Une de ses dernières importantes contributions est le débat qu'il a eu avec N. Chomsky sur les problèmes de *Langage et apprentissage*. On lui doit les concepts d'assimilation, d'accommodation, de conservation, de stades de développement, d'équilibre, d'équilibration, etc. → **Enfance.**

Pic de la Mirandole (Giovanni Pico Della Mirandola, dit en français Jean), penseur italien (Mirandola, prov. de Modène, 1463 – Florence 1494). Après des études à Bologne (1476), puis dans les principales universités d'Italie et de France, il acquiert la réputation légendaire d'une mémoire prodigieuse. C'est à Rome qu'il publie, en 1486, les neuf cents thèses, ou *Conclusiones philosophicae, cabalisticae et theologicae*, qu'il voulait soutenir publiquement. Son intention principale, fortifiée par une profonde connaissance de toutes les traditions philosophiques, religieuses et morales de toutes les civilisations, est de montrer la vérité du christianisme, considéré comme le point de convergence de toutes les formes antérieures de la pensée. Cette thèse hardie est condamnée par la curie romaine. Il est alors poursuivi pour hérésie (1487), emprisonné au donjon de Vincennes pendant trois semaines (1488). Il meurt empoisonné par son secrétaire. Pic de La Mirandole incarne la naissance de l'humanisme qui, sans renoncer à la foi, fait de l'esprit humain la source de toute science.

pithiatique (du gr. *peithein,* persuader, et *iatos,* curable), se dit des malades et des maladies (comme l'hystérie, la mythomanie) guérissables par la suggestion, l'autorité morale.

Les maladies *pithiatiques* s'opposent théoriquement aux maladies *organiques*; elles seraient strictement psychologiques. En fait, dans toute maladie organique, il y a un élément psychologique qui peut être déterminant, et dans toute maladie dite « pithiatique » peut exister un substrat organique latent.

Platon (de son vrai nom Aristoclès, dit *Platon*, qui signifie « aux larges épaules »), philosophe grec (Athènes 428 – *id.* 348-347 av. J.-C.). D'origine aristocratique, il est l'élève de Cratyle, disciple d'Héraclite, avant d'être marqué par l'extraordinaire figure de Socrate. La condamnation de Socrate (399) l'éloigne de la vie politique athénienne. Il voyage en Sicile, fait quelques expériences politiques malheureuses, puis revient à Athènes où il fonde l'Académie (387). L'œuvre de Platon se compose de 28 *Dialogues,* dont deux ont les proportions de véritables traités *(la République* et *les Lois),* et de lettres, dont la septième et la huitième racontent l'aventure politique de Platon en Sicile. La beauté littéraire des *Dialogues,* qui mettent tous en œuvre la personnalité de Socrate (ainsi que celles de ses disciples comme Phédon, Théétète, de soldats comme Lachès, de sophistes tel Gorgias et même de grands philosophes, dont Parménide, Zénon, etc.), s'allie avec une réflexion philosophique contraignante, dans la mesure où la méthode des questions et des réponses est la seule méthode qui puisse entraîner réellement un individu dans une réflexion. L'interrogatoire permet d'accoucher spirituellement les hommes (c'est la « maïeutique »), et l'opposition des opinions suscite l'intérêt pour la vérité (c'est la « dialectique »).

Les travaux de Lewis Campbell, Lutoslawski, Diltenberger, etc. ont permis de classer les **dialogues** en trois grandes périodes : 1° les *dialogues de jeunesse,* qui cherchent à définir une notion : le courage *(Lachès),* la piété *(Euthyphron),* la tempérance *(Charmide).* Ils correspondent à la période dite « socratique », parce qu'ils mettent en jeu la personnalité et l'« ironie » de Socrate. La méthode vise en général à mettre l'interlocuteur en contradiction avec lui-même et à démontrer aux poètes, politiciens, etc., qu'ils ne connaissent pas l'essence de la poésie, de la politique. Cette méthode, plus critique que constructive, définit la période des dialogues « aporétiques » (qui posent un problème, détruisent les opinions fausses, mais n'aboutissent pas finalement à une solution positive). À cette période se rattachent notamment l'*Apologie de Socrate, le Criton, le Gorgias*; 2° les *dialogues de maturité,* qui fournissent l'apport original de Platon par rapport à la méthode socratique, exposent la célèbre « théorie des idées ». Le *Phédon* traite de l'immortalité de l'âme, *le Banquet** et le *Phèdre* sont consacrés à l'amour, *la République* à l'organisation de la cité idéale. La connaissance du vrai, selon Platon, ne fait que reproduire un ensemble d'idées, qui sont les modèles intelligibles de tout rapport intellectuel : par exemple, quand je dis que Socrate est plus grand que Phédon et plus petit que Théétète, je vois que l'idée de « grandeur » appliquée aux objets du monde, n'est qu'une idée relative. D'où vient, demande Platon, en elle-même l'idée de la grandeur ? Elle ne peut avoir d'existence dans le monde sensible, mais dans un monde que Platon nomme le « monde intelligible ». La doctrine de Platon se présente alors comme un idéalisme objectif ; 3° les *derniers dialogues,* où Platon découvre les insuffisances de la première théorie des idées et tente d'y remédier, s'élèvent à une métaphysique de la connaissance. Le problème central de cette troisième période n'est plus celui du fondement de notre connaissance (deuxième période), mais celui du rapport ou de la « participation » des idées au monde sensible. Ces derniers dialogues *(le Sophiste, Parménide, le Politique, Philèbe, Timée)* sont les plus difficiles, les plus abstraits et aussi les plus profonds. Son dernier dialogue, *les Lois,* est resté inachevé.

Par sa théorie rationaliste de la connaissance et par sa théorie morale du salut, Platon est considéré comme le père de toute la philosophie occidentale. → **Banquet [le], caverne de Platon.**

Plotin, philosophe néo-platonicien, de l'école d'Alexandrie (Lycopolis ?, auj. Assiout, Égypte, v. 205 apr. J.-C. – en Campanie v. 270). Il vint à Rome en 244, où il tint école avec succès. À partir de quarante-huit ans, il rédigea les traités que son élève Porphyre corrigeait et les édita sous le titre d'*Ennéades :* il les rangea en six parties composées chacune de neuf livres. La première *Ennéade* traite surtout de la morale, la deuxième et la troisième du monde, la quatrième de l'âme, la cinquième de l'intelligence, la sixième de l'Un (l'intelligence universelle). La doctrine plotinienne retient de Platon l'idéalisme et la célèbre dialectique de l'amour, qui permet au philosophe de s'élever jusqu'à l'intuition du Souverain Bien. Sa théorie des « hypostases », âme, intelligence, unité, recouvre une conception très vivante de l'activité intellectuelle. Sa doctrine de l'« Un au-delà de l'Être » implique une profonde théorie du fondement de la connaissance, qui restera méconnue par Hegel et tout le rationalisme classique, et s'oppose à l'idée de la raison comme faculté de représentation. L'idée d'une appréhension intuitive de l'Absolu divin influencera les Pères de l'église. Sa philosophie très suggestive, nourrie aux doctrines présocratiques (Parménide), inspirera, à travers saint Augustin, la philosophie réflexive et la conception de la raison comme « activité » (Kant, Fichte).

pluralisme, système philosophique selon lequel les réalités qui composent l'univers ne sont pas réductibles à un principe constitutif unique. Le pluralisme est souvent un dualisme, qui oppose la *matière* et *l'esprit*, les *choses* et les *idées* comme deux réalités totalement hétérogènes.

Dans la philosophie grecque, le pluralisme des Sophistes s'oppose au monisme de Parménide. Dans la philosophie moderne, le pluralisme caractérise l'*empirisme* qui fait dériver la connaissance de l'expérience. Le premier tiers du XXe siècle a vu naître les « philosophies pluralistes » en Angleterre et aux États-Unis. William James a revendiqué cette désignation.

plus-value → Capital (le).

Politique, traité d'Aristote dont il ne nous reste que huit livres incomplets. Aristote présente la politique comme « la première des sciences », celle qui dirige toutes les autres. L'homme libre doit commander à l'esclave comme la vertu au vice. Mais l'autorité de l'État sur les hommes libres repose sur la capacité de ces derniers de savoir commander et obéir. Aristote a analysé une soixantaine de constitutions pour rédiger son livre, ce qui lui confère un très grand intérêt historique. Il dégage trois formes valables de gouvernement : la royauté, l'aristocratie (étymologiquement : le gouvernement des meilleurs), la démocratie, dont les déviations sont la tyrannie et la démagogie (gouvernement qui se contente de flatter le peuple par des paroles) et l'oligarchie (ou gouvernement des castes).

politique, art ou science des affaires publiques.

Par extension, science du gouvernement des États. Aristote plaçait la science politique au-dessus des autres parce qu'elle commande au reste des activités humaines. Cette science a, aujourd'hui, beaucoup plus de mal à définir sa méthode et son objet.

Les méthodes de la science politique. Le développement des sciences sociales (l'économie, la sociologie avec A. Comte, la géopolitique avec Friedrich Ratzel, le droit public sous l'impulsion des juristes allemands de la fin du XIXe siècle) a d'abord fait disparaître la politique comme science principale. Il y a eu *des* sciences politiques, le politique n'étant en lui-même que leur point de convergence ou leur « résidu » impossible à saisir directement.

Les sociologues, s'inspirant des méthodes objectives de François Simiand (1873-1935) et de Durkheim (1858-1917), ont voulu observer les faits politiques (par le recours à des techniques comme les sondages d'opinion, les interviews, les analyses de journaux, de programmes des partis, de déclarations politiques), puis les expliquer et, en généralisant, tirer des lois et des théories qui feraient la science politique. Malheureusement, ces savants ont toujours expliqué le passé, mais n'ont jamais prévu l'avenir politique. La politique, surtout quand elle résulte du suffrage universel, ressemble à la météorologie : elle résulte d'une masse infinie d'éléments qu'il est impossible d'appréhender théoriquement pour en prévoir la résultante.

Ce sont les juristes français qui ont permis un progrès décisif : Adhémar Esmein (1848-1913), dans les *Éléments de droit constitutionnel*, a distingué les institutions en fonction des idées et des forces en présence. Louis Rolland (1877-1956) a traité, à la conférence d'agrégation de droit public, le même sujet du point de vue de la science politique et du point de vue du droit strict. Enfin, le *Traité de science politique* de Georges Burdeau (1949) s'efforce de saisir les données sociales et institutionnelles à travers la dynamique des rapports politiques qui les institue et les modifie.

L'objet de la science politique. Ce fut d'abord l'État ou les gouvernements. Mais il existe une activité politique avant l'État, après l'État et en marge des activités officielles de l'État. Par exemple, l'opposition politique dans un pays est une force politique totalement étrangère à l'État, jusqu'au jour où elle devient officiellement prééminente et s'identifie à l'état.

La science politique a été ensuite définie comme la science du pouvoir (G. Burdeau, R. Aron et les sociologues américains : Georges E. Catlin, Harold D. Lasswell). Mais le pouvoir n'est pas forcément politique : il peut être économique ou syndical. D'autre part, la politique ne se réduit pas à la lutte pour le pouvoir : elle est aussi le fruit d'idéologies, de traditions, d'aspirations.

On a alors pensé que la politique était la science des rapports politiques. Le rapport apparaît « dès qu'une force publique est appliquée au maintien de la cohésion sociale » (P. Duclos). Cette force est définie tantôt comme une force de conciliation (B. Croce), tantôt comme un rapport d'hostilité (C. Schmitt, *le Concept du politique*, 1928). On aperçoit bien l'ambivalence de la relation politique, décrite tantôt comme ennemie et tantôt comme amie ; l'ambivalence aussi du pouvoir, recherché par les hommes comme un besoin et en même temps rejeté comme une atteinte à leur liberté. On le voit, la politique est profondément humaine : elle est, comme l'homme selon Kant et Fichte, non pas quelque chose qui se pense, mais qui se réalise. Sur le plan objectif, comme l'écrivait Merleau-Ponty dans *Humanisme et terreur* (1947), il est impossible de maîtriser intellectuellement la conjoncture mondiale ; nous pouvons tout au plus tenter de la modifier en agissant sur elle.

La philosophie politique. Elle a toujours posé le problème de la *valeur* de l'action politique.

Objectivement, il s'agit de la valeur des gouvernements : comment les concevoir pour qu'ils soient au service des vrais besoins de l'humanité ? La philosophie politique n'est donc pas du tout une technique de l'action politique (un genre d'école de « machiavélisme »). Elle s'est présentée dès l'Antiquité (chez Platon, par exemple, au livre VIII de *la République* et dans son dialogue *les Lois*), et même chez Montesquieu, comme une science du gouvernement le meilleur : un tel gouvernement était, pour Platon, celui de l' « aristocratie » au sens étymologique (du gr. *aristos*, le meilleur), comme gouvernement des meilleurs, des plus capables. Au livre VIII de *la République,* il place à la tête de l'État un philosophe (celui qui a à la fois la meilleure formation générale et le plus d'attachement aux valeurs universelles). Montesquieu distinguait la monarchie, l'aristocratie, la démocratie, affirmant finalement le primat de la monarchie. C'est lui qui a, pour la première fois, analysé le problème de la « constitution » la meilleure : depuis lors, le problème fondamental que tout pays démocratique doit surmonter est de concilier dans sa constitution ces deux exigences : d'une part établir un gouvernement fort et efficace, d'autre part préserver une vie publique, libre et démocratique. Ce problème, qui fut celui de Montesquieu, est devenu de nos jours un problème de technique juridique ou d'approximation constitutionnelle, non plus un problème proprement philosophique. Quelle que soit la forme du gouvernement (monarchique, populaire, etc.), sa qualité générale, l'exigence à laquelle il doit répondre, est d'être un gouvernement légitime. C'est au XVIIIe siècle que Rousseau a substitué à la recherche du gouvernement le meilleur celle des principes du gouvernement légitime, c'est-à-dire institué non par la violence, mais dans l'ordre et la continuité du droit. À vrai dire, toutes les philosophies politiques comportent une observation des faits, une classification des institutions politiques et une réflexion axiologique sur la valeur de ces institutions.

Subjectivement, la valeur de l'action politique pose la question suivante :

faut-il s'engager dans la politique pour être un homme véritable? (Éric Weil, *Philosophie politique*, 1956). C'est la question que Calliclès débattait avec Socrate dans le dialogue *le Gorgias* (§ 40). Calliclès déclare : « Si je vois un jeune homme s'adonner à la philosophie, je juge qu'il a de la noblesse... mais lorsqu'on est déjà sur le retour de l'âge, et qu'on philosophe encore, la chose devient alors ridicule. » L'adolescent discute, l'homme agit dans un monde de rapport de forces. Socrate le réfutera.

En conclusion, si la politique possède un attrait particulier du fait que l'action se situe au niveau de la totalité de la société et de tous les intérêts du pays dans son contexte international, l'homme peut s'engager et se révéler totalement lui-même dans toute forme d'action (artistique, industrielle, agricole, pédagogique, etc.). De ce point de vue (cf. la *Philosophie politique* d'Éric Weil), la politique n'est qu'une possibilité parmi d'autres où l'individu n'est absolument pas plus assuré de réaliser sa vocation que dans n'importe quelle autre activité.

D'un autre côté, il est aussi vrai que « répugner à la politique, c'est ne plus croire en l'avenir, en l'homme, c'est mépriser l'humanité » (Freund, *l'Essence du politique*, 1965).

polonaise (philosophie). Elle se caractérise actuellement par trois courants philosophiques : 1° le *marxisme*, le plus important jusqu'en 1990, en raison de son caractère officiel; 2° le *néo-positivisme*, en voie de disparition (Nowinski, Mme Eilstein), qui est une école de logique, issue du Cercle de Vienne* des années 1930; 3° le courant catholique ou *néo-thomisme*, qui reste puissant en raison de la diffusion du catholicisme dans le pays (Krapiec, Legouricz, Ingarden, Klosak). L'existentialisme, apparu au cours des événements de 1955-1956, est ici une des formes du marxisme, préconisant cependant une relation plus libre et plus personnelle entre l'individu et la société. Les crises et révoltes sociales qui ont eu lieu successivement en 1968 et 1976 pour aboutir au mouvement de Solidarité en 1980 ont inauguré une période de réflexion sur les structures sociales et historiques et sur la linguistique (S. Barańczak, né en 1946, R. Krynicki, né en 1943, K. Wyka, né en 1910, A. Kijowski né en 1928).

polythéisme, doctrine ou religion qui admet l'existence de plusieurs dieux.

Popper (sir Karl Raimund), philosophe britannique d'origine autrichienne (Vienne 1902 – Londres 1994). Il enseigne en Nouvelle-Zélande, puis à la *London School of Economics* (1945-1966) et à l'Université de Londres (1949-1969). Il prend ses distances avec le positivisme logique issu du Cercle de Vienne et s'oppose à Carnap dans *Logique de la connaissance scientifique* (1934) : il montre que la recherche scientifique ne procède pas par induction mais par essais et erreurs, conjectures et réfutations; elle est une « quête inachevée », non une connaissance objective. Il critique toute forme d'autoritarisme de Platon à Marx. Il a écrit : *la Société ouverte et ses ennemis* (1945), *Misère de l'historicisme* (1957), *la Quête inachevée* (1974), *Post Script to the Logic of Scientific Discovery* (1982).

Porphyre, philosophe néo-platonicien (Tyr 234 – Rome 305). Il fut le disciple de Plotin à Rome de 263 à 268. Il édita les *Ennéades* de Plotin, publia *une Vie de Plotin*, ainsi qu'une *Vie de Pythagore*. Défenseur de l'hellénisme, il fut un adversaire résolu des chrétiens.

Port-Royal, abbaye de femmes, fondée en 1204 dans la vallée de Chevreuse et devenue célèbre à partir du moment où, après être passée sous la signature de l'archevêque de Paris (1627), puis sous la direction de Saint-Cyran (1635), elle devint le centre du jansénisme*. Parmi les « messieurs » de Port-Royal, se trouvaient notamment le célèbre théologien Antoine Arnauld et Pascal.

Posidonios, historien et philosophe stoïcien grec (Apamée, Syrie, v. 135 – v. 50 av. J.-C.). Cicéron et Pompée vinrent à Rhodes assister à ses cours.

positivisme, doctrine philosophique d'Auguste Comte* et de ses disciples. Par extension, tendance des esprits hostiles à la métaphysique et désireux de ne fonder la connaissance que sur des faits.

Le *positivisme*, formulé par Auguste Comte, se présente comme une philosophie des sciences, une politique et une religion : la première est connue pour vouloir substituer à l'explication « théologique » par une causalité transcendante ou à l'explication « métaphysique » par un simple concept (le pavot fait dormir parce qu'il a une « vertu dormitive » une explication positive « par la loi » ; la politique positiviste vise à instaurer un ordre social adapté à l' « âge industriel », où le pouvoir spirituel se distingue du politique, où la classe spéculative (savants, artistes, philosophes) se trouve opposée à la classe active (commerçants, industriels, agriculteurs) ; enfin, la religion positiviste n'a pas pour objet un Dieu transcendant et inaccessible, mais elle est la religion de l'Humanité. C'est au Brésil que cette religion a eu un extraordinaire succès, parce que Benjamin Constant, ministre de la république du Brésil, essaya d'y organiser l'enseignement selon les principes de Comte. Le gouvernement brésilien devait déclarer, au début de la Première Guerre mondiale, que « si les principes du positivisme avaient été mieux connus en Europe, la guerre n'eût point éclaté ». → **Classification [des sciences].**

positivisme logique, expression apparue en 1930 pour désigner la philosophie de l'analyse logique ou de l'analyse linguistique, créée en Grande-Bretagne au début du XXe siècle sous l'influence de Thomas Moore et de Bertrand Russell*. Cette philosophie de l'analyse fut reprise par les philosophes autrichiens Ludwig Wittgenstein* et Wisdom. Elle connut ses années de gloire entre les deux guerres avec les membres du Cercle de Vienne* (Schlik, Carnap, Reichenbach, Neurath, Kraft, Hempel), qui en firent une critique de la métaphysique, et elle se développa en Pologne avec Kotarbinski, Liesniewski, Tarski. Ce style de philosophie a aujourd'hui gagné la pensée américaine (Quine, Goodman), tend à conquérir les pays germaniques et nordiques avec Aqvist, von Wright, Hintikka et Hilpinen, et influence même la pensée soviétique. Il représenterait, selon Jules Vuillermin, la seule philosophie actuellement vivante (en dehors d'ailleurs de la philosophie universitaire française, qui la méconnaît).

Le positivisme logique considère que seule l'analyse logique peut prouver la cohérence et la vérité d'un énoncé. L'analyse de la connaissance n'est absolument pas considérée comme un approfondissement des données psychologiques (comme chez Lachelier, Lagneau ou Bergson). Le physicien, qui dérive de principes établis des conséquences sûres, s'efforce avant tout de calculer : « Il n'est pas tenu de *croire* à la vérité des formules qu'il élabore ; ni même de les *connaître* au sens banal du mot. Il suffit qu'il les *construise* correctement. La vérité d'une formule n'a donc que faire de l'illumination de notre intellect ou de l'adhésion de notre volonté » (Louis Vax). Cette « connaissance sans sujet connaissant », qui découle de la dialectique des concepts, et non de l'activité d'un sujet, constitue l'objet principal du positivisme logique qui va concentrer ses recherches autour de la notion de *sens*.

Carnap* proposera des critères du *sens*. Les propositions doivent pouvoir être *testées* (soit par le calcul, soit par l'expérience) ou *confirmées* (lorsque l'on a une idée de la preuve sans avoir encore le fait d'expérience). Il éliminera les propositions dites « métaphysiques » comme dénuées de sens.

L'analyse logique apparaît bien comme un microscope (Frege) destiné à examiner le sens et la « fiabilité » des énoncés. Elle se développe naturellement dans l'analyse du langage et dans l'approfondissement de la *sémantique* (qui est la science des rapports entre les symboles d'une langue et les objets extérieurs auxquels ils se rapportent). Il y a le nom et l'objet (appelé *designatum* ou *référent*) désigné par ce nom. Frege y ajoute le *sens*. Par exemple, *Étoile du matin* et *Étoile du soir* désignent le même référent (la planète Vénus), mais leur sens n'est pas identique : *Étoile du matin* désigne un corps céleste qui apparaît à l'aube, *Étoile du soir* un astre qui brille au crépuscule.

Frege approfondira la distinction entre analyse du langage et analyse du sens : il y a, d'une part, les choses qui *possèdent* des propriétés (par exemple « le chat miaule »), d'autre part, les concepts qui les *indiquent* (le concept de « chat » ne miaule pas, à la différence de sa réalité physique), qui possèdent eux-mêmes des propriétés propres, « indiquées » également par un concept supérieur (le concept de « mammifère » qui indique des propriétés communes au chat et à d'autres animaux).

Le positivisme logique se caractérise, dans sa forme, par l'application de la logique symbolique (sous l'inspiration de Russell) à la théorie de la connaissance. Quant à son contenu, les principaux thèmes ont été des dichotomies : vérité analytique (vrai en vertu du langage) / vérité synthétique (vrai en vertu de l'expérience), vérifiable / non vérifiable, propositions scientifiques / propositions métaphysiques, sciences formelles / sciences factuelles.

En analysant les paradoxes (le plus simple est celui du menteur qui dit qu'il ment. Comment pourrait-il dire la vérité ?), Popper et surtout Tarski et Gödel (1931) montreront qu'il est impossible de développer une théorie universelle du sens qui puisse s'appliquer à elle-même (être « self-référentielle »), renonçant ainsi à l'idée d'une philosophie comme théorie générale de la science. Quelles que soient les limites du positivisme logique, il a contribué au développement de l'empirisme contemporain dans les pays anglo-saxons et marque une période particulièrement active de la pensée au XXe siècle.

possession **(délire de), forme du délire de persécution, où l'individu se croit en proie à des puissances occultes.**

La *possession* se distingue de la simple *suggestion,* qui exprime l'influence temporaire d'une idée ou d'un individu sur notre conscience et sur nos actes ; elle se distingue également de l'*obsession,* que son caractère continu rapproche de la possession : mais, dans l'obsession, le sujet possède encore sa liberté et un certain pouvoir de résister aux idées qui l'obsèdent. — La possession désigne, en théologie, la présence de Dieu — ou du Diable (cas de diabolisme) — en nous, l'envoûtement total de l'individu.

postkantien, continuateur de Kant.

La philosophie postkantienne, qu'on nomme encore l'« idéalisme allemand de la grande époque », s'est développée dans la période particulièrement féconde qui va de 1794 (publication du premier exposé de la *Théorie de la science,* de Fichte) à 1814 (élaboration de la *Grande Logique,* de Hegel) : elle a été inaugurée par Reinhold, qui, le premier, dans sa *Recherche d'une nouvelle théorie de la faculté humaine de représentation* (1789), a voulu dépasser Kant « de l'intérieur » et déduire les principes de la connaissance humaine à partir d'une proposition fondamentale, d'une unité absolue. Les principaux représentants de la philosophie postkantienne sont Fichte, Schelling et Hegel. — Partis de Kant, les postkantiens ont tour à tour approfondi sa théorie de la connaissance, d'abord dans une philosophie du sujet (Fichte), puis dans une philosophie de la nature (Schelling), enfin dans une philosophie de l'absolu (Hegel). — Il ne faut pas confondre l'idéalisme *postkantien* avec le *néo-kantisme* (école de Marburg), qui lui fut postérieur et se définit, en réaction contre lui, comme un positivisme et un « retour à Kant ».

postulat, terme mathématique qui désigne une proposition de base que l'on demande d'accorder, qui n'est ni démontrable ni évidente par elle-même (c'est le cas de *l'axiome*) mais qui est nécessaire à l'établissement d'un système déductif.

Chez Kant, *les postulats de la raison pratique* (la liberté, l'immortalité de l'âme, l'existence de Dieu) ne sont pas des réalités démontrables, mais des réalités sans lesquelles la vie morale serait impossible et dénuée de sens.

potlatch, institution des Indiens du Nord-Ouest américain, caractérisée par une grande cérémonie où l'on échange des dons.

La notion de « société de potlatch » est souvent évoquée par les sociologues pour désigner l'état primitif de la société, où les échanges se font en nature et non par l'intermédiaire de la monnaie.

pour-soi, être humain doué de conscience, par opposition à toute réalité extérieure à la conscience (*en-soi*).

Ce terme a été d'abord employé par Fichte et Hegel pour désigner le caractère réflexif de toute conduite humaine, qui fait, par exemple, qu'agir c'est savoir qu'on agit, et aimer, savoir qu'on aime. Ce caractère de perpétuel dédoublement serait ainsi, selon Fichte et Hegel, le caractère du pour-soi, propre à tout être doué de conscience. Le terme de *pour-soi* a été aujourd'hui répandu par Sartre et la philosophie existentialiste : ce « pour-soi » y est identique au « non-être », simplement parce que le caractère de l'homme est d'agir et, par là même, « de ne plus être ce qu'il est » ; cette inquiétude perpétuelle, identifiée à la conscience de la liberté, serait le caractère fondamental du pour-soi.

Pradines (Maurice), philosophe et psychologue français (Glovelier, Suisse, 1874 – Paris 1958). Il publie en 1909 une *Critique des conditions de l'action* (1er vol. : *l'Erreur morale* ; 2e vol. : *Les Principes de toute philosophie de l'action*). Il y oppose la morale comme activité terrestre à la religion comme discipline du ciel. Comment dès lors fonder la morale ? Pradines s'engage dans deux recherches : une philosophie de la sensation (*Problème de la sensation*, 1928 ; *les Sens du besoin*, 1932, *l'Aventure de l'esprit dans les espèces*, 1954), et une phylogenèse de la religion (*Esprit de la religion*, 1951). L'auteur a évoqué sa vie dans *le Beau Voyage. Itinéraire de Paris aux frontières de Jérusalem* (1982).

pragmatisme, empirisme pour lequel la valeur pratique, c'est-à-dire la réussite, est le critérium de la vérité.

Il est représenté par W. James, Ch. Sanders Peirce, J. Dewey, E. Le Roy, Laberthonnière, Papini. En science, il ne reconnaît la vérité d'une loi ou d'une théorie qu'à la possibilité d'en tirer des applications pratiques. Une religion est tenue pour vraie quand elle est moralement bienfaisante. Le pragmatisme s'oppose au *rationalisme**, pour qui une chose n'est pas vraie parce qu'elle est utile, mais est utile à enseigner parce qu'elle est vraie. Soutenu et répandu par W. James*, le pragmatisme eut son époque de gloire à la fin du XIXe siècle et au début du XXe siècle. À peu près disparu en Europe, il subsiste encore aujourd'hui dans certains cercles philosophiques des États-Unis.

pratique (philosophie), partie de la philosophie ordonnée au problème de l'action humaine.

La notion de philosophie pratique enveloppe toute réflexion sur les relations sociales (sociologie), les relations entre les « classes » différentes (réflexion politico-économique), le marxisme, etc. Elle englobe la *philosophie morale*, qui est une partie de la philosophie pratique, et dont le problème fondamental est celui de la destination de l'homme dans le monde ; elle peut se formuler, dans les termes mêmes de Kant, comme une réponse à la question : « Que dois-je faire ? » La philosophie pratique s'oppose à la *philosophie théorique,* qui répond à la question de l'homme qui se demande : « Que puis-je connaître ? », et elle se distingue de la *philosophie de la religion*, qui s'interroge ainsi : « Que suis-je en droit d'espérer, si je conduis ma vie selon les principes de la morale ? » Le but de la philosophie pratique est d'indiquer aux hommes les conditions (sociales, économiques, politiques et morales) qui leur permettront d'acquérir le *bonheur.* → **Action, pragmatisme, utilitarisme.**

précompréhension, intuition ou sentiment non encore explicite.

Ce terme, couramment employé dans la philosophie contemporaine (Husserl, Heidegger), désigne « ce qui rend possible » une recherche. Par exemple : si l'on ne savait pas implicitement (précompréhension) ce qu'est la mémoire, il serait impossible de « réfléchir » sur la mémoire. La précompréhension est donc le guide et le fil conducteur de toute réflexion philosophique sur un objet quelconque. La réflexion substitue à la précompréhension une compréhension claire et objective de son objet.

prédestination, doctrine selon laquelle tout individu est destiné, dès sa naissance, à être sauvé ou damné.

La croyance en la prédestination conduit au fatalisme. Elle se trouve contredite par l'expérience humaine de l'action efficace, où l'homme a conscience de faire quelque chose de nouveau par un acte libre et, en conséquence, imprévisible. Il ne faut pas confondre l'idée de « prédestination », qui ne s'applique qu'aux actes et aux événements humains et s'oppose à l'idée de « liberté », avec l'idée de « déterminisme », qui ne s'applique qu'aux événements du monde physique et s'oppose à l'« indéterminisme ». → **Déterminisme, fatalisme.**

préformation, théorie biologique selon laquelle le développement d'un individu consiste en un simple accroissement de taille d'une conformation existant déjà dans le germe.

La théorie de la préformation, soutenue par Malpighi et Swammerdam, s'oppose à celle de l'« épigenèse », selon laquelle les organes ne sont pas préformés dans le germe, mais produits par une création ultérieure (le développement du têtard en grenouille s'accomplit par épigenèse, mais avec autant de régularité que s'il y avait préformation). → **Évolutionnisme.**

prégnant, qui est significatif, expressif, plein de sens implicite.

Ce terme, ainsi que le nom *prégnance,* repris par la psychologie de la forme, désigne la qualité d'une structure perceptive dont la pureté, la régularité s'imposent à nous plus vivement que les autres structures : par exemple, dans un nuage, on percevra « une tête de cheval », une « silhouette humaine » parmi une infinité d'autres figures possibles ; ces formes ont un caractère « prégnant ».

prélogique, qui précède la logique.

L'idée d'une *mentalité prélogique* propre à certaines sociétés non civilisées par l'Occident, développée par Lévy-Bruhl, reste un mythe tissé par un certain nombre de préjugés : le caractère d'un homme passionné, de tous ceux que l'on ne comprend pas ou que l'on ne veut pas comprendre, la mentalité même de ceux qui ne partagent pas nos idées nous paraissent « prélogiques ». La notion a disparu aujourd'hui de la sociologie. On parle plutôt de « mentalité pure » ou de « pensée sauvage » (Lévi-Strauss), entendant par là un mode de pensée et de vie qui n'a pas été déformé par les exigences de la civilisation moderne (tel le devoir de travailler vite et de « rendre » par tous les moyens, tels le préjugé de la valeur intrinsèque de l'argent, l'enthousiasme pour le progrès technique, etc.). La « pensée sauvage » est considérée positivement comme l'expression libre et naturelle de l'homme, non sous un aspect négatif, comme une pensée de degré inférieur.

prépsychotique, propre à l'ensemble des phénomènes « préconscients » qui marquent l'enfant avant le dixième mois et déterminent sa vie psychologique ultérieure.

La plupart des névroses considérées comme « constitutionnelles » résultent d'une « fixation » des phénomènes avant le dixième mois. Selon Freud, le caractère de l'homme serait le produit de la vie prépsychotique de l'enfant.

présence, fait de se trouver dans un lieu donné ; en un sens plus particulier, conscience d'être là, sentiment d'exister : c'est en ce sens que la philosophie fondamentale de Heidegger se présente comme une analyse de la « présence » (du *Dasein*, « fait d'être là »).

D'une façon générale, le sentiment de présence exprime, en philosophie de la religion, un sentiment de participation à l'être absolu (qu'il s'agisse d'un Dieu transcendant ou de la Nature au sens romantique de médiatrice entre l'homme et la divinité). Du point de vue de la logique, on oppose souvent la *présence* (sentiment d'une « atmosphère », dit Jaspers) à la *représentation* d'un objet, pour souligner ainsi l'irréductibilité du sentiment de présence (ou sentiment du réel) à tout objet particulier de la représentation. « Aucun objet, disait Jacobi, ne peut égaler le sentiment infini de la réalité. »

Présocratiques, nom générique des philosophes grecs qui ont précédé Socrate, à l'exclusion des sophistes. Le point commun des présocratiques est de vouloir chercher dans la nature un élément explicatif de l'univers. Les principaux sont Thalès*, Anaximène*, Anaximandre*, Héraclite*, Parménide*, Zénon* et Anaxagore*. La critique que Socrate en a faite a donné un nouveau point de départ à la philosophie et explique que tous les penseurs sont situés dans l'histoire par rapport à Socrate.

preuve, ce qui amène l'esprit à reconnaître une vérité.

Il y a, en gros, deux types de preuves : celles qui procèdent par démonstrations objectives et créent la « conviction » logique ; et celles qui procèdent par « persuasion » psychologique et en appellent aux sentiments ou aux tendances fondamentales de l'individu. Ces deux types de preuves correspondent respectivement aux exigences de l'esprit de géométrie et de l'esprit de finesse.

Prince (le) [en ital. ***Il Principe***], ouvrage de Machiavel*, composé en 1513 et publié après sa mort, en 1531. *Le Prince* est un traité politique où Machiavel constate l'incapacité des républiques italiennes à réaliser leur unité, alors que la France et l'Angleterre, soumises chacune à un monarque, sont parvenues à l'unification territoriale et morale. Machiavel élabore une politique positive, fondée sur la raison d'État, telle qu'elle a été incarnée par la personnalité énergique et cruelle de César Borgia : mélange de prudence et de courage, de ruse et de violence, sans pitié ni scrupule, César Borgia est le modèle du gouvernant *efficace* qui, seul, pourrait réaliser, en des temps difficiles, l'unité italienne au-dessus des intérêts particuliers. Le « machiavélisme », que l'on a attribué à tort à Machiavel, n'est que la description des méthodes de César Borgia, qui, parti de rien, avait réussi à édifier un État moderne.

principe, commencement, point de départ.

On distingue plusieurs types de principes : les *principes logiques*, qui régissent absolument toute connaissance valable (et dont les plus généraux sont les principes d'*identité*, de *non-contradiction* et de *tiers exclu*) ; les *principes moraux*, dont le caractère est de s'imposer à toute conduite humaine qui veut promouvoir une action valable. Les principes moraux ont la particularité de s'imposer eux-mêmes à la conscience ; ils se distinguent en cela des « postulats théoriques », qui sont en eux-mêmes arbitrairement posés (par exemple, les principes des axiomatiques et, en général, les principes mathématiques) bien que leur application entraîne des démarches (ou démonstrations) absolument nécessaires pour l'esprit.

La philosophie critique distingue la notion de *principe* (proposition première, point de départ) et celle de *fondement* (principe de justification et d'explication). Par exemple, le principe de la philosophie de Descartes est le « je pense, donc je suis », mais son fondement est la « véracité divine ».

prise de conscience, découverte de ce que nous sommes inconsciemment ou de ce que nous faisons automatiquement.

La prise de conscience des motifs profonds de nos actions et de nos sentiments non seulement nous délivre des complexes et des troubles psychologiques (selon la psychanalyse), mais substitue aux réactions aveugles, fruits de sentiments obscurs et de préjugés, une conduite libre et rationnelle, œuvre d'une personnalité maîtresse d'elle-même. Elle s'effectue le plus souvent au contact d'une difficulté, pouvant provenir aussi bien du milieu social que du milieu physique.

Du point de vue logique, la prise de conscience prend la forme d'une « reconnaissance » de ce que nous étions et faisions sans le savoir; en ce sens, toute réflexion philosophique se développe comme une prise de conscience; elle s'oppose à la « prise de connaissance », qui porte non plus sur nous-mêmes, mais sur les objets du monde, et qui caractérise — dans son opposition à la découverte philosophique — toute découverte scientifique.

probabilisme, doctrine intermédiaire entre le dogmatisme* et le scepticisme*, qui fut, dans l'Antiquité, celle d'Arcésilas* et de Carnéade*.

Elle nie la possibilité de connaître la vérité absolue mais distingue des vérités plus ou moins probables.

problématique, développement d'un problème par la réflexion : l'analyse du sentiment du devoir est une « problématique » morale.

Ce terme, très souvent employé, est synonyme de « recherche sur un sujet précis et cependant parfaitement ouverte » : toutes les solutions sont au départ possibles. Il se substitue souvent au terme de *réflexion*, en y ajoutant une nuance spéciale de rigueur : la problématique est l'art d'élaborer et de poser clairement les problèmes, et aussi de les résoudre rigoureusement en suivant leur transformations dans la réflexion philosophique.

problématique, se dit d'un jugement qui ne renferme aucune contradiction, mais dont on ne peut vérifier s'il correspond à une réalité objective.

Une des trois modalités du jugement selon Kant; s'oppose à *assertorique** et à *apodictique**.

Proclus, philosophe néo-platonicien (Constantinople 412 – Athènes 485), auteur d'un *Commentaire sur le Timée, le Parménide, le Théétète, la République,* et sur d'autres dialogues de Platon. Ses *Éléments de théologie* représentent la somme de la métaphysique néo-platonicienne. Il fut considéré, de son vivant, comme un sage et comme un mage inspiré.

profil psychologique, procédé inventé par Rossolimo en 1912, et qui consiste à noter sur un graphique les résultats de divers tests (de caractère, d'intelligence, etc.), ainsi qu'à tracer la courbe correspondant aux aptitudes et aux tendances de la personnalité.

Le tracé du profil psychologique est requis pour pouvoir « orienter » un individu, d'une façon vraiment utile et positive. → Orientation.

progrès, mouvement en avant.

En bonne logique, le progrès peut être en bien comme en mal. Mais couramment, quand on parle du progrès de la civilisation, de la nature humaine, il s'agit d'un progrès vers le bien : vers l'accroissement des connaissances de l'esprit et du bonheur de l'homme. La croyance au progrès était un des principes de l'esprit encyclopédique au XVIIIe siècle, du positivisme au XIXe siècle : par progrès, les philosophes du XVIIIe siècle (Diderot, Voltaire, les encyclopédistes) n'entendaient pas seulement un progrès des sciences, mais surtout un progrès social dans le sens des libertés politiques et du bien-être économique.

A. Comte, après avoir reconnu toute la valeur de l'« évolution industrielle », considérait que le principal objet de la progression humaine consistait dans l'« amélioration continue de notre propre nature », dont les attributs éminents sont l'« intelligence » et la « sociabilité ».

Maintenant, quel que soit l'idéal que les doctrines philosophiques nous invitent à promouvoir, peut-on dire que l'histoire réelle confirme la vision positiviste? C'est un fait qu'il existe un progrès des sciences, donc un progrès des techniques et, par là même, du bien-être des hommes; mais peut-on dire que, sur le plan humain, notre époque actuelle ait plus de « valeur » que les époques antérieures? La valeur d'une époque se caractérise par sa « culture » : à cet égard, il est impossible de dire que la culture moderne soit supérieure à celle des Anciens, pas plus que la culture française n'est supérieure à la culture allemande ou anglaise; il s'agit simplement de cultures

« différentes ». Si l'on considère la multiplication des découvertes scientifiques et philosophiques, ou des créations artistiques, on désignera par exemple le siècle de Périclès (V^{e} av. J.-C.) comme celui d'une avancée ou d'un progrès exceptionnel. Il en est de même de l'époque de la Renaissance. Le XXe siècle, que Nietzsche décrivait prophétiquement comme « l'âge classique de la guerre », apparaîtra de ce point de vue comme une récession, mais aussi comme marqué par l'avènement d'une culture mondiale et d'un développement sans précédent des sciences et des techniques.

Mais, en ce qui concerne le progrès de la nature humaine, il faut distinguer deux optiques : 1° *du point de vue individuel*, il n'y a pas de progrès, il n'y en aura jamais : chaque homme qui vient à la vie doit réapprendre complètement à surmonter ses passions et à faire triompher la raison; il y aura toujours des coléreux, des instinctifs, des angoissés, etc.; 2° *du point de vue de l'histoire des hommes*, on peut noter une évolution progressive des constitutions des États dans le sens d'une plus grande liberté, une évolution des rapports entre États dans le sens d'une plus grande cohésion et, par là même, d'une paix durable et organisée. Bref, l'histoire des individus est une perpétuelle répétition des mêmes erreurs et des mêmes emportements, que seuls les progrès et surtout la généralisation de l'éducation peuvent nous permettre de surmonter plus facilement; en revanche, l'histoire de l'humanité révèle un progrès dans le sens de l'association des nations et des hommes les uns avec les autres.

Mais, en vérité, la paix n'est pas une fin en elle-même : si l'organisation de la paix mondiale représente un progrès « moral », propice au développement de la culture et des arts, et requis pour l'amélioration des conditions de vie, il faut aussi remarquer, avec Hegel, que seule la diversité des pays peut maintenir entre eux un état de concurrence propice au progrès technique et scientifique. Hegel affirmait même la nécessité d'un certain état de menace extérieure pour entretenir et secouer les consciences nationales, pour maintenir en éveil l'esprit compétitif des sociétés, ainsi que leur volonté propre de création ou d'expression : la nature humaine est ainsi faite qu'il n'y a pas de progrès sans stimulation extérieure. On peut conclure que les véritables périodes de progrès global correspondent, historiquement, aux époques de paix effective (propice au développement des arts et aux progrès sociaux) et aux époques de risques de guerre (propices au développement des techniques et des sciences). → **Histoire, science, technique, morale.**

projection, mouvement de l'esprit qui consiste à rapporter à des objets hors de soi des sensations ou des sentiments éprouvés en soi-même.

Selon Baldwin, c'est par projection de nos propres états que nous connaîtrions autrui, ce qu'exprime également le terme psychanalytique de « transfert ».

prolégomènes (du gr. *pro*, avant, et *legomenos*, ce qui est dit), exposé préliminaire servant d'introduction au développement d'une théorie.

Les *Prolégomènes* sont le titre d'un ouvrage de Kant (1783), prouvant l'« impossibilité de toute métaphysique future » et la seule réalité de la connaissance physique.

prospective, science ayant pour objet l'étude de l'avenir, notamment des raisons qui accélèrent l'évolution du monde moderne (progrès des communications, multiplication du pouvoir technique).

G. Berger, créateur de la « prospective » comme science particulière, en définit l'esprit : il faut « juger ce qu'aujourd'hui nous sommes à partir de l'avenir, au lieu de faire la démarche inverse, qui est la démarche courante et qui consiste à décider de l'avenir d'après ce que nous sommes actuellement ». La prospective exige une attitude de recul par rapport au présent; elle se distingue de la prévision ou du calcul des probabilités parce qu'elle ne porte que sur les situations générales dans lesquelles les individus se trouveront placés à l'avenir (par exemple, accroissement des besoins de loisir) et non sur des faits particuliers;

c'est en quoi elle se distingue des prévisions statistiques : elle consiste à voir loin — et globalement — pour modifier en profondeur tout projet d'action. La prospective étudie l'évolution des milieux psychologiques et sociaux; elle est éminemment synthétique et globale : c'est une science humaine, non une science des faits historiques. En somme, son objet est une situation générale d'avenir (non des faits particuliers); sa méthode est celle d'une analyse en profondeur du monde humain, et le degré de certitude auquel elle aboutit est très grand puisqu'il ne s'agit que de prévisions larges, d'ordre spécifiquement humain. Enfin, son utilité est de nous permettre, dès maintenant, de construire un ordre social qui est déjà le nôtre et le sera plus dans dix ou vingt ans. La prospective devrait être une science au service des gouvernants.

Protagoras, philosophe grec (Abdère v. 486 – v. 410 av. J.-C.). Il connut Périclès et Socrate. Il a écrit un traité *Sur l'Être*, dans la ligne d'Héraclite : « Toutes nos connaissances viennent de la sensation; et la sensation varie selon les individus. L'homme est donc la mesure de toute chose ». Il enseignait à réaliser des discours bien construits, sans chercher à les appuyer sur la vérité, ce qui lui valut l'hostilité de Socrate.

protention, acte de projeter dans l'avenir un savoir acquis.

La *protention* suppose la *rétention*, c'est-à-dire le souvenir des sensations passées; c'est en fonction de nos sensations ou de nos expériences passées que nous anticipons (« protention ») l'avenir. Ce terme est couramment employé par la phénoménologie de Husserl et de Merleau-Ponty.

Proudhon (Pierre Joseph), socialiste français (Besançon 1809 – Paris 1865). Fils d'un modeste brasseur, d'abord imprimeur, il devient journaliste, fréquente les cercles fouriéristes, entre en contact avec Karl Marx, à qui il s'oppose vite. La célébrité vient avec son premier ouvrage : *Qu'est-ce que la propriété?* (1840). Sa doctrine se précise dans la *Théorie de la propriété* (1865). Loin de condamner par principe la propriété, il défend la propriété collective. Il aboutit, sur le plan économique et social, à un mutualisme soucieux de substituer aux grandes industries capitalistes des associations de travailleurs. Sur le plan politique, il défend un fédéralisme (*Le principe fédératif*, 1863) favorable à la décentralisation. Critique véhément des saint-simoniens, de Fourier (« la plus grande mystification de notre époque »), de Louis Blanc (« il a empoisonné les ouvriers par des formules absurdes »), de Karl Marx (« le ténia du socialisme ») et du communisme (« absurdité antédiluvienne »), Proudhon a exercé une grande influence sur les milieux ouvriers et intellectuels.

psittacisme (du gr. *psittakos*, perroquet), fait de répéter ce qu'on a lu ou entendu sans le comprendre.

Le psittacisme est naturellement pratiqué par l'enfant, qui se forme et répète des sons, des mots, voire des connaissances, dont il n'a nulle compréhension. À cet égard, le psittacisme est un moment nécessaire de la formation individuelle. De même, la vulgarisation pseudo-scientifique met à la portée des ignorants des connaissances verbales qui, flattant le snobisme et la vanité, favorisent le psittacisme.

psychanalyse, méthode d'analyse de la personnalité, visant au traitement des névroses, des complexes et, en général, des troubles mentaux d'origine exclusivement psychologique. Elle est devenue la « science de l'inconscient ».

Son fondateur, le professeur Sigmund Freud*, spécialiste viennois des maladies nerveuses et ancien élève de J. M. Charcot et de Bernheim (Nancy) ayant observé les effets nocifs de certains chocs émotionnels apparemment oubliés, établit un lien entre ceux-ci et les troubles observés; il conclut à l'existence d'un *inconscient dynamique*. Certains de nos actes, des plus banals (oubli de poster une lettre) jusqu'aux plus étranges (rite du lavage des mains chez certains névrosés, par exemple) sont, selon lui, conditionnés par des causes obscures, mais réelles. Les symptômes névrotiques ont un sens. On peut le saisir si l'on dépasse certaines résistances derrière lesquelles se trouve l'inconscient. Pour y parvenir, Freud essaie successivement l'hypnose, la suggestion et enfin la méthode de *libre association* (« dites tout ce qui vous passe par l'esprit »). Cette dernière se révèle la meilleure parce qu'elle respecte la personne humaine et associe le sujet conscient à son propre traitement. Ce n'est qu'après avoir surmonté ses propres résistances qu'il arrive à comprendre les motivations cachées de son propre comportement. Le type de la libre association d'idées est le rêve et c'est pourquoi la psychanalyse est aussi apparue comme « la science des rêves ».

La psychanalyse a permis de mettre en évidence un certain nombre de faits psychiques : Freud découvre à l'origine de la plupart des troubles psychiques un incident sexuel. Il élabore une théorie, sans cesse remaniée et en continuelle évolution, dont on peut rappeler les grands principes : 1° Toute conduite tend à supprimer une excitation pénible (principe de plaisir); le monde extérieur impose certaines conditions dont il faut tenir compte (principe de réalité); les expériences marquantes ont tendance à se reproduire (compulsion de répétition). 2° L'appareil psychique est fait de trois instances : le *ça* (ensemble des pulsions primaires, soumises au principe du plaisir), le *sur-moi* (ensemble des interdits moraux intériorisés) et *le moi*, dont la fonction est de résoudre les conflits entre les pulsions et les réalités extérieures ou entre le ça et la conscience morale. 3° Quand le moi ne parvient pas à ajuster d'une manière satisfaisante le sujet à son milieu ou à combler ses besoins, il se produit des désordres de la conduite : régression, névroses, angoisses, pulsions agressives, inhibitions, complexes, délinquance, troubles psychosomatiques, etc., que la cure psychanalytique permet d'améliorer ou de guérir. Le principe de la guérison est que la prise de conscience des motifs réels de nos troubles, angoisses, obsessions, phobies, entraîne d'elle-même la restauration de l'équilibre psychique : à des réactions instinctives, à des impulsions obscures et incontrôlées, qui angoissent au fond l'individu, la psychanalyse substitue la conscience claire, la conduite rationnelle et volontaire. La psychanalyse est conseillée dans les cas de troubles de la sexualité (impuissance chez l'homme, frigidité chez la femme), dans les psychoses (marquées par une perte du sens du réel), dans le cas d'échecs répétés dans la vie, d'enfants délinquants. Encore faut-il une *volonté* du patient de guérir pour respecter la régularité des séances, un *niveau culturel* suffisant (un débile inculte est incapable d'introspection fine), et *un âge encore peu avancé* pour être capable de modifier ses attitudes. La cure peut être longue (plusieurs mois, voire plusieurs années à raison de trois ou quatre fois par semaine). Elle doit être conduite par un psychothérapeute hautement qualifié, ayant lui-même subi une analyse didactique et de contrôle.

Freud fit école : en 1910 fut fondée l'*Association psychanalytique internationale*. Mais la pensée de Freud était toujours évolutive et remaniée; il était dès lors normal que toute chapelle qui sacralise tel ou tel concept engendrât des chapelles dissidentes. En 1911 et 1913, ce fut la rupture avec Adler (1870-1937) qui substitua aux complexes structurés de l'enfance une constitution organique, et avec Jung (1875-1961) qui substitua la notion religieuse de mythe à celle de pulsion. Ruptures, en 1924, avec Otto Rank (1884-1939) et, en 1929, avec Sandor Ferenczi (1873-1933) qui firent remonter l'origine des névroses à la naissance et même avant la naissance. Wilhelm Reich (1897-1957) — qui assigne à l'agressivité collective une origine sexuelle — fut désavoué par Freud dès 1920. Anna Freud (1895-1982) qui étudia plus spécialement la psychanalyse des enfants allait s'opposer violemment à Mélanie Klein (1882-1960) qui pense dévoiler chez l'enfant des structures psychiques préœdipiennes, montrant un monde terrifiant, féroce, manichéen.

En France, la psychanalyse s'est implantée très lentement et a éveillé l'intérêt des cercles littéraires bien avant celui des milieux médicaux. La *Société psychanalytique de Paris* n'a été créée qu'en 1926. En fait, ce sont les travaux du docteur Hesnard (1886-1969) qui ont fait connaître la doctrine freudienne et la méthode psychanalytique. Une première scission s'est produite en 1953 quand le docteur Lacan (1901-1981) a créé la *Société française de psychanalyse*. On compte aujourd'hui en France quatre sociétés de psychanalyse, les divergences concernant plutôt les apports théoriques qui fondent l'analyse que la pratique de l'analyse elle-même.

La méthode psychanalytique a irradié toutes les sciences humaines. Le hongrois Géza Róheim (1891-1953) l'applique à l'ethnologie (aux populations d'Australie et de Mélanésie). André Breton et le surréalisme font entrer la psychanalyse dans la littérature. Les tableaux de Magritte et de Marx Ernst paraissent rétroactivement destinés à illustrer la *Science des rêves*; les films de Luis Buñuel échappent maintenant difficilement au regard psychanalytique. Enfin la psychanalyse ne cesse de rencontrer la création littéraire (Michel Leiris) et la philosophie. Sartre a fondé la *psychanalyse existentielle* et l'applique à Flaubert.

La méthode et les concepts psychanalytiques n'ont cessé de pénétrer la réflexion philosophique. Paul Ricœur identifie même la réflexion philosophique à une ascèse psychanalytique qui permet de déchirer les voiles de nos désirs ou de nos inhibitions qui nous masquent la réalité des choses, pour faire l'apprentissage de la dure réalité. Dans la mesure où la philosophie doit répondre à la question fondamentale : « Qu'est-ce que l'homme? » — comme l'écrivait Kant —, aucune réflexion ne peut aujourd'hui négliger cette méthode rigoureuse et incomparable d'approche de la nature humaine que représente la psychanalyse.

En résumé, la psychanalyse est à la fois une thérapeutique médicale, une approche philosophique de l'homme et une ascèse morale visant à nous donner, au-delà des problèmes personnels qui nous particularisent, la vraie figure de l'homme.

psychasthénie, trouble psychique se caractérisant par l'anxiété, l'aspiration à la perfection et la fatigabilité de l'attention.

Elle correspond en général à une perte du sens du réel, à un mélange de l'imaginaire et du réel sur un fond d'angoisse. La description en a été faite par Pierre Janet*, en 1902, dans la *Psychasthénie*.

psychique, qui concerne la conscience d'un individu, sa personnalité*.

Le psychisme enveloppe tout l'ensemble des faits de la conscience; il se définit comme un équilibre entre les diverses fonctions mentales (sensibilité, activité et connaissance); cet équilibre mental constitue ce qu'on nomme couramment la « personnalité ». Le psychisme est l'objet de la psychologie*; les troubles psychiques relèvent de la psychopathologie, et la formation du psychisme, de la psychologie de l'enfance.

psychodrame, procédé de recherche et de diagnostic de certains troubles psychiques, inspiré par la psychanalyse.

L'expérience du psychodrame a été découverte, par hasard, par le psychologue américain Moreno : une femme jouait à merveille dans une pièce le rôle de tendre ingénue; le mari vint se plaindre auprès du psychologue de ce que sa femme était devenue, dans la vie, absolument acariâtre. Étonné de ce contraste, Moreno eut l'idée de lui faire jouer un rôle de femme acariâtre; elle redevint dans la vie une tendre ingénue. Cette histoire devait inspirer à Moreno et aux psychothérapeutes une méthode de thérapeutique psychologique : en faisant jouer à certains malades leurs propres troubles, leurs propres drames, le psychologue peut les amener à en prendre conscience et à les surmonter. Cette technique ne peut avoir de véritable portée que dans certaines affections psychologiques et sous la condition qu'elle doit être complétée par une pédagogie positive de la vie : on sait qu'Arthur Miller, se conformant au principe formel du psychodrame, fit jouer à Marilyn Monroe le rôle des *Misfits*

PSYCHOLOGIE

Méthode subjective d'« introspection »

objet : les faits de la conscience, instrument : l'observation de soi-même (intuition ou réflexion)

1. Méthode *descriptive* de Maine de Biran.
2. Méthode *intuitive* de Bergson, qui consiste à retrouver le « moi » profond derrière le « moi social ».
3. Méthode *réflexive* de Lagneau, Lachelier, Alain, qui consiste à partir d'un fait de conscience individuel (une émotion par exemple), pour en dégager la signification universelle.
4. Méthode *phénoménologique,* qui consiste à décrire ce qui nous apparaît, indépendamment de tout jugement de réalité (Husserl, Sartre) : par exemple, une femme entend des voix; même si ces voix ne sont pas réelles, c'est un fait, un « phénomène », qu'elle les entend.

Méthode objective « d'observation »

objet : le comportement; instrument : les tests

1. Méthode de *l'enquête et du questionnaire* (fondée par Galton) : on confronte les réponses individuelles à un questionnaire précis et l'on retient ce qu'elles ont en commun.
2. Méthodes *psychophysiques* : on met en rapport un contenu de conscience avec un excitant déterminé (son, courant électrique, narcotique) [Fechner, Weber].
3. Méthodes *comparatives* : on compare le normal et le pathologique, l'adulte et l'enfant (Preyer, Piaget), l'homme et l'animal (P. Janet). Ces comparaisons se font à l'aide de tests.
4. La *psychanalyse* (fondée par Freud) : elle analyse l'inconscient à partir du contenu manifeste des rêves. Bien qu'elle étudie le psychisme (et non le comportement), c'est une méthode objective dans la mesure où l'observateur est distinct de l'observé.

(« désaxés »), qui, lui ayant simplement fait prendre conscience de sa véritable et immuable nature, semble l'avoir directement conduite au suicide.

psychologie, étude des états de conscience.

L'objet de la psychologie peut être la *conscience individuelle* (psychologie subjective), le *comportement,* c'est-à-dire l'ensemble des réactions objectives d'un individu (psychologie objective), la *conduite,* qui est le comportement + sa signification; cette signification peut être reconnue soit « par projection » à partir de nous-mêmes, soit d'une manière immédiate comme une « signification immanente » au comportement d'autrui (on perçoit immédiatement la colère; on ne l'infère pas à partir de nous-mêmes). → **Béhaviorisme, comportement, introspection, psychanalyse, réflexion. V. tableau ci-contre.**

psychologisme, attitude ou doctrine qui consiste à traiter les faits de conscience comme des choses.

En dénonçant le psychologisme, la phénoménologie de Husserl tient à montrer que tout le phénomène de la conscience n'est pas une chose, mais une « signification », qui requiert non pas une simple description mais une interprétation; la réflexion philosophique sur les « actes » de l'esprit ne se réduit pas, comme le croit le psychologisme, à une description empirique de « contenus » de conscience. Elle implique un acte d'abstraction, par lequel le sujet qui réfléchit fait abstraction du contenu matériel des données de la conscience : par exemple, comprendre la colère d'autrui, c'est faire abstraction des conditions et des manifestations particulières de « sa » colère pour saisir, à travers elles, la « signification » humaine générale de la colère. L'erreur du psychologisme est de traiter la conscience comme une « chose » dotée d'une intériorité et que l'on pourrait décomposer, et de vouloir appliquer, en psychologie, les méthodes des sciences de la nature.

psychométrie, utilisation de mesures pour l'étude des faits psychologiques.

Ces mesures ou tests sont appliqués par le psychotechnicien. Il s'agit en général de « batteries de tests » (séries d'épreuves) qui ont été étalonnées sur des individus moyens, normaux, et qui sont ensuite appliquées automatiquement à tous les individus. (Ces applications peuvent amener, parfois, une refonte de l'étalonnage des tests, c'est-à-dire des différents coefficients que l'on attribue aux notes sanctionnant le degré de réussite des individus lors des épreuves respectives.) La plupart des tests sont déchiffrés et cotés par une machine électronique (notamment tous les tests d'orientation militaire que chaque recrue doit subir au début du service militaire).

psychopathe (du gr. *psuchê*, psychisme, et *pathos*, qui subit), personne atteinte d'un trouble mental, en particulier d'une psychose, c'est-à-dire d'un trouble où le sujet n'a absolument pas conscience d'être anormal.

Pour exprimer concrètement la particularité du psychopathe, on peut le distinguer des deux types psychiques que représentent le *pervers* et le *névrosé* : le pervers éprouve de la joie à faire souffrir autrui ; le psychopathe agit inconsciemment, de telle sorte qu'il fait souffrir autrui dans les rapports humains et sa façon de vivre (il n'en éprouve nulle joie et, le plus souvent, n'en a nullement conscience) ; le névrosé est celui qui toujours souffre dans les relations interhumaines et qui se considère volontiers comme un persécuté.

psychose, trouble mental.

La psychose est bien plus grave que la névrose : elle ne constitue pas seulement une altération des rapports avec autrui (névrose), mais une rupture des relations avec autrui ; l'individu s'enferme alors dans « son » monde, dont il ne peut plus sortir. C'est pourquoi, alors que le névrosé souffre de ses troubles et en a une conscience aiguë, le « psychotique » évolue naturellement dans son univers propre, avec la conviction absolue que ses pensées ont un caractère tout à fait normal : bref, le psychotique est si profondément atteint qu'il n'éprouve même plus la volonté — et n'a plus le pouvoir — de redevenir normal. Au nombre des psychoses les plus typiques figurent la manie, certains cas de mélancolie, la schizophrénie, la paranoïa.

psychotechnique, ensemble de procédés scientifiques ou tests permettant d'apprécier les réactions psychologiques (caractère) et physiologiques (temps de réaction motrice) des individus.

La psychotechnique est utilisée pour l'orientation d'un individu vers une profession ou la sélection de candidats pour un emploi donné ; elle est systématiquement utilisée dans l'armée, au moment de l'incorporation des recrues. → **Orientation, psychométrie.**

psychothérapie, thérapeutique utilisant uniquement des moyens psychologiques.

On distingue quatre procédés principaux : 1° la *psychothérapie d'encouragement* (ensemble de conseils moraux), dont l'influence peut rester très brève et superficielle ; 2° la *suggestion raisonnée* (persuasion) ou la suggestion *hypnotique*, dont l'influence, à moins d'une réaction favorable du sujet, ne dure pas plus de trois à six mois ; cette suggestion peut s'accomplir d'elle-même par le contact de l'individu avec une forte personnalité qu'il voudra prendre pour modèle et à laquelle il aura tendance à s'identifier ; 3° la *rééducation* (par exemple, les thérapeutiques « occupationnelles »), qui a un caractère méthodique, mais qui reste au niveau, assez superficiel, des conseils d'encouragement et de la pédagogie psychologique ; 4° l'*analyse psychanalytique*, ou *psychothérapie en profondeur*, dont la durée peut être particulièrement longue (plusieurs années) et dont les méthodes relèvent de la science psychanalytique. On peut aussi pratiquer la « psychothérapie de groupe », par exemple lors de la préparation collective des femmes enceintes à l' « accouchement sans douleur ».

pulsion, terme psychanalytique désignant la tendance instinctive qui pousse à accomplir ou à refuser certains actes.

Il remplace le terme de *tendance*.

Pyrrhon, philosophe grec (Elis v. 365 – 275 av. J.-C.). Il fut d'abord peintre, suivit les armées d'Alexandre en Asie et fut vivement impressionné par les expériences des fakirs et leur insensibilité à la douleur. Il en ramena le principe de la variabilité des impressions qui découle des sens. Bien que Pyrrhon (comme Socrate) n'ait rien écrit, sinon un poème dédié à Alexandre, sa vie fut un modèle pour ses contemporains (il fut nommé grand prêtre par ses concitoyens d'Élée, et il reste la plus grande figure du scepticisme* antique). Sa doctrine, rapportée par son disciple Timon, peut se caractériser comme un « indifférentisme » généralisé : rien n'est « plutôt ainsi qu'ainsi ou que l'un ni autre » ; et comme juger serait dire que cela « est » ainsi, il faut être « sans jugement », sans inclination d'aucun côté, inébranlable (Timon). Cette attitude est seule susceptible de conduire à l' « ataraxie » (absence de trouble), qui définit l'absolue égalité d'âme en quoi consiste le bonheur. — À partir des données de Timon, nous connaissons les idées de Pyrrhon par Aristoclès (IIe s. apr. J.-C.). La personnalité et la doctrine de Pyrrhon eurent, dans l'Antiquité, une profonde influence. → **Scepticisme.**

pythagoricienne (école), école philosophique grecque issue de Pythagore (VIe s. av. J.-C.). C'est à l'école pythagoricienne que l'on doit les premières découvertes mathématiques, géométriques et astronomiques : table de multiplication, système décimal, théorème du carré de l'hypoténuse.

q

Qualité, propriété déterminant la nature d'un objet.

En psychologie, deux sensations de même modalité sont de qualités différentes lorsque, tels le chaud et le froid, le doux et l'amer : 1° elles sont opposées comme les contraires d'un même genre ; 2° on peut passer de l'une à l'autre par transition continue. La possibilité de ce passage (comme entre le chaud et le froid) définit la modalité. — On parle de *qualité* lorsque la nature d'un objet ne peut être déterminée de façon précise, mais saisie seulement par une intuition globale. — En logique, la qualité d'une proposition désigne son caractère affirmatif ou négatif. — Chez Aristote, la qualité est une des catégories fondamentales de la pensée et du réel. Elle définit la substance intrinsèque d'un objet. Elle s'oppose à la « relation » et à la « quantité ».

quantique, relatif aux quanta, c'est-à-dire aux unités d'énergie dont Max Planck a le premier donné la définition en 1900.

Les principes de la mécanique quantique ont été dégagés par L. de Broglie (1924), Heisenberg (1925), Schrödinger (1926), Dirac (1928), fondateurs et promoteurs de la mécanique ondulatoire. Les « relations d'incertitude » de Heisenberg établissent une loi générale de « probabilités », qui caractérise toute connaissance dans le domaine des quanta, selon laquelle il est impossible de prévoir le point d'impact d'un électron, mais seulement d'un groupe ou d'un « faisceau » d'électrons.

quantitatif, relatif à la quantité.

C'est l'effort de la science de substituer une connaissance quantitative par la mesure à la connaissance qualitative par sensations et sentiments. Par exemple, pour Descartes, l'arc-en-ciel était un phénomène purement qualitatif, un genre de miracle divin ; la découverte de la loi du phénomène (diffraction de la lumière dans les gouttelettes d'eau en suspension) a permis de substituer une connaissance quantitative, c'est-à-dire la mesure mathématique, à la simple description qualitative.

quiétisme, doctrine mystique, répandue surtout au XVIIe siècle, qui fait consister la perfection chrétienne dans l'amour de Dieu et l'inaction de l'âme.

Le quiétisme place la valeur suprême dans la disposition intérieure de l'âme (sentimentalité religieuse) et se désintéresse de toute action morale efficace.

Quine (Willard Van Orman, dit Willard), philosophe américain (1908 - 2000). Formé à Harvard avec Whitehead, puis à Vienne, Varsovie et Prague, où il rencontre Carnap, il enseigne la logique et la philosophie à Harvard jusqu'en 1978. Dès 1951, dans *Deux dogmes de l'empirisme,* il fait la critique de la distinction entre propositions analytiques et synthétiques, critique qui entraîne une refonte de l'empirisme logique. Quine adopte à l'égard de la philosophie du langage une conception béhavioriste de la signification, opposée aux thèses innéistes de Chomsky. Quine critique aussi le « mythe de la signification », niant qu'il soit possible de traduire une langue dans une autre. Sa philosophie de la logique apporte une importante contribution à la philosophie analytique. Quine propose un critère d' « engagement ontologique » pour les entités dont une théorie « assumait » l'existence ; il se défie des notions « intentionnelles » comme celles de signification et de synonymie.

Héritier de la tradition logiciste de Russell, il a mis les techniques de la logique moderne au service d'une ontologie d'inspiration nominaliste. On lui doit : *Logique mathématique* (1940), *Méthode de logique* (1950), *Monde et objet* (1960), *Philosophie de la logique* (1970), *Théories et choses* (1981).

r

Racisme, croyance : **1° qu'il y a des races humaines définissables ; 2° que ces races humaines sont inégales ; 3° que les races supérieures ont le droit de commander les races inférieures.**

En fait, du point de vue biologique, la notion de *race* humaine reste extrêmement imprécise : la couleur de la peau, la forme du visage sont des caractères morphologiques apparents, mais biologiquement confus. Même si l'on suppose qu'il y a des races différentes, les critères de la force physique ou de l'intelligence (mesurée par les tests) ne font apparaître aucune inégalité systématique : si les peuples des nations industrielles jouissent d'une constitution plus faible que ceux des nations africaines, par exemple, et si, en revanche, la culture est moins répandue chez ces derniers que chez les peuples occidentaux, cela n'affecte en rien les possibilités physiques des uns, ni les possibilités intellectuelles des autres.

D'autre part, les différences de caractères — qui nous font opposer traditionnellement la raideur intellectuelle de l'homme « blanc » à l'esprit intuitif et à la générosité instinctive de l'homme « noir », ou la franchise de ces deux types à la souplesse féline et au profond pouvoir de dissimulation de l'homme « jaune » — ne correspondent nullement à une hiérarchie de valeurs ; les différences de caractères ne doivent pas être une source d'opposition, mais une source d'enseignement : en comprenant autrui, chaque homme de chaque race se comprendra mieux lui-même et pourra en tirer une leçon pour la conduite de sa vie. Quant au principe même du racisme, qui est de commander, d'exploiter (régime de « ségrégation », où les individus d'une seule race possèdent tout le pouvoir politique et toute la puissance économique), voire de supprimer certaines races (comme l'ont fait les Américains d'Amérique du Nord avec les races indiennes, et les Allemands avec les Juifs lors de la Seconde Guerre mondiale), il reste, d'un point de vue moral, universellement condamné. Bref, le racisme n'a aucun fondement scientifique (biologique ou psychologique), et il est condamné comme un égarement moral.

D'où viennent donc les tendances racistes ? Des psychologues américains (John Dollard, Lewin et White) se sont employés à comprendre la genèse des sentiments racistes chez certains de leurs compatriotes. Ils ont mis en évidence ce fait que le racisme se développe dans toute société de type « autoritaire », qui fait peser sur les individus tout un ensemble de contraintes rigides (c'est le cas, notamment, pour les manifestations de l'amour aux États-Unis — qui sont sévèrement réprimées —, de même que le moindre écart de conduite dans la rue ou le fait de ne pas « penser comme tout le monde », etc.). Dans ces sociétés se développe spontanément, chez les individus, un sentiment d'agressivité qui se retourne contre les minorités ethniques, qu'il s'agisse des Noirs aux États-Unis ou des Juifs sous le régime hitlérien, etc. La solution du racisme se trouve par conséquent d'une manière générale, dans une vie sociale plus libre et moins contraignante pour tous les individus.

radicalisme philosophique, doctrine politique, économique et philosophique représentée par Bentham, James Mill et John Stuart Mill (1re moitié du XIXe siècle en Angleterre), soutenant en politique la supériorité du gouvernement d'assemblée, en économie celle du libre-échange, l'utilitarisme en morale et en philosophie, la théorie de l'association des idées comme source de toute connaissance.

Dans un autre registre, une *philosophie radicale* est une philosophie du « point de départ radical », qui reprend, à partir de rien, toutes les questions que l'homme peut se poser au sujet de lui-même et du monde : telles les *Méditations métaphysiques* de Descartes, qui partent du doute radical ou absolu, la philosophie de Fichte et celle de Hegel. Une *réflexion radicale* s'oppose à une réflexion sur l'histoire de la philosophie, ou sur les mythes religieux ou les structures politiques des États. On lira l'œuvre de Jules Lequier consacrée au « point de départ radical » en philosophie. → **Associationnisme, utilitarisme.**

raison, faculté de comprendre, de saisir les rapports intellectuels.

En ce sens, elle s'identifie à l'*entendement*. On oppose souvent, à l'instar de Pascal, la raison et le cœur, qui est la faculté du sentiment; mais il faut noter que Rousseau et Kant, à sa suite, ont identifié la raison avec le sentiment moral : manifestation pratique de la raison, ou *raison pratique*. D'une façon générale, la raison se définit comme une faculté de comprendre, d'ordre non seulement théorique, mais aussi pratique et affectif (Max Scheler) : l'esprit de finesse, qui nous permet de saisir « par sympathie » à l'égard d'autrui la nature de ses sentiments, est une manifestation de la raison. (**Syn. esprit,** en général.)

raisonnement, succession logique de jugements, aboutissant à une conclusion.

On distingue différents types de raisonnements selon leur forme et leur degré de rigueur : 1° la *déduction,* qui consiste à déduire un cas particulier d'un principe général : tout homme est mortel, donc un tel est mortel. Ce type de raisonnement, purement logique, est rigoureux, mais assez stérile ; 2° l'*induction,* qui consiste à tirer d'un cas particulier (je vois une femme rousse) une loi générale (toutes les femmes sont rousses). Ce raisonnement est très créateur, mais fort peu rigoureux. Il est pratiqué en science physique, avec le plus de rigueur possible, pour passer de l'observation des faits (du plus grand nombre possible de faits) à la définition d'une « hypothèse » ; 3° le *raisonnement mathématique*, synthèse des deux précédents, qui est à la fois rigoureux et fécond (d'où la double appellation, que lui donne le logicien Goblot, d' « induction rigoureuse » et de « déduction constructive »). Exemple de 2 + 2 = 4 : en pure logique, 2 +2 = 2 + 2 ; la production du nombre 4 est une synthèse constructive. Ce raisonnement a été analysé par Kant comme un raisonnement synthétique *a priori* (c'est-à-dire une synthèse purement intellectuelle) → **hypothèse, loi.**

Ramsey (Frank Plumpton), mathématicien, philosophe et économiste anglais (Cambridge 1903-1930). Disciple de Wittgenstein, il évolue d'une théorie logiciste vers une théorie pragmatique de la connaissance. En 1926, il perfectionna et simplifia la théorie logique de Russell, dans la théorie « simple » des types. Ses articles ont été réunis dans un ouvrage posthume, *The Foundations of Mathematics and Other Logical Essays,* 1931.

raptus, terme latin désignant, en psychiatrie, toute impulsion pouvant avoir des conséquences tragiques (fugue, suicide).

Il peut résulter d'un choc émotionnel, de l'anxiété devant une situation, d'un trouble onirique (c'est-à-dire lié à l'état de rêve), ou exprimer simplement un trouble de nos réactions motrices (au cours de l'épilepsie).

rationalisme, système fondé sur la *raison,* par opposition aux systèmes fondés sur la *révélation* ou le *sentiment.*

Comme théorie de l'origine de notre connaissance, le rationalisme s'oppose à l'*empirisme**, qui fait dériver toutes nos idées de l'expérience. Le rationalisme affirme que si nous découvrons nos idées « au contact » de l'expérience, elles n'en procèdent pas moins de l'esprit, et non simplement de l'habitude et de la répétition des choses. Tel est le point de vue de Platon, de Descartes et de Kant. — Comme théorie de l'acte volontaire, le rationalisme s'oppose au *volontarisme**, qui voit une impulsion irrationnelle à l'origine de toute action humaine : par exemple, pour le rationaliste, l'artiste qui crée une sculpture reproduirait un modèle qu'il aurait dans son esprit; pour le volontariste, qui est ici dans le vrai, il n'y a pas de modèle valable avant la création, et « les projets ne poussent que sur l'ébauche » (Alain). En fait, il faut distinguer, dans la conduite humaine, des actions de type « rationnel » (toute activité industrielle, par exemple) et des actions de type « volontariste » (la plupart des actions humaines). Enfin, dans le domaine religieux, le rationalisme prétend que toutes les vérités de la foi sont analysables et que l'on peut en acquérir un savoir parfaitement clair (Malebranche).

Rauh (Frédéric), philosophe et moraliste français (Saint-Martin-le-Vinoux, Isère, 1861 – Paris 1909). Entre la métaphysique des mœurs et la sociologie, il voulut fonder une morale positive et scientifique. On lui doit : *Essai sur le fondement métaphysique de la morale* (1890), *Psychologie appliquée à l'éducation* (1900).

Ravaisson-Mollien (Félix Lacher), philosophe français (Namur 1813 — Paris 1900). On lui doit : *Essai sur la métaphysique d'Aristote* (1837), *Rapport sur le stoïcisme* (1851), *Morale et métaphysique* (1893). [Acad. des inscriptions et belles-lettres, 1849 ; Acad. des sciences morales et politiques, 1880.]

Rawls (John), philosophe et moraliste américain (1921-2002), professeur à l'université de Harvard (1959). Son traité de philosophie sociale et politique, *Une théorie de la justice* (1971), a connu un succès considérable. Publié dans une conjoncture où, à la suite des mouvements sociaux et politiques des années 1960, les institutions démocratiques paraissent atteintes d'une crise de légitimité, Rawls s'efforce, par une démarche de type contractualiste, de déterminer les principes auxquels doivent être soumises les institutions et les politiques pour entraîner l'assentiment de tous (et pas seulement du plus grand nombre, en quoi il s'oppose à la tradition utilisatrice). Dans la ligne de Machiavel et de Hobbes, il décrit les éléments d'instabilité des démocraties occidentales obligées de préserver la pluralité infinie des opinions. Il s'y ajoute que les hommes sont d'abord égoïstes et placés « sous le voile de l'ignorance », c'est-à-dire incapables de percevoir leur place dans le futur. La stabilité ne peut venir que du « consensus par recoupement » *(overlapping consensus),* la perception intuitive de principes de base admis par tous, qui constitue un transcendantal collectif (un centre de référence commun à toutes les opinions, même opposées, des membres d'une démocratie). Cette « référence de surface » évite, selon lui, de tomber dans le piège de la morale, de la philosophie et de la religion qui ont été, comme le pensait déjà Hobbes, une source d'éternels conflits. Sa critique morale se veut cependant fondée sur des droits « non négociables » de la personne. Beaucoup de commentateurs ont vu dans la théorie de la justice de Rawls un effort de légitimation des politiques de type social-démocrate, dans une période où l'idéologie de l'État providence *(Welfare State)* dominait les milieux intellectuels américains. On lui doit : *la Théorie de la justice comme équité : une théorie politique et non pas métaphysique* (1985), *les Libertés de base et leurs priorités* (1989).

Raynal (Guillaume), historien et philosophe français (Saint-Geniez-d'Olt 1713-Paris 1796). Il est l'auteur d'une *Histoire philosophique et politique des établissements et du commerce des Européens dans les deux Indes* (1770), où il s'élevait contre la colonisation et le clergé.

réalisme, attitude ou doctrine philosophique qui consiste à affirmer que notre connaissance atteint la vraie réalité (à ne pas confondre avec le *matérialisme*, qui n'est pas une théorie sur la nature et la portée de notre connaissance, mais sur la nature de l'être).

Le matérialisme*, pour lequel toute réalité est de nature matérielle, s'oppose au *spiritualisme**, pour lequel la vraie réalité est de nature spirituelle, tandis que le *réalisme* s'oppose à l'*idéalisme**, selon lequel nous ne *connaissons* que des phénomènes, non des réalités en soi. — On distingue communément : 1° le *réalisme naïf*, qui est l'attitude naturelle de tout esprit et que Bergson a décrit au début de *Matière et mémoire* (il consiste dans l'identification que nous faisons spontanément entre nos représentations et la matière réelle des choses) : « J'appelle matière l'ensemble des images »; 2° le réalisme auquel peut aboutir une réflexion philosophique. Ce peut être un *réalisme spiritualiste*, dont Platon donne l'exemple le plus célèbre. L'expérience de la « réminiscence », selon laquelle nous redécouvrons par simple réflexion les vérités mathématiques élémentaires et les idéaux moraux, suffirait à prouver leur préexistence à l'esprit humain, leur réalité en soi. Ce point de vue a été repris récemment par la phénoménologie de Husserl et par le positivisme logique de Wlttgenstein. Ce peut être un *réalisme matérialiste*, qui est une justification philosophique du réalisme naïf (D. Hume, J.-P. Sartre).

Signalons que le réalisme en art préconise la reproduction exacte du réel et l'imitation de la nature; il s'oppose aux tendances de l'art abstrait. → **Réalisme socialiste.**

réalisme socialiste, théorie esthétique selon laquelle l'art est une « forme de conscience sociale », un moyen d'éducation « prolétarienne par son contenu, nationale par sa forme » (Staline). Le réalisme socialiste, qui a pris naissance en U.R.S.S. et s'est ensuite développé dans les autres démocraties populaires, s'oppose aux théories de l'*art pour l'art*, du formalisme, de l'art abstrait et non figuratif, du surréalisme et de l'impressionnisme.

réarmement moral, mouvement idéologique d'inspiration chrétienne, fondé à Oxford, en 1920 ou 1921, par le révérend américain Frank Buchman (1878-1961).

La première grande campagne du réarmement moral fut lancée avant la Seconde Guerre mondiale, devant l'accroissement ininterrompu des armements. La course actuelle aux armements atomiques a suscité une nouvelle campagne en 1958. Surtout répandu chez les jeunes gens des classes moyennes de Grande-Bretagne et des États-Unis, le mouvement, qui préconise la « réforme du monde par la réforme de la vie personnelle », se présente comme une recherche pour une définition positive d'une idéologie anticommuniste.

En fait, le réarmement moral ne se présente pas comme un mouvement politique; il fonde sa valeur en tentant de réveiller dans les esprits la conscience des valeurs humaines universelles (surtout la liberté, tant sur le plan de la vie individuelle que de la vie nationale).

réceptivité (état de), état dans lequel une personne subit plus facilement l'influence d'une autre : suggestion, hypnotisme et naturellement âge de l'adolescence.

Du point de vue de la définition logique, la réceptivité s'oppose à l'*activité* et désigne la faculté générale des « sensations » : il ne faut pas confondre, à cet égard, la *réceptivité* (source des sensations tactiles, visuelles, etc.) et l'*affectivité* (faculté des sentiments). → **Suggestion.**

recherche de la vérité (De la), traité de Nicolas de Malebranche (1674-1675), dont les cinq premières parties traitent des causes de nos erreurs et dont la sixième partie expose une méthode proche de celle de Descartes pour connaître la vérité.

reconnaissance, acte de mémoire qui consiste à éprouver, à l'égard de certaines images, un sentiment de « déjà vu ».

La reconnaissance n'implique pas la « localisation » des souvenirs, qui est déjà beaucoup plus précise. Il peut arriver que le sentiment de reconnaissance soit une illusion : cas de « paramnésie », ou « fausse reconnaissance ». → **Mémoire.**

récurrence, retour, répétition.

Une *image récurrente* désigne, en psychologie, celle qui subsiste après que l'œil a été impressionné par un objet vivement éclairé. — Dans un autre domaine, le « raisonnement par récurrence », auquel Poincaré ramène tout raisonnement mathématique, consiste à prouver que, si un raisonnement est vrai pour une variable indéterminée n et pour $n + 1$, il est vrai pour toute la série des nombres entiers : c'est une généralisation complète.

rédintégration (loi de), loi selon laquelle tout souvenir particulier qui reparaît à la conscience a tendance à entraîner l'ensemble des souvenirs dont il fait partie.

Cette loi serait, selon certains psychologues, à la base de toute association d'idées.

réduction, procédé imaginatif pratiqué par la phénoménologie et qui consiste à varier le contenu d'une image (par exemple, à se représenter une diversité indéfinie de triangles particuliers) pour dégager l' « essence » du phénomène considéré (l'essence universelle du triangle comme « figure formée par les segments de droite joignant trois points non alignés »).

Dans l'*Esquisse d'une théorie des émotions,* Sartre a pratiqué cette réduction pour dégager, de la description indéfiniment variée des émotions individuelles, l'*essence* ou la *nature universelle* du phénomène et l'émotion comme conduite humaine en général, susceptible d'être ramenée au « refus d'une situation ». Cette réduction des phénomènes à leur essence se nomme *réduction eidétique.* La réduction eidétique se distingue de la *réduction phénoménologique* proprement dite, qui consiste à suspendre tout jugement d'existence et à se contenter d'observer ce qui apparaît : par exemple, l'analyse d'une religion ne peut être vraiment compréhensive que si l'on suspend tout jugement critique quant à sa valeur de vérité ; c'est une attitude d'objectivité, une « mise entre parenthèses » de l'attitude naturelle, partiale et individuelle. Lorsque cette réduction s'exerce à l'occasion du spectacle du monde, de la perception des objets, l'esprit suspend sa croyance naturelle en la *réalité* des choses et prend conscience de son activité constituante originaire : il prend conscience que le sens des choses est produit par l'esprit.

La *réduction phénoménologique,* ou suspension du jugement de réalité, prend alors le nom de *réduction transcendantale* (conscience des opérations spirituelles qui conditionnent notre perception des choses) ; elle prépare le deuxième moment de l'analyse phénoménologique, celui de la *constitution.* (Cette dernière interprétation de la réduction, comme l'inverse est le complément de la constitution, est propre aux œuvres de Husserl dans sa période de maturité : *Expérience et jugement* [*Erfahrung und Urteil*], *Idées* [*Ideen*].)

réel, qui est véritablement.

D'un point de vue logique, le réel s'oppose au *possible* aussi bien qu'au *nécessaire.* Du point de vue de notre perception du monde, le réel s'oppose à l'*apparent.* En métaphysique, il arrive qu'on distingue (Descartes) les notions de *réel* et d'*existence* : une idée dans l'esprit est quelque chose de réel, bien qu'elle n'ait rien d' « existant », le dernier terme étant réservé aux corps matériels.

D'une manière générale, le réel s'oppose à l'*irréel,* à l'*imaginaire.*

référendum, consultation directe des citoyens sur un projet de loi.

La notion de « référendum » prévu par la Constitution se distingue de celle de « plébiscite », où le vote du peuple a pour objet de légaliser un coup d'État (plébiscite de 1852). Le libre référendum, manifestation la plus directe de la démocratie, est requis pour certaines décisions fondamentales pour la vie du pays, qui n'ont pas nécessairement une signification nationale. — Toutes les philosophies politiques ont considéré le référendum comme l'instrument idéal de toute constitution démocratique : pour Platon, il était incarné par l' « ecclesia », ou assemblée du peuple ; il donne corps à la « volonté générale » de Rousseau, etc. Il fait de la politique une affaire nationale, non une affaire de politiciens.

réflexe, réaction involontaire et automatique de l'activité nerveuse à une excitation extérieure (contraction musculaire, sécrétion).

On distingue : les *réflexes spontanés, naturels, inconditionnés* ou *innés,* qui sont ceux que possède un organisme dès sa naissance, en vertu de la conformation de son système nerveux ; et les *réflexes conditionnés,* qui sont créés artificiellement par un certain « conditionnement ». Le réflexe conditionné fut étudié en premier lieu par Pavlov*, qui découvrit que les réflexes salivaires normaux, provoqués par le contact de la nourriture avec la muqueuse buccale du chien, pouvaient être provoqués par la simple vue de la nourriture. Il associa à cette vue une sonnerie, et bientôt la sonnerie suffisait à déclencher la salivation. Tel est le principe du dressage animal, de l'apprentissage et des habitudes. Les applications du conditionnement chez l'homme peuvent susciter une maîtrise parfaite des réflexes en principe involontaires (accouchement sans douleur, réaction automatique à des signaux lors des vols spatiaux). La réaction réflexe s'oppose à l'*activité réfléchie.* → **Activité, tendances.**

réflexion, attitude mentale de celui qui évite la précipitation dans ses jugements, l'impulsivité dans sa conduite.

La réflexion désigne, plus particulièrement, la concentration par laquelle l'esprit éclaircit ses idées, analyse ses sentiments. La réflexion psychologique, ou analyse de soi, se nomme *introspection.* Les philosophes de la réflexion — Fichte et Hegel en Allemagne, Lachelier et Lagneau en France — pensent que la réflexion permet à l'individu de se saisir dans son unité spirituelle, en deçà du changement et de toute action dans le monde : la réflexion nous permettrait de dégager, au-delà de nos sentiments particuliers, de nos émotions et de nos expériences individuelles, leur signification humaine universelle ; en ce sens, la réflexion nous permettrait d'accéder à une certaine expérience de l'éternité (Fichte) ; Hegel a nommé cet état celui de la « vie spéculative », et Bergson l'a identifié à l'expérience de la « durée ». La notion de réflexion peut donc avoir un sens psychologique et un sens métaphysique comme intuition de la réalité profonde du « moi » et de l'Esprit universel en nous

réflexive (philosophie), méthode d'analyse philosophique inspirée de Kant et des postkantiens, qui se développa en France au XIXe siècle, avec notamment J. Lachelier* et J. Lagneau*.

refoulement, phénomène psychique inconscient par lequel certaines tendances, certains événements vécus sont repoussés dans l'inconscient.

Le refoulement serait, selon la doctrine de Freud, un mécanisme de défense, à l'origine des névroses, des psychoses et de tout déséquilibre de la personnalité. Par exemple, un « complexe d'infériorité » suscite, en général, une conduite d'agressivité ; mais, s'il est « refoulé » dans l'inconscient, il suscitera un ensemble de troubles, tels l'inhibition, le bégaiement, le manque systématique de réussite dans la vie, l'angoisse (la peur d'être agressif et de contrevenir aux lois sociales, etc.). Le refoulement est, d'une manière générale, marqué par une impossibilité de s'exprimer librement et de réaliser sa personnalité. Un des objets de la psychanalyse est de provoquer le retour à la conscience des tendances refoulées, afin de délivrer l'individu des troubles psychiques suscités par leurs exigences qui restent latentes et n'ont jamais été satisfaites en lui. → **Psychanalyse.**

régression, **retour en arrière.**

La loi de la mentalité infantile étant d'évoluer et de s'épanouir dans la mentalité adulte, on considère comme une régression tout arrêt du développement psychologique; c'est une régression par rapport à l'individu normal. La *régression de la mémoire,* qui affecte les gens âgés, et dont Ribot a énoncé la loi, se fait « du plus nouveau au plus ancien », c'est-à-dire que l'on oublie d'abord les noms propres et tout ce qui est récent, pour ne se souvenir que de sa jeunesse. → **Oubli.**

Reichenbach **(Hans),** philosophe et logicien allemand (Hambourg 1891 – Los Angeles 1953), un des fondateurs du Cercle de Vienne* et du néo-positivisme américain. On lui doit notamment : *Logique de la probabilité* (1932).

Reid **(Thomas),** philosophe écossais (Strachan 1710-Glasgow 1796). Il opposa au « scepticisme » de Hume* les « évidences du sens commun ». On lui doit : *Recherche sur l'entendement humain d'après les principes du sens commun* (1764), *Essai sur les facultés intellectuelles* (1785), *Essai sur les facultés actives* (1788).

Reinhold **(Karl Leonhard),** philosophe allemand (Vienne 1758 – Kiel 1823). D'abord jésuite, puis barnabite, il se convertit ensuite au protestantisme. Ses *Lettres sur la philosophie kantienne* (1786-1787), lui apportent la célébrité. Il est le premier philosophe post-kantien, avant Fichte, à faire une genèse des catégories de la connaissance à partir d'une démarche de la conscience réflexive. *L'Essai d'une nouvelle théorie de la faculté représentative* (1789), fait dériver les trois facultés de connaître : sensibilité, entendement, raison, de l'acte fondamental de représentation. Il a écrit : *Du fondement du savoir philosophique* (1791), *Recherche d'une critique de la logique du point de vue du langage* (1806).

relativisme, **théorie selon laquelle rien n'est absolument vrai et dépend, comme les goûts et les couleurs, de l'individualité de chacun, ou du point de vue auquel on se place.**

Son principe a été formulé dans l'Antiquité par Protagoras* : « L'homme est la mesure de toute chose », c'est-à-dire rien n'est vrai, sinon par rapport à nous. Le relativisme aboutit, en ce qui concerne la connaissance, au scepticisme; en morale, il engendre le conformisme; en religion, la tolérance.

relativité, **caractère de ce qui dépend d'autre chose.**

La théorie scientifique de la relativité n'a rien à voir avec une théorie philosophique de la relativité de la connaissance humaine; c'est une interprétation des phénomènes de l'univers (et non de la connaissance de l'homme) qui : 1° établit la corrélation entre les observations faites par des groupes d'observateurs en mouvement de translation uniformément accélérée, car l'expansion de notre univers est uniformément accélérée, et les observations faites à chaque moment, à chaque époque, doivent pouvoir correspondre; 2° est alors amenée à faire dépendre l'écoulement du temps des mouvements réciproques des corps : un corps qui se déplacerait dans l'espace à 300 000 km/s serait considéré comme hors du temps. La relativité signifie, très exactement, que le temps est relatif au mouvement. La théorie de la relativité n'a aucun sens en dehors de cette signification très spéciale; on ne peut en tirer aucune conclusion philosophique sur la nature de la connaissance humaine et l'impuissance des hommes à connaître le vrai : la théorie de la relativité se présente comme une théorie « vraie ». → **Einstein.**

religion **(une étymologie traditionnelle fait venir le terme du lat. *religio, relegere,* lien, rassembler; la religion serait donc un lien entre les hommes), système de croyances (dogmes) et de pratiques (rites et interdits) relatives au sentiment de la divinité et unissant en une même communauté morale tous ceux qui y adhèrent.**

Toute religion est fondée sur une « révélation », dont la condition historique peut être l'histoire exemplaire d'un peuple (judaïsme) ou celle d'un prophète dont l'enseignement et le modèle idéal de vie ont été conservés par une tradition d'abord orale (christianisme, bouddhisme). Si les religions diffèrent entre elles, c'est uniquement sur les moyens qu'elles conçoivent pour réaliser le salut. Par exemple, le bouddhisme préconise une ascèse qui vise à éteindre en nous tout désir individuel, à rompre avec le monde des « apparences » et, au terme de certaines pratiques (dont le yoga), à nous faire entrer dans le néant (nirvāna), ou béatitude véritable. Le christianisme est, à certains égards, une religion qui est davantage tournée vers la vie et le monde ; encore préconise-t-elle une certaine ascèse (dont les couvents et les monastères sont une vivante illustration) visant à nous couper du monde pour réaliser, dans la ferveur du sentiment, la présence de Dieu à nous-mêmes. Seule la religion juive s'identifie avec la morale, avec un ensemble de devoirs destinés à régir nos relations avec autrui : elle représente sans doute la seule religion qui ne demande pas à l'homme de « croire », mais de « faire », et dont les commandements ne sont pas des actes de foi, mais des principes d'action.

En fait, une religion est assujettie, sous peine de se détruire elle-même comme religion, à avoir un contenu spécifiquement religieux dont le fond est un sentiment irréductible à la morale et à notre conduite envers autrui : c'est le sentiment de la présence de Dieu, ou sentiment du « sacré ». Quelle que soit la religion, le sentiment du sacré représente une constante, dont les trois caractéristiques principales sont : la *crainte* devant la puissance infinie de Dieu, maître de vie et de mort ; le *mystère* de son inconcevabilité ; enfin le *pouvoir fascinant* propre à tout objet ou symbole religieux. Le sentiment du sacré est le cœur de toute religion.

Tel est le point de départ de la philosophie de la religion : l'expérience religieuse est une donnée universelle qui doit nous permettre de connaître, d'une manière universelle, les profondeurs du cœur humain. Dans *An Essay on man*, Cassirer assigne à la philosophie la tâche « de révéler l'unité d'une fonction générale coordonnant toutes les créations de l'homme et présentant le mythe, la religion, l'art, etc., comme des variations sur un même thème ». Bref, derrière la diversité des religions se retrouverait l'unité de la nature humaine. L' « essence » de la religion serait partout la même à travers la diversité des rites.

En fait, il convient d'abord de distinguer une théorie des « gestes » de l'homme (rites, pratiques et même sentiments de l'homme) et une théorie du contenu de la foi. Une réflexion sur les manifestations humaines de la religion ne constitue pas à proprement parler la philosophie religieuse. En un mot, ce ne sont pas les rites, les pratiques et les « expériences » mystiques qu'il nous faut méditer — car une telle réflexion ne serait jamais qu'une réflexion sur l'homme : une psychologie, une sociologie, voire un chapitre de l'ethnologie —, ce sont les textes et le contenu de la révélation. De ce point de vue, la doctrine de l' « unité » des religions ne peut être positivement prouvée que si le contenu des révélations se révèle pénétrable à la raison ; si, comme le disait Malebranche (1638-1715) de la religion chrétienne, la croyance est en elle-même source de la lumière, objet fécond de réflexion philosophique. La maxime de Malebranche était de « croire pour comprendre » (*crede ut intelligas*) et il pensait qu'un moment arriverait où l'esprit humain aurait profondément assimilé le contenu de la foi et où l'intelligence vivrait et se substituerait à la foi. Selon cette théorie, toutes les données des religions véritables, c'est-à-dire rationnelles, pourraient se ramener à un savoir ; et il n'y a rien de plus universel que le savoir. Bref, la connaissance philosophique dégagerait, dans sa forme claire, le message unique et universel de toutes les religions. Cette doctrine, indiquée par Malebranche, fut expressément celle de Hegel dans *la Phénoménologie de l'esprit* (1806).

En vérité, le contenu de la foi est inséparable de l'attitude religieuse, et cette attitude est celle d'une relation vivante à Dieu (par l'intermédiaire du sentiment du « sacré », où Dieu est l'être qui nous voit et nous connaît totalement, ou, plus précisément, par l'intermédiaire de la « révélation », où Dieu s'adresse à nous et nous parle directement); et cette relation d'une personne à une autre par le verbe de la révélation est irréductible à l'attitude de la connaissance objective. La religion est une forme de vie, tandis que la philosophie est une manière de comprendre. En d'autres termes, la philosophie religieuse ne consiste pas à dégager une doctrine rationnelle unique à partir du contenu de la foi (comme si la religion pouvait se ramener à une doctrine autonome, dégagée de son soubassement vécu et de l' « attitude » spécifiquement religieuse); elle ne peut consister qu'à éclairer l'attitude religieuse sur elle-même, sans aucunement la supprimer comme attitude spécifique et comme forme de vie.

Bref, la philosophie religieuse est une réflexion à partir de l'attitude religieuse, une réflexion sur la révélation; mais elle ne nous fait pas sortir de la révélation ni de l'expérience du sacré pour constituer une connaissance autonome; au contraire, elle les approfondit et cet approfondissement a un caractère infini.

La philosophie religieuse est donc un aspect de la religion; elle peut mettre en œuvre l'esprit philosophique, mais elle se distingue de la philosophie elle-même (dont le but est de constituer une doctrine rationnelle autonome). Elle se réduit, concrètement, à une réflexion sur les textes, qui n'a elle-même un sens religieux (et non simplement théorique) que si elle est soutenue par la pratique effective des rites et des commandements religieux.

On distinguera communément l'esprit religieux, qui est affaire intérieure et personnelle, et l'esprit clérical, ou vénération des représentants du culte, qui pose souvent un problème social et historique, en tout cas « temporel » et non uniquement « spirituel ». Une croyance religieuse ne justifie jamais l' « intolérance » sur le plan social et humain. → **Sacré.**

réminiscence (théorie de la), chez Platon, théorie selon laquelle notre connaissance de la vérité est le souvenir d'un état ancien où, avant d'être incarnée dans un corps, notre âme vivait au contact immédiat des pures idées dans le « monde intelligible ».

Il est d'ailleurs exact que, dans le cours de notre activité concrète, la découverte des vérités mathématiques élémentaires ou des vérités morales se présente comme un souvenir, comme si nous découvrions quelque chose qui existait déjà en nous. L'expérience est décrite dans le dialogue *Phédon*.

Très généralement, le terme de *réminiscence* désigne un souvenir vague, difficile à localiser dans le temps.

Renan (Ernest), écrivain et philosophe français (Tréguier 1823 – Paris 1892). Fils d'un capitaine au long cours, il est destiné d'abord au sacerdoce, mais la philosophie allemande le détache peu à peu de la foi catholique. Il est agrégé de philosophie en 1848, docteur en 1852 avec une thèse sur *Averroès et l'averroïsme*. Il part ensuite pour la Syrie en mission archéologique; il en rapporte le manuscrit de la *Vie de Jésus*, premier volume d'une *Histoire des origines du christianisme*. En 1862, il est nommé professeur d'hébreu au Collège de France. Mais sa première leçon soulève un tumulte parce qu'il a parlé du Christ comme d'un « homme incomparable ».

Renan se trouve, de nos jours, fort négligé. Alain le comptait, avec Sainte-Beuve, au nombre des « bedeaux de la littérature ». En fait, son œuvre considérable est d'une grande diversité : l'*Histoire des origines du christianisme* (7 tomes, 1863-1881), les *Essais de morale et de critique* (1859), les *Dialogues et fragments philosophiques* (1876) allient la précision scientifique avec un style d'une rare qualité. Renan reste un penseur et un artiste, l'inverse d'un doctrinaire.

Renouvier (Charles), philosophe français (Montpellier 1815 – Prades 1903). Il sortit de l'École polytechnique en 1836. Sa pensée s'inspira de celle de Kant en ce qu'il nia toute possibilité d'une métaphysique comme science. Son « néo-criticisme » se développa de façon originale dans *la Science de la morale* (1869), où à la fois il nie la possibilité de toute métaphysique en tant que science et, loin de tomber dans la platitude du positivisme grossier, affirme la liberté du « moi » et son irréductibilité à toute science. Tel est le « personnalisme »* de Renouvier qui considère la personnalité comme la catégorie des catégories, qui les possède et les assemble toutes. Mais c'est surtout sa philosophie de l'histoire : *Esquisse d'une classification systématique des doctrines philosophiques* (1885-1886) et *Philosophie analytique de l'histoire* (1896), qui, classant les doctrines philosophiques en fonction des « problèmes » qu'elles traitent, inaugure, en France, la philosophie de l'histoire de la philosophie.

renversement des valeurs (théorie du), théorie de Nietzsche, exposée dans la *Généalogie de la morale* (1887); elle substitue aux valeurs de la tradition (valeurs chrétiennes, qui expriment l'assujettissement de l'homme à Dieu) les valeurs de la création (affirmation totale de soi, de toute individualité, quels qu'en soient les moyens : à la limite, le crime). — Nietzsche s'élève contre toute morale qui valorise la faiblesse, l'asservissement, la passivité, et y substitue une morale créatrice conférant la valeur suprême à l'affirmation et à la réalisation de l'homme.

République (la), dialogue de Platon, comprenant douze livres où se trouve exposée sa philosophie politique. Son originalité est de concevoir la structure de la nation et l'équilibre social à l'image de l'équilibre individuel. L'individu se compose de trois éléments : les désirs physiques, le cœur, ou la sphère des sentiments, et l'activité intellectuelle; la sagesse résulte d'un équilibre entre ces trois fonctions. De même, une société trouve son équilibre lorsque le commerce (l'économie au service des désirs), l'armée (élément sentimental de la nation) et la direction politique (analogue de la faculté rationnelle) se trouvent harmonieusement hiérarchisés : une société uniquement économique peut mourir faute d'idéal, par une surproduction naturelle, ou bien par manque d'armée (société de marchands); inversement, trop d'armée conduit à la dictature militaire et tue la république; c'est pourquoi il faut un pouvoir politique autonome. La république se définit par la nécessité de la séparation, bref l'équilibre de ces trois fonctions. Cet exposé idéal se trouve complété, en ce qui concerne son application, par le dialogue *les Lois*.

respect, attitude qui consiste à ne porter atteinte à autrui ni physiquement, par la violence, ni moralement, par le jugement.

Le respect définit, selon Kant, la norme de toute relation entre les hommes, bien plus que la « sympathie »; il peut seul fonder l'attitude de « bienveillance » objective qui nous permet de comprendre autrui sans le juger. Le respect, de plus, est un devoir moral, la seule attitude naturelle de l'homme en face d'une valeur et, en particulier, en face de toute personne humaine. L'expérience vivante du respect humain serait celle où l'individu saisit le regard d'un homme : lorsque le tyran saisit le regard de l'esclave, il comprend l'impossibilité de lui faire violence et le devoir de le « respecter ».

Après Kant, les analyses du respect ont été développées par Martin Buber* et Emmanuel Levinas*.

responsabilité, être responsable d'un acte, c'est reconnaître en être l'auteur et en accepter les conséquences, c'est-à-dire les sanctions.

Au sens le plus strict, on est responsable d'un acte : 1° quand on l'a voulu et accompli soi-même; 2° quand on l'a voulu sans l'accomplir soi-même; 3° quand on l'a accompli soi-même sans le vouloir; 4° quand on ne l'a ni voulu ni accompli soi-même, mais qu'il dépendait de nous de l'éviter. On distingue, à cet égard, différents degrés de responsabilité, selon qu'il s'agit de responsabilité civile ou pénale (cas 1° et 3°), ou de responsabilité morale (cas 2° et 4°).

Les trois conditions de la responsabilité sont : l'existence d'une loi (sociale ou morale), la possession de la raison (les déments sont irresponsables), la liberté (on n'est pas responsable d'un acte accompli sous la contrainte).

rétention, acte par lequel l'esprit constate la disparition d'une chose et en retient son « sens ».

La rétention désigne l'aspect automatique de la mémoire et s'oppose à l' « effort volontaire » de celle-ci pour recréer la « présence » de ce qui n'est plus. Elle s'oppose à la *protention**, qui consiste à projeter le présent dans l'avenir. Ces deux termes appartiennent au langage de la phénoménologie* (Husserl, Merleau-Ponty).

rêve, suite d'images et de phénomènes psychiques survenant pendant le sommeil.

Les rêves ont-ils un sens? ou quel est le sens des rêves? Il n'y a de sens que pour une conscience; la notion de signification implique un effort de compréhension. Lorsque cet effort est conduit méthodiquement, il s'appelle la réflexion qui se définit comme un acte d'attention et correspond au plus haut degré de l'état de veille. Le sommeil au contraire se définit justement comme la suspension de la conscience. Comment dans ces conditions imaginer qu'une partie du sommeil, constituée par les rêves, puisse avoir un sens? La question même d'un sens des rêves, d'une signification d'un moment du sommeil paraît paradoxale.

Description des rêves. La psychologie moderne nous a appris que le sommeil n'était pas la pure inactivité, qu'il fallait distinguer le « sommeil profond » et le « sommeil paradoxal », décrit par le Docteur Michel Jouvet (né en 1925), et ainsi nommé parce qu'il est marqué par des mouvements oculaires et des ondes cérébrales aussi intenses qu'en période de veille. C'est pendant ce sommeil dit paradoxal que se déroulent les rêves. Cette période dure environ 1/4 d'heure et les cycles « sommeil profond-sommeil paradoxal » se renouvellent 5 à 6 fois par nuit, chaque cycle durant en moyenne 90 à 120 minutes. Pendant ces périodes les rêves apparaissent comme une activité non seulement visuelle mais dramatique (engageant le sujet dans une action), mais absurde, incohérente, faite de la persistance d'images et de perceptions sensorielles qui s'entremêlent de façon chaotique. Les événements n'ont aucune logique : je peux voler, puis me trouver chez moi et ensuite à l'étranger, etc. Les psychologues ont noté qu'au-delà de 8 minutes après la fin des mouvements oculaires il n'y a plus que 5 % des dormeurs qui se souviennent d'avoir rêvé.

Le rêve apparaît manifestement comme une « passion », au sens que Descartes donnait à ce terme (quelque chose de subi) auquel il convenait de ne pas prêter trop d'attention pour ne pas troubler la raison (*Traité des passions de l'âme,* 1649). Au contraire, l'acte de comprendre implique la veille et la maîtrise de soi. Faut-il dire pour autant que les rêves n'ont aucun sens, ni aucun rôle à jouer dans la vie consciente?

Analyse des rêves. On notera d'abord que les rêves sont souvent en relation avec des excitations sensorielles perçues à travers le sommeil : si par exemple je m'endors avec un bras ou même un doigt crispé, la chute de ce doigt par le simple abandon de soi dans l'assoupissement va me donner la sensation (rêve) de tomber dans un précipice; de même les appels du téléphone pris pour des sonneries de cloches.

S. Freud, dans *l'Interprétation des rêves* (1900), montre que le langage imagé des rêves *(contenu manifeste)* a toujours un sens profond *(contenu latent).* La découverte de ce sens profond, objet de l'analyse psychologique, se fait par le procédé des libres associations d'idées et permet de mettre en lumière un *désir* sous-jacent. Ce désir apparaît tout naturellement dans le rêve de l'enfant. Freud cite le cas du petit Hermann, vingt-deux mois, qui a été privé de dessert (des cerises) la veille au soir et qui raconte à son réveil un rêve qui le rend très satisfait de lui-même : « Hermann a mangé toutes les cerises. » Le rêve adulte est plus compliqué; le désir ruse avec la conscience et refuse de s'avouer à lui-même son existence. Les images visuelles prennent un sens symbolique parce que l'objet du désir est déguisé. L'exemple suivant, emprunté à Frinck, montre la richesse d'une image de rêve : une jeune femme rêve qu'elle achète un chapeau noir, très élégant et très cher. L'analyse fait apparaître qu'elle a effectivement désiré un chapeau, mais qu'elle a dû y renoncer à cause de l'impécuniosité de son mari, par ailleurs gravement malade. D'autre part, elle parle, au cours de son analyse et par association d'idées, d'un homme très riche qu'elle connaissait et dont elle fut très amoureuse. La signification du rêve lui apparaît alors comme la réalisation de trois désirs refoulés : voir mourir son mari (chapeau de deuil), épouser l'homme aimé (chapeau élégant) et avoir beaucoup d'argent (coût élevé du chapeau).

Le rêve comme fonction d'équilibre ou expression de la particularité génétique. L'idée que le rêve est la réalisation d'un désir est antérieure à Freud. On la trouve déjà dans des textes tibétains, bouddhistes et ceux des Pères de l'Église. Mais on reconnaît aussi au rêve une autre fonction. Alfred Adler (1870-1937) analyse la pensée onirique comme le moyen d'organiser une conduite future. Le rêve est pour l'esprit le moyen de décompresser, de mettre en cohérence toutes les sollicitations et les problèmes laissés la veille au soir et d'organiser une réponse. Cette fonction du rêve répond à la maxime : la nuit porte conseil. Le rêve est donc une sorte d'anticipation ou de répétition générale d'une réponse à une situation. Le rêve apparaît comme une nécessité pour l'équilibre psychique. Une autre hypothèse est présentée par le Dr Michel Jouvet dans *le Sommeil et le Rêve* (1992). Le rêve correspondrait à une action de *reprogrammation génétique*. Pendant la journée, l'instruction, l'éducation, la vie sociale imposeraient à tous les individus un même moule. Pendant la nuit, le rêve nous reprogramme pour remettre en ordre notre psychisme selon ce que nous sommes génétiquement, des individus différents. On peut penser que, lorsque les Soviétiques enfermaient dans des hôpitaux psychiatriques ceux qui ne pensaient pas comme eux et qu'ils leur donnaient des drogues qui suppriment les rêves (inhibiteurs des monoamines-oxydases, ou des antidépresseurs tricycliques...), ils obtenaient des individus plus sensibles au conditionnement, par là même plus semblables, plus soumis à la pression médiatique. Le rêve serait donc une manière de ressourcer l'individualité psychologique à partir de ses racines vitales génétiques. → **Dict. de la psychologie, coll. « Références », Larousse).**

Ribot (Théodule), philosophe et psychologue français (Guingamp 1839 – Paris 1916). Il est célèbre par ses études de psychologie expérimentale : les *Maladies de la mémoire* (1881), *les Maladies de la volonté* (1883), *les Maladies de la personnalité* (1885). Sa méthode analytique, qui consistait à isoler les fonctions psychologiques de la totalité de la vie psychique (notamment à développer, sur le plan psychologique, la théorie des localisations cérébrales), est aujourd'hui dépassée par la « psychologie des structures ». → **Mémoire, oubli.**

Ricœur (Paul), philosophe français (1913 - 2005). Son œuvre, à la fois inspirée par la phénoménologie et l'existentialisme, est une réflexion sur l'existence, par le biais d'une analyse de l'acte volontaire : partie d'une description « phénoménologique » du vouloir dans *le Volontaire et l'involontaire* (1949, réédité en 1950), elle se développe, dans *Finitude et culpabilité* (1960) — qui paraîtra en deux titres : *l'Homme faillible* (1960) et *le Symbolique du mal* (1963) —, en une réflexion éthique et métaphysique sur l'essence de l'homme et de son pouvoir d'agir. Le but de sa doctrine est de penser la « totalité de l'homme » (connaissant, sentant et agissant) et de ne point le réduire à une simple faculté de connaissance. On lui doit, notamment : *Karl Jaspers et la philosophie de l'existence* (1947, en collaboration avec M. Dufrenne) et une participation active à la revue *Esprit*. Dans *De l'interprétation. Essai sur Freud* (1965), il réfléchit sur le symbole et montre que la psychanalyse représente une ascèse de la réflexion philosophique, qui permet à celle-ci d'éliminer les illusions de la conscience immédiate. Il reprend ce thème d'une éducation perpétuelle à la réalité dans *le Conflit des interprétations. Essai d'herméneutique* (1969). Il écrit également *la Métaphore vive* (1975), *Temps et récit* (t. I, 1983). L'ouvrage qu'il considère comme le plus accompli, *Soi-même* *comme un autre* (1996), poursuit une réflexion qui, au-delà de Dieu, cherche à cerner le fondamental. Ses recherches sur la symbolique propre aux différentes activités humaines se sont développées avec richesse dans *Une poétique de la morale* (1996), *Innocente culpabilité* (1998), *Autour du politique* (1999).

rigorisme, attachement scrupuleux aux règles.

Le rigorisme de la morale de Kant tient à ce principe que l'homme doit agir uniquement par considération du devoir moral et tenir pour nulle toute motivation extérieure à la morale (intérêt, bonheur, amitiés, etc.). Le rigorisme s'oppose au *pragmatisme** et à l'*utilitarisme** (pour lesquels la valeur d'une action se mesure à sa réussite, à son résultat). Seul le rigorisme définit une attitude purement morale.

Rodó (José Enrique), essayiste et philosophe uruguayen (Montevideo 1872 – Palerme 1917). Il évolua dans ses essais du positivisme au bergsonisme : *Ariel* (1900), *le Belvédère de Prospero* (1913).

romantisme philosophique, exaltation du sentiment de la nature, exprimée dans la littérature allemande (Klopstock, Herder, Goethe, et surtout Novalis et Schlegel) et qui trouve son expression philosophique (entre 1790 et 1800) dans la doctrine de Schelling, dans la *Destination de l'homme* de Fichte, dans la philosophie religieuse de Schleiermacher.

Les descriptions de la « nostalgie » comme attitude authentique de la conscience humaine, la théorie de la nature comme médiatrice entre l'homme et la divinité, la découverte du folklore comme source de toute inspiration d'un peuple, la restauration de la conscience religieuse en sont les caractères fondamentaux.

Roscelin, philosophe scolastique (Compiègne v. 1050 – Tours ou Besançon v. 1120), fondateur du *nominalisme** et l'un des maîtres d'Abélard. Le concile de Soissons l'obligea à abjurer sa conception « dialecticienne » de la Trinité (les trois entités de la Trinité sont trois Substances indissolublement liées dans l'individu « indécomposable »), qui l'écartait de la terminologie gréco-latine.

Rousseau (Jean-Jacques), écrivain et philosophe français (Genève 1712 – Ermenonville, près de Senlis, 1778). Sa vie fut mouvementée : de famille française huguenote émigrée en 1550, sa mère mourut en le mettant au monde ; son père, horloger, le laissa, à dix ans, aux soins du pasteur Lambercier. Il s'enfuit de Genève en 1728, habite chez Mme de Warens à Annecy ; laquais malhonnête, séminariste sans vocation à Annecy (1729), il repart pour Fribourg, Genève, Lausanne ; revient à Chambéry (1732) : c'est la délicieuse période des Charmettes ; repart pour conquérir Paris en 1741 ; suit en 1743 l'ambassadeur de France à Venise ; revient à Paris (1744) ; écrit en 1754, à Genève, le *Discours sur l'origine de l'inégalité* (1755) ; habite à l'Ermitage en forêt de Montmorency, où il approfondit son sentiment de la nature ; écrit alors le célèbre traité politique *Du contrat social* (1762) et l'*Émile* (1762), roman pédagogique que sa partie religieuse fait condamner au feu par le Parlement. Il passe la dernière partie de sa vie à Ermenonville ; il est honoré d'une sépulture au Panthéon.

Rousseau fut le premier à éveiller les cœurs au sentiment proprement romantique de la nature ; son amour pour elle avait pour corollaire un profond pessimisme social : « Tout est bien sortant des mains de l'auteur des choses, tout dégénère entre les mains de l'homme. » Le *Discours sur les sciences et les arts* (1750), le *Discours sur l'origine de l'inégalité* (1755), ainsi que la *Lettre à d'Alembert sur les spectacles* (1758) dénoncent les méfaits de la civilisation et l'injustice des rapports établis entre les hommes. Il expose les principes susceptibles de rapprocher l'individu de la nature, au niveau de l'enfant (*Émile*), du couple (*la Nouvelle Héloïse*, 1761), ou du citoyen (*Du contrat social*). Mais son œuvre fondamentale concerne la philosophie politique : le *Contrat social* va plus loin que Montesquieu et Voltaire dans la défense de la liberté et l'instauration de l'égalité entre les hommes ; son but est de concilier les libertés individuelles et les exigences de la vie sociale, bref de fonder un ordre social « naturel ». Le *Contrat social* inspirera la Déclaration des droits de l'homme ; il contient toute la philosophie de la Révolution. Kant le relira sans cesse « pour passer l'émotion » que sa lecture a suscitée en lui. La philosophie politique en Allemagne (celle de Kant, la philosophie du droit de Fichte, etc.) a été profondément marquée par l'œuvre de Rousseau.

Ruge **(Arnold),** homme politique et philosophe allemand (Bergen, île de Rügen, 1802 – Brighton, 1880). Il fonde avec Karl Marx les *Annales franco-allemandes* (1843). *L'Ancien et le Nouveau Rationalisme* (1841) développe une critique philosophique de Hegel dont l'erreur est d'avoir déduit l'histoire du système au lieu de procéder inversement en déduisant le système de l'histoire. Une telle critique anticipe sur celle que Marx portera contre Hegel.

Russell **(Bertrand, 3ᵉ comte),** mathématicien, sociologue et moraliste britannique (Trellek, pays de Galles, 1872 – Penrhyndeudraeth 1970). Il se rendit célèbre, parmi les logiciens, par un ouvrage consacré aux *Principes des mathématiques* (*Principia mathématica* [1910-1913]). Connu des sociologues par *Chemins vers la liberté : le socialisme, l'anarchie et le syndicalisme* (1918) ; maître de morale concrète par *la Conquête du bonheur* (1930). Sa compétence philosophique (*Histoire de la philosophie occidentale* [1946]) est plus discutable. Il demeure un grand logicien, et sa figure possède assez de relief pour qu'il ait été l'interlocuteur direct de Khrouchtchev en Occident pendant la crise de Cuba (1962). Prix Nobel de littérature en 1950.

Ruyer **(Raymond),** philosophe français (1902 - 1987). Théoricien des sciences autant que métaphysicien, il a développé une philosophie de la vie dans *Esquisse d'une philosophie de la structure* (1930), *la Conscience et le corps* (1936), *Éléments de psychobiologie* (1946), *Néofinalisme* (1952) ; une philosophie des valeurs dans *le Monde des valeurs* (1947), et une théorie de l'information dans *la Cybernétique et l'origine de l'information* (1954). Il a écrit en outre : *la Genèse des formes vivantes* (1958), *Éloge de la société de consommation* (1969), *les Cent Prochains Siècles* (1977), *l'Art d'être toujours content* (1975), *le Scepticisme résolu* (1979).

Ryle **(Gilbert),** philosophe et logicien britannique (Brighton 1900 – Whitby, North Yorkshire, 1976). Professeur à Oxford (1945-1968), il occupe une place originale dans la philosophie analytique. Il fait déboucher la conception de Wittgenstein, selon laquelle l'objet de la réflexion est de lever les ambiguïtés et les confusions du langage ordinaire, vers une véritable philosophie de l'expression (*la Notion d'esprit*, 1949).

Les concepts de volonté, d'imagination, de connaissance de soi ne sont pas l'expression d'une activité « fantôme » de l'esprit, mais au contraire des « concepts dispositionnels », c'est-à-dire des types de relation au monde. Il assigne à la philosophie une fonction critique et thérapeutique, ainsi que de déterminer les possibilités de combinaison et de corrélation entre les concepts. Il a écrit également : *Philosophical Arguments* (1945), *Dilemmas* (1954), *Use, Usage and Meaning* (1961).

S

Sabunde, Sebond ou **Sebonde (Raimundo)**, médecin et philosophe espagnol (Barcelone? – Toulouse 1436). Montaigne a popularisé son nom (*Apologie de Raymond de Sebonde*, chap. XII du livre II des *Essais*). Il est l'auteur d'une apologie du christianisme, la *Théologie naturelle ou le Livre des créatures* (1484), qui fut mise à l'index.

sacré, sentiment du religieux.

D'une façon générale, la notion du *sacré* s'attache à tout ce qui dépasse l'homme et suscite, plus encore que son respect ou son admiration, une ferveur particulière, que R. Otto — dans *le Sacré*, 1917 — caractérise comme le « sentiment de l'état de créature » ou sentiment du « numineux » (du lat. *numen*, qui évoque la « majesté divine »).

Pour cerner le sentiment du sacré, Rudolf Otto utilise la méthode des théologies négatives (qui vont à Dieu négativement) en définissant tout ce qui n'est pas le sacré mais qui l'approche. « Considérons ce qu'il y a de plus intime et de plus profond dans toute émotion religieuse intense qui est autre chose que foi au salut, confiance ou amour, ce qui, abstraction faite de ces sentiments accessoires, peut à certains moments remplir notre âme et l'émouvoir avec une puissance presque déconcertante; poursuivons notre recherche en nous efforçant de le percevoir par la sympathie, en nous associant aux sentiments de ceux qui, autour de nous, l'éprouvent et en vibrent à l'unisson; cherchons-le dans les transports de la piété et dans les puissantes expressions des émotions qui l'accompagnent, dans la solennité et la tonalité des rites et des cultes, dans tout ce qui vit et respire autour des monuments religieux, édifices, temples et églises : une seule expression se présente à nous pour exprimer la chose; c'est le sentiment du *mysterium tremendum*, du mystère qui fait frissonner. Le sentiment qu'il provoque peut se répandre dans l'âme comme une onde paisible; c'est alors la vague quiétude d'un profond recueillement. Il peut aussi surgir brusquement de l'âme avec des chocs et des convulsions. Il peut conduire à d'étranges excitations, à l'ivresse, aux transports, à l'extase. Il a des formes sauvages et démoniaques. Il peut se dégrader et presque se confondre avec le frisson et le saisissement d'horreur éprouvé devant les spectres. Il a des degrés inférieurs, des manifestations brutales et barbares, et il possède une capacité de développement par laquelle il s'affine, se purifie, se sublimise. Il peut devenir le silencieux et humble tremblement de la créature qui demeure interdite... en présence de ce qui est, dans un mystère ineffable, au-dessus de toute créature. » Le sacré comporte donc un élément de « crainte » devant une puissance absolue qui n'est ni la crainte d'un danger, ni l'angoisse devant un avenir incertain; un élément de « mystère » devant l'inconnaissable; il possède quelques analogies avec le sentiment de l' « énorme », en même temps que l'objet jouit d'un pouvoir « fascinant » tout à fait particulier. En somme la crainte, le mystère, la fascination sont les trois composantes du sentiment de créature ou sacré. Tous les sentiments religieux (du péché, de l'expiation, etc.) gravitent autour de ce centre.

Le sacré s'oppose au *profane*, dans la mesure où il est le « siège d'une puissance » que ne possède pas le profane (cf. Émile Durkheim, *les Formes élémentaires de la vie religieuse*, 1912). → **Religion.**

sagesse, science et vertu.

La sagesse est le but de la philosophie*. Elle unit la connaissance théorique à la réalisation d'un idéal pratique : le *sage* se distingue du *savant* dans la mesure où il vit sa doctrine et où sa vie constitue en elle-même une réalisation et un témoignage de la vérité. L'idéal du sage fut l'idéal le plus haut de l'Antiquité : les « Sept Sages » de la Grèce, que les puissants allaient consulter et qui possédaient a eux seuls tout le savoir de l'époque, furent Thalès, Pittacos, Bias, Solon, Cléobule, Myson et Chilon (Platon les cite dans son dialogue *Protagoras*). La doctrine stoïcienne nous révèle les caractéristiques du sage antique : sa particularité fondamentale était de vivre « en harmonie » avec le monde; toutes les lois du « cosmos » (de l'univers) se répercutaient en lui; pour l'imagination antique, le sage était d'abord celui qui contemple le ciel étoilé et qui éprouve le sentiment profond de l'ordre et de la rationalité des choses.

En un sens plus moderne, le sage est celui qui vit en harmonie avec l'humanité : c'est celui qui, dans l'ordre humain, comprend tout sans avoir tout éprouvé (A. Gehlen, *Théorie de la liberté du vouloir*, 1933).

Cette définition cosmique ou éthique du sage est certainement la plus rigoureuse : la sagesse est, au sens antique, la connaissance intuitive des lois du monde et, au sens moderne, la compréhension des problèmes d'autrui. Plus communément, la sagesse est une notion morale qui désigne l' « équilibre » de la personnalité : la « tempérance » (Platon), ou modération des désirs. En ce sens, la sagesse s'oppose à la *passion*, autant qu'à la *bêtise*. Elle tend à s'identifier à la *prudence*.

saint (du lat. *sanctus*, sacré), absolument pur, parfait.

Le modèle de sainteté a été donné par la vie du Christ. En un sens général, on appelle « saints » les morts qui possèdent déjà le bonheur du ciel. On distingue le *saint* (qui sacrifie sa vie corporelle à sa vie spirituelle), le *sage* (qui conçoit la vertu comme un « équilibre » entre désirs physiques et aspirations spirituelles : Platon) et le *héros** (dont la destinée est une réalisation physique — comme le héros antique, célèbre pour ses exploits physiques, à la guerre ou à Olympie — ou une réalisation historique — comme le héros moderne : le grand homme politique, le savant ou le philosophe dont l'œuvre marque une époque).

En d'autres termes, le héros a un destin uniquement terrestre; le sage équilibre la part des besoins physiques et des aspirations spirituelles; le saint ne veut vivre que de la vie de l'esprit. La notion de sainteté est spécifiquement chrétienne, dans la mesure où le détachement spirituel est lié à l'idée de souffrances physiques : il y a, dans la sainteté, quelque chose de « dramatique », qui est absolument étranger à la sérénité de l' « ascèse » hindoue : l'ascète n'est pas celui qui surmonte sa vie physique, mais celui qui ne la sent pas; et c'est pourquoi le saint n'a rien de commun avec le « fakir », par exemple.

Saint-Martin (Louis Claude de), philosophe français (Amboise 1743 – Aulnay, près de Paris, 1803). Il contribua, en développant une forme de mysticisme illuminé, à former la sensibilité qui devait s'épanouir à l'époque du romantisme. On lui doit : *l'Homme de désir* (1790).

Saint-Simon (Claude Henri de Rouvroy, comte de), philosophe et économiste français (Paris 1760 – *id.* 1825). Petit-cousin du duc de Saint-Simon, il participe à la guerre de l'Indépendance américaine (1777-1783), consacre son existence au voyage et finit par vivre assez misérablement. On lui doit l'*Esquisse d'une Nouvelle Encyclopédie*, l'*Histoire de l'homme* (1809-1811), un *Mémoire sur la science de l'homme* (1813). Avec la collaboration d'A. *Thierry, il publie, en 1814, *De la Réorganisation de la société européenne*, en faveur d'une fédération des peuples d'Europe. Mais sa doctrine proprement dite est exposée, en 1817, dans l'*Industrie ou Discussions politiques, morales et philosophiques, dans l'intérêt de tous les hommes livrés à des travaux utiles et indépendants*, puis dans *Du Système industriel* (1820-1823). Son œuvre est à l'origine du développement de la pensée positive et de la pensée socialiste. Sa doctrine revenait à confier le pouvoir aux industriels, qui sont « les véritables chefs du peuple, qui le commandent dans ses travaux journaliers ». Il s'agit, en somme, d'une réduction du pouvoir politique (de l'autorité sur les hommes) au pouvoir économique (à l'administration des choses). C'est cette dissolution de l'État dans l' « atelier » que retiendront Marx et Engels.

saint-simonisme, doctrine du comte de Saint-Simon et de ses disciples.

Le saint-simonisme est une doctrine de l'égalité, qui vise à ordonner la société suivant le principe : « À chacun selon sa capacité, à chaque capacité selon ses œuvres. » Il se présente à la fois comme une religion (prêchée par Enfantin et Bazard) et comme un socialisme condamnant la propriété privée qui permet l'exploitation des travailleurs. Le but du saint-simonisme est de faire cesser l'exploitation de l'homme par l'homme. Il préconise la suppression des héritages privés et leur répartition suivant les besoins et les capacités. Il prévoit déjà un programme d'enseignement technique, adapté à la société industrielle. La doctrine égalitaire de Saint-Simon fut reprise et développée notamment par Bailly, Léon Halévy, Duvergier, puis par Enfantin, Bazard, P. Leroux, A. Blanqui et Garnier. Elle fut partagée par Auguste Comte. Ce mouvement marque une époque qui s'achève vers 1839.

salut, fait d'être sauvé.

Le terme peut désigner très concrètement le fait d'échapper à un danger, à un malheur. Au sens général, il désigne le bonheur éternel qui nous est départi lorsque nous sommes sauvés de l'état de péché et des souffrances liées à notre existence corporelle. En philosophie, le salut est la connaissance individuelle de la vérité et le bonheur que cette connaissance nous apporte (Spinoza).

sanction, primitivement, peine établie par une loi pour réprimer un acte. Au sens général, la sanction désigne aussi bien les peines que les récompenses attachées à un acte, selon son caractère nuisible ou bienfaisant.

On distingue les sanctions de l'opinion (lois de l'honneur), les sanctions légales, religieuses, subjectives (remords ou satisfaction). La sanction pose un problème moral : car, du point de vue moral, nous avons affaire à des « fautes » commises par des « personnes » et qu'il faut « expier »; la sanction légale ou physique n'a pratiquement aucune valeur morale. Elle a surtout un sens social, car, du point de vue social, nous avons affaire à des « crimes » commis par des « individus » contre lesquels il faut protéger la société : le juge tendra donc à faire un « exemple ». Pour la plupart des fautes, surtout commises par les adolescents, la justice moderne tend à substituer la rééducation, ou réadaptation, à la sanction pure et simple : le criminel est souvent un désadapté ou un révolté dont la société tout entière porte la responsabilité.

sanguin, se dit d'un type de caractère* dont les composantes fondamentales sont l'absence d'émotivité, la tendance à agir et l'absence d'un retentissement profond, dans la personnalité, des événements qui nous arrivent (caractère « primaire ») [par exemple, Bacon, Talleyrand] : il comporte souvent une totale absence de scrupules.

Sartre (Jean-Paul), philosophe et écrivain français (Paris 1905 – *id.* 1980), premier représentant de l'existentialisme* en France. Il fut révélé par *la Nausée* (1938) et *le Mur* (1939). Dans *l'Imagination* (1936) et *l'Imaginaire* (1940), il développe la notion d'intentionnalité de Husserl en montrant que non seulement la conscience est conscience *de* quelque chose, mais qu'elle est aussi affirmation d'un monde.

La notion d'attitude ne se définit pas comme une attitude à *l'égard* du monde, mais comme création, ouverture ou position d'un monde. En révélant le caractère intentionnel de l'image, Sartre définit la conscience imaginaire comme négativité (conscience qui porte en elle-même le savoir implicite qu'elle représente un objet absent). Il expose ensuite dans *l'Être et le Néant* (1943), puis dans la *Critique de la raison dialectique* (1960), les principes de sa philosophie existentialiste. *La Nausée* exprime une certaine vision du monde, développée d'ailleurs dans *les Chemins de la liberté* (1945-1949), où l'individu se trouve confronté avec l'absurdité des événements, et dont le sentiment fondamental est le « dégoût » de l'existence. *L'Être et le Néant* se présente comme une justification philosophique : son célèbre principe, selon lequel « l'existence précède l'essence », signifie simplement que la personnalité d'un individu (son essence) ne constitue nullement pour lui un destin, que la vie procède d'une succession de libres choix qui ne sont jamais totalement justifiables. Sartre fonde ce principe de morale sur une ontologie du « pour-soi » comme liberté absolue; « l'homme, dit-il, est condamné à être libre », à choisir sans raison et avant toute raison, et à décider arbitrairement de sa vie. L'existentialisme de Sartre s'épanouit dans une morale qui se veut humaniste (*L'existentialisme est un humanisme* [1946]) et dont les valeurs fondamentales sont celles de l'« engagement » et de la « responsabilité », enfin dans une philosophie de l'histoire assez proche du marxisme, mais qui souligne l'irréductibilité de la libre initiative de l'homme à la nécessité historique : bien que l'homme soit « dans l'histoire » (cf. la *Critique de la raison dialectique*, où Sartre se rapproche de certaines thèses marxistes), il ne se réduit pas à son rôle historique, car la dimension de l'« individualité » reste souvent dans l'ombre et en marge de l'histoire. Sartre propose finalement une synthèse du marxisme et de l'individualisme.

savoir (du lat. *sapere*, avoir du goût, de la pénétration), toute forme de connaissance.

On distingue deux formes générales de savoir, selon qu'il s'agit des sciences de la nature ou des sciences de l'homme : le premier, purement intellectuel, peut trouver une formulation mathématique (la formulation mathématique des « lois » de la nature est la forme la plus parfaite du savoir); le second requiert la « compréhension », qui est de l'ordre du sentiment : la « sympathie », est, selon Max Scheler, la forme la plus pénétrante et la plus adéquate du savoir en ce qui concerne les phénomènes humains. Le savoir philosophique, ou compréhension réflexive, unit ces deux types de savoir (c'est un savoir qui s'exprime « conceptuellement » et requiert cependant une « compréhension » spirituelle, à partir de son sentiment individuel, un « sentiment » de l'évidence). → **Épistémologie, philosophie, science.**

scepticisme (du gr. *sképis*, vision), état de celui qui doute : doctrine qui refuse d'affirmer ou de nier, donc de se prononcer, surtout en matière de métaphysique.

Au sens courant, le sceptique est celui qui refuse son adhésion à des croyances généralement admises, il se contente de voir et refuse de « juger », donc d'affirmer ou de nier l'« existence » d'objets correspondant à ses représentations.

Hegel a distingué, d'une manière très lumineuse : 1° le *scepticisme antique* (Pyrrhon, Ænésidème), qui consiste à douter de la réalité du monde extérieur et à croire néanmoins en la réalité d'un monde spirituel, en l'existence de Dieu; 2° le *scepticisme moderne* (positivisme, scientisme), qui consiste à ne croire que ses sens, à affirmer la seule réalité du monde matériel et à douter de Dieu. Le philosophe Berkeley rentrerait dans la première catégorie, Auguste Comte dans la seconde.

Schaff (Adam), philosophe et sociologue polonais (Lemberg, auj. Lvov, 1913). Professeur à Lodz, puis en 1948 à Varsovie, enfin à Vienne, il est l'auteur de travaux sur la théorie de la connaissance, la philosophie du langage et la logique (*le Concept et le mot*, 1946; *les Problèmes de la théorie marxiste de la vérité*, 1951; *Langage et connaissance*, 1964). Il s'intéresse également aux méthodes des sciences sociales, dans leur lien avec le marxisme (*l'Introduction à la théorie du marxisme*, 1947; *Caractère objectif des lois de l'histoire*, 1955; *Histoire et vérité*, 1970; *Structuralisme et marxisme*, 1974).

Scheler (Max), philosophe allemand (Munich 1874 – Francfort-sur-le-Main 1928). Il fut un représentant de la phénoménologie*, dont il étendit les analyses à l'ordre des sentiments humains : moraux et religieux. *Le Formalisme en éthique et l'éthique matérielle des valeurs* (1913-1916), *Nature et formes de la sympathie* (1923), *la Situation de l'homme dans le monde* (1928) développent un personnalisme* très concret (la personne est un « centre d'actes irréductible à toute activité particulière où elle se manifeste »), allié à une théorie assez abstraite des valeurs comme essences éternelles, distinctes et immuables.

Schelling (Friedrich Wilhelm Joseph von), philosophe postkantien allemand (Leonberg, Wurtemberg, 1775-Bad Ragaz 1854). Il étudia à Tübingen et à Leipzig la philosophie et la théologie. Il eut pour condisciples, à l'université de Tübingen, Hegel et Hölderlin (1790). Il fut ensuite professeur à Iéna (1798), à Würzburg (1803), puis à Erlangen, Munich et Berlin (à partir de 1841), où il professa ses fameuses *Leçons sur la philosophie de la mythologie et de la Révélation*. La philosophie de Schelling n'est pas un système, mais une suite de créations géniales et d'intuitions nouvelles, dont la dominante fondamentale est l'intuition romantique de la nature comme médiatrice entre l'homme et la divinité.

On peut fixer trois époques dans le développement de sa pensée : 1° la *philosophie de l'identité* (1792-1799), où Schelling, d'abord simple commentateur de Fichte et « crieur public du moi », interprète l'identité du « moi » comme une identité absolue de l'esprit et du monde; il ramène en somme l'identité, qui caractérise toute prise de conscience de soi (Fichte), à l'enthousiasme romantique (*De la possibilité d'une forme de la philosophie en général*, 1795; *Lettres sur le dogmatisme et le criticisme*, 1796); 2° la *philosophie de l'esprit* (1800-1809), qui est une réflexion sur le droit, la morale et surtout sur l'art comme lieu de la révélation du divin dans les choses (*Système de l'idéalisme transcendantal*, 1800; *Bruno ou du principe naturel et divin des choses*, 1802); 3° la *philosophie de la religion et de la mythologie* (1809 à la fin), où le philosophe s'efforce de ressaisir le sens des mythes et des rites, les principes généraux de toute fabulation, bref d'expliciter le sens de l'imaginaire (*Philosophie de la mythologie*, 1842). Tels sont les trois moments de la « philosophie de la Nature ». Toutefois, les thèmes développés dans sa « première » philosophie restent une constante de son œuvre : la participation de l'homme à l'Absolu par l'intermédiaire du sentiment, le caractère spéculatif de sa philosophie, qui ne comporte aucune doctrine concrète d'action, enfin son caractère de rationalisme dogmatique, qui l'amène à expliquer tous les phénomènes de la conscience humaine (notamment la conscience d'être libre) à partir d'un ordre absolu qui préexiste à l'homme (*Recherches philosophiques sur l'essence de la liberté humaine*, 1809). À cet égard, Schelling n'a rien de commun avec Kant ni avec Fichte. Il a inspiré, en France, la doctrine de Félix Lacher Ravaisson-Mollien.

schématisme, théorie des schèmes, c'est-à-dire de l'activité spirituelle à l'état naissant.

Par exemple, le moment où l'on comprend quelque chose, où l'on ramène toute une diversité de données à un principe général, est le moment même du schème. Ensuite, on peut garder un concept qui représente le résultat de notre activité spirituelle, mais l'acte de formation des idées (schématisme) est quelque chose d'irréductible. C'est Emmanuel Kant qui, dans la *Critique de la raison pure,* a réfléchi le premier sur l'activité de l'esprit au moment où il trouve; mais c'est Johann Gottlieb Fichte qui, dans la *Théorie de la science,* de 1794 et surtout de 1804, a analysé, avec le plus de profondeur et de rigueur, la rencontre de la « liberté » et de l' « être », qui caractérise le moment de toute découverte spirituelle, c'est-à-dire le schématisme proprement dit.

schizoïdie. → Schizophrénie.

schizophrénie, psychose survenant surtout chez les individus jeunes, caractérisée par la perte du sens du réel (désadaptation) et un mode de pensée comparable à celui du rêveur (autisme).

Son signe fondamenatal est une suppression des sentiments (« inaffectivité »). Le schizophrène est maniéré, bavard (bavardage caractérisé par l'emploi hors de propos de termes abstraits, techniques, recherchés), indifférent. La schizophrénie exige l'hospitalisation dans un service spécialisé. Il ne faut pas la confondre avec la *schizoïdie,* qui est une tendance à la schizophrénie, mais un état normal, une simple prédisposition qu'on trouve généralement chez les sujets de type dolichocéphale, dont le visage est allongé, maigre, aux cheveux blonds (s'oppose à la *constitution cycloïde*). La vie de Van Gogh illustre un cas de schizophrénie. → **Cyclothymique, psychose.**

Schleiermacher (Friedrich), théologien allemand (Breslau 1768-Berlin 1834). Représentant de l'esprit religieux propre au romantisme* philosophique en Allemagne, il est l'auteur de *Discours sur la religion* (1799), inspirés de Spinoza, et de *Monologues* (1800), inspirés de Fichte et soulignant l'importance de notre personnalité. Son *Exposition de la foi chrétienne* (1821) contient l'expression définitive de ses idées, qui peuvent se ramener à un spiritualisme dont le double aspect est, d'une part, le sentiment de la Nature comme expression de la divinité, d'autre part le sentiment d'une communauté spirituelle entre les âmes, comme réalisation de l'esprit (du Christ).

Schopenhauer (Arthur), philosophe allemand (Dantzig 1788 – Francfort-sur-le-Main 1860). Il prétend ne se rattacher à aucune école (sinon de loin à la philosophie hindoue), et il s'oppose expressément à l'école post-kantienne (Fichte, Hegel). En fait, sa philosophie de la « volonté » comme fondement de la « représentation » est un démarquage de la philosophie de Fichte. C'est en 1813 qu'il soutient sa thèse à Iéna sur *la Quadruple Racine du principe de raison suffisante,* en 1818 qu'il publie son principal ouvrage, *le Monde comme volonté et comme représentation.* Il enseigne à Berlin de 1820 à 1831, date où il quitte l'enseignement et s'oppose à tout ce qui est universitaire.

Sa théorie de la représentation, inspirée de Kant, se fonde, selon lui, sur une conception du vouloir-vivre inspirée des philosophes de l'Inde. Son pessimisme, qui unit les notions de *souffrance* et de *vie,* l'amène à prêcher l'ascétisme. Sa morale, fondée sur la pitié, est une critique, parfois profonde, de la morale formelle de Kant (*Essai sur le libre arbitre,* 1839). Son style très riche, plein de métaphores, recouvre en fait une doctrine qui, dans la philosophie de l'idéalisme allemand (Kant, Fichte, Schelling, Hegel), comporte peu d'éléments originaux.

science, fait de connaître.

La science peut désigner une connaissance théorique (mathématique, par exemple) aussi bien qu'une habileté pratique, une technique. Le terme peut signifier, plus généralement, l'ensemble des sciences (c'est-à-dire, pour suivre la classification d'Auguste Comte : mathématique, astronomie, physique, chimie, biologie et sciences humaines). L'histoire des sciences révèle que la mathématique fut la première à apparaître (Antiquité grecque et même égyptienne), et les sciences humaines, les dernières; si l'on considère leur *objet,* la mathématique paraît la science la plus simple, et la science humaine — la « sociologie » —, la plus complexe. — L'étude philosophique des sciences se nomme l'*épistémologie.* On distingue les *sciences de la nature* et les *sciences de l'homme* (fondées par Wilhelm Dilthey en Allemagne, par Auguste Comte en France) : les premières sont « analytiques », et leur but est de donner une expression mathématique des « lois », ou rapports constants entre les phénomènes; les secondes sont « compréhensives » et relèvent du sentiment et non de la mesure objective. Les sciences se distinguent de la philosophie en ce que leur vocation est de connaître la *matière*, tandis que celle de la philosophie est connaître l'*esprit* (Bergson), les « sciences de l'homme » (psychologie, sociologie) restant à cheval entre la science et la philosophie proprement dite.

La formation des concepts scientifiques. La constitution d'un savoir sur l'univers a fait l'objet d'une réflexion qu'on appelle l'épistémologie : étude des méthodes de la science. Comment se constitue le savoir scientifique? On distingue d'abord le fait perçu et le fait scientifique. L'exemple du fait perçu donné par Malebranche (*De la recherche de la vérité,* 1674), est l'agrandissement apparent de la lune à l'horizon; nous percevons la lune plus grosse à l'horizon qu'au zénith. Cependant la mesure de l'angle du cercle lunaire donnée par un compas ou par un réticule, est exactement la même, que la lune soit à l'horizon ou au zénith. Le fait scientifique est donc le fait mathématiquement mesuré, constatable par tous. Le fait perçu a un caractère qualitatif, le fait scientifique un caractère quantitatif. Prenons l'exemple du *concept physique de masse*, qui a joué un rôle décisif dans le développement de la physique. La masse d'un corps est la quantité de matière qui y est contenue. Aristote (384-322 av. J.-C.), qui s'en tient au fait perçu, décrit le lourd et le léger (dans le traité *Du Ciel,* livre IV) comme des propriétés intrinsèques des corps : la terre est plus lourde que l'eau, qui est plus lourde que l'air. Les corps tendent d'eux-mêmes vers leur lieu naturel, qui est le centre de la terre; les corps sont dotés d'une spontanéité analogue à la tendance psychologique (le feu va vers le haut et la terre va vers le bas). Vingt siècles plus tard, Galilée (1564-1642) va substituer à la perception l'observation scientifique : il procède à des expérimentations, c'est-à-dire des répétitions du phénomène dans les mêmes conditions, et à leur mesure. Laissant tomber des corps d'une grande hauteur, il va constater que tous les corps tombent à la même vitesse, et que le seul phénomène susceptible de ralentir le mouvement est la résistance de l'air. Il invente le concept de « pesanteur », mais il attribue la pesanteur des corps à une force qui leur appartiendrait en propre. Ne distinguant pas encore le concept de masse de celui de poids, il n'explique pas pourquoi un gros pavé, qui exerce une grande force pour descendre, ne descend pas plus vite qu'un petit caillou qui exerce une petite force dans le même sens. On ne s'expliquait pas non plus à l'époque pourquoi la Lune ne tombait pas sur la Terre. C'est Newton (1642-1727) qui va distinguer masse et poids, en démontrant que si la masse (la quantité de matière) est constante, le poids peut varier. Il établit que les mouvements de tous les corps doivent être rapportés à l'attraction exercée par la masse de la terre sur les masses des autres corps mais cette force est proportionnelle à la masse du corps, et (sur la terre) à celle de la terre, et inversement proportionnelle au carré de la distance qui sépare le corps du centre de la terre. Par exemple la terre n'étant pas une sphère parfaite mais aplatie aux pôles, la même personne pèsera plus lourd aux pôles qu'à l'équateur. On a éprouvé expérimentalement depuis lors à l'occasion des jeux Olympiques de Mexico en 1968 (à 2250 m d'altitude) qu'indépendamment de la moindre résistance de l'air, les corps des athlètes pesaient moins lourd et que certaines performances restaient inégalables au niveau de la mer. Sur la Lune, dont la masse est huit fois plus faible que la Terre, le même homme (de même masse), pesant 80 kg sur la Terre pèsera 10 kg. — Newton donne une explication du monde totalement cohérente : la force qui meut les étoiles est de même nature que celle qui donne leur pesanteur aux corps terrestres. Ainsi les rapports mesurables entre masse et poids permettent-ils de rendre compte de la *gravitation universelle* des corps dans l'Univers.

En résumé, dans la formation du concept scientifique, on peut compter plusieurs étapes : 1° la distinction du fait perçu et du fait scientifique (mesuré); 2° l'observation scientifique et l'expérimentation; 3° la classification des faits (on cherche le caractère commun à un groupe de faits, d'objets ou d'expériences); 4° l'hypothèse, qui est l'anticipation d'une loi et qui permet d'orienter les observations; 5° la loi, qui établit des rapports constants entre les phénomènes et qui unifie des faits ou des observations; 6° la grande théorie, qui unifie les lois et explique le système de l'Univers (telle la gravitation universelle de Newton dite théorie de la relativité restreinte; puis la théorie de la relativité généralisée avec Einstein (1879-1955). La méthode employée est celle de l'induction, du passage des cas particuliers au général. → **Classification (des sciences), compréhension, épistémologie.**

scientifique (esprit), **prédisposition de la pensée pour les sciences, c'est-à-dire pour une connaissance objective et universelle.**

On parle aussi d'*esprit positif*. Son idéal est de substituer à la perception des choses la connaissance de leurs lois : des « rapports constants » entre les phénomènes.

La formation de l'esprit scientifique. L'esprit scientifique est une disposition particulière pour les sciences, c'est-à-dire pour la connaissance objective. Il n'accepte que des faits contrôlés, que des idées claires et apporte partout le souci de la preuve. Il exclut le subjectif, c'est-à-dire les croyances, les passions, la relativité de notre connaissance sensorielle. Il se distingue de l'esprit religieux qui place la foi au-dessus de la raison, qui se porte sur des objets surnaturels et s'appuie sur la tradition; de l'esprit esthétique ou artistique qui fait appel à la sensibilité ou à la créativité imaginative. L'esprit scientifique se caractérise essentiellement comme « l'esprit critique appliqué à un objet positif » (Auguste Comte, *Cours de philosophie positive,* 1830-1842). L'explication scientifique s'oppose à l'explication mystique, qui explique les phénomènes par l'intervention d'une ou de puissances surnaturelles, telle le *mana* dans les sociétés polynésiennes.

Dans le *Cours de philosophie positive,* Auguste Comte décrit les trois stades de l'évolution de l'humanité vers l'esprit scientifique. Le premier stade est « l'état théologique » où un phénomène est expliqué par l'intervention de puissances surnaturelles. Le second stade est « l'état métaphysique » où les phénomènes sont expliqués par des mots, des abstractions; il s'agit d'une explication rationnelle mais purement formelle qui peut s'appeler Dieu, le destin, l'harmonie universelle. L'exemple que l'on donne souvent : « Pourquoi le pavot fait-il dormir? Parce qu'il a une vertu dormitive ». On n'a rien expliqué, mais on a donné un nom. Le troisième stade est « l'état positif » où l'on explique un phénomène par ses rapports avec les autres phénomènes, c'est-à-dire par des lois.

Auguste Comte propose une classification des sciences en fonction du progrès de l'esprit scientifique. Les premières à être devenues positives, dans l'Antiquité, sont les mathématiques, puis l'astronomie; puis au XVIIe siècle, la physique et la chimie; à la fin du XVIIIe siècle et au XIXe, les sciences biologiques; enfin avec A. Comte (1798-1857), la science de l'homme qu'il appelle la sociologie ou science des « faits sociaux ». Ce classement va du simple au complexe. L'application des mathématiques aux sciences de l'homme, comme on la pratique par exemple dans les études de publicité (au-delà d'un certain seuil, la publicité n'augmente que très faiblement la vente, et au-delà encore peut saturer les esprits et provoquer le recul des ventes) date du XXe siècle. G. Bachelard peut ainsi écrire dans *le Nouvel Esprit scientifique* (1934) : « Les mathématiques sont descendues du ciel sur la terre. » Leurs premières applications furent le ciel étoilé; ce n'est que récemment qu'elles se sont appliquées à la terre des hommes.

scientisme, mouvement positiviste de la fin du XIXe siècle, qui considérait la connaissance scientifique comme la connaissance absolue.

Son principe est que la science satisfait tous les besoins de l'intelligence humaine. Son espoir est que les progrès de la science supprimeront toute la part d'inconnu dans le monde et dans l'homme ; il refuse donc l'idée d'un « inconnaissable » absolu, qui est la source de l'idée de Dieu : le concept de Dieu recouvrirait ce que la science ne connaît pas encore, mais qu'elle connaîtra nécessairement. La première doctrine d'Auguste Comte (avant 1845 et la religion de l'Humanité, ou positivisme*) est une illustration du scientisme. → **Scepticisme.**

scolastique, enseigné par l'école ; relatif aux écoles du Moyen Âge, dont les caractères étaient le respect de la tradition (d'Aristote), le refus de mettre la foi religieuse en question.

La discussion principale de la « scolastique » fut celle des « universaux », c'est-à-dire de la réalité ou de la non-réalité des idées générales. Sur ce point s'affrontèrent nominalistes et rationalistes. → **Abélard, arabe [philosophie], Averroès, Avicenne, nominalisme, Thomas d'Aquin [saint].**

Scot Érigène (Jean), philosophe et théologien (né en Irlande v. 810-877). Sa doctrine joint un certain panthéisme à l'agnosticisme. Le roi de France et empereur d'Occident Charles le Chauve l'appela auprès de lui pour diriger l'école de son palais. On lui doit : *De la prédestination* (851), *De la division de la nature* (865).

Searle (John Rogers), philosophe américain (Denver, Colorado, 1932). Disciple de J. L. Austin, il considère que l'unité de base de la communication linguistique est l'acte de discours. Son principal ouvrage, *les Actes du langage* (1969 ; trad. fr. 1972), met l'accent sur les différentes sortes d'intentions qui caractérisent la communication linguistique. Il est l'auteur de *Sens et expression* (1979 ; trad. fr. 1982).

Secrétan (Charles), philosophe suisse (Lausanne 1815 – *id.* 1895), auteur d'une *Philosophie de la liberté* (1848-49), qui cherche à concilier le christianisme et la philosophie rationnelle (*la Raison et le Christianisme,* 1863).

sélection, choix raisonné.

La théorie de la *sélection naturelle*, développée par Darwin, est celle d'une lutte pour la vie, où les organismes les plus faibles sont éliminés, en vertu des conditions de vie, au profit des organismes les plus forts.

Le problème social de la *sélection professionnelle* est celui de l'orientation des individus vers certaines fonctions, en vertu de leurs aptitudes professionnelles. → **Darwin, division du travail, orientation.**

séméiologie, ou **sémiologie,** étude du développement et du rôle des signes culturels dans la vie des groupes ; théorie générale des signes. La réflexion sémiologique élargit la philosophie du langage et du symbole à toutes les formes de communication. Après Ernst Cassirer* en Allemagne, elle s'est développée en France avec Paul Ricœur* et Roland Barthes*.

Sénèque le Philosophe (Lucius Annaeus Seneca, dit), philosophe latin (Cordoue v. 4 av. J.-C. – Rome 65 apr. J.-C.). Il étudia d'abord l'éloquence, puis suivit les leçons de trois philosophes : Attale (stoïcien), Fabianus et Sotion (pythagoriciens). De retour d'un exil en Corse (41 à 49), il fut le précepteur de Néron. Celui-ci, devenu empereur, l'impliqua dans la conjuration de Pison et lui donna l'ordre de mourir. Il s'ouvrit les veines sans trembler. De son œuvre volumineuse, on retiendra sa morale proche du stoïcisme*, développée dans les *Quaestiones naturales.* Il s'oppose à Cicéron, pour lequel la vie sociale et le devoir de citoyen devaient tenir la première place. Sa sagesse est de cultiver sa volonté pour mettre son bonheur dans la vertu et non dans les hasards de la fortune. L'originalité de Sénèque est dans le détail, dans la pénétration avec laquelle il a discerné les vices et les maux de ses contemporains, dans la place accordée aux devoirs de pitié et d'humanité (contre l'esclavage, les gladiateurs, etc.).

Ses idées lui ont valu d'être consulté non seulement par les philosophes, mais par les Pères de l'Église et les moralistes chrétiens.

sensibilité, faculté d'éprouver des impressions.

Le terme est employé en deux sens qu'il faut bien distinguer : 1° la passivité ou faculté de ressentir des sensations (en ce sens, l'*Esthétique transcendantale* de Kant — 1re partie de la *Critique de la raison pure* — est une théorie de la sensibilité); 2° la disposition à ressentir des sentiments, des émotions. Dans le premier cas, la sensibilité est une faculté de percevoir (sensation); dans le second, une forme d'affectivité (sentiment).

sensualisme, doctrine (représentée par Condillac*) selon laquelle toutes nos connaissances viennent des sensations.

Le sensualisme est une forme d'empirisme*.

sentiment, tout ce que nous ressentons, en particulier les émotions de faible intensité et les passions, ainsi que les inclinations générales de l'homme (sentiment moral, admiration).

Une « morale du sentiment », fondée sur la pitié (Schopenhauer), l'inspiration du cœur (Rousseau), la sympathie (Scheler), l'amour (Bergson), s'oppose à une morale rationnelle ou « formelle » (comme celle de Kant), qui préconise d'agir « par principes », quel que soit notre sentiment (on prêtera assistance à autrui par devoir et non par pitié; la décision en sera plus ferme et n'humiliera jamais la personne humaine). Une morale du sentiment ne peut être vraiment universelle. Le problème philosophique du sentiment est de savoir si le sentiment peut être un moyen réel de connaissance : on distinguera, à cet égard, les réalités *naturelles*, qui n'appellent pas le sentiment, mais la connaissance objective, procédant à un travail de « mesure », et les réalités *humaines*, où le sentiment peut être un instrument valable pour une connaissance universelle; ce n'est qu'à partir de lui-même et de son sentiment que l'ethnologue peut comprendre *réellement* (ce qui est différent de connaître *théoriquement*) les mœurs des Indiens d'Amérique du Sud (Lévi-Strauss).

sentimental, type de caractère dont les composantes fondamentales sont l'émotivité, l'absence d'activité et l'existence d'un retentissement profond, dans la personnalité, des événements qui nous arrivent (caractère « secondaire ») [par exemple, Rousseau, Amiel]. → **Caractère.**

Serres (Michel), philosophe français (Agen 1930). Historien des sciences, il a orienté sa réflexion notamment sur les structures et les formes de la communication (*Hermès,* 1969-1977). Il montre que la hiérarchie et la classification des sciences de A. Comte n'a plus de sens aujourd'hui et que par rapport à Bachelard, il faut mettre en œuvre « un nouvel esprit scientifique » : la logique, la théorie des nombres, les probabilités, l'astrophysique ne relèvent d'aucune classification possible. La science moderne vise à expliquer « le visible compliqué par l'invisible simple ». (*Auguste Comte. Cours de philosophie positive,* 1975; *la Naissance de la physique dans le texte de Lucrèce,* 1977). Dans *le Contrat naturel* (1990), il constate que l'homme peut maintenant infléchir l'histoire de la terre; « l'histoire globale entre dans la nature tandis que la nature globale entre dans l'histoire. » Il invite à repenser les rapports entre l'homme et la planète, les sciences et le droit. Il milite pour un droit à l'égard de la nature, qui impose des restrictions à notre action sur elle.

seuil, limite au-delà de laquelle un excitant qui n'était pas senti provoque une sensation.

On distingue, en psychophysiologie, le *seuil absolu,* excitation minimale capable de produire une sensation (par exemple, un faible courant électrique), et le *seuil différentiel,* quantité minimale dont il faut faire croître l'excitation pour provoquer un changement discernable de sensation. (On ne sent pas, dans la main, la différence de poids entre 15 et 16 g, ni entre 14 et 15 g, mais seulement entre 14 et 16 g. Il y a là un seuil.) Le rapport entre l'augmentation de la sensation et celle de l'excitation a fait l'objet d'une loi : la loi du parallélisme psychophysiologique de Fechner et Weber. → **Parallélisme psychologique.**

Sextus Empiricus, philosophe, astronome et médecin grec (IIe-IIIe s.), né probablement à Mytilène. Il vécut à Alexandrie et à Athènes et dirigea l'école sceptique de 180 à 210. Avec Pyrrhon et Ænésidème, il est le principal représentant du *scepticisme**. On lui doit : *Hypotyposes pyrrhoniennes, Contre les savants.*

Shaftesbury (Antony Ashley Cooper, 3e comte de), philosophe anglais (Londres 1671 – Naples 1713). Philosophe du sentiment, il fait confiance à la nature humaine et développe l'idée d'une religion naturelle. Son ouvrage *Caractéristiques de l'homme* (1711), inspirera directement Diderot dans son *Essai sur le mérite et la vertu.*

signification, ce qui marque clairement un sens.

La phénoménologie se définit comme une description des significations, indépendante de tout jugement d'existence. Par exemple, on analyse le sens d'une religion indépendamment de toute prise de position à l'égard de sa valeur ou de l'existence du Dieu qu'elle honore. De ce point de vue, le principe de la phénoménologie comme analyse des significations est de tout comprendre et de ne jamais juger; une telle attitude implique l'« épochè », c'est-à-dire le doute. La notion de *pure signification* s'oppose donc à celle d'*existence.*

Simmel (Georg), philosophe et sociologue allemand (Berlin 1858 – Strasbourg 1918). Il a enseigné à Berlin (1900) et à Strasbourg (1914). Sa réflexion issue de Kant apporte plusieurs éléments originaux : philosophie de la vie, de la culture, relativisme, considération des types d'esprits individuels, etc.

On lui doit notamment : *Introduction à la science morale* et *les Problèmes de la philosophie de l'histoire* (1892), *Kant* (1904), *Schopenhauer et Nietzsche* (1907). *Sociologie* (1908), *Culture philosophique* (1911), *Goethe* (1913), *Rembrandt* (1916). *Problèmes essentiels de la sociologie* (1917), *le Conflit des cultures modernes* (1918).

situation, relation globale d'un être vivant à son milieu naturel, en particulier d'un être humain à son milieu social et historique.

La notion de *situation* est une notion fondamentale de la philosophie existentialiste, pour qui toute pensée se comprend à partir d'un certain engagement de la personne dans le monde et dans l'histoire. La *situation* subie s'oppose à l'*attitude*, qui exprime la réaction consciente d'un individu à sa situation (Jaspers); supposons, par exemple, une situation de souffrance : l'attitude de l'être humain peut être le défi, l'indifférence, la soumission au destin, la patience calculée, etc.

Smith (Adam), philosophe et économiste écossais (Kirkcaldy 1723 – Édimbourg 1790). Il fréquente le philosophe Hutcheson, se lie d'amitié avec Hume, rencontre Voltaire à Genève, Turgot et Quesnay à Paris. Professeur de philosophie morale à Glasgow (1751-1764), il acquiert une certaine célébrité en publiant une *Théorie des sentiments moraux* (1759). Sa principale œuvre, qui lui a parfois valu d'être considéré comme le fondateur de la science économique, *Recherches sur la nature et les causes de la richesse des nations*, commencée en 1765 à Toulouse, rédigée dans sa ville natale de 1767 à 1773, est publiée à Londres en 1776.

Les réflexions d'Adam Smith s'organisent autour de quelques idées : 1. La source de la richesse, c'est le travail de l'homme, qui est « la mesure réelle de la valeur échangeable de tous les biens ». Cette valeur peut se multiplier par la division du travail et l'accumulation du capital qui permet d'augmenter la productivité du travail. 2. L'économie s'organise spontanément de façon heureuse dans toute société où l'homme peut se conduire sous l'impulsion de son intérêt personnel. C'est l'ordre naturel réglé par la « main invisible ». 3. Adam Smith réfléchit, non sur le sort des hommes, mais sur celui des collectivités nationales, objets de l'économie politique. Il apparaît bien comme le philosophe du libre-échangisme, condamnant toute intervention de l'État dans l'organisation de la production nationale et du commerce international. L'homme, « en poursuivant son propre intérêt, réalise souvent celui de la société plus réellement que s'il se proposait vraiment de le promouvoir ».

socialisme, ensemble de doctrines visant à réformer les sociétés humaines par la mise en commun des moyens de production et d'échange sous le contrôle de l'État.

Le terme de *socialisme* aurait été employé pour la première fois en anglais en 1822 par Edward Cowper. L'usage du mot mit une dizaine d'années à se généraliser. On le trouve employé en 1833 dans l'ouvrage de Charles Fourier : *la Réforme industrielle.* D'août 1836 à avril 1838, Louis Reybaud publia dans *la Revue des Deux Mondes* une série d'études consacrées aux « socialistes modernes », où il analysait la pensée de Saint-Simon, de Fourier, d'Owen et de leurs disciples respectifs.

La conception du socialisme a notablement varié selon les époques : Gracchus Babeuf* développe une doctrine proche du communisme. Claude Henri de Saint-Simon* s'oriente vers un socialisme que l'on dirait aujourd'hui technocratique. Charles Fourier* rêve de dissoudre l'État dans la collectivité de communautés à l'échelle humaine.

Sous la monarchie de Juillet, Étienne Cabet (1788-1856) développe une pensée communiste, tandis que Philippe Buchez (1796-1865) limite le socialisme à l'association ouvrière de production. Auguste Blanqui (1805-1881) pense que la transformation sociale impose une période de dictature. Louis Blanc (1811-1882) conçoit une économie mixte où le secteur étatisé coexistera avec le secteur privé, où les ateliers sociaux accepteront la loi de la concurrence.

Il ne semble pas que P.J. Proudhon*, qui est l'une des sources de la pensée libertaire, ait influencé la pensée socialiste. Marx* englobera ces théoriciens sous le nom de « socialistes utopiques ».

Dans la théorie marxiste, le socialisme correspond à l'état qui suit le capitalisme et qui précède l'avènement du communisme ; il se distingue de ce dernier par la persistance de l'État (tandis que le communisme préconise la dissolution de l'État dans des assemblées du peuple), par la dictature du prolétariat, où une minorité (les membres du parti) régit la majorité (tandis que, dans la phase communiste, c'est le peuple tout entier qui se gouverne lui-même dans ses assemblées). À côté du sens spécifiquement marxiste, le terme de *socialisme* désigne plus communément, en Europe occidentale, ce qu'on appelle le « socialisme démocratique », mouvement politique de gauche (dont Jaurès assuma la première direction), dont l'objectif principal est d'assurer la promotion sociale des travailleurs, tout en réprouvant l'idée d'une « dictature du prolétariat ».

Depuis ses origines, la pensée socialiste est écartelée entre un certain humanisme et un dirigisme étatique, entre une aspiration à plus de justice et la suppression momentanée des libertés individuelles requises pour la réalisation de l'idéal égalitaire. Le socialisme est fécond en doctrines concernant la répartition des richesses dans une société ; il l'est beaucoup moins sur les moyens à employer pour produire ces mêmes richesses. Si sa vocation est d'être un répartiteur plus juste, il semble que le libéralisme fondé sur l'initiative individuelle et la libre entreprise soit un producteur plus efficace.

Dans les pays occidentaux développés, cette opposition théorique a pratiquement disparu depuis une vingtaine d'années, dans la mesure où les gouvernants ne prétendent pas agir au nom d'une philosophie particulière et où le progrès social se mesure dans la réalité en « pouvoir d'achat » des citoyens plutôt qu'en un mode particulier d'organisation sociale. S'il y a un choix à faire au niveau des gouvernements, c'est entre davantage de liberté ou davantage de sécurité. L'excès de la libre entreprise a créé un essor économique sans précédent, mais a conduit aux injustices du libéralisme économique de la fin du XIXe siècle. L'excès de la sécurité conduit à l'assistance généralisée et à la prise en charge des individus par l'État.

Cette opposition trouve elle-même ses limites dans les conditions de vie des pays dans le monde moderne : les nations se trouvent en concurrence économique aiguë et chacune doit s'efforcer de garder un haut degré de productivité (qui assure sa survie), compatible avec un maximum de liberté, de loisirs et d'épanouissement des individus (qui constitue sa justification tant sur le plan humain que politique).

société : association organisée d'individus en vue de l'intérêt général.

La notion de *société* désigne plus particulièrement les échanges économiques entre les individus, les relations d'intérêt. Elle se distingue des notions de *communauté* et d'*État*; la *communauté* évoque un enracinement naturel : la famille est une communauté, le village considéré comme ensemble de familles; la langue et la religion peuvent fonder des communautés. Dans la société, le lien est économique plus que sentimental; les rapports sont fondés sur l'*échange*, c'est-à-dire l'intérêt réciproque, et supposent une différenciation des fonctions et une division du travail. La société se distingue aussi de l'*État*, qui a le pouvoir politique de faire les lois (législatif), d'assurer l'ordre et la paix (exécutif), de régler les conflits d'intérêts (judiciaire).

Individu et société. L'homme trouve-t-il son bonheur, réalise-t-il mieux son destin dans la vie individuelle ou dans son intégration à la société ? Faut-il opposer les notions d'individu et de société ou l'épanouissement personnel et le destin collectif sont-ils complémentaires ? L'homme est dès sa naissance un être social. La relation à autrui, du nouveau-né à la mère est antérieure à la conscience de soi comme individu; antérieure aussi à la relation au monde des objets par la perception. L'homme ne peut pas vivre sans la société : le petit enfant ne peut subvenir à ses besoins, n'a aucune autonomie; l'enfance de l'homme, c'est-à-dire son absence d'autonomie, est très longue par rapport à celle des animaux. C'est ensuite la coopération et le division du travail qui permettent de pourvoir à ses besoins (chez le boulanger il trouve du pain, chez l'épicier des aliments, chez le menuisier des meubles, chez le médecin des soins, etc.). Le développement de la personne, la sortie de l'enfance vont faire apparaître un désir d'être reconnu comme individu. L'adolescence peut se manifester comme une révolte de l'individu contre les contraintes sociales. D'où la question : si l'individu ne peut vivre que par la société, doit-il vivre uniquement pour la société ? Celle-ci fonde-t-elle toute valeur et toute dignité ?

Pour Aristote (383-322 av. J.-C.) l'homme est un « animal politique ». La communauté constituée par la nature pour la satisfaction des besoins de chaque jour est la famille... D'autre part, la première communauté formée de plusieurs familles en vue de la satisfaction de besoins qui ne sont plus purement quotidiens, c'est le village... Enfin, la communauté formée de plusieurs villages est la cité, au plein sens du mot; elle atteint dès lors, pour ainsi parler, la limite de l'indépendance économique : ainsi, formée au début pour satisfaire les seuls besoins vitaux, elle existe pour permettre de bien vivre. C'est pourquoi toute cité est un fait de nature (Aristote, *la Politique*, I, 2,).

Au sein de la société, les rapports entre les individus sont ambivalents. Chacun cherche à réussir, les individus s'opposent les uns aux autres pour la conquête des honneurs, du pouvoir ou de la richesse, et en même temps ils éprouvent le besoin de s'associer et d'établir des règles d'action et des lois. Kant décrit cette « insociable sociabilité » des individus dans *Idées d'une histoire universelle au point de vue cosmopolitique* (1784). « Le moyen dont se sert la nature pour mener à son terme le développement de toutes ses dispositions est leur antagonisme dans la société, dans la mesure où cet antagonisme finira par être la cause d'un ordre réglé par des lois. J'entends ici par antagonisme l'insociable sociabilité des hommes, c'est-à-dire leur penchant à entrer en société, lié toutefois à une opposition générale qui menace sans cesse de dissoudre cette société. Une telle disposition est très manifeste dans la nature humaine. L'homme a une inclination à s'associer, parce que dans un tel état il se sent plus qu'homme, c'est-à-dire qu'il sent le développement de ses dispositions naturelles. Mais il a aussi un grand penchant à se séparer (s'isoler) : en effet, il trouve en même temps en lui l'insociabilité qui fait qu'il ne veut tout régler qu'à sa guise et il s'attend à provoquer surtout une opposition des autres, sachant bien qu'il incline lui-même à s'opposer à eux. Or, c'est cette opposition qui éveille toutes les forces de l'homme, qui le porte à vaincre son penchant à la paresse, et fait que, poussé par l'appétit des honneurs, de la domination et de la possession, il se taille une place parmi ses compagnons qu'il ne peut souffrir mais dont il ne peut se passer. Ainsi vont les premiers véritables progrès de la rudesse à la culture, laquelle repose à proprement parler sur la valeur sociale de l'homme ; ainsi tous les talents sont peu à peu développés, le goût formé, et même, par le progrès des Lumières, commence à s'établir un mode de pensée qui peut, avec le temps, transformer notre grossière disposition naturelle au discernement moral en principes pratiques déterminés, et ainsi enfin transformer cet accord pathologiquement extorqué pour l'établissement d'une société en un tout moral."

Hegel montrera que l'individu a besoin de l'autre pour être « reconnu ». L'expérience de la reconnaissance par l'autre fonde même la valeur que l'individu s'attribue à lui-même. La société joue alors le rôle d'un miroir qui renvoie à l'individu sa propre image, qui constitue même cette image. Hegel montre, dans la *Phénoménologie de l'Esprit* (1806), que le maître a besoin d'avoir des esclaves pour être reconnu comme maître ; mais la « reconnaissance servile » n'est pas une vraie reconnaissance, valorisante pour le maître. Il s'agit donc d'un type de relation non satisfaisante ni pour l'un, ni pour l'autre. C'est qu'en fait, la reconnaissance sociale, le prestige, n'atteint jamais le cœur de l'individu, son « essence » propre. Chacun ressent qu'il y a une valeur morale de l'individu qui échappe au jugement social ; il reste dans la meilleure réussite sociale un sentiment d'inachevé. Mais la *Phénoménologie de l'esprit* décrit ensuite la solitude de la conscience morale ou de la retraite religieuse qui voit poindre au fond d'elle un besoin d'agir, une amertume à l'égard du monde, le sentiment de ne pas avoir assez servi les autres et de n'avoir pas été reconnue par les autres, qui laisse un sentiment d'inachevé. C'est ce que Hegel appelle « la conscience malheureuse ». La vie individuelle implique donc une recherche d'équilibre entre le repli sur soi et l'ouverture aux autres.

Il en est de même de la société. Platon (428-347 av. J.-C.) a montré, dans *la République*, que l'excès d'individualisme conduit à l'anarchie, à la destruction de la société ; que l'excès de socialisme conduit au totalitarisme, à la destruction de l'individu. Ce dernier état social a été décrit d'une manière caricaturale dans l'ouvrage de fiction de Huxley, *Le meilleur des mondes* (1932) : le développement de la technique nous conduirait à une société totalement organisée, où chaque individu a une fonction définie par ses capacités psychobiologiques ; tout individu étant remplaçable par un autre de même capacité. En réalité, le développement de notre société technique vise à exploiter au mieux les différences entre les individus. Chacun peut s'épanouir et exceller dans sa spécialité. C'est ainsi que l'on ne parle plus de l'intelligence en général, mais de différents types d'intelligences. La société moderne, de plus en plus diversifiée, doit permettre de concilier les différences entre les individus et la réussite sociale.

En conclusion, il ne peut y avoir de société si les hommes n'ont pas entre eux un intérêt commun ; mais il ne peut pas non plus y avoir société humaine, s'il ne subsiste entre eux aucune différence. → **État, autrui.**

sociologie, étude des relations humaines au sein des groupes sociaux et entre les groupes sociaux.

La sociologie n'est pas seulement l'étude descriptive des sociétés, mais de ce fait fondamental qu'un homme en groupe n'a plus la même personnalité qu'un individu pris isolément, d'où les phénomènes d'enthousiasme collectif, d'hystérie collective (scènes de lynchage dans le Sud des États-Unis). Il existe une « conscience collective » qui dépasse la conscience individuelle et qui se manifeste en nous par la conscience des devoirs sociaux : par exemple le devoir de se lever le matin pour se rendre à son travail était pour William James une manifestation psychologique de la conscience sociale (*The Principle of Psychology*, 1890). Un groupe humain n'est manifestement pas réductible à une somme d'individus juxtaposés ; son existence et sa persistance sont le produit d'interactions complexes, dont la mise en évidence constitue l'un des objets majeurs de la sociologie.

En tant que mode de pensée appliqué à l'étude de la société, la sociologie plonge ses racines très profondément dans la tradition philosophique. Parmi ses précurseurs, on peut citer, au premier rang : Platon, Aristote, Saint Augustin, Saint Thomas, Ibn Khaldùn et plus près de nous, Machiavel, Hobbes, Locke, Bossuet, Rousseau, Condorcet, Montesquieu. Écrivains politiques ou philosophes, théologiens ou conseillers des princes, tous eurent la société pour objet de réflexion, ce qu'elle est comme ce qu'elle doit être, les mécanismes de sa transformation au même titre que ceux de sa conservation.

C'est Auguste Comte qui créa le terme de « sociologie » en 1836 en même temps que la science. Il la définit comme « une étude positive de l'ensemble des lois fondamentales propres aux phénomènes sociaux ». Comte voulait jeter les bases d'une science de la réalité sociale dans son ensemble. C'est en poursuivant la même ambition que Karl Marx (1818-1883) montre un peu plus tard le rôle fondamental des infrastructures économiques comme clé pour l'explication des idéologies, appelées superstructures. En faisant de la lutte des classes le moteur de l'évolution des sociétés, il pose le postulat que « le tout social est quelque chose d'autre que la somme des parties ». Mais c'est Émile Durkheim (1858-1917) qui a ouvert la voie d'une étude véritablement scientifique des différents fait sociaux. Ses *Règles de la méthode sociologique* (1894) posent deux principes de base : « la première règle et la plus fondamentale est de considérer les faits sociaux comme des choses... », c'est-à-dire indépendantes de l'observateur et excluant tout point de vue anthropocentrique. La seconde règle qui en découle est de « considérer les phénomènes sociaux en eux-mêmes, détachés des sujets conscients qui se les représentent. » Par exemple « le caractère conventionnel d'une pratique ou d'une institution ne doit jamais être présumé ». Son étude sur le suicide (*le Suicide*, 1897), illustre l'ambition de Durkheim pour la sociologie. C'est plus encore dans cet ouvrage que dans *De la division du travail social* (1893), que le sociologue applique la notion de loi à l'étude des faits sociaux. Il s'efforce d'expliquer, statistiques à l'appui, les variations du taux des suicides, dans le temps et dans l'espace, en fonction d'un certain nombre de facteurs dont il mesure les variations. Regroupée autour de Durkheim, une école de chercheurs devait affirmer la prééminence d'une école française dont le rayonnement fut assuré par la revue *L'Année Sociologique,* créée en 1898 avec la contribution de Marcel Mauss (1872-1950), dont l'œuvre principale est *Essai sur le don, forme et raison de l'échange dans les sociétés archaïques* (1925). — En Allemagne, Georg Simmel (*Questions fondamentales de la sociologie,* 1917), Léopold von Wiese (*Système de Sociologie générale*, 1932) et Max Weber (*Économie et Société*, 1922) orientent la sociologie vers une étude des types idéaux de conduites sociales, pour dégager une typologie des sociétés. Renouvelée aujourd'hui par l'introduction des sondages et des modèles mathématiques, la sociologie tente de mettre à jour, à la fois par la compréhension globale et l'explication analytique, les diverses interactions qui président à la conservation et au changement des sociétés. Le souci permanent de l'observation empirique la fait éclater en une grande diversité de secteurs d'études selon qu'il s'agit d'étudier des groupements particuliers de nature économique (sociologie du travail ou des échanges), sociale (sociologie de la cité ou du monde rural), religieuse, morale, et selon qu'il s'agit de l'art, du langage, de l'éducation, de l'ethnologie, etc.

L'étude des faits sociaux distingue : 1° l'*analyse statique* ou *institutionnelle* qui consiste à décrire la structure d'une société ou d'un groupe en fonction de ses lois. C'est une anatomie de la société ; on lui donne le nom d'« anthropologie culturelle » ; 2° *l'analyse fonctionnelle* ou *dynamique*, qui est la physiologie de la société et qui étudie la manière dont les lois sont vécues et « tournées ». Par exemple, s'il est vrai statistiquement que le pourcentage de catholiques pratiquants est le même en France et au Brésil, la religion catholique est vécue tout à fait différemment dans les deux pays ; dans le second elle imprègne profondément les mœurs (les comportements et les habitudes sociales). C'est proprement là l'objet de la sociologie.

Les études sociologiques peuvent avoir un but commercial (étudier l'impact d'un produit ou les motivations de la clientèle), politique (pour connaître les souhaits de l'opinion, ou étudier la notoriété d'une personne ou les opinions qu'elle suscite) ; mais comme démarche scientifique son but est de comprendre un mode de vie global dans la mesure où un groupe social représente à la fois une attitude religieuse, une forme d'économie, une conception générale de l'art, des rapports humains fondements de la confiance, etc. Wilhelm Dilthey, dans *Introduction à l'étude des sciences humaines* (1883), parlait d'un sentiment global ou intuition du monde, et Claude Lévi-Strauss de l'appréhension d'une « structure sociale globale » qui n'a rien à voir avec la réalité empirique des relations sociales (*La notion de structure en sociologie*, 1958). C'est la compréhension humaine qui permet de faire la jonction entre la théorie et les enquêtes empiriques, et de retrouver l'unité d'une attitude humaine (un « type » de vie sociale) derrière la diversité des conduites.

Si la sociologie est unifiée dans son objet ou son inspiration, qui est de comprendre l'homme vivant en société, elle éclate en fait en une multiplicité de recherches. C'est que les ressorts de l'action humaine sont infiniment complexes, les créations sociales infiniment variées, les motivations parfois différentes et simultanées, que l'observation d'un homme ou d'un groupe peut le faire réagir et le transformer et qu'enfin nos sociétés ne peuvent trouver une cohésion d'ensemble que dans les moments privilégiés de mobilisation et de rassemblement autour d'un idéal.

Socrate, philosophe grec (Alôpekê, Attique, 470 – Athènes 399 av. J.-C.), fils d'un sculpteur et d'une sage-femme. Socrate n'a rien écrit ; nous le connaissons surtout par les « dialogues » de Platon, écrits sous le coup de l'indignation, après la condamnation à mort de son maître (*Apologie de Socrate, Criton*), puis par *Phédon, le Banquet* et *Théétète*. On représente Socrate toujours discutant, vêtu d'un manteau grossier, parcourant les rues pieds nus, par tous les temps. D'un tempérament extrêmement robuste, à l'extérieur vulgaire, au nez camus, il ne ressemblait nullement aux sophistes richement habillés, qui attiraient les Athéniens, ni aux sages d'autrefois qui occupaient en général des fonctions importantes dans leur cité. Critique impitoyable des opinions humaines et de la tyrannie, guerrier courageux, excellent citoyen, il forme un type nouveau qui va devenir le modèle constant, dans l'avenir, d'une sagesse toute personnelle, qui ne doit rien aux circonstances. On rencontrait le philosophe partout où se portait la foule (assemblées du peuple, fêtes publiques, gymnase), se présentant comme « celui qui ne sait rien », interrogeant sans cesse les Athéniens, surtout les jeunes, pour détruire l'éducation acquise sans réflexion et stimuler la réflexion personnelle, prouvant par exemple au héros Lakhès qu'il ne *sait* pas ce qu'est le courage, aux hommes politiques qu'ils ne connaissent pas l'*essence* de la politique. Telle est l'*ironie* socratique (qui ne signifie nullement « moquerie » mais « interrogation » — du grec *eirôneia*). Son but était d'éveiller ou — comme il le disait — d'« accoucher » les âmes du savoir préformé qu'elles portent en elles : telle est la « maïeutique » socratique (du grec *maieutikê*, art de faire accoucher). Il fut finalement condamné à mort sous l'inculpation d'avoir « voulu corrompre la jeunesse et d'avoir honoré d'autres dieux que ceux de la cité ». De fait, Socrate avait ébranlé la tradition et préparé la conscience antique à un autre message, celui du christianisme. Il but la ciguë en conversant et mourut avec sérénité. Sa mort a contribué à en faire celui que Hegel appelle un « héros de l'humanité ».

De Socrate, il nous reste la figure d'un apôtre de la liberté (tant sociale qu'individuelle : de la liberté de « jugement ») et de l'amitié entre les hommes. La seule prière que nous lui connaissons était ainsi conçue : « Mon Dieu, donne-moi la pureté intérieure. » Le discours que Platon lui attribue dans son dialogue *le Banquet*, où Socrate fonde la connaissance dans l'amour et dans la participation avec la divinité, l'évocation fréquente des « mystères » religieux (des « mystères » d'Éleusis, de la voix de la pythie, etc.), son inclination pour le spiritualisme pythagoricien, sa sensibilité à la poésie laissent entrevoir, sous l'extérieur rude de l'homme et derrière le rationalisme moral, un fond de mysticisme.

solidarité, dépendance mutuelle entre les hommes.

La solidarité est en ce sens un « fait naturel » lié à la vie en société : par exemple, la solidarité est un fait dans le travail à la chaîne ; c'est pourquoi, aussi, le travail en usine, en vertu même des conditions de dépendance réciproque qu'il implique, institue entre les ouvriers une solidarité plus grande qu'entre les paysans, par exemple, ou les membres des professions dites « libérales ».

La solidarité peut être aussi une « vertu », un sentiment qui pousse les hommes à s'accorder une assistance mutuelle ; c'est cette solidarité « active » qui fait que les uns ne peuvent être heureux que si les autres le sont aussi, qu'un homme ne peut se sentir libre que si tous les hommes du monde sont libres. A ce niveau, la solidarité n'est plus un fait social, mais une valeur morale.

solipsisme, attitude ou doctrine de celui qui se sépare du monde et qui ramène toute réalité à celle de son « moi » individuel.

Le solipsisme est l'état de celui qui doute de tout ; le premier moment des *Méditations* de Descartes, où le philosophe met en question toutes les évidences communes, est le moment du solipsisme. Le terme équivaut à celui de *scepticisme*.

sollicitation et sursollicitation, exigence, incitation.

Le problème psychologique de la *sollicitation* et surtout de la *sursollicitation* est celui de la tension nerveuse suscitée par la multiplicité des exigences (sociales, professionnelles, familiales, etc.), qui peuvent solliciter en même temps la conscience d'un individu. La sursollicitation, phénomène spécifique de la vie moderne, s'exprime notamment par une grande irritabilité, des maux de tête, une baisse d'efficience dans le travail : elle requiert alors une « cure de repos ».

Soloviev (Vladimir Sergueïevitch), philosophe et poète russe (Moscou 1853 — Ouzkoïe, auj. dans Moscou, 1900). Ses *Œuvres* (10 vol., 1911-1913) en font la plus grande figure de l'idéalisme philosophique russe. Sa métaphysique de l'individu, sa « sophiologie » (ou recherche de la sagesse) et son eschatologie (étude de la fin de l'homme et du monde) ont jeté les bases de la pensée religieuse russe qui s'est développée ultérieurement.

somatique (du gr. *soma*, corps), qui a rapport au corps.

On oppose le *somatique* au *psychique*. En fait, on ne peut isoler, chez l'homme, le somatique du psychique. Il existe entre les deux termes une interaction, particulièrement sensible dans les maladies psychogènes (ou maladies d'origine psychologique). Par exemple, dans la société esquimaude, l'enfant devient un homme lorsqu'il a la force de tuer un phoque avec son harpon ; le vieil Esquimau, qui n'en a plus la force, meurt sans cause apparente : c'est une mort somatique, d'origine psychique. Il en est ainsi, pour nous, des maux de tête, des troubles digestifs, qui sont presque toujours liés à des difficultés psychologiques, à un excès de tension psychique (sursollicitation). Bref, l'homme est une réalité « psychosomatique ».

sondage, enquête sur l'opinion.

Les sondages, qui représentent une enquête psychologique collective, emploient les méthodes statistiques, et leur but est de donner une image de l'état de l'opinion : ils permettent de connaître les dispositions psychologiques d'une société, la manière dont les individus vivent et « éprouvent » les institutions ; la méthode des sondages a aussi une utilité pratique immédiate : elle permet de prévoir les résultats d'un vote politique (enquête Gallup), de connaître la mentalité du personnel dans une usine, etc.

sophisme, raisonnement faux, avec l'intention d'induire en erreur (se distingue du *paralogisme*, où le faux raisonnement n'est pas volontaire).

La sophistique, ou école des sophistes, était, dans l'Antiquité grecque, représentée par Protagoras et Gorgias : elle enseignait l'art de la discussion. Elle désigne, plus particulièrement, aujourd'hui, l'art du raisonnement captieux. → **Achille [argument d'], paradoxe.**

Sorel (Georges), philosophe et sociologue français (Cherbourg 1847 – Boulogne-sur-Seine 1922). Son ouvrage *D'Aristote à Marx* (1935 — recueil d'articles de 1894), montre que l'histoire n'est intelligible qu'à partir de ses conditions techniques et économiques. Sa brochure, *l'Avenir socialiste des syndicats* (1898), en fait le théoricien du syndicalisme révolutionnaire. *Réflexions sur la violence* (1908), défend l'autonomie du mouvement ouvrier contre la démocratie parlementaire. Il a écrit : *la Ruine du monde antique* (1908), *les Illusions du progrès* (1908), *Matériaux d'une Théorie du prolétariat* (1919), *Plaidoyer pour Lénine* (1920).

souverain bien, but dernier de l'homme.

Presque toutes les morales ont défini le *souverain bien* par l'accord de la moralité (vertu) et du bonheur. Car la *vertu*, seule, peut être malheureuse (Job), et le plaisir des sens reste éphémère. Seul le *bonheur* (ou béatitude), qui résulte du « mérite », est un bien durable et sans mélange.

Spencer (Herbert), philosophe anglais (Derby 1820 – Brighton 1903), fondateur de la philosophie évolutionniste. Ses études furent surtout consacrées au processus de différenciation, ou passage de l'homogène à l'hétérogène, qui est la loi de tout développement organique ; par exemple, la transformation de la cellule fécondée en un organisme vivant est le passage d'un élément à une totalité extrêmement complexe. Spencer en tira les principes d'une psychologie et d'une sociologie évolutionnistes.

On lui doit : *Principes de psychologie* (1855), *Premiers Principes* (1862), *Principes de biologie* (1864), *Principes de sociologie* (1877-1896).

Spengler (Oswald), philosophe allemand (Blankenburg, Harz, 1880 – Munich 1936). Il est l'auteur du *Déclin de l'Occident* (1918-1922). Influencée par Nietzsche, sa doctrine pessimiste de l'histoire de l'Occident connut un large écho après la Première et surtout la Seconde Guerre mondiale, qui laissa considérablement affaiblis les pays d'Europe occidentale.

Spinoza (Baruch de), philosophe hollandais (Amsterdam 1632 – La Haye 1677). Fils d'un marchand juif d'Amsterdam, il reçut une brillante éducation. Son attitude assez libre à l'égard des pratiques religieuses le fit excommunier de la synagogue. C'est dans les milieux chrétiens qu'il trouva les maîtres qui l'initièrent aux sciences : le médecin F. A. Van den Enden lui enseigna la physique, la géométrie et la philosophie cartésienne. Gagné à la philosophie de Descartes, il se retira aux environs de La Haye, puis à La Haye même ; il consacra sa vie à la méditation, gagnant sa subsistance à polir des verres de microscopes.

Son œuvre principale, *l'Éthique* (achevée en 1675 et publiée en 1677 après sa mort), est une doctrine du salut par la connaissance de Dieu. Ce « traité de béatitude » se présente comme un rationalisme absolu, une philosophie sans mystère. Le salut est possible parce que notre âme participe originellement à l'entendement divin. *L'Éthique* n'est pas qu'un traité de Dieu, c'est aussi un traité de l'homme qui analyse l'âme humaine, ses affections et ses passions, tous les éléments de l'existence individuelle. Ce détour est destiné à permettre une éducation concrète de l'individu, l'amenant à reconnaître en lui, au fond de sa « pensée », la présence même de Dieu. La difficulté de cette philosophie vient de ce que Spinoza se place toujours au point de vue de Dieu ou de la sagesse. Fichte et Hegel lui reprocheront d'avoir « exposé » la vérité, mais de ne pas l'avoir fait « comprendre ». Il n'en reste pas moins que ce panthéisme a, pendant plusieurs siècles, excité l'imagination des plus grands penseurs, fécondé les philosophies de Fichte, de Schelling, de Hegel, sollicité presque tous les historiens de la philosophie (Lagneau, Brunschwicg, Gueroult).

On lui doit en outre, *Tractatus théologico-politicus* (1670), où il unit son rationalisme religieux à un libéralisme politique. Il avait écrit d'abord un *Court Traité de Dieu et de la béatitude, de l'homme et de la santé de son âme,* dit le *Court Traité* (publié à titre posthume en 1677); le *Traité de la réforme de l'entendement* (également posthume), où Spinoza expose le principe de la méthode réflexive; enfin *les Principes de la philosophie de Descartes,* que complètent les *Pensées métaphysiques* (posthumes).

spiritisme, science occulte qui prétend communiquer avec les esprits des morts par l'intermédiaire d'un « médium » (personne capable d'évoquer ces esprits ou de nous rappeler notre vie antérieure). → Occultes (sciences).

spiritualisme, doctrine selon laquelle l'esprit constitue la substance de toute réalité (s'oppose au *matérialisme).**

Se distingue de l'opposition de l'*idéalisme* et du *réalisme,* qui sont des doctrines sur l'origine de la connaissance et non sur la nature de l'être. Leibniz, par exemple, est un spiritualiste dans la mesure où il ramène la matière à l'énergie, et l'énergie à une force impossible à percevoir donc, dit-il, de nature spirituelle. Le spiritualisme s'oppose au *matérialisme* non seulement comme l'esprit à la nature, mais aussi comme la vie s'oppose au mécanisme : la philosophie de Bergson, qui affirme l'irréductibilité de la vie à toute forme de mécanisme physicochimique, aboutit à un spiritualisme (dans *les Deux Sources de la morale et de la religion*) qui identifie la spontanéité de la vie avec l'activité créatrice de l'esprit. Plus particulièrement, la psychologie spiritualiste est celle qui étudie les phénomènes psychologiques comme des produits des facultés de l'âme → **Cousin, Lachelier.**

Spranger (Eduard), philosophe allemand (Gross – Lichterfelde, près de Berlin, 1882 – Tübingen, 1963). Psychologue et pédagogue, élève de Dilthey et de Paulsen, il a contribué à développer la réflexion sur l'éducation dans son rapport avec la culture. Il a écrit : *Humboldt et l'idée d'humanité* (1909), *les Formes de la vie* (1914), *Culture et éducation* (1919), *Peuple, État, éducation* (1930). Ses œuvres complètes (11 vol.) ont été publiées en 1969.

Stein (Edith), philosophe allemande (Breslau 1891 – morte en déportation à Auschwitz, 1942). Son ouvrage *Endliches und ewiges Sein* (1950) tente d'unir la phénoménologie avec le personnalisme chrétien.

Stewart (Dugald), philosophe et psychologue écossais (Edimbourg 1753 – *id.* 1828), disciple de Reid. On lui doit : *Éléments de la philosophie de l'esprit humain* (3 vol., 1792-1814-1827).

Stirner (Johann Kaspar Schmidt, dit Max), philosophe allemand (Bayreuth, 1806 – Berlin, 1856). Son principal ouvrage, *l'Unique et sa propriété* (1845), défend l'individualisme libertaire. Il y écrit notamment : « Pour moi, il n'est rien au-dessus de moi... ; je déclare la guerre à tout État, fût-il le plus démocratique. » Ses critiques violentes de l'État, de la religion, l'exaltation des désirs personnels qui doit permettre la vraie liberté, exprimées dans le style direct et sentimental du romantisme, constituent une des références du mouvement anarchiste. Il écrit en 1852 une *Histoire de la réaction.*

stoïcisme, doctrine panthéiste et matérialiste qui prit naissance à la fin du IVᵉ siècle av. J.-C. avec Zénon* de Citium et se développa jusqu'à la fin du IIIᵉ siècle av. J.-C.

On distingue : 1° l'*ancien stoïcisme* (Zénon, Cléanthe, Chrysippe), qui fut surtout une théorie de l'univers et une logique : il définissait la sagesse comme le « savoir des affaires divines et humaines » (Sextus Empiricus), c'est-à-dire comme la connaissance des lois qui régissent l'univers entier — et non seulement la conduite des hommes; 2° Le *moyen stoïcisme* (Panetius, Posidonius); 3° le *nouveau stoïcisme* (Épictète, Sénèque Marc-Aurèle), qui est surtout une morale fondée sur l'effort et sur l'intention du bien : la sagesse se définit alors par la « possession d'un art convenable : la possession de la vertu ». On voit que l'évolution du stoïcisme s'est faite dans le sens d'un passage d'une « physique » (identifiée à la théologie) de caractère panthéiste à une « morale » de caractère rigoriste.

La logique de l'ancien stoïcisme se présente comme la première théorie profonde du langage humain : la théorie des « incorporels » (on lira à ce sujet la *Logique stoïcienne* d'O. Hamelin; sur le stoïcisme dans son ensemble, les chapitres qui le concernent dans l'*Histoire de la philosophie* de Ueberwegs).

Strawson (Peter Frederick), philosophe et logicien britannique (Londres, 1919). Il est l'un des principaux représentants de la philosophie du langage ordinaire. Il étudie les relations entre la logique formelle et celle du langage ordinaire. (*Introduction à la Théorie logique*, 1950). Il a écrit : *les Individus* (1959), *Sujet et prédicat en logique et en grammaire* (1974), un essai sur la *Critique de la Raison pure* de Kant : *The bounds of Sense* (1966).

structuralisme, méthode commune à certaines sciences humaines, pour appréhender le fait humain comme une pratique (et non comme un objet ou un concept), comme une totalité — ou structure — qui possède un sens intrinsèque, et dont les éléments n'ont de sens que les uns par rapport aux autres et par rapport au tout.

Le structuralisme est d'abord une méthode analytique et objective qui décrit non pas les éléments d'un tout pris en eux-mêmes, mais leur lien et leur ordre de fonctionnement (leur « série »).

C'est la linguistique (avec les travaux de Saussure) qui est à l'origine du structuralisme. La notion de structure est ensuite apparue également en psychologie avec la Gestalttheorie, en anthropologie avec le fonctionnalisme, qui ont mis en évidence une nouvelle manière d'appréhender les phénomènes humains.

Le structuralisme s'est développé en philosophie avec Michel Foucault*, en anthropologie avec Claude Lévi-Strauss*, en psychanalyse avec Jacques Lacan*.

La structure est généralement définie comme une réalité symbolique antérieure à la séparation entre le réel et l'imaginaire, l'objet et le concept. Elle est le « sol le plus profond », dont la découverte nous livre « l'archéologie de la pensée ». La philosophie structurale constitue donc, selon M. Foucault, une philosophie transcendantale (qui définit les conditions de possibilité) nouvelle, qui décrit l'équilibre ou l'atmosphère globale d'une présence humaine aux choses, aux hommes et aux réalités culturelles; elle définit bien les conditions de possibilité des idées que nous pouvons développer, des créations de l'imagination (chaque structure sociale a ses propres rêves) et des comportements des hommes entre eux.

En anthropologie, Lévi-Strauss a fait du structuralisme une méthode aussi rigoureuse que celle des sciences exactes pour étudier les relations de parenté, les rites et les mythes de sociétés exotiques.

Par exemple, une « structure parentale » est tout autre chose que la relation d'un individu à son père. La recherche de la structure ne s'intéresse pas aux problèmes individuels. Elle recherche comment est senti le rôle du père par rapport à la mère, aux enfants, aux oncles et tantes... L'ensemble de ces rapports définit une « série » vécue où chacun joue son rôle propre. C'est sur la trame de ce vécu global et inconscient (la structure) que se développent les comportements individuels. — Il faut noter toutefois qu'en sociologie cette méthode structurale, qui se veut une analyse objective d'un inconscient collectif, n'a pas trouvé d'application dans l'étude de notre société contemporaine.

Le structuralisme a marqué la pensée française dans la seconde moitié du xxe siècle.

structure (trad. de l'allemand *Gestalt*), totalité des parties.

La théorie des structures a été d'abord introduite en biologie par Kurt Goldstein (dans la *Structure de l'organisme*) : elle reconnaît l'impossibilité d'isoler une fonction sans modifier l'ensemble de l'organisme. Elle a été étendue, en psychologie, à la théorie de la perception sous le nom de *théorie de la forme.* → **Forme [théorie de la].**

subconscient, ce qui est inconscient, mais dont nous pouvons prendre conscience.

Le terme de *subconscient*, pour être populaire, n'en est pas moins remplacé, en psychologie, par le terme plus vaste d'*inconscient*, qui inclut, en même temps, la part d'inconscient dont nous ne pouvons pas prendre conscience : on distingue cependant l'*inconscient physiologique* ou *matériel*, dont on ne peut jamais prendre conscience, et l'*inconscient psychologique*, qui correspond au subconscient. La psychanalyse est, en ce sens, une analyse du subconscient.

subjectivisme, tendance à ramener tout jugement à une appréciation individuelle.

Le subjectivisme soutient que le beau et le laid, le vrai et le faux, le bon et le mal dépendent du point de vue de chacun; c'est ce que l'on appelle aussi le *relativisme* : en ce sens, le philosophe grec Protagoras disait que « l'homme est mesure de toute chose »; constatant que ce qui est le bien pour quelqu'un peut être le mal pour un autre et qu'en voulant le bien d'autrui on lui fait généralement du mal, Pirandello a écrit la pièce *A chacun sa vérité.* A la limite, le subjectivisme ramène toute existence à l'existence du sujet, le monde extérieur à la conscience que le sujet en a : c'est en ce sens qu'on a souvent, par erreur, interprété la « philosophie du moi » de Fichte (qui, au contraire, fonde la *réalité* de la perception). Il s'oppose au *réalisme naturel* et à l'*objectivisme* (qui consiste, inversement, à rapporter tous ses états internes à une cause extérieure à nous).

sublimation, terme de psychanalyse désignant la transformation de tendances ou d'instincts inférieurs en sentiments supérieurs et élevés : par exemple, les tendances sexuelles peuvent être « sublimées » en tendances esthétiques ou religieuses.

subsumer, penser un cas particulier sous un principe général.

La « subsomption », où s'exprime l'aptitude d'un individu à trouver des exemples concrets pour illustrer une idée générale, requiert moins de savoir que de jugement (Kant). Le terme a été répandu par Kant dans la *Critique de la raison pure* dans le chapitre consacré au « schématisme ».

suggestion, action d'inspirer à quelqu'un une opinion, une décision.

La suggestion n'est pas seulement une influence consciente, c'est une influence automatique entraînant la confiance aveugle d'un autre individu. Le processus de suggestion a été décrit par Pierre Janet *(les Névroses) :* quand on fait pénétrer une idée dans l'esprit de certains sujets, « elle devient vite une perception, un sentiment, et s'accompagne d'une modification de tout l'organisme ». La suggestibilité d'une personne est d'autant plus forte que sa personnalité — le pouvoir de sa conscience — est plus faible; il y a suggestion « pathologique » lorsque la fonction critique de la conscience est anormalement faible : dans les cas d'hystérie, de démence précoce, etc. La suggestion peut aller jusqu'à la suggestion « hypnotique », lorsqu'un sujet a été endormi par des moyens psychologiques (hypnose), lorsqu'on lui a alors ordonné un acte qu'il accomplit sans même en avoir la volonté, une fois qu'il est réveillé : l'assassin du chef du parti socialiste japonais, en 1958, aurait agi en état de suggestion hypnotique.

sujet, esprit qui connaît, s'opposant à l'objet qui est connu; en un sens pratique, le sujet de l'action est l'auteur, le responsable d'une action.

La distinction du sujet et de l'objet, de l'auteur d'une action et du contenu de son action suppose la réflexion : car, dans la connaissance naturelle, le sujet et l'objet sont intimement unis (je vois un *objet* dans le même temps que j'ai *conscience* de le voir). Les philosophies du sujet (Kant, Fichte, Lagneau, Husserl) sont des philosophies réflexives, dont le but a été d'approfondir l' « acte » de connaître (activité de la pensée), ou d'agir (acte de vouloir); elles aboutissent naturellement à un idéalisme, voire à un spiritualisme, qui réduit toute la réalité à une activité « de constitution », de nature spirituelle.

Les philosophies du sujet s'opposent aux philosophies de type marxiste, qui définissent le sujet à partir de son engagement primordial dans le monde et dans l'histoire. Bref, les philosophies du sujet restent des théories de la connaissance; elles s'opposent au réalisme des théories de l'action.

sur-moi, conscience sociale d'un individu.

Le sur-moi se formerait, selon Freud, par une intériorisation de l'autorité paternelle dans la conscience; le père étant celui qui sanctionne les actes mauvais, l'individu, en l'absence du père, se punirait lui-même (remords, conscience de culpabilité, devoir qu'on s'impose). Cette autorité fictive s'identifie finalement avec les exigences sociales : le sur-moi s'oppose en nous aux tendances instinctives (à ce que Freud appelle le « ça »), et cette opposition constitue un état d'équilibre qui définit le « moi » ou la personnalité psychologique. — C'est le sur-moi qui est à l'origine de la « censure », qui elle-même suscite le « refoulement » dans l'inconscient des désirs instinctifs, et par là même l'angoisse et ce qu'on nomme les « complexes ». → **Psychanalyse.**

syllogisme → déduction.

symbole, image ou objet qui représente une chose abstraite; la statue de la Liberté est un symbole.

La notion de symbole est un cas particulier de celle de *signe :* un signe peut être abstrait (un simple trait, une croix, une trace), et il n'a pas nécessairement une signification symbolique. L'*expression symbolique,* d'une façon générale, s'oppose à l'*expression rationnelle,* qui expose directement une idée, sans passer par le détour d'une figure sensible. Il semble qu'il appartienne à la nature de la pensée humaine d'être une pensée symbolique, dans la mesure où sa tendance naturelle, disait Descartes, est d' « exprimer imaginativement les choses abstraites, et d'exprimer abstraitement les choses concrètes ». Plus précisément un sentiment ne peut s'exprimer rationnellement (par le discours conceptuel); il ne peut s'exprimer directement (tel le sentiment religieux) que par des symboles et des mythes. → **Philosophie des formes symboliques, de Cassirer.**

sympathie (du gr. *sun,* avec, et *pathein,* ressentir), tendance qui porte les personnes à se comprendre.

Max Scheler* a analysé la sympathie et montré qu'elle ne consistait pas à « éprouver » le même état qu'autrui (par exemple, une femme pleure parce qu'elle a perdu son enfant; une autre la voit et pleure aussitôt; ce n'est pas là de la sympathie, mais du « mimétisme »), mais à « comprendre » l'état d'autrui : on comprend la douleur d'autrui même sans y participer. En somme, la sympathie est une compréhension, une intelligence du sentiment et non une participation. La sympathie suppose la bienveillance et l'égalité ; elle proscrit la pitié.

Scheler a fondé sa morale sur la sympathie.

synthèse, exposé qui réunit les différents éléments d'un ensemble.

Un tel exposé (formule lapidaire ; tableau synthétique) requiert une activité de l'esprit qui compare et unit, et qui fait fusionner les idées dans une idée nouvelle plus simple et plus claire. En logique, on oppose les *propositions synthétiques* (dont l'attribut ajoute quelque chose à la notion du sujet : par exemple, « tout corps est pesant ») aux *propositions analytiques* (« tout corps est étendu » : la notion d'extension est incluse dans celle de corps matériel). L'analyse de l'acte particulier de synthèse, propre à toute connaissance humaine, a été faite par Kant dans la *Critique de la raison pure* : elle est l'acte par lequel « l'imagination » relie un concept de l'entendement avec une intuition sensible, l'actualisation d'un concept dans l'espace et le temps. Chez Hegel, la synthèse dialectique est la sublimation de la thèse et de l'antithèse dans une réalité supérieure.

système, ensemble organisé d'idées.

L'effort de la réflexion philosophique pour constituer un système tend à rendre l'exposé de la pensée aussi universel que possible : une pensée non liée, une affirmation isolée reste toujours arbitraire et individuelle ; elle trouve sa justification et son sens dans son contexte ; si ce contexte lui-même est lié à un ensemble plus grand, tout ce qui est dit prend alors un sens rigoureux, objectif, universel. Le système est le but de toute réflexion philosophique : toutes les grandes philosophies (Spinoza, Fichte, Hegel) sont des systèmes.

On emploie souvent la notion d'*architectonique*, qui désigne l'art des systèmes. L'unité architectonique d'une œuvre est son unité interne : mais, à la différence du système (qui est une unité de *concepts*), l'unité architectonique d'un roman, par exemple, peut être constituée par le *caractère* d'un personnage ou un *sentiment*, voire une *intuition* particulière. La philosophie de Bergson n'est pas un système proprement dit, mais son unité architectonique est l'intuition de la vie. C'est en ce sens très large que l'on peut parler du « système de Bergson ».

→ **Philosophie.**

l'Institut catholique de Paris de 1920 à 1923. De 1923 à 1946, il parcourt l'empire chinois, l'Inde, la Birmanie, Java et participe en 1931-32 à ce qu'on a appelé la « Croisière jaune » (traversée de l'Asie centrale en automobile, organisée par André Citroën). À partir de 1951, il est attaché à la Wenner-Gren Foundation de New York, qui, en 1951 et 1953, le charge de superviser et de financer les recherches anthropologiques en Afrique du Sud.

Teilhard de Chardin est d'abord un savant qui, à partir de 1929, participa en Chine aux fouilles de Chou-kou-tien (près de Pékin), où fut découvert le sinanthrope, dit « homme de Pékin », qui est, avec l'homme de Java, le type humain le plus ancien. Les recherches d'anthropologie l'ont amené à concevoir toute une théorie évolutionniste : sa philosophie vitaliste cherche à penser la continuité entre la nature et la vie, puis entre la vie et l'esprit. Cette recherche des « intermédiaires » le rapproche du matérialisme dialectique comme science de la nature et de son histoire. Mais Teilhard de Chardin ordonne toute l'évolution non seulement à la réalisation de l'homme (comme espèce animale supérieure aux autres espèces), mais à celle d'un homme particulièrement spiritualisé, dont le Christ, selon lui, représente la vivante image. En d'autres termes, l'évolutionnisme de Teilhard de Chardin n'est pas qu'une théorie de l'évolution des espèces les plus basses jusqu'à l'homme, c'est aussi une philosophie de l'histoire, qui assigne à l'homme le devoir de réaliser l' « ultra-humain », c'est-à-dire une vie purement spirituelle, l'idéal du Christ. Cette continuité entre une théorie de la vie (« biosphère ») et une théorie de l'esprit (« noosphère ») n'est pas sans évoquer la philosophie de Bergson (la théorie de la vie — *l'évolution créatrice* — culmine en une théorie de l'esprit — *les Deux Sources de la morale et de la religion*).

L'œuvre scientifique de Teilhard de Chardin, ses recherches sur l'origine de l'homme restent à l'ordre du jour; sa philosophie a secoué certains milieux chrétiens en montrant qu'une recherche scientifique — de style nettement « matérialiste » —, portant sur l'histoire de la nature, n'est pas exclusive de la foi.

On lui doit notamment : *le Phénomène humain* (1938-1940), *le Cœur de la matière* (1950), *le Christique* (1955).

téléologie (du gr. *télos*, fin, et *logos*, étude), étude de la finalité.

Par exemple, il y a deux manières de considérer l'histoire humaine : ou bien l'on considère l'ordre des causes, son passé; ou bien on la considère en fonction de son but; cette dernière considération est « téléologique ». Les notions de *finalité* et de *téléologie* ont été analysées dans la *Critique du jugement* de Kant : le « jugement téléologique » n'a un usage objectif que lorsqu'il s'agit de penser un organisme ou une œuvre d'art; car, dans ces deux cas seulement, les parties ne se comprennent qu'à partir du tout : de même que les organes n'ont de sens qu'à partir du fonctionnement général de l'organisme, les éléments d'une œuvre d'art conspirent à promouvoir une forme globale qui constitue la qualité esthétique de l'œuvre. L'explication *téléologique* à partir du tout s'oppose à l'explication *mécanique*, qui procède à partir des parties. → **Finalité.**

télépathie (du gr. *têlé*, loin, et *pathos*, sentiment), communication directe de sensations ou de pensées à grande distance.

Par exemple, la sensation qu'un événement s'est accompli (accident, mort, événement heureux), alors que la distance en rend la connaissance matériellement impossible, peut être un phénomène télépathique. L'*hallucination télépathique* désigne la représentation particulièrement nette ou intense d'un événement réel que le sujet ne peut percevoir par les voies ordinaires : par exemple, la mort, dans un pays lointain, d'un parent ou d'un ami (v. *les Hallucinations télépathiques*, de Marillier). Dans *Quand le navire...* (suite du *Dieu des corps*), Jules Romains décrit, dans son détail intime, un exemple de phénomène télépathique.

tempérament, disposition naturelle d'un individu.

Le tempérament, qui tient à nos dispositions organiques (équipement endocrinien), se distingue du caractère, qui résulte souvent d'une décision ou d'une formation psychologique (par ex. saint Ignace était « colérique » de tempérament, mais il surmontait sa violence et fut saint de caractère). Ainsi le tempérament est héréditaire et caractérise un individu du point de vue « constitutionnel » ou organique, tandis que le caractère est individuel et caractérise l'individu du point de vue psychologique.

Galien (médecin grec, v. 131 – v. 210) distingue quatre types fondamentaux de tempéraments : 1° le sanguin (prédominance du sang) ; 2° le flegmatique (prédominance de la lymphe) ; 3° le mélancolique (prédominance de l'atrabile) ; 4° le bilieux (prédominance de la bile). Bien qu'on accorde de plus en plus d'importance aux glandes endocrines, on s'est aperçu (Jean Delay, dans *les Dérèglements de l'humeur*), que le tempérament dépendait d'un régulateur central, le « thalamus » (partie de l'encéphale située à la base du cerveau). La psychologie s'intéresse au caractère plus qu'au tempérament. → **Caractère.**

temporalité (de l'all. *Temporalität*), caractère de ce qui est temporel.

Toutefois, dans la phénoménologie et dans l'existentialisme contemporain, la temporalité désigne la « conscience » du temps : selon le caractère de notre activité (jeu, travail), la temporalité peut ne pas être la même pour un intervalle de temps identique. Elle est le temps vécu, ou « temps de la conscience ». Chez Husserl (1859-1938), la temporalité est le caractère temporel de toute activité spirituelle (construction mathématique ou réflexion philosophique ; comprendre quelque chose, c'est en former temporellement l'idée, l' « actualiser » en nous). [*Phénoménologie de la conscience interne du temps,* publiée en 1928]. Chez Heidegger (1889-1976), la temporalité est le caractère primordial de la conscience d'exister, à partir de laquelle se définissent toutes choses. Lorsque je cherche à me comprendre, je me projette dans le passé et rebondis sur la contingence de ma naissance, le fait d'être-là, jeté au monde. Je me projette également dans l'avenir et bute sur l'inéluctabilité de la mort. Le résultat de ce double renvoi ou de ce double rebondissement donne le sentiment de la temporalité authentique.

La notion de temporalité se rapprocherait plus de la notion de *durée vécue* que de celle de *temps* ; mais alors que la durée implique un sentiment, une fusion avec l'univers (selon Bergson, nous « sentons » le temps en nous), la temporalité est liée à une distance par rapport à soi, à une conscience de soi, à une *activité* humaine (qui peut être la connaissance ou l'action proprement dite). La durée bergsonienne est la fusion, la temporalité de l'existence est la séparation permanente.

Temps, milieu infini dans lequel se succèdent les événements et considéré souvent comme une force agissant sur le monde et les êtres.

On parle de la marche du temps, de la fuite du temps. C'est le temps qui fait que le présent devient passé.

Le principal caractère du temps est *l'irréversibilité*. « C'est elle qui provoque la plainte de tous les poètes, qui fait retentir l'accent funèbre du « jamais plus », et qui donne aux choses qu'on ne verra jamais deux fois cette extrême acuité de volupté et de douleur, où l'absolu de l'être et l'absolu du néant semblent se rapprocher jusqu'à se confondre. L'irréversibilité témoigne donc d'une vie qui vaut une fois pour toutes... » (L. Lavelle, *Du temps et de l'éternité*, 1945).

Les trois dimensions du temps sont le présent, le passé, et l'avenir. « Il y a en effet dans l'âme ces trois instances, et je ne les vois pas ailleurs : un présent relatif au passé, la mémoire ; un présent relatif au présent, la perception ; un présent relatif à l'avenir, l'attente » (Saint-Augustin, *les Confessions*, vers 400). Alors que nous pouvons agir sur l'espace, par la vitesse sans cesse accrue de nos moyens de transports, nous ne pouvons pas agir sur le temps. « L'espace, signe de notre puissance, le temps, signe de notre impuissance » (J. Lagneau, *Célèbres Leçons*,

LES TENDANCES	
animal ou enfant jusqu'à six mois	
tendances inférieures	tendance aux actes réflexes (réaction élémentaire, réflexe : manifestation élémentaire de la vie) ;
	tendance aux actes suspensifs et perceptifs (suspension de l'activité automatique : niveau de l'activité chez les « serpents ») ;
	tendance aux actes sociaux (groupes de « castors ») ;
homme	
tendances moyennes	tendance aux actes intellectuels élémentaires (fabrication d'outils : usage de la pierre) ;
	tendance aux actes verbaux et assertifs (parole comme fonction séparée de l'action) ;
	tendance aux actes réflexifs (parole comme expression de la personnalité) ;
tendances supérieures	tendance aux actes rationnels (constitution du savoir) ;
	tendance aux actes expérimentaux (observation scientifique ; classification méthodique) ;
	tendance aux actes progressifs (créations artistique, scientifique, philosophique).

→ **Activité, instinct.**

1880). La structure temporelle de notre expérience est si contraignante que l'homme a toujours rêvé de s'en affranchir et que le désir d'éternité s'exprime dans presque toutes les religions, dans le comportement de l'homme qui cherche à se survivre à lui-même par ses œuvres ou par ses enfants ; la libération du temps par l'imaginaire constitue un des thèmes les plus riches de la littérature de fiction (c'est le thème de *la Machine à explorer le temps* de H.G. Wells, 1895).

Il est très difficile de penser le temps, en raison de son caractère insaisissable. Kant le définit comme une « forme a priori de la sensibilité » (*Critique de la raison pure*, 1re partie, *L'Esthétique transcendantale*, 1781), c'est-à-dire une intuition qui est la condition (a priori) de toute expérience : elle est la forme ou le caractère de toute expérience que la conscience peut faire d'elle-même, mais aussi de tous les phénomènes extérieurs en tant qu'ils doivent prendre place dans notre expérience. — Bergson souligne l'impossibilité de penser le présent, dans la mesure où, quand il est pensé, il est déjà passé. « Le passé immédiat, en tant que perçu, est... sensation, puisque toute sensation traduit une très longue succession d'ébranlements élémentaires ; et l'avenir immédiat, en tant que se déterminant, est action ou mouvement. Mon présent est donc à la fois sensation et mouvement ; et puisque mon présent forme un tout indivisé, le mouvement doit tenir à cette sensation, la prolonger en action. D'où je conclus que mon présent consiste dans un système combiné de sensations et de mouvements. Mon présent est, par essence, sensori-moteur. » (*Matière et mémoire*, 1896). Bergson distingue *la durée* et *le temps* : la durée est vécue comme « une continuité indivisible de changement » (*la Perception du changement*, 1911 ; *La Pensée et le mouvant*, 1934), alors que le temps est la mesure de la durée, c'est-à-dire sa projection dans l'espace qui est seul mesurable et divisible.

Le contraire du temps, ce n'est pas la *perpétuité* ou la pérennité, qui est la durée indéfiniment prolongée, c'est l'*intemporalité* ou *l'éternité*. Ces deux termes ne signifient d'ailleurs pas exactement la même chose : on parle de l'intemporalité du vrai ; un raisonnement mathématique est vrai avant que vous l'ayez pratiqué, et restera toujours vrai. Les philosophes emploient plutôt le mot *éternité* pour qualifier l'expérience de la conscience qui fait l'épreuve de la vérité dans le sentiment de certitude (Spinoza, *l'Éthique*, Livre V, 1676; mais aussi Platon [427-347 av. J.-C.], *le Banquet*). On peut dire que toute forme d'enthousiasme, au sens étymologique (du grec *enthéos*, être en Dieu), constitue une expérience de l'éternité. → **Durée.**

tendance, spontanéité orientée vers une fin.

Nous parlons de tendance lorsque nous ne pouvons expliquer un comportement par une situation extérieure : lorsqu'un être agit de lui-même. La tendance est l'expression de la vie dans un organisme (tendance à grandir, tendance des héliotropes à s'orienter vers le soleil, ou « tropisme »). Les psychologues distinguent, chez l'homme, les *tendances motrices*, qui se rapportent à l'action, les *tendances affectives* (sympathie, amour) et les *tendances intellectuelles* (l'attention qui nous « porte » vers un objet, vers une recherche). P. Janet a exposé un tableau des tendances selon leur degré de complexité.

tension psychologique, effort de l'esprit.

Cet effort est relatif à la nature de notre activité, au degré de notre « niveau mental » (P. Janet). « Agir » requiert moins de tension que « agir et parler en même temps ». La recherche intellectuelle, la création scientifique ou philosophique impliquent le plus haut degré de tension. → **Tendance et tableau page précédente.**

test, épreuve destinée à déterminer le niveau d'une fonction (intelligence, temps de création) ou le degré de son évolution (chez les jeunes sujets).

Les tests peuvent mesurer non seulement le degré d'intelligence (tests qui consistent en des puzzles, en des reconstructions de figures à partir de leurs éléments détachés, etc.), mais aussi les formes de caractère (test de Rorschach, qui consiste à montrer des taches d'encre, et à demander au sujet ce qu'elles lui évoquent). L'emploi des tests a été généralisé pour l'incorporation dans l'armée ; il est obligatoire en cas de changement de métier, généralisé dans l'orientation scolaire. → **Division du travail, intelligence, orientation professionnelle, sélection.**

Thalès, mathématicien et philosophe grec, né à Milet (624-548 av. J.-C.). Il aurait rapporté d'Égypte en Grèce les fondements de la géométrie. Aristote le considérait comme le premier des philosophes ioniens. Il se rendit célèbre par la prédiction d'une éclipse de soleil en 585 av. J.-C. Sa doctrine philosophique, dans laquelle l'élément premier est l'eau, qui donna naissance aux autres éléments, constitue un premier essai de « philosophie de la nature » et l'ébauche d'une science de la nature systématisée.

théisme, croyance en un Dieu personnel et vivant.

Il se distingue du *déisme*, qui croit en Dieu, mais qui se refuse à en dire quoi que ce soit et renonce à se le représenter ; le théisme, en effet, pense pouvoir déterminer la nature de Dieu, lui attribue un certain nombre de qualités (bon, puissant, créateur du monde, etc.), enfin se le représente dans des symboles religieux. Le théisme s'oppose à l'*athéisme* et souvent au *panthéisme* : on a dit, par exemple, que le panthéisme de Spinoza était un athéisme, dans la mesure où sa doctrine récuse toute idée d'un dieu personnel et vivant, et identifie Dieu à la nécessité anonyme et universelle qui régit toutes choses dans la nature. Le théisme est la religion du commun des hommes. → **Dieu.**

théodicée **(du gr. *theos,* dieu, et *diké,* justice), partie de la métaphysique qui étudie la manière dont Dieu a créé le monde : « les voies de Dieu dans l'univers » (Leibniz).**

La théodicée tente de concilier l'existence du mal (souffrances, guerres, tentations), au niveau de notre humanité, avec l'irresponsabilité de Dieu, sa bonté originelle : pourquoi, en effet, Dieu, qui est parfait, a-t-il créé un homme capable de faire le mal? Leibniz (*Théodicée,* 1710) a essayé de résoudre le problème en démontrant la nécessité de la *liberté* humaine.

théologie, **étude qui porte sur l'existence de Dieu et sur sa nature.**

La théologie est la justification rationnelle des dogmes et des rites de la religion; elle se fonde sur les textes (« Écritures ») et se guide sur la foi. On distingue, en principe, la *théologie révélée,* fondée sur les textes, et la *théologie naturelle,* fondée sur le seul raisonnement rationnel. La théologie est spécialement chrétienne et saint Paul fut le premier théologien qui essaya de tirer de la foi une doctrine systématique. La cabale représente également une forme de théologie. Parmi les théologiens célèbres, le plus grand est évidemment saint Thomas d'Aquin (1225-1274), qui est considéré comme le fondateur de la théologie (en tant que science théorique). On notera également les théologies d'Albert le Grand, de Bonaventure, de Duns Scot. Après des siècles qui ne connurent point de maîtres véritables, on assiste à un retour à la théologie thomiste authentique (Frangelin au XIXe siècle), mais aussi aux sources scripturaires et patristiques (de Lubac, Daniélou au XXe siècle). Des recherches comme celles de Teilhard de Chardin, de Fessard, de Guardini, de Bouyer, de von Balthasar se sont efforcées d'intégrer à la théologie les enquêtes sur la nature, sur la science et la technique, l'évolution et l'histoire, la personne et la société. En fait, la vraie religion* se passe de toute théologie : elle appelle plus de ferveur que de raisonnement. On distingue la *théologie positive,* qui conçoit l'union avec la divinité comme un épanouissement et une réalisation des possibilités de l'homme, et la *théologie négative,* qui préconise l'anéantissement progressif de l'homme et conçoit l'union avec la divinité comme une limite irréalisable et qui ne saurait advenir que par la mort de l'homme.

Théophraste, philosophe et savant grec (Érésos, île de Lesbos, v. 372 – Athènes v. 287 av. J.-C.). Successeur d'Aristote à la direction du Lycée, il est l'auteur des *Caractères,* recueil d'études morales et de portraits pittoresques, que traduisit La Bruyère.

théorie **(du gr. *theoria,* contemplation), ensemble systématique d'idées ou de connaissances.**

La *theoria* désignait, dans l'Antiquité, la contemplation du monde et, en particulier, du mouvement des astres; la théorie évoque, depuis la Renaissance, une création de l'esprit humain : c'est ainsi que l'astronomie, qui était une simple *description* (une *theoria*), est devenue une construction et un calcul de rapports mathématiques. On appelle *théorie de la connaissance* toute réflexion critique portant sur la nature et les limites de notre esprit (Kant). La théorie de l'action morale se nomme l'*éthique*; la théorie des valeurs (du bien, du beau, du vrai, etc.), l'*axiologie*; la théorie de l'art, l'*esthétique,* etc.

Dans un sens plus rigoureux, l'épistémologie ou réflexion sur les méthodes de la connaissance définit la théorie comme l'hypothèse qui permet d'unifier les lois de la science, d'expliquer à partir de principes simples les phénomènes de la nature, les comportements humains ou les mouvements de l'histoire. Par exemple Newton (1642-1727), a permis d'unifier, dans la théorie de la gravitation universelle, tous les calculs concernant les corps terrestres et les corps célestes, ramenant la pesanteur à un phénomène de gravitation. → **Science.** Dans le domaine de la biologie, Darwin (1809-1882) a voulu unifier l'évolution des espèces vivantes, des plus simples jusqu'à l'homme, à partir du principe de la sélection naturelle par le milieu → **darwinisme.** Pour ce qui touche les conduites humaines, Freud (1856-1939), a voulu expliquer leurs fonctionnements à partir de motivations inconscientes dont les composantes sont l'instinct de vie (la libido) et l'instinct de mort. René Girard (né en 1923) unifie les conduites humaines à partir d'un seul principe : le désir mimétique d'appropriation. Karl Marx (1818-1883) a voulu expliquer les modifications politiques des pays, dites « superstructures » apparentes, à partir des conditions économiques des habitants, appelés « infrastructures ».

Les théories ont quatre fonctions principales : 1° *Un rôle coordinateur ou unificateur.* Par exemple l'atomisme en chimie, inauguré avec Lavoisier vers 1779-1780, a permis de coordonner les lois de combinaisons de tous les corps, d'unifier la chimie et l'étude des gaz. 2° *Un rôle méthodologique,* c'est-à-dire qu'elle permet d'établir une méthode pour la recherche scientifique et la classification des faits. Suivons le même exemple : la notion atomique en chimie connue sous le nom d'hypothèse Avogadro (chimiste italien, 1776-1856) et formulée ainsi : « Lorsque dans les mêmes conditions de température et de pression nous avons les mêmes volumes, ils contiennent le même nombre d'atomes. » (1811). Adoptée en Allemagne en 1840, et refusée en France sous l'influence de Berthollet (1748-1822), elle permit à la chimie allemande de devenir la première du monde et suscita des applications techniques considérables. 3° La théorie joue un *rôle heuristique* : elle est une force de découvertes. L'exemple le plus connu est celui de l'astronome français Le Verrier qui, par de purs calculs théoriques établis à partir des déviations d'orbite de la planète Uranus, détermina l'existence de la planète Neptune ; il incita l'astronome allemand Galle à regarder en un point de l'espace où ce dernier découvrit en 1846 la réalité de cette planète. Pour poursuivre un exemple tiré de la chimie, le savant russe Mendeleïev inventa une classification des éléments chimiques en 1869, connue sous le nom de tableau de Mendeleïev ; il laissa vides certaines cases mais donna cependant un nom aux corps qui devaient théoriquement s'y trouver. C'est après lui seulement qu'elles furent remplies au fur et à mesure de la découverte de nouveaux éléments réels. « Le rationalisme anticipe sur l'expérience », écrit Bachelard dans *le Nouvel esprit scientifique* (1934). 4° Enfin la théorie a un *rôle explicatif,* elle nous renseigne sur la nature du monde. Sans doute les systèmes explicatifs évoluent-ils avec les progrès de la science. Mais on ne peut pas dire que la théorie d'Einstein rend faux les principes newtoniens de la gravitation universelle. Simplement on peut en déduire une explication plus cohérente d'un plus grand nombre de phénomènes. Depuis plus d'un siècle les théories scientifiques (physiques, chimiques, biologiques, même concernant les phénomènes humains) ne progressent qu'au prix d'une activité mathématique de plus en plus élaborée ; mais le recours à l'expérience reste *la pierre de touche* décisive pour juger des effets techniques : la science atomique la plus complexe et la plus rigoureuse ne peut se passer des expériences (explosions dans le domaine militaire, usines nucléaires pour l'exploitation civile de la fission de l'atome), qui apportent une moisson d'enseignements susceptibles à chaque instant de modifier tout le système de calcul et de remettre en cause la théorie.

La vérité scientifique n'est jamais définitive ; les théories ont une histoire, comme le langage. Le débat entre empiristes et rationalistes n'a plus aucune raison d'être : les théories intègrent à chaque époque des découvertes nouvelles, des faits insoupçonnables qui peuvent modifier leur centre de gravité et ouvrir des domaines nouveaux à l'imagination et à la réflexion humaines. → **Science.**

Théorie de la science, ouvrage de Fichte, développant sa doctrine du fondement de notre connaissance (premier exposé en 1794, nouveaux exposés notamment en 1801, 1804, 1812).

L'exposé de 1794, qui est le mieux connu, représente la philosophie du « moi absolu » : étant donné que comprendre consiste toujours à comprendre à partir de soi, comprendre toutes choses consistera à « rapporter à soi toute la réalité ». Cette doctrine, qui tire la conséquence extrême de la méthode critique de réflexion sur soi, évolue en 1801 pour culminer en 1804 dans une théorie de Dieu ou de l'Absolu, comme réalité parfaitement rationnelle et accessible à l'esprit humain. La *Théorie de la science* de Fichte a été comptée, par Hegel, au nombre des trois grands événements du siècle, dont le deuxième était la Révolution française de 1789 et le troisième, le roman de Goethe *Wilhelm Meister*. La *Théorie de la science* a directement inspiré la philosophie de Schelling, ainsi que la *Logique* et la *Phénoménologie* de Hegel. Enfin, la plupart de ses thèmes (le non-savoir, fondement du savoir, l'être absolu comme présence et non-représentation, etc.) se retrouvent dans les doctrines les plus modernes (l'existentialisme, la théorie de la liberté chez Sartre, l'ontologie de Heidegger, etc.).

théosophie, doctrine religieuse qui a pour objet l'union avec la divinité.

La théosophie est une mystique préconisant une ascèse et une élévation progressive de l'esprit humain jusqu'à l'illumination de Dieu (illuminisme). Les théosophes les plus illustres furent J. Boehme, V. Weigel, Swedenborg, Saint-Marin, Baader. En Allemagne, au XIXe siècle, Herman Emmanuel Fichte (fils du grand J. G. Fichte) fonda une école de « théosophie spéculative » dont le but était de réaliser l'identification avec Dieu grâce à l'exercice de la réflexion philosophique.

thèse, affirmation théorique.

Une thèse se présente en général comme une vérité partielle, dont le contraire est aussi vrai (« antithèse ») : la vérité se dégage alors par une « synthèse » des deux affirmations; tel est le mouvement « dialectique » de toute pensée qui se forme et se développe. (Du point de vue des titres universitaires, une *thèse* est un ouvrage composé en vue de l'obtention du grade de docteur; on distingue, en lettres et en sciences, la *thèse d'université* [nouveau régime] et la *thèse d'État* [ancien régime] l'une et l'autre, permettant d'enseigner en faculté après habilitation du jury. → **Dialectique.**

Thibon (Gustave), philosophe français (Saint-Marcel-d'Ardèche, 1903). Il commence par travailler la terre, apprend seul le latin, découvre Saint Augustin qui le ramène à la foi chrétienne. Gabriel Marcel écrit de ses aphorismes que « quelques-uns suffiraient à la gloire d'un écrivain ». Il invoque un réalisme total de la vie et de l'esprit. Il a écrit : *Diagnostics* (1940), *l'Échelle de Jacob* (1942), *Nietzsche ou le Déclin de l'esprit* (1948).

Thomas d'Aquin (saint), théologien italien (Roccasecca, royaume de Naples, 1225 – Fossanova 1274). Il est le plus grand théologien de l'Église catholique. Descendant d'une noble famille lombarde, il reçut, en 1240 ou 1243, malgré l'opposition de ses parents, l'habit des dominicains. Enlevé par ses frères (1244), il résista à toutes les tentations (d'où son surnom d'« Angélique ») et put rejoindre son ordre. Il enseigna à Paris au couvent Saint-Jacques (1252), puis à l'Université de Paris (jusqu'en 1259). Il retourna ensuite en Italie, à la Cour pontificale (1259). Il approfondit alors la philosophie d'Aristote, qui devait servir de cadre à sa doctrine; il revint à Paris en 1269, où il poursuivit la rédaction de la *Somme théologique* (1266-1273). Il mourut en 1274, en se rendant de Naples au concile de Lyon.

Logicien, métaphysicien, théologien, saint Thomas tente de concilier la philosophie rationnelle d'Aristote avec la foi chrétienne : il pose une harmonie entre ce qui est « su » et ce qui est « cru ». Là où la réflexion philosophique tombe dans des contradictions (par exemple, sur le problème de la création dans le temps), il doit s'en remettre à la foi. Il est le fondateur de la « science » théologique en tant que science théorique (et non seulement pratique, comme le soutiendront Duns Scot et d'Occam). Malgré l'accent aristotélicien de sa doctrine, le thomisme s'inspire directement des Pères grecs et du Pseudo-Denys : il part de Dieu, descend aux anges et aux hommes, pour remonter ensuite, par l'Église et les sacrements, à une théorie de la vie future. Le génie de saint Thomas s'accompagna d'une sainteté authentique (il fut canonisé par Jean XXII dès 1323).

Combattu par les disciples de Duns Scot et d'Occam, le thomisme ne se développa qu'à partir de la fin du XVIe siècle, où la *Somme* devient le texte de base pour les études. Mais ce n'est vraiment qu'en 1879 que le pape Léon XIII, ému par le niveau excessivement bas dans les séminaires et les universités catholiques, imposa l'étude de saint Thomas. C'est alors que Mgr Mercier, à Louvain, tenta de rajeunir la tradition et fonda l'école néo-thomiste, toujours vivante, et qui cherche à incorporer au thomisme les écoles les plus récentes (aujourd'hui la phénoménologie et l'existentialisme). Des philosophes comme Jacques Maritain et Étienne Gilson ont cherché à dégager ce que le thomisme recèle d'universellement valable.

Torndike (Edward Lee), psychologue américain (Williamsburg, Massachusetts, 1874 – Montrose, État de New York, 1949). Il est l'un des fondateurs de la psychologie du comportement. Il étudia en particulier les processus d'acquisition des connaissances.

Timée de Locres, philosophe pythagoricien (Ve s. av. J.-C.). Son influence a été capitale sur le développement de la pensée de Platon. Platon en fait le personnage principal de son dialogue le *Timée,* qui développe une sorte de philosophie de la nature, expliquée à partir de mythes. Il traite celui de la création du monde par le Démiurge, celle des âmes humaines, ainsi que la préhistoire de l'humanité au temps de l'Atlantide.

Timon le Misanthrophe, philosophe grec (Ve s. av. J.-C.) Les malheurs de sa patrie, la perte de sa fortune, l'ingratitude de ses amis en firent le prototype du misanthrope, tel qu'il fut ensuite décrit et raillé dans beaucoup d'œuvres comiques et satiriques.

tolérance, tendance à admettre des moyens de penser, d'agir et des sentiments différents des nôtres.

En particulier, la tolérance religieuse laisse à chacun la liberté de pratiquer sa religion. L'intolérance suscite l'inquisition, c'est-à-dire l'arrestation, voire la suppression des minorités religieuses dans un pays : les Juifs en Espagne au temps d'Isabelle la Catholique (fin XVe s.), les protestants en Europe sous Charles IX (XVIe s.). La tolérance est un principe de morale lié au respect élémentaire des personnes morales (Bayle, Voltaire) ; elle est aussi une preuve d'intelligence, car on s'enrichit toujours au contact des croyances et des pratiques différentes des nôtres. De nos jours, le problème fondamental n'est plus celui de la tolérance religieuse, mais celui de la tolérance politique : elle s'exprime par l'existence d'une opposition politique légale au sein même des assemblées parlementaires ; les relations avec l'opposition doivent être des relations de « dialogue », susceptibles d'enrichir et d'éclairer l'action gouvernementale, et non des relations d'incompréhension et d'hostilité (censure, critique systématique, ou, inversement, indifférence à l'égard des critiques). La tolérance s'oppose, sur le plan politique, au recours à la violence et à l'existence de délits politiques (prisonniers strictement politiques). — Ce que l'on peut appeler la philosophie de la tolérance reconnaît le principe de l'égalité entre tous les hommes (sans distinction de race [ségrégation raciale], de religion, de pays, etc.) ; son objectif est de substituer des relations de dialogue à des rapports de forces, et sa maxime est de toujours comprendre le point de vue d'autrui. La tolérance implique donc la bienveillance, ou la « générosité », qui, seule, peut animer la sympathie véritable (Descartes).

totémisme, vénération d'un animal considéré comme l'ancêtre d'une tribu et honoré à ce titre.

Le totem est comme le drapeau de certaines tribus ou de certains clans des sociétés africaines ou polynésiennes. Il se distingue du « fétiche », qui est l'animal ou l'objet « porte-bonheur ».

transcendant, qui dépasse.

Une *réalité transcendante* est celle qui dépasse notre pouvoir de connaître ; un *génie transcendant* dépasse la moyenne des êtres humains. Lorsque l'on parle de la *transcendance de Dieu,* on évoque un Dieu créateur, distinct de sa création ; on s'oppose à *l'immanence de Dieu,* c'est-à-dire au panthéisme selon lequel Dieu serait présent au monde et à nous-mêmes, et par là même connaissable. La *transcendance* s'oppose à *l'immanence.*

transcendantal, qui rend *a priori* possible notre connaissance : les « principes transcendantaux de l'esprit » sont ceux qui, avant toute expérience, constituent la nature de notre connaissance.

Une *analyse transcendantale,* telle qu'elle a été pratiquée par Kant (dans la *Critique de la raison pure*), est une réflexion sur l'acte de connaître, indépendamment de tout objet sur lequel pourrait porter notre connaissance.

transfert, projection d'un sentiment individuel sur un objet ou une autre personne : par exemple, c'est un transfert qui nous fait reporter sur la maison ou le pays de notre enfance les sentiments de paix, de sécurité, de tranquillité immuable.

Au cours d'une cure psychanalytique, le transfert est le phénomène par lequel le patient concentre provisoirement sur la personne du psychanalyste ses tendances et ses complexes en voie de disparition. Le *transfert négatif* désigne l'ensemble des sentiments hostiles à l'égard de son analyste (il projette sur lui tous les défauts qu'il trouve en lui-même) ; le *transfert positif* recouvre l'ensemble des sentiments favorables (par exemple, un individu qui rêvait d'être un génie « transférera » cette qualité sur le psychanalyste) ; le *contre-transfert,* l'ensemble des sentiments que, malgré son désir d'objectivité, le psychanalyste éprouve à l'égard de son patient.

transformisme, théorie biologique formulée au XVIIe siècle et d'après laquelle les êtres vivants se transforment au cours des différentes époques géologiques.

Ces transformations peuvent être dues aux changements des conditions de vie (du milieu), à un lent épanouissement de l'espèce (évolutionnisme) ou à des mutations brusques (mutationnisme, dû à une mutation au niveau des gènes et des chromosomes). Lamarck* et Darwin* furent les principaux représentants du transformisme, le premier insistant sur le rôle du milieu, dans les transformations de l'organisme, le second sur l'effort de l'organisme, qui se transforme pour s'adapter.

traumatisme, ensemble des troubles occasionnés par une blessure, une maladie (changement dans l'équilibre de la personnalité) ou par un choc émotionnel (perte de mémoire, désadaptation, etc.). → Émotion (choc émotionnel).

travail, effort réglé par une loi.

Le travail s'oppose au *jeu,* qui est une activité désintéressée ; il se distingue de l'*effort,* qui peut être désordonné ; il se caractérise par son caractère de contrainte (on travaille par devoir, par nécessité sociale) et surtout par sa forme d'action réglée (horaire fixe, contrôle du travail ou du résultat). Toutefois, dans certains cas, le travail peut correspondre à la vocation d'un individu, à ses tendances les plus profondes (création artistique, philosophique ou scientifique) : du point de vue psychologique, il ne se distingue plus alors du jeu. Bien que la notion de travail évoque, d'une manière privilégiée, l'action physique sur le monde (agriculture) ou sur une machine (travail industriel), l'effort intellectuel, la recherche théorique, l'enseignement, la direction d'une entreprise ou d'un État représentent également un travail : de compréhension, de synthèse, de direction. Il y a travail tant qu'il y a « responsabilité » sociale ou simplement création véritable. — D'un point de vue juridique, le « droit au travail » est le droit qui crée à l'État l'obligation juridique d'assurer un travail à quiconque lui en demande.

tropisme, en botanique, tendance d'un organisme dans une direction donnée, sous influence d'une excitation extérieure : la tendance des héliotropes à se tourner vers la lumière du soleil constitue un tropisme (*tropisme positif*) ; la tendance des plantes à s'élever contre la pesanteur exprime un *tropisme négatif* à l'égard de l'attraction terrestre.

Lorsqu'il s'agit d'animaux, on parle de *tactisme*. → **Tactisme.**

Trotsky (Lev Davidovitch Bronstein dit), homme politique soviétique et théoricien de la révolution (Ianovka, Ukraine, 1879 – Coyoacàn, Mexique, 1940). Issu d'une famille juive de la petite bourgeoisie, il passe l'examen d'entrée en mathématiques à l'université d'Odessa et s'allie dès la fin du XIXe siècle aux révolutionnaires d'inspiration marxiste. Arrêté et déporté en Sibérie, il s'enfuit (1902) à Londres sous le fameux nom de « Trotsky ». Il anime en 1905 le soviet de Saint-Pétersbourg, fonde à Vienne la *Pravda* (1908), que Lénine va reprendre plus tard. En 1917, il est commissaire du peuple aux Affaires étrangères dans le premier gouvernement soviétique. En 1918, il fonde l'armée rouge, qu'il convertit ensuite en armée du travail. À partir de 1942, il s'oppose à la dictature de Staline qui l'accuse de « dictature économique ». Trotsky mène pendant seize ans une vie errante d'exilé politique, émigre au Mexique en 1937. Staline le fait assassiner le 20 août 1940 par J. Mornard, près de Mexico.

De ses œuvres, *Ma vie* (1930), *Histoire de la révolution russe* (3 vol., 1932), de ses pamphlets, *la Révolution trahie* et *l'École stalinienne de falsification* (1937), de son *Bulletin de l'opposition*, ressort la doctrine célèbre de la « révolution permanente ». Trotsky s'y élève contre la constitution d'une classe des dirigeants érigée en classe privilégiée en face de la masse pauvre des travailleurs ; son vœu fut toujours d'alléger l'administration et la bureaucratie, qui constituent rapidement, dans les pays sous-développés, un poids mort, un « cancer au sein d'un corps jeune ». Son socialisme dynamique, son souci de préserver la spécificité et la spontanéité des communautés sociales font de Trotsky un des penseurs marxistes les plus actuels, un des philosophes qui développa avec le plus de logique la théorie de la révolution en pays sous-développés.

truisme (de l'angl. *true*, vrai), proposition trop évidente et inutile à exprimer.

Par exemple, l'explication selon laquelle « le pavot fait dormir parce qu'il possède une vertu dormitive » est un truisme qui, en fait, n'explique rien ; c'est même une tautologie, c'est-à-dire une proposition qui répète la même chose sous une forme différente.

Tschirnhaus (Ehrenfried Walter von), philosophe et physicien allemand (Kieslingswalde, près de Görlitz, 1651 – Dresde, 1708). Ses recherches en optique l'amènent à mettre au point de nouveaux verres de lunettes astronomiques de dimensions inconnues jusqu'alors ; il découvre le secret de la porcelaine dure, dite de Saxe. Sa théorie de la connaissance est exposée dans *Médecine de l'esprit, ou Préceptes généraux de l'art de découvrir* (1695).

typologie, étude des caractères relatifs soit aux individus humains (caractères physiques ou psychologiques), soit aux sociétés humaines (personnalité typique d'une société ou d'une forme de culture).

En ce qui concerne les types physiques, on a dégagé des *types morphologiques* selon les races humaines : on a distingué les groupes blanc (en lui-même divisé en types « alpin », « méditerranéen », « nordique », « lapon », « indo-afghan », etc.), jaune (groupant les types « mongol », « esquimau », « amérindien », « indonésien », « polynésien ») ; noir (groupant les types « mélano-africain », « éthiopien », « khoisan », « négrille », « mélanésien »), etc.

Sur le plan culturel, le sociologue Görer a proposé un exemple d'analyse *typo-*

logique portant sur les types psychologiques propres à chaque nation; ses analyses du type de l'individu russe, oscillant entre des moments d'extase poétique et de débauches physiques, de sérénité et de violences, de pure spiritualité et de pure matérialité, sont demeurées célèbres. Il existe aussi un type d'Anglais (le major Thompson) comme de toute autre société ou culture.

Au niveau de la psychologie des individus, et non plus des groupes, on dit, par exemple, que Napoléon est le « type » du passionné. La typologie, ou classification des types, s'exerce aussi bien sur les individus humains (envisagés du point de vue physique ou psychologique) que sur les espèces animales ou même les plantes et les simples phénomènes de la nature. En résumé, la typologie est l'art de classer. **Syn. classification. → Caractère, classification, personnalité.**

U

Ubiquité (du lat. *ubique*, partout) faculté d'être présent partout en même temps ; synonyme d'*omniprésence*.

La philosophie du Moyen Âge, traitant du problème de Dieu, considérait que l'ubiquité est une propriété réservée à Dieu.

uchronie, reconstruction utopique de l'histoire, telle qu'elle n'a pas été et qu'elle aurait pu être.

Terme forgé en 1876 par Renouvier*, à propos de sa théorie représentant la structure de l'Europe telle qu'elle aurait été si Napoléon avait gagné la bataille de Warterloo. La notion d'uchronie suppose donc le caractère contingent du déroulement historique.

Unamuno (Miguel de), écrivain et philosophe espagnol (Bilbao, 1864 – Salamanque, 1936). Professeur de grec à l'université de Salamanque, il fut le maître à penser de l'humanisme révolutionnaire antifranquiste et reste celui des intellectuels espagnols d'aujourd'hui. Poète (dans *Poesias*, 1907) et romancier, qui dépeint sa province natale dans *Paix dans la guerre (Paz en la guerra)*, en 1897, le penseur individualiste se révèle dans *le Sentiment tragique de la vie (Del sentimento tragico de la vida*, 1912), *l'Agonie du christianisme (La agonia del cristianismo*, 1925). Penseur chrétien, Unamuno se situe, dans le panthéon international des philosophes, aux côtés de G. Marcel et de M. Buber.

unicité, qualité de ce qui est unique.

Le terme se distingue du concept d'*unité*. Il se rapporte plus particulièrement à la personnalité* individuelle d'un homme : l'unicité désigne le caractère « irremplaçable » de toute individualité.

univers, l'ensemble de ce qui existe.

Dans la philosophie religieuse, l'univers désigne l'ensemble de la création (le monde et l'homme). La notion évoque plus généralement le monde physique, objet de la science : l'ensemble des relations entre les phénomènes, c'est-à-dire l'ensemble des lois qui structurent le monde ; en ce sens, la théorie de la relativité donne les lois de la connaissance de l'univers. La notion de *monde* est moins vaste que celle d'*univers* ; elle implique toujours une certaine spécification : monde physique, biologique, moral ou humain (on parle même du « monde » des oiseaux, du « monde » des poissons, etc.) ; l'univers évoque la totalité de tous ces mondes. → **monde.**

universaux (plur. d'*universel*), idées ou termes généraux qui se retrouvent en toute connaissance.

La « querelle des universaux », qui alimenta la philosophie du Moyen Âge, portait sur la nature des idées générales : sont-elles de simples abstractions auxquelles ne correspond aucune réalité (« nominalisme » de Roscelin, XIe s.)? ont-elles au contraire une existence réelle qui précède et structure toute connaissance des choses (« réalisme » de Duns Scot, fin XIIIe s.)? La synthèse des deux points de vue, qui correspondent à ce qu'on appellerait aujourd'hui l' « empirisme » et le « rationalisme », se trouve exposée par le « conceptualisme » (Abélard, XIIe s.), selon lequel les idées générales existent dans l'esprit avant toute connaissance, mais ne se manifestent qu'à « l'occasion » d'une connaissance concrète : cette doctrine est au fond celle d'Aristote (telle qu'elle est exposée dans les *Seconds Analytiques*) et, plus tard, celle de Kant.

universel, qui s'étend à tout.

Un principe *universel*, qui vaut *a priori* (c'est-à-dire avant toute expérience) pour toute connaissance, se distingue d'un principe simplement *général*, obtenu par induction à partir de l'expérience et des cas particuliers. Par exemple, le devoir moral, selon Kant, est un principe universel, valable pour tous les hommes dans toutes les circonstances. Une institution sociale (le droit au divorce, par exemple) n'est qu'un principe général : son fondement n'est pas dans la conscience pure, mais on le constate simplement comme un fait social souvent répandu. Kant oppose également (dans la *Critique de la raison pure*) l'universalité des formes, ou « catégories » de l'esprit (qui sont découvertes par une pure analyse de la raison), à la généralité des lois, qui sont tirées de l'expérience. Le concept universel est tiré de la raison; l'idée générale est induite de l'expérience. → **A priori.**

utilitarisme, doctrine ou attitude morale qui considère que l' « utile ou ce qui peut apporter le plus grand bonheur » doit être le principe suprême de notre action.

L'utilitarisme fut soutenu par J. Bentham (Londres 1748 – 1832), qui préconisait une « arithmétique des plaisirs » destinée à comparer méthodiquement la valeur des plaisirs et à augmenter, dans la plus grande proportion, la somme totale du bien-être de l'individu, puis par J. S. Mill (Londres 1806 – 1873) et la majorité des penseurs anglo-saxons. Le pragmatisme, qui considère comme « vrai » tout ce qui réussit (W. James), perpétue la tradition de l'utilitarisme. Il s'oppose au rigorisme moral de Kant, par exemple, selon lequel la valeur morale d'une action ne se mesure pas à ses conséquences (à sa réussite), mais à l'intention qui l'anime et au principe sur lequel elle se règle. La tradition de l'utilitarisme remonte à Helvétius (Paris 1715 – Versailles, 1771) et surtout à Hobbes (Malmesbury, en Angleterre, 1588-1679). Elle se recommande de la philosophie d'Épicure dans l'Antiquité. → **Épicure, pragmatisme.**

V

Valéry (Paul), écrivain, poète et penseur français (Sète 1871 - Paris 1945). Fils d'un fonctionnaire des Douanes, il devient célèbre en 1917 avec *la Jeune Parque*, long poème d'inspiration symboliste. *Eupalinos ou l'Architecte* (1923), *l'Âme et la danse* (1923), ouvrages en prose empruntant la forme des dialogues socratiques, révèlent un véritable penseur. La série de *Variétés* (cinq volumes, 1924-1944) expose ses réflexions sur la musique, la peinture (il dessinait et gravait) et les arts du feu, aussi bien que sur Descartes et les mystiques (*les Pages célèbres de la philosophie*). Ce penseur se défendait d'être un philosophe systématique; il assurait que, s'il avait eu une philosophie, son objet aurait été le *possible de l'homme*. En fait, le thème de ses pensées est le « moi », vu sous ses angles les plus variés et les plus contradictoires (chez le dictateur, dans la création artistique, dans la contemplation du monde ou l'audition de la musique, ou même l'exercice de la réflexion dans l'*Idée fixe* [1932]). De ses œuvres, des héros qu'il a décrits — Léonard, Teste, Faust, etc. — se dégage la conception d'un homme doué d'une puissance de création extraordinaire et capable de développer, dans l'ordre de l'art et de l'expression de l'homme, tout le potentiel humain. [Acad. fr., 1925.]

Son travail sur le fonctionnement de l'intellect : *Études* (1909), se rattache à cette même idée.

valeur, tout ce qui est désirable (et non pas seulement ce qui est « désiré »).

Il y a des valeurs biologiques (santé, force), économiques (droit), esthétiques (beauté), morales (vertu), religieuses (sacré), etc. D'une manière générale, on distingue trois groupes de valeurs : le *vrai*, le *bien*, le *beau*. La notion de *valeur* (ce qui doit être) se distingue de celle de *vérité* (ce qui est); c'est une notion pratique, qui n'a de sens que par rapport à l'expérience de la volonté ou de l'action. 1° Elle implique un élément « dynamique », sous la forme d'un désir ou d'une sensibilité du côté du sujet : un objet ou un être nous paraissent posséder d'autant plus de valeur que notre désir est plus grand; inversement, un objet de grande valeur (or, argent) peut n'avoir aucune valeur à nos yeux, si nous n'en avons aucun désir. 2° Elle possède cependant un aspect objectif ou « statique » (caractère social, traditionnel ou universellement humain de la valeur : par exemple, de la culture, de l'honnêteté, de la fidélité, etc.).

validité, qualité de ce qui est valable (en all. *Gültigkeit*).

On parle aussi de la validité d'une connaissance lorsqu'il s'agit d'une connaissance objective (dont l'objet et les caractères sont universellement constatables), de la validité d'un acte lorsqu'il répond aux principes de la morale et trouve ainsi une justification universelle.

Valla ou Della Valle (Lorenzo), humaniste, philologue et philosophe italien (Rome, 1407 – Naples, 1457). Un des premiers, il tenta de concilier la sagesse antique et la foi chrétienne, et influença Érasme et Pic de la Mirandole. Opposé au dogmatisme philosophique des aristotéliciens et des théologiens scolastiques, il estime dans le *De Voluptate* (1431), que la nature humaine, venant de Dieu, est bonne, et qu'on peut la suivre tout en étant chrétien. Il a écrit : *De libero arbitrio* (1439), *Dialecticae disputationes* (1439).

Vanini (Lucilio), philosophe italien (Taurisano, prov. de Lecce, 1585 – Toulouse, 1619). Ordonné prêtre à Padoue, il fit paraître un ouvrage où il niait l'immortalité de l'âme (*Amphitheatrum aeternae Providentiae*, 1615). Il se fit moine, fut chassé de son ordre et vint à Paris. Ses dialogues, *Des secrets de la nature*, furent censurés par la Sorbonne. Accusé d'athéisme et de magie, il fut brûlé vif.

Vauvenargues (Luc de Clapiers, marquis de), moraliste français (Aix-en-Provence, 1715 – Paris, 1747). Fils du maire d'Aix-en-Provence, il fut d'abord militaire et s'illustra en Lombardie (1733), puis en Bohême (1742). Il eut les jambes gelées lors de la retraite de Prague et dut renoncer à la vie de garnison pour se consacrer aux lettres. Il mourut sans avoir connu le succès.

Il a écrit l'*Introduction à la connaissance de l'esprit humain* (1746), accompagnée de *Réflexions sur divers sujets*, des *Conseils à un jeune homme*, des *Réflexions critiques sur quelques poètes*, ainsi que plusieurs *Caractères* et *Dialogues*. À la fois mélancolique et vigoureux, il reste optimiste, en dépit des épreuves. Comme écrivain et psychologue, ses portraits réhabilitent l'homme, contre La Rochefoucauld, sans recourir, comme Pascal, à la grâce. Il porte le meilleur du classicisme déclinant et du romantisme en devenir.

vedānta (du mot sanskr., *veda*, science, révélation ; de la racine *vid*, savoir), dernier des grands systèmes philosophiques de l'Inde*, fondement de sa religion actuelle, l'hindouisme.

Le vedānta a pour objet l'explication philosophique des textes sacrés, ou *Védas*, qui constituent la tradition « védique » : sa doctrine est un monisme (*advaita*) qui repose sur la nation de l'*unité du moi individuel* et du *soi universel*, constituant la seule réalité spirituelle. La théorie de la *máyá* (illusion) comme cause du monde sensible s'y trouve développée ainsi que celle du non-savoir (*avidyā*). Le vedānta a été commenté par de célèbres maîtres hindous, dont Çankara (VIIIe-IXe s.), qui lui a donné sa forme classique.

velléité, volonté imparfaite.

Le *velléitaire* est celui qui ne cesse d'entreprendre avec enthousiasme des actions nouvelles, mais qui n'a jamais la constance d'achever la moindre de ses œuvres. La velléité correspond au premier moment de la volonté* : à la tendance ou au désir. Mais la volonté implique de plus la « réalisation ».

véracité, caractère de celui qui ne trompe pas ou qui a l'habitude de dire la vérité : on parle de la *véracité* d'un historien.

Descartes, pensant que la « bonté » de Dieu l'empêche de nous tromper (de faire un monde en soi différent de celui que notre connaissance nous révèle), a parlé de la *véracité divine* : « C'est en vertu de la véracité divine que nous pouvons conclure, lorsque nous percevons le monde, que c'est bien le « monde vrai » que nous percevons et non une illusion. » La véracité est le caractère moral d'un comportement. Elle se distingue de la « vérité », qui est le caractère théorique d'une connaissance ; la notion de *véracité* se rapproche de la notion d'*authenticité* : elle désigne une manière de vivre la vérité et d' « être vrai », c'est-à-dire une vertu morale.

verbalisme, tendance intellectuelle à donner plus d'importance aux mots qu'aux idées ; caractère

d'une théorie purement verbale et qui, en réalité, n'explique rien.

Un exemple de verbalisme est donné par celui qui explique par une « vertu dormitive » le fait que « le pavot provoque le sommeil ». D'une manière générale, le verbalisme est le caractère de celui qui fait des discours alors que le moment d'agir est venu.

vérification, contrôle de la vérité d'une théorie, d'une affirmation.

La vérification est le troisième moment de la méthode expérimentale, selon J. S. Mill, dont le premier est l' « observation », le deuxième l' « induction » ou position de l' « hypothèse ». La vérification consiste à étendre à tous les cas possibles l'hypothèse explicative que l'on a formulée : c'est l' « expérimentation ».

vérité, conformité de ce que l'on dit avec ce qui est.

La vérité est donc un caractère de notre connaissance et non de ce qui existe (le réel). Elle se définit, d'une manière classique, par l' « accord de notre pensée (perception, jugement) avec le réel ». En revanche, en mathématiques, où il s'agit uniquement de la rigueur interne d'un raisonnement, la vérité se définit par l' « accord de la pensée avec elle-même » (définition donnée par Kant). Lorsqu'il s'agit du devenir historique, on doit alors se faire une conception « dialectique » de la vérité : elle est l' « accord de ce que nous pensons avec ce qui va venir » (Hegel, Marx), celui-là dit la vérité qui sait ce que l'histoire nous réserve. Enfin, d'un point de vue purement pratique, la vérité d'une conception se définit « par la réussite » (pragmatisme de Peirce, W. James, Dewey).

On voit que, selon qu'il s'agit du monde physique ou du monde de l'histoire et des relations humaines, la vérité possède un sens absolu ou relatif. La philosophie s'est toujours définie comme la recherche de la vérité. De quelle vérité s'agit-il et de la vérité de quoi ? La philosophie « première », ou fondamentale, a pour objet de connaître le fondement de la pensée humaine (Platon, Spinoza, Kant, Fichte, Hegel), c'est-à-dire la lumière (ou l' « absolu ») qui rend possible tout savoir ; on parle alors de la vérité. Mais il peut s'agir d'obtenir une connaissance vraie des phénomènes de la nature, et c'est là l'objet de la science en général. La philosophie moderne a incliné les esprits vers une réflexion sur l'histoire : Merleau-Ponty conseillait, à cette fin (*Signes*, 1961), le détachement et le non-engagement, qui, seuls, permettent une vue lucide, profonde et à long terme de la vérité historique ; il opposait ainsi la réflexion philosophique sur l'histoire à l'aveuglement de l'homme de parti, cette réflexion ne devant être elle-même qu'un moment au service de l'action « authentique » (qui va dans le sens de l'histoire ou de la vérité historique). On distingue le philosophe, qui *recherche* la vérité, et le sage, qui la *possède* ; d'autre part, le prophète, qui la *prévoit* et l'*annonce*, et, dans l'ordre de l'action historique, le héros, qui la *réalise*. → **Connaissance, dialectique.**

vertu (du lat. *virtus*, force), en son sens originel, courage et force du guerrier ; plus généralement, pouvoir ou aptitude à faire quelque chose, à provoquer un effet (par exemple, la vertu d'une plante ou d'un médicament) ; en son sens moderne et plus courant, disposition à faire le bien.

Selon les conceptions que l'on se fait du bien, la vertu prend un sens différent : les stoïciens et Kant la ramènent à l'effort, à l'intention de faire le bien, c'est-à-dire, en somme, au *mérite* ; les épicuriens et presque tous les moralistes anglo-saxons (utilitarisme, pragmatisme) identifient la vertu au *bonheur*, dans l'idée que le bonheur est une preuve tangible de qualités morales. Dans le domaine social et politique, la « vertu est la préférence de l'intérêt public au sien propre » (Montesquieu).

vice, défaut, imperfection (vice de conformation).

En morale, le vice est la disposition permanente à faire le mal* ; il résulte, en général, d'une « déviation » artificielle des tendances naturelles. Par exemple, fumer est un vice dans la mesure où il en résulte un mal pour l'organisme ; dans la mesure où la première cigarette provoque une répulsion physique naturelle et où ce n'est qu'une déviation des tendances qui peut faire de cette pratique un besoin physique.

Vico (Giambattista), historien et philosophe italien (Naples 1668 – *id.* 1744). Professeur de rhétorique à l'université de Naples, il vécut toujours pauvre et ignoré. S'inspirant de Platon et de Pythagore, il développa une analyse critique des écrits de Gassendi et de Descartes. Ses *Principes de la philosophie de l'histoire* (1725) distinguent dans l'histoire de chaque peuple et de chaque civilisation trois âges : l'âge divin, l'âge héroïque et l'âge humain. Il a fondé la philosophie critique en Allemagne et en Italie. Michelet le traduisit en français et publia des *Œuvres choisies de Vico* (1835).

vie, ensemble des phénomènes (nutrition, assimilation, croissance, reproduction, naissance et mort) qui caractérisent les organismes.

Les sciences biologiques (le terme de « biologie » n'a été créé qu'au début du XIXe siècle, par Lamarck en France et Tréviranus en Allemagne) étudient les phénomènes vitaux, les êtres vivants ; la philosophie s'interroge sur ce qui fonde ces phénomènes, c'est-à-dire sur la vie elle-même.

Quel est l'objet spécifique des sciences biologiques ? Les savants se sont efforcés de distinguer très précisément la vie de la matière : 1° on a d'abord cru que c'était le « mouvement » (où fallait-il alors classer les éponges ou le corail ?) ; 2° on a pensé que le vivant « assimile et désassimile », bref qu'il se nourrit : or les végétaux absorbent de l'oxygène, des sels minéraux et rejettent du gaz carbonique ; 3° le vivant se caractériserait alors par la « reproduction » : or, en 1930, on a découvert les virus protéines (et, d'une façon générale, tous les cristaux), qui se reproduisent, et cristallisent cependant comme des minéraux. Il est très difficile d'isoler des caractères spécifiques et objectifs de la vie.

Existe-t-il une méthode pour penser les phénomènes vitaux ? La première démarche scientifique fut de se représenter la nature comme une grande machine, dont le fonctionnement découle de l'agencement des différentes parties. L'erreur de l'animisme, dénoncée par Descartes (*Les passions de l'âme*, 1649) « consiste en ce que, voyant que tous les corps morts sont privés de chaleur et ensuite de mouvement, on s'est imaginé que c'était l'absence de l'âme qui faisait cesser ces mouvements et cette chaleur. Et ainsi on a cru sans raison que notre chaleur naturelle et tous les mouvements de nos corps dépendent de l'âme, au lieu qu'on devait penser au contraire que l'âme ne s'absente, lorsqu'on meurt, qu'à cause que cette chaleur cesse, et que les organes qui servent à mouvoir le corps se corrompent.

Afin donc que nous évitions cette erreur, considérons que la mort n'arrive jamais par la faute de l'âme, mais seulement parce que quelqu'une des principales parties du corps se corrompt » ; et Descartes fait le parallèle avec une montre (qui est un automate : machine qui se meut de soi-même) qui ne s'arrête que lorsque le principe de son mouvement, le ressort, est cassé.

L'explication mécanique est très féconde pour le savant qui peut analyser ainsi les principes du fonctionnement des organismes. A l'époque de Descartes, c'est la découverte du principe des pompes qui permettra de comprendre le fonctionnement et le rôle exact du cœur (5e partie du *Discours de la Méthode*, 1636). Mais quelle que soit la finesse des explications mécaniques et chimiques pour rendre compte des phénomènes de la vie, il y a une mécanique et une chimie du vivant qui dépasse toutes les expérimentations que l'on peut faire en laboratoire. Le biologiste français Émile Duclaux (1840-1904), dans son *Traité de chimie biologique*, cite souvent l'exemple de la fixation de l'azote que l'on ne peut réaliser en laboratoire qu'à une température de 300° et que les lentilles (les plantes) peuvent fixer dans la nature à 4°. Il en conclut que la chimie de laboratoire n'est qu'un cas particulier de la chimie générale de la nature. Georges Ganguilhem, dans la *Connaissance de la vie* (1965), décrit le paradoxe du savant qui commence à se « séparer de la vie par la science et s'essaie à rejoindre la vie à travers la science », pour renoncer finalement à expliquer la vie elle-même sous peine d'en perdre les caractères propres. Le physiologiste français Claude Bernard raconte, dans son *Introduction à la médecine expérimentale* (1865), comment il a essayé d' « isoler » le vital du physico-chimique, en suspendant une à une toutes les fonctions mécaniques et physico-chimiques d'un organisme : il en a tiré que la vie ne peut se caractériser que par une « idée directrice » qui semble présider au développement et à la conservation des êtres.

A l'explication mécanique par la causalité (un effet s'explique par une cause), la science biologique tend à substituer l'explication téléologique (du grec *telos*, « la fin », « le but », et *logos,* « l'étude ») : l'organisme n'est pas préformé dans un œuf, pas plus que la plante n'est préformée dans la graine. La structure de l'œuf ou de la graine s'explique par sa finalité, à savoir l'organisme ou la plante. Kant, dans la *Critique du jugement* (1790), montre que pour penser les êtres organisés, il n'y a pas d'autre méthode que le concept de finalité, qui consiste à expliquer la partie par le tout, à substituer un schéma fonctionnel à un schéma mécanique. Il reprend le même exemple que Descartes, celui de la montre, mais analyse que dans ce cas, le concept du tout existe dans l'esprit de l'horloger qui la fabrique, il est extérieur à la montre, alors que « l'être organisé possède en soi une *force formatrice* qu'il communique aux matériaux qui ne la possèdent pas : il s'agit ainsi d'une force formatrice qui se propage et qui ne peut pas être expliquée par la seule faculté de mouvoir ». Il s'agit d'une finalité interne. Il faut noter que pour Kant, le principe de finalité est un « principe régulateur », c'est-à-dire une méthode de recherche pour penser la vie, et non l'affirmation métaphysique d'une finalité dans la nature. En effet, le finalisme ou le vitalisme déjà développé par Aristote (384-322 av. J.C.) dans son *Traité sur les parties des animaux*, et repris au XVIIIe siècle par les médecins de l'école de Montpellier comme Paul Barthez dans le *Discours académique sur le principe vital de l'homme* (1722), explique la spécificité et le développement des êtres vivants par une « force vitale », une certaine spontanéité ou « élan vital » (Bergson), que certains philosophes ont rattaché à l' « énergie » générale qui se trouve au fond de tous les mouvements de l'univers (Leibniz, Bergson). Cette énergie créatrice ne peut, selon Bergson, être appréhendée par notre intelligence « adaptée à la matière ». La vie est une épreuve plus qu'un objet de connaissance, elle est saisie dans l'intuition d'un « élan créateur » (*L'Évolution créatrice,* 1907), qui nous fait communier avec la durée* de l'univers. D'un point de vue psychologique, l'homme ne peut avoir le sentiment de vivre qu'à l'occasion d'une activité créatrice et, plus particulièrement, lorsqu'il éprouve, dans le travail ou dans une action collective, sa solidarité avec les hommes. A ce niveau, la notion de vie s'identifie à la *conscience de vivre,* c'est-à-dire à la notion philosophique d'existence*.

Les acquis des sciences biologiques. Les *Théories de l'évolution* des espèces sont fondé, avec Lamarck* (1744-1829) et Darwin* (1809-1882), l'idée d'une grande classification des organismes vivants en fonction de leur degré de complexité, l'homme apparaissant comme le terme de cette évolution. Les connaissances sur l'évolution du milieu terrestre n'ont cessé de nous faire pénétrer de plus en plus loin dans le passé de la terre et jusqu'aux formes les plus primitives de la vie. D'autre part, les lois scientifiques de l'hérédité, qui ont été dégagées par le botaniste autrichien J. Mendel en 1865, établissent que les transmissions des caractères — anatomiques, cytologiques (concernant les structures cellulaires) et fonctionnels (organiques ou psychiques) — ne peuvent se faire qu'au niveau des « gènes ». Ces lois ont donné naissance à la génétique.

L'utilisation des sciences de la vie pose un problème éthique. Les progrès de la génétique et, à partir des années 1960, l'accès direct au gène que l'on peut extraire et manipuler, ouvrent la possibilité d'aider très utilement les malades, de prévenir éventuellement les familles de risques particuliers pour leur enfant, de protéger des populations (des études génétiques ont été conduites auprès de certaines populations africaines sur une forme endémique d'anémie liée au paludisme). Mais la capacité des biologistes de modifier le patrimoine génétique d'un individu peut ouvrir par exemple le choix aux familles d'avoir un garçon ou un fille, aux sociétés de favoriser ou d'éliminer la naissance de telle ou telle catégorie d'individus ; ce qui fait peser sur l'humanité la perspective d'une organisation sociale totalement prédéterminée pour chaque individu en fonction de ses capacités psychobiologiques définies à la naissance, déjà imaginée par Huxley dans *le Meilleur des Mondes* (1932). Des problèmes éthiques imposent également des limites à l'expérimentation sur des êtres vivants, en particulier sur l'homme : le procès des criminels de guerre nazis qui se déroula à Nuremberg en 1945-1946 et qui permit ensuite à l'ONU de définir les crimes contre l'humanité, retint parmi les chefs d'inculpation les expériences biologiques faites sur des êtres humains. Enfin le maintien en vie par des moyens artificiels, parfois sur une longue période, de malades en état de coma dépassé pose le problème éthique de la définition de la vie et de la mort. → **Évolutionnisme, darwinisme, technique.**

Vienne **(cercle de)** ou **école de Vienne,** école de philosophes et de logiciens allemands, dits *néo-positivistes,* influencés par la logique mathématique, par la physique d'Einstein et par Russell. Son objectif est la formalisation logique des énoncés scientifiques. Cette école se manifesta en 1929 par une brochure, *Conception scientifique du monde,* et publia une revue, *Connaissance,* à partir de 1930. Les principaux représentants furent R. Carnap, H. Reichenbach, O. Neurath, A. Tarski. → **Positivisme logique.**

virtualité (du lat. *virtus,* pouvoir, possibilité), force qui tend à se réaliser ; synonyme souvent de *possibilité.*

Ce qui est virtuel ou « en puissance » s'oppose à ce qui est actuel ou « réalisé » ; mais la virtualité, comme « tendance » à la réalisation, implique plus que la simple possibilité logique.

visée, direction du regard ou, en général, de l'attention de l'esprit.

Ce terme, employé dans la phénoménologie de Husserl, désigne l'acte de l'esprit qui se rapporte à un objet ; il est synonyme d'*intention* ou d'*intentionalité.* La visée peut être « remplie » quand notre recherche spirituelle trouve un objet réel correspondant à son souci : lorsque l' « intention » rencontre une perception réelle, elle devient « intention pleine » ; elle peut être « vide » lorsque nous évoquons simplement une idée ou une image.

vitalisme, doctrine qui explique les phénomènes physico-chimiques dans un organisme à partir d'un principe vital (par exemple l' « élan vital » de Bergson).

Le vitalisme s'oppose aussi bien au *matérialisme,* qui nie la spécificité de la vie et la réduit à des phénomènes physiques très complexes (par exemple, le marxisme et, au temps de Descartes, le mécanisme), qu'au *spiritualisme,* qui explique la vie par une présence spirituelle en nous : âme ou Dieu (par exemple, Leibniz). Le vitalisme est à la fois une théorie du réel et une négation du mécanisme ; c'est un réalisme tout à fait spécifique, qui considère la matière comme un cas particulier ou un cas limite de la vie : une forme dégradée de la vie (Bergson), ou la vie à l'état naissant (Buffon). → **Évolutionnisme, vie.**

volontarisme, théorie de la connaissance selon laquelle la volonté intervient dans tout jugement.

Descartes distingue ainsi la perception, ou « entendement », simple constatation d'une chose, et le « jugement », qui consiste à l'affirmer volontairement comme une connaissance vraie. Le volontarisme s'oppose à l'*intellectualisme* (Spinoza) [selon lequel je juge une chose vraie ou belle parce qu'elle est vraie ou belle]. Le volontarisme insiste au contraire sur l'acte et la responsabilité du sujet qui affirme. En psychologie, le volontarisme consiste à nous considérer responsables de tous nos états, idées ou sentiments (Sartre) : par exemple, je suis responsable de mes émotions, dans la mesure où je les ai voulues inconsciemment (celui qui se met en colère refuse en fait une situation; également, la femme qui s'évanouit; ces conduites sont au fond des conduites dont nous sommes responsables, donc volontaires, même si nous n'en avons pas explicitement conscience). En métaphysique, le volontarisme fait de la volonté l'essence même de l'univers (Schopenhauer).

volonté, activité réfléchie et consciente.

Selon le schéma classique, la volonté implique : 1° une évocation des motifs; 2° une délibération; 3° une décision; 4° une exécution. L'acte volontaire n'est pas la manifestation spontanée d'un désir; il suppose une réflexion et la prise de ses responsabilités : c'est pourquoi la volonté ne correspond pas seulement au désir le plus fort (Herbert), mais, puisqu'elle résulte de la réflexion, à l'action rationnelle (Socrate, Leibniz), W. James a montré que la volonté est liée en général à la conscience d'une exigence sociale (c'est le devoir social qui nous donne le matin la volonté de sortir du lit; il est plus facile de partir au combat que de cesser de fumer, car, dans le premier cas il y a exigence sociale, dans le second un simple devoir qu'on veut s'imposer à soi-même, etc.). Ribot distingue deux sortes de troubles de la volonté : par *excès d'impulsion* (emportement passager) et par *défaut d'inhibition* (incapacité à résister à ses désirs : par exemple, des alcooliques et des drogués). Celui qui manque de volonté se nomme le *velléitaire* ou l'*aboulique**. La volonté se définit essentiellement par la souplesse et la continuité d'action : dans son sens plein, la volonté implique l'engagement total de l'individu, allié à la patience d'attendre et à l'art de suivre des détours pour arriver à ses fins.

Volonté de la puissance (la), ouvrage de Nietzsche* (1895) où le philosophe expose la plupart de ses thèses dans tous les domaines de la pensée. Nietzsche parcourt l'histoire et la philosophie, et aboutit à un renversement* des valeurs qui substitue aux morales traditionnelles et aux valeurs du christianisme une morale qui défend les droits des forts, des êtres sains contre la masse des esclaves, débiles et faibles, « fauteurs de néant ». Les dernières thèses, violentes et paradoxales, et de plus défigurées par la sœur de Nietzsche, qui a publié cette œuvre et qui y a rassemblé des écrits du philosophe dans un ordre qui n'était pas le leur (qui en a par là même faussé le sens), ont donné lieu à de multiples interprétations (racisme, fascisme). — D'une manière générale, la volonté de puissance désigne la passion du pouvoir et du commandement, le besoin immodéré d'affirmer sa personnalité.

Voltaire (François-Marie Arouet, dit), écrivain français (Paris 1694 – *id.* 1778). Fils d'un notaire parisien et de Marguerite Daumart. Dramaturge, polémiste, journaliste, historien (*le Siècle de Louis XIV* en 1752), moraliste même — et bien que le « siècle des philosophes » soit dit le « siècle de Voltaire » —, en aucune de ses œuvres il ne développe ou n'exprime une philosophie. Les *Lettres philosophiques* (1734) ne sont qu'une chronique de la vie anglaise et une critique comparée des mœurs de la France. Les *Éléments de la philosophie de Newton* (1738) ne représentent qu'une vulgarisation sans profondeur des principes de la science newtonienne. *Candide* (1759) ne critique qu'une très lointaine caricature de la philosophie optimiste de Leibniz, que Voltaire n'a sans doute pas lu. Le *Dictionnaire philosophique* (1764) est un traité de définitions littéraires. Voltaire n'en reste pas moins un moraliste de haute valeur, défenseur de la liberté, de la tolérance (*Mahomet ou le Fanatisme,* 1741; *Essai sur les mœurs*, 1756; *Traité sur la tolérance*, 1763), de la justice (il obtient la réhabilitation de Calas, en 1762; de Sirven, en 1764, etc.). Mais, comparé à Rousseau et à Diderot, Voltaire fut le moins philosophe de son temps.

vouloir-vivre, ensemble des désirs « aveugles et irrésistibles » qui, selon Schopenhauer*, constituent le fond

de notre individualité : il est à l'origine de la reproduction des individus et de la continuité de l'espèce.

Vuillemin (Jules), philosophe français (Pierrefontaine-lès-Varans, Doubs, 1920 – 2001). Il succède à Merleau-Ponty au Collège de France en 1952.

Il a écrit notamment *Essai sur la signification de la mort* (1948), *l'Être et le travail* (1948), *l'Héritage kantien et la révolution copernicienne* (1954), *Mathématique et métaphysique chez Descartes* (1960), *Introduction à la philosophie de l'Algèbre* (1962-1963), *la Logique et le monde sensible, étude sur les théories contemporaines de l'abstraction* (1971).

Il analyse avec rigueur le lien entre la réflexion philosophique et les méthodes utilisées dans les sciences.

W

Wahl (Jean), philosophe français (Marseille, 1888 – Paris, 1974). Professeur à la Sorbonne, fondateur du Collège philosophique à Paris, il fait entendre les principaux penseurs de l'après-guerre. Son œuvre *Philosophies pluralistes d'Angleterre et d'Amérique* (1920) fit connaître au public français la pensée anglo-américaine. Il a écrit : *Étude sur le* Parménide *de Platon* (1926), *Le Malheur de la conscience dans la philosophie de Hegel* (1929), *Vers le concret* (1932). Il consacre également ses réflexions aux philosophies de l'existence avec *Études kierkegaardiennes* (1938), *La Pensée de l'existence* (1951), *Traité de métaphysique* (1953).

Watson (John Broadus), psychologue américain (Greenville, Saskatchewan, 1878 – New York, 1958). Il est le fondateur de la psychologie du comportement, ou *béhaviorisme**.

Weber (Max), économiste et sociologue allemand (Erfurt, 1864 – Munich, 1920). Privat-docent à Berlin en 1893, il enseigna aux universités de Fribourg-en-Brisgau (1894) et de Heidelberg (1897). Promoteur d'une sociologie fondée sur la « compréhension » des réalités humaines plus que sur l' « explication » des institutions objectives. Après Simmel et von Wiese, Max Weber exerça sur la sociologie allemande une action prépondérante : son but était de construire des types idéaux de la vie sociale et, avec leur aide, de comprendre d'abord, d'expliquer ensuite les conduites sociales des hommes. Outre son article célèbre sur *l'Éthique protestante et l'esprit du capitalisme,* publié dans *Archiv für Sozialwissenschaft und Sozialpolitik* (1901), ont paru après sa mort *Économie et société* (1921-1922), des études de sociologie de la religion (1921), de méthodologie scientifique (1922), de sociologie et de politique, et d'histoire sociale et économique (1924). → **Anthropologie culturelle, compréhension, sociologie.**

Weil (Éric), philosophe français d'origine allemande (Parchim, en Allemagne, 1904 – Nice, 1977). Professeur à la faculté de Lille ; auteur de la *Logique de la philosophie* (1950), qui recense toutes les attitudes possibles des philosophes et corrélativement les « catégories » fondamentales des philosophies. Inspiré par Humbolt et surtout Cassirer, ce système s'achève en faisant de l'action le lieu où se réalise la « totalité de l'homme ». La philosophie ne peut que penser, après-coup, le sens des actions humaines. La *Philosophie politique* (1956) et la *Philosophie morale* (1961) complètent le système, dont le fondement dernier ne pourrait être qu'une philosophie (et non une logique) du sens. Depuis Hamelin, c'est la première entreprise en France pour élever la philosophie au niveau d'un système.

Weil **(Simone),** écrivain et philosophe français (Paris, 1909 – Londres, 1943). Elle eut pour professeurs Le Senne et Alain. Entrée à l'École normale supérieure (1928), elle est agrégée de philosophie en 1931. Jusqu'en 1938, elle enseigne dans différents lycées de province. En 1934-1935, elle travaille comme ouvrière chez Renault; en 1936, elle combat aux côtés des républicains espagnols et, en 1942, rejoint la France libre. Sa notoriété d'écrivain commence après sa mort. Plusieurs livres réunissent ses articles, travaux, manuscrits et journaux intimes : *la Pesanteur et la grâce* (1947), *la Connaissance surnaturelle* (1950), *l'Enracinement* (1950), *Lettre à un religieux* (1951), *la Condition ouvrière* (1951), *la Source grecque* (1953). Son mysticisme chrétien pénètre son engagement dans le monde. Son œuvre, qui se fait l'écho de tous les bouleversements de la guerre, des malheurs de l'humanité laborieuse et de la condition ouvrière, est une recherche passionnée de justice sociale et de salut individuel, exprimée dans un style pur au service d'une réflexion rigoureuse.

Westermarck **(Edvard),** philosophe et sociologue finlandais (Helsinki, 1862 – Lapinlahti, 1939), connu pour ses analyses sur le mariage *(The History of Human Marriage,* 1891) et sur l'inceste.

Whitehead **(Alfred North),** philosophe et mathématicien britannique, naturalisé américain (Ramsgate, Kent, 1861 — Cambridge, Massachusetts, 1947). Il s'est d'abord consacré à des recherches logiques et mathématiques dans *Universal algebra* (1898), *On Mathematical Concepts of Material World* (1905) et écrit avec B. Russell les *Principia Mathematica* (1910-1913). Ses réflexions sur les sciences le conduisent à une philosophie de la nature, dans *The Concept of Nature* (1920) et *Process and Reality* (1929), où il s'efforce de concilier le monde de la perception et celui de la science. Il s'oriente finalement vers une philosophie vitaliste, exprimée dans *Modes of Thought* (1938) qui intègre une morale et une religion (*Religion in the Making*, 1926).

Wittgenstein **(Ludwig),** logicien britannique d'origine autrichienne (Vienne, 1889 – Cambridge, 1951). Son *Tractatus logico-philosophicus* (1921) eut une très grande influence sur le cercle de Vienne* et sur les analyses contemporaines concernant la nature du langage philosophique. Il démontra que la philosophie n'a pas pour but d'ajouter des propositions « philosophiques » à des propositions scientifiques, mais d'élaborer la logique de notre langage, d'en éliminer les énoncés dénués de sens. On lui doit : *Recherches philosophiques* (1953).

Wolff **(Christian von),** juriste, mathématicien et philosophe allemand (Breslau, 1679 – Halle, 1754). Élève de Leibniz, il développe un « rationalisme dogmatique » affirmant l'absolue liaison des phénomènes entre eux au sein d'un univers réglé logique. Il exercera une profonde influence sur Kant, qui en fera la critique. Son œuvre est considérable : elle comprend une *Logique* (1728), une *Ontologie* (1730), une *Théologie naturelle* (1737), une *Philosophie pratique* (1738), ainsi qu'une *Psychologie empirique* (1732) et des ouvrages sur le droit : *le Droit naturel* (en 8 vol., 1740-1749). Diderot et les philosophes « des Lumières » se référeront à ses théories.

Wronski **(Joseph Marie *Hoene*),** philosophe polonais (Wolsztyn, près de Poznan, 1776 – Neuilly, 1853). Officier des armées polonaise, puis russe, ce philosophe-ingénieur (il conçut le premier les chenilles des tanks), développe une sorte de métaphysique de l'énergie qui part de la matière pour s'élever jusqu'à l'esprit. Adversaire de Hegel, il découvre dans la *Critique du jugement* de Kant l'origine et l'essence de la raison humaine capable de création et d'unification. Sa doctrine de l'absolu l'amène à refuser une réalité à toute forme de négation, qu'il s'agisse de la mort, du mal ou de péché; et le conduit à une théorie de la réconciliation entre Dieu et l'homme, la pensée et l'action. Il utilise les mathématiques, en particulier le calcul différentiel, pour intégrer les différences dans l'absolu. Il a notamment écrit : *Introduction à la philosophie des mathématiques* (1811), *Philoso-*

phie de l'infini (1814), *Métapolitique messianique ou philosophie absolue de la politique* (1840), *Secret politique de Napoléon* (1840), *Philosophie absolue de l'histoire ou genèse de l'humanité* (1852).

Wundt (Wilhelm), philosophe et psychologue allemand (Neckarau, 1832 – Grossbothen, près de Leipzig, 1920). Il est le fondateur de la psychologie expérimentale. On lui doit les *Éléments de psychologie physiologique* (1873-1874).

Wurtzbourg (école de), école de psychologues allemands (Külpe, Marbe, Bühler), pratiquant l' « introspection expérimentale », c'est-à-dire une observation de soi-même aussi objective que possible. Ils cherchèrent à considérer l'acte de jugement ou de volonté, indépendamment de tout contexte imaginatif, de toute interprétation extérieure. Ils aboutirent aux notions d'*attitude de conscience* (Marbe), de *conscience de rapport*, d'*intention* (Bühler).

X

Xénisme, introduction de mots étrangers dans le langage philosophique.

Quand le mot étranger, ou l'expression, est d'une part plus court, d'autre part intraduisible, le xénisme est légitime ; il est inutile lorsque l'équivalent français existe. On retiendra, en logique, les expressions *a priori* et *a posteriori*, qui désignent respectivement une idée qui, antérieure à toute expérience, a son origine dans la seule raison, ou, au contraire, est acquise à partir des données de l'expérience. La locution *ab absurdo* nous fournit inversement l'exemple du mot étranger sans intérêt, puisqu'on dit aussi brièvement et aussi bien, en français, *par l'absurde*. La psychologie fait souvent appel à l'anglais, ce qui peut s'expliquer par l'intérêt que lui ont témoigné de tout temps les Anglo-Saxons, attentifs aux faits observés plus qu'aux idées abstraites ; c'est ainsi que le mot *behavior*, que l'on traduit par « comportement », désigne en fait la réaction globale de l'organisme à un excitant et ne possède pas d'équivalent exact. Le mot *test*, également, est passé dans le langage courant : littéralement « épreuve », ou, plus exactement, série de petits examens très simplifiés, faisant intervenir l'une après l'autre toutes les composantes de l'intelligence, pour contrôler l'aptitude à un travail précis. Soulignons que la psychologie ne fait appel, en revanche, que très rarement au latin ; encore est-ce à travers l'anglais, comme dans le mot *stimulus*, emprunté à l'école psychométrique anglaise et qui caractérise l'excitation due à un agent extérieur.

La morale et l'économie sociale empruntent aussi à l'anglais : ainsi *holding* et, plus encore, *trust* ; ou la notion de *plus-value*.

La sociologie rapporte de ses prospections chez les peuples primitifs des termes typiques, dont la signification exacte met en cause tout un contexte culturel et social qui nous est totalement étranger, et qui ne saurait donc, dans notre mentalité, trouver un équivalent exact. Tels les termes *totem*, mot du langage algonquin (Amérique du Nord) : image sculptée d'un animal imaginaire qui est tenu pour l'ancêtre commun de chaque membre du clan, ou encore *tabou*, mot polynésien : interdit visant un objet ou une personne qu'on ne saurait impunément toucher ni même simplement nommer par son nom, ou la notion de *mana*, également empruntée au polynésien, qui est la force mystérieuse et immanente que l'on croit être le moteur caché de tout ce qui vit.

La psychanalyse emprunte ses formules types aux auteurs de l'Antiquité latine, et, plus encore, grecque. Parmi les premières, se signale surtout la *libido* (littéralement : le « plaisir »), considérée comme l'instinct de vie qui nous pousse à agir à la recherche du plaisir et, au sens le plus large, du bonheur. Parmi les secondes, l'*acmé*, littéralement : « pointe », qui désigne le point culminant d'un phénomène et, en particulier, d'une émotion; la *psyché* (ou *psychê*), expression qui englobe, selon Jung, « tous les phénomènes psychiques conscients et inconscients »; l'*éros* (ou *érôs*), ensemble des désirs de l'homme (« éros » inférieur et « éros » supérieur); la *catharsis* (ou *katharsis*), terme, également employé en esthétique, par lequel l'école feudienne désigne une méthode particulière d'élimination des troubles mentaux par la remémoration de l'idée ou du choc affectif qui ont fait naître ces troubles.

La métaphysique, qui, jusqu'au *Discours de la méthode*, était rédigée uniquement en latin, en conserve encore la trace de nos jours dans certaines expressions comme l'*ego*, aspect transcendantal du « moi » empirique et que la phénoménologie distingue de ce dernier; ou dans certaines formules comme le *cogito*, version abrégée du « Je pense, donc je suis » cartésien *(Cogito, ergo sum)*. Mais le vocabulaire philosophique s'est annexé, depuis le début du siècle, un fort contingent de mots allemands, ce qui permet de mesurer le rôle décisif qu'ont joué les peuples nordiques dans l'enrichissement de la philosophie classique : ainsi la notion de *Dasein* (littéralement : « être là »), qui exprime dans la philosophie existentielle le simple fait d'exister « concrètement ». La notion de *Weltanschauung* (pron. velt-annchaôoung) n'est rendue que très incomplètement par sa traduction française : « intuition du monde »; c'est, selon Wilhelm Dilthey, la synthèse originale des représentations du monde spirituel, telle qu'elle se constitue peu à peu dans l'œuvre globale d'un auteur, ou d'un groupe culturel à une époque donnée. Tels sont encore : l'*Einfühlung*, qui désigne, par exemple, le fait de se sentir grand lorsqu'on franchit le portail d'une église gothique, et que l'on traduit par « intropathie »; la *Gestalt*, que l'on traduit par « forme » ou « structure » (*Gestalttheorie* : « théorie de la forme »); la *Sehnsucht*, ou nostalgie romantique; le *Gemüt*, qui désigne à la fois l'intelligence et le cœur, etc.

En conclusion, la langue philosophique n'accueille les expressions et les mots étrangers que par nécessité et sous la condition qu'ils recouvrent une notion que le français ne saurait rendre.

Xénocrate, philosophe grec (Chalcédoine, v. 400 – 314 av. J.-C.). Il fut disciple de Platon, dirigea l'Académie (339) et s'efforça de concilier le platonisme avec le pythagorisme.

Xénophane, philosophe grec, fondateur de l'école d'Élée (né à Colophon en Ionie, fin du VIe s. av. J.-C.). Auteur d'un poème sur *la Nature*, dont il reste quelques fragments, il développe un panthéisme* idéaliste qui inspirera son disciple Parménide*.

Xénophon d'Athènes, philosophe et écrivain grec (dème d'Erkhia, près d'Athènes, v. 430 – v. 355 av. J.-C.). il fut un des élèves de Socrate. Il dirigea les armées d'Alexandre le Grand dans la retraite des Dix Mille. Il combattit plus tard à Coronée ses concitoyens, qui l'avaient banni et ne rapportèrent cette sentence que vingt ans plus tard. Il est, avec Platon, le seul à avoir raconté la vie de Socrate dans les *Mémorables* et *l'Apologie de Socrate*. Esprit curieux plus que profond, bon témoin des choses de son temps, il écrivit des récits historiques *(les Helléniques)*, des ouvrages politiques *(la Constitution de Sparte)*, un roman historique et philosophique *(la Cyropédie)*.

Y Z

Yoga, système philosophique de l'Inde, fondé, selon la tradition, par Patañjali.

Le yoga préconise tout un ensemble de pratiques corporelles, nous donnant une maîtrise sur notre organisme et notre système nerveux, et capables de réaliser en nous l'« état parfait » ou « contemplatif », l'absence totale de désirs, l'immobilité absolue.

Zénon de Citium, philosophe grec (v. 335 – v. 264 av. J.-C.), fondateur du stoïcisme*.

Zénon d'Élée, philosophe grec (né à Élée entre 490 et 485 av. J.-C.). De l'école d'Élée, disciple de Parménide, il nia la réalité du mouvement et partant, de la pluralité : il prétendit prouver son caractère illusoire et les contradictions qu'il implique dans les arguments restés célèbres, en forme de paradoxes, de la « flèche » ou d'« Achille et la tortue ». → **Achille** [ARGUMENT D'].

zététique (du gr. *zetein,* chercher), se dit de toute méthode de recherche portant sur la raison et la nature des choses.

L'« école des philosophes zététiques » désigne l'école de Pyrrhon* et des sceptiques grecs.

Zhuangzi ou **Tchouang-Tseu,** ouvrage fondamental du taoïsme, religion populaire de la Chine, qui lui donne son contenu philosophique. Son auteur, Zhuangzi, vivait à la fin du IVe siècle av. J.-C.

Zhu Xi ou **Tchou Hi,** philosophe chinois (You Xi, Fujian, v. 1130 – 1200), fondateur d'un système appelé *Tchouhisme,* qui domine le confucianisme jusqu'à la fin des Mings (1644) et sous les Quings (XVIIe et XVIIIe s.). Chaque objet particulier possède sa raison d'être et apparaît comme une émanation du principe suprême (le *taiji* : Faîte suprême). Outre ses *Quatre Livres,* il a laissé une histoire de la Chine.

Imprimé en Espagne par Unigraf S.L. (Madrid)
Dépôt légal : avril 2013
311190/02 - 11029245 - août 2014